法律监督的理论与实践

重庆市人民检察院政治部／编

中国检察出版社

图书在版编目（CIP）数据

法律监督的理论与实践／重庆市人民检察院政治部编．—北京：中国检察出版社，2017.12

ISBN 978－7－5102－2022－7

Ⅰ.①法…　Ⅱ.①重…　Ⅲ.①法律监督－中国－文集　Ⅳ.①D926.34－53

中国版本图书馆CIP数据核字(2017)第283865号

法律监督的理论与实践

重庆市人民检察院政治部　编

出版发行：中国检察出版社
社　　址：北京市石景山区香山南路109号（100144）
网　　址：中国检察出版社（www.zgjccbs.com）
编辑电话：(010)86423751
发行电话：(010)86423726　86423727　86423728
(010)86423730　68650016
经　　销：新华书店
印　　刷：北京朝阳印刷厂有限责任公司
开　　本：710 mm×960 mm　16开
印　　张：41.75
字　　数：744千字
版　　次：2017年12月第一版　　2017年12月第一次印刷
书　　号：ISBN 978－7－5102－2022－7
定　　价：125.00元

编辑说明

为贯彻落实党的十九大精神，深入推进司法体制综合配套改革，进一步加强检察工作，更好地担负起社会公益使命，适应新形势新任务，提升检察官的整体素质，加强检察队伍的正规化、专业化、职业化建设，重庆市人民检察院始终把培养高层次人才作为一项先导性、基础性工作，为他们搭建学术研究交流平台、实务研究互动平台、培训教学平台和实践创新平台，营造有利于高层次人才脱颖而出的成长环境，培养造就一批有理论、会办案、懂专业、善思辨的检察官，引领推动我市检察队伍提档升级。

据此，重庆市人民检察院与西南政法大学进一步加强检校合作，在市人民检察院政治部与西南政法大学法学院的共同实施下，启动了为期两年的专家型和专业型检察官联合培养项目，通过优势互补、资源共享，开展深度合作。今年底，经双方共同评估验收，项目达到了预期效果。项目的成功得益于西南政法大学的高度重视、倾力支持。时任副校长孙长永教授不仅倾心关注这个项目，强调质量保障和效果，还亲自担任导师。法学院的领导精心组织挑选师资，配备了最强的导师，反复商讨培养和考核措施。针对22名专家型检察官培养对象采取一对一的导师配备模式，开展个性化的培养方式；针对48名专业型检察官培养对象采取一名导师带3—5名学员的方式。检察官们通过听讲座、接受阅读与论文写作指导、参与导师的授课、开展“双师讲堂”和课题研究、参加学术活动等方式，结合检察实践，确定理论研究课题。其中12项最高人民检察院的重点课题、16项省部级课题在两年培养期内结题。

为固化联合培养项目成果，重庆市人民检察院政治部与西南政法大学法学院遴选出64篇论文结集成《法律监督的理论与实践》。本书内容丰富，涵盖了侦查监督、公诉、民事行政检察、刑事执行检察、控告申诉、案件管理等检察业务的方方面面，其中既有对检察理论的探索，也有对当前检察实践中热点问题的分析；既有对现有工作经验的总结与提炼，也有对试点工作的探索与实践；既有制度建构的完善建议，也有疑难案件中具体问题的细微分析。

本书的出版是对检校联合培养项目的及时总结和培养成果的集中展示，也为检察人才培养打造品牌、培育亮点提供了借鉴。本书在编撰出版过程中，得到了中国检察出版社的大力支持，在此表示衷心的谢意！

编　者

2017 年 12 月

目　录

一、刑事诉讼程序研究

二、民事行政检察研究

三、职务犯罪研究

四、检察改革研究

五、检察实务研究

六、检察管理制度建设研究

刑事诉讼程序研究

被告人认罪认罚自愿性制度体系研究

刘　晴*

党的十八届四中全会《中共中央关于全面推进依法治国若干重大问题的决定》提出："完善刑事诉讼中认罪认罚从宽制度。"2016年11月，"两高三部"联合发布《关于在部分地区开展刑事案件认罪认罚从宽制度试点工作的办法》（以下简称《试点办法》），决定在北京、天津、上海、重庆等18个城市开展试点。实行认罪认罚从宽制度，可以在不降低办案质量的同时有效节约司法资源，在彰显司法宽容的同时更好地保障人权、减少社会对抗。① 认罪认罚从宽制度"是一个集实体与程序于一体的综合性法律制度"②，以被告人（含犯罪嫌疑人，下同）"认罪认罚"为前提，以实体上的从宽与程序上的从简为依归。这项改革试点的核心和关键，则是确保被告人认罪认罚的"自愿性""合法性"。因此，深入研究被告人认罪认罚的自愿性及其制度体系，对于顺利推行认罪认罚从宽制度无疑具有重要的理论和实践意义。

一、被告人认罪认罚自愿性的基本界定

在刑事诉讼中，认罪与认罚是两个不同的法律术语，具有不同的内涵。认罪认罚自愿性包括认罪自愿性与认罚自愿性两个层面，二者既有联系，也有区别。

（一）认罪自愿性

在侦查、起诉程序和审判程序，都存在认罪的情况。但是，审前程序的认罪与审判程序的认罪具有不同性质，因而认罪自愿性的判断标准也有所不同。

---

* 重庆市人民检察院第二分院党组书记、检察长，二级高级检察官。

① 孟建柱：《增强政治责任感　提高工作预见性　为党的十九大胜利召开营造安全稳定的社会环境》，载《检察日报》2017年2月16日。

② 顾永忠：《关于"完善认罪认罚从宽制度"的几个理论问题》，载《当代法学》2016年第6期。

审前程序的认罪，在刑事诉讼法上称为“犯罪嫌疑人、被告人供述”，属于证据的一种法定形式。犯罪嫌疑人一旦做出有罪供述，检察官可以用作指控其实施犯罪的证据。因此，审前程序的认罪必须满足自愿性、合法性的要求，做出认罪的犯罪嫌疑人必须处于“完全的意志自由”状态。“招供（confessions）必须自由和自愿地做出，这个要求符合现代法理的两个基本精神。第一，除非招供是自由和自愿地做出，否则，在法庭上将此种招供作为不利于被告人的诉讼证据，将导致刑事诉讼的基本公正性受到质疑；第二，除非招供是自由和自愿地做出，否则，就可能侵犯了被告人所享有的免于自证其罪的权利。”① 认罪自愿性的检验方法是综合评断原则。该原则的关键在于，当被告人作出认罪时，其意志是否受到强迫。根据该原则，如果侦查机关的行为可能导致一个处于被指控境地的理性的人感觉受到了强迫，如使用刑讯逼供、冻、饿、烤、晒或者疲劳审讯，就违反了上述原则。此外，使用不正当的、违反法律禁止性规定的欺骗、引诱等方法所获取的认罪，也不具有自愿性。如保证不会针对其配偶采取任何不利行为，或者在盗窃等案件中，保证被告人“交代了就没事”等。从这个意义上看，“认罪认罚从宽制度”其实含有一定的引诱因素，它与认罪的“自愿性”存在天然的紧张关系。“认罪认罚从宽制度以被告人‘认罪认罚’为条件，以审判机关‘从宽’处理为结果。这个制度为被告人设定了一道必须回答的选择题：如果被告人选择认罪认罚，他会得到‘从宽’处理的结果；如果被告人选择不认罪认罚，他就无法享受‘从宽’处理这一额外收益。从消极的角度而言，第一种选择以‘从宽’为激励，第二种选择以‘不得从宽’为强迫，因此，认罪认罚的‘自愿性’并非绝对的自愿，而是一种具有法律意义的‘制度化’的自愿。”②

审判程序的认罪，即在法官面前作出的认罪，是一种具有有罪答辩性质的诉讼行为，而区别于作为证据方法的认罪。在审判程序，被告人一旦认罪，法官可以简略某些诉讼程序，并适度减轻检察官的举证负担，从而达到加快办案流程，提高诉讼效率的目的。审判程序的认罪自愿性与审前程序的认罪自愿性存在一定的区别，值得注意。美国联邦最高法院在布拉迪案件中，对“自白的任意性”和“有罪答辩的任意性”③ 作了区分。该判决指出：“如果允许自

---

① ［美］诺曼·M. 嘉兰等：《执法人员刑事证据教程》（第4版），但彦铮等译，中国检察出版社2007年版，第225页。

② 孔冠颖：《认罪认罚自愿性判断标准及其程序保障》，载《国家检察官学院学报》2017年第1期。

③ 自白的任意性，即审前程序认罪的自愿性；有罪答辩的任意性，即审判程序认罪的自愿性。

白，自白必须是自由的而且是任意的。也就是说，不得使用任何胁迫或者暴力获取的自白，不得以直接或者间接的暗示性约定获取自白，也不得使用某种不正当的影响力获取自白。”“有罪答辩实际上意味着法院、追诉者或者被告人的辩护人与被告人的口头约定，只有被告人在充分认识到直接的结果时作出的有罪答辩才是有效的。但是，胁迫（包括约定停止某种困惑）、误导性说明（包括不能实施或者不可能实施的约定），或者与追诉者的业务没有正当关系的约定（例如贿赂），都是无效的。”① 因此，审判程序认罪自愿性的核心在于：被告人的自由是以理性的判断为前提的。被告人在作出认罪答辩时，没有受到强制，没有受到任何的胁迫、约定或者不正当引诱，也没有智力障碍、酒精中毒或者精神障碍等。

（二）认罚自愿性

所谓认罚，指被追诉人接受司法机关提出的处罚方案。② 这里的“司法机关”，既包括法院，也包括检察院。德国学者魏根特指出：“检察官已成为‘法官之前的法官’，在许多案件中实际上决定着是否采取惩罚以及惩罚的严厉或宽缓程度的官员。”③ 检察官所作出的许多处分决定，如附条件不起诉，实际上带有“制裁”的性质。此外，检察官还可以向法官提出量刑建议。这里的“处罚方案”，既包括刑事处罚，也包括行政处罚。《刑事诉讼法》第173条第3款规定：“对被不起诉人需要给予行政处罚、行政处分或者需要没收其违法所得的，人民检察院应当提出检察意见，移送有关主管机关处理。”“行政处罚、行政处分或者需要没收其他违法所得”，也属于“罚”的内容。

就认罪与认罚的关系而言，认罪是认罚的前提和基础，认罚是认罪的继续和验证。因此，认罚自愿性建立在认罪自愿性基础之上。如果被告人认罪自愿性得不到保障，那么认罚自愿性也就无从谈起。比较而言，认罪自愿性是无条件的。也就是说，被告人对检察机关指控的主要犯罪事实和罪名，应当无条件承认，不得进行“协商”。而认罚自愿性可以带有一定的“合意”因素。换言之，被告人在认罪之后，对于具体判什么样的刑罚，可以在刑法规定的范围内与检察机关讨价还价，进行协商。如果被告人没有协商权，对于检察机关提出

---

① ［日］田口守一：《刑事诉讼的目的》，张凌、于秀峰译，中国政法大学出版社2010年版，第128—129页。

② 魏晓娜：《完善认罪认罚从宽制度：中国语境下的关键词展开》，载《法学研究》2016年第4期。

③ ［德］托马斯·魏根特：《检察官作用之比较研究》，张万顺译，载《中国刑事法杂志》2013年第12期。

的量刑建议以及法院的量刑，必须无条件接受，那么这种“认罚”就很难说具有完全的自愿性。

二、被告人认罪认罚自愿性的审查确认机制

完善认罪认罚从宽制度，首要环节在于对被告人认罪认罚自愿性进行审查确认。这涉及由谁、根据什么标准进行审查确认等问题。

（一）认罪认罚自愿性的审查确认主体

由于认罪认罚可能发生在刑事诉讼的任何阶段，包括侦查、起诉和审判阶段，所以，警察、检察官和法官都可以成为认罪认罚案件的审查确认主体。但因诉讼阶段的不同，故各确认主体确认的效力也不尽相同。

侦查机关对犯罪嫌疑人认罪认罚自愿性的审查确认只是一种初步的、非正式的确认。根据修改后《刑事诉讼法》第118条的规定，侦查人员在讯问犯罪嫌疑人的时候，应当首先讯问犯罪嫌疑人是否有犯罪行为，让他陈述有罪的情节或者无罪的辩解，然后向他提出问题。侦查机关在讯问犯罪嫌疑人时，应当明确告知犯罪嫌疑人涉嫌的罪名及相关的诉讼权利以及认罪认罚的后果，让犯罪嫌疑人明确认罪认罚的意义，从而作出是否认罪认罚的选择。犯罪嫌疑人如果自愿认罪认罚，侦查机关应当对讯问过程进行同步录音录像，这样既可以客观、完整地记录下讯问及供述的内容和场景，也能够有效地防止刑讯逼供。对于犯罪嫌疑人认罪认罚的轻微刑事案件，侦查机关可以适当简化讯问犯罪嫌疑人、询问证人、被害人的次数，并适用快速移送机制，将案件移送检察机关审查起诉。在英国，警察对初次、较低级别的犯罪，犯罪嫌疑人承认被指控的犯罪时，可以适用简单警告措施，从而终结案件的处理。为了防止侦查权的滥用，侦查机关对于认罪认罚的案件，一般不得自行撤销。根据《试点办法》第9条的规定，犯罪嫌疑人自愿如实供述涉嫌犯罪的事实，有重大立功或者案件涉及国家重大利益，需要撤销案件的，办理案件的公安机关应当层报公安部，由公安部提请最高人民检察院批准。但是，对于何谓“重大立功”，何谓“重大国家利益”，还需要作进一步明确。

检察机关对犯罪嫌疑人认罪认罚自愿性的审查确认是一种正式的确认，其效力高于警察的确认。对于犯罪嫌疑人自愿认罪认罚的，检察官应当充分告知其认罪认罚所可能产生的后果，并在其辩护人或者值班律师在场的情况下签署具结书，对认罪认罚予以确认。对于犯罪嫌疑人认罪认罚的轻微刑事案件，检察机关不需要起诉的，可以作出不起诉或者附条件不起诉等决定。需要提起公诉的，应当在起诉书中写明被告人认罪认罚情况，提出量刑建议，并适用快速

起诉程序，及时向法院提起公诉。

审判机关对被告人认罪认罚自愿性的确认既是正式的确认，也是最终的确认。因而，其效力高于警察、检察官的确认。《试点办法》第15条规定："人民法院审理认罪认罚案件，应当告知被告人享有的诉讼权利和认罪认罚可能导致的法律后果，审查认罪认罚的自愿性和认罪认罚具结书内容的真实性、合法性。"根据该规定，法院审查认罪认罚自愿性程序并非独立的程序。笔者认为，法庭审理被告人认罪认罚案件，主要是查明被告人认罪认罚的自愿性以及认罪认罚具结书内容的真实性、合法性，重点是：（1）告知被告人认罪认罚的意义及其法律后果。（2）控辩双方在起诉程序已经达成认罪认罚具结书的，审查被告人认罪认罚的自愿性，确认具结书的效力。（3）询问被告人是否认罪认罚。（4）如果被告人认罪认罚，其愿意选择何种程序进行审理。

（二）认罪认罚自愿性的审查确认方法

如前所述，认罪认罚自愿性的审查确认需要遵循综合评断原则。即通过审查影响被告人认罪认罚的各个因素，综合评判被告人认罪认罚是否具有自愿性、真实性和明智性，被告人认罪认罚是否具有一定的事实基础。

在美国夏威夷州法院，法官在审查被告人有罪答辩的自愿性时，需要向被告人质问28个问题。其主旨在于了解以下内容。

一是了解被告人在认罪答辩程序中得到辩护人的帮助情况。质问项目有三个：（1）您读过答辩文书吗？您的辩护人在您签名之前是否对此进行了详细的调查？是否对您进行了说明？（2）您的辩护人对于××犯罪事实是否进行了说明？您是否理解犯罪事实？1）您的辩护人对检察官必须证明您有罪的犯罪事实的要素是否向您作出说明？您是否理解这些犯罪要素是什么？2）您的辩护人是否对您的案件可以使用的防御活动进行了说明？您是否理解这些内容？（3）您对于您的答辩是否与辩护人一起进行过充分的研究？您对辩护人的帮助是否满意？从上述质问项目可以看出，辩护人的作用极其重要。这对于被告人理解犯罪事实、刑事程序和证据关系不可或缺。

二是了解被告人是否理解认罪答辩的后果。质问项目有四个：（1）您是否理解，无论涉及您的证据多么充分，您都有无罪答辩、维持该答辩、接受审判的权利？（2）您是否理解，通过有罪答辩（不抗争答辩），您有一系列非常重要的权利，其中包括在审判过程中提出任何请求的权利，接受迅速而公开审判的权利，接受陪审团审判的权利，在审判中主张检察官要排除合理怀疑地证明您有罪的权利，在审判中对您不利的评价提出反问的权利，在审判中让您自己一方的证人出庭而且在他们不希望出庭时请求法院强制他们出庭的权利，在审判中有作证的权利和不作证的权利，而且除了依照《夏威夷刑事诉讼法》第11条（a）（2）规定的保留复议权利，或者违法量刑及无权量刑的情况以外，对于任何争点都放弃提出复议？（3）您是否理解，如果作出有罪答辩（不抗争答辩）时，审判可以在不开庭的情况下认定您有罪并宣告刑罚？（4）您是否理解，刑罚一旦宣告后，您的想法就不能改变了，例如即使您对宣告的刑罚不满意也不能请求审判？上述质问项目表明，对“被告人的权利（放弃）”十分关注。由于有罪答辩涉及被告人部分权利的放弃，因此，被告人必须充分理解有罪答辩的后果。

三是了解被告人有罪答辩的自愿性。质问项目有两个：（1）是否有人为了让您进行有罪答辩（不抗争答辩）而对您进行威胁、强制或者给您施加压力？您是否是按照自己的自由意思作出了有罪答辩？（2）除了与检察官对答辩达成合意以外，有谁以您的有罪答辩（不抗争答辩）为条件对您作出某种约定？上述质问项目表明，被告人在作出有罪答辩时应当是“自由的意思表示”，不得受到任何强迫、威胁、引诱。

四是了解认罪答辩是否具有“事实的基础”。质问项目是：您说自己有罪，您是否可以用您自己的语言讲述您所做的一切？（在不抗争答辩的场合，要求检察官叙述犯罪事实的事实基础。）通过对28个问题的质问，法官最后总结道：“我认为，被告人是在理解犯罪事实的性质和答辩后果的基础上，任意进行的答辩。而且认为答辩有事实的基础。受理被告人的答辩，我根据××认定被告人有罪。”① 所谓“事实基础”，不能仅依据被告人的有罪供述，而是必须有充分的证据证明被告人可能实施了相关犯罪。要求有罪答辩必须具备事实基础有以下几个目的：第一，它可以防止宣告无辜者有罪；第二，它将有关指控的信息资料记录在案，并保留这些资料，这些资料可用于被告人在将来寻求反对有罪判决的诉讼中；第三，有关罪行情节的资料对法官的量刑很有帮助。②

根据《试点办法》第10、15条的规定，检察机关、法院主要通过“告知”“听取意见”等方式审查犯罪嫌疑人、被告人认罪认罚的自愿性。在笔者看来，上述审查方式过于简单和程式化，难以全面、客观、准确地评判犯罪嫌

① ［日］田口守一：《刑事诉讼的目的》，张凌、于秀峰译，中国政法大学出版社2010年版，第119页。

② ［美］爱伦·豪切斯泰勒·斯黛丽、南希·弗兰克：《美国刑事法院诉讼程序》，陈卫东、徐美君译，中国人民大学出版社2002年版，第453—454页。

疑人、被告人认罪认罚的自愿性、真实性。因此，我们可以借鉴美国夏威夷州法院的审查方式，增加“质问”程序。检察机关、法院在告知犯罪嫌疑人、被告人诉讼权利和认罪认罚法律后果的基础上，应当进一步质问犯罪嫌疑人、被告人。质问的内容，除了犯罪嫌疑人、被告人的姓名、年龄、精神状况等基本情况外，还应当视诉讼的不同阶段、被告人的不同情况，有针对性地提出质问内容。如在审判阶段，法官可以提出以下质问内容：（1）你是否聘请了辩护人？（2）你是否愿意认罪认罚？（3）你在检察机关作出的认罪认罚具结书是否是自愿的？（4）你是否理解起诉书对你指控的内容？你是否可以用自己的语言讲述你所做的一切？（5）你愿意适用何种程序（速裁程序、简易程序等）进行审理？（6）你是否理解，检察机关对你指控的罪名和提出的量刑建议，对我没有必然的约束力？

三、被告人认罪认罚自愿性的保障机制

被告人认罪认罚是适用认罪认罚从宽制度的前提，但这种认罪认罚必须是“自愿的”。供述的自愿性“对公平审判是如此重要”，因此不得忽视对自愿性规则的任何侵犯。[①] 在我国，“刑事诉讼制度与实践所造成的整体氛围，使被告人‘认罪’的自愿性难以得到保障”[②]。为此，有必要进一步完善相关的制度与规则，以切实保障被告人认罪认罚的自愿性。

（一）切实保障被告人的知悉权

所谓知悉权，是指被告人有权知晓其在刑事诉讼中所处的诉讼地位，享有的诉讼权利以及相关的信息。如果被告人不知晓相关的案件信息，那就很难作出正确的判断，其认罪认罚的自愿性无疑也会受到影响。而知悉权与告知义务相对应，即由被告人知悉权衍生出国家机关的告知义务。科予国家机关告知义务，对于帮助被追诉人正确行使诉讼权利，实现程序正义等，都具有重要的意义。正如德国学者威尔弗莱德·勃特克所言：“公正的诉讼程序为被告提供及时的、可理解的、与其权利有关的特殊信息。它们能使被告预先知道其供述或其他任何可能的行为引起的所有诉讼上的后果，并在其满意的情况下使它们平衡。”[③]

---

① ［美］乔恩·R. 华尔兹：《刑事证据大全》（第2版），何家弘等译，中国人民公安大学出版社2004年版，第331—332页。

② 熊秋红：《有罪答辩、辩诉交易及其在中国的尝试》，载陈光中主编：《辩诉交易在中国》，中国检察出版社2002年版，第304页。

③ 江礼华等主编：《外国刑事诉讼法制度探微》，法律出版社2000年版，第47页。

至于告知的内容，则根据诉讼阶段、诉讼行为的不同而有所不同。加拿大多伦多法院牛顿法官在审查答辩的有效性时，对被告人的告知内容包括："因有罪答辩，您的接受审判的权利即将结束；您承认了犯罪的核心要素；你将放弃对有关事实的重要请求；'答辩交易'对法院没有约束力。"① 为了确保被告人知悉并理解上述内容，还要求被告人签订确认书（即在答辩文书上签名）。

根据《试点办法》第 8、10、15 条的规定，在侦查阶段、审查起诉阶段以及审理阶段，公检法机关"应当告知犯罪嫌疑人享有的诉讼权利和认罪认罚可能导致的法律后果"。笔者认为，除了在侦查阶段可以作概括性告知外，在审查起诉以及审理阶段，应当作具体的、明确的告知。告知的内容应当包括：（1）检察机关指控的具体罪名及法定刑期；（2）指控所依据的事实、证据及相关刑法规定；（3）被告人享有的相关诉讼权利；（4）被告人认罪认罚后，检察机关拟提出的具体量刑建议及其他宽缓政策；（5）被告人认罪认罚后，法院拟适用的诉讼程序；（6）被告人应当放弃的诉讼权利；（7）被告人是否同意认罪认罚，是否同意检察机关提出的量刑建议以及其他处理，是否同意适用简易程序审理等。为了保证被告人认罪认罚的自愿性、明智性，被告人需要在具结书上签名确认。

（二）充分保障被告人获得律师帮助权

"被告人认罪是个相当复杂的问题，涉及被告人实施的行为是否构成犯罪、触犯何种罪名、认罪后的法律后果等非常专业性的问题，这些问题往往只有法律专业人士才能理解和掌握。因此，被告人需要具有专业法律知识和技能的律师提供帮助。"② 在英、美、法、德等国家，被告人获得律师帮助是适用认罪答辩的前提之一。由于大多数被告人的法律知识相对匮乏，对自己犯罪行为的法律后果以及认罪认罚后可能受到的处罚缺少法律性的理解和预测。而辩护律师具有专业的法律知识和丰富的诉讼经验，能够弥补被告人在资源、知识以及心态上的劣势，能够对被告人应否认罪认罚以及认罪认罚后的利弊得失给予释明和指导，从而有利于确保被告人认罪认罚是在其知情、自愿并且充分权衡得失的基础上作出的。

《试点办法》第 5 条第 3 款规定："犯罪嫌疑人、被告人自愿认罪认罚，

① ［日］田口守一：《刑事诉讼的目的》，张凌、于秀峰译，中国政法大学出版社 2010 年版，第 152 页。

② 孙长永：《认罪案件办理机制研究》，载张智辉主编：《中国检察》（第 19 卷），中国检察出版社 2010 年版，第 214 页。

没有辩护人的，人民法院、人民检察院、公安机关应当通知值班律师为其提供法律咨询、程序选择、申请变更强制措施等法律帮助。”建立值班律师制度，有助于为没有委托辩护人的犯罪嫌疑人、被告人提供法律帮助，帮助他们正确行使诉讼权利，防止无辜者被定罪。但由于值班律师并不具备“辩护人”的身份和地位，故其提供的法律帮助作用极其有限，难以充分保障被告人认罪认罚的自愿性。“在嫌疑人、被告人具有自愿认罪认罚的意愿时，值班律师无法与检察官进行及时有效的沟通和协商，无法对检察官指控的罪名和理由进行审查，更难以对检察官提出的量刑方案进行必要的审查；在法庭审理中，值班律师不为被告人从事辩护工作，无法对被告人认罪认罚的自愿性、明智性进行审查，也无法确认检察官指控的罪名是否具备基本的事实根据，更无法针对检察官的量刑建议发表有针对性的辩护意见。”① 为此，一是需要对值班律师的角色与职能进行重新定位，既不能忽略值班律师的作用，也不宜过分夸大值班律师的作用。在犯罪嫌疑人、被告人不能及时聘请辩护律师的情况下，可以由值班律师为其提供临时性的法律帮助。二是要扩大强制辩护的适用范围。对于那些自愿认罪认罚，又无力聘请辩护律师的犯罪嫌疑人、被告人，应当指派法律援助律师为其提供辩护。

四、被告人认罪认罚自愿性的救济机制

在实践中，被告人可能因种种原因存在虚假认罪认罚等情况，为此需要建立相应的救济机制，以维护刑事程序的正常运转，维护司法公正。

（一）赋予被告人撤回权

撤回权是被告人的一项基本诉讼权利。所谓撤回权，是指被告人因主张无罪或者有正当且充分理由时，有权申请撤回其签订的认罪认罚协议。有学者认为，“被告人在法院审查认罪认罚协议之前，享有自由撤回的权利，被告人可以以任何理由甚至不提供任何理由撤回认罪认罚”②。笔者认为，这种观点值得商榷。一方面，被告人作出认罪认罚本身就是一项严肃的法律行为，并非可以随意为之。另一方面，被告人可以随意地撤回认罪使检察院和法院在审前程序所做的有关被告人认罪的工作归于无效，进而不利于节约有限的司法资源和

① 陈文聪：《值班律师制度的反思与重构》，载《中国律师》2016 年第 10 期。

② 孔冠颖：《认罪认罚自愿性判断标准及其保障》，载《国家检察官学院学报》2017 年第 1 期。

提高诉讼效率。[①] 因此，应当对被告人的撤回权进行严格限制。第一，被告人撤回认罪认罚协议应当具有正当的、合理的理由。包括：（1）被告人因受到刑讯逼供、威胁、引诱等，其所作出的认罪认罚具有非自愿性；（2）被告人主张无罪。也就是说，其认罪认罚并不具备“事实基础”；（3）被告人因重大误解而认罪认罚等。第二，被告人撤回认罪认罚协议应当及时提出。第三，被告人撤回认罪认罚协议需要经过法院同意。法院经过审查，认为被告人的撤回申请具有正当性、合理性，应当同意撤回；否则，应当予以驳回。

（二）建立程序回转机制

在法庭审理过程中，被告人拒绝认罪认罚的，不管出于什么理由，法院都应当中止审理程序，而将案件转为普通程序进行审理。由于被告人的翻供给控方造成了一定的损害，“控方将不得不面临重新组织案件的繁琐工作，尤其是为审判重新准备证据材料。”[②] 为此需要给控方一定的准备时间。但是，控方不得以被告人翻供，证据不足为由撤回起诉。因为，接受普通程序的审判，是被告人的一项基本诉讼权利，不得被任意剥夺。在适用普通程序审理过程中，被告人又自愿认罪认罚的，法庭不得再将案件转为简易程序或速裁程序进行审理，被告人也不再享受“从宽”的优惠政策。

（三）完善非法证据排除规则

有学者认为，被告人撤回认罪认罚后，其在审前讯问期间所做的有罪供述、与控方进行量刑协商过程的有罪供述以及被告人自己提出的认罪认罚提议在之后的诉讼程序中应全部予以排除，不得在庭审中出示。[③] 在笔者看来，被告人在审前程序的有罪供述应否予以排除，需要区别对待，不能一概而论。在审查起诉阶段通过协商获得的有罪供述，原则上应当予以排除，不得作为指控被告人有罪的证据。在侦查阶段所作的有罪供述，如果不是通过刑讯逼供等非法手段获取，应当作为证据采用。因为，犯罪嫌疑人、被告人供述，本身就是证据的法定形式之一。只要侦查机关没有使用非法手段，被告人的有罪供述就是合法的、有效的。至于根据被告人的供述、指认所提取的物证、书证，原则上应当予以采信。只有在例外的情况下，才予以排除。

---

① 郭明文：《论美国有罪答辩的撤回理由及对我国的启示》，载《华南理工大学学报》（社会科学版）2010年第4期。

② 郭明文：《论美国有罪答辩的撤回理由及对我国的启示》，载《华南理工大学学报》（社会科学版）2010年第4期。

③ 孔冠颖：《认罪认罚自愿性判断标准及其保障》，载《国家检察官学院学报》2017年第1期。

我国前科消灭制度的构建思考

刘 伟*

犯罪前科是指犯罪人因涉嫌刑事犯罪被起诉，经法院判决认定为有罪或判处刑罚的记录。如果没有前科封存或消灭制度，犯罪人将因一次犯罪，终身贴上实施过犯罪行为的"标签"，成为一种"特殊人群"而与普通社会成员相区别，使其回归社会时面临诸多阻碍，难以恢复之前正常的生活环境。如我国《刑法》第100条第1款规定了犯罪人的报告义务，使犯罪人在入伍、就业时往往遭受不平等的对待。

一、前科消灭制度的概念及其价值

（一）前科消灭制度的概念

前科消灭制度，是指犯罪人曾因涉嫌刑事犯罪而受到法院的有罪宣告或者定罪处罚，在其符合法律所设定的条件时，国家将该犯罪人的有罪宣告以及罪行记录予以注销，在法律意义上将其恢复为"没有犯罪记录的人"的制度。这是一种使阻碍犯罪人重回正常社会生活状态的不利因素消失，使犯罪人重新享有正常法律地位的一种刑事司法制度。

前科消灭制度（即犯罪记录消灭制度）对预防犯罪人重新犯罪及帮助其重新回归社会具有积极意义，西方英美法系国家、大陆法系国家以及以俄罗斯、越南、阿尔巴尼亚为代表的新兴国家，均通过立法形式确立了犯罪前科消灭制度。前科消灭制度已成为各国刑法研究的重要课题。① 从2003年以来，我国司法机关也在司法实践中对前科消灭制度进行了积极的探索，尝试为犯罪人抹去污点，保障其回归社会时能得到相对平等的对待。②

---

* 重庆市人民检察院侦查监督处处长，三级高级检察官。

① 钱叶六：《学者呼吁完善刑事立法构建未成年人前科消灭制度》，载《人民法院报》2007年6月1日。

② 何梅：《国外前科消灭制度及档案处理办法简介》，载《北京档案》2004年第6期。

笔者认为，前科消灭制度应当从前科消灭之日，或者撤销之日起，将过去曾经有过犯罪前科的人拟制为不存在犯罪前科，与前科相关的一切法律后果归于消灭。要使该制度在司法实践中更好地运行，应当包括以下几个方面：

第一，改变当事人的法律评价。当司法机关注销该罪犯的犯罪记录时，当事人应当被视为法律意义上“没有犯罪前科记录”的人。该当事人即使以后又实施新的犯罪时，之前的犯罪行为对于所犯的新罪的定罪量刑应当没有影响，法院也不得将之前的犯罪认定为所判处新罪的从重情节。

第二，恢复当事人的合法权益。犯罪前科被消灭之后，应当立刻恢复当事人由于该犯罪前科记录，而丧失或受到影响的相关政治权利、受教育权、就业权等合法权益。

第三，保障当事人的社会生活。在前科记录被注销之后，该当事人在升学、入伍、就业、担任国家公职等方面，不应当再受到继续限制，应当给予其较之普通公民同等的机会和待遇。除此之外，由于我国法律在前科记录制度之外，还配套设置了前科报告制度，所以在前科记录制度废除之后，当事人的前科报告义务也应当同时免除。

（二）前科消灭制度所具有的独特价值

1. 前科消灭制度有利于保障人权

如果没有前科消灭制度，“一次犯罪，终身为贼”，前科记录成为终身抹不去的污点，使犯罪人终身在就业、就学等方面受到影响，使犯罪人的就业权、受教育权得不到合理保障。设立前科消灭制度无疑更加符合保障犯罪人的人权的要求，符合人们对法律公正平等的期待。

2. 前科消灭制度有利于特殊预防

前科消灭制度的适用，可以使犯罪人回到社会后有机会恢复正常的社会生活，享受与其他公民同等的社会待遇，使犯罪人回归社会后不因其犯罪前科而受到其他社会成员的歧视。前科消灭制度的适用，一方面能大大减少犯罪人在回归社会的过程中，因不平等待遇引发逆反心理而重新走上犯罪道路的可能性；另一方面也能对犯罪人起到正面的鼓励作用，既能促使他们在服刑期间认真悔过、积极改造，又能促使他们在回到社会生活时能珍惜自由、遵纪守法，争取早日注销前科记录，避免受到不平等待遇。

3. 前科消灭制度有利于社会安定

我国正处于改革开放更加深入的社会转型期，在社会经济快速发展的同时，由于社会资源分配不平衡、贫富分化加剧、法律政策滞后跟不上社会的飞速变革等各种原因，新的矛盾不断产生，各种社会矛盾集中凸显。在这一社会竞争激烈、矛盾迭起的时期，犯罪人回到社会生活时如得不到有效的引导，有可能在犯罪的道路上越陷越深，受到不平等的待遇后也可能激发新的犯罪影响社会安定。前科劣迹人员再次犯罪，已经成为当前刑事犯罪的重要组成部分，成为影响社会安定、经济发展、人民幸福的重要隐患。正如华东政法大学教授姚建龙所言，没有前科消灭制度的话，归正人员（刑满释放人员）回归社会的途径被堵塞，人为制造了一个不断膨胀、不能消解的特殊群体，积怨会越来越重。① 前科消灭制度的适用有利于缓解这一隐患，引导犯罪人回归社会。

4. 前科消灭制度有利于改变偏见

“浪子回头金不换”深刻表现了社会公众对犯罪人改邪归正的期待，但我们也知道智子疑邻的故事，人会因为身份和关系的不同，而遭到不同的对待。由于受传统刑法意识、道德观念、前科制度等因素的影响，社会公众对犯罪人有天然的歧视与排斥，如若法律上能明确犯罪人有机会消灭前科，必然能引导社会公众改变“一日行窃，终身为贼”的传统刑法意识，改善社会公众对犯罪人的态度，缓解犯罪人与社会公众之间的矛盾。

二、设置前科消灭制度的相关缺陷

《刑事诉讼法》第275条规定设置了未成年人前科封存制度，但其设置存在以下问题。

（一）法律规定上存在冲突

《刑法》第100条规定了“前科报告义务”，同时我国的《法官法》《检察官法》《人民警察法》《教师法》等法律均分别作出规定，曾因犯罪受过刑事处罚的人，不得担任法官、检察官、人民警察、教师等职业，在诸多领域剥夺了犯罪人的从业资格，与刑事诉讼法设置的未成年人前科封存制度形成冲突。有学者统计，至少有超过160部的法律对于受过刑事处罚的公民进行了相关权利的限制。② 这从某种意义上表明了现有法律对犯罪人的过度排斥，这些法律规定明确了前科制度重要地位的同时，也表明了现有法律与前科消灭制度的冲突。

（二）适用范围上相对过窄

新刑事诉讼法设立的前科封存制度，只适用于被判处5年以下有期徒刑的

① 吴陈、赵仁伟：《“前科消灭”为未成年人揭开人生白页》，载新华网，2009年3月1日。

② 赵仁伟：《关注未成年人前科消灭制度改革》，载《中国社会科学报》2009年7月12日。

未成年人，将其他犯罪人排除在外，可能造成其终身受到偏见、歧视，进而影响社会稳定。而在此次刑事诉讼法修订以前，我国没有明确的前科封存制度，更谈不上法定的前科消灭制度，“一次犯罪，终身为贼”，前科成为犯罪人（指有犯罪记录者）终身抹不去的污点。无条件地终身保留被告人前科的做法，无异于将有前科之人终身打上了“有罪的标签”，而新刑事诉讼法规定的前科封存制度适用人群、适用罪刑范围过小，犯罪人“一次犯罪，终身为贼”的局面难以得到改变。

（三）缺少相应的制度保障

前科消灭制度的有效运行，需要公安机关、检察机关、审判机关、村（居）委会、工作单位等多个部门的配合，这不仅需要相关部门做好保密工作，还要设立相应的制度，确保前科消灭制度能达到犯罪记录自动消灭的实际效果。如果没有相应的配套制度，法律所规定的前科消灭制度就无法实现。此外，如果没有相应制度保障，也可能造成前科消灭的滥用，放纵犯罪。

（四）社会公众还存在质疑

十多年以来，我国司法机关在司法实践中对前科消灭制度进行了积极的探索，既获得社会好评，也遭到社会公众的质疑。相关的司法实践是否系放纵犯罪，是否违法违宪是社会公众质疑的焦点。

三、域外前科消灭制度的立法概况

刑事前科消灭制度最初起源于17世纪下半叶时封建专制统治下的法国，是在历代国王与各地诸侯所享有的刑罚赦免权力的基础上逐步发展起来的。被处罚者在实施犯罪行为并被定罪量刑，在刑罚已经执行完毕，并且赔偿了被害人及其家属的相关经济损失之后，通过国王与诸侯的赦免，被处罚者可以从自身名誉已经受到损害的犯罪污点中所解脱。后来，随着法国大革命的兴起，封建专制王权虽然被推翻，但是刑罚赦免权力本身却并没有销声匿迹，该权利逐渐转变为一种司法权力，并被1791年的《法国刑法典》所明确规定，不仅如此，法国在历次修订刑法、刑事诉讼法的过程中逐渐对该制度进行了深化、补充和完善。在西方各主要法制国家与地区的现当代的法制发展历程中，都不约而同地在相应的法律中设置了前科消灭制度。

（一）日本

日本1948年制定的《刑法》第80条明确规定：“犯罪人在刑期执行完毕之后，或者被判处免于执行刑罚时，可以适用有关被告人的人格权利方面的法律规定，对于犯罪人的未来而言，应当视为未受过刑罚处分。”同时，还明确规定了犯罪人被判处监禁及其以上的刑罚时，在犯罪人已经执行完毕该刑罚，或者被法院判处免予处罚或者免予执行时，在经过10年之后；或者犯罪人在被判处罚金及其以上直至监禁及其以下的刑罚时，在犯罪人已经执行完毕该刑罚，或者被法院判处免予处罚或者免予执行时，在经过5年之后；或者犯罪人在被判处罚金以下的刑罚时，在犯罪人已经执行完毕该刑罚，或者被法院判处免予处罚或者免予执行时，在经过2年之后，做出该刑事判决的法院可以依职权宣告该处罚丧失效力，该处罚亦不得作为之后犯罪人重新犯罪时再次进行定罪处罚的参考与前提。

（二）澳大利亚

澳大利亚联邦在《刑事诉讼规则》《犯罪起诉规则》中明确规定，警方对于成年人的犯罪记录通常情况下可以保留，但应当封存。对于未成年人的犯罪记录可以保留到成年之前，在18岁时具有完全民事行为能力之后，必须予以销毁。并且该犯罪人在成年之后继续实施犯罪行为时，不能按照累犯的相关规定进行定罪与处罚。1971年，瑞士联邦仿照澳大利亚联邦的立法规定与司法实践，在新修正的刑法中明确规定未成年犯罪人的前科记录在其成年之时予以注销，同时规定了有关成年犯罪人的相关前科消灭制度。

（三）法国

2006年，法国在其新修改的刑事诉讼法中明确规定了犯罪人尤其是未成年犯罪人的刑事前科消灭制度。即在未成年人实施犯罪行为并作出有罪的刑事判决之后，应当通过感化与挽救等再教育的形式和途径来对未成年犯罪人产生积极的效果。自从该刑事判决生效之日起3年之后，或者该未成年犯罪人已经达到成年人的法定年龄时，提起公诉的检察院可以通过依职权提出的方式，或者该犯罪人可以通过依申请提出的方式，审理该案件的青少年法庭应当做出撤销犯罪人的犯罪记录以及相关司法档案的决定。

（四）俄罗斯

俄罗斯在前科消灭制度的执行方面则走得更远。俄罗斯法律规定犯罪人的前科消灭不需要法院的专门判决，也不需要任何能够证明犯罪人曾经被定罪量刑以及受到刑事处罚的相关证明文件。在犯罪人服刑期满经过法定的考验期限，或者缓刑的考验期限届满时，前科消灭制度自动实施。另外，立法者充分考虑到刑罚实施过程中所出现的各种特殊情况，还规定了该犯罪人如果按照法定程序有可能会被免于服刑，或者在未服满所判处的刑罚时已经被改判为比较轻微的刑罚种类，则适用前科消灭制度的期限不应当按照法官所判处的刑期计算，而应当按照实际服完的刑期来进行计算。

（五）德国

德国 1974 年制定、1988 年修改的《德意志联邦共和国少年法院法》第 97—101 条全面规定了少年犯的前科消灭制度。[①] 该法律同时对前科消灭制度的适用程序作出了明确规定，在适用程序之中，社会调查程序的作用尤为突出。根据相关规定，少年法院法官应当优先委托对于被判处刑罚的未成年犯罪人在刑罚执行完毕之后进行照料与监管的机构，对该少年犯罪人的通常行为以及考验情形进行社会调查。[②] 少年法院法官也可以自行进行相关的社会调查，调查时应当听取被判刑的少年犯罪人的意见，如果被判刑的未成年犯罪人系年龄较小的未成年人时，还应当听取其监护人、法定代理人、学校以及教育行政主管部门的意见与建议。在这些调查行为结束之后，法官还应当听取负责本案公诉的检察官的意见。

可见，各主要法治国家对于前科消灭制度的具体条件的规定都比较简单化与原则化。由于是在前科消灭制度的条件方面，俄罗斯采取了一种比较宽松的立法规定，即只要犯罪人在法定期限内没有实施新的犯罪行为时，就可以消灭之前的犯罪前科。德国法律的规定则体现了法官在适用该制度的前提时，应当秉承内心确信原则。

这些国家和地区的司法和立法实践表明，作为前科消灭制度中的法定构成要件之一，该制度的运行条件不但在该制度的正确适用方面具有重要作用，而且还是法官正确适用该制度的标尺。所以，立法在该制度的适用条件方面应当采取精确、客观的认定标准，以免法官在具体案件的适用中滥用自由裁量权，侵害犯罪人的人权与相关合法权益。

前科消灭制度目前已成为世界各主要法治国家刑事立法的大势所趋，并且对于预防未成年人犯罪和重新犯罪具有积极意义，也对犯罪后的未成年人重新回归社会具有积极意义。在这样一种大的社会背景之下，我国应当结合我国现有国情，大力借鉴国外立法，对现有前科封存制度进行深化，努力寻找出适合我国的未成年人的前科消灭制度。如对我国《刑法》第 100 条规定的前科报

---

① ［德］汉斯·海因里希·耶赛克、托马斯·魏根特：《德国刑法教科书》，徐久生译，中国法制出版社 2001 年版，第 1099 页。

② ［德］汉斯·海因里希·耶赛克、托马斯、魏根特：《德国刑法教科书》，徐久生译，中国法制出版社 2001 年版，第 1102 页。

告期制度进行进一步的修改充实与完善，使之能够与未成年人犯罪前科消灭制度进行有机配合，并在此基础上更好地衔接协调。未成年人的犯罪前科记录一旦予以消灭，应当全面免除其报告义务，复原其正常的法律地位，让未成年人彻底告别过去、迈向新生。同时，还应当对我国现行民事、行政立法中有关前科效应的规定进行配套清理和系统整合，使其形成结构合理、层次分明、逻辑严密的前科效应体系，并坚决剔除一些绝对化的立法规定，不再以立法的形式硬性终身剥夺未成年人的某些资格或权利，避免造成永久性无法弥合的伤痕，使未成年人看到新生的朝阳与希望。

四、前科消灭制度的完善设想

（一）前科消灭制度的构建，需要立法保障

我国现有的前科消灭制度是一项严格的系统的制度，在法律上有明确的规定，其正确适用与刑法等法律适用息息相关。前科消灭制度作为与我国现有前科制度相对应的一种制度，作为一项关系到犯罪人就学、就业、入伍等社会权利的制度，其适用与构建应当在相关法律上有明确规定，否则前科消灭制度的适用与我国现有法律的冲突将是不可避免的。笔者建议，应当大力参照世界各主要法治国家对于犯罪人前科消灭制度的相关规定，进一步补充与完善现有法律的规定，使该制度在实践中的正确运行能够真正做到有法可依。对于犯罪人能够真正地复归社会，为我国刑罚制度所包含的教育、感化、挽救的方针能够在社会实践中真正实现，达到对于犯罪人的特殊预防效果，都是意义重大并且极有裨益的。

（二）前科消灭制度的构建，需要相应的档案制度配合，可以建立专门的犯罪档案记录体系

前科即犯罪记录，记录于每一个犯罪人的档案中，根据我国的相关制度，现今没有专门的犯罪记录档案，前科记录于人事档案中。在现在的档案体系下如果达到真正的前科消灭效果，离不开对相关人事档案的处理。但现有的档案体系与前科消灭制度并不适应，如适用前科消灭制度后在人事档案中单纯地抽掉前科记录，那么会存在档案不全的现象。要构建前科消灭制度，必将进行人事档案的制度改变。对照世界各主要法治国家的相关实践，在德国建立专门的犯罪记录体系被普遍证明是前科消灭的有效方法。笔者建议，我国在实行人事档案制度的改革过程中，可以参考与借鉴德国司法实践中的相关经验，将犯罪档案从人事档案中抽出，并建立专门的犯罪档案记录体系，以便于政府机构人

员基于特殊目的所进行的查询。

（三）前科消灭制度的适用不仅应当包括未成年人，还应当包括成年人。

相较于成年犯罪人前科消灭，我国更加重视未成年犯罪人的前科消灭，已经先后批准加入《联合国少年司法最低限度标准规则》（又称《北京规则》）、《联合国保护被剥夺少年自由准则》等国际公约，这些国际公约中对未成年人犯罪记录的封存、消灭都有明确的规定①。近几年来司法机关也在司法实践中对建立未成年人轻罪前科消灭制度进行了不同方式的探索。最高人民法院在《人民法院第三个五年改革纲要（2009—2013)》（以下简称《纲要》）中明确提出，法院系统要配合有关部门有条件地建立未成年人轻罪犯罪记录消灭制度。未成年人前科消灭制度构建纳入《纲要》，一方面印证着我国未成年人前科消灭制度构建受到的关注程度，另一方面也蕴含着未成年人前科消灭制度构建的现实可能性。

前科消灭制度的价值主要在于预防犯罪人再次犯罪，帮助其重新回归社会，恢复正常生活状态，因此不应仅仅适用于未成年人，还应适用于成年人。在世界各主要法治国家的司法实践中，德国、英国、俄罗斯等国的前科消灭制度也对成年人的前科消灭作出了规定。希望我国的前科消灭制度也能适用于成年人，为那些改邪归正、表现良好的犯罪人提供一个机会，实现前科消灭制度其独特的价值。

（四）前科消灭制度的适用，应当突破“五年以下有期徒刑”的限制，并设置特殊罪名的排除条款

现行的前科封存制度，将刑罚范围限定在5年以下有期徒刑，将被科以重刑的犯罪人排除在外，不利于重刑人员的再犯罪预防。建议取消“五年以下有期徒刑”的区分条件，不再以刑罚作为是否适用前科消灭的标准。同时为维护国家、社会的重大利益，将前科消灭制度与我国《刑法》第66条特别累犯条款形成对接，将“危害国家安全犯罪、恐怖活动犯罪、黑社会性质的组织犯罪的犯罪分子”排除出前科消灭的适用范围。

（五）前科消灭制度应当设置相应的考察期

累犯制度是我国刑法的重要制度，是法院量刑考量的重要情节之一，对打击再犯、实现犯罪人的特殊预防具有重要意义。笔者认为，为了更好地贯彻执

---

① 《联合国保护被剥夺自由少年规则》第19条：“释放时，少年的记录应封存，并在适当时候加以销毁。”

行前科消灭制度，在司法实践中，前科消灭制度应当设置相应的考察期，与我国的累犯制度适应，否则可能会产生累犯制度被前科消灭制度规避的情况。在世界各主要法治国家的司法实践中，从设立前科消灭制度的德国等国的法律规定来看，犯罪人在有罪宣告或服刑完毕之后，并不立即引起先前犯罪记录的前科消灭，而是要经过一定的考察时期，对犯罪人的相关行为表现进行考察。如果不设置考察期，既不利于发挥犯罪记录对犯罪人的震慑作用，也不利于发挥前科消灭制度对犯罪人的引导作用。所以，为了更好地实施前科消灭制度，我国相关刑事法律应当在罪犯的有罪宣告之后，或者刑罚执行完毕之后，设置合理期限的考察期。结合法治发达国家的立法规定与我国的司法实践经验，笔者建议将该期限设定为 5 年，与我国《刑法》第 65 条一般累犯条款形成对接，犯罪人刑罚执行完毕后经过 5 年考验，如果没有再次故意犯罪、严重违法，适用前科消灭制度。

（六）前科消灭制度应当设置社会组织与司法机关的全面参与

借鉴域外立法经验，并结合我国社会主义法治实践，建议由人民法院行使前科记录注销的决定权，由犯罪人的工作单位、居住地的公安机关、居（村）委会负责考验期内的考查，由人民检察院行使前科记录注销的监督权，通过社会组织与司法机关的全面参与，客观公正全面地对犯罪人作出准确评价，确保前科消灭制度的准确适用。

结语

在我国相关刑事法律的制度构建之中，有关于未成年犯罪嫌疑人的教育、感化、挽救是未成年人刑罚制度构建的重中之重。未成年人前科消灭制度有助于保障未成年人的基本人权，有助于消除歧视、理性宽容，有利于未成年犯罪人享有与普通人同等的学习、就业机会，为复归社会消除障碍，避免激化其与普通公民之间的矛盾，有效预防未成年犯罪人再次犯罪，为未成年犯罪人的新生打开一条绿色通道，是我国犯罪记录制度的重大改革。可以并且能够预见到的是，该制度经过不断的修改与完善，必将对于维护社会的发展与稳定具有重大的贡献。

庭前证据整理程序研究

——以“审判中心”背景下落实直接言词原则为视角

孙　琳　关倚琴*

一、庭前证据整理程序概念的提出

所谓庭前证据整理程序，是指在庭前会议中，由法官居中主持、控辩双方共同参与情况下，对庭审证据进行梳理，对焦点证据、争议证据予以明确的程序。

最高人民法院《关于适用〈中华人民共和国刑事诉讼法〉的解释》第183条、第184条规定，审判人员可以在“证据材料较多、案情重大复杂”的情况下可以召开庭前会议；召开庭前会议，审判人员可以询问控辩双方对证据材料有无异议，对有异议的证据，应当在庭审时重点调查，无异议的，庭审时举证、质证可以简化。另外，最高人民法院《关于建立健全防范刑事冤假错案工作机制的意见》第10条也规定，“庭前会议应当归纳事实、证据争点。控辩双方有异议的证据，庭审时重点调查；没有异议的，庭审时举证、质证适当简化”。由此可见，我国刑事诉讼已将证据整理、明晰争点作为了庭前会议的主要功能之一。而庭前会议证据整理、明晰争点的功能也是实现庭审实质化的“以审判为中心”司法改革的需要。

二、庭前证据整理程序建立的背景

庭前证据整理是在控辩双方在充分掌握对方证据材料基础上，为明确争议焦点、梳理证据体系，实现高效且有针对性的庭审而建立的。其产生的背景，主要有三个方面，一是控辩双方能够在庭前全面掌握对方证据材料；二是有效

---

* 孙琳，重庆市人民检察院公诉一处处长，三级高级检察官。关倚琴，重庆市人民检察院第一分院公诉一处副处长，四级高级检察官。

应对正式庭审的复杂性和不可控性的需要；三是已有的诉讼经验为庭前证据整理程序提供了实践基础。

（一）庭前证据的充分掌握

应当说控辩双方（特别是辩方）实现庭前对证据的掌握并非一帆风顺，我国庭前证据移送方式经历了从“卷宗移送主义”到“起诉书复印件主义”再到“卷宗移送主义”的两次变革。1979 年刑事诉讼法为方便法院的公诉审查，要求检察机关提起公诉时移送全部证据材料，但却造成法官“未审先判”和“庭前审判”，架空正式庭审。1996 年刑事诉讼法修改，为防止法官在庭前产生预断，将卷宗移送方式从“卷宗移送主义”改为“主要证据复印件主义”。然而，由于审查起诉阶段辩护人的法定阅卷范围仅限于案件的诉讼文书和技术性鉴定材料。而提起公诉后，检察机关又恣意掌控“主要证据”的判断标准，移送法院的卷宗材料范围极为狭窄，致使辩护人在开庭前根本无法全面了解控方证据情况，从而使辩护人阅卷权受到极大损害，最终造成控辩力量失衡。有鉴于此，2012 年新刑事诉讼法规定，人民检察院向人民法院提起公诉时，应将案卷材料、证据移送人民法院。同时规定了辩护人自检察院对案件审查起诉之日起，可以查阅、摘抄、复制本案的案卷材料。应当说，从修改后刑事诉讼法施行 3 年多的实践来看，辩护人阅卷权已经得到了有效的保障，辩方能够在庭前全面掌握控方证据材料。而对于控方而言，一方面，因为控辩双方对证据收集能力的严重悬殊，使得实践中辩方能提供证据的情况少之又少；另一方面，控方一般能够通过法院了解辩方证据情况，因此，可以说在我国当下刑事诉讼程序中控辩双方均已经实现了庭前证据的充分掌握。

（二）庭审复杂性的应对要求

以审判为中心，要求事实证据调查在法庭、法院全面贯彻证据裁判原则，严格实行非法证据排除规则。《刑事诉讼法》第 54 条规定，对于采用刑讯逼供等非法方法收集的犯罪嫌疑人、被告人供述；采用暴力、威胁等非法方法收集的证人证言、被害人陈述，以及收集程序不符合法定程序，可能严重影响司法公正，且不能补正或作出合理解释的物证、书证作为非法证据予以排除。在非法证据排除原则的要求下，传统的庭审模式无法有效应对改革后庭审将面临的复杂性和不可控性。一方面，如果诉讼当事人（一般为辩方）当庭提出非法证据排除的要求，展开“意见突袭”，必然会打乱庭审节奏，甚至导致案件的延期审理。另一方面，如果当庭启动非法证据排除程序，侦控机关针对证人询问、犯罪嫌疑人讯问过程所制作的同步录音录像必然会成为证实其取证合法性的重要依据。而对同步录音录像的审查难免机械而冗长，这将直接导致庭审不必要的拖延，浪费司法资源。因此，为应对改革后庭审的复杂性和不可控性，实现庭审实质化，建立“以审判为中心”的诉讼目标，有必要在庭前明确证据争议焦点，在庭前会议的证据整理程序中，由控辩双方对争议证据，特别是言词证据的争点予以明确，从而保证正式庭审的顺利进行。

（三）“庭前证据展示程序”的长期实践基础

在长期实施“主要复印件移送主义”的过程中，司法实务界为提高庭审效率和解决辩方“阅卷难”等问题，逐渐探索和总结出了“庭前证据展示程序”①。所谓庭前证据展示程序，是指在法院受理案件后庭审前，由法官组织控辩双方共同参与的对证据的展示程序。程序的目的在于通过保障辩护人阅卷权，在尽量促进控辩双方力量对等的同时，简化庭审举证程序，从而提高庭审效率。程序的具体操作方式，是由案件审判长居中主持，公诉人、辩护人共同参与，由控辩双方就庭审中将要举示的证据在庭前进行展示和交换，并由法院书记员对展示过程予以记录。

尽管证据交换程序与庭前证据整理程序的目的和内容不同，前者侧重的是确保控辩双方的平等武装，讲求的是将控方通过公权力收集的证据展示给辩护方。② 后者的目的则是通过整理证据争点，从而提高庭审诉讼效率。但二者在具体的程序操作上具有一定的共通性，应当说庭前证据交换程序的长期司法实践，能够为庭前证据整理程序的实施提供操作上的延续性。

三、庭前证据整理程序的性质分析

明确庭前证据整理程序的性质，对于准确定位该程序的功能，合理设计程序内容具有重要意义。而要明确证据整理程序的性质，首先要了解我国庭前会议的程序性质。

（一）庭前会议程序的性质

有人认为庭前会议程序是“预审程序、公诉审查程序”③，也有人认为，

---

① 2003 年最高人民法院、最高人民检察院、司法部联合发布了《关于刑事公诉案件试行证据交换的若干意见》，2005 年重庆市高级人民法院颁布《刑事公诉案件证据展示规则（试行）》

② 陈卫东、杜磊：《庭前会议制度的规范建构与制度适用——兼评〈刑事诉讼法〉第 182 条第 2 款之规定》，载《浙江社会科学》2012 年第 11 期。

③ 孙振：《庭前会议程序与审前非法证据的排除》，载《研究生法学》2013 年 4 月，转引樊崇义主编：《公平正义之路——刑事诉讼修改决定条文释义与专题解读》，中国人民公安大学出版社 2012 年版，第 470 页。

庭前会议的性质是庭前准备程序。[①] 笔者认为，庭前会议与审前程序、预审程序、庭前准备程序之间是包含与被包含的层层递进关系，庭前会议程序应当定位于庭前准备程序的核心程序。

首先，刑事案件交付法院审判以前的所有诉讼程序都应当属于审前程序。而审前程序与预审程序之间存在明显的包含关系，预审是审前程序的一个子程序。[②] 其次，预审程序，是指在刑事诉讼中，拥有司法审查权的主体依法对检控方准备起诉的案件进行审查，以确定案件是否符合起诉的条件，从而决定是否应当起诉，将案件交付审判的程序。[③] 预审程序一般担负两项功能：其一，也是主要的功能，是审查公诉，防止不必要和无根据的审判发动，以保证公民的权利并节约诉讼的资源。其二，是做相关的准备工作，以保证庭审的顺利进行。[④] 因此，庭前准备程序应当属于预审程序的范畴。

我国《刑事诉讼法》第 182 条第 2 款规定，法院召开庭前会议对回避、出庭证人名单、非法证据排除等与审判相关的问题，了解情况，听取意见。其目的应当在于透过准备而使“人”与“物”能齐集于审判期日[⑤]。因此，我国庭前会议当然属于庭前准备程序的范畴。而第 182 条除规定庭前会议程序外，还对合议庭组成、送达起诉书副本、通知开庭信息等情况予以规定，而上述行为也理应属于为庭审准备工作，是庭前准备程序。因此，从作用和功能的重要性而言，庭前会议理应视为庭前准备程序的核心内容。

（二）庭前证据整理程序的性质

作为庭前会议重要组成部分的证据整理程序，其性质当然属于庭前准备程序。然而，需要明确的是庭前会议证据整理程序与庭审中的举证、质证之间的区别。

众所周知，诉讼是围绕法官建立心证，而法官建立心证的主要空间是法庭，只有庭审，才能通过听证与辩论有效实现对不同主张和根据的“兼听”。只有庭审，能通过集中的、严格的程序安排，保证诉讼的公正与效率。因此，以审判为中心，以庭审为重点，是诉讼的“题中应有之义”。[⑥] 刑事诉讼庭审中控辩双方的举证、质证，正是法官“兼听”和建立心证的重要过程。而庭

---

① 闵春雷、贾志强：《庭前会议制度适用问题研究》，载《法律适用》2013 年第 6 期。

② 潘金贵：《刑事预审程序研究》，法律出版社 2008 年版，第 6 页。

③ 潘金贵：《刑事预审程序研究》，法律出版社 2008 年版，第 4 页。

④ 龙宗智：《刑事诉讼庭前审查程序研究》，载《法学研究》1999 年第 3 期。

⑤ 林钰雄：《刑事诉讼法》（下册），中国人民大学出版社 2005 年版，第 151 页。

⑥ 龙宗智：《论建立以一审庭审为中心的事实认定机制》，载《中国法学》2010 年第 2 期。

前会议中证据整理程序，尽管也是在法官主持下由控辩双方围绕证据开展的程序，但其核心是为庭审顺利开展做准备，属于庭前准备程序的核心组成部分，其作用是为庭审能够顺利高质、高效开展提供有效的保障。因此，二者是完全不同的，证据整理程序不是庭审的举证、质证，更不能代替庭审的举证、质证对证据进行调查和认定。

四、域外证据整理程序的简要比较

世界上许多国家的刑事诉讼制度均规定了正式庭审前的证据整理程序，分析和参考各地程序的共通性，能对解决我国庭前证据整理程序的问题有所裨益。

（一）日本“公审前的争点及证据的整理程序”

2004年日本颁布了《关于修改刑事诉讼法等部分条文的法律》，其中新增了“争点及证据整理程序”。其中“公审前整理程序”，是指为了持续、有计划且迅速地进行充分的公审审理，法院认为必要时，可以听取检察官及被告人或者辩护人的意见，在第一次公审日之前，裁定将案件交付公审前整理程序，以整理案件的争点及证据。① 在该程序中包括了整理证据及证据的开示。② 由于日本实行“起诉状一本主义”，起诉时不移送卷宗材料，因而在整理程序中详细规定了证据展示的方法和规则。其中，规定辩方应当依法迅速向检察官展示用于证明辩方预定事实的证据。而控方展示的证据主要包括两个方面：一方面，检察官用于在公审时证明预定事实的证据应当迅速向被告人或者辩护人展示；另一方面对于检察官用于在公审时证明预定证明事实的证据以外的证据，以及其他与辩护方主张相关联的证据，在辩方提出展示请求时，应当综合考虑该证据重要性的程度、对被告人准备防御而进行展示的必要性的程度，以及展示可能产生的不利后果及程度。如果认为适当，检察官认为必要时，可以指定证据展示的时间或方法，或者附条件进行展示。③

（二）英国“答辩和指导的听审程序”

为促进控辩双方做好庭审的准备工作，使法官做好审判前安排并了解必要的情况，英国于1995年设置了除严重诈骗案件之外所有案件的“答辩和指导的庭审”程序。“答辩和指导的庭审”程序既是被告人是否认罪的答辩程序，也是法官了解相关材料以制定审理计划及解决证据可采性等争议事项的程序。

---

① 宋英辉、孙长永、朴宗根等：《外国刑事诉讼法》，北京大学出版社2011年版，第473页。
② 施鹏鹏、陈真楠：《刑事庭前会议制度之检讨》，载《江苏社会科学》2014年第1期。
③ 宋英辉、孙长永、朴宗根等：《外国刑事诉讼法》，北京大学出版社2011年版，第478页。

该程序参与者为法官和控辩双方，由法官要求控辩双方提交相关事项的材料，其中包括所有实物证据或表格、证据的可采性问题、控诉证人出庭作证的顺序、所有已被展示的证明被告人不在犯罪现场的证据等内容。①

（三）美国“审前动议程序”及“庭审前会议程序”

美国的审前动议程序，是控方或辩方要求法院对适用某项程序规则或证据规则作出指令的请求。根据《联邦刑事诉讼规则》第12条的规定，排除证据、开示证据的请求均必须在审前以动议的形式向法院提出。②《联邦刑事诉讼规则》第17.1条规定了“庭审前会议”程序，即在提交大陪审团起诉书或者检察官起诉书后，法庭根据当事人的申请或自行裁量，可以命令召开一次或者数次会议，以考虑有助于促进审判公正和审判效率的事项。③其主要功能便是整理和明确诉争要点。④

分析域外庭前与证据整理相关的刑事诉讼程序，其共通性主要在于：（1）程序设置的目的，是在集中审判原则的要求下，实现庭审高效和庭审的充分，以保障诉讼效率和审判的公正；（2）参与的主体包括法官、检察官、辩护人和被告人；（3）程序的内容主要包括证据的展示、证据能力的意见、证据调查的申请，以及庭审时证据调查的范围、次序及方法等。

五、我国庭前证据整理的程序设置

（一）庭前会议证据整理中存在的问题

我国庭前会议证据整理程序主要适用于重特大刑事案件的办理过程中。如薄熙来受贿、贪污、滥用职权案，刘志军受贿、滥用职权案，刘汉、刘维等36人组织、领导、参加黑社会性质组织罪案等。这些案件的普遍特点是案件的社会关注度高、影响大，且证据种类繁多、卷宗材料庞杂。例如，刘志军案

① 施鹏鹏、陈真楠：《刑事庭前会议制度之检讨》，载《江苏社会科学》2014年第1期。

② 宋英辉、孙长永、朴宗根等：《外国刑事诉讼法》，北京大学出版社2011年版，第79页。

③ 高敏：《庭前会议程序与非法证据排除研究》，华东政法大学硕士论文。转引自Federal Rules of Criminal Procedure , US, Printed for the use of The Committee on the Judiciary House of Representatives（December 1, 2006）。

④ 闵春雷、贾志强：《庭前会议制度适用问题研究》，载《法律适用》2013年第6期。（然而笔者未能查找到与美国庭审前会议程序的操作方式、具体内容相关的资料信息。）

中的证据材料达447册[①]、刘汉案的卷宗更多达1300余册[②]。而办理上述案件，通过庭前会议的证据整理程序，使得控辩双方在庭审前确认无争议证据、理清关键证据、明确争议证据，继而在庭审过程中简要举示和质证无争议的证据，着重围绕关键证据、有争议证据发表意见、展开辩论，从而大大缩短庭审调查时间，实现了庭审效率的提高。然而，在其他案件的实践运用中却也存在诸多问题。

1. 以庭前证据整理程序代替庭审举证、质证

由于忽视或未正确认识证据整理属于庭前准备程序的本质属性，而在庭前证据整理过程中，由控辩双方直接对证据进行举示，并发表对证据“三性”的意见。上述行为直接导致了证据整理程序僭越其“庭审之准备”的功能，以证据整理程序取代了庭审的举证、质证，最终使庭审的证据调查变成“走过程”，架空庭审，从而违背庭审中心主义的要求。

2. 证据调查的参与主体存在争议

对于庭前会议中证据调查程序的主体的争议主要集中在，被告人是否能够参与证据整理，以及主持法官是否能为案件的庭审法官这两个问题上面。

首先，关于被告人是否能成为证据整理程序主体的问题，笔者认为，证据整理程序的主体理应包括案件的被告人，理由有三。

第一，符合证据整理的程序设置目的。被告人了解证据全貌，参与证据的举证、质证是其在庭审中的必经程序。若在庭前会议中被告人就已经全面了解证据情况，那么庭审举证时公诉人就不必全面而详细地宣读证据内容，节省举证时间，将有限的庭审资源集中于解决案件的争议焦点和关键上面。因此，允许被告人庭前参与证据整理，了解证据情况，明确争议证据，有助于提高诉讼效率和实现庭审的实质化，契合证据整理程序的目的要求。

第二，参与证据整理程序是被告人行使辩护权的需要。辩护权的执行主体首先是被告人，其次才是辩护人。辩护人是基于被告方委托协助被告人行使辩护职能的主体。[③] 而辩护人拥有的对证据的知悉权是基于其辩护职能产生的，故被告人拥有证据知悉权是其辩护权能的应有之义。

第三，司法实践的良性结果证明，被告人参与证据整理程序具有可行性。

---

① 参见《庭审仅三个半小时引发争议刘志军案律师自辩：我不认为在表演》，载http：//www.infzm.com/content/91556，2015年1月15日访问。

② 参见《刘汉案纪实：公诉人因一个错别字重印起诉书》，载http：//energy.southcn.com/e/2014－04/24/content_ 98278032.htm，2015年1月15日访问。

③ 徐静村：《刑事诉讼法》，法律出版社2004年版，第89—90页。

在薄熙来案、刘志军案、刘汉案等重大刑事案件的办理过程中，被告人参与庭前证据整理程序，了解证据情况，充分行使自我辩护权，取得较好的法庭审理效果，为被告人参与证据整理程序提供了可行性证明。

当然，被告人庭前对证据的知悉权应当被加以限制。在程序上，被告人了解案件证据应当是在法官、检察官在场的情况下进行；在范围上，被告人了解证据的范围上应当有所限制，应屏蔽“可能危害证人人身安全”、涉及国家机密、公共安全等相关信息的证据内容。

其次，关于案件庭审法官能否担任证据整理程序的法官，笔者持肯定的态度。一方面，证据整理只是就庭审将举示的证据的范围、举证的方式、争议的证据予以明确，并不涉及控辩双方对于证据争议的具体理由和详细意见的发表，因此庭审法官参与证据整理并不必然造成法官的庭前预断；另一方面，由庭审法官主持证据整理程序，还有助于庭审法官全面了解案件和证据的关键点、争议点，从而在庭审过程中能够有针对性地引导庭审的审理重点和方向，达到在提高审判效率的同时促进庭审实质化的目的。

3. 证据整理程序的具体操作方式不统一

由于我国刑事诉讼立法和司法解释中均未明确规定庭前证据整理程序的适用范围和具体操作方法。因而，在证据整理程序的实践运用中，各地存在不同的运行模式。如证据整理是否公开进行上，有些地方采用不公开模式，而有些法院采用公开为原则，不公开为例外的模式①。而对于证据整理程序到底应当解决哪些问题，如何解决问题，各地做法也不统一。

（二）我国庭前会议证据整理程序的具体设置

1. 总体程序

笔者认为借鉴域外立法和我国司法经验，首先，程序应当是在法官居中主持下，由公诉人、辩护人、被告人共同组成的控辩双方参与的三方诉讼模式；其次，程序的内容应当包括特殊证据的展示、证据争点的梳理、庭审证据举示顺序和方法的明确、庭前调取证据的申请以及证据可采性意见的提出等方面内容；最后，程序应当采用不公开进行的原则。第一，从目的看，证据整理是为正式庭审准备条件，而符合条件的正式庭审以公开为原则，因而没有必要对准备程序予以公开；第二，从内容看，证据整理是控、审、辩对涉案证据的梳

---

① 重庆市第一中级人民法院《刑事审判庭前会议实施细则（试行）》第6条规定：庭前会议应当公开进行，但是涉及国家秘密或者个人隐私的案件，不公开进行；涉及商业秘密的案件，当事人申请不公开的，可以不公开进行。不公开进行的案件，应当宣布不公开的理由。

理，形式上对证据的整理也没有公开的必要性；第三，从影响上看，不公开能够避免媒体过早获悉案件证据而以舆论干扰司法，有助于审判独立。

2. 庭前证据整理程序的具体操作设置

首先，关于特殊证据的展示。在我国现行刑事诉讼制度之下，辩护人的阅卷权应当说已经充分得到保障。律师在审查起诉阶段能够通过复印卷宗材料、拷贝卷宗电子扫描件等方式获悉全案证据材料。在实行案管部门收案时同步扫描卷宗材料的检察院，辩护人获悉的基本上是侦查机关侦查终结移送审查起诉的一字不差的“原始卷宗”。因而，此处的证据展示并不包括上述材料，而是指辩方证据展示和控方“特殊证据”展示。

一是辩方证据的展示。由于我国刑事诉讼法仅规定，辩护人应将其收集的犯罪嫌疑人不在犯罪现场、未达到刑事责任年龄、属于依法不负刑事责任的精神病人的证据，及时告知人民检察院，并未规定辩方将掌握的其他证据材料在庭前向控方展示的义务。因此，尽管实践中辩方普遍不具有证据优势，但从程序设置的对等性上而言，应当赋予证据整理程序中辩方向控方展示其将在庭上举示的证据的义务。

二是控方“特殊证据”的展示。所谓控方“特殊证据”，是指控方掌握的，并不将在庭审时举示，但与辩方准备防御有必要性的证据。例如，在“聂树斌强奸杀人案”的复查过程中，辩护人要求查阅的控方掌握的“王金书强奸杀人案”的相关证据就属于对“准备防御有必要性的证据”。对于控方“特殊证据”的展示，笔者认为可以借鉴日本证据展示制度的规定，即在综合考虑该证据重要性的程度、对被告人准备防御而进行展示的必要性的程度，以及展示可能产生的不利后果及程度，由法院在听取检察官的意见后作出是否展示的决定。

其次，如前所述，被告人应当拥有对证据的知悉权，应当赋予其参与证据整理程序的地位。但展示程序的设置应当要注意以下几点：第一，展示的范围应限于是控方将在庭审时举示的证据，但涉及证人人身权利保护、国家安全、国家秘密保障等信息应当对被告人屏蔽。第二，展示程序要在法官主持、控方在场的情况下进行。鉴于我国律师队伍的整体素质良莠不齐、相关法律法规对律师行为的规范、监管不全面的司法现状，为保证展示的范围恰当、程序合法，应当在庭前会议开展过程中向被告人展示证据。第三，展示的场所，可以在看守所内向被告人展示，也可以将被告人提押到法庭向其展示。对于卷宗材料过多的证据，可以采用举示电子扫描件的方法进行。

3. 证据争点整理的具体方法

首先，确认控方举证范围和方法是整理的前提。一般来说，辩护人在庭前会议前就已经掌握了全案的证据材料，但哪些证据是控方在庭审时将要举示的，以及控方将如何对成百上千的庞杂卷宗材料进行分组举示却是辩方无法获知的。为了有效明确证据的争点，实现庭审的效率，辩方必然需要了解控方的举证脉络，应当知晓上述信息。而这也是控辩双方整理证据、明确关键证据、提出有争议证据的基础。

具体方法上，可以设置由控方向辩方提供举证的证据目录清单，即只载明庭审时举证的分组情况，以及每组证据的名称，不写明单个证据所证实的内容以及每组证据要证明的内容。由此，辩方既可明确哪些证据属于庭审时的控方证据，从而有针对性地提出对上述证据有无异议的意见，也可避免辩方全面获悉控方的举证策略而影响控方的指控。

其次，在争点整理的具体操作上。控辩双方只对有无证据争议表明态度，明确有争议证据和无争议证据，并由书记员对双方意见予以记录，而不对争议的具体内容发表意见，从而避免举证、质证前置，架空庭审调查的不当后果。

最后，对于非法证据的意见，应当在庭前证据整理程序中提出，并在庭前会议中完成对书面言词证据对应的同步录音录像资料的审查。

论检察院介入死缓复核程序

张　丽*

死刑是剥夺犯罪分子生命的刑罚方法，是最严厉的刑罚，因此各国对死刑的适用都十分谨慎。我国在“少杀、慎杀，控制死刑”的刑事政策指引下，对死刑案件限定了管辖法院、设立了死刑复核程序、死刑缓期二年执行等制度，限制了适用对象、适用范围，体现了我国对死刑案件的谨慎性。为了体现死刑案件适用的统一性，2006年10月31日，第十届全国人大常委会通过了《关于修改〈中华人民共和国人民法院组织法〉的决定》，将死刑立即执行案件的核准权收回，由最高人民法院统一行使。现行刑事诉讼法规定，死刑立即执行案件由最高人民法院核准，死刑缓期二年执行的案件由高级人民法院核准。另外，《刑事诉讼法》第240条规定，在复核死刑案件过程中，最高人民检察院可以向最高人民法院提出意见。最高人民法院应当将死刑复核结果通报最高人民检察院。由此可见，《刑事诉讼法》第240条规定中的“死刑”属狭义概念，仅指死刑立即执行案件。换句话说，现行立法只规定了死刑立即执行案件中的检察机关介入程序，而未对死缓案件的检察机关介入作出规定。随着人权保障程度的增加，死缓复核程序中检察机关的介入问题已成为当前值得研究的一个重大问题。

一、死缓复核程序相关问题厘清

（一）现行死缓复核程序法律规定

根据《刑事诉讼法》第237条、最高人民法院《关于适用〈中华人民共和国刑事诉讼法〉的解释》（以下简称《高法解释》）第345条的规定，中级人民法院判处死刑缓期二年执行的第一审案件，被告人未上诉、人民检察院未抗诉的，应当在上诉期、抗诉期满后10日内报请高级人民法院核准。中级人

* 重庆市人民检察院公诉二处处长、检察委员会委员，三级高级检察官。

民法院判处死刑缓期两年执行的案件，被告人提出上诉或者人民检察院提出抗诉的，高级人民法院应当依照第二审程序进行审理；高级人民法院一审判处死刑缓期两年执行，被告人未上诉、人民检察院未抗诉的案件，以及高级人民法院二审裁定维持中级人民法院判处死刑缓期两年执行的案件，无须再经过单独的复核程序。

根据我国法律规定，死刑包括死刑立即执行和死刑缓期二年执行两种情况。死刑复核法律监督也应当包括两种情况，而我国刑事诉讼法只规定了对死刑立即执行复核的检察机关介入，没有规定对死刑缓期两年执行复核的检察机关介入。由于法律缺乏明确规定，有关司法解释也没有对省级人民检察院介入死缓复核工作作出明确规定。省级人民法院在死缓复核过程中单方面控制全部过程，既不通知省级人民检察院，也不征求省级人民检察院的意见，因而省级人民检察院无法介入死缓核准活动，导致实践中死缓复核法律监督基本处于空白状态。

（二）死缓复核程序的法律性质

对于死缓复核程序的法律性质，学界主要存在两种观点，一是认为死缓复核程序是一种特殊的法律程序，二是认为其是人民法院的内部审批程序。笔者认为，死缓复核程序是一种带有极强的政策体现目的，具有诉讼化色彩的特殊司法核查机制。

死缓复核程序不应该理解成人民法院的内部审批程序。行政程序具有主动性的特征，司法程序具有被动性的特征。但是主动性只是行政程序的必要不充分条件，不能仅仅因为复核程序的主动性而认为其是人民法院的内部审批程序。例如，刑事诉讼法规定人民法院可以依职权启动非法证据的调查和排除程序，但该主动性并不影响非法证据排除程序作为司法程序和诉讼活动的属性。死缓复核程序的主动性是为了体现我国对生命权的重视，对死刑的审慎适用，由国家司法机关主动为死缓判决加上一道锁。死缓复核程序具有与二审程序类似的特点，例如复核过程中都需要听取被告人及其辩护人的意见，都要核实相关证据材料，都采取合议庭制，结论都以司法裁判的方式作出等。若将死缓复核程序理解成人民法院内部的审批程序，那么高院首先应当听取的是中院的意见而非辩护人的意见，死缓复核程序的客体仍然是有证据证明的被告人所实施的行为，而不是中级人民法院的判决，因此不能简单地将其认为是审批程序。

死缓复核程序与二审程序不同，不应理解成是被告人的救济程序。二审程序的启动除极少数由检察机关抗诉引起外，绝大多数案件系基于被告人行使上诉权，因此二审程序的主要功能在于对当事人进行权利救济。相比之下，死缓复核程序由司法机关主动启动，前提条件是一审判决作出之日起 10 日内被告人未上诉、检察院未抗诉，因此其功能主要在于纠错和体现政策，是一种司法机关主导的司法核查机制。

综上所述，笔者认为死缓复核程序是一种带有极强的政策体现目的，具有诉讼化色彩的特殊核查制约机制。第一，死缓复核程序属于司法活动，应当赋予诉讼化色彩，保证活动的公正性。第二，死缓复核程序属于“少杀、慎杀”“宽严相济”“控制死刑”等刑事政策的产物，其主要目的是为了尊重和保障人权。第三，复核程序也是防止错判死刑案件的最后一道关口。根据两审终审制的精神，法律认为经过一审、二审，错案存在的几率相比一审终审要小，而当事人未上诉的死刑案件，为了避免一审终审的司法风险，体现对死刑案件的特殊关照，相对于其他案件，法律增加了复核程序，再加一道保险。

二、检察机关介入死缓复核程序的必要性分析

（一）从检察院性质和职权角度分析

在我国，根据《宪法》第 129 条和《人民检察院组织法》第 1 条的规定，人民检察院是国家法律监督机关，享有法律监督权，代表国家行使检察权，监督司法全过程，维护国家法律的统一实施，这其中当然也包括对刑事诉讼的监督。

具体到刑事诉讼来说，人民检察院对所有刑事程序都享有监督权。根据《刑事诉讼法》第 8 条的规定，人民检察院依法对刑事诉讼实行法律监督。在我国，刑事诉讼是指公安司法机关在当事人和其他诉讼参与人的参加下，依照法定的程序和要求，解决被追诉者刑事责任问题的活动，即自立案活动开始，一直到判决生效后的执行活动之间的全过程。

可见，从检察院的性质和职权角度分析，可知人民检察院对刑事诉讼的监督是贯穿于整个刑事诉讼程序的，当然也包括对死缓复核程序的法律监督。检察机关介入死缓复核程序存在宪法、组织法渊源，也存在刑事诉讼法依据。检察院有权力更有职责对死缓复核程序进行有效的法律监督。

（二）从强化复核程序的功能目的分析

死缓是死刑的执行方式，与死刑案件同样蕴含着对生命的剥夺，同时，死缓本身也属于极其严厉的刑罚，特别是《刑法修正案（八）》和《刑法修正案（九）》相继规定了死缓限制减刑和死缓终身监禁制度，对公民权利影响重大。故我们需要给予死缓案件同死刑立即执行案件一样的重视，因为二者体现了同

一种价值意义。

死刑复核程序制度是一种控制死刑的程序，其目的就是尊重和保障人权，防止公权力恣意剥夺犯罪嫌疑人的生命权。除此以外，各国还存在很多种慎用死刑的做法，一是对判处死刑的案件采取特殊的交付执行程序。如日本，执行死刑必须依据法务大臣的命令。二是某些死刑案件，按照一定的程序，可以赦免死刑犯。如巴基斯坦法律规定，国家元首有权赦免死刑；法国在废除死刑之前，也曾规定：只有当司法部长不予宽赦时，才能执行死刑。三是增加死刑案件的审级，赋予死刑案犯特殊的上诉权。如前南斯拉夫对一般案件实行两审终审制，但被判处死刑的被告人可以提出三审上诉。① 我国死刑复核程序是我国刑事诉讼法规定的一种独立于普通审判程序之外的特别的审查核准程序，一方面类似于增加审级，给予被告人更多程序救济；另一方面，由于是主动审查，无需被告人主动提起上诉，体现了国家对死刑审慎的司法政策，也体现了立法者对死刑的审慎态度。可以说，死刑复核程序的功能和目的就在于防止和纠正死刑案件可能发生的偏差，从程序上保证死刑案件的质量，贯彻少杀、慎杀、防止错杀的方针。

综上所述，正是因为对生命权的重视，所以我国设立了死刑复核制度。借用电影《十二公民》里的经典台词“万分之一的错误，对一个人来说就是百分之百的灾难”，我们要对每一个人的生命都予以万分重视，不容许司法出现分毫偏差。而死缓又是一种附条件的死刑执行，所以我们应该对死缓给予死刑立即执行一样的审慎。此外，检察院的介入有助于死缓复核程序目的的实现。因此，我们有必要在死缓复核程序中引入检察院，使其真正起到保障人权，减少死刑的功能。

（三）从保障司法公正性角度分析

死缓复核的主体是高级人民法院，复核的对象是中级人民法院一审所作出的死缓判决案件。实践中，大多数高级人民法院法官就是由中级人民法院调上去的，高级人民法院审查中级人民法院判决的案件，难免会照顾一些情面，对中级人民法院的一些微小程序错误就避而不纠，对被告人造成损害。对于一些微小的程序瑕疵，则不会进行深纠。另外，高级人民法院尚未对死缓复核程序与二审程序分庭负责，同一个合议庭既要负责一些二审案件的审理，也要负责死缓案件的复核。再加上有些二审开庭的案子为了方便被告人以及保障诉讼的

① 参见陈光中主编：《中国刑事诉讼程序研究》，法律出版社1993年版，第298页。

安全性，往往是高级人民法院法官到各地中级人民法院或者基层法院去开庭的。这会导致高级人民法院与中级人民法院之间的“友好关系”，而碍于情面不能得出公正的复核结果。倘若这时候存在一个与原审方联系不那么密切的检察院，那么保障被告人诉讼权利的效果也会大大提高。另一方面，检察院的介入可以使死刑案件的审查标准提高，使高级人民法院复核人员工作更加细致，会更加认真核对各项证据，防止出现错误，切实贯彻少杀、慎杀方针。故检察机关有介入死缓复核程序的必要，保证死缓复核程序的公正性与实效性。

同时，从某种意义上来说，死缓案件比起死刑案件需要更加严格的复核程序。《刑法》第48条规定，对于应当判处死刑的犯罪分子，如果不是必须立即执行的，可以判处死刑同时宣告缓期二年执行。实践中大多数冤假错案都处在死缓案件上，因为死缓案件存在相当数量的本应当判处死刑立即执行，但由于事实和证据方面的欠缺，而采取“留有余地”的判决，即将其降格判为死刑缓期两年执行。正是由于没有彻底查清案件事实，证据方面存在欠缺，这就为错案的产生埋下了隐患。由此也说明，死缓复核在某种程度上应得到比死刑复核还要高的重视，自然也必须使检察机关介入程序。

（四）从司法实践角度分析

虽然立法上对检察机关介入死缓复核程序尚属于空白状态，但是实践中已经存在检察院对死缓复核程序的介入。据调研，浙江省高级人民法院在死缓复核时，如发现事实证据有疑问，会让省级人民检察院阅卷，并让其提出意见。重庆市检、法两家以会签工作意见的方式形成“介入死刑案件复核程序工作机制”，明确了重庆市检察院有权介入法院的死缓案件复核程序并发表意见，对于检察机关的意见法院应在其裁判文书中予以评判。

该司法现状的存在，首先论证了检察院介入死缓复核程序的可行性。一方面说明现今高级人民法院法官的司法素质有所提高，开始注重检方的意见，对死缓复核程序有了新的认识，不再仅仅将其视为一种行政化审批。另一方面，也说明现如今省级人民法院和省级人民检察院能保持良好的联系。虽然检察院同时承担追诉者和监督者的任务，但是可以看出法院和检察院对这种政治体制设计都有所适应了。

该司法现状的存在，也可以论证检察院介入死缓复核程序的必要性。法律制度的创新存在两种路径：一是自上而下的立法推动司法，立法者制定法律，由司法者执行法律；二是自下而上的司法推动立法。司法实践中发现问题，进行创新试点改革，进而完善立法。可以看出，上述司法实践正属于后面一种情况，高级人民法院独自进行死缓复核程序，不听取检察院的意见，会使高级人民法院法官对证据有所疑问，没法准确把握，也不能准确得出裁判结论。为了使高级法院法官复核死缓案件更加准确，高级法院在存在疑问时，听取了检察院的意见，使裁判更具有科学性。司法实践也证明了相关探索的积极价值，如重庆市检察机关在介入周某某故意杀人案过程中，发现被告人举报他人犯罪的重大立功线索在死缓复核期间被查实，遂建议法院减轻处罚，得到法院采纳；在介入傅某某死缓复核案过程中，发现一审判决所采信的一份证人证言取证程序违法，遂建议高级法院在复核过程中不予采纳相关证据并获法院认可，有效发挥了监督职能。

三、检察院介入死缓复核程序的具体制度构想

（一）介入的诉讼地位

检察机关以何种诉讼地位介入死缓复核程序，当前主要存在两种思路：第一种是检察机关以控诉者的身份参与死缓复核程序，即检察机关参与死刑复核程序的职能地位是控诉者；第二种是检察机关以诉讼监督者的身份参与死刑复核程序，即检察机关参与死刑复核程序的职能地位是诉讼监督者。① 笔者认为，检察机关介入死缓复核程序的诉讼地位应是法律监督者。

首先，死缓复核程序是在中院一审判处死缓，被告人不上诉、检察院不抗诉的情况下进行的。可见，死缓复核程序存在一个前提，即被告人、检察院对一审认定的事实和适用的法律不存在不服。如此可以推知，检察机关在复核程序中行使的主要是法律监督职能，而不是控诉职能。

其次，从死缓复核程序的性质出发。上文已提到死缓复核程序是一种带有极强的政策体现目的，具有诉讼化色彩的特殊核查制约机制。检察机关享有控诉职能和法律监督职能，二者相比较而言，法律监督职能更具有天然的司法权性质，故更能用来体现“少杀、慎杀”的刑事司法政策。控诉职能缺乏中立性，不适合在核查制约机制中引入。从不告不理原则角度分析，死缓复核程序启动的主动性，不需要存在控诉，也能反映出检察机关应当以法律监督者的诉讼地位介入。

最后，从复核不加刑角度也可以论证在死缓复核程序中，检察机关的职能主要是法律监督职能。根据《高法解释》第 349 条第 2 款规定，高级人民法院复核死刑缓期执行的案件，不得加重被告人的刑罚。从保障人权角度和一事

① 参见陈辐宽、邓思清：《死刑复核法律监督的方向与路径》，载《法学》2014 年第 7 期。

不再理的原则来讲，检察机关在复核程序中也不能加重被告人的刑罚，因此其行使的职能并非控诉职能，而是法律监督职能。

（二）介入的时间

检察机关何时介入复核程序，当前主要存在两种观点：一种是检察机关应当在复核程序时即介入，另一种是检察机关应当在复核程序后介入。笔者认为，采取后者比较合理。

死刑复核结果通报中的执行期限过短问题在死缓复核程序中不存在。根据目前的法律规定，最高人民法院作出核准死刑裁定并由院长签发执行死刑的命令后，死刑应当在7日以内交付执行，如果最高人民法院在死刑裁判文书下发后再通报最高人民检察院，会由于死刑执行期限过短而导致最高人民检察院对已经核准、将要执行的死刑裁判“来不及”进行法律监督，从而使得最高人民法院的复核结果通报失去其应有的价值。对于死缓复核程序而言，则不存在执行期限过短的问题。因为被告人被判处死缓是可以判处死刑，但不是必须立即执行而降格处理，所以此类被告人大多数都应被判处监禁刑。从这个角度来看，高级人民法院将复核结果通报给省级人民检察院，检察院再进行审查也不会“为时过晚”。

复核程序后介入有利于更加全面地审查案件。高级人民法院经过阅卷复核审查，对案件形成自己的意见。再将此通报给检察院，检察院可以更加全面地了解案件信息，了解高级人民法院产生结果的过程，能够更加全面具体地提出意见。当然另一方面，检察院不需要持续性介入死缓复核，这也能节约大量司法资源。

（三）介入的范围

司法实践中，检察院介入死缓复核案件的范围是由高级人民法院决定的。高级人民法院在复核死缓案件时，一般不会主动邀请检察院阅卷，只有在事实证据有疑问或案件十分复杂的时候，才会主动要求检察院阅卷，听取检察院的意见。由于检察机关的介入，必然会加大法院的工作难度，甚至有时候会和审限产生冲突。没有部门利益驱使法院主动邀请检察机关介入复核程序，久而久之，也就形成了检察机关零介入的尴尬格局，法院少了相应的监督，不利于被告人权利的保障。为防止程序虚置，检察机关的监督权被架空，笔者认为，现阶段，法律规定检察机关应该对所有死缓复核程序案件都发表意见更为合适。

首先，高级人民法院自主决定介入案件范围，决定权掌握在高级人民法院手中，容易形成程序虚化，架空检察机关的介入权。检察机关介入死缓复核既然定位为法律监督权的一个方面，就应当具有刚性效力，这既是监督权的应有之义，也是保障司法程序功能目的得以实现的必然要求。

其次，死缓是附条件的死刑，同样存在剥夺犯罪人生命权的可能性。我们对死缓判决也要怀有足够的审慎性，必须对每一个死缓案件都做到“高标准、严要求”。也许有的人会认为对每一个死缓案件都引入检察机关的介入会造成司法资源的浪费。笔者认为，由于死刑、死缓案件都关涉人的生命权，这也就表明死刑、死缓案件和普通案件在价值取向上应该存在差异。死刑、死缓案件相对于普通案件而言，应该将法律的公正价值置于更加重要的上位，而更少地考虑效率、资源等价值。由此可见，检察机关对所有的死缓复核程序都进行监督是“少杀、慎杀”刑事政策的应有之义。

(四) 介入的方式

由于死缓复核程序的前提是不存在不服，故检察院介入死缓复核程序原则上可以采用书面阅卷的方式。在仔细阅卷后发现其中存在的程序性问题或者实体性问题，应当听取被告人及其辩护人的意见，听取复核法官、一审法官的意见，必要的时候还可以亲自核实证据，并形成书面意见。对于死缓复核程序，审查的重点应当放在以下情形：高级人民法院复核死刑案件的合议庭是否有程序违法的行为、合议庭组成人数是否合法、有无应当回避的事由、是否存在其他不合法的情形、不应判处死缓而核准的、司法工作人员在诉讼过程是否有受贿舞弊、贪赃枉法行为的。省级人民检察院可以对高级人民法院的死缓复核结果采取以下监督方式：(1) 提出纠正意见。即对于死缓复核结果存在轻微违法情形的，省级人民检察院应当发出《纠正违法通知书》予以纠正，省高级人民法院要及时作出答复。省级人民检察院在对死缓复核进行监督的过程中，通过审阅案卷材料、查看庭审录音录像等发现司法人员有涉嫌职务犯罪的线索，或接到当事人、群众对司法人员在案件审判及复核阶段有贪污受贿、徇私舞弊、枉法裁判等行为的控告、举报的，应当进行调查，认为有犯罪事实达到立案条件的，应当报请检察长批准立案，并依法定程序起诉追究刑事责任。(2) 要求重新复核。省级人民检察院认为复核程序不当，复核理由不足，结果不合理的，可以要求高级人民法院重新复核，并在7日内答复。(3) 提出再审抗诉。即对于死缓复核结果存在重大错误的，省级人民检察院应当提出再审抗诉，高级人民法院应当另行组成合议庭进行审理。[①]

① 参见万春：《死刑复核法律监督制度研究》，载《中国法学》2008年第3期。

结语

随着“尊重和保障人权”的刑事诉讼理念日益深入人心，构建死缓复核程序的法律监督机制已是大势所趋。全国人大常委会、“两高”应当尽快通过立法或者司法解释明确规定检察机关介入死缓复核的制度构架，以助于保障被告人的权利，提升司法公信力，提高我国在国际人权保护中的地位，从而进一步提升司法公信力，切实加强对被告人的权利保障。

羁押必要性审查制度实施状况实证研究

谭　可*

羁押必要性审查是检察机关审查一切影响被羁押的犯罪嫌疑人、被告人是否符合继续羁押条件的工作制度。① 它对保护犯罪嫌疑人、被告人的人身自由，减少不当羁押，化解社会矛盾，节约司法资源具有重要的意义。司法实践中，检察机关对案情简单、争议较小、风险较小的案件，开展了羁押必要性审查，已经取得了良好的法律效果和社会效果，但是也存在一些问题。一是立法规定粗疏，2012 年《刑事诉讼法》第 93 条和《人民检察院刑事诉讼规则(试行)》（以下简称《刑事诉讼规则》）第 616—621 条对羁押必要性的审查主体、审查方式、适用阶段、变更强制措施或释放的理由规定过于原则；二是实践操作任意，各地方的运行情况存在差异；三是理论研究单薄，近几年的研究成果剧增，但大都停留在理论层面的研究，缺乏对羁押必要性实践运行情况的考察，等等。本文首先考察 C 市某分院及辖区基层院开展羁押必要性审查的运行情况，其次分析其存在的问题及原因，最后提出完善与改进羁押必要性审查的路径。

一、C 市某分院未决羁押必要性审查运行情况

本课题的研究对象是 C 市某分院辖区内的 10 个基层检察院（9 个区检察院、一个中心检察室）2013 年 1 月 1 日至 2015 年 4 月 30 日的羁押必要性审查制度运行情况。② 为进行课题研究，课题组在各基层院的大力支持和配合下，收集整理了 10 个基层检察院的相关数据和案例，还对这些基层院的分管领导以及侦查监督部门、公诉部门、刑事执行检察部门和一个中心检察室负责羁押

---

* 重庆市人民检察院第五分院刑事执行检察处处长、检察委员会委员，三级高级检察官。

① 朱孝清：《刑事诉讼法实施中的若干问题研究》，载《中国法学》2014 年第 3 期。

② 这些检察院同处一市，属于一个分院管辖，各自辖区的经济水平、检察官办案水平、案件数量等情况都存在一定差异，对样本的分析具有一定的代表性。

必要性审查的人员进行了访谈。

（一）开展羁押必要性审查的人数和比例

从2013年1月到2015年4月，C市某分院辖区内的10个基层院检察院共逮捕15937人，开展羁押必要性审查共250人，审查人数占逮捕总人数的1.57%。根据统计数据显示，呈现出两个特点：一是开展羁押必要性审查的人数较少。2013年逮捕7267人，开展审查69人，审查人数占逮捕人数的0.95%；2014年逮捕了6594人，开展审查135人，审查人数占逮捕人数的2.05%；2015年1—4月逮捕了2076人，开展审查46人，审查人数占逮捕人数的2.22%。上述比例低于全国检察机关关于开展羁押必要性审查的比例（参见表1和表2）。① 二是自侦案件中开展羁押必要性的审查人数少于公安侦查案件的审查人数。公安等侦查案件开展审查242人，占开展审查总人数的96.8%；自侦案件审查8人，占开展总人数的3.2%。究其原因，一方面，在自侦案件中，决定逮捕权由上一级检察机关履行，而开展羁押必要性审查的又是与公安机关同级的本级检察机关，即决定逮捕的检察机关的下一级检察机关。由下级机关对上级机关的决定进行审查，实践操作中存在一定的难度。另一方面，被羁押的犯罪嫌疑人、被告人一般为国家工作人员，主要涉及贪污贿赂犯罪等职务犯罪，一旦被变更强制措施或释放，案件证据收集或固定证据的难度大大增加。而侦查部门与审查部门同属于一个检察院，从单位的整体利益出发，审查部门对自侦案件开展羁押必要性审查也有难度。

表1 批准、决定逮捕人数 单位：人

年度	公安侦查案件		自侦案件	审查起诉阶段	逮捕总人数
	提捕人数	批准逮捕人数	决定逮捕人数	决定逮捕人数	
2013	7748	7182	66	19	7267
2014	7408	6499	74	21	6594
2015.1—4	2542	2043	28	5	2076
合计	17698	15724	168	45	15937

① 根据最高人民检察院发布的《关于2015年1—3月全国检察机关刑事执行检察部门办理羁押必要性审查案件情况的通报》统计，全国检察机关2014年1—3月共审查3217人，占逮捕数的2.3%；2015年1—3月共审查975人，占逮捕数的2.7%。

表 2　羁押必要性审查人数　　　单位：人

年度	公安侦查案件审查人数	自侦案件审查人数	审查总人数
2013	69	0	69
2014	128	7	135
2015. 1—4	45	1	46
合计	242	8	250

（二）羁押必要性审查的启动方式

《刑事诉讼规则》第 616 条规定，羁押必要性审查的启动方式分为依职权启动和依申请启动，既包括检察院自行发现的案件，又包括犯罪嫌疑人、被告人及其法定代理人、近亲属或者辩护人申请。从辖区各基层院的情况看，依职权启动的人数和比例要大于依申请启动的人数和比例。在公安等侦查案件和自侦案件中，依职权启动的人数和比例略高于依申请启动的人数和比例。其中，依职权启动 128 人，占审查总人数的 51.2%；依申请启动 122 人，占审查总人数的 48.8%。在自侦案件中，依申请启动 6 人，占总人数的 75%；依职权启动 2 人，占总人数的 25%，依申请启动的比例远远大于依职权启动的比例（参见表 3）。渝中区院为了加大宣传力度，通过在律师阅卷处摆放、在案管中心处公示、咨询、向律师事务所及律师协会宣传，并向律师们发放《致律师朋友们的一封信》300 多份。此外，还与公安部门合作，在犯罪嫌疑人被逮捕时告知其有申请羁押必要性审查的权利，但是收效甚微。

表 3　羁押必要性审查的启动方式　　　单位：人

项目 年度	公安等侦查案件			自侦案件		
	申请变更	申请审查	自行启动	申请变更	申请审查	自行启动
2013	33	4	32	0	0	0
2014	54	5	69	4	2	1
2015. 1—4	19	1	25	0	0	1
合计	106	10	126	4	2	2

（三）羁押必要性审查适用的诉讼阶段

根据《刑事诉讼法》第 93 条和《刑事诉讼规则》第 617 条的规定，羁押必要性审查适用于侦查阶段、起诉阶段和审判阶段。从辖区各基层院的统计数据来看，在侦查、起诉、审判三个阶段均开展了羁押必要性审查。其中，侦查阶段共进行羁押必要性审查118人，占总人数的47.2%；起诉阶段共进行羁押必要性审查87人，占总人数的34.8%；审判阶段共进行羁押必要性审查45人，占总人数的18%（参见表4）。这是因为在侦查阶段，案件的事实和证据还未全部固定，便于开展审查。而且，很多是因为被羁押人患有严重疾病，不能继续羁押；在审查起诉阶段，案件事实证据已经达到“事实清楚，证据确实充分”的程度，案件经得起推敲，难以找到开展审查的破绽；在审判阶段，开展羁押必要性审查的案件一般适用简易程序，辩护人一般也不会申请启动审查。而根据了解，基层法院通行的做法是：人没被羁押，没到案，法院就不受理案件。这从一定程度上反映出，法院对于犯罪嫌疑人或被告人处于羁押状态是持支持、鼓励态度的，在这一阶段开展羁押必要性审查难免会发生内在的角色冲突。根据访谈还了解到，《刑事诉讼法》修改后，基层法院有些法官甚至还不熟悉、了解羁押必要性审查这个制度，这在一定程度上也导致了在审判阶段羁押必要性审查工作开展得较少。

表4　羁押必要性审查适用的诉讼阶段　　单位：人

年度	公安等侦查案件			自侦案件		
	侦查阶段	起诉阶段	审判阶段	侦查阶段	起诉阶段	审判阶段
2013	39	18	12	0	0	0
2014	53	55	20	5	1	1
2015.1—4	21	12	12	0	1	0
合计	113	85	44	5	2	1

（四）负责羁押必要性审查的部门

《刑事诉讼规则》第617条规定，侦查阶段的羁押必要性审查由侦查监督部门负责，审判阶段的羁押必要性审查由公诉部门负责，刑事执行检察工作中的羁押必要性审查由刑事执行检察部门负责。然而，刑事执行检察部门审查的案件可能在侦查、起诉、审判三个阶段都出现。因此，究竟由哪个部门开展羁押必要性审查工作，实践中存在三种做法。

第一种是以刑事执行检察部门为主导开展羁押必要性审查的占多数。在九龙坡区院、大渡口区院、綦江区院、荣昌区院和万盛中心检察室统一由刑事执行检察部门负责羁押必要性审查工作，其他部门配合。审查的案件一般来源于刑事执行检察部门的自行发现、在押人员或其近亲属的申请启动以及侦监、公诉部门发现有羁押必要性案件线索后向刑事执行检察部门报送，由刑事执行检察部门统一办理。

第二种是分阶段由不同部门分别负责。在巴南区院、江津区院、南岸区院和永川区院根据立法规定，由侦查监督部门、公诉部门和刑事执行检察部门在各自职责范围内开展审查工作，没有归口到一个部门进行，如果侦查监督部门或公诉部门需要了解在押人员在监管场所的表现，由刑事执行检察部门提供材料。如江津区院在各部门的配合上，其具体做法是：首先，在获取案源上主要依靠本院侦监、公诉、看守所以及驻所检察室提供。侦监部门的线索来源是被逮捕的犯罪嫌疑人及其家属、律师的申请，全部是依申请而启动审查机制。刑事执行检察部门的线索来源较为复杂，有看守所提起、驻所检察室自行发现、公诉部门提供、犯罪嫌疑人及其家属、律师的申请。其次，在审查过程中，刑事执行检察部门经侦监、公诉部门同意，可以查阅逮捕、起诉阶段的《审查报告》和电子卷宗，还可向它们了解其掌握的犯罪事实、案件性质、情节、社会危险性、在押人员的个人情况等信息。最后，在释放或变更强制措施时，有赖于与侦查机关和公诉部门的配合。

第三种是成立专门的办公室负责羁押必要性审查工作。在分院所辖基层院中，只有渝中区院成立了羁押必要性审查办公室，成为一个独立的部门，并设立主任和办案人员各一名。审查方式与前两种模式的审查方式相同，也要查阅案卷，征求现办案部门的意见，讯问犯罪嫌疑人、被告人，询问被害人，听取辩护律师、诉讼代理人的意见。审查后如作出维持羁押的决定，由办案人决定；作出变更强制措施或释放决定，则要经过科长、分管检察长审批。

（五）羁押必要性审查的方式

根据《刑事诉讼规则》第620条的规定，羁押必要性审查以书面审查为主；同时，还要向侦查机关了解侦查取证的进展情况，听取有关办案机关、办案人员的意见，听取犯罪嫌疑人、被告人及其法定代理人、近亲属、辩护人、被害人及其诉讼代理人或者其他有关人员的意见。课题组经过深入访谈，向相关办案人员了解到：各单位办案部门都能认真落实法律规定，认真收集书面材料，并听取有关意见。其具体实施步骤主要有：（1）启动羁押必要性审查。在接受相关材料或发现相关线索后，有7个检察院要经过两级审批机制启动审查程序，有3个检察院则直接启动审查程序。对于两级审批机制启动审查程序的，由负责承办审查的检察官提出立案审查建议，层报科长、分管检察长审查同意后立案审查。对于直接启动审查程序的，在收到羁押必要性相关材料或发现相关线索后，由承办人立即进行审查，可以直接申请启动，无须进行审批。（2）向原批准、决定逮捕的部门了解情况、征求现办案部门的意见。各院均将此作为羁押必要性审查的必经程序。向看守所收集在押人员病历资料、羁押期限表现，向办案部门了解犯罪情节、案件进展情况，了解是否存在串供或者翻供风险、有无自首等情节，确定取保候审后无社会危险性。(3) 讯问犯罪嫌疑人、被告人。这也是各院的必经程序。(4) 询问被害人、听取辩护律师、诉讼代理人的意见。大部分检察院将其作为必经程序。但江津区院视具体情况而定，没有将其作为必经程序。万盛中心检察室办理的5个案件由于不存在被害人，犯罪嫌疑人、被告人也没有请辩护律师，所以没有征求其意见。(5) 作出建议变更、释放决定。大部分经过两级审批，即经部门负责人、分管检察长审批。但巴南区院和江津区院若遇到职侦案件或重大、敏感案件以及部门之间有意见分歧的案件时，需提交检委会决定。此外，渝中区院为了保证程序公正，探索引进了听证程序开展审查。具体做法是，在开展审查前不提前与相关部门协商，也不向公安机关透漏与案件有关的情况，并邀请人大代表、政协委员、人民监督员参加，审查人员在双方对抗的基础上做出结论。该院共听证了3起案件，并都全部建议变更强制措施。

（六）建议释放或变更强制措施的理由

《刑事诉讼规则》第619条[①]对不需要羁押，予以释放或变更强制措施的八种情形进行了列举。司法实践中，各单位为了确保案件质量，羁押必要性审查的案件主要涉及案情简单、争议较小、风险较小的案件。从调研收集的情况看，检察机关建议释放、变更的理由与立法之间存在一定差距，主要集中在以下情形：(1) 犯罪嫌疑人、被告人患有严重疾病，生活不能自理的，或者系生活不能自理人的唯一抚（扶）养人的；犯罪嫌疑人、被告人怀孕或者正在哺乳自己婴儿的。(2) 犯罪嫌疑人、被告人与被害人双方达成刑事和解协议。(3) 案件事实或者情节发生变化，或者犯罪嫌疑人、被告人真诚认罪悔罪，积极退赃、赔偿，有坦白、自首或者立功等法定可从轻或减轻条件，可能被判处

---

① 《刑事诉讼规则》第619条规定：人民检察院发现有下列情形之一的，可以向有关机关提出予以释放或者变更强制措施的书面建议：（一）案件证据发生重大变化，不足以证明有犯罪事实或者犯罪行为系犯罪嫌疑人、被告人所为的；（二）案件事实或者情节发生变化，犯罪嫌疑人、被告人可能被判处缓刑、管制、拘役、独立适用附加刑、免予刑事处罚或者判决无罪的；（三）犯罪嫌疑人、被告人实施新的犯罪，毁灭、伪造证据，干扰证人作证，串供，对被害人、举报人、控告人实施打击报复，自杀或者逃跑等的可能性已被排除的；（四）案件事实基本查清，证据已经收集固定，符合取保候审或者监视居住条件的；（五）继续羁押犯罪嫌疑人、被告人，羁押期限将超过依法可能判处的刑期的；（六）羁押期限届满或者超期羁押的；（七）因为案件的特殊情况或者办理案件的需要，变更强制措施更为适宜的；（八）其他不需要继续羁押犯罪嫌疑人、被告人的情形。

缓刑、管制、拘役、独立适用附加刑、免予刑事处罚或者宣告无罪的。（4）案件事实基本查清，证据已经收集固定，符合取保候审或者监视居住条件的。（5）羁押期限可能超越可判刑期的。（6）羁押期限届满而案件尚未办结的。（7）案件事实或情节发生变化，拟作微罪不起诉的。课题组所调研的分院辖区各基层院主要以患有严重疾病，怀孕或正在哺乳自己婴儿的妇女，以及轻微刑事案件作为重点审查对象，其他的理由则很少用。如在綦江区院因患有严重疾病、怀孕或正在哺乳自己婴儿而建议释放或变更强制措施的有 12 人；认罪态度好，系唯一抚（扶）养人的有 1 人。在永川区院因患有严重疾病、怀孕或正在哺乳自己婴儿而建议释放或变更强制措施的有 4 人；犯罪情节较轻，符合取保候审或监视居住的有 6 人；认罪态度好，系唯一抚（扶）养人的有 1 人；犯罪情节较轻，可能判处缓刑、免予刑事处罚的有 1 人。万盛中心检察室的 5 人全部都是患有严重疾病的情形。

（七）审查后的处理及效果

关于羁押必要性审查的处理结果，依申请比依职权启动审查获得“建议变更强制措施或释放”的比例要高。在公安等侦查案件和自侦案件中，通过依申请启动审查的方式（包括申请变更和申请审查），一共审查 122 人，建议变更强制措施或释放的人数为 77 人，占审查人数的比例为 63.11%；不同意变更强制措施或释放的为 45 人，占审查人数的比例为 36.89%。通过依职权启动审查的方式，审查总人数 128 人，建议变更强制措施或释放的人数为 63 人，占审查人数的比例为 49.22%；不同意变更强制措施或释放的为 65 人，占审查人数的比例为 50.78%（参见表 5）。

表 5　羁押必要性审查的处理结果　　单位：人

年度	公安等侦查案件						自侦案件					
	申请变更		申请审查		自行启动		申请变更		申请审查		自行启动	
	A	B	A	B	A	B	A	B	A	B	A	B
2013	25	10	2	0	27	5	0	0	0	0	0	0
2014	34	22	1	2	27	42	4	1	0	1	1	0
2015.1—4	10	9	1	0	8	17	0	0	0	0	0	1
合计	69	41	4	2	62	64	4	1	0	1	1	1

说明：本表中的 A 是指建议变更或释放；B 是指不同意变更或释放

关于羁押必要性审查结果的采纳情况，呈现出两个特点：一是办案机关对在押人员全部建议变更强制措施，没有一人被建议释放。究其原因，办案机关害怕承担诉讼风险，对“释放”有天然排斥心理。如果对在押人员予以释放，可能面临司法赔偿，追究相关人员的责任，或者担心被释放人员不到案，影响诉讼程序的顺利进行。二是建议变更强制措施的被采纳率比较高。办案机关对在押的250人进行了羁押必要性审查，对148人向公安机关发出变更逮捕措施的检察建议，公安机关收到检察建议后对134人采取了变更强制措施，采纳率为90.54%。其中，侦查阶段对72人发出变更逮捕措施的检察建议，公安机关对65人采取了变更强制措施，采纳率为90.38%；起诉阶段对38人发出变更逮捕措施的检察建议，公安机关对34人采取了变更强制措施，采纳率为89.43%；审判阶段对38人发出变更逮捕措施的检察建议，公安机关对35人采取了变更强制措施，采纳率为92.11%（参见表6）。

表6　变更、释放建议的采纳情况　　　单位：人

年度	侦查阶段				起诉阶段				审判阶段			
	建议变更	采纳	建议释放	采纳	建议变更	采纳	建议释放	采纳	建议变更	采纳	建议释放	采纳
2013	30	28	0	0	15	15	0	0	12	11	0	0
2014	33	32	0	0	18	16	0	0	15	14	0	0
2015.1—4	9	5	0	0	5	3	0	0	11	10	0	0
合计	72	65	0	0	38	34	0	0	38	35	0	0

关于羁押必要性审查的效果，从调研的情况来看，犯罪嫌疑人、被告人在变更强制措施后的传唤到案率很高，脱保率很低，能随叫随到，保证刑事诉讼程序的顺利进行。采取了变更强制措施的共134人，到案人数共125人，到案率为93.28%。其中，侦查阶段变更强制措施为65人，到案人数共65人，到案率达到100%；起诉阶段变更强制措施34人，到案人数32人，到案率为94.12%；审判阶段变更强制措施的35人，到案人数28人，到案率为80%（参见表7）。由于审查部门办案人手缺乏，所以没有对脱保的犯罪嫌疑人、被告人进行回访、跟踪，不能了解不能到案的原因。

表7 变更、释放的效果 单位：人

年度	侦查阶段			起诉阶段			审判阶段		
	变更人数	到案人数	不到案人数	变更人数	到案人数	不到案人数	变更人数	到案人数	不到案人数
2013	28	28	0	14	13	0	11	9	0
2014	32	32	0	17	16	0	14	13	0
2015. 1—4	5	5	0	3	3	0	10	6	0
合计	65	65	0	34	32	0	35	28	0

二、当前羁押必要性审查工作中存在的问题及原因

（一）羁押必要性审查启动方式动力不足

羁押必要性审查的案源难找，相比逮捕人数而言，开展审查人数仍然非常少。自2013年以来，C市某分院及辖区基层院逮捕15937人，开展羁押必要性审查250人，审查人数占逮捕总人数的1.57%，还达不到2%。其原因包括：一是在依职权启动审查的方式中，办案人员缺乏开展羁押必要性审查的动力。造成这种现象的原因是，相关单位及其办案人员存在“怕出事、轻保护”的观念，担心对在押人员变更强制措施后，犯罪嫌疑人、被告人出现脱逃、串供、毁灭证据或影响刑事诉讼程序顺利进行的情形，有的甚至认为建议释放或变更强制措施是对在押人员打击犯罪不力的表现，而“一押到底”能防患于未然，存在不愿变更强制措施的观念；再加上开展羁押必要性审查的办案队伍力量薄弱，工作量较大，而启动审查程序、决定建议变更强制措施或释放程序又需要经过内部层层审批，还加之深入实地调查在押人员的日常表现难度大，难以抽调足够人手在较短时间内完成走访。而且，基层法院通行的做法是要求被告人在被羁押的状态下才受理案件，否则要由法院执行收监工作，法院人力缺乏，它会要求检察院监督公安机关羁押犯罪嫌疑人。此外，公安机关有打击犯罪的任务，其将批准逮捕人数和提起公诉的人数作为重要的工作考核指标，所以它在羁押必要性标准方面倾向于“收紧从严”。二是在依申请启动审查的方式中，当事人的申请权保障不足。一方面，由于审查部门宣传不到位，许多当事人及其法定代理人、近亲属并不了解羁押必要性审查制度，致使依申请启动审查的较少。正如前所述，许多案件都是由律师帮助被羁押人申请审查。虽然2012年《刑事诉讼法》和2013年《关于刑事诉讼法律援助工作的规定》

对法律援助进行了改革，但是援助范围仍然有限，不是每个被羁押人都能获得辩护律师的帮助。另一方面，被羁押人存在“公检一家”的观念。因为公安机关和检察院之间配合多于制约，公安机关和检察院又具有相同的职能，即打击犯罪、维护社会秩序，因此，被羁押人及其近亲属认为“公检一家”，没必要申请羁押必要性审查。

（二）羁押必要性的审查主体有待明确

立法仅仅规定由检察机关负责羁押必要性审查，但是没有明确具体的部门予以执行，究竟由哪个部门负责，给实务界和理论界带来困扰。通过课题组调研的C市某分院辖区内检察院的运行情况来看，虽然存在“刑事执行检察部门主导模式”“不同部门分别审查模式”和“专项办公室审查模式”，但以前二者为主流，虽然各具优势，但也各自存在弊端。

“刑事执行检察部门主导模式”的优势主要表现在：(1) 刑事执行检察权是一项专门以法律监督为主的权利，能够起到内部监督作用。而且刑事执行检察部门未参与案件的审查逮捕，也不是办案部门，与案件没有利害关系，能够保证客观中立的立场。(2) 承担羁押必要性审查职责并未超越刑事执行检察部门的法定职权，无须改变法律和增加司法成本。(3) 刑事执行检察部门在看守所派驻了检察官，能够及时了解犯罪嫌疑人、被告人在羁押期间的表现以及身体健康状况等便利条件。(4) 刑事执行检察部门在日常的工作中与公、检、法、司及检察院的其他部门均有较为频繁的联系，证据收集上较为便利。(5) 交由专门检察人员办理，能够明确职责，确保案件质量，提高工作效率。但是，这种模式也存在一些不足之处。一是刑事执行检察部门的工作人员对案情的熟悉、掌握程度不够，对犯罪嫌疑人或被告人主观恶性的把握和其所犯罪行社会危害性的评估显然不如案件的具体承办部门。二是刑事执行检察部门掌握的信息不全，存在阅卷难的问题，尤其是案情发生变化等重要的动态信息不能及时掌握。三是专门从事羁押必要性审查工作的检察人员不足，刑事执行检察部门队伍力量薄弱，整体年龄结构偏大、机构实有在岗人数较少、业务骨干稀缺等。

“不同部门分别审查模式”由不同部门负责羁押必要性审查工作，能够克服“以刑事执行检察部门为主导模式”的一些弊端。一方面，侦监、公诉审查部门熟悉案情，掌握案件动态信息。对逮捕犯罪嫌疑人的条件、原因、案件证据有较深刻把握。另一方面，案件在各环节时，各部门能独立作出建议或不同意变更强制措施的决定，有益于落实执法办案责任制。但是交由不同部门审查也存在弊端：(1) 承办人对自己办理的案件进行审查，难以保证客观中立。

公诉、侦监部门日常业务量大，均以案件质量为重心，旨在确保将案件顺利地起诉到法院。其中，在职责相冲突的情况下，公诉部门不愿意参与羁押必要性审查；侦监部门审查自己批准逮捕的案件，难保公允。（2）可能发生几个部门对同一审查对象都在开展羁押必要性审查，造成重复审查，浪费检察资源。（3）除了刑事执行检察部门外，其他部门不熟悉在押人员羁押期间的表现。

“专门办公室审查模式”具有“单独性和专业性”的优势，在外部机制上，渝中区院与区公安分局、区法院签订了《羁押必要性审查工作衔接意见》，共同推进羁押必要性审查的良性运转。在内部机制上，羁押必要性审查办公室还与侦监、起诉、刑事执行检察等部门在工作中建立了信息共享机制，便于审查人员全面了解在押人员的相关信息，并根据在押人员的犯罪性质、主观恶性、身体状况、羁押表现、可能判处的刑罚及证据变化等因素，综合进行评估。但是其能否做到居中裁判也会受到质疑。渝中区院的羁押必要性审查办公室作为检察院的内部机构，在检察机关“全院一盘棋”的思想下，要求专门办公室否定侦监部门的批捕工作，显然存在内在冲突，“中立的审查”在一定程度上难以令人信服。

（三）羁押必要性的审查程序有待改进

西方法治国家关于羁押必要性的审查方式主要有三种：第一种是听证式审查。在英国和美国一般通过听证的方式，被告人及其辩护人、警方出庭，双方就是否应当羁押发表意见，并进行辩论，法官在辩论的基础上作出是否羁押的裁判。第二种是采取法官书面审查加讯问的方式审查。在德国和意大利，法官有权直接讯问嫌疑人，嫌疑人有权提出辩解，法官就是否继续羁押作出决定。第三种是法官“羁押质问”式审查。以日本为代表，法官单方面向被告人提问，这种讯问或质问不具备开庭形式，也不具备基本的诉讼形态。① 我国《刑事诉讼规则》第 620 条规定了以书面审查为主，听取意见为辅的审查方式。这种审查方式从司法实践来看也存在一些弊端。其一，难以保证审查案件的公正性。办案人员通过单方面讯问犯罪嫌疑人、被告人，单方面听取法定代理、近亲属、辩护人的意见，单方面向办案人员了解情况，在控辩双方没有当面质证的情况下，审查人员通过书面审查的方式单方面作出是否羁押的决定。这种审查方式产生的结果是否客观、公正、恰当难以保证。其二，深入调查走访不全面、成本高、难度大。对在押人员主观恶性等方面的审查，通过实地调查其

① 陈瑞华：《比较刑事诉讼法》，中国人民大学出版社 2010 年版，第 290—294 页。

日常表现是种最有效的方式，实践中往往受到审查时间短、外地取证难、走访成本高等因素的影响，大多由在押人员的近亲属或辩护律师提供，审查部门只能对程序进行审查，难以辨别内容真伪。其三，行政色彩浓厚。在课题组调研的分院辖区基层院中，羁押必要性审查部门在接到相关材料或发现相关线索后，有七个检察院要经过两级审批机制启动审查程序，由承办审查的检察官提出立案审查建议，层报科长、分管检察长审查同意后立案审查。审查后作出建议变更强制措施或释放的决定，大部分检察院要经过两级审批、甚至有的经过三级审批。

（四）羁押必要性的审查理由存在偏颇

《刑事诉讼规则》第619条规定了八种羁押必要性的审查理由。但是这些立法上的规定与司法实践存在差距，可以用“该规定的没规定，不该规定的规定了”来概括。关于“该规定的没规定”，即在实践中以下几项理由得到普遍适用，但是立法中却缺乏规定。如患有严重疾病、生活不能自理的；系怀孕或者正在哺乳自己婴儿的妇女；系生活不能自理人的唯一扶养人；主观恶性较小的初犯，且具有悔罪表现的；犯罪嫌疑人、被告人系未成年人或者已满七十五周岁的人，且具有悔罪表现的；犯罪嫌疑人、被告人与被害方依法自愿达成和解协议，且已经履行或者提供担保的。关于“不该规定的规定了”，即第619条第3款的规定，该款规定“犯罪嫌疑人、被告人实施新的犯罪，毁灭、伪造证据，干扰证人作证，串供，对被害人、举报人、控告人实施打击报复，自杀或者逃跑等的可能性已被排除的”。从内容上看这款规定虽然是逮捕条件的否定项，逻辑上符合羁押必要性审查的理由，但是经过课题组对C市辖区内的9个基层院和一个中心检察室调研后发现，没有一个单位对在押人员适用该条审查理由。而且，其他地方的实践也证明，对第3款的规定不合时宜，应当被删除。[①] 此外，该条第7款规定，“因为案件的特殊情况或者办理案件的需要，变更强制措施更为适宜的”。那么何为“特殊情况”“办理案件的需要”，立法却没有作出相关规定。

（五）检察建议强制执行力不足

从批捕权的应然状态来说，检察机关应当既要拥有批准或决定逮捕犯罪嫌

① 2013年4月26日长沙市望城区政法委员会、人民法院、人民检察院、公安局联合发布的《羁押必要性审查工作实施细则》第6条关于羁押必要性审查理由未规定；2014年5月28日最高人民检察院关于转发《上海市检察机关关于羁押必要性审查工作的规定》第12条关于羁押必要性审查理由也未规定；2015年6月11日重庆市检察院发布的《人民检察院办理羁押必要性审查案件规定（征求意见稿）》第26条、第27条关于羁押必要性审查理由也没有规定。

疑人、被告人的权力，又要拥有放人的权力，这样才能树立起检察机关应当有的权威。而实际上，刑事诉讼法及其相关司法解释没有赋予检察机关“完整的批捕权”，一定程度上导致了检察机关在批捕权运用上的有效性。就羁押必要性审查工作来说，检察机关在羁押必要性审查后，可以向有关机关书面建议予以释放或变更强制措施。法律的这种规定决定了检察建议缺乏执行的刚性。提出建议或意见的效力极其有限，对于某些符合法律规定完全可以变更强制措施的案件，办案单位往往找个理由说不同意变更，检察机关也无可奈何。但是，任何事物都具有两面性，刚性不足的“检察建议权”反而成了检察机关的一种保护措施。检察机关对在押人员开展审查后，向公安机关建议变更或释放，如果公安机关不同意，而被羁押人在羁押场所内死亡或发生其他危险情况，[①] 那么公安机关要承担不利后果。反之，如果赋予检察机关决定权，检察机关要对所面临的危险或不利后果负责。

三、完善羁押必要性审查工作的路径

（一）畅通羁押必要性审查的案件来源

一是增强办案人员开展审查工作的动力，提高依职权审查案件数量。办案人员要转变思想观念，充分认识到羁押必要性审查的积极意义，摒弃“等靠思想”，通过主动的作为增加审查案件数量。二是应当健全羁押必要性的考评机制，通过建立激励机制，激发办案人员开展羁押必要性审查的积极性。各级检察院应当将羁押必要性审查的工作成绩纳入到考评的范围之中，把释放或变更强制措施作为考核的加分项目，[②] 对于工作突出者，要予以加分或者嘉奖；对于应当开展羁押必要性审查而没有开展或者怠于开展审查的，则要通过一定的方式予以否定性的评价。此外，还应完善配套的评价与监督机制，确保顺利开展羁押必要性审查工作。三是全面履行羁押必要性权利告知制度，提高依申请审查案件数量。犯罪嫌疑人、被告人被羁押后，驻所检察人员应当在3日以内书面告知其在侦查、起诉、审判阶段，有权依法向办案机关申请变更强制措施，也可以申请人民检察院进行羁押必要性审查。[③] 犯罪嫌疑人、被告人及其

① 2015年巴南区就发生一个得了病的被羁押人死在看守所内。

② 叶衍艳：《审查起诉阶段羁押必要性审查工作机制的建构》，载《国家检察官学院学报》2012年第6期。

③ 参见最高人民检察院发布的《关于2015年1—3月全国检察机关刑事执行检察部门办理羁押必要性审查案件情况的通报》，第4页。

法定代理人、近亲属或者辩护人向人民检察院提出羁押必要性审查申请时，应当要求其说明不需要继续羁押的理由，有相关证据材料或者其他材料的，应当要求其提供。

（二）明晰羁押必要性的审查主体

无论是在英美法系国家，还是大陆法系国家，都是由法官决定羁押必要性的审查，以尽可能实现司法公正、保护被羁押人的人身自由。鉴于我国还没有实现审判中心主义，法官无法干预侦查、起诉，因而由检察机关行使羁押必要性审查符合中国现实国情。经过对“以刑事执行检察部门为主导的审查模式”“分阶段由不同部门负责审查的模式”和“专门办公室负责模式”的比较，我们更赞同“以刑事执行检察部门为主导的审查模式”，加强刑事执行检察部门与侦查机关、侦查监督部门、公诉部门以及案管部门之间的协作与配合。因为由刑事执行检察部门审查，一是可以节约司法资源，不用单独设立一个部门，增加人员编制；二是可以随时了解被羁押人被羁押的情况，可以获得一些在侦查、起诉中没有了解到的情况；三是便于检察院与公安机关和法院在羁押必要性的问题上得到沟通，有利于检察建议得到落实。①

（三）构建羁押必要性审查协作体系

为了保证顺利开展羁押必要性审查，需要建立检察机关内部协作体系与公检法三机关之间外部协作体系。在检察机关内部协作体系方面，上级检察机关应尽快出台指导性文件，尽快建立案件信息共享机制、工作通报制度，明确相关部门的具体责任和义务，保证检察机关内部首先做到步调一致，协同发挥作用。在明确确立刑事执行检察部门主导羁押必要性审查工作的基础上，以文件或规则的形式要求侦监、公诉及案管等部门予以支持配合。侦查监督部门对逮捕后的案件应定期跟进案件侦查取证、刑事和解、退赃退赔等情况，可能不需要继续羁押的，或需要变更强制措施的，及时通报刑事执行检察部门，刑事执行检察部门据此启动羁押必要性审查程序。公诉部门应将案件来源、在押人员基本情况、基本案情、诉讼阶段、审查工作情况及时通报给监所部门。在外部协作体系方面，检察机关应加强与公安机关、法院之间的沟通，在更高层面上尽快出台相关规范性文件，统一对羁押必要性审查工作的认识，明确各方在羁押必要性审查工作中的职责，规范审查工作，形成司法合力，切实保障当事人的合法权益。

---

① 刘晴：《羁押必要性审查制度研究》，载《人民检察》2013 年第 11 期。

（四）完善羁押必要性的审查方式

为了弥补现行审查方式的自身缺陷，我们认为，在改善现行审查方式的基础上，对有重大社会影响的案件可以采取听证方式进行审查，增强审查程序的公开性和透明性。具体而言，首先，应当废除经过两级审批机制才能启动羁押必要性审查的方式，对于当事人申请的案件，是否启动直接由办案人员决定即可。其次，完善具体审查的方式。除了立法现有的规定外，结合实践经验，可以增加以下几种方式：（1）听取被害人及其法定代理人、近亲属、诉讼代理人的意见，了解是否达成和解协议。（2）听取看守所监管民警的意见，了解犯罪嫌疑人、被告人羁押期间的表现。（3）调查了解犯罪嫌疑人、被告人涉嫌犯罪事实、主观恶性、悔罪表现、身体状况、平时表现等情况。（4）因时间紧急或者路途遥远等特殊情况，可以采取电话或者视频等方式听取意见，并录音录像和制作笔录。最后，启动听证式审查方式。检察院可以依职权启动听证；申请人建议进行听证的，检察院应当视案件具体情况决定是否启动听证。犯罪嫌疑人、被告人及其辩护人、办案部门、被害人、有关监管部门、派出所或社区、单位等参加，并发表意见，审查部门当场宣布结果。

（五）完善羁押必要性的审查理由

鉴于羁押必要性的处理结果为变更强制措施或者释放，因此我们需要将羁押必要性的审查理由与变更强制措施、取保候审及监视居住的使用条件结合起来，保证程序转换后的连贯性。我们认为，应当分为两种：

第一种是根据《刑事诉讼法》第 65 条适用取保候审的规定、第 72 条适用监视居住的规定，《最高人民法院关于适用〈中华人民共和国刑事诉讼法〉的解释》第 133、134 条对被逮捕的被告人变更强制措施的规定，具有下列情形之一的，应当向办案机关提出释放或者变更强制措施的建议：（1）案件证据发生重大变化，不足以证明有犯罪事实或者犯罪行为系犯罪嫌疑人、被告人所为的；（2）案件事实或者情节发生变化，犯罪嫌疑人、被告人可能被判处拘役、管制、独立适用附加刑、免予刑事处罚或者宣告缓刑的；（3）继续羁押犯罪嫌疑人、被告人，羁押期限将超过依法可能判处的刑期的；（4）羁押期限届满，案件尚未办结的；（5）患有严重疾病、生活不能自理的；（6）系怀孕或者正在哺乳自己婴儿的妇女；（7）系生活不能自理人的唯一扶养人。

第二种是根据《刑事诉讼规则》第 144 条规定的可以不予逮捕的情形，具有下列情形之一的，可以向办案机关提出释放或者变更强制措施的建议：（1）预备犯或者中止犯，且具有悔罪表现的。（2）共同犯罪中的从犯或者胁从犯，且具有悔罪表现的。(3) 过失犯罪，且具有悔罪表现的。(4) 防卫过当或者避险过当的，且具有悔罪表现的。(5) 主观恶性较小的初犯，且具有悔罪表现的。(6) 犯罪嫌疑人、被告人系未成年人或者已满 75 周岁的人，且具有悔罪表现的。(7) 犯罪嫌疑人、被告人与被害方依法自愿达成和解协议，且已经履行或者提供担保的。(8) 案件事实基本查清，证据已经收集固定，符合取保候审或者监视居住条件的。(9) 其他不需要羁押的情形。

（六）加强检察建议权的效力

由于羁押必要性审查中的检察建议权刚性不足，但又要尽可能地落实审查结果，因此需要完善建议情况的跟踪督促机制。在羁押必要性审查部门作出检察建议后，如果有关机关不予采纳检察建议时，应当说明不予采纳的理由；对于在 10 日内未予反馈情况的，要加大监督力度，可书面催办，经催办后仍不执行的，可向其发出《纠正违法通知书》，同时报告上级检察院；要加强对回复理由的审查，发现理由不成立的，应及时沟通协调，着力形成共识，必要时可抄报上级机关，努力使检察建议落到实处。

（七）赋予检察机关完整的批捕权

为了进一步增强羁押必要性审查工作的有效性，还应当从优化权力配置的角度，赋予检察机关“完整的批捕权”，让检察机关既有权批准逮捕犯罪嫌疑人、被告人，又有权释放或变更强制措施。如果检察机关在审查后，只有检察建议权，是否释放或变更强制措施受制于公安机关，那么就会架空由检察机关开展羁押必要性审查的制度，不利于达到保护被羁押人人身自由的目的。因为检察机关在考核指标的压力下，会追求逮捕数量的增加，这一方面肯定了公安机关的工作，而另一方面检察机关开展羁押必要性审查工作则是在找公安机关工作上的不足之处，会使公安机关对该制度产生抵触心理。① 因此，应当将实际上被公安机关从批捕权中分割出来的“决定释放或变更强制措施的权力”还给检察机关，从而将权力落到实处。

（八）完善羁押替代措施

为了加强羁押必要性审查的执行力度，需要提高取保候审、监视居住的适用率，发挥替代羁押措施的作用，保证对在押人员变更强制措施后，犯罪嫌疑人、被告人能及时到案，确保刑事诉讼程序的顺利进行。但是取保候审制度本身缺乏足够的控制能力，因此有学者提出从以下几方面予以完善：一是建议将

---

① 张云鹏：《捕后羁押必要性审查制度的完善路径》，载《法学》2015 年第 1 期。

监视居住纳入取保候审强制措施，或者赋予犯罪嫌疑人有申请取保候审的权利，增加获得取保候审的机会。二是借鉴域外的保释制度，针对不同的犯罪嫌疑人，采取不同的取保候审方式，增强取保候审、监视居住的保证效果。① 此外，山东东营市河口区检察院给取保候审人员佩戴智能监控手表，防止脱保；② 苏州市吴中区检察机关研发了羁押必要性审查评估软件，可以提高审查工作效率。③ 这些做法也值得我们借鉴。

① 李昌林：《侦查阶段的取保候审与监视居住》，载《刑事法评论》第25卷。

② 《河口在全国创新实施智能腕表管控系统对矫正对象管控》，载 http://www. shengli. org/? action - viewnews - itemid - 72118，2015年7月2日访问。

③ 《苏州吴中区检察院研发专门软件保障法律监督》，载 http://js. people. com. cn/html/2012/10/24/175627. html，2015年7月2日访问。

以审判为中心的诉讼制度对公诉工作的影响及应对

吴登伟*

一、以审判为中心的诉讼制度提出的背景

（一）重配合、轻制约重创司法权威

一直以来，中国的刑事诉讼在纵向上具有一种“流水作业”的构造。公安、检察和裁判机构分别进行流水作业式的操作，他们可以被看作刑事诉讼这一流水线的三个主要的“操作员”，通过前后接力、互相配合和互相补充的活动，共同致力于实现刑事诉讼法的任务。[①] 实际运行中，公安、检察和法院机关过于注重配合而忽视制约，导致原本应居于核心的审判程序不但未对运行于其之前的侦查、起诉程序产生制约作用，反而受制于它们。重配合轻制约的司法权运作模式，是导致冤假错案发生的重要原因，司法权威和公信力也因此遭受重创。

（二）公民内心期待公平正义

公民在自身物质需求不断满足的同时，对自身权利保护的需求也格外强烈。多数人在权利遭受侵害时更多地选择诉诸法律，公民因此成为司法直接亲历者参与到司法过程中。同时，互联网加速传媒发展，重大敏感案件更易成为民众关注焦点，民众也比以往任何时候更加近距离地接近司法。人民法院作为审判机关，是每一起大小案件的裁决者，其裁判是案件处理是否公正的评判焦点，是公民对司法是否公正判断的直接源头。司法是社会公正的最后一道防线，人民法院的裁判则无疑是整个司法过程中司法结果的出口和核心。公民对公平正义的渴求和期待，实则是对人民法院公正裁判的期待。要让公民的这种

---

* 重庆市人民检察院公诉二处一级检察官。

① 参见陈瑞华：《刑事诉讼的前沿问题》，中国人民大学出版社2011年版，第258—259页。

期待得到积极有效的回应，就必须让审判回归其应有的诉讼中心地位，

（三）顺应加快法治国家建设形势

为加快建设社会主义国家法治，让人民群众在每一起案件中感受到公平正义，党的十八届四中全会通过的《中共中央关于全面推进依法治国若干重大问题的决定》提出“推进以审判为中心的诉讼制度改革，确保侦查、审查起诉的案件事实证据经得起法律的检验”，强调以审判为中心。在法治中国已成为国民的向往和追求的当下，以审判为中心的诉讼制度的提出与推进，实乃顺应加快法治国家建设形势之举，更是法治建设进程中的重要一步。

二、以审判为中心的诉讼制度的基本理论

（一）以审判为中心的基本内涵

以审判为中心，可以说是“审判中心主义”理论在刑事诉讼中的具体体现。而审判中心主义是指审判（尤其是第一审法庭审判）是决定国家对于特定的个人有无刑罚权以及刑罚权范围的最重要阶段，未经审判，任何人不得被认为是罪犯，更不得被迫承受罪犯的待遇。具体来说，具有两层含义：一是整个刑事程序中，审判程序是中心，只有在审判阶段才能最终决定特定被告人的刑事责任问题，侦查、起诉、预审等程序中主管机关对于犯罪嫌疑人罪责的认定仅具有程序内的意义，对外不产生有罪的法律效果。二是在全部审判程序当中，第一审法庭审判是中心，其他审判程序都是以第一审程序为基础和前提的，既不能代替第一审程序，也不能完全重复第一审的工作。① 审判中心主义的实质内涵不仅要求在形式上突出审判活动的诉讼地位，重塑法院的社会形象，更重要的是审判活动必须实质化，徒具形式而不具有实质性的审判无助于审判中心地位的确立，反而对此有消解作用。②

与以审判为中心相关的是庭审中心，二者联系紧密，但又不完全等同。二者的主要区别在于，以审判为中心主要解决审判活动与侦查、起诉、执行活动的外部关系，旨在强调侦查、起诉、执行都服从于审判；而庭审中心主要解决审判机关内部的审判活动问题，旨在强调证据展示质证在法庭，事实查明认定在法庭，诉辩意见发表在法庭，裁判结果形成在法庭。二者的内在逻辑联系在于，审判中心是庭审中心的内在支撑，只有确立了审判的核心地位，才能使侦

① 参见孙长永：《审判中心主义及其对刑事程序的影响》，载《现代法学》1999 年第 4 期。

② 参见张建伟：《审判中心主义的实质与表象》，载《人民法院报》2014 年 6 月 20 日，第 5 版。

查、起诉等活动服从于庭审活动；庭审中心是审判中心的集中体现和最终落脚点，若没有以庭审中心为基础的审判活动，审判中心的诉讼地位和权威性则无法确立。

（二）以审判为中心的诉讼制度的主要特点

以审判为中心的诉讼制度，有学者称之为“以裁判为中心的诉讼构造”，并指出其特点主要包括：司法机构严密控制追诉活动，负责就所有涉及个人基本权益的事项进行司法授权和审查；司法机构审查控制强制措施，对追诉机构为收集犯罪证据而采取的强制性措施要进行授权和审查；裁判机构审查审前活动是否合法，并通过法庭审判对审判前追诉活动的合法性继续进行司法审查。在英美，主要通过排除非法所得的证据来进行；庭审充分贯彻直接言词原则，记载着控方证据和结论的案卷材料，对法院不具有任何预定的法律效力，法庭可通过直接和言词辩论式的庭审，就被告人是否有罪独立裁判。①

概言之，以审判为中心的主要特点为，法院在整个诉讼中的地位不同于追诉犯罪的公安、检察机关，其是居中裁判的权威机关。法院对强制措施和侦查措施采取事前、事后严格的司法审查和控制，并对侦查取证手段予以司法控制，对非法取证手段进行严厉的程序性制裁，包括对非法证据予以排除，也只有法院庭审对审前所有工作才具有终局裁断力。在以审判为中心的诉讼制度之下，庭审摒弃对卷宗材料的过分依赖，充分贯彻直接言词原则。

（三）以审判为中心的诉讼制度的理论根据

1. 程序正义的要求

刑事诉讼的主要任务是打击犯罪和保障人权，但二者不可能达到绝对平衡。一方面，过于强调打击犯罪，权力越界则可能侵犯公民权利；另一方面，过于侧重保障人权，权力沉睡则可能轻纵犯罪。但是，现代法治不允许“宁可错冤千人，不可轻纵一人”的观念。在打击犯罪过程中，放纵以侵犯公民权利的方式施行追诉行为，本质上是追诉权扛着正义的旗子行恶行。相较而言，承认刑事追诉存在“无能”的一面是符合司法规律的，因为犯罪具有复杂性、隐蔽性，而侦查取证手段具有局限性，而“宁可轻纵千人，不可错冤一人”也是现代法治国家更具有承受力的现实后果。为充分保障公民权利不受追诉权的非法侵犯，就必须在程序上赋予审判机构对发生于其之前的侦查、

① 参见陈瑞华：《刑事诉讼的前沿问题》，中国人民大学出版社 2011 年版，第 254—258 页，关于“以裁判为中心的诉讼构造”主要特点的具体论述。

起诉行为的效力予以审查裁断的权力，侦查、起诉行为因此也就必须围绕审判这一中心展开，从而实现程序正义。

2. 权力制衡的结果

刑事诉讼经历了被害人基于报复提起控诉到公众追诉再到现代的国家追诉制度的演变历程。① 现代的国家追诉权，其部分权源是来自于公民私人追诉权利的让渡。权力不加约束终将失控。被阻拦于强大的国家追诉权之外的公民极大可能因为失控的权力而沦为无辜的被追诉者，这与公民当初将追诉权利让渡出来的初衷显然是背道而驰。为有效遏制此不利后果的发生，各国都尽力在刑事诉讼的最后一个关口即审判裁决阶段赋予公民参与审查权，对审判之前的国家追诉行为的合法有效性予以审查，例如人民陪审团制度、人民陪审员制度等。让公民参与行使审判权，从而制约追诉权，起到了用权力制衡权力的作用，审判也因此成为诉讼之中心。

3. 司法公正的核心

司法公正主要是指审判机构的裁判者处理诉讼纠纷时居中裁断、公正无私。司法要公正，其首先要独立。② 刑事审判中，要确保公民的正当权利不受侦查、起诉权的肆意侵犯，司法公正得以真正实现，就必须确保审判机构独立行使其审判权，使其不会受到来自行政权力，以及运行于其之前的侦查、起诉权的干预和掣肘。以审判为中心，确保了审判机构真正处于中立地位，居中裁断，独立行使审判权，从而实现司法公正这一司法的基本要求。

三、以审判为中心的诉讼制度对我国司法现状之意义

（一）有利于制约侦控行为，保障人权

司法追诉过程中，侦查权对人权具有天然的侵犯性，容易被侦查人员滥用。在法院以外，其他任何机关无权对任何人判处刑罚或者违反程序使其承受相当于刑罚的待遇。为防止权力被滥用，保障人权免遭侵害，必须要有充分的制约手段，让侦查行为和证据材料在法庭上接受控辩双方审查、质疑，才能对公诉权和侦查权起到监督作用，才能有效引导和制约侦控行为。以审判为中心的诉讼制度的现实价值，正在于此。

---

① 此处所提国家追诉是指国家追诉为主公民自诉为次，既包括侦查权也包括起诉权的追诉形式。囿于篇幅，对该追诉模式形成的背景及原因本文不详细论及。

② 此处特指审判机构独立行使审判权。

（二）有利于强化庭审实质，查明真相

审判权本身性质上属于判断权和裁决权，而庭审作为审判中心的落脚点，是刑事诉讼中最中立、最公开透明、最内含抗辩制约、诉讼参与人最多的环节，因而比其他环节更有利于认定案件事实、证据和性质，实现司法公正。[①]也只有在法庭上通过各方参与，攻防对抗，法院兼听各方意见，通过举证、质证、认证，才能最终认定案件事实，作出裁判，解决纠纷。以审判为中心，有利于审判实质的强化，案件真相的查明。

（三）有利于重塑司法权威，实现公正

党的十八届四中全会提出“公正是法治的生命线”，而司法权威是法治的必备要件。司法之所以于应然层面上具有权威性，在于其裁决的中立性和终局性，而裁决则主要通过审判进行。以审判为中心，强调审判实质化，这要求同等重视参与审判各方的意见表达，必然会改变传统以来以侦查为中心的诉讼制度之下被告方地位被人为矮化的局面。各参与方于庭审中充分行使权利和表达意见，为审判居中公正裁断建立基础，有利于司法公正的实现，司法权威也因此得以重塑。

四、以审判为中心诉讼制度对检察公诉工作的影响及应对

（一）对公诉司法理念的影响及应对

1. 对公诉司法理念的影响

近年来，重打击犯罪轻保护人权，重有罪、罪重证据轻无罪、罪轻证据，重实体公正轻程序公正等不当司法理念逐步得到纠偏，但部分公诉检察官仍未能牢固树立理性、平和、文明、规范的司法理念，无法适应以审判为中心的诉讼制度下的司法工作现状。

2. 转变理念应对改革

公诉检察官必须进一步转变司法理念，要更加重视对侦查的监督，注重保障人权，确保案件事实和证据经得起法庭、法律、历史的检验。公诉检察官应自觉尊重和维护审判权威，维护司法公信力。同时，应认识到以审判为中心的诉讼制度并不是以法院为中心，而是强调公检法机关的办案活动都要围绕法庭审判进行。这一模式有其自身价值。它不涉及部门利益，不涉及各专门机关的地位高低、作用大小等问题，其根本目的是要使各办案部门重视庭审的决定性

① 参见朱孝清：《略论“以审判为中心”》，载《人民检察》2015 年第 1 期。

作用，严格证据标准，落实规则要求，确保案件质量，从而有效避免冤错案件的发生。[①] 此外，公诉检察官在坚持以审判为中心的同时，应积极履行审判监督职能，确保法官公正审理和裁判案件。

（二）对侦诉关系的影响及应对

1. 对侦诉关系的影响

（1）重配合轻制约不利于形成指控合力

侦查与公诉均承担着追诉打击犯罪的职责，二者的任务具有高度重合性，因此于庭前程序中理应配合协作，以最有效地履行自身职能。但需明确，高度重合不代表完全一致。配合协作之外，公诉还必须履行对侦查的监督制约职能。但一直以来，因侦查职能过于强大，公诉对侦查缺乏有效的约束与监督，对侦查的配合多过制约。这不但不利于保障人权，也不利于公诉与侦查在审前阶段形成合力。表面上看，公诉因大力配合而与侦查高度一致地站在了同一战线上，似乎更利于指控犯罪。但高度一致意味着侦查环节的问题未及时被发现和暴露，为指控犯罪埋下隐患，最终实质上妨碍指控合力的有效形成。

（2）重指控轻监督易导致案件带病起诉

由于侦查办案力量以及个体素质的影响，侦查人员在收集证据时往往会忽略审判对证据质和量的要求，例如忽视物证严格的提取程序和保管链条。而公诉检察官审查案件时，或因证据审查判断能力不足，或因重指控轻监督等因素对证据质量把关不严，让不合格证据甚至非法证据流入庭审之中。侦、诉双方会因此在庭审中共同遭受法院的程序性制裁，相关证据会被法院排除出法庭，检控方的证据体系遭到削弱甚至全盘崩溃，案件指控可能因为证据不足而无法成立。因为非法证据排除所要惩罚的是侦查人员违反法定侦查程序的行为，当然也附带包括检控方错误地将非法证据提交法庭以作为指控根据的行为。[②]

（3）重审查轻引导难巩固案件证据体系

善于发现案件证据存在的问题是公诉检察官必备的能力，但发现问题的真正目的是解决问题。缺乏进一步通过引导侦查解决证据缺陷完善证据体系的意识和能力，则很难助推案件证据进一步巩固和强化。司法实务中，部分公诉检察官仍满足于坐堂审查卷宗，停留于发现问题的意识和能力层面上，忽视引导侦查取证的重要性，严重影响办案质量。

---

① 王守安：《以审判为中心的诉讼制度改革带来深刻影响》，载《检察日报》2014年11月10日第3版。

② 参见陈瑞华：《刑事诉讼的前沿问题》，中国人民大学出版社2011年版，第195页。

2. 新型侦诉机制的构建

（1）证明责任侦诉共担

要使承担追诉责任的侦查、起诉真正有效地形成合力，应对二者之间的关系进一步反思和调整。公诉与侦查应达成这样一个共识，即侦诉在以审判为中心的诉讼制度之下，履行共同追诉犯罪的职责。为此，侦诉双方应在成功追诉犯罪这一共同目标的驱使下，强化法庭最终裁判意识和大控方意识，形成侦诉共担案件质量责任的格局，抛弃毫无原则的通力配合，做到办案标准向法庭看齐，全力提高案件质量。

（2）证据质量公诉管控

对证据的认识判断最终落脚于法庭这个场域，审判对证据的认定取舍具有决定性作用，因此在证据的实体和程序方面都应充分考虑法庭审判的要求和标准。公诉应当切实履行好侦查监督职责，重视对侦查活动的监督，对侦查强制措施的采取和侦查取证行为严格把关，从而督促侦查取证水平的进一步提高，实现对案件证据质量的严格管控。

（3）证据收集公诉引导

为夯实案件证据指控体系，满足庭审指控需求，公诉检察官要充分发挥在审前程序中的主导作用，提升引导取证的能力，提高证据取证质量，保证案件的质量和效果。但需注意，引导证据收集时，公诉检察官也应找准自己的定位，既不缺位也不越位，既不无作为也不乱作为，真正做到引导侦查而不是指挥、干预、代替侦查，让侦诉协作模式依法、科学、有序运作。

（三）对庭前公诉工作的影响及应对

1. 对庭前公诉工作的影响

（1）审前非法证据筛查给公诉带来负荷

庭审是案件证据接受检验最关键的场域，为保障庭审顺利指控犯罪，公诉检察官应当更加重视庭前证据审查工作。若消极应付，企图将证明责任交给法官，则将承担指控不力的后果。新刑事诉讼法及相关司法解释对非法证据的排除作了更为完善的规定，对非法证据的审酌判定已经是公诉检察官的一项义务。公诉检察官除依据当事人的申请进行筛查排除以外，还应依据职权主动对是否存在非法证据予以审酌。目前而言，对非法证据的筛查已经占据和消耗公诉检察官相当部分的时间和精力，如对讯问同步录音录像的观看审查，已经成了公诉检察官的一大办案负荷。

（2）辩方主体地位凸显给公诉造成压力

以审判为中心，要求审判重视当事人的意见表达，被告人及辩护人的主体地位相较以往将更加凸显。新刑事诉讼法实施后，律师可以辩护人的身份介入侦查阶段，律师掌握案件讯息的时间节点更加靠前。同时，辩护律师可凭借自身专业能力收集犯罪嫌疑人是否具有刑事责任能力，是否不在案发现场等对案件具有颠覆性影响的证据材料，因此辩护人及被告人的意见将更加受到审判人员的重视。对公诉检察官而言，积极“在行动”的不再止于侦查、公诉方，还有站在对面的辩护人，指控压力无形增加。

（3）案多人少资源紧缺给公诉制造难题

以审判为中心的诉讼制度之下，为保障案件的公诉质量，让案件经得起“法庭”的检验，公诉检察官毫无疑问地会将大量的时间、精力等投入到重大疑难复杂案件之中。但在案件数量居高不下，公诉办案骨干人才不断流失，办案力量又未得到有效充实的现实之下，如何协调分配资源成了公诉检察官面临的又一难题。

（4）庭前会议提前对抗对公诉提出考验

庭前会议制度的服务对象为庭审，其可谓是“庭审之前的小庭审”，是以审判为中心的诉讼制度的具体体现。控辩双方提前整理出案件争点，将部分争议解决于真正的庭审之前，这便于法庭审理集中进行，提高诉讼效率。庭前会议实际上是在起诉与审判之间植入了一个新的中间程序，提前将公诉检察官拉入到与庭审相当的紧张状态中，给公诉工作提出了新的考验。

2. 庭前公诉工作如何应对

（1）完善非法证据筛查排除机制

与义务相对应的是责任，该责任与犯罪嫌疑人的人权保障息息相关。对此，公诉检察官以如履薄冰的态度，对证据严格审视，让每一份证据达到“质量标准”，在指控犯罪时成为“合格产品”。具体而言，在审查起诉阶段，公诉检察官一是要对移送审查起诉的证据审查由“信任模式”转向“质疑模式”，对侦查移送证据之合法性不再盲目信任；二是要充分听取犯罪嫌疑人和辩护人的辩解辩护意见，了解其意见是否涉及非法证据排除指控；三是要全面耐心观审与讯问相关的全程录音录像，探索出一套规范、高效、可行的录音录像审查方法，提升办案效率；四是要通过侦查机关或自行调查核实关涉非法取证的相关证据材料。唯有对取证程序是否合法的审查做到“心无旁骛”，才能对证据的合法性做到“心中有数”，庭审指控犯罪才能“胸有成竹”。

（2）合理构造检辩两造新型关系

以审判为中心的诉讼制度之下，检方应充分重视对被告人、辩护人观点意见的听取与分析。从刑事诉讼结构上看，检辩双方形式上虽为诉讼两造，但这并不意味着双方应当一直处于剑拔弩张的敌对关系中。相反，审前双方平缓对等地对待彼此，反而更有利于查清事实真相。检方偏信侦查与偏信犯罪嫌疑人，其结果都可能是距离真相越来越远。因此，公诉检察官应当积极践行“兼听则明”，充分履行检察官的客观公正义务。事实、证据是做好庭审工作的基石，充分尊重辩方意见，其实是为公诉庭审工作赢取先机，为避免庭审陷入被动打下基础。

（3）合理构建办案资源分配机制

面对案多人少、资源紧缺的现实，检察机关除了采取充实公诉一线办案力量这一措施外，还应从案件分流管理和审前过滤上下功夫。一方面，承办案件的公诉检察官应利用刑事诉讼法所赋予的不起诉权，对案件进行检察院自身内部终结和法院庭审终结的二分法分类，再利用简易程序处理权对案件进行繁简分流，然后将时间和精力向重大疑难复杂庭审案件倾斜。另一方面，公诉部门在配置人力资源上，应将重大疑难复杂案件交给公诉业务骨干承办，让较强的公诉业务能力为案件的效率和质量保驾护航。

（4）完善庭前会议制度配套机制

对被提前拉入与辩方的对抗之中，公诉检察官不能被动适应，应主动出击，绝不打“无准备之仗”。一是应就庭前会议中可能讨论的事项设定预案，充分准备；二是要在庭前会议中积极应对，充分表达抗辩主张，为正式庭审打下良好的指控基础；三是要认识到庭前会议毕竟不是真正的庭审，应与辩方恰当沟通，求同存异，依法与其最大限度地达成共识，最终实现简洁高效、指控有力的庭审。

（四）对公诉庭审的影响及应对

1. 对公诉庭审的影响

（1）辩方程序性指控使得检方成为“诉中诉”之“被告”

法官通过庭审对审判前追诉活动的合法性继续进行司法审查，实施一定的司法控制，是以审判为中心的诉讼制度的重要体现。对庭审证据的合法性，公诉检察官有证明之义务，其必须肩负起以法官为核心，证明据以指控的证据能够踏进庭审“门槛”的责任。这也意味着，检控方在证明被告人实体上有罪的情况下，可能会面临来自被告人提出其遭受刑讯逼供之类的程序性指控。在审判被告人的审判之中，则增加了检控方成为“被告”的另一个审判，有论者称之为“审判中的审判”或者“诉中诉”。

(2) 贯彻直接言词原则考验检方庭审询问和把控能力

新刑诉法对证人、鉴定人、有专门知识的人应当出庭的情形作了规定，这一定程度上贯彻了诉讼理论中的直接言词原则和传闻证据规则，也是以审判为中心的诉讼制度的部分体现。在此之下，法官亲自听取证人、鉴定人、有专门知识的人的当庭口头陈述，以此对案件事实形成内心确认，并据以裁判。证人、鉴定人、有专门知识的人的庭外言词也不再被当然采信，法定条件下必须以口头表达的方式在法庭上接受检验。法庭将不再对公诉方案卷材料过分依赖，而是将裁判结论建立在当庭调查和辩论所形成的直观印象基础上。这有利于改变证人极少出庭的客观现象，但对公诉检察官则是一个不折不扣的挑战。一是关键证人、鉴定人等人员出庭作证，必然会增强法庭的对抗性和庭审的不确定性，增加公诉指控犯罪的难度和风险；二是公诉检察官当庭询问证人、鉴定人等人员的经验和庭审询问把控能力普遍较为欠缺，亟须提高。

2. 公诉庭审如何应对

(1) 建立完善程序性辩护的控制应对机制

对被推上证明证据收集合法性的“被告席”，公诉检察官应区分不同情形，积极沉稳应对。一是对被告人提出的“指控”系其于审前已提过的情形，应举示相应证据证明“指控”主张不成立。二是对被告人当庭提出“指控”的情形，若在案讯问笔录、羁押笔录、健康检查记录、同步录音录像等“常规”证据能予以证伪的，应当庭积极组合相关证据反驳被告人“指控”主张；若不能当庭反驳，应尊重客观事实，建议休庭或延期审理，对相关证据进一步调查核实。

(2) 建立完善证人、鉴定人出庭应对机制

对充分体现审判中心的关键证人、鉴定人等人员出庭制度，公诉检察官应从以下几个层次来把握应对。一是要主动落实，积极贯彻直接言词原则；二是要在认识到能力存在短板的情况下，积极主动地学习语言学、心理学等法学关联学科知识，进一步提升交叉询问的技巧和庭审把控能力；三是对关键证人、鉴定人等人员出庭的案件，应就案件证据全面分析，并对关键证人、鉴定人等人员的背景以及与案件有关的其他专业领域的知识充分透彻地研究，做好庭审预案，以此保障案件庭审的质量和效果。

(五) 对公诉审判监督权的影响及应对

1. 对公诉审判监督权的影响

(1) 审前程序中毫无原则地跟随审判

以审判为中心，强调审前程序中的侦查、审查起诉等工作应围绕审判这一

核心展开。但是，公诉不能因侦查与自身均需服从审判便凡事跟着审判走。若对审判的主张不仔细斟酌判断而盲目服从，庭前主导地位迟早被弱化，甚而被审判全盘替代。

（2）证明标准上毫无原则地迎合审判

随着各地冤假错案的平反，关于重大疑难复杂案件的证明标准如何把握成为了大家思考的问题。积极的思考有利于问题的解决，但当下实践中却出现了一种与逐渐膨胀的法官中心主义相对应的倾向：公诉检察官在案件面前畏首畏尾，为了避免因重大疑难复杂案件的证据证明标准与法院发生分歧导致案件无罪，而人为的将证明标准任意拔高，导致部分应诉案件作了存疑不诉处理。这显然不利于打击犯罪和维护社会秩序。长此以往，刚性有力的公诉权将变得软弱无力。

（3）庭审过程中毫无原则地服从审判

庭审中，审判人员对控辩双方的意见拥有评判裁断权，但由于时间短促或其他因素，审判人员的评断可能并不准确。公诉检察官此时如对审判人员无充分理由的否认沉默接纳，一味服从，庭审效果将大打折扣。比如，庭审讯问中，辩护人因不清楚公诉检察官的发问意图而以无关联性为由提起反对，审判人员支持辩护人意见，并制止公诉检察官讯问或要求更换问题。此时若公诉检察官不解释申辩发问意图，甘愿服从审判裁断，公诉效果极为不佳。

（4）庭后监督上毫无原则地容忍审判

司法规律决定了审判人员也可能在案件审理和裁判中出现程序或实体方面的错误，因此以审判为中心，不是强调一切都唯法官“马首是瞻”。对发现的审判错误，公诉检察官不能毫无原则地容忍，不敢不愿对错误裁判提出监督纠正意见。无原则的姑息，可能会严重损害当事人的合法权益。有的公诉检察官认为，以审判为中心意味着不应再对审判“说三道四”。还有的认为，若对审判进行监督，则其后自己公诉的案件恐被审判人员“报复性”裁判无罪。这表明，公诉实务中存在因错误认识以审判为中心与检察法律监督之间的关系而主动放弃监督权的现象。

2. 如何确保公诉审判监督权的有效行使

（1）适时发声，避免陷入司法讼累

审前程序中，公诉应适时地“发出自己的声音”。比如，辩护人在庭前会议中对某一证人证言提出异议并申请证人出庭，法院同意，但若该证人证言对定罪量刑并无重大影响，考虑到庭审经济、效率和效果，证人并无必要出庭，公诉检察官应当据实据理向法庭提出，避免陷入无意义的司法讼累之中。

（2）实事求是，客观把握案件证据

司法有其规律，司法人员不能罔顾规律办案。客观公正办理案件的不二法门便是实事求是。在办理案件，尤其是办理重大疑难复杂案件时，公诉检察官在思想上应当重视，在办理时应当审慎。但是，重视之余不能失掉平常心，审慎之余不能无责任担当。对个案的证明标准，既不拔高，亦不降低。对法院裁判，既不毫不重视，亦不曲意逢迎。简而言之，一切从案件实际出发，客观公允地审查判断证据是否确实，证据体系是否完善、充分，从而得出案件证据是否达到起诉标准的审查结论。

（3）据理力争，积极应对庭审裁断

庭审中，审判人员是诉讼各方参与人员的指挥棒，诉讼活动必须依其指挥进行。如前所述，审判人员也会基于各种原因于庭审中裁断错误，但是若公诉检察官对某些裁断的申辩延宕至庭后进行，一方面不符合执法规范要求，另一方面事后申辩已错过黄金时间，于事无补。例如，在面对前述的审判人员支持辩护人以无关联性为由对公诉人检察官讯问反对的情形时，公诉检察官不能消极应对，放弃预设的讯问方案，而应当主动向法庭阐明发问意图以及其与本案的关联性所在，积极争取审判人员的支持。

（4）勇于监督，有效纠正错误裁判

检察机关是宪法规定的法律监督机关，其实现方式之一便是公诉通过监督审判来实现。如果公诉不敢不愿对错误裁判提出监督纠正意见，实则是手持法律赋予的权力不作为，这是对法律、对社会、对当事人的不负责任。长此以往，审判权威的确立也就意味着检察监督权的丧失。因此，公诉应当切实履行其职责，勇于监督。但是，监督亦应讲究方式方法。公诉检察官应根据裁判错误的类别和程度选择合适的监督手段，要合理运用纠正审理违法、再审检察建议、提起抗诉等手段强化对审判的监督。

“以审判为中心”与言词诉讼原则的重构

关倚琴*

一、“以审判为中心”对言词诉讼原则的要求

“以审判为中心”就是明确审判是决定国家对于特定的个人有无刑罚权以及刑罚权范围的重要阶段，未经审判，任何人不得被认为是罪犯，更不得被迫承受罪犯的待遇。① 这包括两个层次的含义，一是在整个刑事程序中，审判程序特别是一审程序是中心，只有在审判阶段才能最终决定被告人的刑事责任问题。二是在审判程序中庭审程序是中心，明确定罪量刑决定在法官，建立法官心证的主要空间在法庭。“以审判为中心”在刑事庭审中的重要的体现，就是要在庭审中贯彻和落实言词诉讼原则。

（一）言词诉讼原则的基本内涵

言词诉讼是指刑事庭审中证人应出席法庭以言词作证，而不应以书面证词代替。② 言词诉讼原则是结合我国刑事诉讼国情，对“直接、言词原则”和“传闻排除规则”的吸收与借鉴。“直接、言词原则”作为大陆法国家刑事审判普遍实行的证据规则，包括“直接原则”和“言词原则”。直接原则分为直接审理和直接采证，直接审理是指法官审理案件，应当在双方当事人在场的情况下进行；直接采证是在前者的基础上，强调法官应当以亲自在法庭上直接获取的证据资料作为裁判的基础。言词原则是指法庭对案件的审理，对证据的调查，采取言词陈述的方式进行，除法律有特殊规定者外，凡是未经当庭以言词方式调查的证据资料，不得作为判决的依据。③ 应当说，“直接”是实现“言词”的基础和条件，是言词原则的应有之义，法庭要以言词陈述的方式对案

---

* 重庆市人民检察院第一分院公诉一处副处长，四级高级检察官。

① 孙长永：《审判中心主义及其对刑事程序的影响》，载《现代法学》1999年第4期。

② 龙宗智：《论书面证言及其运用》，载《中国法学》2008年第4期。

③ 卞建林：《直接言词原则与庭审方式改革》，载《中国法学》1995年第6期。

件进行审理，必然需要控辩双方参与，并由法官居中听取双方意见后作出判断。

英美法中的“传闻证据规则”强调传闻证据不具有证据能力，应当作为排除证据的对象。如美国《联邦证据规则》第802条规定，“传闻不可采，除非法律或者规则另有规定”。第801条将传闻定义为“并非陈述人在当前审判或者听证时作出的陈述，而由当事人将其作为证据提出，用以证明该陈述所主张事项之真实性”。所谓“陈述”包括“一个人口头主张、书面主张或者该人意图为一项主张的非言语行为”。可见，立法上直接否认传闻证据的可采性，其范围既包括“传闻言词”也包括“传闻书面”，前者是指对他人言论的转述，后者是指对书面证言的排除。“传闻书证”的排除与大陆法系“直接、言词原则”排除书面证言的内容具有相似性。但二者的区别在于，直接、言词原则是大陆法系法官职权审理模式之下，为保证法官能够有效询问、观察证人，形成对证据判断的心证而确立的，其主要目的是调整法官与证人之间的关系，确保审判的公正。而传闻证据规则却是在当事人主义诉讼模式下，为实现控辩双方对证人进行交叉询问，从而由当事人推动诉讼进程，使得陪审团形成心证。① 尽管存在上述差异，但二者在刑事诉讼中贯彻言词诉讼的原则，限制书面证言的使用的根本要求却是相同的。反观我国刑事司法，法庭上证人普遍不出庭作证而由控辩双方宣读其庭前证言，围绕书面证言发表意见是我国现阶段刑事庭审的常态。

（二）建立言词诉讼原则是“以审判为中心”的必然要求

1. 言词诉讼原则是庭审实质化的根本要求

“保证庭审在查明事实、认定证据、保护诉权、公正裁判中发挥决定性作用”的改革要求，是在近年来我国冤假错案频发，公正审判被广泛关注的背景下提出的。所针对的是我国将侦查作为刑事诉讼中证据审查、事实认定的中心，将庭审作为对侦查成果确认和接受的诉讼阶段的现状。“书证中心主义”正是该现状在证据规则上的集中体现。“书证中心主义”是侦查机关将获取的言词证据记录在案，通过检察机关送达法庭，由于相当程度上证人不出庭，法庭通常直接对书面证言进行审查并作为审判依据。然而，正如林钰雄先生所言，“控诉原则之下，如果准许法院径以记载检察官侦查结果的卷宗笔录为审

① 陈运财教授称“采当事人进行主义者，重视当事人与证据之关系，排斥传闻证据，以保障当事人的反对诘问权；采职权进行主义者，则重视法院与证据之关系，其排斥传闻证据，乃因该证据非在法院直接调查之故。”引自龙宗智：《论书面证言及其运用》，载《中国法学》2008年第4期。

理对象，法院反而变成消化卷宗的机器，审判不过是朗读笔录的仪式；法院对于待证的本案犯罪事实无直接印象可言，难免承继检察官侦查结果所得的心证，接力结果，控诉原则的三面审理构造也成空中楼阁”①。因此，书面证言在法庭的滥用必然导致庭审难以有效审查言词证据的客观性、真实性、合法性，而实践中对侦查机关的高度信任和对书面证言的严重依赖，常直接将侦查证据作为审判的定案证据，将侦查结论作为审判结论，导致庭审举证、质证成为“走过场”，甚至“未审先判”，最终严重影响案件质量，导致冤假错案频频发生。

要实现“以审判为中心”，就必须保障庭审的实质化，其关键在于避免侦查阶段收集的证据材料，特别是书面证言在庭审时“当然”具备证据能力。因此，法庭上控辩双方原则上必须提供原始证据，证人必须出庭作证，以便法庭能够充分、有效地质证，并由法官对言词证据是否具有证据能力、是否可以作为定案依据作出判断，从而真正实现庭审的实质化。建立和贯彻言词诉讼原则，要求案件人证在法庭上当庭陈述并接受询问理应成为“事实查明在法庭、证据认定在法庭”的根本要求。

2. 言词诉讼原则是实现公正审判的内在要求

证人应出席法庭以言词作证，而不应以书面证词代替的原则符合刑事诉讼的“三造”结构，是保护诉权、公正裁判的根本要求，其理论依据主要在于以下四个方面。

第一，言词诉讼原则符合审判“亲历性”的要求。亲历性，即事实判定者直接接触和审查证据，直接听取控辩意见及其依据并作出判断。② 对于证据的裁判和事实认定而言，亲历性是审判最为重要的特性。证人当庭陈述并接受询问，能够让法官直接与证据接触，并通过庭审询问、质证“察言观色”获取丰富且生动的信息，直接对证言的真实性、可靠性及证明力加以审查判断。

第二，言词诉讼原则符合“兼听则明”的审判规律。质辩是发现真相的重要手段，如日本法学家何合弘之所言：控诉方对“真实”情况，是从右边致以亮光，而辩护方则从左边致以亮光，使审判官看清了“真实”情况。③ 言词诉讼原则正是赋予控辩双方询问、质证的权利，通过质辩使法官充分听取双方意见，从而避免偏听偏信，有助于审判的公正进行。

---

① 龙宗智：《论书面证言及其运用》，载《中国法学》2008 年第 4 期。

② 龙宗智：《论建立以一审庭审为中心的事实认定机制》，载《中国法学》2010 年第 2 期。

③ 卞建林：《直接言词原则与庭审方式改革》，载《中国法学》1995 年第 6 期。

第三，言词诉讼原则是审判公开的前提。审判公开使审判能够受到监督，避免“暗箱操作”。而言词诉讼原则是审判公开的前提，在没有贯彻言词诉讼原则的庭审中，法庭审理围绕卷宗开展、法官审判依靠卷宗进行，不可避免将导致庭审意义的丧失和“未审先判”“庭后审判”情况的发生，庭审难免沦为展示卷宗的“表演”。

第四，言词诉讼原则是保障被告人质证权的应有之义。联合国《公民权利与政治权利国际公约》第14条第3项第5款将“被指控人讯问或业已讯问对他不利的证人”规定为各国最低限度的程序保障之一。质证权已经成为被告人的基本诉讼权利。言词诉讼原则的核心要求是证人必须出庭陈述，并接受控辩双方的询问，而这正是被告人实现质证权的根本途径。

二、现阶段贯彻言词诉讼原则的问题与成因

（一）言词诉讼原则的立法局限

尽管新刑事诉讼法增加了证人出庭作证的内容，最高人民法院《关于适用〈中华人民共和国刑事诉讼法〉的解释》也对证人不出庭理由、强制出庭、证人保护等方面作了进一步规定，最高人民法院《关于建立健全防范刑事冤假错案工作机制的意见》还将“保障被告人及其辩护人在庭审中的发问、质证、辩论等诉讼权利”作为遵循法定诉讼程序、强化案件审理机制的重要内容。然而，我国并未在立法上限制书面证言的使用，并不具备言词诉讼原则的基本特征，其局限性主要体现在以下几点。

一是证人原则上可以不出庭，法官是决定证人是否出庭的主体。《刑事诉讼法》第187条规定，证人出庭必须满足三个要求，即对证人证言有异议、证人证言对案件定罪量刑影响重大和法院认为有必要出庭。而除“公诉人、当事人或者辩护人、诉讼代理人对证言有异议”的条件外，证人证言是否对定罪量刑产生“重大影响”的标准以及证人是否具有出庭“必要性”均由法院自行掌握。可见我国证人原则上可以不出席法庭，只有当法官认为满足上述三要件情况下，证人才必须出庭。证人出庭不是控辩双方必须履行的举证义务，法官才是证人出庭的决定主体。

二是立法直接赋予书面证词的证据能力。我国立法不仅没有限制书面证词在庭审时的使用，反而直接赋予其证据能力。《刑事诉讼法》第190条规定公诉人、辩护人对未到庭的证人的证言笔录，应当当庭宣读，审判人员应当听取公诉人、当事人和辩护人、诉讼代理人的意见。这在立法上赋予了控辩双方以宣读书面证词的方式举示言词证据的权利，为书面证词在庭审中的畅通无阻提

供法律依据。

三是应出庭证人不出庭的程序性制裁缺位。证人应当出庭而不出庭情况下，立法仅规定了对于证人本身的惩戒措施，即法院可以对不出庭证人予以训诫，情节严重的，处以10日以下拘留。而对于替代证人出庭的书面证言却未规定任何不利法律后果，仍然可以作为定罪量刑的重要依据。对书面证言的程序性制裁缺位，使得关键证人不出庭情况屡禁不止，难以在庭审中落实言词诉讼原则。

（二）言词诉讼原则的司法现状及其成因分析

我国刑事司法实践并未真正建立言词诉讼原则，庭审呈现书面证词通行无忌，证人出庭作证率低的特征。司法实践中除少数社会关注度高且具有重大影响的刑事案件的关键证人出庭作证外，普通刑事案件一般仍以宣读书面证词作为言词证据的主要举证方式。证人出庭率低仍然是我国言词证据举证最为明显的特征，① 究其原因主要有以下几个方面。

第一，公诉人基于指控便利不愿证人出庭。一方面，公诉环节审查的是侦查机关收集的以笔录材料为载体的书面证词，而书面证词所具有的固定性、稳定性相较于证人当庭陈述的不可控性而言，更便于公诉的立证和指控。另一方面，证人出庭作证对公诉人询问的有效性提出更高的要求，而作为适应传统庭审诉讼模式的检察官，普遍欠缺当庭询问和应变的技巧和能力，为避免"弄巧成拙"公诉人往往不愿证人出庭。而从工作量考虑，公诉人往往也不愿证人出庭而徒增庭前准备和庭审指控的工作内容。

第二，法院基于审判"需要"不愿证人出庭。证人出庭本是更符合审判"亲历性"要求，更有利于法院对证据的审查认定。然而，实践中部分法官对证人出庭作证却持消极态度，一是认为证人的庭上陈述并不比庭下证言更具客观真实性。根据在于，一方面，我国社会欠缺诚信理念，法庭上签署的"如实作证"的承诺书并不能产生比庭下询问前的权利义务告知更有效的约束力；另一方面，我国普遍不具有宗教信仰的传统，庭上誓言对证人的心理制约也无法达到国外宗教宣誓的程度。二是认为证人出庭作证会阻碍庭审的顺利开展。

① 陈光中教授2005年主持的刑事案件证人出庭调查显示，在西南某省会城市出庭率仅为0.38%。参见陈虹伟：《司法公正期待证人出庭作证》，载《法制日报》2007年4月29日。而据笔者了解2013年至2014年，广东省广州市海珠区人民检察院办理刑事案件证人出庭率为1.5%。应当说2012年刑事诉讼法修改以后，证人出庭作证情况有所增加，但证人出庭一般是在有辩护人、被告人不认罪的重、特大刑事案件当中，证人出庭率仍然畸低。

一方面，证人出庭作证对法官驾驭和掌控法庭审理提出更高要求，而现阶段我国法官的整体素质普遍不能满足询问证人过程多变的应对需要。另一方面，中国证人素质堪忧，多数证人难以在庭审过程中流畅陈述和应对控辩双方的询问，不利于庭审的有效推进。

第三，证人基于自身顾虑不愿出庭作证。首先，证人“怕麻烦”不愿出庭。我国民众普遍尚未树立正确的“公民意识”，并没有将出庭作证看作自己作为国家公民的权利和义务，而是“怕麻烦”不愿作证，更不愿出庭作证。其次，中国的“熟人社会”的国情使证人不愿出庭。证人出于人情顾忌、舆论压力、面子考虑而不愿出庭作证。

三、适应“以审判为中心”新要求，重构言词诉讼原则，积极做好应对之策

（一）我国言词诉讼原则的重构

建构限制书面证词的使用，促使证人到庭作证的言词诉讼原则，应当结合我国“案多人少”、诉讼资源有限的司法国情，遵循适度改革的原则。

1. 言词诉讼原则的适用范围

第一，可能判处死刑、无期徒刑的重大刑事案件。证人的出庭作证必然促使对案件的审理更为全面和慎重，有助于防范证言失真，避免冤假错案。而实践中死刑、无期徒刑案件的相对数量较少，证人出庭也具有可操作性。因此，对于此类案件的重要证人，无论控辩双方对证言是否存有异议，均应当出庭作证。所谓重要证人，是指能够证明案件关键事实的证人。

第二，控辩双方有争议的普通程序刑事案件。从提高诉讼效率、降低司法成本出发，书面证言可以适用于无争议的普通刑事案件，以及简易程序审理案件。而对于普通刑事案件中控辩双方有争议的重要证人，则应当出庭作证。

2. 证人不出庭的程序性后果

对于属于言词诉讼原则适用范围的案件，重要证人应当出庭而不出庭的，应当规定该证人的庭前书面证言不具有证据能力，将直接导致证据排除的不利后果，由此杜绝书面证词被滥用的情况。

3. 书面证词排除的例外

第一，符合“三要件”的书面证言不应当被排除。“三要件”分别指“必要性”“重要性”和“可信性的情况保障”，当同时满足“三要件”时可以使用庭前书面证言。必要性是指出现证人因死亡、重病、在国外，以及坚决不出庭或不作证等作证不能或陈述不能的情况时有必要适用书面证言的。重要性，

是指该书面证言对于认定案件基本事实不可或缺。可信性的情况保障，是指依据书面证言产生时的具体情况，可以有效地保证证言的真实性。① 实践中，可信性的情况保障可以设定为以下几种情况：其一，配有全程录音、录像的询问笔录；其二，侦查机关询问时，律师及其他中立见证人在场情况下制作的笔录；其三，侦查机关询问时，检察官在场的情况下制作的笔录；其四，案件刚发生，对案件发生情况做现场调查时制作的当场印象的证言笔录。

第二，“审判笔录优位”和“检察官笔录优位”。“审判笔录优位”，是指基于对居于中立地位的法官的信任，允许将审前准备程序以及其他审判程序中法官询问证人形成的笔录作为证据。② 如我国台湾地区规定“被告以外之人于审判外向法官所为之陈述，得为证据”。同理，“检察官笔录优位”是指基于对检察官的信任，将检察官询问证人的笔录作为证据。由于我国检察机关具备的侦查和审查起诉的双重职能，检察官笔录优位应当限定于审查起诉阶段检察官复核证人时所做笔录，而将自侦案件的侦查笔录排除在外。这既是基于对法官中立地位和检察官诉讼监督者地位的信任，也符合中国刑事司法的现状，契合逐步推行言词诉讼原则的需要。

（二）公诉工作对言词诉讼原则的应对

“以审判为中心”要求通过言词诉讼原则实现庭审的实质化，这对公诉工作提出了全新的挑战。检察机关公诉部门有必要从以下几个方面做好充分应对，从而有效落实和贯彻言词诉讼原则。

1. 转变检察官出庭公诉观念

贯彻言词诉讼原则首先要转变公诉人“过度追求指控便利”的传统公诉思想，重新树立“庭审是证据审查认定中心”的程序意识，从根本上摒弃出庭公诉不过是“照本宣科朗读卷宗材料”，庭审不过是“走过场”的错误认识。

2. 增强公诉人庭审询问能力

随着证人出庭作证成为庭审常态，能否有效地对证人进行询问、反询问，将成为决定公诉指控事实、罪名及量刑能否为法院采信，公诉能否成功的关键。贯彻言词诉讼原则，要求公诉人全面掌握和灵活运用庭审询问的技巧，积累丰富临场应对经验，增强庭审询问的综合素能。

3. 做好庭前证据审查

证人出庭作证为庭审增添“变量”这就要求公诉人在庭前全面做好准备

① 龙宗智：《论书面证言及其运用》，载《中国法学》2008 年第 4 期。

② 龙宗智：《论书面证言及其运用》，载《中国法学》2008 年第 4 期。

工作。其一，充分听取被告人和辩护人的辩解意见，尤其重视辩方对证据的异议情况；其二，对于有争议的证人证言要做好庭前复核工作，在审查起诉阶段由案件承办人亲自复核证人制作笔录，有条件的应当对询问证人的全过程进行同步录音录像；其三，综合审查全案证据，着重审查证人证言与在案其他证据的印证情况。

4. 发挥侦查引导职能

对于公诉机关介入侦查的重大刑事案件，检察人员应当对侦查人员询问证人的程序合法性进行监督，必要时在侦查机关对重点证人的询问中到场参与，同时引导侦查人员围绕证人证言收集客观证据。

民事行政检察研究

民事检察监督发动原理探析及实践

朱　刚*

民事检察监督的发动是依据当事人的监督申请被动而为，还是基于检察机关的监督职权主动为之？没有当事人的监督申请，检察机关能否发起监督？民事诉讼法对此并未作出明确规定，实践中也长期存在争议。民事检察监督的发动原理涉及民事检察的基本属性、职能定位、与诉讼结构的关系等重要基础问题。对这些问题的认识与研究经历了一个长期、渐进的过程，并随着司法改革的推进和检察理论研究的深入而逐步成熟。2010 年最高人民检察院作出的《关于加强和改进民事行政检察工作的决定》是对一系列司法改革和理论研究成果的总结和提炼，对民事检察制度诸多基础问题予以明确界定，成为指导司法实践和理论研究的一份纲领性文件，在民事检察发展进程中具有重要的里程碑意义。其中，民事检察监督“在性质上是对公权力的监督”是最基础和核心的论断，厘清了民事检察监督与审判权、当事人诉讼权利及实体私权、审判监督多元化体系等重要关系范畴。基于前述论断和现行法律规范考察，民事检察监督的发动具有鲜明的依职权属性。

一、民事检察监督与诉讼结构的关系

民事诉讼是当事人行使诉权请求法院运用审判权保护民事权利的场域。当事人之间的民事纠纷因无法自然调和而诉诸法院形成诉讼，反映了国家公权即审判权对私权领域的介入，在诉讼的场域中形成两造平等对抗、法院居中裁判的诉讼格局，特别在当事人主义的诉讼构造下，不仅审判程序的启动奉行“不告不理”的司法被动原则，而且诉讼过程也是当事人为主导，法官则处于相对消极的地位，原告、被告、法院三方主体构成的诉辩、诉审关系成为民事诉讼的固有格局。从比较法角度看，西方国家的民事检察制度基本局限于公益

---

* 重庆市人民检察院民事行政检察处处长，四级高级检察官。本文获“中国检察学研究会民事行政检察专业委员会第四届年会”二等奖，原载《人民检察》2015 年第 9 期。

诉讼、非讼案件等有限领域，检察机关作为诉之一造提起或参与民事诉讼；而我国民事检察制度的主要内容是诉讼监督，检察机关提起或参与诉讼阙如，体现出完全不同的内在特质。因此，在通行诉讼构造理论和私权自治、权利处分等诉讼原则下，我国检察权对民事诉讼的介入方式似乎并无足够正当的入口和名分，它是在标准、封闭、自足、既存的诉讼构造之外，通过强制启动审判监督程序的方式实现的，因而容易引起“公权介入私权领域”、“破坏诉讼结构平衡”、“干预审判独立”等质疑。但是，一国的诉讼模式和诉讼理论是由上位的宪政模式所决定的，有什么样的宪政模式就有相应的诉讼模式和理论。我国的宪政模式、法检关系与西方国家有着根本区别，对我国检察制度特别是民事检察制度的研究不应绝对地以域外“经典”诉讼模式和理论为范式，相反，我国民事检察制度是一项具有鲜明中国特色的社会主义司法制度，它与检察机关作为国家法律监督机关的宪法地位有着直接关系，是基于我国司法体系中平行存在审判和检察两个机关、审判权和监督权两套权力体系的宪政模式确立起来的，并已经发展形成符合我国现实国情和司法传统的独特生态系统。这是研究我国民事检察制度的基本前提。法律监督机关的宪法定位决定了民事检察制度价值实现的起始路径和权力边际只能是对公权力（审判权）的监督，监督对象是法院的民事审判和执行活动。对此，应当准确把握民事检察监督权与审判权、民事检察监督权与当事人诉讼权利及实体私权两对重要范畴。

（一）民事检察监督权与审判权的关系

在审判发动原理上，当事人对自身诉权的行使是法院发动审判的起点和条件，没有诉则没有审判，且法院负有“不得拒绝审判”的义务，审判的被动性是诉审关系的重要特征。但在民事诉讼监督中，检察权与审判权的关系并非如此：检察机关作为公权机关不是诉的一造，对实体权利并无自身诉求，也不代表任何当事人，民事检察监督的性质是公权力对公权力的监督，监督对象始终是法院审判权和执行权的运行，目标是维护司法公正。“一般意义上，民事再审程序具有三方面功能：救济、纠错与监督。”① 暂且不论再审程序的有关理论争议，在现行立法下，民事检察监督的功能属性主要体现在再审程序的纠错和监督功能，其发动本身具有职权主义色彩，“对监督功能的强调必然要求人民法院和人民检察院积极主动地纠正裁判错误，这样，由它们依职权启动再审程序，也就理所当然了”②。民事检察监督作为法律监督机关的一项重要职

---

① 王俊杰：《法的正义价值理论与民事再审程序构建》，人民法院出版社2007年版，第226页。
② 王俊杰：《法的正义价值理论与民事再审程序构建》，人民法院出版社2007年版，第227页。

权，不仅是权力更是职责，具有必为性，“对公权力的监督”决定了发动民事检察监督的依职权属性。民事检察监督权的行使方式是提出相应的监督意见或建议，促使法院启动再审或其他纠错程序，因而具有程序性和非终局性的特点，其仅具有发动诉讼程序的效力，既不代行也不干涉法院依法独立行使职权，后续诉讼活动的开展依然完全由法院职权掌控，检察监督对两造平等对抗、法院居中裁判的诉讼结构并未介入，因此不存在“干预审判独立”“破坏诉讼结构平衡”之虞。

（二）民事检察监督权与当事人诉讼权利及实体私权的关系

1. 监督申请权与检察监督权的关系

修改前的民事诉讼法对当事人的监督申请权并未作出规定，2001 年制定的《人民检察院民事行政抗诉案件办案规则》（以下简称《办案规则》）虽然把“当事人或者其他利害关系人申诉”作为检察机关受理案件的来源之一，但该“申诉”只是一种宪法层面的公民权利和案件线索来源，没有获得诉讼法上诉讼权利的名分。新修改的民事诉讼法将当事人的监督申请权作为一项重要的诉讼权利正式写入法律，至此，当事人不仅法定地享有起诉权、上诉权、再审申请权，同时也法定地享有监督申请权，民事检察由此第一次法定地与当事人的诉讼权利扯上关系。但检察机关发动监督的依职权属性并未改变，即检察机关只要“发现”法院的诉讼活动有违法情形，则“应当”依职权予以监督。1991 年正式施行和 2007 年修改的民事诉讼法均规定，检察机关对生效裁判“发现有……情形之一的，应当提出抗诉”。2012 年修改的民事诉讼法同样遵循了民事抗诉制度一贯的“发现错误、即应监督”的表述模式，并将当事人申请监督条文置于抗诉条文之后，从两个条文的顺位和体例逻辑看，依然突出了发动监督的依职权属性，而没有把当事人申请作为发动监督的必然依据，也即法律在首先确立检察机关“发现错误、即应监督”的基础上，又赋予了当事人的监督申请权。这是前述两个条文的立法逻辑，否则两个条文的顺序则应颠倒，正如规定当事人再审申请权的第 199 条与规定法院应当再审的第 200 条的逻辑关系。最高人民法院在起草《关于适用〈中华人民共和国民事诉讼法〉的解释》（以下简称《民事诉讼法解释》）征求意见中，全国人大法工委认为，“根据民事诉讼法第二百零八条的规定，人民检察院可以依职权提出抗诉或者检察建议”[①]。此外，《民事诉讼法》第 208 条第 3 款规定检察机关有权

① 沈德咏：《最高人民法院民事诉讼法司法解释理解与适用》，人民法院出版社 2015 年版，第 1093 页。

对审判人员违法行为实施监督，却并未将其纳入第209条当事人申请监督的范围，也可从侧面证明发动监督的依职权性。2013年施行的《人民检察院民事诉讼监督规则（试行）》（以下简称《监督规则》）第23条沿袭了过去《办案规则》的规定，把当事人的监督申请规定为民事诉讼监督案件的线索“来源”，而非发动监督的依据。概言之，确立当事人监督申请权并不表明民事检察监督成为了“依申请的行为”。强调检察监督依职权属性的理论基点在于，检察监督与当事人申请再审（或申请监督）具有不同的权力/权利属性和价值取向：检察监督作为公权力，以权力制约为手段，以维护司法公正为目标；申请再审（或申请监督）作为诉讼权利，以权利请求为手段，以权利救济与实现为目标。

2. 审查监督申请的依职权属性

尽管民事诉讼法规定当事人在第209条所列三种情形下“可以”向检察机关申请监督，检察机关在决定是否受理时应当审查该申请是否属于法定情形，但因法定的三种情形均属“用尽法院救济”的程序事项，检察机关此时的审查只是形式上、程序性的审查，并不涉及案件实质内容，最终是否发动检察监督，还须在受理申请后经过案件的实质审查作出决定。检察机关对案件实质审查的内容是生效裁判及调解书是否具有《民事诉讼法》第200条规定的监督情形，不受当事人申请事由的限制，申请事由是否成立，并不影响检察机关依法对生效裁判是否正确自行作出判断。从这个意义上讲，检察机关发动监督并非对当事人监督申请的支持，决定不监督也非对当事人监督申请的不支持。《监督规则》第93条规定“人民检察院认为当事人的监督申请不符合抗诉条件的，应当作出不支持监督申请的决定”，与检察监督的依职权属性存在冲突，是值得商榷的。与此相较，法院对当事人再审申请的审查及决定再审则体现出明显的依申请属性。最高人民法院《关于受理审查民事申请再审案件的若干意见》第11条规定，“人民法院审查申请再审案件，应当围绕申请再审事由是否成立进行，申请再审人未主张的事由不予审查”。其他司法解释对此也有大致相同的规定。申请再审事由成立的，裁定再审；申请再审事由不成立，则裁定驳回，并阐明驳回的理由和法律依据。可见，法院对再审申请的审查以当事人的申请事由为依据和限度，这与检察机关审查监督申请的依职权性存在区别。

3. 民事检察监督对当事人诉讼权利的保障性和对实体权利的非救济性

对公权力的监督属性决定了民事检察的价值追求是维护司法公正，并不直接体现对当事人实体权利的救济，而是通过行使法律监督权促使法院启动相应诉讼程序，为当事人提供诉讼机会的保障，而对实体权利的救济则间接通过法院的公正审判和执行得以体现。司法实践中常见“检察机关为当事人挽回损失”之类的表述，是有悖于民事检察的监督属性、职能定位和价值追求的。

总的来讲，民事检察监督与既存诉讼结构之间构成了另一个相对独立的检察－诉讼结构体系，“对公权力的监督”属性决定了检察－诉讼关系不同于当事人与法院之间“不告不理”的被动诉审关系，在与法院、当事人的关系之间，检察监督体现出较为鲜明的主动性和依职权性。如果说民事诉讼结构是一个两造平等对抗、法院居中裁判的等腰三角形，那么检察－诉讼关系则是一个立体的三角锥，检察权成为了发动但并不介入诉讼结构的第四极。与法院的中立、超脱地位相比，检察监督是中立之上的中立、超脱之外的超脱。

二、民事检察监督在多元化审判监督体系中的定位

（一）多元化审判监督体系的内在属性

民事诉讼法确立的多元化审判监督体系中，当事人申请再审、院长发现并提交审委会决定、上级法院决定、检察监督等四种再审途径具有不同的内在属性：第一，当事人申请再审属当事人行使自身诉讼权利，再审程序的启动具有被动性；后三种途径启动再审具有主动性和职权性。第二，当事人申请再审主要体现再审程序的救济功能；后三种再审途径主要体现再审程序的纠错与监督功能。第三，前三种再审途径是既存诉讼结构内程序的自主运行，具有内生性；检察监督是既存诉讼结构外启动程序的新生动力，具有外源性。在多元化审判监督体系中，民事检察监督具有自身的特点：与当事人申请再审相比，民事检察监督作为法律监督权的重要组成部分，是公权力对公权力的监督，具有专门性、职权性和强制性；与法院的自我监督（院长提交审委会启动再审或上级法院启动再审）相比，检察监督是独立的外源性监督，更具超脱性。

（二）申请监督的“用尽法院救济”原则

2012年修改的民事诉讼法将“人民法院驳回再审申请”“人民法院逾期未对再审申请作出裁定”“再审判决、裁定有明显错误”三种情形作为当事人申请检察监督的前置条件，从根本上解决了实践中长期存在的“多头申诉”造成法检两院程序冲突、浪费司法资源的问题，理顺了再审申请权与监督申请权的顺位，确立了申请监督的“用尽法院救济”原则，即当事人申请检察监督的前提是用尽既存诉讼结构内向法院的救济途径，《监督规则》第31条、第32条、第33条均是该原则的延伸。“用尽法院救济”原则的确立，不仅是司

法实践的需要，而且具有内在合理性：民事诉讼作为私益诉讼，理应遵循私权自治原则，以当事人自身诉讼权利行使为先导，优先通过既存诉讼结构内部程序机制完成权利救济；检察监督作为外源性公权力，则应作为维护司法公正的最后保障，尊重和促进当事人行使诉讼权利，遵循谦抑和自持原则。

三、民事检察监督发动原理在实践中的把握

基于前述分析，尽管民事检察监督的发动具有依职权属性，但是否意味着检察机关对所有的错误裁判和违法情形均应主动依职权监督呢？最高人民检察院《关于加强和改进民事行政检察工作的决定》指出，“坚持遵循当事人意思自治原则，尊重当事人在法律规定范围内的处分权”。处分原则包括当事人对自身实体权利和诉讼权利的处分，作为民事诉讼法总则确立的一项基本原则，民事检察监督同样应当遵循之。但对当事人处分权的尊重并不表明对民事检察监督依职权属性的根本否定，而是民事检察权在运行层面的适度调整和检察谦抑原则的具体体现。因此，在民事检察监督发动原理的具体运用方面，《监督规则》显然作了较大程度的修正与细化，结合《民事诉讼法解释》有关规定，司法实践中应注意以下问题。

（一）申请监督的请求范围对检察监督范围的影响

有观点认为，民事检察监督的范围应当是对生效裁判的全面监督，当事人在原审中的所有请求均属检察机关的审查和监督范围，不应局限于当事人申请监督的请求范围。笔者认为，尽管当事人申请监督的事由不对检察机关是否发动监督构成影响，但当事人申请监督的请求范围属于其自身权利的主张，依照私权自治和权利处分原则，对当事人没有提出的监督请求，检察机关不应纳入监督范围。可资参照的是，最高人民法院《关于适用〈中华人民共和国民事诉讼法〉审判监督程序若干问题的解释》第33条规定，人民法院应当在具体的再审请求范围内或在抗诉支持当事人请求的范围内审理再审案件。当事人超出原审范围增加、变更诉讼请求的，不属于再审审理范围。这表明，法院对抗诉再审案件的审理范围以“抗诉支持当事人请求的范围”为限，其中也暗含了抗诉的范围应当以当事人申请监督的请求范围为限，尽管对“当事人请求的范围”的理解可能存在“原审诉讼请求的范围”和“申请监督的请求范围”的争议，但基于私权自治和权利处分原则，后一理解较为合理。

（二）依职权监督的案件范围

对于依职权监督的案件范围，《监督规则》与《民事诉讼法解释》作了不

尽一致的规定。

1.《监督规则》第 41 条和第 117 条规定了依职权监督的案件范围

以下问题值得注意：

第一，依职权监督不排斥当事人申请监督。“损害国家利益或者社会公共利益的”和“审判、执行人员有贪污受贿、徇私舞弊、枉法裁判等行为的”两类情形，检察机关可依职权监督，当事人也可依据民事诉讼法的规定申请监督；审判、执行人员违法行为监督案件的来源还可以包括案外人的举报、控告。

第二，只能依职权监督。按照《民事诉讼法》第 209 条第 2 款及《监督规则》第 31 条第 6 项规定的“申请监督一次性原则”，当事人对检察监督引起的再审裁判及调解书不得申请监督，但检察机关可以依据《监督规则》第 41 条第 3 项和第 117 条第 1 项的规定依职权予以再次监督。

第三，对民事诉讼法规定的对审判人员违法行为的依职权监督予以分化调整。《民事诉讼法》第 208 条第 3 款规定检察机关有权对审判人员违法行为实施监督，但并未将其纳入第 209 条当事人申请监督的范围，因此，可以认为此类案件属于检察机关依职权监督的范围。但《监督规则》对此作了较为复杂的修改：其一，第 24 条第 2 项将审判人员违法行为纳入当事人申请监督的范围（鉴于民事诉讼法与《监督规则》的效力位阶和“申请监督”的线索来源属性，应当认为对审判人员违法行为既可依职权发动监督，当事人也可申请监督）；其二，第 33 条对可以通过提出异议、申请复议或者提起诉讼进行纠正的审判人员违法行为，当事人未向法院申请纠正而直接申请监督的，检察机关不予受理；其三，第 41 条第 2 项将审判、执行人员贪污受贿、徇私舞弊、枉法裁判等行为纳入检察机关依职权监督范围；其四，第七章“对审判程序中审判人员违法行为的监督”第 99 条将民事诉讼法规定的对审判人员违法“行为”的监督扩张到违法“情形”的监督，即将对人的监督扩张到对案件的监督。此外，《民事诉讼法》第 200 条第 13 项将“审判人员审理该案件时有贪污受贿，徇私舞弊，枉法裁判行为”列为对生效裁监督的情形。综合以上条文，应注意把握以下两点：首先，在监督范围上，对审判人员违法行为的监督既包括对人的监督，也包括对案件本身的监督；其次，在监督方式上，存在贪污受贿、徇私舞弊、枉法裁判等较为严重的职务违法行为的生效裁判应依法采取抗诉或再审检察建议方式监督，其他违法行为无论是对人的监督还是对案件的监督均只能采用一般检察建议的方式监督。

2.《民事诉讼法解释》第413条至第417条规定了检察机关依职权监督和依申请监督的受理审查

按照《最高人民法院民事诉讼法司法解释理解与适用》一书的条文理解所述，《民事诉讼法解释》第413条“明确规定对于损害国家利益、社会公共利益的判决、裁定、调解书，检察机关可以依职权监督。该规定解释了《民事诉讼法》第208条中依职权监督的范围。”① 但考察第413条至第417条各条文内容及相互关系，难以得出检察机关依职权监督的案件范围限于“损害国家利益、社会公共利益”的裁判及调解书的结论。同时，该书“审判实践中应当注意的问题”部分也认为，“依照民事诉讼法第二百零八条的规定，检察机关依职权监督的其他案件范围，还需根据司法实际在完善有限再审方向继续探索”②。

总的来讲，“两高”前述司法解释并未改变民事检察监督依职权属性的基本原理，同时也结合司法实践的具体情况作出了一些调适性规定，但可预见的是，“两院”系统对此问题的认识与把握将在实践中出现分歧，需要进一步形成共识并在规范层面作出统一调整。

（三）申请监督“用尽法院救济”原则在《监督规则》中的体现

1. 对怠于行使再审申请权的失权规定（《监督规则》第31条）

依照规定，当事人向法院申请再审超过法定期限的，法院应当裁定驳回再审申请，如果当事人依照《民事诉讼法》第209条第1款第1项“人民法院驳回再审申请的”规定申请监督，检察机关是应当受理的。但由于裁定驳回再审申请的实质原因在于当事人怠于行使再审申请权，因此《监督规则》对民事诉讼法的该项规定作了限缩，即“申请再审超过法律规定的期限的”，检察机关对监督申请亦不予受理。

2. 对一审生效裁判的有限监督（《监督规则》第32条）

当事人依法可以上诉但未提出上诉，一般属于对自身上诉权的放弃，也使二审程序的纠错功能难以发挥，造成“两审终审制”发生异化。检察机关作为法律监督机关，应当在当事人用尽自身诉讼救济渠道和法院用尽自我纠错程序的前提下实施监督为宜。在当事人依法可以上诉而未提出上诉，且法院已对

---

① 沈德咏：《最高人民法院民事诉讼法司法解释理解与适用》，人民法院出版社2015年版，第1093页。

② 沈德咏：《最高人民法院民事诉讼法司法解释理解与适用》，人民法院出版社2015年版，第1094页。

当事人再审申请作出否定性评价（裁定驳回）的情况下，检察机关亦不宜受理当事人的监督申请。本条应特别注意的是：（1）虽然适用一审程序审理作出的再审裁判也属可以上诉的裁判，但《监督规则》并未对这类“一审裁判”的监督申请予以限制，如果当事人依照《民事诉讼法》第209条第1款第3项“再审判决、裁定有明显错误”向检察机关申请监督，检察机关则应当受理。（结合《监督规则》第31条第6项的规定，此处的“再审裁判”不包括法院依据检察监督作出的再审裁判。）（2）《监督规则》只对当事人申请监督作了限制，对符合依职权监督的一审生效裁判，检察机关在必要时可以依职权发动监督。

3. 对违法行为和执行活动申请监督的前置程序（《监督规则》第33条）

参照《民事诉讼法》第209条的精神，《监督规则》对生效裁判之外的监督领域作出规定，对可以通过提出异议、申请复议或者提起诉讼进行纠正的审判人员违法行为或执行活动的违法情形，当事人未向法院申请纠正而直接申请监督的，检察机关不予受理。

行政诉讼检察监督面临的新情况及对策
——以重庆检察二分院为考察样本

王长江*

行政诉讼检察监督是我国检察监督体系的重要组成部分，对保障国家法律的统一正确实施、维护司法公正、促进依法行政具有重要意义。2015 年 5 月 1 日，修改后行政诉讼法正式实施，行政诉讼检察监督制度得到进一步完善——扩大了监督范围、增加了监督方式、规范了监督程序。在此基础上，2016 年 4 月 15 日，最高人民检察院发布了《行政诉讼监督规则（试行）》，对行政诉讼检察监督制度进行了全面细化，解决了工作中存在的法律适用问题。但在司法实践中，仍然面临一些新情况和新问题，困扰着行政诉讼检察监督制度的发展。

一、案件数量与办案力量的反向矛盾关系

2012 年至 2016 年，重庆市人民检察院第二分院（以下简称重庆二分院）受理行政诉讼申请监督案件呈逐年上升趋势，尤其是修改后行政诉讼法正式实施后，行政诉讼申请监督案件大幅增加。究其原因，笔者认为主要有以下两个方面。

表 1

年份	行政申请监督案件受理数（件）	民事申请监督案件受理数（件）	合计受理数（件）
2012 年	11	97	108
2013 年	19	85	104
2014 年	20	71	91
2015 年	25	96	121
2016 年	60	96	156

* 重庆市人民检察院第二分院民事行政检察处一级检察官。

一是随着我国依法治国方略的逐步落实，公民的权利意识和维权意识明显提升。行政相对人及其他利害关系人在不服行政行为时，不愿告、不敢告、不会告的情况日益减少。根据最高人民法院的工作报告，2008 年至 2012 年，全国法院审结一审行政案件 62.4 万件，同比上升 32.4%；此后，2014 年全国法院一审行政案件受理数和审结数较 2013 年同比上升 16.3%、8.3%，2015 年受理数和审结数较 2014 年同比上升 59.2%、51.8%，均呈上升趋势。[①] 行政诉讼案件的增加直接导致当事人向检察机关申请监督的案件数量也随之上升。

二是修改后《行政诉讼法》第 51 条第 1 款规定“人民法院在接到起诉状时对符合本法规定的起诉条件的，应当登记立案”，这一修改标志着我国行政诉讼立案制度由“立案审查制”变为“立案登记制”，为解决“立案难”问题提供了制度保障。这一改革落实以后，2015 年全国法院受理行政诉讼案件 24.1 万件，同比上升 59.2%，增长近六成。由于申请监督有一定时间滞后性，2015 年，重庆二分院受理行政诉讼申请监督案件只是略有增加，但 2016 年，重庆二分院受理行政诉讼申请监督案件共 60 件，同比上升 140%，这与人民法院办案数量大幅上升的情况一致。

而相对于与办案数量的增加，目前检察机关民行检察自身的办案力量和专业分工与人民法院相比相差较大[②]。各级院、尤其是基层院民行检察人员流动过于频繁、人员数量和人才储备较少已成为常态，精通行政法与行政诉讼法的办案人员更是严重不足。如重庆二分院辖区共有民行检察干警 28 人，占辖区干警人数的 3.25%，其中具有行政法与行政诉讼法专业背景的一个都没有。办案力量的单薄使得行政检察监督工作成为检察机关法律监督体系中最薄弱的环节，案多人少的矛盾在今后一段时期内将较为突出。

二、符合监督条件、采取监督措施的案件数量稀少

2012 年以来，尽管办案数量不断增加，但重庆二分院就行政诉讼案件提出抗诉、提请抗诉、提出再审检察建议、提出检察建议的情形却很少。行政诉讼监督案件数量偏少的原因主要有以下五个方面。

---

① 数据来源于最高人民法院 2012、2013、2014、2015 年工作报告。

② 北京市人民检察院联合课题组：《检察机关民事行政检察工作的专业化发展》，载《法学杂志》2008 年第 1 期。

表 2

年份	提出抗诉（件）	提请抗诉（件）	提出再审检察建议（件）	提出行政执法检察建议（件）	不支持监督申请（件）	合计（件）
2012 年	0	0	0	0	11	11
2013 年	0	1	0	0	18	19
2014 年	0	1	0	1	18	20
2015 年	0	3	0	0	22	25
2016 年	0	2	0	1	56	59

（一）人民法院的办案质量得到有效提升

一是近年来，随着司法改革的不断推进，人民法院加大了对案件质量的内部监督力度，通过培训、考核、强化和解等方式有效提升了行政诉讼案件的办案质量。再加上由于行政诉讼案件的增加，行政机关对行政诉讼逐渐有了正确认识，外部阻力减少，司法环境有所改善，行政诉讼案件的办案质量也有所提升。二是由于党的监督、人大监督、检察监督、舆论监督等外部监督持续发力，对人民法院行政诉讼审判质量的提高起到了有效的推动作用。这些措施使得人民法院可监督的行政诉讼案件在绝对数和比率上都呈下降趋势，这是监督案件数量偏少的外部原因。

（二）部分行政行为的规范依据变动频繁

改革开放以来，我国经济、社会形势发生了深刻变化，针对同一行政事项，行政机关所依据的行为规范，如法律、法规、规章、规范性文件等可能发生多次变化。这种变化是对改革的回应或者对改革的指引，是必要而且必须的，但在客观上会造成对同一行为或同一情形在不同时期作出不同的行政行为，产生“不公平”的结果。如重庆二分院办理的某村村民不服土地征收补偿纠纷一案，该村与邻村的土地被当地政府征收，出于审批考虑，政府采取分批报审的方式，使得该村与邻村的征收审批时间相差 3 个月。在这 3 个月里，土地征收补偿标准发生变化，使邻村的土地补偿标准要明显高于该村，该村村民对这种巨大差异不服，向人民法院提起行政诉讼。从法理上讲，法不溯及既往，既然该村的征收时间在标准变化之前，就应当按之前的标准补偿，即使造成这种结果的原因与政府分批报审的行为有直接关系，人民法院也不得不判决该村村民败诉。当该村村民向检察机关申请监督后，因为引发矛盾的根源不在于人民法院判决确有错误，因此也不可能提出监督。2016 年，这一类申请监督案件共 11 件，占申请监督案件的 18.3%。

（三）新法施行后滥诉现象较为突出

立案登记制实施后，其正面影响是畅通了行政诉讼的救济渠道，但由于宣传不到位等原因，部分当事人误以为只要是行政案件都可以起诉，无论什么行政案件人民法院都应当立案审理，这显然是对立案登记制的误读。2016 年，重庆二分院受理的行政诉讼申请监督案件中，不服人民法院生效裁定的共 40 件，全部为驳回起诉或不予立案的裁定，占行政申请监督案件的 66.7%。案件类型主要为超出起诉期限以及案件不属于人民法院受案范围。这些案件中，很多当事人都是老上访户，在法院碰壁后，又将阵地转移到检察机关继续纠缠，给案件办理带来很大难度。

（四）监督预期效果难以预测

从办案结果来讲，绝大部分案件都要作出不支持监督申请决定，即使提出抗诉，由于再审时间长、程序复杂，以及有些案件在事实认定、法律适用等方面，由于检法两家认识不一，导致维持原判。这些都使得申请监督效果具有不确定性。出现了“申请时满怀希望，漫长等待后却充满了失望”的情况，挫伤了部分群众向检察机关申请监督的积极性，很多有价值的线索无形中被流失。

（五）办案人员专业能力不足

由于我国行政法律法规体系庞杂，涉及各行各业和社会生活的方方面面，很多行政领域具有十分鲜明的专业特点，尤其是因资源利用、环境保护、社会保障、征地拆迁等引发的群体性案件，情况复杂，矛盾尖锐，直接影响社会稳定。但在从事行政检察监督工作的人员中，接受过系统行政法学教育的并不多，具备特殊行政领域专业知识的就更少。很多案件让办案人员摸不着头脑，只得采取“边学习，边监督”的策略，十分被动和吃力，对监督案件的办理造成了不利影响。

三、息诉罢访工作压力大、难度高

（一）信访、上访案件比例高

行政诉讼申请监督案件中，信访、上访类案件较民事案件而言比例偏高。一是由于行政行为复杂多样、政策性强、自由裁量度大，即使行政机关按其规范和要求作出了行政行为，很多行政相对人仍然不理解或不明白为什么行政机关作出那样的行政行为或者不作为，为了讨一个“说法”，当事人即使经过法院多次审理，也仍然不服，检察机关审查后，继续不服，进而信访、上访的情况时有发生。二是部分行政相对人受到社会上一些错误思想的影响，认为“大闹大解决、小闹小解决、不闹不解决”，即使知道自己的主张很难成立，仍然理直气壮地不断信访、上访，觊觎以这种方式换得行政机关的让步或妥协。三是由于部分行政相对人乃至部分社会 群众认为申请人是“弱势群体”，应当得到政府的照顾或救济。所以，即使其主张毫无理由，仍然在亲友的鼓励和周围的同情声中坚持信访、上访。2016 年，重庆二分院受理曾经信访、上访的行政申请监督案件共 34 件，占全部案件的 56.7%，给息诉工作带来很大压力。

（二）群体性案件多发

行政行为由于其标准性、规范性、反复适用等特点，使得行政机关可能对某一群体实施同一类型的行政行为，如征地拆迁等。因此，群体性行政诉讼案件在行政诉讼中占有较大比例。由于群体性案件涉及面广、问题复杂多样、社会影响大、公众关注度高，法院对该类案件的处理极为慎重。有的案件中，当事人的部分诉求和理由虽然有一定合理成分，或者法院在说理上存在一些疑难之处，但法院在综合考量法律、政策、社会背景、经济社会发展、政府施政难度等因素后仍然驳回了当事人的诉求，其裁判结果是特定历史条件下相对较佳的选择，具有合理性和合法性，但当事人却难以认同，进而申请检察监督。2016 年，重庆二分院受理群体性行政申请监督案件共 14 件，占全部行政案件的 23.3%，这是一个很高的比例。在群体性案件中，由于人多气壮、相互鼓励、个别有心人串联等因素，只要群体性一方认为其要求没有得到满足，出于法不责众的心理，就会出现群访、闹访等行为，甚至出现堵塞交通、聚众哄闹等群体性事件，给息诉工作带来极大难题。

四、强化行政诉讼检察监督的对策及建议

（一）以司改为契机，增强行政检察监督的专业化

目前，司法改革正如火如荼，此次司改的一个重要方面就是机构的设置与整合，行政检察监督职能占整个检察监督职能的三分之一，有必要设立专门机构整合和发展办案力量，提升监督质量和效果。如湖北省在实行民事与行政诉讼监督职能分离，单设行政诉讼监督处后，2012 年至 2014 年，全省共办理行政诉讼监督案件 3514 件，提出行政抗诉 81 件、再审检察建议 164 件、检察建议 2688 件，同比分别增长 9.6 倍、1.7 倍、9.25 倍、29.5 倍。抗诉案件再审

改变率和检察建议采纳率分别为81.3%、83.7%，监督规模和质量明显提升。[①] 最高检也多次指示有条件的地方要实现民事、行政分设。特别是党的十八届四中全会后，行政检察监督职能得到了加强，行政公益诉讼、行政执法监督、行政强制措施监督即将开展，更有必要设立单独的行政检察部门，合理确定部门编制和员额比例，提升工作的专业性。

基于人员配备普遍不足的现状，以及行政诉讼监督工作的发展需要，要解决案多人少的问题，实现高水平的监督效果，决定了行政检察工作必须走专业化发展道路，建立少而精的行政检察队伍。一是要改变长期存在的“民行检察是配角”等错误认识。优先招录受过行政法、行政诉讼法等专业训练，特别是具有司法实践经验的工作人员如法官、律师等专业人才从事行政检察工作。同时，派遣行政检察干警到法院行政审判庭进行挂职锻炼，熟悉法院的审判程序，了解法官的审理方法，学习法官的办案思维，提升干警监督能力。二是建立专业化的行政检察办案模式。由某一承办人或办案小组长期办理行政诉讼监督案件，切实提升办案人员的专业化水平。三是强化业务培训。针对各级行政检察监督工作既有共性也有个性的特点，开展分层次、分类别的业务培训和岗位练兵活动，切实提高民行检察人员的执法能力。[②] 同时，保持骨干队伍的相对稳定，强化传帮带工作，保持行政检察队伍的有序发展。

（二）畅通渠道化解工作阻力

一是强化法律宣传。通过多种方式和平台，积极运用“两微一端”等新媒体途径，打造特色鲜明、亮点突出、覆盖面广的宣传工作新平台，向公众介绍行政检察工作的职能特点和成功案例，增强宣传的针对性和有效性。二是加强与律师事务所、法律服务所、法律援助中心等单位的联系。通过律师、法律工作者向当事人宣传行政检察监督职责，构建良性互动的新型检律关系，完善信息交流机制和服务保障平台，方便当事人和律师向检察机关提出监督申请。三是强化与法院的沟通协调，通过召开联席会议等形式，有效解决调卷难、纠正违法难、跟踪监督难、息诉难等问题，化解工作阻力。建立案件沟通机制，承办案件的检察官与原案法官或再审法官加强沟通，就监督案件的事实认定和法律适用问题交换意见，提升监督效果。

---

① 湖北省人民检察院：《加大力度探索创新推动行政诉讼监督工作全面发展》，载《人民检察》2015年第13期。

② 胡卫列：《检察队伍专业化建设与正规化岗位培训》，载《国家检察官学院学报》2006年第5期。

(三) 提高行政诉讼监督案件的办案质效

过硬的办案质量是保持行政检察监督影响力的关键。一是强化一体化办案机制。集中力量办理重大、疑难、复杂或有阻力的案件。同时，强化与控申、职侦、侦监等部门的协作配合，建立线索双向移送机制，形成大行政诉讼监督格局。二是摆脱为了考核而办案的陈旧思想，对每一起案件严把证据审核关、事实认定关和法律适用关，采取监督措施前加强与监督对象的沟通交流，做到监督程序规范、事实认定准确、适用法律恰当、文书说理充分。三是在确保办案质量的前提下，加快案件流转节奏，尽量缩短审查时间，提升办案效率。四是在办理行政诉讼监督案件时，善于发现行政公益诉讼、行政执法监督、行政强制措施监督等线索，积极构建多元化监督格局。

(四) 释法说理化解社会矛盾

1. 强化释法说理工作

针对行政诉讼申请监督案件信访、上访比例偏高等特点，一是事先做好风险评估工作。对拟作出不支持监督申请的案件启动风险评估机制，根据案件的性质和当事人是否存在上访、缠诉等情况，制定息诉工作方案和具体实施步骤，增强案件风险预警的操作性，做到对矛盾纠纷早发现、早疏导、早化解。二是做好文明接访工作。对来访群众做到热情礼貌，用语规范，对当事人在陈述中经常出现的反复陈述、避重就轻、重理轻法、甚至词不达意等情况，绝不生冷硬推，坚持耐心倾听、合理引导，实现与当事人交流沟通到位、析法释惑到位、利弊分析到位，有针对性地做好息诉工作。三是强化情绪疏导。通过诉讼成本分析、诉讼效率分析等方法，不断增强当事人息诉止争心理。对息诉过程中发生的严重对立，甚至出现人身攻击等突发情况，及时采取暂时冷却、借助亲友、地方组织等第三方介入措施防止矛盾激化。并结合案情引导当事人分清利弊，使其对自身诉求有正确、合理的认识，从而服判息诉。四是确立和解优先的工作原则。无论是行政案件还是民事案件，和解都是化解社会矛盾的最好方法，对于双方当事人有和解意愿，案件本身有和解可能，同时不损害国家利益、社会公共利益或第三人权益的案件，积极与双方沟通协商，寻找利益平衡点，帮助分析利害得失，促使双方达成和解。

2. 做好群体性申请监督案件的息诉罢访工作

针对群体性案件情况复杂、社会影响大、息诉难度高等特点，充分借助各方力量，全力做好息诉工作。一是强化上下级民行部门的衔接，形成办案合力。一方面充分发挥基层院熟悉案情和案源地情况的优势，搭建一体化办案平台，全面了解案件情况，积极将矛盾化解在基层。另一方面要及时把可能出现群体性上访的案件情况、处理意见、处置方案向上级院汇报，争取上级院的指导和支持，共同化解矛盾纠纷。二是强化同法院的衔接，确保办案效果。主动与同级法院建立重大复杂案件抗诉前、抗诉后沟通协调机制，在做好诉讼监督的同时，全力配合和协助法院做好和解工作，合力促成该类案件的妥善处理。三是强化同地方政府的衔接，共同化解矛盾。大力加强与案源地地方政府的协商衔接，借助地方政府的政策优势和资源优势，共同做好对申请人的释法说理工作。

我国农地确权制度改革研究

——从正当性维度的考察

高　军*

一、农村土地确权的本质及学术观察

“三农”问题是中国的主要现实问题。改革开放30多年来，农村改革尽管成效明显，但伴随发展而来的问题也越来越多，这些问题也只能通过进一步深化农村改革来解决。《中共中央关于全面深化改革若干重大问题的决定》明确指出要“赋予农民更多财产权利”，中共中央办公厅和国务院办公厅2015年11月联合印发的《深化农村改革综合性实施方案》对农村改革的目标任务再次予以明确，将“农民财产权的保护制度更加完善”作为重要目标。这应该是我们今后一个时期探索农村土地制度调整的指导思想。2013年1月31日下发的中央一号文件提出全面开展农村土地确权登记，工作启动以来已取得阶段性成果，一些省市在试点区域稳步推进，农民已经拿到了林权证和土地承包经营证书，并对确权工作中发现的问题采取了相应的补救办法。但由于农村土地确权行为主要是一项政府主导的行政行为，学界对此尚无太多回应，对其本质及有关问题缺乏必要的深入研究，普通民众对确权制度安排也存在一些认识上的误区。

（一）农地确权的本质

农地确权从本质上讲是对农民在土地上既有权利的重新确定，而并非赋予农民对土地的增量权属。尽管有学者将农地确权与农地“赋能”结合起来，认为农地确权可以给予农民更多更实际的财产权益，通过在集体土地所有权、土地承包经营权、宅基地使用权等不动产权利上设立抵押、担保及附条件的处分权，可逐步体现其财产属性并增强其融资功能。但笔者认为，现有政策规定

---

* 重庆市人民检察院政治部干部教育培训处副处长。

的农地确权只是对农村土地所有权、土地使用权和他项权利的确认、确定，即对某一范围内的土地（或称一宗地）的所有权、使用权的隶属关系和他项权利的内容重新厘定并予以确认，本身并无“赋能”之意。每宗地的土地权属要经过土地登记申请、地籍调查、核属审核、登记注册、颁发土地证书等土地登记程序，才能得到最后的确认和确定。确权行为的目的是要为农村土地建立清晰的登记账目，弄清农村土地的空间信息，为解决村民之间、集体与个人之间的土地权属问题提供依据，而对如何进一步保障农民尤其是落后地区的农民的土地权利并未作出相应的制度安排。

（二）土地权利失序没得到应有关注

我国农村土地自然属性存在巨大差异，需要对农地权属做出差异化的建构，而长久以来实行“一刀切”农村土地集体所有制客观形成的农民土地权利的实质不平等，以及由此导致的农民土地权利错位需要得到制度关照。按照陈少峰教授对法律权利的认识，农民的土地权利应该包含基本权利、扩展权利和发展权利。基本权利以道德人权为核心，其性质是保障社会成员实现“基本善”，它是实现最低标准的人权的基本要求；扩展权利是根据社会发展的不同水平对基本权利的扩展，它以成员资格为条件，通过二次分配、三次分配等再分配的机会来补偿处于竞争劣势的社会成员；发展权利是一种更高层次的权利，它包括为充分满足自我所必需的知识培训和相应能力的提高、比较充分的民主权利、平等的文化权益、享有与社会富足程度相应的经济生活水平及经济自由、比较充分的公平竞争等内容①。一个正当的土地权利顺序应该是按照基本权利、扩展权利、发展权利依次递进的位阶排列，前一权利相对于后一权利应该具备优先性。而我国现行农村土地权属结构，在很大程度上体现为反向位阶的价值取向，往往为了发达区域和强势群体之发展权利牺牲落后区域和弱势群体的基本权利或扩展权利。这种土地权属结构导致的农民土地权利失序是我国经济社会众多矛盾的根源性问题，而其最深刻的原因在于我国农地权属安排内在的正当性不足，“一刀切”的制度安排以形式公平掩盖了实质上的不公平。如何在坚持土地公有制性质基础上，依据我国农村土地的自然属性差异和生产力水平现状，探索更具针对性的农村土地制度具体实践方式，具有创新体制与机制的意义。在农地确权过程中，以公平、效率、自由的正当性尺度，对现有农地权属结构作出适当调整，赋予农民部分土地所有权，克服“一刀切”

① 陈少峰：《正义的公平》，人民出版社2009年版。

的农村土地制度缺陷，对于充分调动农民积极性、发挥土地资源的最大利用率来说，不失为一项破冰举措。因此，本文拟从正当性维度对我国现行“一刀切”的农地所有权制度进行考察分析，以寻求在坚持农村土地集体所有制的前提下，创设更具包容性、灵活性和正当性的农地确权模式。

二、以正义观为视角对我国“一刀切”的现行农地制度的正当性考察

从今日中国要全面实现小康之目标来看，就不仅是要缩小东西部差距和城乡差距，还要缩小农村与农村之间的差距。反观我国社会贫富分化、城乡差距和社会不公等诸多问题，其原因固然有弱势群体自身素质和能力以及环境禀赋等因素，也即罗尔斯所谓的“偶然性”差异，但同时“也是强势群体的权力恣意所造成的，还是社会制度安排中权利贫困的必然结果。因而，主要是由于权利的贫困，普通公众或是丧失了平等分享社会发展成果的资格，或是缺乏各种发展、进步的机会，或是缺乏维护自身利益的资源条件和行动能力，从而导致了各种形式的不和谐、不公正、不平等现象”①。而这种种原因及其结果都在农地制度中得到不同程度的体现。因此，建立一个和谐、包容、公正的农村土地权属结构和与之对应的土地权利秩序，是塑造我国农地制度正义品格的基础性工作。

（一）从一般性正义观的考察

按马克思主义正义观，社会主义制度应以最大限度地促进人的自由与解放为根本目的，而农地制度由于其关涉亿万农民的切身利益，其重要性自然不言而喻。农地制度改革必然意味着利益格局的调整。要确保调整后的利益格局具有稳定性，则必使调整手段、措施及目标具有正当性根源。对现行农地所有权制度的正当性考察，发现其既有缺陷，才能为农地确权改革提供正当性的价值选项。从制度整体性考察，会发现我国现行的农村土地制度无论与功利主义正义观、自由主义正义观还是马克思主义正义观，都不能与之契合并在实践中体现出相应理论追求的实践效果。

1. 从功利主义正义观的角度进行考察

效率是边沁功利主义正义观的主要考察工具。社会主义作为人类有史以来最为先进的社会理念与制度，其农地所有权制度本应最能充分激发农业生产要

① 韩志明：《权力的恣意与权利的贫困：构建和谐社会的二维分析》，载《社会主义研究》2008年第1期。

素的活力，并实际地体现为一种帕累托最优，最终为实现马克思设想的人的自由全面发展提供丰富的社会“善物”。而我国现行农地权属制度“一刀切”的处理方式，经长期实践证明尚未能充分发挥这种制度架构的优越性，这一点在耕地利用上表现得最为明显。具体表现为以下几方面。

第一，农业产出没能最大化地增加社会总体“善物”，与古典功利主义视域下的社会总体功利最大化原则不符。大量农地被撂荒的情况并非个别，甚至在我国粮食主产区的东北平原、华北平原及江汉平原也出现类似的情况，笔者农村老家所在的渝东山区、丘陵地带就更为常见，这与经济学家赵晓在《农村土地撂荒的经济随想》中描写的赣南农村现状相吻合，也与专栏作家熊培云在《一个村庄里的中国》所观察到的偏远农村的现象一致，华中师范大学中国农村问题研究中心贺雪峰教授对 20 多个省市调研结果也有同样的显示。导致这种“人不尽其材，地不尽其力”的原因很多，其中一个重要原因就在于我国现行农地制度集体所有权被虚置，限制了农地处分权，降低了农地利用率。一些农民将“鸡肋”似的农地闲置撂荒，既使农民的土地权利被清零，又将土地的社会效益架空了，没能实现功利主义尽力增加社会“善物”的宗旨。因此，这种利益实现机制与“行为之正当，以增进幸福的倾向为比例，行为之不正当，以其产生不幸福的倾向为比例”① 的功利主义正义观不相契合，没能实现农地效率最大化。

第二，社会总体“善物”的分配不符合平均功利主义的关切目标。客观上看，我国农业生产增进社会“善物”的激励措施源自两个方面，一个是经由全面推进家庭联产承包责任制，使得农地产值的增加；另一个是大力推进城镇化建设使得农地的非农使用价值倍增。前者的社会“善物”的分配问题并不显在，它本质上属于社会经济自然时代的产物，而后一种增值所形成的巨大财富，事实上被独享区位优势的城乡结合部和城郊农民所享有，这恰好是贺雪峰等学者指责的当代社会分配不公现象②。这与平均功利主义关注社会“善物”的分配原则相冲突，难以最大限度增进社会成员的个体福祉。另一方面，与罗尔斯认为的“功利主义允许为了大多数的最大幸福牺牲个人幸福”相佐，

---

① 韩志明：《权力的恣意与权利的贫困：构建和谐社会的二维分析》，载《社会主义研究》2008 年第 1 期。

② 按贺雪峰教授在《地权的逻辑》中的观点，城郊农地的非农使用增值源于级差地租的价值体现，但这种价值的实现源于整个社会尤其是城市居民及农村务工人员共同劳动推进城市发展的结果，因此由此推动的城市用地增值部分不应该由偶然地居住于城郊的农民独享，而应该由参与创造这个时代的全体社会成员共享。这和罗尔斯的观点是一致的。

似乎步入了“为了少数人的最大幸福牺牲大多数农民的幸福”的怪圈，这在客观上导致城市周边地价狂涨，许多农民一方面坐等征地补偿利益，另一方面导致补偿利益冲突纠纷，危及社会稳定，从而降低了社会的运行效率。

2. 从自由主义正义观的角度考察

自由是以诺齐克①为代表的自由主义正义观理论体系为我们提供的考察工具。一个好的制度必然能够最大限度地实现个人的自由，现代国家治理学说已接纳这个观点。考察我国农地现实，我们遗憾地发现存在以下薄弱环节。

第一，财产权属性被虚置难以巩固保护农民利益的根基。马克思从经济剥削的角度深刻地揭露了资本主义的伪自由，洛克认为尊重自由与平等的最好方式就是尊重人们的财产所有权。② 一般而言，财产权是生存权的基础，缺乏生存基础的自由权只能是一种奢谈。党的十七大以来，中央采取积极措施增加并保护农民的财产性收入，成效显著。但对广大农民而言，其最大的财产就是土地，农民真正能够实现财产性收入的“母财产”也是土地，通过对土地权利的兑现以保障农民的财产性收入持续增加是具普遍意义的制度选项。在广大农村所覆盖的山地、丘陵地区，广大农民很难因为土地而受益。农村土地权属的“一刀切”的模式削减了农民土地之上的利益。尽管我国《物权法》第 59 条确定了“成员集体所有制度”，但在实践中绝大多数偏远山区和丘陵地区农民个体对于土地权益的享受难以落到实处，土地利用方式单一，根本无法为其自由全面发展提供应有的土地财产权属支持。

第二，处分权缺失在一定程度上限制了进城农民对土地权属的处理。我国农村在改革开放前是传统乡土社会，人口的流动迁徙一般被禁止。改革开放以后我国社会开始了现代化转型，加快了城镇化的进程，“十二五”期间，我国人口城镇化率已超过 50% ，但农民要在城镇安家落户就必须放弃其在集体所有制下的那份土地权属，姑且不论其能否在房价飙涨的城市立足生根，就制度设置而言并没有保证由地缘结合向身份到契约的转型提供有效保障。这意味着“净身出门”，将其承包经营农用地和宅基地都无偿归还日渐虚化的“集体”。也即他们一方面要承受城镇高房价的压力，另一方面又必须抛弃原有权利，即便部分农民获得了事实上的身份权，但无法真实参与劳动力市场竞争，职业技能提升、子女入学就业等合法权益难以得到与“城里人”同样的切实保障。

---

① 周辅成：《西方伦理学名著选辑》（下），商务印书馆 1987 年版。

② 文长春：《正义：政治哲学的视界》，黑龙江大学出版社 2010 年版。

3. 从马克思主义正义观的角度进行考察

马克思主义的正义观包含两个维度，“一是符合历史发展的客观规律，二是促进人的全面自由发展”。[①] 马克思主义正义观对整个社会制度的建设目标，表现为人类的全面自由发展。以此标准来衡量现行农地制度的正当性，不难发现：

第一，单一架构的公有制形式并不符合马克思关于共产主义的初级阶段的认识。马克思指出“生产者与生产资料的分离”导致了资本主义剥削的不可避免，社会主义才能将二者结合，以实现劳动者的解放。中国特色的社会主义初级阶段理论认为“在相当长的历史时期内，还要在公有制为主体的前提下发展多种经济成分”。[②] 马克思的本意是要实现生产力的解放与发展，为社会成员提供“各取所需”的社会“善物”，为人的全面自由发展提供基本条件。一个符合正义原则的基本经济制度，首先应该是一个可以推动生产力发展的制度。因此，实现农民和农地的最佳结合，是释放劳动生产率实现土地资源效益最大化的最优选择。对农地权属采取“一刀切”的纯粹公有制，事实上既不符合我国农地权属的客观现状，也是超越历史发展阶段的非理性制度选择，进而导致农业低效率。

第二，现行农地权属架构及实现机制不利于农民的全面自由发展。具有特定国际国内历史背景的我国人民公社制尽管有其历史的根源，但十一届三中全会以来的农村经济改革实践表明单纯的农地公有制与社会主义初级阶段的生产力发展水平并不相符。经制度博弈而不断微调的集体所有制已经今非昔比，农村问题的解决方案是用经营方式的变革弥补单一所有制带来的缺陷。现实的利益分配机制强化了城乡之间的差距，甚至城郊远近之间的差距。农民的全面自由发展因为一部分人先富起来而导致结构性失衡。

（二）从差别正义的角度考察

之所以要将罗尔斯的差别正义理论作为考察我国现行农地制度的考量工具，除了其本身所蕴含的人性温暖，其倡导的公平的正义思想契合着马克思的正义观，更重要的是我国“三农”问题的现状与其差别正义的适用领域高度契合。

罗尔斯的差别正义理论目的是要矫正社会不公，其理论思想源远流长，在亚里士多德那里表现为“社会成员各得其所应得”的分配正义和“社会成员

① 陈传胜：《马克思恩格斯的公平正义观研究》，合肥工业大学出版社2011年版。

② 闫爱国：《社会主义初级阶段理论浅析》，载《黑龙江教育学院学报》2005年第4期。

各失其所应失”的矫正正义，在诺齐克那里表现正义三原则之矫正正义，在马克思那里则是消灭一切剥削和压迫。差别正义追求一种国家干预下的实质正义，按笔者的理解，在今日中国贫富分化及城乡差距之现状下，对现行农地制度应该向着有利于农民的方向实施更有倾向性的差别对待，“即视自然禀赋的分配为社会共同资产”,① 其优劣肥瘠应由社会成员共同承担。而反观我国几十年来农村土地制度“一刀切”的单一集体所有制，客观上是在反向运用罗尔斯的差别理论，即让不利者更不利，让得利者更有利。具体表现为以下几方面。

1. 差别化的城乡制度安排加大了城乡的实质不平等

城乡二元制度历史性地形成和深化了工农差距及城乡差距。新中国在实现工业化的历史进程中，始终是把农村作为工业化的“血库”和基地，一切涉农政策都围绕促进工业发展制定并展开，这就是我们经常说的“工农剪刀”。在此制度下的城乡交换恰如罗尔斯所谓的“背景正义”缺失，大量工业原料和初级产品以低廉价格实现城乡交换的后果，使得农业、农村、农民逐渐被现代经济边缘化。这种制度安排使得我国农民在工业化城市化进程中显性的和隐性的经济损失无法估计，其历史性后果就是城乡差距的全面拉开，这种制度剥夺和自然禀赋差异形成效果叠加，对农村尤其是落后地区的农村极端不利，在促进工业化城市化的进程中客观上恶化了不利者之不利地位。也即是说，本应对城乡居民平等对待的国家，在“一刀切”的农地权属安排下，通过建立稳定的城乡二元秩序，形成了有利于城市发展的社会经济结构，使本应有利于农村的差别化制度安排反而更不利于农村的发展进步。这与罗尔斯关于“一种机会的不平等必须扩展那些机会较少者的机会”② 之论旨相去甚远。

2. “一刀切”的土地权属制度人为扩大了农民内部的土地权利差别

单一的无差别土地权属安排，使农民作为一个整体在承受二元结构的不公对待时，又加剧了农民内部的地位分化。如前所述，我国的工业化和城市化是在人为控制人口流动的前提下推进的，将农民改变生活的基本诉求以法律形式禁止，从而把大量农村剩余劳动约束在有限的土地上，形成城市和农村两个世界并实行分割治理，农民作为一个整体的弱势地位被制度化。但在制度化的弱势农民中，由于农地禀赋差异又进一步加剧了农民内部的差别化。耕作条件好

---

① ［美］约翰·罗尔斯：《正义论》，何怀宏、何包钢、廖申白译，中国社会科学出版社 2009 年版。

② ［美］约翰·罗尔斯：《正义论》，何怀宏、何包钢、廖申白译，中国社会科学出版社 2009 年版。

的地区可以通过集约生产经营提高土地效益且其土地同时也具有较强的市场流转性，城郊农民通过农地的非农使用可以得到大量的农地补偿，按尹中立测算，“1999 年至 2009 年，即房改后的 11 年里政府和企业通过住房从居民手里拿走了 10 万亿财富”,[①] 这些财富中一部分变成了城郊农民的土地收入，而偏远山区和山地丘陵的土地基本没能分享到社会发展的成果。同时，即便就农地农用而言，不同地区的农地因其自然禀赋不同，其实现农地价值的能力也会有巨大差别。而现行农地制度“一刀切”的所有制形式，实质是以平等形式深化了农民土地财产的不平等，事实上形成了一种“强者更强、弱者更弱”的农村土地权利实践模式，在农民群体内部按照自然禀赋差异形成了若干经济条件差别极大的农民层级。周保松认为“经济的不平等主要有三个来源：(1) 社会环境；(2) 自然禀赋；(3) 个人选择”[②]。在罗尔斯看来，因为前两个原因导致的经济不平等都是不公平的，一个正义的制度必须创造一个真正机会平等的环境，以补偿或消除人们因社会环境及自然禀赋造成的差异。在我国这样一个农地禀赋差异特别巨大的国家之农地权属制度设计中，如果按照马克思“人是目的”的原则，“就是同意放弃那些不是对所有人的期望有所贡献的得益。相反，把人视为手段，就是为了某些人更高的期望，而意图强行降低那些处境本已不堪的人的生活前景。我们因此见到，骤眼看来相当极端的差异原则，其实有一个合理的解释”[③]。

基于以上两大方面的简单考察，可以对我国现行农地制度与农民之自由、平等和发展的相关性形成基本认识。概括地说，我国农村土地的自然差异决定了农民生存条件的巨大差别，这种差别既体现在发达地区与非发达地区的农业效益上，也体现在发达地区中城郊农地与非城郊农地的非农效益上，更体现在山区丘陵农地与平原农地的耕作效益上，这些基于自然禀赋差异形成的农民实际权属差异，在城乡二元结构和“一刀切”的农地公有制制度的交相强化下，进一步拉大了农民之间、城乡之间的差距。而以实现共同富裕为目标的社会主义基本制度，本应该实施差别化的经济社会制度去弥合这些自然禀赋差异带给农民的财富鸿沟。我国现行农地权属存在内在的制度性缺陷，我国应该建立土地权属分类所有创新机制。

① 尹中立：《住房掠夺了居民 10 万亿财富致经济严重失衡》，载《21 世纪经济报道》2010 年 3 月 20 日第 4 版。

② 周保松：《自由人的平等政治》，生活 · 读书 · 新知三联书店 2010 年版。

③ 周保松：《自由人的平等政治》，生活 · 读书 · 新知三联书店 2010 年版。

三、农地确权的正当性路向：构建农地分类所有制

阿玛蒂亚·森认为，如果在权利分配上出现了正当性不足，则“贫困不单纯是一种供给不足，还是权利不足，尤其是在繁荣时期。大量事实证明，资本、市场的繁荣发展并不必然带来社会整体的富裕，如果不有效地调整公民与国家的权利关系，不有效地调节分配中的权利关系，繁荣发展必然造成巨大的社会分裂，以致使‘社会衰败并毁坏’。在中国当代工业化进程中，已经出现的‘繁荣型贫困’，就是典型的权利贫困的例证”①。笔者认为，农地确权不应限于对既有土地权利的清理、确认，而应借鉴差别正义理论并通过顶层设计，建立差别化的农村土地权属制度，赋予全体农民更多土地财产属性，增强农村土地制度的正当性。在坚持和完善集体所有的前提之下，突破“一刀切”模式的架构，大胆探索农村土地分类所有的创新机制，将宅基地、自留地和自留山等朴素观念上已归农民个人“所有”的土地划归个人所有。这样，既可以增强农村土地的利用率，又可保证农民在身份转换过程中受到公平对待，以实现全体人的自由全面发展。

（一）农地分类所有制的结构内涵

农地分类所有制的结构内涵主要体现为：一是按各类土地的用途，在坚持农用地和建设用地集体所有的前提下，将农民宅基地、自留地和自留山及部分贫瘠非耕地划归农民私人所有；二是对土地自然属性和地力等级进行类型化区分②，并对应到相应的所有权属。粮食主产地区的土地和可以实行集约经营的丘陵地长期坚持集体所有，农民可以按照土地管理法、农村土地承包法、《农村土地承包经营权流转管理办法》和《关于引导农村土地经营权有序流转发展农业适度规模经营的意见》，实现“三权分置”，并可以通过出租、转让、互换、抵押、入股等方式实现土地权属自由流转，让制度建构内的承包权和经营权落到实处。不能实行集约经营的山区丘陵地、山地等贫瘠土地以及农民的自留地和自留山等除了享有前述流转权利外，还可以在法律规定的条件下进入土地市场交易；当法定事由出现时，农民也可以将土地直接卖给国家或集体，或者由国家或集体回购，以农地出让金的形式回报权属所有者；在农民向城镇迁移时，不以放弃农地权属为前提，可以选择长期保留农村土地，或者设定

---

① 马新文：《阿玛蒂亚·森的权利贫困理论与方法评述》，载《国外社会科学》2008年第2期。

② 自然属性是指土地所在的地理位置是否为平原、山地、丘陵等；土地性质是指根据我国土地法律规定划分的耕地和非耕地之分，也包括基本农田与非基本农田的划分。

5—10年的过渡期。

（二）农地分类所有制有利于盘活农村土地资源

被学界称为“新土改”的我国农地制度改革方案理当实现第三次释放潜力。有学者总结过去30年的农地制度改革历程，将制度创新的节点划分为第一次释放时间、第二次释放空间、第三次释放身份。[①] 农地分类所有创新机制，不但能够实现身份释放[②]，还具有以下优势。

1. 大幅提升我国农地利用率

实行农地所有创新机制，一是可以提高农地产出率。在实行农地集体所有的土地区域，通过进一步实现农地承包经营权，明确土地权益预期，将有利于调动农民增加土地投入的积极性，改良农地耕作条件，促进农地集约经营，以加快实现现代农业规模经营的专业化水平。在农民享有较为充分的土地权属的区域，可以借以“释放身份”，为现有机制下难于流转的土地提供交易的机遇和可能，以流转促发展。二是可以提高农地利用率。通过差异化的产权制度安排，强化农民对土地的财产权属意识，以此提高宅基地、自留地、自留山及部分山地、丘陵地贫瘠土地的利用率。

2. 使农民的土地权属得到妥善处理

“一刀切”的处理方式使得农民的土地权益差距巨大，事实上演变为一种现实的不公制度待遇。罗尔斯的“差异化安排”理论给我们提供了具有现实指导意义的问题解决路向，[③] 也可以回应贺雪峰教授关于“哪一部分土地哪一部分农民”[④] 的制度追问。尽管一级甚至二级级差地租决定了农地的流转价值，但差异化的制度安排，关照到了现实中部分山地、丘陵地等贫瘠土地的权属利益，机会成本得以降低，使得“这部分农民”和“这部分土地”也能获得充分的农地处分权属，而不仅仅是撂荒。

3. 全面提高农民自由发展的能力

阿玛蒂亚·森认为，自由的实质是一个人的“可行能力”，即“此人有可能实现的、各种可能的功能性活动组合”。[⑤] 处于贫困和饥荒中的群体或个体不仅仅是因为资源短缺，而是因为权利由于历史和现实的原因被剥夺及工业社

---

① 赵忠升：《“三农”问题的核心：农民的权益和能力》，载《农业经济问题》2012年第11期。

② 所谓释放时间就是让农民可以自由支配劳动时间，释放空间就是农民可以离开土地，释放身份就是农民不再是一种国民身份而是一种可供选择的职业。

③ ［美］约翰·罗尔斯：《正义论》，何怀宏、何包钢、廖申白译，中国社会科学出版社2009年版。

④ 贺雪峰：《地权的逻辑——地权变革的真相与谬误》，东方出版社2013年版。

⑤ ［印度］阿玛蒂亚·森：《以自由看待发展》，任赜、于真译，中国人民大学出版社2002年版。

会以来的发展能力不足。实现人的全面自由发展，必须以可以支配的财产权属为支撑。我国城乡二元结构之下身份约束和产权缺失叠加，是造成农村与城镇难以协调发展的重要原因。赋予农民或农户一定的土地权属，增强农地流转性，将农地纳入生产经营、市场流转、融资担保、借贷抵押等环节，可以为农民的自由全面发展提供“善物”的基础和前提。

（三）农地分类所有制的配套措施

实行农地分类所有制，无疑意味着将对长期实行的农地所有权属制度进行较大调整，这种着眼于激发土地活力的制度建构无疑需要配套措施加以保驾护航。否则，一切努力终将无法顺利达致改革设定的目标。从经济与法律的密切相关度来分析，分类所有创新机制的实现，需要在现有法治框架之下，进行相应调整。具体而言，第一批需要制定或修改的法律法规主要有以下几方面。

1. 由国土资源部及相关机构共同研制统一的农地分类目录

在大规模开展农地勘查的基础上，建立农地分类标准，并依据新的标准出台因地制宜的精细管理实施办法。现行土地管理法将土地分为农用地、建设用地和未利用地三类，并规定了相应的土地用途管理制度。依据该法，农用地又分为耕地、林地、草地、农田水利用地和养殖水面等，而耕地又分为一般耕地和基本农田。这种分类标准尽管已经较为详尽，但仍有不足之处，主要表现在注重土地用途的类型化区分，而忽略了土地的规模与地形地貌差异性特征，因此，亟待建立科学合理的农地分类目录以指导全国农地改革。

2. 制定农村产业振兴法律制度

充分借鉴日本和我国台湾地区成熟的立法经验和立法技术，制定《农业产业振兴法》和促进农业现代化的法律法规。法律设定要注重建立和实施以用途为导向的农地利用主体制度、农地转让与退出补偿制度，鼓励对土地进行集约化经营，以促进现代农业产业化。

3. 修改现行的土地管理法律法规的相关规定

突破现有“一刀切”的农村土地所有权属模式，在坚持集体所有权的前提下，将农民宅基地、自留地和自留山及部分贫瘠非耕地划归农民所有或占有，明确赋予这类土地的流转权。对农民转让这类土地设立限制性条件，如将农民在城镇或农村取得稳定的非农业收入作为前置条件。在交易土地时限定土地用途。设定科学合理的农地征用的条件和补偿标准。择机对宪法、民法通则和物权法相关法条作出补充修改。

4. 完善农村社会保障制度

将农地管理纳入到农村社会保险、救助、福利和优抚范畴，在国家规划内的扶贫增收、生态移民和扶贫性移民、大规模国土绿化的整体框架内统筹解决，对流通性较差的农地以国家出资购买的方式将其列入国土整治和森林建设规划，将扶贫攻坚、移民安置与城镇化率的提高，以及农村现代化进程综合协同推进。

5. 制定和修改农村基层自治条例及相关法律规定

在村社设立农业协会，发挥行业自律的功能；为农业发展提供行业服务，以培育新型农村市场。建立农业生产各领域的专业化合作组织，加强农业生产和生活竞争能力的互助合作，增强农业产品和服务的市场适应性和竞争能力。

行政强制措施检察监督应注意把握“三性”

刘昌强*

党的十八届四中全会《中共中央关于全面推进依法治国若干重大问题的决定》（以下简称《决定》）提出，要“深入推进依法行政，加快建设法治政府”，“完善对涉及公民人身、财产权益的行政强制措施的司法监督制度”，“完善检察机关行使监督权的法律制度”。目前，最高人民检察院与相关部门正按照中央的顶层设计，就完善行政强制措施的检察监督部署推进改革试点工作。笔者认为，对行政强制措施的检察监督应当注意研究和把握“三性”，即监督的必要性、有限性和有效性。

一、对行政强制措施实施检察监督的必要性

行政强制行为天然的扩张性、强制力下侵权行为的高致害性、行政强制措施违法行为的多发性以及行政主体内部监督的虚化，使检察监督成为必要和必然。

我们知道，行政强制措施是指行政机关在行政管理过程中，基于制止违法行为、防止证据损毁、避免危害发生、控制危险扩大等情势需要，依法对公民的人身自由实施暂时性限制，或者对公民、法人或者其他组织的财物实施暂时性控制的行为。按照我国《行政强制法》第9条的规定，行政强制措施主要包括五类，即限制公民人身自由，查封场所、设施或者财物，扣押财物，冻结存款、汇款，其他措施。简言之，行政强制措施是行政机关为实现行政管理目标，在一定条件下对人身、财物、场所等实施的暂时管控行为。现行立法分别管控对象规定了不同的行政强制方式。以对人身自由的管控为例，规定有保护性约束、立即拘留、强制扣留、强制搜查、强制隔离、强制治疗、现场管制、强行驱散等多种行政强制方式。行政强制措施一般具有限制性、强制性、暂时性、预防性等特点，其主要功能是实现社会治理维护社会秩序，提高行政效

---

* 重庆市人民检察院第一分院民事行政检察处处长、检察委员会委员，三级高级检察官。

率，保障国家、社会组织与公民的权益。当前，在行政强制措施中引入检察监督离不开对以下因素的考量。

（一）包括行政强制在内的行政权运行具有天然的扩张性，要求对其加强监督规制

行政强制措施是行政权的重要运行形态，是实现社会管控的有效手段，因其有国家强制力作后盾，且高效实用，行政主体往往有将其用足用够甚至超范围超限度运用的偏好，扩张性较其他行政活动更为明显。一方面需要从立法层面对行政强制措施的类别、实施主体、程序、限度、当事人救济等作出明确规定，做到有法可依；另一方面在执法层面行政主体必须严格按照法律授权规范运用行政强制措施，同时也需要加强对行政强制措施运行过程和结果的监督，扎牢制度笼子，避免其扩张失范。

（二）行政相对人在行政强制中易受侵害性以及实践中行政强制措施违法屡见不鲜使监督制约成为现实需要

从行政强制措施的内涵和外延不难得出结论，强制管控是行政强制措施的基本特点。行政强制措施一旦在运行中失范，其强制力容易导致行政相对人的合法权益受到侵害，造成的后果往往具有高致害性，且不可逆转、无法弥补。实践中，行政强制措施违法的情形是比较突出的。从陕西省高级人民法院2015年底公布的8起行政强制措施违法典型案例①来看，行政主体在实施行政强制措活动中，有的无法律授权、无法律依据或者未依照法定程序径行组织人员对行政相对人的建筑物强行拆除；有的系在缺乏事实依据、认定事实不清的情况下作出了扣押行为，或者对扣押物品处置不当给行政相对人造成了损失；有的在查处假冒商品的同时，超越职权范围扣押封存运输车辆；还有的在强制传唤中不正当履职、侵犯了当事人的人身权利。窥斑见豹，行政主体违法实施行政强制措施屡禁不止，违法情形不一而足，引发的诉争亦呈上升态势。行政强制措施的执法现状要求引入有效的监督制约机制。

（三）对行政强制措施内部监督的虚化以及检察监督的优势使检察机关的外部监督成为必然

对行政强制措施的监督，在行政体系内外皆有。内部监督可由行政相对人申请复议或由行政主体依职权查核纠正来实现。毋庸讳言，行政体系内的监督有其存在的价值，但由于行政机关职能角色的同一性，再加上维护行政执法权

① 参见中国法院网：《陕西高院公布八起违法行政强制措施典型案例》。

威以及受考核与责任追究等因素的影响，内部监督的效果无疑会大打折扣。司法审判原本为制约行政权的有效方式，但司法审判基于大局及社会稳定而维护行政权的倾向尚未根本转变，维持率长期居高不下，且主要是事后监督，监督实效亦存在较大局限。

《决定》及其说明指出，对行政权的监督除完善政府内部的层级监督外，还要加强包括司法监督在内的专门监督。检察监督是宪法定位下的专门法律监督。检察机关长期从事法律监督工作，有特定的监督方式和专业的人才队伍，在长期的行政诉讼监督方面已经取得了积极成效并形成了诸多有益经验，具有其他类型监督所不具备的监督优势。此外，从国家层面的监察委员会体制改革以及司法改革的顶层设计来看，检察权的调整配置将重点转向专门的法律监督。检察机关的法律监督除了法律已经规定的三大诉讼监督职能外，还包括公益诉讼检察以及对行政执法权的监督。为确保行政强制措施的统一正确实施，增强监督效果，引入外部的检察监督势在必行。

二、行政强制措施检察监督的有限性

习近平总书记在《决定》说明中强调，“检察机关在履行职责中发现行政机关违法行使职权或者不行使职权的行为，应该督促其纠正”。检察机关介入行政强制措施的监督虽有其现实必然性，中央决议中的顶层设计也为实现检察权对行政权的监督制约开启了通道，但并不意味着检察监督不设条件而可以随时随地针对任何行政强制措施进行全方位监督。行政强制措施的监督也需要遵循行政执法活动的基本规律，并且要注意处理好检察监督权与行政执法权的关系，处理好检察监督与行政复议和行政诉讼的关系，审慎把握监督范围，科学设计监督程序，做到有限监督。

（一）明确检察监督的角色定位，以不越位、不干扰、不替代行政执法为限

明确检察监督的职能定位，处理好检察监督权与行政执法权的关系是行政强制措施监督必须首先解决的问题。我们知道，在我国现行的权力架构中，检察权与行政权并行且相对独立，检察机关与行政机关依照宪法各司其职、各负其责。行政主体实施行政强制措施是按照法律授权，为了实现社会治理确保正常的社会秩序履行管理职能的行为。而检察机关按照宪法规定专司法律监督，包括对行政执法活动进行监督。目前，检察权对行政权的影响主要通过行政诉讼监督以及行政公益诉讼来实现。

检察机关介入行政强制措施监督，应当如何进行角色定位，进而协调处理

好二者关系？笔者以为，检察机关仍应按照宪法定位为法律监督机关，对行政强制措施履行监督者的角色与职能。中国特色的检察制度下的检察权的本质是监督，在职务犯罪侦查权转隶监察委员会之后，这种监督属性将愈发凸显。并且，检察机关针对行政执法活动的监督是一种外部监督。这就决定了检察监督首先应当尊重行政权的运行规律，不能为了履行监督职能而割裂行政权的统一性和完整性，不能破坏行政权的完整有效运行，进而影响行政效能。此外，为避免职责不明或者职能混同，检察监督职能仅限于法律监督，不能越权越位，不能干涉行政机关正常推进的执法活动，更不能越俎代疱，代行或变相实施行政强制措施执法权。只有这样，才能确保国家权力架构和治理结构科学明晰，检察机关和行政机关在职能分明的前提下实现协同与制约。不然，极可能导致检察权与行政权的抵触甚至对立，新的监督机制创设也有可能因定位不准或走向极端而归于失败。

（二）合理确定监督范围，当前以涉及公民人身、财产权益的行政强制措施为限

我国的检察监督在新中国成立初期曾借鉴前苏联检察权运行模式，一度对行政权进行过一般监督①，但后来很快放弃该模式。很重要的一个原因就是对行政权的一般监督在中国水土不服。这也给我们一个启示，对行政权的监督并不需要大而全。之前如此，现在亦然。在十八届四中全会决定公布后，曾有观点认为，对行政权的检察监督可能将向一般监督发展。笔者认为，这种认识是片面和不正确的。我国人口众多，地域广阔，行政权在国家权力结构中处于非常重要的地位，目前的国家治理也需要“大政府”。检察机关对庞大的行政权进行一般监督是不现实的，从效能角度也没有必要。因此，对行政强制措施的监督也应当有此遵循。

行政强制措施针对的主体多元，有公民、企业法人、社会组织等；行政强制措施的种类与具体措施也多种多样，仅针对人身自由的就有近十种；行政强制措施的功能目的也不一而足，有的系为了制止违法行为，有的系为了保全证据，还有的系避免危害发生或控制危险扩大，有针对公民或组织私益的，也有保护国家利益或社会公益的。笔者以为，应当区分行政强制措施的类型、强制力大小、保护法益的性质与紧迫程度，以及违法行政可能的致害程度等来确定当前检察监督的范围。对强制力较大、致害性强以及因违法行政导致法益保护

① 参见闵钐：《中国检察史资料选编》，中国检察出版社2008年版，第389页。

较为紧迫的情形，建议首先纳入监督范围；针对保护国家利益和社会公益类的行政强制措施可以暂不考虑纳入监督范围。以此原则进行梳理，将《决定》确定的涉及公民人身、财产权益的行政强制措施纳入监督范围是当务之急。待条件成熟时，将涉及法人或者其他组织的场所、财物、款物等的行政强制措施纳入监督范围较为恰当。总之，对行政强制措施的检察监督切忌大而全，应抓住主要矛盾，综合考量行政效能和监督能力，以涉及公民人身、财产权益的行政强制措施为基础，循序渐进，逐步适度拓展监督范围，始终保持必要限度。

（三）科学设计监督程序，确立申辩复议前置、检察监督继后审慎介入原则

为确保行政强制措施检察监督的必要限度，必须处理好检察监督与行政相对人自有救济途径的关系，对监督程序进行科学设计。

我们知道，行政主体实施行政强制有法定程序，一般都会作出相应决定，以书面通知、当场告知或公告等形式让行政相对人知晓强制措施的具体内容、法律依据以及不服行政强制措施的救济途径等。行政相对人享有陈述申辩的权利，对行政强制措施有异议或不服的，可以申请复议复核，还可以向人民法院提起诉讼。陈述申辩与提请复议是法律已经赋予当事人在行政框架内可以获取的救济渠道，也是行政权完整运行的重要体现。为避免行政相对人消极行使自有救济权利，尊重行政权完整的运行机制，笔者建议应设立申辩复议前置程序。即行政相对人在向检察机关申请监督前，应当将行政框架内的救济权利用足用尽。检察机关在案件受理环节，须审查行政相对人在行政主体实施行政强制措施的过程中是否进行了陈述申辩，不服行政强制的是否提起了行政复议。如果未经过上述程序，则应建议行政相对人先行陈述申辩与复议。只有行政相对人将行政框架内的救济权利用尽，检察机关才能介入监督。申辩复议前置，检察监督继后介入，可以督促行政相对人积极行使自有救济权利，还可以最大限度地保证行政权的完整运行，并让行政权自身的纠错机制发挥应有的功能作用。

此外，在程序设计上还应注意处理好对行政强制措施执行行为的检察监督与行政诉讼裁判结果监督的关系以及相应的衔接机制。《行政诉讼法》第12条规定，对限制人身自由或者对财产的查封、扣押、冻结等行政强制措施和行政强制执行不服的，可以提起行政诉讼。行政相对人提起行政诉讼后向检察机关申请监督的，检察机关应当按照裁判结果监督程序受理和办理案件；行政相对人先向检察机关申请监督，检察机关尚未办结案件的，行政相对人又提起行政诉讼的，检察机关则应当在释明并明确申请人意见后中止或终结审查；中止

审查的，待审判程序结束后应当事人的申请恢复审查。在处理检察监督与行政诉讼的关系问题上，以当事人的选择为准，不需要诉讼前置。这主要因循了行政强制措施的基本特点以及对行政相对人救济的及时性、有效性的考量。

三、行政强制措施检察监督的有效性

要确保行政强制措施检察的有效性，必须构建科学的监督体制与机制。检察监督实效一直是检察机关在诉讼监督履职中比较困惑的问题。问题集中反映为检察监督主要限于程序启动，处断性不够；监督措施刚性不足；监督能力有待提高等。行政强制措施检察监督同样面临这些问题，并且还存在监督的法律依据缺失的问题。这些问题直接关涉到行政强制措施检察监督的权威与效果，必须引起重视并逐步加以解决。

（一）在试点中推动立法，做到监督有据

行政强制措施检察监督是一个新生事物，没有直接的法律依据，没有现成经验可循。最高人民检察院与相关部门就完善涉及公民人身、财产权益的行政强制措施司法监督确立的改革任务之一，就是要推动完善相关法律，为检察机关监督行政强制措施提供法律依据①。无法律依据则无立身之本。这就要求检察机关在试点工作中摸索总结经验。尤其对检察机关的角色定位、监督范围、程序启动、监督机制、监督措施等要在实践中反复探索、多方论证。在试点中先形成规则或规范，试点地区在条件成熟时可以考虑先行地方立法。待试点结束，即行推动国家立法。在国家立法层面，建议通盘考虑制定检察监督法，也可专门针对行政强制措施监督、行政违法行为监督和行政诉讼监督等制定行政检察法。只有在试点中推动完善了立法，行政强制措施检察监督才师出有名，才能从源头上保障监督权威和监督效果。

（二）赋予调查核实权，提高监督质量

调查核实是检察机关履行法律监督职能的重要手段。针对事实不清、证据存疑的案件，检察机关仅仅依据在案的书面材料往往无法形成正确判断。为确保监督结论客观公正，需要检察机关对相关事实进行必要的调查核实。尤其在行政执法活动中的一些证据材料，行政相对人无法调取，在行政主体怠于举证或举证不配合的情况下，检察机关更需要依职权调查核实相关情况。赋予检察机关调查核实权，有助于查明案件事实，确保监督结论的准确性，提高检察监

① 参见徐全兵：《行政检察改革进展情况》（2016年7月最高人民检察院郑州行政检察培训课件）。

督质量。当然，检察机关的调查核实应当以必要为原则，即确属监督工作需要，尤其应针对可能发出监督意见的案件。以必要性为原则，注意把握权力边界，可有效防止调查核实权被滥用。

（三）对监督活动进行司法化改造，增强监督刚性

目前，检察机关诉讼监督活动的主旨之一在于启动监督程序。由于诉讼监督涉及审判权，这种功能设计有其合理性。诉讼监督措施主要有纠违通知书、检察建议、抗诉等。从监督刚性来看，抗诉的效果较好，而其他监督措施刚性不足，针对人民法院的检察建议尤其如此。

笔者认为，行政强制措施检察监督主要针对未进入诉讼程序的案件，为增强监督刚性，可以考虑对监督活动和监督措施作必要的司法化改造。一是设立听证程序听取当事人意见，让双方当事人在听证程序中举证质证，充分表达意见。以此保障当事人的陈述权，同时便于查明案件事实。二是强化监督意见的处断性。即检察机关发出监督意见的，应当在意见中明确行政强制措施是否有效、是否违法、应否重作或补救等。即对行政主体不适格或无法律依据等存在重大违法情形的行政强制措施应明确认定该行为无效；对一般违法行为应当明确判定其违法；需要行政主体暂停、变更或重新作出强制措施的，以及需要行政主体采取其他补救措施的，也应当在监督意见中予以明确。三是改良增加监督措施。在既有的监督措施基础上适当改良，对行政强制措施的监督可以通过发纠违通知书、检察建议书、检察意见书以及提起行政公益诉讼来实现。纠违通知书主要针对事实清楚、处理时效要求较高、可简易化处理的违法强制措施发出的监督意见；检察建议书主要针对改进工作、堵塞管理漏洞等发出建议；检察意见书则是检察机关直接针对行政强制措施本身提出的监督意见，具有处断性和执行力；对检察机关已发出监督意见，行政主体不纠正不执行且可能损害国家利益或社会公共利益的，检察机关可以提起行政公益诉讼督促行政主体纠正违法行为。以上监督措施之间互为补充，或层层推进，可以择一适用，也可综合运用，形成监督合力。

在此需要强调的是，对监督活动进行司法化改造并非意在打造第二法院，而是为了保障当事人的合法权益，基于行政强制措施的特殊性以及增强监督的准确性和刚性而为之。非但如此，为确保监督意见落实到位，法律还须明确规定行政主体对检察监督意见必须执行并反馈落实情况，以此增强监督实效。

（四）打造专业队伍，着眼监督长远

近年来，在司法改革顶层设计的推动下，随着民事诉讼法、行政诉讼法的

修改以及公益诉讼、行政违法行为监督、行政强制措施监督的试点，民事行政检察面临新的形势和任务，面临前所未有的发展机遇，民行检察必将成为检察工作新的增长点。但另一方面我们也应当看到，在新的挑战面前，民行检察仍存在思想准备不充分、机制应对不足、队伍配置薄弱等瓶颈问题。

行政强制措施监督是检察监督的新领域，专业性强、工作难度大。需要检察机关自上而下未雨绸缪，着眼长远。尤其要在队伍建设方面切实转变思想，更加重视民行队伍的专业化、职业化建设。尤其应加强力量配置，储备专门人才，重点在提高法律监督能力和水平上下功夫。只有专业的人才队伍才能承担行政强制措施检察乃至整个民行检察监督责任之重，才能切实树立监督权威和提高监督实效。

民法典中非法人团体制度的构建研究

王　勇*

一、民事主体制度论证基础的发展

民事主体是指依照法律规定能够参与民事法律关系，享受民事权利和承担民事义务的人。法律赋予民事主体资格的关键在于其是否在社会生活中已独立存在的事实，而不是由法律先验地确定民事主体的类型。某一时代的民事主体结构，应该是该时代现实与逻辑相契合的结果。① 史尚宽先生早已指出，“为权利之主体，第一须有适于享受权利之社会存在；第二须有法律之承认”。②法律对现实社会生活的调控力永远是检验法律是否成功的试金石，民事主体制度也须面临这一考验。

（一）大陆法系代表性立法中民事主体制度的论证基础

1. 人格证成阶段：部分自然人主体

有人格的自然人＝民事法律主体

主体制度与人类社会发展和社会生活的现实安排紧密相关，在很长的一段历史进程中，人格制度一直决定着抑或用于证成民事主体的构造。在权利能力这一法律工具广泛使用之前，人格制度具有明显的伦理性。这一时期，仅有的民事主体为自然人，且相当高比例的人被排除在人格人之外。此时的人格制度的主要作用在于：说明将一部分自然人排除在民事主体之外的正当性。已有研究表明，在西方法律体系中，这一时期包括两个阶段：第一阶段，罗马法用“人格”（persona）一词来解释自然人之间的法律地位差别，其存在的唯一目的就是通过人格制度来拒绝社会中的某些人拥有人格。当时，只有自由民和市

---

* 重庆市人民检察院人民监督工作办公室主任、检察委员会委员，三级高级检察官。

① 朱涛：《民事主体立法30年》，载《前沿》2009年第2期。

② 史尚宽：《民法总论》，中国政法大学出版社1997年版，第81页。

民才具有法律人格而成为民事主体。奴隶无人格即无主体的资格。人格是“组织社会身份制度的工具”。第二阶段在启蒙运动之后，法律上开始用“理性”来设计人格。《法国民法典》第8条规定，所有法国人均享有民事权利。该规定用以排除奴隶制仍存在的法国殖民地的非法国国籍的人。该法同时根据财产、性别、人是否独立，对人进行区分，将女性、禁治产人排除其享有民事权利的资格。法国民法颁行后，凡法律所确认的人，均具有人格，为权利主体。①

这一时期人格制度对民事主体制度进一步发展的积极意义在于，“人格”既然与“生物人”能够分离，那么“人格”这种面具就不见得一定戴在生物人头上，这为权利能力制度对“非人”主体的创建打下了基础。

2. 权利能力证成阶段：所有自然人主体和法人主体

有权利能力的自然人和法人 = 民事法律主体

一般来说，权利能力是指“成为权利和义务载体的能力”。② 1867年《葡萄牙民法典》第1条明确了权利能力术语，承认其为人享有权利承担义务的资格，规定“只有人可以承担权利和义务。构成其权利能力或人格”。③《德国民法典》将权利能力制度进一步发扬光大，将某些组织当作自然人来对待。该法第一章即为人，第1条即为人的权利能力，在第二节法人中的首条规定就是关于社团法人的权利能力。至此，具有权利能力即意味着拿到民事主体的入门资格。权利能力的创设使民事主体具有普适性和平等性两个特点。其一，因为权利能力不仅适用于所有的自然人，还适用于法人，具有普适性。德国民法典第一次将不是伦理学意义上的人，即法人作为民事主体，并用权利能力制度强化自然人和法人同列为民事主体的同质性和正当性。其二，法律成功地运用权利能力的概念把个体差别因素等从民事主体资格中分离出去。权利能力强调了平等性，《瑞士民法典》在法条中对其加以正式的解释，该法第11条规定：“人都有权利能力。人都有平等的权利能力和义务能力。”有人主张，《德国民法典》将权利能力视为法律意义上的人的本质属性。④ 正如汉斯·哈腾鲍尔所言：“对法律上的人而言，起决定作用的只是对法律关系的建立发挥作用的那

① 胡玉鸿：《法律史上人格制度的演化》，载《法律科学》2008年第4期。

② ［德］梅迪库斯：《德国民法总论》，邵建东译，法律出版社2000年版，第781页。

③ 徐国栋：《民法哲学》中国法制出版社2009年版，第137页。

④ ［德］卡尔·拉伦茨：《德国民法通论（上）》，王晓晔、邵建东等译，法律出版社2003年版，第48页。

个个性：权利能力。”依照此观点，权利能力的有无决定着权利主体的存在与否，并非法律先承认其为权利的主体，然后才具有权利能力。而有人主张权利能力只是对民事主体共性特征的一种抽象，是立法者为了将法人引进民事主体领域的一种立法设计而不是民事主体的本质。① 关于权利能力和主体谁决定谁的问题，成了“蛋生鸡还是鸡生蛋”的问题。

不管谁决定谁，以“权利能力”这一仅具有私法上的主体资格之含义的概念替换了“人格”的表达，使法律人格即权利能力明确地从伦理的人格中解放出来。②。权利能力是在人格概念基础之上产生的法律技术概念，是对人格的延展和超越，权利能力的出现使人们不再因为性别、肤色、职业、地位的不同而遭受差别待遇。但是必须注意，权利能力概念的产生的首要功能是用权利能力把主体从人格证成下一直未能解决的普适性和平等性中解放出来。权利能力完成了民事主体的资格认定从自然法向实在法的转化，使“法律人”的内涵不再具有伦理学上的丰富性，而只保留形式上的概念。这种形式就是，只要拥有对于权利和义务的承载能力，生物人或社会组织便都具备了成为“法律人”的必要条件。

3. 证成基础的困扰：无权利能力社团或无人格社团的主体地位

赋予哪些社会组织以法律主体的资格，逐渐演变为一个有关立法技术的热点问题。法人制度参照完全责任能力的自然人进行构建，而现实社会中出现了大量的不具有完全责任能力的非法人团体，对该类团体的主体资格安排，不同国家和地区的法律安排不尽相同。

（1）法律仅承认非法人团体的诉讼主体地位

德国民法典规定非法人团体不具有独立的民事主体资格，但具有诉讼主体资格。《德国民法典》第 54 条规定：“对无权利能力社团，适用合伙的规定。以此种社团的名义向第三人实施法律行为的，由行为人个人负责任；行为人有数人的，作为连带债务人负责任。”③ 德国学者指出，德国民法典对非法人团体做出不利的处置，其目的在于希望大多数非营利性社团进行登记而取得权利能力。现在人们一般认为，第 54 条第 1 句的规定是不恰当的，无权利能力社

① 谭启平：《民事主体与民事诉讼主体有限分离论之反思》，载《现代法学》2007 年第 9 期。

② ［日］星野英一：《私法中的人——以民法财产法为中心》，载梁慧星：《民商法论丛》（第 8 卷），法律出版社 1997 年版，第 164 页。

③ 此后，《瑞士民法典》第 62 条也做了类似的规定：“无法人人格或尚未取得法人人格的社团，视为合伙。”

团在其整体结构上更近似于有权利能力的社团。[1] 德国民事诉讼法赋予了无权利能力社团的当事人能力。《德国民事诉讼法》第50条规定："有权利能力者，有当事人能力。无权利能力的社团可以被诉；在诉讼中，该社团具有有权利能力的社团的地位。"该条规定了无权利能力的社团能成为诉讼中的被告，仅具有消极当事人能力。2009年《德国民事诉讼法》第50条第2款终于明文承认无权利能力社团得以起诉和被诉，即完全当事人能力。根据德国的判决和学说的发展，无权利能力社团越来越违背历史上立法者的愿望而近似于有权利能力的社团，以至于先是承认了它们的姓名权，后来又肯定了它们的成员变更与对组织体不发生影响以及适用民法典第31条（关于机关的代表权规定）。[2]

日本民法典未专门规定非法人组织。《日本民事诉讼法》第29条规定，"无法人格的社团与财团具有当事人能力。"但是通过其后的修改的民法典，适用这条的日本无法人格社团已经变得非常有限。日本民法的旧规定是将法人限定于"以公益为目的"。2001年《中间法人法》将无权利能力社团纳入法人制度。其立法目的在于将同窗会、亲睦团体等作为"无权利能力社团"赋予其法人格，承认其作为独立的社会性存在，并由主管机关对其进行监督。2006年民法典修改时，设置了一般法人制度。这些规定使法人的外延极具开放性，差不多所有组织体都作为法人对待。

我国台湾地区亦未对非法人团体作出规定。台湾"民事诉讼法"第40条规定："除有权利能力者外，未具权利能力之非法人团体[3]，设有代表人或管理人者，有全面之当事人能力。"应注意的是我国台湾地区的理论非常强调其与合伙的区别，以使其他组织在合伙与法人之间更接近法人组织，该认识与德国的理论发展和司法实践较为一致。

从以上对于不具有权利能力社团的立法和司法实践来看，出现了法律的规定与社会生活和司法实践相互矛盾的困境。应当看到，仅通过诉讼主体对其他组织进行保护是不周延的，特别是当这样的主体异常庞大时。不仅因为这些诉讼主体因难以找到实体法的依据而无法保护其合法权益，还因为民诉法的补救并不能解决民法典自身规范的巨大缺陷。

---

① ［德］卡尔·拉伦茨：《德国民法通论（上）》，王晓晔、邵建东等译，法律出版社2003年版，第236页。

② 卡尔·拉伦茨：《德国民法通论（上）》，王晓晔、邵建东等译，法律出版社2003年版，第247页。

③ 台湾司法实践中的非法人团体，是指设有代表人或管理人，必须有一定的名称的事务所或营业所，并有一定的目的及独立的财产。

（2）法律承认其独立的民事主体地位但否认具有人格

我国澳门特区民法典设有“无法律人格之社团及特别委员会”一章，将其与自然人、法人并列，对其组织、管理、机关、财产、慷慨行为、债务承担等内容作出了专门的规定。该法典的规定进一步明确了这类非法人团体的第三类民事主体的地位。

如何理解“无法律人格之社团及特别委员会”没有法律人格，但又作为独立的民事主体的问题。关于权利能力与人格是否等同，很多国家的法律规范并没有进行特别区分，如瑞士民法典用自然人权利能力来指代自然人人格，在界定法人人格时指向的是法人资格。① 在学理上，两者的关系包括“同义说”与“异义说”两种看法，他们都主张人格是一种权利主体资格。但不同的是，“同义说”没有在权利能力概念中涉及具体法律关系下主体享有权利范围的差异性，而“异义说”则着力强调这种差异。郑玉波认为：权利主体之地位或资格，谓之权利能力，也曰人格。② 梅仲协认为：权利能力，亦即人格的别称。③ 梅迪库斯指出权利能力是指成为权利和义务载体的能力，并不把权利能力看作是人格。④ 我国也有学者主张，从功能上看，权利能力具有满足或便于权利主体获取生活资源的作用，人格则是权利主体的代名词，属于静的功能，两者既不同义也不等值，更不存在谁决定谁。⑤ 总体而言，在主体资格这一意义上，权利能力等同于人格，学者对此基本取得了一致的观点。因此澳门民法典中的无法律人格的社团基本等同于德国民法典中的无权利能力社团，没有赋予其权利能力和法律人格。该规定在继承德国法的保守规定的同时，又承认司法实践中发展的独立规则，将其与有权利能力的社团不一致的规则单独规定。其主要区别在于成功地改变德国、瑞士等国民法典中将其按合伙处理的不恰当规定。

德国的司法实践中发展出无权利能力社团独特的主体规则，澳门地区民法典直接专章规定无人格社团，这种虽无权利能力或人格但又作为民事主体的制度安排，与主体制度的已有逻辑和证成基础是不同的。一方面，这些国家的法律规定民事主体拥有权利能力和人格，其正当性由权利能力来证成。另一方面又将权利能力、人格与民事主体相分离和区别，出现了没有正当性基础的民事

① 《瑞士民法典》在自然人“人格的开始及终止”一节第31条第1项规定（自然人）权利能力自出生开始，死亡终止。在法人章节，第52条规定法人的人格即法人的资格。

② 郑玉波：《民法总论》，三民书局1995年版，第70页。

③ 梅仲协：《民法学》，中国政法大学出版社2007年版，第53页。

④ ［德］梅迪库斯：《德国民法总论》，邵建东译，法律出版社2000年版，第781、823页。

⑤ 赵群：《非法人团体作为第三民事主体问题的研究》，载《中国法学》1999年第1期。

主体。虽然可以将此视为已有规范基础和主体制度的例外，但也到了检验有权利能力组织体和无权利能力组织体的划分标准这一立法技术的时刻。如果仍然坚持着用权利能力来证成民事主体的正当性，何不改变赋予组织体权利能力的标准，直接赋予不具有独立责任能力的组织体权利能力，同时在行为能力和责任能力方面作出符合其特点的独立安排。

（二）非法人团体在我国现有法律体系中的主体地位

在我国民事实体法内部，被视为民事基本法律的民法通则没有专门规定非法人团体的主体地位。但在后续的实体法中，非法人团体的主体地位得到越来越多的认可。如担保法规定“其他组织”可以作为保证人；合同法将“其他组织”列为合同的缔结主体，并赋予相应的民事权利能力；著作权法、商标法将“其他组织”列为著作权、商标权的主体。在民法典总则论证的过程中，民法典是否确立非法人组织的主体地位，学界有两种观点。反对者主要从逻辑的角度予以反对，认为“你不能说权利能力是主体资格，非法人团体没有权利能力，同时又说非法人团体是民事主体”。其他组织以自己的名义独立地对外订立合同，但其既不能独立享有财产权利，也不能独立地承担财产责任，故其仅具有团体人格之形式而无团体人格之实质。[①] 这种观点主要是坚守传统的权利能力赋予标准。但目前民法学界更多的学者主张应当承认非法人团体的主体地位。江平先生的观点具有代表性，他主张，民法典将原来的民法通则分解后，另立总则。顾名思义，总则是将分则中的共同规则和原则加以概括和归纳，总则和分则是不应相互矛盾的。如果不将非法人组织规定到总则中，将出现总则的主体的形态和类型少于分则，从而不能统领分则的情形发生。100 年前的德国民法典考虑到现实生活的需要，还在“法人”部分中提到“无权利能力的社团”以防止僵化，而 100 年后我们的民法典不但没有前进一步，将非法人团体作为独立的“第三主体”加以规定，反而退后一步，在总则中连“非法人团体”字眼也不出现，地位也概不承认，岂不大大落后于现实生活。[②]

我国民事诉讼法（1991 年）明确规定其他组织可以作为民事诉讼的当事人，从而开启了民事诉讼主体与民事主体可能不一致的情形。针对这一现象，有学者曾经主张，如果承认非法人团体这一概念主要是为了解决非法人组织的诉讼资格问题，那么则应该通过民事诉讼法而不是通过民法来完成这一制度设计。[③] 这一看法

① 尹田：《论非法人团体的法律地位》，载《现代法学》2003 年第 5 期。

② 江平：《制定一部开放型的民法典》，载《政法论坛》2003 年第 2 期。

③ 王利明：《民法总则研究（第二版）》，中国人民大学出版社 2012 年版，第 213 页。

逐渐被学者抛弃。正如曾世雄所指出：非法人组织如不能使权利义务驻足集散，则何来纠纷？赋予诉讼法上当事人之能力，岂非多余？反之，非法人组织如果可能牵动权利义务涉及诉讼，必须赋予诉讼法上当事人之能力，则其必供权利义务驻足聚散者，民法上不认其权利能力，即或有误。① 具有当事人资格者，应当具备民事主体资格。如果放任实体法与程序法在主体制度上的分离，必将减损法律调控社会关系之功能。②

如民法典总则不规定非法人团体制度，就忽略了非法人团体在实际生活中大量存在并广泛参与民事活动的事实，也没有反映出民法典制定的时代性和进步性。因而，当前多个民法典总则学者建议稿都规定了这一制度，但如何规定、其内容及立法技术尚待进一步厘清。

二、非法人团体制度在民法典制定过程中的共识与认知差异

建议稿	法学会稿	梁慧星稿	杨立新稿
命名	其他组织	非法人团体	非法人团体
章节安排	独立一章，主体共三章	法人与非法人团体章下的节	法人与非法人团体章下的节
内容	一般规定/合伙（第一稿） 丰富一般规定，取消合伙规定（第二稿）	仅一般规定	合伙/有限合伙/其他组织
定义	其他组织包括合伙、集体经济组织等不具备法人资格的组织。(第一稿) 其他组织是指具有民事权利能力和民事行为能力，依法从事民事活动的非法人组织。依法登记领取营业执照的独资企业、合伙企业等以及依法成立的业主大会、业主委员会等属于其他组织。(第二稿)	非法人团体是指不具有法人资格但依法能以自己的名义参加民事活动的组织。	非法人团体不具有民事主体资格，没有权利能力，但可以在法律、行政法规准许的范围内进行民事活动；在诉讼中有当事人的诉讼能力，以自己的名义参加民事诉讼。

① 曾世雄：《民法总则之现在与未来》，中国政法大学出版社2001年版，第92页。

② 谭启平：《民事主体与民事诉讼主体有限分离论之反思》，载《现代法学》2007年第9期。

（一）非法人团体制度在民法典制定过程中的共识

1. 对非法人团体进行专章或专节的规定

三个建议稿都否决了德国的参照模式，通过专章或专节对非法人团体的特殊规则予以抽象和概括，明确了非法人团体制度需在民事主体中进行专门规定。

2. 已抽象出“没有法人资格的组织”作为概念内核

何谓法人资格，必须回到为何赋予法人独立的主体地位，就此而言，法人的本质在于具有独立于成员承担民事责任的能力。“对民法来说，法人的本质在于，可依实证法而赋予某一人之社团或某一财产集合体享有本属于自然人的财产能力。甚至可进一步地说，法人与财产能力就是同一个意思……”① 从法人制度的产生来看，立法之所以赋予人的集合体和依特殊目的所组织的财产的法人地位，在于法律关系的简化和明晰。即赋予团体以人格后将一个民事主体与多数民事主体的交易简化为一个与一个的交易行为，而对于团体内部成员之间的关系则沿用不同于外部的准则，成为法人的内部秩序问题，但在交易第三者眼里是忽视或者根本没有必要去观察这些内部构造，而把它作为一个黑箱处理。那么此时人格赋予团体的功能和价值就显现出来了，以更好地调整个人之间的关系。现实生活中广泛存在一类责任承担上与法人明显不同的组织，他们不能与其成员相互独立，以不是法人的组织作为该概念的内核，使该概念具有高度的识别性。

3. 非法人团体可以从事（某种）民事活动

在定义法人的概念时，三个稿子不仅提到了具有权利能力和行为能力，还规定独立享有民事权利、承担民事义务。而在定义非法人团体时，都确认其可以从事（某种）民事活动，可以将其视为均承认其作为民事主体的资格。

（二）非法人团体制度在民法典制定过程中的认知差异

1. 是否具备权利能力

法学会的稿子承认非法人团体的民事权利能力和行为能力。而另外两个稿件并不承认非法人团体的民事权利能力。出现这一差异的原因在于，前者基于权利能力与主体资格的同一性，而后者则严格把握赋予组织体权利能力的标准和要件，仍然以组织完全独立于成员作为赋予权利能力的标准。

---

① ［德］托马斯·莱赛尔：《德国民法中的法人制度》，载《中外法学》2001年第1期。

2. 名称的选择不一致

法学会所用的名称为其他组织，优点在于对既有立法的继承和便于与已有法律进行衔接。另外两个稿件采用的是非法人团体概念，优点在于该概念更具有识别性。

3. 外延不一致

其一，法学会两次稿件所指向的外延并不相同。在4月19日稿中，合同型合伙作为其他组织最重要的内容予以规范，在6月16日第二稿中，丰富了其他组织的一般规定，删去了合伙的内容，与梁慧星稿对非法人团体的内容较为一致。其二，杨立新建议稿中非法人团体共三小节，包括合伙、有限合伙和其他组织。此稿中的合伙指的是企业型合伙，其他组织则是在下定义的基础上进行了列举，包括私营独资企业、合伙组织；法人、银行、保险公司的分支机构；乡镇、街道、村办企业；业主委员会、村民委员会、居民委员会及其他。该稿所列举的组织构成较为复杂，既有根据现行法规具有法人资格的中外合作经营企业、外资企业、社会团体，也有民事诉讼法已规定部分营利性其他组织，还包括自治性社会组织。

4. 所关注的重点及具体制度构造不同

法学会第二稿和梁慧星稿都比较关注这类主体一般规则的提炼，包括要件、成立、负责人或机关的责任、债务承担方式等内容。杨立新稿则重点规范合伙及对其他组织的列举，并未对非法人团体一般规则进行提炼。

三、非法人团体制度"入典"的待决事项

（一）非法人团体的名称选择

其他组织被我国现行法律广泛采用，并且该概念极具开放性。但也有学者指出其他组织是一个不确定性概念，应采用更准确的非法人团体。本文也是基于非法人团体直接反映出不是法人的团体这一核心而采用非法人团体概念。由于两者所指的主体较为一致，具有可选择性，名称的选择上实属可商榷。但应当避免法学会稿用组织定义组织的同义反复的现象。

（二）非法人团体的民事权利能力

由于民事权利能力是享有权利承担义务的资格，是法律主体的基础。权力能力的初始功能是，如果拥有权利能力，那么自然应该成为权利主体，进而成

为法律主体，反之则不能被称之为法律主体。①在法律上，其民事主体地位均是法律赋予的，应该坚持民事主体的法律地位一律平等的原则。所以，赋予非法人团体完全的权利能力并非没有理论依据。如在我国民法典中僵化地否认非法人团体的民事权利能力，即不用权利能力来证成民事主体的正当性，立法者应当提出民事主体的新理论。与其改造权利能力的内涵和功能，否认民事主体的平等性，不如改变赋予组织体权利能力的标准，不再将类似于自然人作为组织体获取权利能力的标准。法人与非法人组织最大的区别在法人有独立的责任能力，从而限制法人成员承担责任，这也是法人成为独立的民事主体的主要功能。虽然非法人团体成为独立的主体并不能完全免除成员承担一定的责任，但这并不影响不具有独立责任能力的组织体获取权利能力。非法人团体在活动范围上、责任承担上的区别，应由行为能力制度进行调整。可以比照自然人分为无行为能力者和限制民事行为能力者的设计，对组织体进行分层设计。由于我国法人制度坚守独立责任要素，因而可以赋予法人完全行为能力，而非法人组织不能独立承担责任，可以将其确定为限制行为能力或一定行为能力的组织。虽然对非法人团体可以在“一定范围内从事民事活动”与一定的行为能力在实际效果上差不多，但后者可以避免主体的不平等质疑和逻辑混乱。以非法人团体的权利能力作为其为民事主体的基础，无须单独规定其作为诉讼当事人的能力，否则还需通过具体条文或民事诉讼法另行对非法人团体的诉讼能力进行赋权。

（三）非法人团体登记的功能

在德国法上，登记与否，是判断非营利性社团是否具有法人资格的界碑。一经登记，该非营利性社团便取得法人资格。在我国现行法律体制下，经登记的非营利性非法人团体主要包括领取民办非企业单位（合伙）登记证书的合伙单位、领取民办非企业单位（个体）登记证书的个体单位、社会团体已登记的分支机构。可见，这些组织并不同德国法的规定，不因登记而取得法人资格。非法人团体是否需登记而取得非法人团体的主体资格？民法典中的非法人团体应当原则上要求经登记而设立。登记的主要目的有三个，一是公示作用，二是督促组织体建立不因成员变动而发生影响的组织结构，从而稳固其团体性，三是由登记机关根据具体的法律法规规定审查非法人团体的构成要件，免除民法典对要件的专门规定。同时，民法典所规定非法人团体类型应当具有广

① 张保红：《权利能力的双重角色困境与主体资格制度重构》，载《法学家》2014年第2期。

泛性和开放性，包括营利性团体和非营利性团体，在是否要求登记上应区别对待。(1) 对于营利性团体，应要求依法设立并领取营业执照营利性团体。因而，没有登记的合同型合伙应当排除在非法人团体之外。(2) 对于大部分非营利性团体，应以登记为要件，如民办非企业单位，非营利性社团法人的分支机构。(3) 对居民委员会、村民委员会、业主委员会等部分非营利性非法人团体可无登记要求，此为例外规定。

(四) 合伙是否属于非法人团体

企业型合伙应当属于非法人团体。在不以法人独立责任为法人要件的国家，企业型合伙是法人的--种。例如法国 1978 年第 9 号令重新修订的《法国民法典》第 1842 条规定："除本编第三章所规定的管理之外，合伙自登记之日起具有法人资格。"① 德国民法理论界和司法实务界均认为非法人团体的组织结构更近似于法人，均非常强调合同型合伙与非法人团体的区别。的确，合同型合伙因没有组织结构上的要求，不具有对外公示性，因此合同型合伙通过合同法的一类典型合同予以调整更合适。同时，由于我国已经制定了合伙企业法，在民法典总则中并不需要对企业型合伙加以详细的规定，简要地列举即可。

(五) 个体工商户是否属于非法人团体

非法人团体应包含个体工商户。个体工商户是我国经济和社会发展的重要力量。根据国家工商总局发布的《2015 年 4 月全国市场主体发展报告》显示，截至 2015 年 4 月底，全国实有各类市场主体 7204. 6 万户，其中个体工商户 5139. 8 万户，占绝对多数。关于个体工商户的法律地位，理论上有多种意见。不少学者认为，个体工商户属于小商人，其行为应当属于商行为，应当属于企业法调整。《民法通则》在公民（自然人）一章中规定了个体工商户，认为个体工商户属于自然人的范畴。如果个体工商户自始至终为一自然人经营，商户名称作为这一自然人的别称而已，这是改革开放初期的过渡性产物，似乎并无不妥。但是个体工商户并非仅代指某一具体的自然人（走街串巷的小商贩是真正意义上的个体商户，但不属于法律规定的个体工商户），一般意义上的个体工商户具有非法人组织形态下的团体性。我国目前的个体工商户和个人独资企业这两种形式并无本质区别。团体，顾名思义是人的联合，既然非法人团体强调的是团体是不具有独立的责任能力的团体，就不应再拘泥于发起人或责任

① 罗玉珍、胡泽恩：《论民事主体与民事主体制度》，载《中南政法学院学报》1993 年第 2 期。

承担者是不是人的联合的情形，而应更多地关注在运营过程中人的集合性。在劳动法上，个体工商户是法定的用人单位类型之一，这便是重视个体工商户团体性的立法例。相似的是，公司法上的一人公司并不满足人合性的要求，并且受到“揭开公司面纱”制度的威胁，但并不影响其法人资格。

（六）非法人团体的人格权

大陆法中民事主体、权利能力和人格具有高度的重合性，有权利能力者，民事主体地位平等，人格平等。非法人团体与法人一样，对外以自己的名称出现。在社会交往中，这个名称就标志着非法人团体的个体化，且该标志具有连续性，不因其成员的变更而受影响。因非法人团体的名称对其团体至关重要，且以名称为成立的前提，所以法律应当保护其名称。另外，非法人团体的名誉、信用、荣誉等人格利益也应当受到保护。对非法人团体的人格权保护的现实需要，也是民法典应当赋予其权利能力的理由之一。

（七）非法人团体的机关

非法人团体的机关在法律交往中以非法人团体的名义作为一个实体出现，故非法人团体的机关或根据章程所选任的负责人，因执行该组织职务所产生的法律后果，应当由该组织承担。非法人团体对其机关所为的行为承担责任是其有权利能力，组织体作为权利义务载体的必然结果。非法人团体对其机关或负责人职责的限制，仅在第三人知道或应当知道的情形下，可以对抗第三人。

（八）非法人团体的责任承担

营利性非法人团体的责任承担与合伙相似，并有相关的单行法作出具体的规定，在民法典的制度设计时仅需明确法律另有规定的，从其规定即可。非法人团体的责任承担应当不同于个人合伙。在责任承担上，如自身的财产不足以清偿的，有“成员承担无限连带责任”“成员承担补充责任”“行为人承担补充责任”和“成员按出资比例承担补充责任”四种方案。如果非营利性非法人团体的债务由成员以其个人全部财产承担无限连带责任，就不会有任何一个人想加入这样的团体。并且对非营利性非法人团体而言，一般不存在重要的债权人利益。这些团体的债务首先应以自身财产进行清偿，对于不足以清偿部分的承担方式，可以参考我国澳门特区民法典第189条之规定：“一、以社团名义有效承担之债务，由社团共同基金承担；如无共同基金或共同基金不足，由设定债务行为之人（即在法庭代表共同基金之人）之财产承担；如作出该行为者超过一人，则各行为人须负连带责任。二、如无共同基金或共同基金不足，且直接承担责任之社员无财产或其财产不足，则债权人得对其他社员提起诉讼，而该等社员应按其在共同基金中之出资比例承担有关责任。”该规定充分地考量了债权人保护和成员之间的利益平衡。我国民法典在规定非营利性非法人团体的财产不足以清偿全部债务的责任承担时，应当限定成员对社团的责任，不应规定其成员过重的责任，尤其应避免成员的无限连带责任。

四、民法典总则中非法人团体制度的修改建议

民事主体编的第三章非法人团体：

第1条 非法人团体的定义

非法人团体是具有民事权利能力和一定的民事行为能力，依法以自己名义从事民事活动但不具有独立责任能力的组织。

非法人团体包括独资企业、合伙企业、个体工商户、已登记的营利性社团法人的分支机构、设立中的法人等营利性团体和非营利性社团法人的分支机构、业主委员会、村民委员会、居民委员会、民办非企业单位等非营利性团体。

理由说明：非法人团体的民事权利能力是主体资格的论证基础，应当予以明确。这并不会引起主体制度的混乱，这如同无民事行为能力人与限制行为能力人并不因为意思能力、责任能力的缺失而影响他们具有权利能力。非法人团体与法人的区别是明显的，这些区别可以通过限制其行为能力和责任能力实现，因此在概念中可以明确非法人团体仅具有一定的民事行为能力，且不具有独立的责任能力。第二款对非法人团体进行了类型化的区分列举。必须看到营利性非法人团体和非营利性非法人团体在成立、要件和责任承担方面的区别。

第2条 非法人团体的成立

非法人团体以经登记而成立为原则，以设立而成立为例外。

理由说明：登记对非法人团体的公示、独立性、管理等具有不可替代的作用，但也要看到，为了确保非法人团体的开放性和发展性，一些不要求登记的组织应当自设立便具有主体地位。

第3条 非法人团体的住所

非法人团体以登记的住所为住所；未经登记的，以其主要办事机构所在地为住所。

理由说明：非法人团体作为权利义务的载体，住所是所实施的法律关系的重要连接点。既然一般的团体需登记而成立，登记的地点较为明确，以此为住所具有合理性。对未经登记或不需登记的，以主要办事机构所在地为住所。

第4条 非法人团体的人格权

非法人团体的名称、名誉、信用、荣誉等人格利益也应当受到保护。

理由说明：根据现实的保护需要和权利能力的逻辑证成，非法人团体与法人同为组织体类型的民事主体，两者的人格权并无本质区别。

第 5 条 机关的责任

非法人团体的机关或根据章程所选任的负责人，因执行该组织职务所产生的法律后果，由该组织承担。

非法人团体对其机关或负责人职责的限制，仅在第三人知道或应当知道的情形下，可以对抗第三人。

理由说明：非法人团体的机关及负责人的职务行为后果，由该组织承担，此由非法人团体独立的主体地位所决定，能更好地保护第三人，并督促非法人团体的谨慎任选。但此规定也并不绝对，非法人团体的章程可以对此进行限制，但需以第三人知情为前提，方可具有对抗效力。

第 6 条 非法人团体的财产归属

非法人团体的财产包括发起人认缴的财产，成员认缴的财产及自身所取得的财产。

理由说明：虽然非法人团体并不具有独立的责任能力，但并不影响非法人团体拥有财产。此规则明显优于组织成员共同共有的归属安排。

第 7 条 非法人团体的责任承担

非法人团体的债务先以自身的财产进行清偿。

自身的财产不足以清偿全部债务的，如是非营利性非法人团体的，由成员按其出资比例承担补充清偿责任；如是营利性非法人团体，由发起人或设立人承担无限连带清偿责任。法律另有规定的除外。

理由说明：非法人团体的核心为不具有独立的责任能力。这并不影响非法人团体先用自身的财产承担责任。对于不足部分的清偿，应当根据非法人团队的类型不同而区别对待。由于营利性非法人团体旨在从事经济活动，发起人、设立人或所有人等个人的财产是其从事民事活动的重要保证，为促进交易安全和提高交易效率，应规定由发起人或设立人承担无限连带清偿责任。但对于非营利性非法人团体，其主旨并非从事经济活动，个人的财产的重要性明显下降，为了该类团体的正常发展，应当限制其成员的责任。

第 8 条 非法人团体人格的消灭

非法人团体因解散而消灭。解散的原因参照法人的解散事由规定，法律另有规定的除外。

理由说明：非法人团体是有权利能力的主体，其死与生都是重要的法律事实。由于非法人团体的消灭与法人的解释事由基本一致，作参照规定即可。

原告未请求的费用法院能否主动纳入审理范围

——从李某案看民事诉讼中的处分原则

郝绍海　赵　锐*

处分原则是指民事诉讼中，在法律允许的范围内，当事人有权按照自己的意志自由支配和决定其实体权利和诉讼权利。本文以李某人身损害赔偿纠纷案为例，对我国民事诉讼处分原则的法律适用进行探讨。

一、处分原则的兴起与发展

处分原则作为当今民事诉讼制度中一项重要而基本的原则，充分体现了民事权利是一种私权的本质特征。因此，不管是奉行当事人主义模式的英美法系国家，还是奉行职权主义模式的大陆法系国家，都将当事人处分权确立为民事诉讼的一项重要原则。处分原则最早发源于奴隶制社会初期的弹劾式诉讼模式当中。在古罗马时期，处分原则作为民事诉讼活动的一项重要规定在法律上就已有记载。在罗马法中，因个人利益而提起的诉讼被称为"私诉"，对"私诉"实行"不告不理"和"不干涉"的原则，诉讼根据当事人意志发生和发展，法官受当事人意志的约束。随着社会发展进入封建社会，弹劾式诉讼逐渐被纠问式诉讼所取代，法官开始依据职权主动介入诉讼，处分原则失去了其存在的社会基础。在资产阶级革命胜利后，处分原则得到了继承和新的发展，在诉讼中开始实行严格的控诉职能与审判职能相分离。欧洲资产阶级革命过程中提出的"天赋人权""人人生而平等"等主张，推动着处分原则在西方的民事诉讼法中得到进一步确立。例如，1877年的法国《民事诉讼法典》中有规定："原告可以抛弃诉讼，被告可以承认原告的诉讼请求，双方可以和解；在诉讼进行中，一方当事人可以将诉讼标的物或其请求转让给第三人。"这些规定均体现了对当事人的处分原则的重视。在民事诉讼中尊重当事人自由行使处分

* 郝绍海，重庆市涪陵区人民检察院党组成员、纪检组组长。赵锐，重庆市人民检察院第三分院法律政策研究室一级检察官。

权，会对法院裁判产生实质性的约束力，将司法审理范围限定在当事人主张的范围之内，能有效防止法院滥用司法权过度干涉私权，因而可以构成对司法权的一种有效制衡。①

二、处分原则在司法实践中的弱化及纠偏

对于处分原则，我国《民事诉讼法》第13条明确规定："当事人有权在法律规定的范围内处分自己的民事权利和诉讼权利。"其中，民事权利是指实体性权利，比如当事人可以提起或放弃诉讼请求。诉讼权利是当事人参加民事诉讼的程序性权利，比如当事人在一审判决后可以自行决定上诉或放弃上诉等情形。在我国司法实践特别是民事诉讼中，法院对当事人的处分原则的法律适用在个案上仍有一定偏差，有时为追求诉讼结果的相对公平而忽略了审判过程的程序公正，具体表现为对当事人的诉讼请求审查不够细致，甚至有越俎代庖之嫌，下面结合李某人身损害赔偿纠纷申诉案进行阐述。

（一）原审基本情况

2008年3月7日，C市F区中心医院（以下简称中心医院）对患有心脏病的李某实施了射频消融手术，术后李某病情未明显好转。同年4月2日，中心医院将李某送到C市新桥医院（以下简称新桥医院）继续住院治疗7天，花费4505.5元。后李某又返回中心医院继续治疗，至出院时李某还有33087.64元医疗费尚未结清。同年4月22日，中心医院与李某达成协议：中心医院补助李某人民币20000元，并支付李某第二次鉴定费用10000元，在今后卫生主管部门调解或法院裁决后再结算。

2008年8月12日，李某以自己遭受人身损害为由将中心医院诉至C市F区法院，请求法院判令中心医院赔偿其残疾赔偿金等损失共计547357.12元。在李某的诉讼请求中，并没有涉及医疗费用的部分。审理过程中，经司法鉴定：中心医院在李某的整个医疗处置过程中有过错，其过错与李某的损害后果存在次要因果关系。C市F区于2008年11月18日作出一审民事判决：中心医院赔偿李某人身损害赔偿损失116863.6元，其余损失175294.4元由李某自己承担。中心医院不服一审判决，向C市第三中级法院提起上诉。C市第三中级法院经审理，于2009年2月9日作出终审民事判决，该判决认为：中心医院为李某垫付的两笔医疗费用，确系李某本次治疗行为中发生的，故不管李某

① 参见王次宝：《新解处分原则中的"处分"》，载《北方法学》2014年第11期。

请求与否，本案均应将此款纳入李某损失总金额中一并进行计算。遂判决：(1) 撤销C市F区法院一审民事判决；(2) 李某的物质损害赔偿金296664.5元，由中心医院赔偿给李某118665.8元（已付57594.14，实际还应支付61071.66元），其余177998.7元由李某自己承担；(3) 驳回李某的其他诉讼请求。

（二）争议点及纠偏过程

李某不服二审判决，向检察机关提出申诉。C市检察机关在对李某人身损害赔偿纠纷申诉一案的审查过程中，出现了两种分歧意见。第一种意见认为，原审判决没有违反民事诉讼的处分原则，并无错误。主要理由是，李某提起诉讼时请求法院判令中心医院赔偿的损失总额为547357.12元，虽然二审法院将李某欠付中心医院的医疗费用主动进行了抵扣，但该欠付医疗费是李某实际应向中心医院承担的费用，且最终判决的118665.8元损害赔偿也没有超出李某诉请的金额范围。第二种意见认为，原审判决违反了民事诉讼的处分原则，适用法律确有错误。主要理由是，李某并没有就中心医院为其垫付的在新桥医院住院期间产生的医疗费4505.5元，以及在中心医院住院期间发生部分的医疗费33087.64元向法院提出诉讼请求，故在本案中不应该将该两笔医疗费纳入审理和损失计算范围。

2011年5月13日，C市检察院就该案向C市高级法院提出抗诉。主要理由是：二审法院将中心医院为李某垫付的医疗费用作为已付款在其应承担的赔偿金额中予以扣除，属于适用法律错误。C市第三中级法院经再审认为：原二审判决将中心医院在本案诉讼之前为李某垫付的医疗费用纳入了本案的审理范围，客观上造成了原二审判决审查的费用超出了李某在原一审中起诉中心医院赔偿的范围，违反了民事诉讼的处分原则，属于适用错误。遂判决：(1) 撤销原一、二审判决；(2) 李某人身损害赔偿金共计人民币291659元，由中心医院赔偿李某116663.6元（已付30000元，实际还应支付86663.6元），其余174995.4元由李某自行承担。

（三）处分原则在本案中的法律适用评析

本案原审判决的主要错误之处，在于违反了民事诉讼中的处分原则。针对本案的主要争议焦点“中心医院为李某垫付的其在新桥医院住院期间产生的医疗费4505.5元，以及李某在中心医院住院期间欠付的医疗费33087.64元，在本案中是否应该纳入审理和损失计算范围”，由于原审原告李某并没有将该两笔医疗费用作为自己的损失计算并向法院提出诉讼请求，同时中心医院也没有提起要求李某支付医疗费的反诉，故法院不能对该两笔费用进行审理和判决。

首先，在本案中原告李某没有提出要求中心医院支付医疗费的主张，这应当视为李某就自己已发生的医疗费方面的损害赔偿请求在本次诉讼中进行了放弃，该放弃行为不违反法律法规的禁止性规定且未损害第三人的利益，因而是一种有效的民事权利处分行为。

其次，二审法院对原告李某已经放弃的、没有起诉的医疗费部分损失主动进行审理并予以计算抵扣，这无疑是使得该起案件的"理"超出了"告"的范围，明显违背了民事诉讼中的处分原则。

最后，中心医院因医疗过错给李某造成损害属于人身损害赔偿纠纷的范畴，而李某欠付中心医院的医疗费则属于医疗服务合同纠纷的范畴。对李某欠付和被垫付的医疗费部分，中心医院可以通过反诉或是另行起诉的形式要求李某予以承担，这才是其合法有效的救济渠道。

三、民事诉讼应当坚持处分原则的思考及展望

李某案的法律监督过程深刻启示我们，正义不仅要实现，而且要以看得见的方式来实现。在民事诉讼中坚持处分原则，充分尊重当事人的意思自治权利，有助于在司法实践中实体公正与程序公正紧密结合，有助于让人民群众每一件案件中都能感受到公平正义，这也正是依法治国新理念在民事诉讼程序中的充分体现。

（一）处分原则具有民事诉讼中司法权消极性和终局性的特征

处分原则符合民事诉讼中司法权的消极性和终局性特征。根据处分原则，在民事诉讼中，必须由原告提起诉讼请求，法院才可以受理；在审理过程中，法官须受原告提出的诉讼请求范围约束，不得审理诉讼请求范围之外的事项。因此，处分原则充分体现了司法权启动方面的被动性或应答性特征，而且这也是司法活动区别于行政活动和立法活动的一项根本性标志。处分原则有两个基本的含义：一是没有当事人发起的"告"，就没有之后法院的"理"。对此，我国《民事诉讼法》第119条规定了当事人提起诉讼应当符合的四个基本条件，同时《民事诉讼法》第123条又规定了人民法院应当保障当事人依照法律规定享有的起诉权利，对符合本法第119条的起诉，必须受理。因此，当事人提起诉讼，是民事审判活动得以进行的先决条件。二是"理"的范围应当严格限制在"告"的范围之内，即审理的对象不能超出"告诉"的范围，否则同样就会违背处分原则。

（二）处分原则是民事诉讼中实现控审分离、保障程序公正的需要

处分原则是调整起诉和审判关系的重要诉讼准则，主张法院不能既是控诉机关又是审判机关，否则就不能保证案件得到客观公正的处理。[①] 控诉权与审判权的分离是司法制度发展的必然趋势，处分原则的产生、沉寂，再到复兴，充分体现了经济基础决定上层建筑是人类社会发展的基本客观规律。处分原则在民事诉讼中具有重要的平衡价值：有利于防止司法权的滥用和专横，使法院审判的事项只能限于原告的“告诉”范围；有利于禁止法院主动介入案件，使其保持超然性、中立性的地位；有利于实现各级法院系统之间的相互独立。在现代的民事诉讼中，不仅要求审判活动的启动，而且要求二审及再审等诉讼程序同样应遵循不告不理原则。因此，处分原则的适用范围应当贯穿民事诉讼的整个过程。

（三）处分原则的引入和发展符合我国社会主义法治建设的理念和进程

新中国从建立民事诉讼制度，到逐步与世界相接轨，只用了短短几十年的时间，从照搬苏联的民事法律制度到逐步建立了具有中国特色的民事法律体系。但是在司法实践中，我国对“以事实为根据，以法律为准绳”指导原则过于推崇，在一定程度上影响着一些法官忽略了对民事诉讼中程序公正的价值追求，对当事人处分原则的重视程度还不是很高。在一些审判活动中具体表现为：法院代行了本应由当事人主张和享有的诉讼权利，无视当事人的诉讼请求；当事人的诉讼请求仅在收案环节有案由上的划分意义，进入审判环节后，被一些法官加以任意改变和解释，这些均是没有充分意识到处分原则重要性的具体表现。通过审视和分析上述案，我们不难发现“重实体、轻程序”的观点至今还在不知不觉地影响着我们许多法官、检察官的办案思路和司法行为。不少法官和检察官在一个独立的民事诉讼过程中，总是试图尽量解决案件中相关的全部纷争，以达到案结事了的最佳效果。这一出发点固然是好的，但是这些没有将“审”合理限制在“告”的范围的行为，有时难免会违反程序公正，侵犯到当事人的诉讼权利和实体权利。因此，在处理民事案件的司法行为中，我们首先应当秉持程序公正的理念，充分尊重和依法保障当事人自主行使处分权，因为只有首先做到了程序公正，才是向司法公正跨出了具有实质意义的第一步。

---

① 参见李雪：《浅谈民事诉讼处分原则的“放”与“收”》，载《法制博览》2016 年第 20 期。

后民法典时代下司法解释机制研究

石　娟*

1955 年全国人大常委会通过的《关于解释法律问题的决议》及 1981 年 6 月全国人民代表大会常务委员会作出的《关于加强法律解释工作的决议》是最高人民法院早期获得司法解释工作授权的依据。2005 年全国人大常委会通过的《司法解释备案审查工作程序》、2006 年全国人大常委会通过的《中华人民共和国各级人民代表大会常务委员会监督法》对最高人民法院司法解释接受人大监督进一步明晰化。同时，1979 年通过的人民法院组织法，2007 年颁布的《最高人民法院关于司法解释工作的规定》都进一步明确并规范了最高人民法院司法解释工作的职责。2015 年修订的《立法法》第 104 条①对司法解释的规范和监督进行了专门规定。至此，最高人民法院的司法解释规章制度基本定型，实现了解释权主体的法定化、解释内容特定化，并明确了司法解释的效力和监督。从 1949 年最高人民法院建院至 2011 年，单独或联合制定了 3351 件司法解释和司法指导性文件，其中司法解释和司法解释性质的文件共 1600 件。②

一、前民法典时代的“司法解释之痛”

司法解释是最高人民法院、最高人民检察院根据法律的授权，对如何具体

---

* 重庆市人民检察院民事行政检察处一级检察官。本文受到姚辉老师 2016 年 10 月 25 日在西南政法大学所作“司法解释对成文法的影响——以民法典编纂为背景”主题演讲的启发，特此致谢。

① 《立法法》第 104 条：“最高人民法院、最高人民检察院作出的属于审判、检察工作中具体应用法律的解释，应当主要针对具体的法律条文，并符合立法的目的、原则和原意。遇有本法第四十五条第二款规定情况的，应当向全国人民代表大会常务委员会提出法律解释的要求或者提出制定、修改有关法律的议案。最高人民法院、最高人民检察院作出的属于审判、检察工作中具体应用法律的解释，应当自公布之日起三十日内报全国人民代表大会常务委员会备案。最高人民法院、最高人民检察院以外的审判机关和检察机关，不得作出具体应用法律的解释。”

② 郭峰：《最高法院发布〈最高人民法院司法解释汇编（1949—2013）〉》，载最高人民法院网，http：//www. court. gov. cn/zixun - xiangqing - 14059. html，2016 年 12 月 9 日。

运用法律问题作出的具有普遍司法效力的规范性解释。[①] 本文的主要研究对象为最高人民法院的审判解释。根据立法法的定位，最高人民法院的司法解释本质上是最高人民法院对立法机关所作法律的说明，但当前的司法解释时而背离“母法”的立法精神，时而先行于法律。虽然司法解释曾经发挥了法律适用、指导审判工作、完善司法政策、促进社会治理的重要作用，特别是在弥补法的不完备性及现有立法制度的缺陷，弥补法官能力和解释方法的不足等方面发挥了不可替代的作用。当前司法解释机制也面临以下主要问题，又谓“司法解释之痛”。

（一）定位模糊化，“司法造法”造成对立法权的蚕食

司法解释受到攻击最猛的就是其最重要的发展和完善法律的功能。现代大多数国家及我国的权力架构上，立法和司法应当各司其职，相互制约。法律经解释才能适用，我国对法律解释的配置上，分别由立法机关进行立法解释，个案中的解释由司法机关负责。但最高人民法院作出的司法解释具有与立法类似的法律效力，不仅对各级人民法院的裁判具有法律约束效力，而且成为法院裁判案件时必须优先适用的依据，使司法解释权成为一种超越了单纯司法权范畴的准立法权性质的权力。有学者提出，最高人民法院成为除全国人大及其常委会和国务院以外的第三立法部门。[②] 司法解释的很多做法蚕食了现有立法权。

一是司法解释的内容、精神时常会超越法律文本原有的范围。司法解释从条文内容上看无所不包，其不仅仅是解决具体法律适用的问题，而是对某些法律条文、某一类案件或某一类疑难问题作出解释，更类似于准立法，从某种意义上讲是对立法权的僭越。当前的司法解释的基本路径和模式是泛立法化，含有大量的权利创设和超越法律的漏洞填补[③]。例如，2015 年 8 月 6 日，最高人民法院《关于审理民间借贷案件适用法律若干问题的规定》出台，该规定针对民间借贷这样一种社会现象，而不是对具体的条文进行解释。可以说该司法解释成为脱离原有的法律文本甚至文件系统所指向的法律调整框架和调整范围的立法化解释的典型。而该解释关于开放了企业间根据生产经营需要的拆借的规定，对借贷合同同时签订买卖合同的裁判规定，以及“两线三区”的利率规定均引发了较大争议。

---

① 刘风景：《司法解释权限的界定和行使》，载《中国法学》2016 年第 3 期。

② 袁明圣：《司法解释立法化现象探微》，载《法商研究》2003 年第 2 期。

③ 胡岩：《司法解释的前生后世》，载《政法论坛》2015 年第 5 期。

二是司法解释数量和规模过于庞大，内容无所不包，使法律形同虚设，有过分轻视法律本身的规范作用之嫌。从已有的司法解释内容和数量上看，其在一定程度上已经损害到立法权归于全国人大的宪法原则，违背宪法对国家权力配置的基本框架。例如，《民法通则》156 条，而最高人民法院《关于贯彻执行〈中华人民共和国民法通则〉若干问题的意见》200 条；《合同法》428 条，而关于合同的司法解释[①]林林总总有十余个。面对如此繁杂、庞大的司法解释，司法工作者及社会成员难免在法律与司法解释之间无所适从。就如同罗马法上的市民法与裁判官法并存的规则多元现象，虽然在一段时期内促进法律体系的发展，但会造成法律适用上的不确定性。[②]

（二）司法解释统一法律适用的效果并不明显

为了保证司法解释的普适性和周延性，制定者使用了大量模糊性、概括性术语或兜底性条款，与司法解释的适用性相悖，使其丧失了在抽象条文与个案事实之间应有的“中介”功能。面对抽象、模糊的司法解释，办案部门和人员对具体案件究竟适用哪些司法解释或某一司法解释究竟适用于何种案情，经常出现误读、分歧和困惑。最明显的例子是，合同法司法解释二关于效力性的强制性规定，在实践中造成了大量的案件对何为效力性强制性规定的不同理解，以致相似案件的判决结果明显不同的情形。

另外，法律与司法解释的多元并存的情形下，对两者关系的理解的不同导致裁判不同的情形时有发生。且不说法律的效力优于司法解释的效力的法律来源说的观点，仅司法解释在先，法律在后，而两者在某一制度的规定上不同导致裁判不同的问题。例如，侵权责任法中关于人身损害赔偿项目中未规定被扶养人生活费的问题，实践中仍然存在按人身损害赔偿司法解释计算被抚养人生活费的判决。再如，对精神损害赔偿司法解释中规定的关于具有特定的人格纪念意义的物品可以要求精神损害赔偿的规定，在侵权责任法将精神损害赔偿限定为人身权益损害的情形下，关于人格纪念意义物品支付精神损害赔偿金诉请还能否得到法院的支持，法院的做法也大相径庭。

（三）有损法官的司法能动性

司法是法官独立地凭着良知和对法律的恰当理解，审理和裁判案件。司法

---

① 包括合同法解释一、合同法解释二、商品房买卖合同纠纷解释、建设工程施工合同纠纷解释、国有土地使用权合同纠纷解释、城镇房屋租赁合同纠纷解释、融资租赁合同纠纷解释、旅游纠纷解释、买卖合同纠纷解释、民间借贷纠纷解释等。

② 薛军：《民法典编纂如何对待司法解释》，载《中国法律评论》2015 年第 4 期。

能动性的最大表现是司法者在个案中依照自由裁量权能动地评判证据、认定事实，并能动地解释和适用法律。现行审判中解释法律与适用法律被生硬地分开，出现审判法官“坐等”司法解释或向上级请示使审级制度虚置的现象。司法解释的大量供给形成了法官对上级司法机关解释、批复的严重依赖。如果法官过于依赖固定规则和定量规范的约束，就会存在机械司法和惰性司法的弊端。[①] 特别是在司法解释的表述方式如同成文法律，以及司法解释亦不能实现规则的无限供给，法官仍然需要对法律或司法解释进行解释时，常常凸显出法官解释能力的孱弱。

（四）司法解释程序的欠缺

从程序上看，最高司法机关制定司法解释启动程序、制定程序和论证程序缺乏像立法程序那样的公开和透明，其制定主体是相对独立、封闭的审判委员会，整个决策过程都是内部进行的，制定过程中都有可能面临信息或知识相对欠缺的问题。尽管最高人民法院在起草司法解释的时候往往进行广泛的调研并征求有关部门的意见，但司法解释的起草、制定和出台程序毕竟不如立法程序那样严谨，这引发有些司法解释的公正性和正确性的非议。例如，人身损害赔偿司法解释的制定者没有考虑到不同的社会成员在同一人身损害赔偿事件中所获赔偿引起的强烈司法感官和对比。再如，婚姻法司法解释三的规定引发了房屋产权的加名热，出现了一些不加名即不结婚的思潮。

二、民法典编纂中对待司法解释的态度

我国民法典的制定具有后发优势，但也存在过于注重比较法的移植和对其他法例的借鉴，而对时代新问题、新情况和我国特有的社会环境、司法问题研究不足的问题。民法典编纂中，如何对待现有司法解释，就是我国民事法律在法典化的过程中需认真对待的问题。我国民法典编纂中最应该避免的现象是，对目前业已存在的规模庞大的司法解释规范态度不明，定位不清。在具体制度或分则的编纂中，主流的观点认为民法典制定应当积极借鉴既有司法解释的成果，尽量将成熟的规则纳入民法典中。而对司法解释在民法典中的法源安排乃至对司法解释的未来规划，仍存在较大的争议。有观点主张全面吸收有效的司法解释的规定入典，以达到消解过于繁荣的司法解释；有观点主张维持司法解释法外运行的现状；还有观点认为应实现民法典与司法解释的共存，把司法解

① 张勇：《规范性司法解释在法律体系实施中的责任和使命》，载《法学》2011年第8期。

释作为“习惯”或直接以“司法解释”作为裁判的法源，在民法典中明确司法解释在裁判中的法源地位。

（一）消解说

消解说主张尽量地整合现有司法解释，改变司法解释在法典外大量存在的现状。消解说又分为两种，一种是全面消解说，另一种是部分消解说。

其一，全面消解说。持该见解的学者主张，必须通过民法典编纂，将到目前为止已经颁布的司法解释进行系统的整理、清理，对合理的部分，应该吸纳到民法典的文本之中，使之成为正式的法律，而对于其余不合理的部分，以及重复的内容，则应全部废止。① 有学者提出，普遍司法解释废止后，通过“以例代释”，以判例式的解释取代规范性司法解释。趁着民法典的制定把司法解释的既有规定统一收编，从此普遍性的民事司法解释寿终正寝，而将民法典编成后的相关法条漏洞的填补工作由最高人民法院的案例制度来实现。这主要是从各国法院造法的方法、路径以及法院的任务、作用的立场出发所持的观点，是法律一元，立法至上理念的路径选择。然而，由于这次民法典编纂并非全新的制定，不可能编制出数量庞大，事无巨细的法典，根据当前的立法环境和趋势，全面取消说在我国当下是最难企及的。

其二，部分消解说。根据中国的立法现状和司法实践，司法解释的存在仍然存在一定的空间。有学者提出，最高人民法院是民法典的编纂者之一，在民法典的编纂过程中应当尽量将制度性规范编制到民法典中去，否则，其不作为将被解读为自己将来规定司法解释预留空间。但目前为止，我国民法典为了追求逻辑严密、价值自洽，以及立法机关的法律制定偏好的惯性，不会将司法解释中过多的操作性、解释性的规范大量纳入法典，所以民法典消化司法解释的内容注定是极其有限的。

（二）法源说

法源说主张，司法解释应当成为处理民事纠纷的法源，包括显性的法典化方式和在实践中事实上发挥法源作用的方式。

第一，法典化的法源说。鉴于司法解释在裁判中的实际作用，有人建议，明确将司法解释纳入法源，建议条文为：“处理民事纠纷，应当依照法律以及法律解释、行政法规、地方性法规、自治条例和单行条例、司法解释。”但从

① 薛军：《中国民法典编纂：观念、愿景与思路》，载《中国法学》2015年第4期。

《民法总则》第 10 条[①]的规定来看，立法机关并未采此主张。

第二，事实法源说。1804 年法国民法典第 4 条之“裁判官如以法律无规定或规定不明确、不完备为理由，不进行审判的，以拒绝审判论罪”的规定确定了法官不得拒绝裁判之规则。无论一项法律什么时候被提出来考虑，人们都没有能力预见到实际生活中可能出现的多种多样的情况。即使人们有这种预见能力，也不可能用没有任何歧义的措辞都包括进去。[②] 萨维尼重视法律的国民性和时代性，他在《论立法与法学的当代使命》中写道，法律将随着社会发展进步，绝不因制定而产生。即便我国编纂的民法典非常出色，仍然会存在法律的漏洞或规则不足的问题。如何对待法官不得拒绝裁判和明确法律依据不足的问题，瑞士民法典编纂诉诸的法源为惯例、习惯、法理或法官经过实践所确立的学理等。我国民法总则没有将司法解释确定为法定的法源，但这并不意味着司法解释不会大量存在。刑法典、刑事诉讼法典、民事诉讼法典外，司法解释仍然广泛地存在并发挥着重要的法源作用便可见一斑。但该意见同时主张，司法解释的内容和方法将进行较大的调整。民法典主要规定制度性问题，司法解释规定法律适用等技术性规范并以立法为限。

由此可见，民法典编纂中，司法解释中极为有限的制度性规定将被吸收为民法典一部分的方案，无助于“司法解释之痛”这一根本问题的治愈。无论是采取部分消解说还是事实法源说均无法在民法典编纂中完成对司法解释的规制，此一问题将成为后民法典时代必须面临和解决的重大课题。

三、司法解释在后民法典时代的定位问题

在后民法典时代，司法解释仍将广泛存在，如此预见的理由在于：第一，此次民法典编纂的定位。此次民法典编纂并非制定全新的法律的过程，江平教授对民法总则的评价为，“继受民法通则精准，但创新不足”。可以预见，在后续的编纂中，物权法、合同法、侵权法的原有体例和法条变动有限，而婚姻法、继承法的内容虽有重大修订，但体例和编制技术仍将在很大程度上援用原有法律和借鉴亲缘立法例。可以说，这次民法典编纂的着眼点在于继承原有的制度并作有限的完善。第二，在移动互联时代民法典的不完备性将显著提高。2016 年诺贝尔奖的获得者哈特用不完备合同理论解释产权，我们可套用法的

---

① 《民法总则》第 10 条：“处理民事纠纷，应当依照法律；法律没有规定的，可以适用习惯，但是不得违背公序良俗。”

② ［英］丹宁勋爵：《法律的训诫》，杨百揆等译，法律出版社 1999 年版，第 13 页。

不完备理论解释司法解释。法律的不完备性与技术和社会的变化及复杂性紧密相关，技术和社会越经历快速革命性变化，法越不完备。在第四次工业革命时代，新技术、新经济的飞速发展，民事活动领域，特别是商事活动领域具有明显的不恒定性，法律客体、法律关系、民事权利、调整方式等都有可能面临深刻的变革，而法典对这些内容的规定可能是原则性的，甚至可能采取回避的态度。例如，人格权、个人信息、网络财产、信息数据等移动互联时代重要的权利和客体在民法典中并不能制定出完善的制度，或者很多制度在法典制定后并不能适应社会现实，而这些内容有待在司法实践过程中进一步作出解释和完善。

要维护民法典的权威，消除当前司法解释之痛，首先需要明确司法解释的地位和权限，消除当前最受非议的僭越立法权的问题和选择性抽象解释的问题。在维持现有的立法解释制度的同时，通过进一步凸显指导性案例制度的作用，并减少法官对司法解释的依赖，从而重新划分普遍性解释调整的范围。

（一）尽可能明确司法解释与立法解释的界限

司法解释应当尊重立法者的权威，不涉足法律及立法解释的事项。一是区分立法解释与司法解释的边界。立法法对法律解释和司法解释的对象进行了分别规定。《立法法》第45条规定，“法律的规定需要进一步明确具体含义的，法律制定后出现新的情况，需要明确适用法律依据的，应由行使法律解释权的全国人民代表大会常务委员会解释”。民事立法中可借鉴，立法机关在罪刑法定的要求下通过刑法修正案的方式及时对法律进行完善的方式确保了法律和立法机关的权威。司法解释是以法律存在具体应用问题为解释的前提，且通常以具体的适用对象或案件作为载体，因此司法解释不要僭越法律与立法解释的对象，且不能改变法律的规定或与法律规定相冲突。最高人民法院需要进行法律解释的，应当向全国人大常委会提出法律解释的要求或提出制定、修改有关法律的议案。需注意的是，为避免法律解释与司法解释相混淆，可将《最高人民法院关于司法解释工作的规定》第5条之“最高人民法院发布的司法解释，具有法律效力”修改为“最高人民法院发布的司法解释，对各级人民法院具有普遍适用的效力”。二是在厘清司法解释与立法解释界限的前提下，对于二者的边缘模糊问题，应当尽可能进行立法解释。这是因为，司法解释不仅权限有限制，而且司法解释主体在各自司法活动中对所适用法律的理解难免有局限性，需要相对超脱的立法机关对立法进行及时、准确的解释。[①]

（二）尽可能地区分司法解释与指导案例的调整范围

随着世界法治文明的发展，大陆法系与英美法系在法律渊源上呈现出相互融合互补的趋势。大陆法系国家尽管没有明确采纳遵循先例的判例法原则，但判例在解释和补充法律规定以及指导法官办案方面发挥着越来越重要的作用。例如，在 1990 年至 1995 年期间，德国联邦法院的判决被引用的比例为 97.02%。[②] 在民商法领域，新类型案件此起彼伏，在法所不及之处，适用创制性司法规范是必要而且可行的。这就意味着，当前完善法律制度这一最主要的价值和功能需让渡给指导性案例。王利明教授主张，应当使大量的司法解释通过指导性案例表现出来。[③] 将现行创制性司法解释的内容，在来不及进行立法解释的情形下，为减少判决的不确定性和不统一性，可以考虑由指导性案例对这类新问题、新内容进行规范。2010 年最高人民法院出台了《关于案例指导工作的规定》，标志着案例指导制度正式确立。要使指导性案例发挥更大的作用，需进一步提高指导性案例的效力，拓宽其发布的载体和渠道。再者，随着最高人民法院“法信”平台[④]等司法裁判的大数据的广泛推广和运用，指导性案例对同类案件的审判将起到越来越大的指导作用。对于新问题、新情况进行规制的指导性案例，待裁判规则成熟后，最高人民法院可以报请全国人大或全国人大常委会立法或进行立法解释。

（三）尽可能地明确最高人民法院的司法解释权与法官的司法能动权的适用范围

“解释无诠释流于空洞，诠释无解释走向盲目。”[⑤] 裁判过程需要法官有创造性的法律活动，法官不是生产判决的自动贩卖机。最高人民法院的司法解释权不应成为阻止法官审理案件时理解、解释、阐述法律的理由。一般的法律规范或抽象的司法解释关心的是法律的广泛适用性，很难顾及案件的个性。法官

---

① 胡伟新等：《中国司法解释制度的发展与完善》，载《法律适用》2014 年第 12 期。

② 胡伟新等：《中国司法解释制度的发展与完善》，载《法律适用》2014 年第 12 期。

③ 王利明：《法律解释学导论——以民法为视角》，法律出版社 2009 年版，第 191 页。

④ 据最高人民法院介绍，2016 年 3 月，“法信”作为我国首个法律知识和案例大数据融合服务平台，在最高法上线试运行。该平台旨在为法官提供一站式专业知识解决方案、类案剖析同案智推服务，并向社会大众提供法律规范和裁判规则参考。

⑤ 郑永流：《出释入造法律诠释学及其与法律解释学的关系》，载《法学研究》2002 年第 3 期。

在个案中拥有对法律意义的最终发言权。① 法官通过行使法律解释权不仅可以消除成文法固有的矛盾和缺陷，使之能与案件事实相结合，而且可以在审判过程中发挥自己的才智，通过遵守法律的精神而不是生搬硬套法律的字面意义的方式作出正义的判决。随着法官的学术训练的要求越来越严格，员额制法官制度也已在18个省市全面推行，赋予法官更大的司法能动性的条件也基本成熟。当前很多司法解释中常识性规定，是对相关法条不必要的演绎推理，这些内容应交还法官能动司法完成。须注意的是，在立法解释、司法解释、案例指导已发挥制度补给功能的情形下，不宜再赋予法官个体法律续造权，正如丹宁勋爵所言："一个法官绝不可以改变法律织物的编织材料，但是他可以，也应该把褶皱熨平。"② 对于法官对于法律条文及司法解释的理解和适用，应尽可能地体现论证过程，加强论证及裁判理由的说理性。

通过上述三个"尽可能"的努力，笔者希望明确立法解释、指导性案件、法官解释权与最高人民法院抽象性司法解释权的适用范围。以破坏生态案件与无过错责任中环境污染致人损害案件的关系为例来区分它们的不同定位。(1) 如将破坏生态案件确立为单独的一类适用无过错原则的事项，此为法律或立法解释权限，应由立法机关确定。(2) 如果考量破坏生态的案件能否涵盖在环境污染致人损害案件中，选择将其纳入环境污染致人损害案件的话，意味着破坏生态案件虽不是单独的无过错原则事项，但被视为环境污染致人损害案件的子事项，此内容可以由指导性案例先行确定，再提请立法机关立法或作出立法解释。最高人民法院的司法解释不得对破坏生态案件作为单独的无过错原则事项或将破坏生态案件通过环境污染致人损害案件的子事项使其最终适用于无过错原则作出普遍性的司法解释。(3) 最高人民法院抽象司法解释能够作为的内容是：环境污染致人损害案件赔偿的标准、责任限额、责任分担方式等内容，旨在解决人民法院的此类案件中法律已规定事项的不明确、不便于统一操作的内容。(4) 法官始终享有个案中判断破坏生态案件是否构成了环境污染致人损害要件或是一般侵权责任要件的解释权。

四、后民法典时代司法解释工作机制的完善

(一) 明确抽象性司法解释对象的确定机制

上文对司法解释的定位讨论，确立了与其他三者的分工机制，司法解释的

① 陈金钊：《法治与法律方法》，山东人民出版社2003年版，第246页。

② [英] 丹宁勋爵：《法律的训诫》，杨百揆等译，法律出版社1999年版，第13页。

数量必须降下来，活动领域应限定在两个领域，其一是诉讼中的各种程序性规定，其二是对法律实体性规范的具体应用作出解释。前者是基于司法作为一种规范化和程式化的实践活动，人民法院作为最熟悉程序需求的操作机关，最高人民法院有权对司法活动的各项程式性要求制定规范。1991 年民事诉讼法（共 284 条）颁布后，最高人民法院颁布了含有 552 个条文的《关于适用〈中华人民共和国民事诉讼法〉若干问题的意见》，其条文为诉讼法典的近 2 倍，基于多方面的考虑，其中很多条文确不必要或难以写进法典，从一个侧面反映出最高人民法院在细化诉讼规则的必要性。后者是基于立法解释界限明确化，指导性案例、个案解释权强化后作用范围的自然限缩。司法解释的实体解释内容可以参照《立法法》第 104 条的规定，最高人民法院作出的属于审判工作中具体应用法律的解释。就如何理解"对法律的具体应用作出解释"，存在两种有代表性的观点。第一种观点认为应当从严解释，即必须以法律条文的具体规定为前提，以条文的字面含义为限制，司法解释在此基础上作出合乎法律文字表述意义的解释。[①] 第二种观点主张以法律具体规定为前提，但在解释时以探求法律规定的立法本意为限制作出解释。[②] 无论如何，不能背离法律条文或置法律条文于不顾。在后民法典时代，全面性、体系化的司法解释就显得不合时宜了，必须针对某一类法律适用问题，针对法律规定的具体条款去解释，不能完全脱离法律条款而过分追求体系的完整。

（二）完善司法解释的启动机制和争议机制

改变当前的司法解释在启动及程序上的随意性，应进一步明确规定司法解释程序、来源、备案等制度。一是司法解释的主体必须依法独立行使解释权，其他任何行政机关、社会团体以及地方司法机关均无权单独和参与制定、发布司法解释。二是严格控制非程序性司法解释的立项来源。在立项来源上，最高司法机关应主要以司法工作中遇到的具体应用法律问题为立项来源。例如我国台湾地区大法官会议"司法院"解释法律时遵循不告不理的原则，只能在下级法院、有关机关及其当事人向"大法官会议"提出解释请求并且附具理由时才能启动"大法官会议"的解释程序。[③] 而只有审判工作中遇到的具体适用

---

① 参见梁慧星：《民法解释学》，中国政法大学出版社 1995 年版，第 243 页；王泽鉴：《法律思维与民法方法》，中国政法大学出版社 2001 年版，第 220 页。

② 杨仁寿：《法学方法论》，中国政法大学出版社 2004 年版，第 139 页。

③ 魏胜强：《司法解释的错位与回归——以法律解释权的配置为切入点》，载《法律科学》2010 年第 3 期。

法律问题，才能立项。

对那些到底是由司法解释还是立法解释或指导性案例调整，意见不一致相互推诿或争相履职的，如何解决争议。首先，对法律没有涉及的问题，根据“先有法律，再有司法解释”的要求，由指导性案例进行实践规范，再提请立法机关法律化，此时司法解释的方式要先行冻结。其次，对于法律已有规定但需要司法解释进一步明确的，但对解释内容有争议的，最高人民法院可以确立内部的争议解决机构协调争议，同时提请人大监督等外部争议解决机制来获取共识。

（三）重视司法解释的清理退出机制

1994 年至 2012 年 8 月，最高人民法院先后共 7 批对 167 个司法解释予以废止，所清理的数量仅为所制定数量的十分之一。改变对清理工作不重视局面，一是在民法典施行后，非常有必要集中对过时的，已被法律所吸收的司法解释进行全面的大清理。如果不能清晰地界定民法典中的规则与此前民事领域数量庞大的司法解释中具体规则的关系，那将是一种无法忍受的混乱和不确定性。[①] 民法总则实施后，民法总则与民法通则将在两年多的时间内并行，但这不意味着《最高人民法院关于贯彻执行〈中华人民共和国民法通则〉若干问题的意见（试行）》在 2020 年民法通则废止前一直存在。当前，民法通则的绝大多数内容已被民法总则所吸收和修正，最高人民法院应尽快（最好是 10 月 1 日民法总则施行前）废止上述司法解释，并对民法通则中那些仍然有适用空间的制度进行梳理，如有必要，对双法并行局面下的相关内容进行解释。二是确保司法解释始终处于动态管理状态，实行司法解释及时清理和年度清理制度，建立规范的退出机制。

（四）优化司法解释质量的保障机制

进一步提升司法解释质量，应从司法解释的立项、调研、论证、起草、征求意见、修改、讨论决定等环节做起。第一，通过多种方式增强司法解释的透明度、民主性和科学性，确保司法解释质量。第二，加强司法解释组织协调机构建设，统一由其负责司法解释的立项、审核、备案、汇报、清理等工作。在司法解释和指导性案例的人力资源的投入和任务分配上，最高人民法院均应当予以重新评估。要改变当前最高人民法院有各审判庭各自制释的工作模式，由具有固定人员的协调机构统一指挥，既发挥各业务庭的专业优势，又确保司法

① 薛军：《民法典编纂如何对待司法解释》，载《中国法律评论》2015 年第 4 期。

解释有专门的机构进行管理和清理。

（五）完善司法解释的监督机制

在全国人民代表大会常务委员会的法制工作机构设立专门的司法解释审查部门，对司法解释中越权、违反法律的内容、相冲突的规则行使改变或撤销的权力。还应当允许有关主体依照一定的程序，向监督机构提出部分或全部撤销某司法解释的请求。

典当制度的民法回归

徐　燕*

1987年12月，随着新中国首家典当行华茂典当商行在四川省成都市开业，典当行业从此悄然兴起。特别是在2005年4月《典当管理办法》实施之后，全国典当业在数量、注册资本总额、典当总额上发展迅速。在小额贷款公司出现之前，典当行在满足中小企业融资需求和居民的应急需要方面发挥了重要作用。但是，典当制度作为一项在我国历史上曾经被规制于民法典的传统制度，而今却仅以部门规章对其作出规制。近年，随着经济形势的变化，大量典当合同纠纷涌入法院，而《典当管理办法》的部分规定与物权法、担保法等基本法律存在某些冲突，给司法实务带来了许多困惑。新中国第一部民法典的制定应当给予当下普遍存在的该经济活动以必要之关注，使其回归民法典的体系之中。同时，立法者也应正视现代典当行业已在形式与内容上较我国传统的典当业发生重大变革之客观事实，设计出符合新时代发展潮流的典当制度。为此，本文将重点考察《典当管理办法》的相关规定在司法实践中所暴露出的问题，期待在未来立法中予以克服。

一、我国现代典当与传统典当之辨析：承继与异化

根据《典当管理办法》第3条的规定，典当是指当户将其动产、财产权利作为当物质押或者将其房地产作为当物抵押给典当行，交付一定比例费用，取得当金，并在约定期限内支付当金利息、偿还当金、赎回当物的行为。该规定确定了我国现代典当制度。现代典当合同至少包含了两个法律关系，即当户与典当行之间的借款合同关系与物权担保关系。相较我国的传统典当制度，现代典当对其承继与异化并存。

（一）传统典当的承继

典当制度在我国有着悠久的历史，两汉时期“典”词便最早出现，唐代

* 重庆市人民检察院民事行政检察处副处长，四级高级检察官。

《唐六典》便对质贷利率作出了规定，清代对于典当和买卖所作出了明确区分，而1930颁布的《中华民国民法》物权编，则对典权做了系统规定，明确典权为用益物权，并把典、当、质加以区别，还原典权的本来面目。①

我国传统典当法律制度中，“典”和“当”有着完全不同的含义。“典”即为典权，是指为使用收益而占用他人不动产，并支付典价的行为。而“当”是为了获得当金而进行的动产质押的行为。② 而现代典当对传统典当仅仅是部分继承。突出表现为如下方面。

1. 有条件地保留绝当

绝当又称“绝卖”，绝当是典当合同中特有的法律制度，是典当期限届满，当户不赎当或续当的，视为其放弃当物所有权，同时当铺取得了当物的所有权，可以自由处分，损溢自负。绝当或绝卖是我国古代典当最重要的特点，是传统典当的根本属性。《典当管理办法》保留了绝当的规定，将适用范围限定于绝当物估价金额不足3万。③ 当然，也仅限于动产。

2. 保留典当合同实践性特征

当票是确立典当双方货币使用权交易的载体，当票在传统典当制度中即作为借贷契约，同时也是出当与支付当金的凭证。这种功能的重叠确立了典当合同为实践性合同的特质。现代典当制度中，当票是典当行与当户之间的借贷契约，是典当行向当户支付当金的付款凭证。而对于当票以外的事项，也允许双方以补充协议确定。④

（二）传统典当的异化

我国当前大量采用的“典当”无论在形式外观上还是实质法律关系上，都与我国传统意义的“典”与“当”发生了重大变化。

---

① 曲彦斌：《中国典当学》，河北人民出版社2002年版，第42页。

② 刘心稳：《中国民法研究述评》，中国政法大学出版社1996年版，第405—406页。

③ 《典当管理办法》第40条规定：“典当期限或者续当期限届满后，当户应当在5日内赎当或者续当。逾期不赎当也不续当的，为绝当。”第43条第2项规定：“绝当物估价金额不足3万元的，典当行可以自行变卖或者折价处理，损溢自负。”

④ 《典当管理办法》第30条规定：“当票是典当行与当户之间的借贷契约，是典当行向当户支付当金的付款凭证。典当行和当户就当票以外事项进行约定的，应当补充订立书面合同，但约定的内容不得违反有关法律、法规和本办法的规定。”

1. 不动产典当已经完全背离传统

“典”即典权是中国历史上为不动产利用所特有的民事法律行为。典权是指典权人支付典价而占有他人不动产，并进行使用和收益的权利。① 用益物权是典权的一个重要特征，通常也有一定的融资功能。根据《典当管理办法》对于典当的定义，虽然也将不动产纳入典当物之范畴，但功能已经发生了质的变化，即从传统的用益物权与物权担保并存转向了单纯的融资与物权担保，实践中所办理的是不动产抵押登记，司法实践也大多按照不动产抵押的规则来处理。

2. 标的物范围的扩展

在传统典当中，实体动产是典当的主要标的物，随着社会经济的发展、生活的进步，财产的种类不断增加，典当是以获取交换价值为目的的，这就意味着任何财产，只要具有交换价值，都可以获取交换价值为目的，成为典当的标的物。在现代典当中，标的物从传统的实物动产扩展到财产权利与不动产。

3. “绝当性”的淡化

《典当管理办法》规定了将绝当物估价金额 3 万元以上适用担保法，这是对传统典当制度的根本性变造，而与担保物权制度中的禁止流质条款的对接。

《典当管理办法》仅系由商务部制定，经公安部同意的部门规章，无论从立法层面，还是立法严谨程度，其对于民事制度作出规制合理性均值得质疑。事实上，正是它对传统典当制度作出的继承与异化，导致了我国典当制度成为一个四不像的怪胎。司法实践中，法官在处理典当合同纠纷案件时，总是在《典当管理办法》与物权法及担保法之间左右为难。司法实践需要在立法上解决这种困惑。

二、我国现代典当的性质考量：归入抑或独立

正如前文所言，我国现代典当系对传统典当制度的异化，其性质与传统典当制度产生差异，似乎更加类似于物权法中的担保物权，但与之相比却又具有一定的区别。在未来的民法典中是将其独立规制抑或归入担保物权中的不动产抵押或动产质押，这不仅是立法选择的问题，而将直接决定整个典当行业的发展未来。因此，对我国现代典当的性质作出客观而科学的考量极为重要。

（一）典当独立的担保物权属性

理论界对典当属于债权还是物权的范畴一直颇有争议。一种观点认为，典

① 王利明：《物权法论》，中国政法大学出版社 1998 年版，第 659 页。

当是出典人向承典人借款，到期归还款项并且支付利息的一种法律关系，而同时发生的担保关系是为了保证出典人按时归还借款和支付利息，否则典当行可以按规定处理典当物，因此典当关系是一种债权关系。① 另一种观点认为，出典人向典当行借款，典当行直接占有当物或者对于不动产享有抵押权人的地位，当出典人未按期偿还当金和利息时，典当行得直接按规定拍卖或变卖当物从中优先受偿而无需经出典人或者第三人同意，典当法律关系具有对抗第三人的效力，当当金偿还不能时，典当行对当物有优先受偿的权利，因此典当是一种物权的关系。也有人认为，典当是由两种法律关系组成的，一方面表现为典当行与出典人之间的债权债务关系，另一方面表现为出质人和质权人的关系或者抵押人和抵押权人的关系，具备这种二重性的典当法律关系不能武断地认定为债权性质的法律关系，此处的质押和抵押并非附属于债权债务关系，而是与其同时发生的，也不能认定为物权性质的法律关系，而是一种边缘性的、独立的、新型的法律关系。②

笔者同意第三种观点，认为典当具有独立的担保物权属性，理由如下：

1. 典当行对当物享有支配权

从民法对债权与物权所定义的区别来看，债权是一种相对权、请求权，具有平等性、期限性、兼容性；物权是一种绝对权、支配权，具有优先性、永久性、对抗性的特点。③ 在典当法律关系中，出典人向典当行借款后，将动产或者财产权利质押给典当行，抑或是将不动产抵押给典当行，届期出典人未偿还当金和利息而致使典当成为绝当的，典当行可以行使其请求权，要求出典人偿还相应的债务，典当行此时行使债权人的权利需要出典人的配合，一旦出典人不能或者拒绝履行借款人的还款义务，典当行不能以此债权债务纠纷向法院提起诉讼，而只能从出典人提供的财产担保中的到补偿，当然典当行也可以不行使请求权而直接按照规定取得当物所有权或者将当物进行拍卖、变卖从中受偿，典当既可以对抗第三人，同时具有物权的优先性特点，典当行此时行使的是一种对当物的支配权。所以在外观和理论上典当更符合物权的特征。

2. 较一般担保物权，其具有独立性

从立法上看，物权法的基本原则之一是物权法定，而我国现行的物权法并没有对典当的法律关系加以确认。

---

① 徐澜波：《议典当活动的法律规范》，载《政治与法律》1994 年第 4 期。

② 黄金波：《浅论典当有关法律问题》，载《法律适用》1998 年第 10 期。

③ 王利明：《物权法研究》，中国人民大学出版社 2004 年版，第 255—268 页。

首先典当的传统型标志就是适用流质条款，而担保物权中不管是质押还是抵押均不能适用流质条款，其次担保物权具有附属性，其成立、变更、消灭等均从属于主债权，主债务在先，担保在后，但是典当法律关系中，典当行必须首先决定是否收取出当人交付的标的物，然后才能决定是否向出当人发放当金，故典当法律关系是先有当后有借。所以典当虽然是一种物权，但是应该归为较特殊的物权。

3. 物权法定原则不能否定其物权属性

因民法制定时，由于物权法之传统性和民族性或无法将习惯上的物权，统纳入，例如当铺质。[①] 而典当作为我国民间融资的一种方式由来已久，其所具备的特点、涉及的权利内容使其成为这样一种习惯上的物权，不能单纯地以物权法没有确认而否认其物权性质。如果将《典当管理办法》理解为《物权法》第5条所指之法律，那么典当权也有法律依据。当然，在我国未来民法典中给其名分将其直接纳入担保物权体系，而与诸如抵押、质押等传统担保物权并列其中，则更为合理。

（二）典当独立的担保物权属性对审判实务的影响

理论上的争议、高层次立法的缺失，导致各地法院虽对典当担保物权属性无争议，但对其与其他担保物权的区别缺乏认识，判决内容差异明显，具体表现为两种模式。

1. 与不动产抵押、动产抵押的处理模式相同

笔者搜集了2005年《典当管理办法》出台后，来自全国各地共计240份中级人民法院的判决书和13份高级法院的判决书，其中大概110份左右涉及房屋等不动产抵押，排除典当合同无效，未办理抵押登记等因素，判决中对典当物作出处理的一共有74份，对于当物的处理一项大概分为四类：（1）仅判决某某典当行对当物有优先受偿权（36份）。（2）判决在出当人不能清偿当金，综合费，利息等款项时，典当行对当物可行使优先受偿权（30份）。上述判决主文显示，大多数法院将典当权的实现方式等同于不动产抵押或者动产抵押。如果出当人不能按期归还借款，出当人尚有其他具有较高价值的不动产，而当物被出当人的其他债权人向法院申请首轮查封，那么鉴于当物因被其他债权人首轮查封而导致增加了处置的难度，典当行就有权选择不处置当物而要求法院执行出当人的其他财产。这无疑与不动产抵押或者动产抵押权的行使方式

---

① 谢在全：《民法物权论》，中国政法大学出版社1999年版，第45—46页。

完全相同。

2. 对典当行实现债权的方式予以限制

部分法院判决在出当人不能偿还上述款项且当物也不足以偿还时，出当人继续清偿（6 份）。也有法院直接判令先执行典当物，不足部分再由出当人继续清偿（2 份）。上述判决主文与前文的表述差异，在实际操作层面效果明显，与其他担保物权的实现方式颇为不同。在此模式下，如果出当人不能按期归还借款，即便出当人尚有其他具有较高价值的财产，典当行只能先对对当物行使处置，对当物价值不足清偿部分，方可有权要求出当人以其他财产清偿。即便当物被出当人的其他债权人向法院申请首轮查封，当物处置存有难度，典当行业也无权选择不处置当物而要求法院执行出当人的其他财产。

比较上述两种处理模式，笔者认为第二种模式更符合典当的本质。“先当后款”意味着典当合同中的典当关系独立于借款合同，并非借款合同的从合同。而抵押、质押合同则是附属于所担保的主合同，主合同的效力状态将直接影响抵押、质押合同的效力。根据双方真实意思，出当人出当时当物与当金有着明显的对应关系。因此，法律对典当行实现债权方式应限定于当物优先原则。

三、我国典当业立法中主要存在的问题及对策

（一）主要存在的问题

1. 现行典当法律规范位阶过低

目前规范典当业的法律法规主要是《典当管理办法》，就其法律等级和效力而言，属于行政规章，层次和效力低于法律、法规。由于其法律位阶较低、权威性不够，承担不起保护和促进典当业发展的重任，这在立法管理上至少产生了两个不利于典当业发展的后果：第一，它不能阻止国务院其他部门及地方立法机关制订相关规章，造成部门多头管理的混乱；第二，当国务院其他部门及地方立法机关制订的相关规章与《典当管理办法》不一致时，是根据规范制定机关的层次还是根据规范颁布的时间先后确定其效力，我国法律无明确规定，因此造成企业依法经营时无所适从。由于尚无国家统一权威立法，尽管《典当管理办法》全面规定了典当行的性质、主管部门、设立及变更和终止程序、经营范围、经营方式以及罚则等，但在具体执行时，特别是进入法庭诉讼时，其依据就各取所需。因为各有关管理部门的行业规定及省市地方立法规定的原则不同，从而导致典当行业经营和发展中纠纷增多，一些典当行为的有效性只能通过最高人民法院或者主管机关的“复函”予以肯定。如 1993 年《最

高人民法院关于戴文林、戴文治诉高学孔房屋典当纠纷如何处理的复函》中关于“绝卖”的回复和1996年《中国人民银行关于对典当行从事房屋抵押贷款业务有关问题的复函》中关于“不禁止房屋抵押贷款业务”的回复等。[①] 这种头痛医头，脚痛医脚的管理方式降低了企业管理效率，严重影响企业的长久经营。

2. 主要法律规范之间存在冲突

调整我国现今典当业的法律规范主要包括担保法中有关质押的规定，商务部和公安部联合颁布的《典当管理办法》，公司法中关于公司设立和营运的规定，国务院其他部门颁布的涉及典当业的规章、地方机关有关典当业的规定等。由于“政出多门”，这些规范或衔接不好或相互冲突，影响了典当业的健康经营。其中最为理论和实务界所诟病的是《典当管理办法》与担保法之间的冲突。在典当行业实践操作中存在的质押权是一种特殊的营业质权，即指债务人以一定财物交付典当行作担保，借贷一定数额的金钱，在典当期限届满后不能清偿债务即不能赎回担保物时，担保物归债权人所有，质押物财产所有权发生转移。营业质权最突出的特点是其承认约定流质。而《担保法》第66条规定，出质人和质权人在合同中不得约定在债务履行期届满质权人未受清偿时，质物的所有权转移为质权人所有。可见，典当行在实际操作中的行为与担保法的规定是相悖的。其次，《典当管理办法》第43条第2项规定，绝当物估价金额不足3万元，典当行可以自行变卖或者折价处理，损溢自负。此条对典当业务中质押典当的部分是没有异议的，但对抵押典当的部分就同担保法相冲突。如估价在3万元以内的房地产典当业务。《担保法》第53条规定，债务履行期届满抵押权人未受清偿的，可以与抵押权人协议以抵押物折价或者以拍卖、变卖该抵押物所得的价款受偿；协议不成的，抵押权人可以向人民法院提起诉讼。可见，无论抵押物估价金额为多少，担保法并没有赋予抵押权人在未受清偿时有自行处理抵押物的权利。在此情形下典当公司到底应该适用担保法还是适用《典当管理办法》呢？从法律效力层次看，前者的效力无疑高于后者，但从一般法与特别法的关系看，后者又应优先于前者，典当业者因此陷入无所适从的境地。

（二）立法对策

典当业立法主要存在问题产生的根本原因在于《典当管理办法》的效力

① 薛晓红：《中国典当行融资现状及面临的法律问题》，载《河北法学》2000年第2期。

层面以及与物权法、担保法之间的衔接问题。如果要从根本上解决该问题，那么我国就应当提高其立法层面。在未来民法典中，将典当权并入担保物权的体系独立规制，保持其独立性，这样既突出了立法上的权威性，同时也会消除《典当管理办法》与物权法、担保法之间的衔接障碍，实现民法典的回归。

四、典当纠纷案件审理中的法律适用问题

《典当管理办法》有条件地保留绝当，典当合同实践性特征等传统典当制度的特点，但又将不动产抵押纳入出当的方式。这种四不像的立法选择，导致审判实务中，在许多法律适用问题上存在争议。

（一）典当关系成立的条件

《典当管理办法》保留了当票这种传统的书面形式。但是，在实践中双方只是签订典当合同，没有填制当票时，典当关系是否成立，存有争议。但大多数法院的判决弱化了当票效力，认为只要双方办理当物交付或者办理了抵押登记手续，即使没有填制当票，而仅签订典当合同，也认定典当合同关系成立。[①] 该处理模式是为体现“先当后款”的特征。笔者同意这种认定标准，出当是先行性行为，也是典当区别于其他担保物权，而具备独立性的重要标志。

（二）综合费的合理性

综合费系典当行的主要利润来源。综合费是指典当行为当户保管当物所支出的合理成本，比如为此增加的当物保管场所、人力、物力等。《典当管理办法》第38条将综合费定义为“包括各种服务及管理费”。因此，典当行收取一定数额的综合费为国家行政机关所认可，具有合法性基础。但是，事实上无论是否需要保管费用的支出，特别是不动产抵押方式出当时，典当行仍然要收取高额的综合费，在当期届满时，典当行不及时行使权利，仍然收取期外综合费，这无疑成为诉讼中双方争议的焦点，综合费的合理性问题成为审判实务中的热点问题。

1. 绝当的效力与期外综合费的冲突

绝当的效力意味着当户与典当行之间的借款合同终止，而且典当行可以任何形式，有权于当期届满后处分当物。因此，典当行也自当期届满之日起对当

---

① 上海市高级人民法院课题组：《典当纠纷案件审理中的法律适用问题研究》，载《法律适用》2013年第6期。

物不再负有保管责任。在此情形下，当户是否仍须向典当行支付综合费，实践中也有争议。根据《典当管理办法》的规定，典当行在绝当后有权处置当物以收回其贷款及相关费用。但实践中典当行大多数都不这样做，而是有意地造成借款人长期不归还借款的事实，并据此起诉要求借款人按照典当合同承担高额的利息、罚息及综合费用。有的借款人因长期不归还借款，典当行最后计收的利息、罚息以及综合费用竟然超出当金几倍。① 笔者认为，法律规定典当行可以收取综合费的初衷在于典当行为当户保管当物须支出的合理成本，而绝当的效力意味着当户与典当行之间的借款合同终止，当户自无须向典当行支付综合费。

2. 不动产出当收取综合费的合理性

《典当管理办法》将房地产直接被纳入了典当法律关系的客体范围，但规定出当方式为办理房地产抵押。因此，事实上在不动产产权登记机关所办理也是抵押登记。但是，《典当管理办法》规定了房地产抵押典当可以收取月综合费率，将其限制于不得超过当金的27‰。即便如此，这样的计算标准已经超过了民间借贷所允许的最高利率标准。因此，房地产抵押典当已经成为典当行主要开展的业务。尽管《典当管理办法》为该收费提供了法律依据，但是为追求未来立法的科学性、合理性，我们有必要对其合理性予以反思。根据前文所述，典当综合费包括各种服务及管理费，而房地产抵押典当并不要求交付房屋，其操作模式与商业贷款中的不动产抵押完全相同，收取该笔费用没有事实基础。

（三）绝当后违约金的争议

司法实践中，绝当后违约金是否收取以及收取的标准也颇有争议。典当行通常以《典当管理办法》第40条的规定作为其约定违约金的依据。而这是对《典当管理办法》第40条的误读。该条规定："出当人于典当期限或者续当期限届满至绝当前赎当的，除须偿还当金本息、典当综合费用外，还应当根据中国人民银行规定的银行等金融机构逾期贷款罚息水平、典当行制定的费用标准和逾期天数，补交当金利息和有关费用。"此条还承认了中国人民银行规定的银行等金融机构逾期贷款罚息和典当行制定的费用标准两个违约金标准。但是，需要注意的是，该条的适用期限为典当期限或者续当期限届满至绝当前，即只有出当人在典当期限或者续当期限届满至绝当前的期限内赎当的，才能适

① 茹作勋、肖新明：《典当案件纠纷审理中存在的问题与对策》，载《法律适用》2011年第10期。

用本款规定。对于出当人在典当期限或者续当期限届满至绝当前的期限内不赎当的,《典当管理办法》实际上并未对此做出明确之规定。仅从该条规定本身并不能推导出“ 绝当后出当人应按照未偿还的当金本金的一定比例支付违约金”的结论。

（四） 未提供当物，但已支付当金的典当合同的效力

典当，通俗地说就是“以物换钱 ”，即典当双方从事的以借贷为形式、以质押为条件的融资活动①。典当关系的成立，须以提供当物为前提条件。如果没有当物额存在，即便提供双方签订了典当合同，甚至典当行已经支付当今，那么也只能认定双方为一般的借款合同。有学者认为，典当行与小额贷款公司、融资性担保公司等一样，均表现为无金融机构之名而有金融机构之实。②作为从事金融活动的专门性机构必须在许可范围内从事经营活动，而典当行并没有取得该金融业务许可，因此该借款合同应认定为民间借贷，应适用最高人民法院《关于审理民间借贷案件适用法律若干问题的规定》，而非《典当管理办法》。若当户为自然人，根据该司法解释，属于民间借贷，典当行最高可按24%的年率收取利息。但如果当户为企业，而典当行作为准金融机构，其对外借款行为不属于该司法解释第 11 条所指的法人之间、其他组织之间以及它们相互之间为生产、经营需要订立的民间借贷合同之情形，因此该合同无效。这对于典当行而言，其合同中所约定的高额综合费等均不能获得法院的支持。这充分体现的传统典当的特征。

① 黄南、阮宇哲：《谈我国典当立法存在的问题及其完善》，载《行政与法》2011 年第 3 期。

② 郭娅丽：《论典当的性质、地位及其规范结构设计》，载《法学评论》2013 年第 5 期。

打印遗嘱的法律问题探析

庞伟华*

一、因一份“打印遗嘱”引发的争议

笔者所在民行检察部门曾办理一起继承纠纷申诉案件，该案争议核心在于一份“打印遗嘱”的性质和效力问题，该争议历经一审、二审、检察机关抗诉和法院再审。在原诉讼中，继承人之一出示了一份打印遗嘱，其上有被继承人的亲笔签名。同时该继承人陈述此份遗嘱系其以轮椅推被继承人（90岁高龄）到某打印部找打印员打印，后请两名律师对被继承人签字予以见证。在诉讼中，另一继承人对此提出异议，并出示时间在上述打印遗嘱之前形成的由被继承人亲笔书写的内容与之相反（写明房产由该争议之继承人继承）的自书遗嘱。按照《继承法》第17条的规定，遗嘱的法定形式只包括自书、代书、公证、录音、口头五种形式。“打印遗嘱”应该如何归类，以及是否有效就成为本案审理的核心点。一审中，裁判观点认为本案“打印遗嘱”并不是遗嘱人亲笔书写的，不符合自书遗嘱的法律规定；同时，该遗嘱既没有打印人员作为代书人以及见证人的签名，也没有另一个见证人作为见证遗嘱打印形成的签名，因此，也不符合代书遗嘱的法律规定。即使有两名律师见证，亦只能证明被继承人在该打印遗嘱上签字是真实的，由于形成过程的证明缺乏，无法判定该“打印遗嘱”是被继承人的真实意思表示。据此，一审认定本案的打印遗嘱无效。二审中，裁判观点认为该打印遗嘱虽不是被继承人亲笔手写，但考虑到立此遗嘱时其已90岁高龄，要全文亲笔手写遗嘱存在一定难度。而且，打印遗嘱后由立遗嘱人在打印件上签名也是现今社会比较常用的一种自书方式，加之，有两名律师签字予以了见证，能够证明其真实意思表示，因此，本案之打印遗嘱应视作自书遗嘱。于是，二审改判认定该打印遗嘱有效。本案其他继承人不服继续申诉。检察机关抗诉后，法院再审撤销了二审判决，维持了

* 重庆市人民检察院第五分院民事行政检察处副处长，四级高级检察官。

一审观点，认定该“打印遗嘱”无效。

随着电脑网络的普及化中，“打印遗嘱”成为立遗嘱人的常用选择方式，但由于缺乏统一的认定标准，一份“打印遗嘱”使此继承纠纷几经辗转判决。而目前对“打印遗嘱”的认识主要有以下五种观点。

观点一，认为是自书遗嘱。该观点主要与本案的二审裁判观点相似，认为不论是打印还是手写，都是一种书写的方式①。比如依据最高人民法院《关于贯彻执行〈中华人民共和国继承法〉若干问题的意见》（以下简称《继承法意见》）第40条之规定，有财产分配的遗书内容可以视为自书遗嘱。而遗书从法律规定上看是没有要求遗嘱人“亲笔书写”，而遗嘱人亲自打印的遗书（有本人签名）涉及财产分配的按此条也应视为自书遗嘱（有的观点认为此打印遗嘱部分应视为遗书）。因此，无论是亲笔书写还是打印书写，只要有本人的亲笔签名，就符合自书遗嘱的要件。

观点二，认为是代书遗嘱。对于代书遗嘱，其被伪造的难度低，虚假的可能性大，因此，法律规定必须有两名见证人（一名为代书人）见证并签字确认该代书过程，此要求明显高过自书遗嘱。而只有遗嘱人签名的打印遗嘱与代书遗嘱在此点上有相似性。为有效保护遗嘱人的真实意思表示，打印遗嘱的性质和效力应该以代书遗嘱的法律构成要件来予以认定。②

观点三，从遗嘱的形成过程，打印遗嘱应可认定为自书遗嘱或代书遗嘱。③如果是遗嘱人亲自操作打印的，应按照“自书遗嘱”法律构成要件予以认定；如果遗嘱由他人代为打印由遗嘱人在打印件上签名的，则应按照代书遗嘱的法律构成要件予以认定。

观点四，打印遗嘱超过了继承法规定的五种遗嘱形式，按照遗嘱要式性应为无效。④

观点五，因继承法对五种遗嘱形式的规定并不是禁止性规定，根据民法之“不禁止则许可”的原则认定其效力，打印遗嘱没有违背法律禁止性规定，应当认可其效力。⑤

综合上述观点，关于打印遗嘱其实质主要有两个方面的争议：一是打印遗

① 梁分、刘文革：《打印遗嘱效力探究》，载《人民司法》2010年第11期。

② 《冀学红等与谭亚明继承纠纷上诉案》，载北大法宝网，http：//www.pkulaw.cn/fulltext_form.aspx。

③ 郭敬波：《打印的遗嘱引发法律争议》，载《工人日报》2011年6月13日。

④ 郭明瑞、房绍坤、关涛：《继承法研究》，中国人民大学出版社2003年版。

⑤ 吴庆宝：《民事裁判标准规范》，人民法院出版社2008年版。

嘱是否打破了遗嘱的法定形式，属于法定之外的新遗嘱；二是打印遗嘱如果没有突破遗嘱法定形式，应该定性为何种遗嘱及其效力如何确定。

二、打印遗嘱的法律性质归属认定

（一）从遗嘱要式主义的立法目的角度探析

按照《继承法》第17条之规定，我国遗嘱采用的是要式主义，即遗嘱应当在规定的五种类且在符合相应的条件下生效。就打印遗嘱而言，在1985年继承法制定实施时，不仅普通老百姓不会采用此方式，立法者也未过多考虑到此点。从该法规定的自书遗嘱来看，其要求遗嘱人“亲笔书写”，按照法条的字面意思理解即可看出立法者未考虑到打印遗嘱的情况。如果严格按照法条文义理解，打印遗嘱很难归类到五种遗嘱之中。但，笔者认为继承法规定法定的遗嘱形式主要目的是为保护立遗嘱之人的真实意思。因立遗嘱之人与遗嘱内容相关人多有血缘亲属关系或是其他亲密关系，所立遗嘱容易被伪造或篡改。用严格的形式将遗嘱内容框定起，可以固定并保护好权利人的真实意思。但追求形式的目的是为内容所服务的。继承法中遗嘱的五种法定形式要求也是为保护遗嘱的真实意思而服务的。在形式并不完全符合标准，但有证据补强形式的欠缺，证明立遗嘱人的真实意思，笔者认为此时应以遗嘱人的真实意思为裁判的核心，而不是过分苛求于形式，因过于追求严格的形式反过来实质是违背设置形式要求的立法目的。而且根据《继承法意见》第35条的规定，对于形式瑕疵的遗嘱，有证据证明确为遗嘱人真实意思表示时，仍然是可以承认其效力。[①] 该条规定虽出台于继承法之前，但也为目前打印遗嘱的出现提供了立法依据和借鉴，亦为当前打印遗嘱形式瑕疵补正提供了立法上的可行性。

1985年继承法出台距今已有30多年，社会经济生活迅猛发展，电脑办公化或用电脑处理相关事宜已成为一种常态，而“打印”电子文档也成为人们处理工作学习生活的一种常用方式。从现代技术选择及方便性上，打印遗嘱都已应运而生，且成为一种趋势。当然，打印遗嘱由于大量行文均采用电脑制作，打印件被鉴定真伪的难度系数也就相应增加，但这可以通过举证及证明标准确定予以解决。在现今的司法实践中，大量的判决也并不是一票否决打印遗嘱，而是在有证据证明的基础上予以进一步认定其效力。

因此，从遗嘱要式的立法目的这一角度出发，笔者认为打印遗嘱虽是有一

---

① 魏小军：《试论我国法律中的遗嘱形式规则》，载《昆明理工大学学报》2007年第7期。

定的形式瑕疵，但为体现遗嘱人的真实意思，其应属于形式上有瑕疵但可进一步证据补强的遗嘱，即效力待定之遗嘱。

（二）从打印遗嘱的形成过程角度探析

笔者在前文中已述，打印遗嘱首先是属于形式上有瑕疵但可证据补强的遗嘱。但打印遗嘱的性质还需进一步探析，从而使举证的责任及证明标准有更明确的判断方向。打印遗嘱虽是形式有瑕疵的遗嘱，但笔者认为这并没有突破继承法的五种形式，并不属于新的遗嘱。因为继承法中的五种遗嘱形式的划分标准，主要是通过遗嘱人立遗嘱的途径来予以认定，并作为区分标准的。而打印遗嘱的形成其实质在于两个途径——要么是遗嘱人自己亲自打印，要么因各种原因由他人打印完成。按照这个划分标准，打印遗嘱的性质是可以分别归属到自书遗嘱或是代书遗嘱中去的。但这里需要解决一个问题，就是自书遗嘱的法条规定的字面文义是“亲笔书写”，这一“笔”字确系难以囊括“打印”。因此，从法条文义解释的角度，即使是自己亲自打印完成遗嘱也是无法认定为自书遗嘱的。比如本文开篇所举案例，其一审就认为非亲笔就非自书。但笔者也分析了立法者在制定之时，打印遗嘱几乎不存在，因此在限定自书遗嘱时并未考虑到此种情况。同时，自书遗嘱的认定核心在于遗嘱人“亲自”完成遗嘱，不假手于他人。从立法的遗漏以及“自书遗嘱”构成核心要件之“亲自性”，由遗嘱人亲自打印的遗嘱应属于“自书遗嘱”。当然“亲笔”书写是有利于鉴定是否为遗嘱人亲自完成。但遗嘱人亲自打印的遗嘱完成也不是没有办法证明其亲自性，这只是一个举证责任及证明标准的问题（笔者将在效力认定上予以进一步说明）。好的法律应该是具有开放性，能够适应社会的发展，僵化式的体例、机械的解释以及靠不断的修法来适应只会造成人们对法律的难以适从。因此，笔者认为，如果要兼具考量法律的开放性和稳定性，在原有个别法律条文文义有不适应社会生活新情况时，不应该过多地去思考修改立法，可以从立法本意对条文予以扩大解释的角度去解决问题。从打印遗嘱的形成途径看，其并不构成一种新的遗嘱形式，并不需要立法重新确定一个新的类别遗嘱。而打印遗嘱属于现有的五种法定遗嘱形式的哪一类呢？笔者是认同上述观点三，即打印遗嘱在有证据证明符合相关法律构成要件之下，应属于自书遗嘱或是代书遗嘱。

三、打印遗嘱的效力判断——举证及证明标准的具体化过程

对于亲笔签有遗嘱人的名字及签有年、月、日的打印遗嘱，如果没有其他证据进一步证明是自书遗嘱或是代书遗嘱，笔者认为不应直接认定其效力。因

这种情况的遗嘱被伪造的机会太大，比如本文所涉案例，遗嘱人年龄已90岁，与其一起生活的近亲要拿到遗嘱人的亲笔签名是较容易的事，如果仅以亲笔签名认定有效（如本案二审裁判观点）就无法用法律的要式保护遗嘱人的真实意思。前文已述，笔者认为对于有亲笔签名的打印遗嘱首先应确定为是有形式瑕疵的遗嘱，其次在证据上必须进一步补强证明是自书遗嘱或是代书遗嘱，才能相应地认定其效力。因此，打印遗嘱的效力判断应是自书遗嘱或代书遗嘱的证明标准的一个具体化过程。

（一）打印遗嘱被认定为具有自书遗嘱效力的证明标准

对于“自书遗嘱”，继承法规定为“亲笔书写”，但正如笔者在前文中所述，“亲笔书写”其本意也是在于体现遗嘱人的亲自完成性，对此法条应作扩大解释，即包括用传统的笔书写亲自完成，也应包括亲自用电脑打印完成。而用笔书写完成的遗嘱其本身就可以通过笔迹鉴定是否为亲自完成，因此继承法规定亲笔书写（有签名并注明年、月、日）的遗嘱应直接认定为自书遗嘱。但“亲自”完成的打印遗嘱（即使有签名并注明年、月、日）则还需要通过另外的证据予以证明“亲自”完成的过程。该证明主要有以下三类：一是书面笔迹证明。仅有签名的打印遗嘱，虽签名可以鉴定是否为本人所写，但难以证明打印内容为本人知晓或亲自完成。比如，趁遗嘱人不注意或神志不清时与遗嘱人关系密切的人骗取到其签名是较为容易之事。但如果在打印遗嘱中出现遗嘱人亲笔书写“打印件上所有内容均由遗嘱人亲自打印完成”，或是“打印的所有内容确是我的真实意思”等类似意思的字眼（如果是多页打印遗嘱，仅在最后一页亲笔注明上述话语，不应作整份打印遗嘱有效的依据）或是在打印遗嘱之外出示与打印遗嘱内容相同的手抄本，并在打印的遗嘱上签名，由于遗嘱人亲笔书写的字段较长，可通过笔迹鉴定等技术手段来证明其真实性，其被伪造或骗取签名的可能性则大幅降低。据此，上述书面方式可以认定为有证据证明该打印遗嘱是遗嘱人亲自打印操作完成，符合自书遗嘱的核心要件，即“亲自性”，应具有自书遗嘱的效力。二是视频证明。比如，遗嘱人在亲自打印过程中通过视频录像的方式证明其亲自完成遗嘱。但该录像证明的程度必须精确到遗嘱人打印的具体内容，否则仅是录像遗嘱人在操作电脑，该视频仍是无法达到证明遗嘱人亲自完成打印遗嘱的效力。三是人证。遗嘱人是亲自打印遗嘱人，邀请与遗嘱所涉内容无关之人见证其亲自完成的过程，并在打印遗嘱上签字。笔者认为人证也是可以作为遗嘱人亲自完成打印，证明自书遗嘱的效力。需要注意的是，自书的打印遗嘱因容易被伪造，在此点上其与代书遗嘱有相似性。而按照《继承法》的规定，代书遗嘱的见证人证明需要两人以上。据此，笔者认为如果是人证证明自书遗嘱也需要不相关的两人以上证明。

（二）打印遗嘱认定为代书遗嘱的证明标准

按照打印遗嘱的途径，在无证据证明该打印遗嘱系遗嘱人亲自打印，或者出示遗嘱之人主张为打印遗嘱之时，打印遗嘱应当按照代书遗嘱的证明标准进行判断并认定相应效力。具体来说该证明要符合以下法定形式要件：其一，为强调对打印遗嘱代书的形成过程的在场见证，在打印遗嘱的现场应有两个或以上的无利害关系之人作证。同时，此二证人中，一人应为代书人，一人应为见证人。其二，遗嘱人、代书人以及见证人都应在打印稿（多页文稿应在每页底部）上签名确认，同时应注明年、月、日。如果证据证明符合上述要件的打印遗嘱则为有效的代书遗嘱，否则该打印遗嘱应当为无效的代书遗嘱。

具体到本文涉及的继承纠纷案件，双方当事人争议的被继承人的遗嘱系打印遗嘱。该遗嘱打印时并不是被继承人亲自操作电脑以及通过相应的打印系统将其主观意思转化为文字记载保存即固化于书面文件上。出示该打印遗嘱的争议继承人陈述，该打印遗嘱系由被继承人口述由打印店人员实施打印形成。从遗嘱的形成途径看，该打印遗嘱显然不属于自书遗嘱。该打印遗嘱应按照代书遗嘱的相关规定予以确认。根据《继承法》第 17 条第 3 款的规定，代书遗嘱应当有两个以上见证人在场见证，由其中一人代书，注明年、月、日，并由代书人、其他见证人在场见证。该份遗嘱系由打印店的打印员打印完成，其应视之为代书人（同时也为见证人），但该代书人未在其上签名。而之后在该遗嘱上签字的二律师并未亲临该遗嘱的形成现场，不能作为打印遗嘱形成过程的见证人。二律师作为证人只能证明被继承人事后在该打印遗嘱上的签名真实。而当时被继承人已年逾 90 岁高龄，其神智是否清楚、打印的遗书内容是否系其真实意思表示难以得到证明。该打印遗嘱既没有代书人员的签字确认，也没有其他见证人见证遗嘱的打印形成过程，因此，不具备代书遗嘱的法定构成要件，应当无效。

通过本文的探析，对于打印遗嘱，笔者认为其并没有突破遗嘱法定种类（自书遗嘱或打印遗嘱），只是在遗嘱形式上有瑕疵。但为最大限度地体现和保护遗嘱人的真实意思表示，有必要对形式存有瑕疵的打印遗嘱性质和效力待存以证。通过打印遗嘱为自书遗嘱或代书遗嘱之证明标准的具体化，统一司法标准、维护司法权威，并促进遗嘱人严格按照遗嘱形式订立遗嘱，既保护遗嘱人真实意思同时也保护继承人的平等权利。

职务犯罪研究

建设职务犯罪侦查情报信息系统的几点思考

宋云峰*

迅猛发展的科学技术将人类社会带入了信息化时代。然而，科技也是一把"双刃剑"，在服务人民群众生产生活的同时，也为不法分子犯罪尤其是职务犯罪提供了便利条件。据统计，2014 年 1 月至 9 月全国检察机关共立案查办职务犯罪（贪污贿赂、渎职侵权）案件 35621 件 47742 人①，经进一步分析发现，相当数量的职务犯罪嫌疑人依托现代科学技术特别是网络信息技术，在实施职务犯罪时表现出智能化、科技化、信息化、隐蔽化的趋势，再加上网络信息交流范围、内容的猛然扩大，犯罪嫌疑人对抗侦查、逃避刑罚的思维意识、能力手段均大幅度提高，使得检察机关打击职务犯罪任务越来越重、难度越来越大。面对这些新形势新任务新变化，检察机关既要加强侦查队伍建设，提升能力素质；还要加强情报信息系统这一基础性工程建设，依托信息化引导侦查，提高发现、查证、指控犯罪的能力水平，确保及时、准确、规范、有效地打击职务犯罪。

一、职务犯罪侦查情报信息相关概念

（一）情报信息的概念

根据《辞海》相关解释，情报通常适用于军事领域，是指为保障军事斗争需要而收集的关于某种情况的消息与研判报告；信息则泛指那些储存着某种特定内容的信号、标志、图像、表格、数据、记录消息和情况。情报也是一种信息，情报信息分类方法很多，根据其作用不同可分为直接情报信息和间接情报信息；根据其涉密程度不同可分为公开情报信息和秘密情报信息；根据其法律属性不同可分为非法情报信息和合法情报信息；根据其来源渠道与手段不同可分为人力情报信息和科技情报信息等。

---

* 重庆市人民检察院第一分院检察委员会专职委员，二级高级检察官。

① 参见《检察日报》2014 年 11 月 1 日第 1 版。

（二）职务犯罪侦查情报信息的概念

职务犯罪侦查情报信息就是查处职务犯罪所需的相关消息和情况。具体是指职务犯罪侦查部门通过公开的或秘密的手段、方法收集到的或者经过加工处理的，能够为侦办、审讯、破获职务犯罪提供参考依据，甚至直接作为案件证据使用的信息、材料和情况，是一种“具有侦查价值的有用信息”。[①]

职务犯罪侦查情报信息分类较多，从状态及获取方式可以分为三类：一是党和国家政策、法律法规、社会管理等本身处于非保密状态的公共信息；二是涉案个人和单位有关情况的侦查基础信息；三是侦查人员、特情人员应用技术侦查手段，采取跟踪监视、卧底、贴靠等方式取得的侦查情报信息，还有利用侦查技术手段对职务犯罪活动相关声音、图形、数据等进行储存、截取、分析、处理而取得的电子信息。根据犯罪构成、侦办需要等特殊性，职务犯罪侦查情报信息从内容上大体也可分为三类：一是案件类情报信息，主要包括职务犯罪举报线索、重点人员情况、行业发案规律、典型案例等；二是基础类情报信息，主要包括辖区重点单位、行业的情报信息，如单位主体性质、组织机构、组织级别、职责权限、工作制度、财务状况、历年发案记录、主要负责人、部门负责人、重点岗位人员等；三是公共类情报信息，涉及社会管理的综合类情报信息，主要包含目前公安、银行、工商、税务、海关、房地产交易中心、电信运营商等部门掌控的信息和情况。

（三）职务犯罪侦查情报信息系统的概念

职务犯罪侦查情报信息系统是一项庞大工程，一般由情报信息、网络平台、专门机构、信息技术、信息人员和相关制度组成，主要功能及职责是对职务犯罪相关情报信息进行收集、甄别、整理、分析、研判和运用。在这一系统中，情报信息是核心，是整体系统发挥作用的基础，情报信息的多少和质量高低直接决定了系统功效发挥的大小；网络平台及相关技术是系统的载体和手段，情报信息在职侦情报信息系统中的运转离不开网络平台和信息技术；专门的组织机构、人员、制度是保障，确保系统可以正常有序、高效运转。

① 刘国清：《案件线索分析与初查》，中国检察出版社2006年版，第7页。

二、建立职务犯罪侦查情报信息系统的意义和作用

“职务犯罪侦查工作是从无到有的挑战过程，此过程是侦查人员对侦查方向、侦查途径、侦查范围等内容进行决策、选择的过程。”① 职务犯罪不同于普通的刑事犯罪，具有犯罪主体的特殊性、作案手段的隐蔽性、犯罪双方的互利性（无具体被害人）等特点，决定了职务犯罪不易被发现，即使有相关控告举报也因不够具体而难以成案，查办职务犯罪更加需要情报信息作为支撑。职侦情报信息系统的建设是顺应检察体制改革、应对反腐败新形势和社会信息化趋势的必然之举，是推动科技强侦战略、实现侦查模式转变、增强侦查能力的重要举措，必将大幅提高办案效率、节约办案成本、破解职务犯罪侦查困局、推动职务犯罪侦查办案工作深入发展。

（一）顺应检察改革和刑事诉讼法新要求的需要

党的十八届三中、四中全会对检察改革作出顶层设计，批准成立新的反贪总局，并明确提出“完善惩治贪污贿赂犯罪法律制度，健全职务犯罪线索管理，明确纪检监察和刑事司法办案标准和程序衔接，依法严格查办职务犯罪案件”。修改后的刑事诉讼法在明确“尊重和保障人权”，严格规范职务犯罪侦查行为的同时，又对职务犯罪技术侦查作出明确规定，将这一长期处于边缘地带和高度保密状态的侦查措施明文化、法治化。这些措施既体现对涉案人员的权利保障，又使相关证据“正大光明”地出现在审查起诉与法庭审判阶段。② 纪检监察部门办案模式也发生新的变化，只要涉及贪腐犯罪就及时移送司法部门，以前的联合办案、借用纪检手段办案的模式将不复存在。党的刑事司法政策、国家刑事法律法规和检察工作体制机制的变化，均对职侦工作提出新的更高要求，并必然导致职务犯罪侦查理念、模式、程序发生重大变革。要适应改革需要、发展形势和法律规定，就必须在当前检察机关侦查体制和资源配置条件下，建立职侦情报信息系统，使职侦部门能够依托优质高效的职侦情报信息，真正转变“一支笔两条腿”和“由供到证”的传统侦查模式，切实增强侦查工作的主动性、预警性和准确性，不断提升职务犯罪侦查的能力和效率。

（二）推进职务犯罪侦查模式转型的需要

一般而言，职侦部门对举报控告线索相关情报信息的掌握越具体，就越能

---

① 向芙蓉、温志林：《论职务犯罪侦查中的风险决策》，载《中国检察官》2008 年第 8 期。

② 刘燕、张晶：《论特殊侦查取得证据的使用》，载《山东警察学院学报》2011 年第 1 期。

够对该线索作出准确的判断，就越能够采取更具针对性的措施，查处职务犯罪的成功率就越高。目前，检察机关获取职务犯罪案件线索的主要渠道是自身在查办案件中发现、群众或相关人员举报控告、犯罪嫌疑人自首检举等。但长期以来，由于职务犯罪本身的特殊性和情报信息系统不完善，大多数的线索被分散、孤立调查，办案人员从线索调查、初查，再到立案侦查和结案，均需要亲力亲为、全程忙碌，即使领导高度重视、同事全力配合、人力物力充分保障，但缺乏全方位、系统性的情报信息系统支持，使职务犯罪案件线索成案率不高，查办效果也无法完全保证。积极建设职务犯罪侦查情报信息系统可以有效改变这种局面。一是为案件侦办提供线索。侦查人员依托翔实具体的情报信息开展科学分析，可以及时发现"异常"情况、主动发掘案件线索；同时可以对相关举报、控告的线索进行完善和补充，提高线索成案率。二是为侦查工作指明方向、选择途径、缩小范围，快速准确地收集和固定证据，提升侦查效率，避免"误入歧途"做一些无用功。三是作为证据使用指控职务犯罪。有的情报信息本身就是认定案件事实的直接证据，如收集截取的收受贿赂监控视频；有的情报信息是全案所有证据形成证据链的关键"节点"，如银行的转账记录、电话的通话记录等。

（三）掌握职务犯罪发案规律和准确打击预防的需要

"获取和运用信息，是职务犯罪侦查的源头性、根本性、基础性工作。"① 目前，检察机关还未能建立统一的职务犯罪侦查情报信息系统，缺乏收集和管理情报信息的专业部门和人员，对于职务犯罪的发案特点、原因、手法，以及对职务犯罪中暴露出的行业管理漏洞、制度缺陷等问题缺乏深入、持续的研究，不能完全掌握职务犯罪发案规律，使得检察机关打击和预防职务犯罪的努力不能取得完全的成效。建立职务犯罪侦查情报信息系统，就能依托已办案件相关资料和类似情况，尽可能全面、客观、准确地对本地区职务犯罪进行动态分析，对系列案件、典型个案进行具体分析，及时排查和梳理发案原因、作案手法，掌握职务犯罪发案规律和发展趋势。一方面有助于取得侦查先机，通过"信息导侦"，有效引导侦查工作，使职务犯罪侦查更具针对性、实效性；另一方面有助于开展专项预防，及时加强警示教育，帮助相关人员"悬崖勒马"，健全规章制度，堵塞管理漏洞，提升治理水平。

---

① 陈连福：《探析检察机关职务犯罪侦查的信息化建设》，载《河南社会科学》2011年第7期。

（四）职务犯罪侦查科学决策的需要

决策是依托情报信息研究和解决重大问题的过程。高质量的情报信息能改变决策者主观、人为、直觉等决策行为，克服随意性和无序性。在侦查活动中，决策指挥是否科学、正确，关键取决于侦查决策人员是否能够及时获取足够的情报信息以及对情报信息进行正确地分析研判。建立职务犯罪侦查情报信息系统，充分收集、整理、研究情报信息，可以帮助决策者对职务犯罪案件进行量化分析，使决策者既能从全局上敏锐洞察和准确把握职务犯罪的整体情况、发展脉络，制定出一系列的防范措施或规章制度；又能从局部细处发掘可用信息，抓住关键证据和主要矛盾，制定科学的侦查策略，打开查办个案的突破口。如初查计划的制定，侦查人员占有案件的情报信息越充分，初查脉线就越多，无论这些脉线难还是易、隐还是显，充裕的初查脉线有利于侦查人员更为深刻地剖析案件线索实质、确定方向、明确步骤，使侦查工作有条不紊地进行。

三、职务犯罪侦查情报信息系统建设及应用现状——以 C 直辖市 Y 检察院为例

由于起步较早，公安机关的情报信息系统建设较为成熟，而检察机关因法律规定、制度约束等影响，目前还没有建设完成独立、统一的情报信息系统。2010 年底，最高人民检察院反贪污贿赂总局将反贪侦查工作常用的信息化项目分为 26 种小项，对全国反贪部门侦查信息化建设情况进行了一次专门调查，发现整体水平较低。如果把这次调查表中全部 26 个项目作为基本建成信息化的标准，那么平均侦查信息化率仅为 13.5%，甚至省级院也只有 29.1%，而且还存在不同地区检察机关侦查信息化发展不平衡、内部信息化与外部信息化建设不同步等问题。[①] 近年来，在最高人民检察院的领导和强力推进下，全国检察机关职务犯罪侦查情报信息系统建设的力度不断加大，成效非常明显，但也存在着很多问题和不足。以 C 直辖市 Y 检察院为例。

（一）情报信息系统建设主要情况

该院及辖区基层院在上级检察院的领导和牵头组织下，着力于全方位收集、管理、运用侦查信息，力图实现侦查信息统一管理、侦查活动统一组织、侦查协作统一协调、侦查力量统一调配的目的，初步建设完善了由各功能部分

① 陈连福：《探析检察机关职务犯罪侦查的信息化建设》，载《河南社会科学》2011 年第 7 期。

组成的职务犯罪侦查情报信息系统。

1. 侦查基础信息系统

主要功能是快速查明涉案个人和单位的基本情况（主体信息），主要包括个人户籍资料、主要社会关系、资产状况、通讯信息、银行证券保险、房地产、机动车辆、旅行社组团、出入境、民航等个人信息，实现涉案人员基本情况、犯罪轨迹的即时锁定。该功能主要依托向上级检察院、有关社会管理部门和经济部门提出查询申请来实现。

2. 公共信息共享平台

主要功能包括是对企业组织的工商登记信息，金融管理、国有资产管理、土地资源管理和外汇管理资产信息，行政执法机关行政执法案件信息，招投标项目，政府采购信息，社会热点信息，重大事件信息等查询。目前，依托有关公共平台，在履行审批手续后，对涉案单位有关工商登记信息等内容的查询较为迅速便捷。

3. 侦查技术和技术侦查应用平台

由于主客观原因，目前，Y 检察院及辖区开展技术侦查工作数量极少，但话单分析、数据恢复、心理测试等侦查技术的运用情况较为良好。从技术装备来看，Y 检察院及基层院装备了相应的话单分析软件、手机检测设备、测谎仪等设备，辖区检察院从事侦查信息化技术兼职人数为 24 人，占职务犯罪侦查干警总人数的 12.1%。

4. 案件管理系统

主要功能包括实现案件线索数据、受理举报线索的科学管理和线索的有效流转；通过收集、录入分析信息，充分利用侦查基础信息数据之间的关联性，对线索加以审查评估和综合利用；利用职侦案件历史数据库、涉案人员基础信息数据库、在逃人员信息数据库等资源库实现内部工作信息的充分利用。目前，Y 检察院及辖区基层院已经按照上级要求，全面应用全国检察机关统一业务应用系统，通过有关信息的规范录入，利用案管系统的相应模块和程序，对案件线索实现了一定程度上的信息化管理，同时使违反程序的案件不能流转、不能终结、不能处理，达到了强制规范办案流程的目的。

5. 检察专网等内部网络

主要功能包括，职务犯罪侦查指挥平台建设，同步录音录像系统，讯问、监控和指挥信息化，远程指挥办案、远程案件讨论、远程证据展示传输、远程培训等。目前，Y 检察院办案工作在中心办案区安装的侦查指挥系统，利用专线网络平台，审讯室全程同步录音录像系统与侦查指挥室相连接，侦查指挥人员能够在侦查指挥中心同步观看办案区全部执法活动，能够通过指挥中心与讯问室、询问室连接的语音、文字传输设备，对侦查活动进行直接指挥和有效监督。同时通过服务器上的审讯指挥系统软件，指挥人员在办公室直接登陆就可通过语音、文本、电子白板等指挥讯（询）问过程。侦查指挥系统与上级院指挥中心、基层院办案区相连接，能够实现远程实时互动指挥等功能。

（二）情报信息系统存在的问题

虽然Y检察院及辖区基层院与过去相比，情报信息系统建设有了长足的发展，但仍然存在着问题和不足，这些问题和不足，在检察机关情报信息系统建设过程中带有一定的普遍性。

1. 经费保障和技术问题制约了情报信息系统建设

侦查信息化建设是构建职务犯罪侦查情报信息系统的硬件基础。一方面，检察机关经费有限，而侦查信息化技术装备由于市场较小，管理严格，缺乏市场竞价机制，导致装备价格偏高，在经费有限的情况下很难大量购买侦查信息化技术装备。另一方面，侦查信息化技术要达到预期效果必须配备具有一定专业技能的操作人员，但此类技术人员在Y检察院辖区基层院普遍缺乏；同时侦查信息化技术运用到职侦工作的时间不长，缺乏统一的操作程序和标准，出于“违法违规”“程序繁琐”等种种顾虑，也影响了侦查人员使用侦查信息化技术装备的积极意愿。

2. 思想认识和能力素质直接影响了情报信息系统的应用

Y检察院于2014年组织了一次辖区侦查信息化专题调研。调研结果显示，部分基层院存在着“三不”现象，直接影响到职务犯罪侦查信息化应用。一是“不愿用”。少数干警认为，“侦查信息化技术作用不大，需求较小”，这种“无用论”导致相关基层院在职务犯罪侦查中信息化技术使用率较低。二是“不知用”。少数侦查指挥人员对侦查信息化技术的功能和作用了解有限，也没有相应的办案经验，思想仍停留在“由供到证”传统办案模式，制约了办案模式的转变。三是“不会用”。根据统计，基层院能够使用侦查信息化技术的人员占职侦干警总人数的比例不到15%，大多数办案人员不会使用导致运用侦查信息化技术的案件数量偏低。

3. 高效率的公共信息共享渠道还没有完全畅通

目前，通过专网建设、绿色通道、数据拷贝等形式，C直辖市在一定程度上解决了职务犯罪侦查情报信息的收集、获取问题，但从基层职侦部门的角度出发，仍然缺乏高效率的公共信息共享渠道与信息沟通平台，如基层院通过各类平台能够查询的公共信息种类可以达到十余项，但大多属于拷贝资料录入查询的情况，实时性较差；对于涉案人员主要社会关系、资产状况、通讯信息等内容的查询，也存在着审批程序繁多、节假日不提供查询、反馈信息利用率不高、时常出现无效信息等现象。

4. 职务犯罪侦查情报信息的整合能力还处于较低水平

目前，即使在检察机关内部，仍然缺乏专业的情报信息分析人员，情报信息的采集、汇总、分析、研判和系统整合分属于不同的职能部门，情报素材和情报信息被分散在各部门，缺乏以职务犯罪侦查为目的的系统整合，导致对有关线索的分析评估、跟踪反馈、综合评判水平还比较弱。同时，有关金融管理、国有资产管理、土地资源管理和行政执法机关行政执法案件信息等仍需要侦查部门与有关单位之间逐项对接，与纪检监察、工商税务、海关质检等行政执法机关的联系协作、线索移送机制还有待改进。

四、美国和我国香港特区情报信息系统建设的相关经验

他山之石，可以攻玉。学习和借鉴先进经验，对建设我国职侦情报信息系统具有事半功倍的作用。

（一）美国情报信息系统概述

1. 组织机构

美国在各行各业均设有情报信息管理部门，犯罪侦查机关也设有情报信息机构；联邦政府和地方政府也设有各自的情报信息机构，在联邦层面上如联邦调查局、国土安全部等建有情报信息系统，在地方层面上如纽约市警察局等建有情报信息系统。上述各机构之间互不隶属，互相独立，均可以进行与之相关的情报信息采集、汇总、分析、研判、应用等工作，同时，各部门情报信息机构之间相互联网，可以进行情报信息的交换和查询，美国模式属于分散型组织管理模式。①

2. 人员配置

美国十分重视情报信息的收集、研判与应用，在中央情报局（CIA）、联邦调查局（FBI）、国家安全部（NSA）等设有大型情报部门、配有大量情报工作人员。情报人员与第一线的侦查员组成工作小组，通常侦查员、情报分析员、操作员的比例是 10 ∶ 3 ∶ 1，情报分析员和操作员组成了支援系统，没有情报，侦查员就不能开展有效的工作。②

---

① 任磊石：《国外警方情报信息建设概况》，载《公安研究》2005 年第 11 期。

② 孔宪明：《中国警官走进美利坚》，上海人民出版社 2004 年版，第 81 页。

3. 系统建设

因为组织机构、人员配置的多元性，导致美国情报信息平台也较多，著名的情报信息平台有：国家刑事犯罪信息中心（NCIC）、美国金融犯罪执法网络（FINCEN）、埃尔派索毒品情报中心、国家执法电子通讯系统（NLETS）、美国犯罪历史记录中心（CHRI）等，其中美国国家刑事犯罪信息中心早在1920年就建立。同时，美国的联邦调查局还建立了刑事司法服务处，发挥着联邦调查局所有刑事司法核心和情报中心库的作用，该处目前向全美19000个执法机构提供刑事司法信息服务。当然，对于情报收集与共享，联邦调查局也有要求，无论情报人员还是行动人员，都要随时搜集和上报情报信息，并输入本部门的数据库。只有提供了情报信息的部门，才能享受反馈的情报信息资料。①

（二）我国香港警务情报信息基本运作模式

1. 工作机构和队伍状况

香港警务情报信息工作是以刑事情报为主，刑事情报机构是警务工作的主要机构。刑事情报工作机构由三层架构组成：总部刑事情报科、总区刑事情报组、警区刑事情报组。全港约有1500人的专职情报工作队伍，数量占总警力的4%左右，刑事情报人员属正式警察编制，没有辅警和文职人员。

刑事情报科是香港刑事情报工作的总部，统筹和指导各总区、警区开展情报工作。刑事情报科成立于1977年，隶属警务处刑事与保安处，刑事情报科主要有两大职责、五大任务。两大职责，一是防止及侦破严重或有组织罪行；二是为警队各单位提供优质、准确及适时的情报和支援服务。五大任务，一是领导与管理警队刑事情报体系；二是搜集有组织犯罪情报；三是为警队管理层提供策略性及行动性情报；四是提供跟踪工作及其他支援任务；五是在反恐事件中提供情报及支援。刑事情报科下设五个机构：第一组（情报搜集组），负责线人管理、卧底探员管理、盘问惯匪；第二组（行动性情报分析组），负责向行动单位提供适时行动性的情报分析报告；第三组（联络、犯罪研究、策略性情报分析、培训组），负责管理刑事情报系统、研究罪案趋势、策略性情报分析、联络工作、提供情报分析训练；第四组（跟踪组），负责跟踪工作、提供有关跟踪技术及行动技术支援服务；第五组（刑事情报电脑系统），负责为刑事情报电脑系统提供技术支持及有关电脑系统的操作培训。

总区情报组下设四个工作组：情报搜集组、情报研究及分析组、情报联络

① 马忠红：《美国禁毒情报机制》，载《中国人民公安大学学报》2001年第4期。

组、刑事情报档案室。警区情报组设置四个与总区对口工作组。总区两名督察分管四个情报组，警区一名督察管理四个情报组。

2. 工作机制

香港警务情报信息工作有规范高效、权责分明、科学流畅运作机制。信息搜集、情报评估、整理、分析、发布及重新评估有一个完整的流程。

第一，情报信息搜集制度。香港警队经过多年的实践磨炼，养成了情报信息收集习惯。刑事情报科要求每一名警务人员都要注意收集各式各样的犯罪情报信息，日常中闻到的看到的可疑信息、公众人士反映的信息、办案中发现的信息、重点人员活动信息等，获取的消息，哪怕是道听途说，只要认为有价值，即可填写《呈交情报表格》上报本警区情报联络组（可越级上报）。总区、警区情报联络组均设一名情报联络主任，负责收集警务人员填报的情报表格，并进行情报评估划定等级。香港警队为警务工作人员均建立个人工作档案，记录每个警员填写的情报数量及情报成果，并作工作量统计。情报工作人员提供的情报破获案件时，各级领导给予口头、书面的赞赏或颁发嘉许奖，上级领导各类赞赏和嘉许奖等均记录在警员个人工作档案，与填报数量、成果一起作为警员个人考核、晋升、增薪的依据或者参考。同时，香港警队还通过罪案简报通报、公众人士书信邮寄、电邮、电话热线、传真、报案、线人提供、盘问惯匪记录、其他纪律部队反映等渠道收集情报信息。香港警队搜集社会信息是通过法律规定或政府、法院的允许，主要的社会信息有手机通话、银行交易、网上联系情况等。

第二，情报评估制度。香港警队的情报评估是警务情报工作运作机制的一个重要环节，其模式采用的是欧洲、亚洲新加坡和菲律宾等国家普遍使用的“4×4”体系的评估等级表，主要内容有两项：一方面，信息来源的可靠性评估。具体分为4个等级，分别是A类，评估标准为“信息来源的真实性、可靠性确定无疑，具有完全可靠的历史记录”；B类，评估标准为“历史记录显示多数情况下其信息是可靠的”；C类，评估标准为“历史记录显示多数情况下其信息不可靠”；D类，评估标准为“可靠性无法判断或以前未经使用验证过的来源”。另一方面，信息内容的真实性或有效性评估。具体分为4个级别，分别是A类，评估标准为“信息内容毫无疑问是真实的”；B类，评估标准为“提供消息者本人掌握的信息，而非相关负责官员本人所掌握的信息”；C类，评估标准为“信息并不是提供消息者本人所掌握的但已被其他已知信息印证”；D类，评估标准为“不是提供消息者本人所掌握的信息，该信息也未被其他已知信息印证，或信息真实与否难以判断”。根据以上两项内容综合划定每一项情报的等级，分为16个等级，即A1、A2……D3、D4。如A1级，即“信息来源的真实性、可靠性确定无疑，具有完全可靠的历史记录。信息内容毫无疑问是真实的”。情报评估和等级评定主要由联络主任完成。

第三，情报整理、分析制度。香港警务情报主要有三类，分战术性情报、行动性情报和策略性情报。战术性情报是指需要及时取缔、打击的情报，如黄赌毒类情报。行动性的情报是案情重大复杂、团伙成员较多，需要进一步查证或者技术支援，或者需要制定专门行动方案的情报。策略性情报指对犯罪集团的能力、实力、弱点及犯罪活动的规律、犯案趋势进行分析的情报。警务情报分析指情报分析组对联络员评估的情报进行跟进和再分析工作，战术性情报不需特别分析，核实后直接予以打击取缔；行动性情报的分析通常针对特定罪行和不法分子进行专门的研究，甚至派出警员对不法分子进行跟踪查证，主要进一步搜集情报为行动单位提供详细资料，协助其采取行动。策略性情报的分析主要是针对未来的犯罪活动或崛起的罪案进行统计，掌握其发展趋势，制定打击计划或协助保安部门制定长远的灭罪方案。

第四，情报发布制度。香港地区的情报发布指情报分析部门根据情报性质、评估等级提出处理打击意见。对于战术性情报，由主管情报的上司决定，联合其他部门开展行动。对于行动性的情报，通过技术支援或者反复核实查证，不断收集完善情报信息，掌握时机，适时提出打击行动。对于策略性的情报，直接提交主管上司作为决策的参考材料，需要制定长远方案的提交其他部门处理。

第五，情报重新评估制度。对于一些情报，经过各方面的调查，认为需要重新评估的，查证后，重新评定等级录入电脑系统。

3. 工作人员录用和培训

香港警队情报工作人员属正式警察编制，没有辅警和文职人员。招考情报工作人员面向在编的警员，采用公开招考形式进行，有规范的录用程序保证情报工作人员的素质，招录一名情报工作人员需要经过公开招考、面试选拔、测试考核、人事审查、待取录用五个环节。同时，香港警队有一整套完善的训练机制，特别重视以实战为背景的战术训练，对情报工作人员每年进行培训。对不同的对象，采取不同形式，主要有在职培训、跟班作业、特别培训、专业培训等。经过培训，每名警员的技能、体能和业务能力均能得到保证。

五、建设职务犯罪侦查情报信息系统构想

笔者认为，在职务犯罪侦查情报信息系统建设过程中，依法建设和应用是

前提，树立“信息引导侦查”的理念是思想基础，提高侦查能力、有效打击职务犯罪是目标。

（一）坚持“三原则”，增强情报信息系统的科学性

1. 自上而下原则

即应当由最高人民检察院负责整个系统的设计、建设和维护，避免公安机关情报信息系统建设过程中曾出现的多头建设、各自为政的情况。虽然各地以因地制宜、循序渐进开展情报信息系统建设表面上看起来热火朝天、轰轰烈烈，但最后有关系统联接并库的难度非常高，而按照自上而下的原则开展建设，虽然开局困难，但能够有效打破地方壁垒、部门壁垒，充分提高情报信息利用效率。

2. 数据细化原则

要发挥情报信息系统“大数据”的优势，将信息录入工作细化，将案件线索、情报来源细化。如把收集到的整体信息，按照规范化标准，分段录入被举报对象、工作岗位、职务级别、犯罪金额、犯罪手段等具体细节，积极开发统计报表、串并案分析、数据维护检索和查询等功能模块，依托大量信息进行智能分析和信息整合，为下一步侦查研判工作提供坚实基础。

3. 可持续发展原则

构建情报信息系统固然要立足职务犯罪侦查的实际需要，并充分应用到职侦工作的每个环节，同时也需要有适度的前瞻性，适应未来职侦工作和信息技术发展的需要，保证侦查信息化的可持续发展，不断提高检察机关创新能力，有效应对新事物、新变化。

（二）打破部门信息壁垒，建设多层次情报信息网络

在职务犯罪侦查中，往往需要了解犯罪嫌疑人主体、资产、活动轨迹等方面的信息，必须到银行、通信、房管等部门进行查询。而实践中由于各部门规定不一，侦查人员的查询工作面临诸多困难，直接影响到案件侦查工作的顺利进行。如按照精细化初查的要求，应对犯罪嫌疑人的资产进行调查摸底。仅以存款查询为例，银行系统不开放统一的接口，必须到每家银行单独查询。C市有40多家银行，仅跑完一遍就需要2名侦查员至少10个工作日的时间，办案人员疲于奔波，信息引导侦查实际上无从谈起。

因此，检察机关的情报信息系统应当包括：

1. 以犯罪主体为核心的人员、单位信息查询系统

以公安、社保、组织人事、组织机构代码等信息系统为依托，实现对犯罪

嫌疑人、相关人员及组织机构基本情况的实时查询。对人员信息要重点了解公安机关人口管理、国家工作人员组织人事、人大代表政协委员情况、卫生健康状况等信息；对单位信息要重点了解组织机构代码、工商登记、税务登记等内容。

2. 以犯罪对象为核心的涉案资产信息查询系统

以银行、证券、保险、房地产、审计、海关、国有资产管理、土地资源管理和外汇管理部门信息系统为依托，实现对涉案人员及相关单位资产动向的实时查询。重点了解银行、证券、保险公司投保、房产土地、住房公积金、车辆管理、招投标、政府采购信息、审计资料、公共投资等信息。

3. 涉案人员通讯信息和行踪轨迹快速查询系统

以邮政、通讯、民航、交通、出入境管理部门信息系统为依托实现对涉案人员通讯及行踪的实时查询。重点了解固定电话、移动通信、互联网、车辆登记、交通管理、民航订票及进出港、宾馆住宿登记和出入境信息等信息。

4. 行政执法案件信息查询系统

认真贯彻落实中办发〔2011〕8号《关于加强行政执法与刑事司法衔接工作的意见》要求，建立行政执法与刑事司法衔接工作信息共享平台，及时了解公安、工商、税务、海关、质监、安监、国土、林业等行政执法部门对行政执法案件处理结果等信息。

（三）完善数据库建设，提高信息综合应用能力

应当建立具有关联性、开放性、层次性特点，门类齐全、内容准确、检索便利的侦查信息数据库，完善储存、管理、分析、运用各类职务犯罪信息情报的平台，积极解决职侦情报信息利用程度不够和过时信息更新的问题。

1. 加强案件线索数据库建设

通过专人负责登记、归类、汇总，实现案件线索数据、受理举报线索的科学管理和线索的有效流转，并积极开发线索关联信息的分析应用模块，实现一定程度上的智能化、模糊化查询、应用。通过发挥上级检察院在线索管理中的指导作用，从线索搜集、审查、备案、分流等方面入手，实现本地区案件线索统一管理、统一审查、统一调度、统筹分流。通过全面掌握本地区职侦情报信息，对带有普遍性、行业性，可能隐藏窝案串案的犯罪线索实行规律分析和初查联动，开展集中整治，努力提高案件线索利用价值。

2. 建立案件历史数据库

包括职侦案件历史数据库、涉案人员基础信息数据库、在逃人员信息数据库等部分，通过对涉及单位、人员基本情况信息的规范录入、分析运用，使职

侦部门能够比较准确地掌握本地区职务犯罪易发高发的重点行业、部门和单位情况的基础、背景信息，了解相关行业领域职务犯罪的特点和规律，掌握同类型案件的基本查处方法和手段。

3. 推进基础资料数据库建设

主要包括：一是法律法规、司法解释、党规政纪、行业规章等规范性文件资料的查询平台；二是本地区重点项目、重点工程、上级院专项工作相关领域基础信息的搜集、录入和查询平台；三是本地区主要国家机关、企事业单位等部门的基本信息查询平台，如基本职能、机构设置、人员编制、执法依据、廉政风险点等。通过基础资料数据库的建设，使侦查人员无须再到有关单位翻阅资料、了解基本情况，就能够有效避免打草惊蛇，实现隐蔽初查、高效审讯。

在完善有关数据库的基础上，还需要在信息的全面分析、综合应用上下功夫。一是要对宏观层面的情况进行研究。分析在当前法律法规的框架下，犯罪分子能够有哪些权力寻租空间，进而判断出腐败犯罪易发高发的部门和环节，进一步总结出某个时期、某个领域职务犯罪的总体形势和突出问题，分析其规律特点，判断预测发展趋势，为党委政府健全惩治腐败体系和检察机关精准打击职务创造良好条件。二是要对本地区职侦工作信息进行研究。过去，职侦部门虽然要形成大量的报表、台账和统计信息，但大多停留在向领导呈报情况等层面，缺乏跟进追踪式的综合分析、专题调查和系统研究，使这些信息的价值没有得到充分挖掘。因此，应当通过对职侦业务数据的定期、定量分析，增强职侦情报信息系统的整体性和科学性。三是围绕专案或个案整合职侦情报信息。出于组织本地区职务犯罪侦查专项、专案或查办具体个案的需要，可以应用相关数据库，对某个特定行业、领域，相关涉及人员进行全面信息收集，为专案和个案初查、侦查，查办窝串案件提供支持。

（四）以线索为纽带，推进检察机关内设部门信息整合

检察工作中，相应职能部门通过业务活动掌握了大量的信息，其中蕴含了很多高价值的职侦情报信息，但由于缺乏系统性的整合，很多情报信息处于孤立、分散的状态，没有得到充分的应用。因此，构建职侦情报信息系统，检察机关内设部门的信息整合就是重要内容。首先是各级职侦部门之间的信息整合。近年来，通过推进职务犯罪侦查一体化模式，采取案件交办、督办和组织专案等形式，职侦案件线索资源的统筹管理得到了有效加强。但从构建职侦情报信息系统的角度出发，国家、省级检察院职侦部门需要从宏观层面为职侦部门提供更大支持或更多平台，地级检察院职侦部门需要提高搜集、分析、综合运用本地区情报信息的能力，区县检察院职侦部门作为最基层单位，应当建立

常规性、广泛性的职侦情报信息搜集渠道，通过深入细致地调查、了解腐败犯罪高发多发的行业、单位信息，为本院职侦办案提供信息支持，并及时向上级提供相应信息。其次是职侦部门与控申部门的信息整合。作为线索受理的入口，控申部门负有对线索审查、初核、分流等职责，与职侦部门有着密切联系。充分发挥控申部门与控告举报人沟通交流、准确审查分流线索等作用，对于扩展职侦情报信息，提高侦查效率有重要作用。再次是职侦部门与预防部门的信息整合。近年来，全国检察机关积极建立行贿犯罪档案，对行贿人起到了极大的震慑作用，但实践中预防部门所掌握的有关信息并不能被职侦部门主动、便捷地应用，因此还存在极大的改进空间。最后是职侦部门与侦监、公诉、民行等部门的信息整合。有关检察业务部门在审查逮捕、提起公诉、民事行政监督中常常能够发现有价值的职务犯罪案件线索，因此建立健全能激发这些检察业务部门及时发现、积极移送线索的工作机制，扩展职务犯罪线索来源有着重要意义。此外，职侦部门与技术、案管等部门的信息整合，在当前信息化建设推进的背景下，也有着非常重要的作用。

（五）加大培训力度，确保胜任职侦情报信息的需要

职侦情报信息是一个包含繁多的概念，有情报收集人员、技术应用人员，还有信息平台操作人员、线索管理、分析评估人员，要根据各种人员的自身特点，有针对性地配置人员。还有的涉及复杂的专业知识和特殊技能，有的可以培训的方式完成，有的必须长期培训和培养才能胜任，必须加大培养力度，同时建立科学合理的激励机制，既要保持相应的稳定性，又要给予其待遇上的提高空间。

（六）重视信息保密，确保职侦情报信息系统安全运行

信息化建设技术装备，特别是涉及保密或者涉案人员通讯、隐私等合法权益的信息技术和侦查装备，在配置和使用上敏感复杂、政策性强，在审批程序、使用权限上要求严格，一旦使用不当，就会产生严重后果。在推进信息化建设中，对于技术装备的配置和应用，一定要慎之又慎，做到严格依法规范安全，实现打击犯罪和保障人权的有机统一。要严格管理使用制度，根据侦查信息的保密等级，设定管理权限，明确保密要求；侦查信息的查询，必须专人负责，专人审批，确保用于侦查办案工作。

职务犯罪初查地位及其收集的证据适用问题研究

廖　鹏*

一、问题的缘起及争议

党的十八大以来，党中央不断加大反腐力度。习近平总书记在十八届中央纪委二次全会上强调“要更加科学有效地防治腐败，坚定不移把反腐倡廉建设引向深入”。因此，检察机关作为国家的法律监督机关，在党领导下的反腐是依法治国背景下的应有之义。我国检察机关创设的职务犯罪初查制度，已经通过前期和当前反腐败的司法实践证明其具有惩治、预防腐败以及凝聚反腐合力之功效。① 但司法实践中，对职务犯罪初查阶段收集的证人证言等证据材料，其是否具有证据效力争议较大，严重影响诉讼效率。如2014年8月10日，经C市某区检察院检察长批准，依法对该区教育局长苏某进行初查。同日检察机关依法对知情人王某进行调查了解情况并制作了笔录。苏某因涉嫌受贿罪被起诉后，法院多次要求检察院对王某的证言进行转化，因王某系外地人且已到深圳工作，到该区作证极其不便，加上其他一些客观原因，检察机关也不便派人异地取证，导致该案久拖未判。

1979年7月1日第五届全国人民代表大会通过的刑事诉讼法及1996年、2012年的两次修正均无职务犯罪初查的明确规定，只是在最高人民检察院出台的司法解释和规范性文件中才规定了职务犯罪初查制度，如最高人民检察院1990年11月的《关于加强贪污、贿赂案件初查工作的意见》中将其规定为“是对贪污贿赂案件线索立案前的审查”；最高人民检察院1995年7月的《关于要案线索备案、初查规定》中将其规定为“是在立案前对要案线索进行审查的司法活动”；最高人民检察院1996年9月的《人民检察院举报工作规定》中将其规定为“初步调查”；最高人民检察院1996年12月的《关于检察机关

---

* 重庆市人民检察院第一分院党组成员、职务犯罪侦查局局长、检察委员会委员，二级高级检察官。

① 参见卢乐云：《完善职务犯罪初查制度》，载《人民日报》2010年5月26日。

侦查工作贯彻刑诉法若干问题的意见》中将其规定为“对受理的控告、报案、举报和自首材料进行书面审查和事实的初步调查”；最高人民检察院1999年9月的《关于检察机关反贪污贿赂工作若干问题的决定》中将其规定为“检察机关对案件线索在立案前依法进行的审查，包括必要的调查”；最高人民检察院2011年12月的《人民检察院直接受理侦查案件初查工作规定（试行）》中将其规定为“是人民检察院在必要时，对直接受理的犯罪线索依法进行的立案前调查活动”。最高人民检察院根据检察实际出台的刑事诉讼规则也专章规定了职务犯罪初查制度。但是上述司法解释及规范性文件关于职务犯罪初查的法律地位、活动范围、活动方式等的规定各不相同且具有不确定性。因此，不得不说职务犯罪初查仍是一个“专业术语”，其在刑事诉讼中的地位十分尴尬。

正是由于上述原因，致使职务犯罪初查阶段所获证据材料是否具有效力，能否作为定案根据，理论界、司法实务界存有较大争议。有人认为，职务犯罪初查阶段所获证据材料须经转化后才可作为定案的依据（以下简称“转化说”），理由主要是初查无合法根据，所获证据材料仅是立案依据，证据形式及取证主体、作证主体等不合法；[①] 还有人认为，职务犯罪初查阶段所获证据材料应采取区别对待的采信原则（以下简称“区别采信说”）。[②] 笔者认为，“转化说”也好，“区别采信说”也罢，都要符合证据的本质特征才具有效力，即客观性、关联性、合法性。职务犯罪初查所获证据材料的客观性和关联性特征，不是其是否具有证据效力争议的原因，文中对此不加以阐述，重点论述其合法性特征。另外，根据现行《刑事诉讼法》第48条和第50条规定，证据是用于证明案件事实的材料且在收集过程中必须依照法定程序进行。因此，职务犯罪初查阶段取得的证据材料，若其具有合法性则可作为定案依据。

二、职务犯罪初查地位之辨析

关于初查是否具有合法性的问题，目前存有否定论与肯定论两种不同的观点。否定论认为，从刑事诉讼法的规定来看，《刑事诉讼法》第86条（指的是1996年修订的刑事诉讼法，现为2012年《刑事诉讼法》第110条）没有明确授予司法机关初查的权力。因此，这里的“审查”也只能是书面性审查，不

---

① 参见柳忠卫、滕孝海：《论贪污贿赂犯罪初查证据的转化》，载《中国刑事法杂志》2009年第4期。

② 参见龙宗智：《初查所获证据的采信原则》，载《检察日报》2009年5月6日。

能主动实施调查。另外，由于最高人民检察院的司法解释和规范性文件超越了全国人民代表大会常务委员会赋予的司法解释权限（即法律条文本身需要进一步明确界限或作补充性规定，应由其进行解释或规定，不能司法解释进行），不能是初查权法律依据的正当来源。肯定论者则与其相反，认为初查具有合法性。①

笔者认为初查具有合法性。理由如下：②

第一，初查是刑事诉讼法授予的权力。根据现行《刑事诉讼法》第110条的规定，公检法三家对于报案、控告、举报和自首的材料，依照管辖权的要求，迅速进行审查后，发现有犯罪事实需要追究刑事责任的时候，必须立案侦查。从条文本身来看，确实未用“初查”两字，而是“审查”一词。《现代汉语词典》对“审查”的解释为：“检查核对是否正确、妥当。”因此，该条规定就是要求公检法三家迅速对线索材料检查核对。根据司法实践，职务犯罪线索材料的检查核对，必须是一个动态的过程，需要进行一定的调查取证才能完成。前述有人提出的对报案、控告、举报和自首的材料只能书面性审查不能主动调查的说法有待进一步商榷。司法实践中，随着职务犯罪智能化、隐蔽性的特点逐步凸显，若对其只是书面性的审查，以期发现是否有需要追究刑事责任的犯罪事实，恐怕难以实现这一立法目的。没有调查，就没有发言权。司法实践中，要真正贯彻落实该条的规定，防止冤假错案的发生，除了阅读这些静态的材料外，更离不开大量的调查工作。因此，将该条规定的“立案前审查”理解为“初查”，才是结合实际情况对法律条文准确、客观的认识和解读。

第二，最高人民检察院颁布的司法解释与规范性文件具有法律效力且符合立法本意。《全国人民代表大会常务委员会关于加强法律解释工作的决议》规定：“凡属于检察院检察工作中具体应用法律、法令的问题，由最高人民检察院进行解释。”最高人民检察院结合检察机关办案实际而颁布的司法解释及规范性文件，是为具体应用刑事诉讼法而作的司法解释，其中《人民检察院刑事诉讼规则（试行）》第八章专设“初查和立案”，是指导司法实践中如何具体应用现行《刑事诉讼法》第110条规定的“审查”进行的具体解释，并不是对其“进一步明确界限或作补充规定”。另外，根据最高人民检察院现行有效的关于初查的司法解释及规范性文件，我们无法看出其“突破了我国刑事

① 参见万毅、陈大鹏：《初查若干法律问题研究》，载《中国刑事法杂志》2008年第4期。

② 参见王延文、高森：《简论职务犯罪初查所获证据材料的证据效力》，载《黑龙江省政法管理干部学院学报》2010年第1期。

诉讼法中关于审查的规定”,[①] 我们不能人为地、带有主观性地把《刑事诉讼法》第 110 条规定的“审查”的含义夸大，反之亦不能缩小。最高人民检察院根据社会的发展以及职务犯罪呈现出的特点，颁布司法解释及规范性文件专门规定了初查制度，是现行《刑事诉讼法》第 110 条内容的应有之义，也是检察机关履行职务犯罪监督职责所必需的规范准则。根据现行法律的规定，只有对采用暴力、威胁等非法方法收集的证人证言、被害人陈述等依据非法证据排除规则予以排除，而对瑕疵证据可以进行补正或者作出合理解释，不能一概予以排除。因此，初查过程中获取的证据材料是否具有证明效力，不在于是在刑事诉讼过程的哪个阶段环节获取的，关键是看其获得的手段和条件是否合法。通过合法初查手段获得的材料具有证据效力，可作为刑事诉讼的证据使用。

第三，职务犯罪侦查的现实需要。司法实践中，职务犯罪案件与普通刑事案件相比，其一般没有特定的犯罪现场，也没有直接的痕迹、物证等可以进行提取验证，甚至没有直接的被害人。这就决定了大多数职务犯罪案件无法“以事立案”，是一种“由人到事”的事实判断过程。如果仅仅凭对“报案、控告、举报”等材料的书面性审查，通常无法判断其是否“有犯罪事实需要追究刑事责任”，就不能立案侦查。按照现有规定，立案之后的侦查措施也不能适用，致使职务犯罪案件难以侦办，达不到既打“老虎”又打“苍蝇”的理想效果。因此，最高人民检察院为了应对职务犯罪侦查中的现实难题，先后多次提出了“初查”制度是正确的抉择。随着科技化、信息化的发展，21 世纪的反腐倡廉，不再是“四个轮子，一个本子”的年代，新型现代化的侦查装备根据职务犯罪的自身特点亟须运用于实践，如果否认了职务犯罪初查的合法性，一切工作将是劳而无功。不深入调查了解，对“报案、控告、举报和自首”材料的审查也是表面的、肤浅的，甚至容易滋生腐败。同时由于无法查清职务犯罪犯罪事实，立案数量屈指可数，导致“认为有犯罪事实需要追究刑事责任才能立案”的法律规定形同虚设。另外，在司法实践中，公安机关制定的《公安机关办理刑事案件程序规定》中也专门规定了“初查”制度，同样遵循“由人到事”的侦查方向，把初查作为一项常态化工作。

三、职务犯罪初查收集的证据材料之适用

结合司法实践，综上所述，职务犯罪初查是人民检察院对经自己初步审查评估后可能存在职务犯罪的线索，为明确该线索是否符合刑事诉讼法规定的立

① 参见柳忠卫、滕孝海:《贪污贿赂犯罪初查行为探析》，载《法学论坛》2009 年第 2 期。

案标准，而对其进行的初步调查。司法实践中，审查线索是一种价值判断，如果其明显不具有可查性，审查将随之停止；如果具有可查性，则需进一步调查核实，即立案前的初查。司法实践中，根据司法解释和规范性文件的规定，职务犯罪初查必须经检察长或者检委会同意方可进行，而审查则不需要。也就是说，所有的职务犯罪线索都需审查，这是第一道关口，但不是所有的案件线索都要进行初查。因此，初查不但要书面性审查案件线索材料，更要主动调查核实这些材料的真伪以及判定其是否有需要追究刑事责任的犯罪事实，这是所有刑事案件侦查的客观现实和规律。由于证据具有时效性和不可再生性，客观上必须及时取证，有的职务犯罪案件，由于受到恐吓等因素，立案后找不到有关证人，或者证言因种种原因发生了变化，检察机关有必要使用立案前获取的人证以证实犯罪。司法实践中，肯定职务犯罪初查证据的效力，也可以节省侦查阶段的重复劳动。职务犯罪初查中，有时为了强化证据证明力，要将职务犯罪初查取得的证据材料进行转化，重新固定证据。鉴于调查主体、作证主体、证明事项、证据形式等的同一性，只是作证主体和调查笔录的称谓不同，不得不说这样做浪费了司法资源，其本身的合法性也值得怀疑，因为原则上非法证据不能通过转化变为合法证据。[①] 前述“转化说”提出的初查阶段由于被调查人尚未取得“嫌疑人”“被告人”及“证人”等身份，因此其不符合“犯罪嫌疑人、被告人供述与辩解”及“证人证言”的法定证据形式要求的观点，也值得商榷。根据现行刑事诉讼法的规定，犯罪嫌疑人（或者被告人）罪轻罪重、有罪无罪的证据材料都要一并移送法院，综合证据材料依法判决。试想如果被调查人在初查阶段交代的材料在刑事诉讼过程中，不能直接作为定案证据使用，那么司法实践中用何种方式来认定其“主动交代”这一事实呢？又要如何认定自首中的“主动交代”呢？根据“两高”关于认定职务犯罪自首的司法解释，即使掌握了犯罪事实，犯罪分子尚未受到调查谈话，或者未被宣布采取调查措施时，如果向办案机关投案，仍可认定为自动投案。自首是刑法规定的法定减轻情节，这一认定将直接影响法官的最终裁量。另外，尽管职务犯罪初查阶段被调查人尚未取得所谓的“嫌疑人”“被告人”及“证人”等身份，但立案侦查后随着案件的逐步进展都会取得，这些身份不过是随着案件的不断推进，在不同的诉讼阶段不同的称谓而已。不管被调查人如何变换其在法律上的称谓，在初查阶段自己所言这一事实则无法改变。如若照此推理，审判阶段的称谓是“被告人”，到了审判阶段也需再将证据材料转化为“被告人供

① 参见郭慧丽、苏晓龙：《职务犯罪初查问题研究》，载《中国刑事法杂志》2009年第7期。

述”才可。如果在刑罚执行阶段发现其漏罪或者新的犯罪事实，也只能将其转化为“罪犯供述”，这恐怕令人难以接受。因此，检察机关对职务犯罪案件进行初查具有合法性和合理性。既然如此，那么如果初查取证的主体和程序、证据的形式等均符合初查规则的要求，所取得的证据材料就具有合法性。如果这些材料同时具备客观性和关联性，则其可以直接作为认定案件事实的根据，其运用无须经过转化，其证据效力也无法被否认。

四、职务犯罪初查之完善路径

（一）立法之完善路径

根据党的十八届四中全会《中共中央关于全面推进依法治国若干重大问题的决定》的要求，立法者应考虑实践的需要，完善现代刑事诉讼程序法定的基本精神。笔者认为可以从以下两方面着手：一是刑事诉讼程序由法律明确具体加以规定；二是刑事诉讼活动依据法律规定的刑事程序进行。结合目前我国国情以及司法实践，程序法定原则是法治国家的必然要求，也是维护法律良性发展，确保立法与司法相互衔接的需要。① 如前文所述，职务犯罪初查规定不明确，致使证据效力存有争议，造成适用困难，不仅增加了诉讼成本，也影响了司法效率，难以实现正义的要求。笔者建议立法者应对此采取适当方式予以完善。一种方式是修改刑事诉讼法，将初查作为职务犯罪侦查的程序之一纳入刑事诉讼程序，明确规定初查阶段可以采取调查措施，并在符合条件时准用侦查程序中关于侦查行为的有关规定。另一种方式是鉴于我国目前的司法实情，有关机关联合发文对职务犯罪初查作出明确规定。还有一种方式是鉴于职务犯罪案件侦查的特殊性，可以借鉴和采取西方发达国家以获取犯罪信息作为侦查的启动程序（即随机启动模式）。换言之，即以接到或者获得职务犯罪信息、线索、情报作为刑事诉讼的开始。比如，德国的侦查工作启动就是要么官方发现犯罪后侦查人员本人提起侦查程序，要么因检举告发的提起开始，还有因提起追诉的请求而开始。②

（二）司法之完善路径

《人民检察院刑事诉讼规则（试行）》第174条规定“根据初查工作需要，人民检察院可以商请有关部门配合调查”。由于该规定过于笼统，致使司法实

---

① 参见樊崇义：《刑事审前程序改革实证研究》，中国人民公安大学出版社2006年版，第19页。

② 参见宋英辉、孙长永、刘新魁：《外国刑事诉讼法》，法律出版社2006年版，第425页。

践中操作性不强。笔者认为可以从以下几个方面完善相应机制，以便实现初查制度的应然功能。

第一，案件互送机制。检察机关应建立操作性强、保障措施到位的职务犯罪案件线索移送制度，对于不移送案件线索的行为规定督促措施以及应承担的法律后果和责任。同时，检察机关受理或者在职务犯罪初查中发现的违法违纪线索也必须及时移送有权机关进行处理，不得擅自处理而不予移送。

第二，信息共享与传递机制。目前随着互联网络技术及高科技的飞速发展，利用网络信息、新闻媒介的宣传报道等发现职务犯罪线索或者在职务犯罪初查中收集涉案信息显得尤为重要。法律应当明确规定职务犯罪相关信息共享和快速传递机制，并在此基础上构建稳健的运行机制。这就需要检察机关与纪检监察、公安、法院、监狱等单位建立信息共享机制，与工商、审计、税务、金融等行政执法部门、经济管理部门以及移动通讯、联通、电信、铁通等其他因行业特点而拥有特殊信息的单位、机构建立信息快速传递机制，以保证检察机关能及时发现涉嫌职务犯罪的线索，并保证检察机关在实施初查中及时且顺利地收集涉案线索和资料信息。

第三，部门协助机制。检察机关通过构建相应的法律制度，明确相关执法机关、社会机构协助其开展职务犯罪初查的义务。主要包括：一是委托调查制度，即检察机关介入纪检监察、行政执法对有关问题的联合调查，结合自身职务犯罪初查的需求而委托有关机关代为调查初查阶段所要查明的事项；二是协助调查制度，即检察机关进行职务犯罪初查活动中，在条件成熟的情况下，可以邀请举报人、可靠知情人和有关单位协助调查；三是咨询制度，即检察机关职务犯罪初查工作中遇到的有关专业性、技术性知识向有关执法机关、社会机构或者有专门知识的人等请求提供咨询解答。

第四，联动机制。从目前办理的职务犯罪案件来看，职务犯罪案件呈现出一个系统、一个行业、一个部门之间上下勾联的窝案串案较多以及跨区域、跨领域之间的窝案串案较多等特点。这就要求检察机关上下级之间、平级之间、内设机构之间以及跨区域之间的统一协调和配合。因此，检察机关应构建在职务犯罪初查环节的统一协调联动机制，实行侦查一体化，以有效避免初查的顾此失彼，影响初查效果。

第五，自我审查机制。如前所述，初查是立案前十分重要的环节，刑事诉讼法虽未明确作出职务犯罪初查方面的有关规定，但最高人民检察院对职务犯罪初查相继制定了司法解释及若干规范性文件，为职务犯罪初查提供了一定的制度保障。因此，在现有初查制度下，为了其他单位、部门更好协调配合检察机关侦办案件，检察机关必须做到自我审查，查遗补漏，弥补不足。职务犯罪初查过程中，必须文明规范执法，规范初查阶段法律文书，避免出现不规范做法。[①] 比如，目前就需要专门另行制作适用于初查阶段的《协助查询存款、汇款、股票、债券、基金份额通知书》等。

① 参见邹郁、胡彬：《完善职务犯罪案件侦查中银行查询的几点建议》，载《人民检察》2014年第14期。

博弈型反腐败协作机制解构

邹 望 师 索*

一、问题的提出：博弈型反腐败协作机制

反腐败结构由反腐败主体、调查对象与客体构成。通常而言，观测反腐败运行机制的主要着力点集中于反腐败的主体和调查对象，即什么机构查办了什么人员。这样的表述显然是不完整的。完整的反腐败结构应该表述为："什么机构因什么事由查办了什么人员"。简单地说，完整表述中的"什么事由"就是对反腐败客体的笼统概述。相比而言，反腐败客体的关注度则不那么高。所谓反腐败客体，就是导致相关人员涉嫌腐败和调查主体所要查实的利益性致罪因素。客体在表现形式上由具有逻辑关系的两个递进层面构成，一是涉腐人员为自己或他人谋取不正当利益而违法违规使用的权力或请托事项，二是作为利益交换结果的财产、股份、不动产等超出正常收入的不正当利益。在案件查办过程中，反腐败客体始终贯穿于主体与对象的激烈对抗中。在后续的程序性处理中，控辩双方将围绕客体性质和量度进行证明与反证活动，反腐败客体在很大程度上决定了涉腐官员的法律定性，成为支撑整个反腐败运行的核心结构要件。在反腐败实践中，确定案件由什么机构启动，什么人员具有涉腐嫌疑并不困难，真正的难题在于如何还原反腐败客体的真实样态。

反腐败作为国家系统战略工程，仅靠办案主体显然不足以应对错综复杂的客体关系，在厘清客体脉络的过程中，由于调查对象轨迹的网络化以及社会分工的精细化，客体信息呈现高度碎片化的分布。反腐败主体并不拥有对客体产权信息的所有权，必须要同行政部门（监察、公安、房管、教育、工商、审

---

* 邹望，重庆市南岸区人民检察院党组成员、副检察长，三级高级检察官。师索，重庆市南岸区人民检察院法律政策研究室三级检察官助理。本文为2015年最高人民检察院检察应用理论研究重点课题成果。

计、税务、海关)、民营企业、金融机构、通讯单位、高科技单位等职能部门紧密协作，弥补当下信息状态碎片化分布的缺陷，从而顺利整合碎片信息，还原客体的原始状态。比如从公安情报信息中心获取对象的基本身份信息、居住信息、外出信息等；从房管部门调取对象的房产购置状况；从金融部门调取对象的财产资金状况；从通讯部门调取对象的通话信息等，均体现出这种基于碎片化信息的反腐败协作机制已经初步建立。

笔者在反腐败实践中发现，协作机制并非按照反腐败主体的意愿在发展，而是随着我国政治经济进程的改革而出现了分裂，大体可以分为职能型协作、关联型协作与博弈型协作。所谓职能型协作，就是纪检监察部门、检察机关、审计、税务、公安经侦等承担反腐败职能部门之间的协作。比如，1993年中共中央纪委、最高人民检察院、监察部共同出台《关于纪检监察机关和检察机关在反腐败斗争中加强协作的通知》，建立三部门之间的联席会议制度、情况通报制度以及案件衔接制度。在一些地区，审计机关、公安机关的经侦部门与检察机关也有案件线索的发现和移送机制。所谓关联型协作，就是反腐败主体就案件推进过程中与掌握客体信息相关的机构之间达成的协作机制。比如检察机关与房管部门建立专属绿色协作通道，检察机关与公安机关情报信息中心搭建后台直接协作机制等。所谓博弈型协作，就是反腐败主体与协作机构之间就客体信息存在利益关联，由此导致整个协作过程处于博弈状态中。如果说职能型协作存在于反腐败职能主体之间，关联型协作存在于反腐败主体与客体信息关联单位之间，那么博弈型协作则在绝大多数时候存在于反腐败主体与经济主体之间。

博弈型协作机制所主导的不确定、对抗、谈判、妥协等特征，明显区别于职能型协作与关联型协作的稳定平和色调，更是打破了长期以来国家在反腐败进程中“大一统”的国家主义色彩。由此来看，博弈型协作机制显然更具有研究价值。本文也尝试在反腐败现状实证调研的基础上，围绕这种博弈型协作机制的表现形式，去解构深层次的生成机理，由此提出对策建议。

二、博弈型协作机制的现实样态

(一) 2013—2014年期间的博弈型协作机制

笔者在2013年至2014年期间，对C市某区基层检察机关的职务犯罪侦查协作机制进行了调研，对 30 家[①]重点协作单位（其中经济主体 25 家，占据协作单位总量的 83.3%）的司法查询实践进行了实证分析，发现以下一些较为突出的问题。

1. 协查进度慢

在实践中，协查实际完成时间通常会比计划时间多出 8—10 天。多出的时间由协查账目明细和获取交易凭证造成。一些必须相互印证才能还原案件事实的关键数据由于协查进度缓慢而影响着整个案件的推进。协查进度慢主要有以下几点原因。第一，部分单位接受协查业务量大，但人手配置少，协查周期长。第二，部分单位采取定期协查制度，只在每周或每月的固定时间进行统一协查，其余时间概不协查[②]。第三，部分单位工作人员政治、法律素质较低，办事拖沓，以"无协查义务、不接受基层检察院协查、只能查该网点资料"等各种借口阻碍、拖延、搁置协查。第四，部分单位内部制度规定司法协查需要层层审批，耗费大量初查时间。第五，协作单位在配合司法协查的制度上非常不完善，具有较大的随意性和个人主观性。[③]

表 1 协查时间统计

协查期限（日）	当场出结果	1—2	3—6	7—15	15—30
单位数量（个）	4	13	7	4	2
百分比	13.3%	43.3%	23.3%	13.3%	6.7%

2. 协查精度低

所谓协查精度，就是侦查机关在司法协查中获取信息数据的完整度与协查

① 总共参考对象数目共 30 个。具体的参考对象为 17 家主要协查银行：中国工商银行、中国建设银行、中国银行、中国农业银行、中国交通银行、重庆农村商业银行、中国邮政储蓄银行、中国民生银行、招商银行、光大银行、中信银行、兴业银行、重庆银行、平安银行、浦发银行、华夏银行、三峡银行。5 家证券公司：银河证券、西南证券、国泰君安、申银万国、平安证券；3 家通讯公司：中国移动、中国联通、中国电信；3 家保险公司：平安保险、人寿保险、人民财产保险；1 家房管局：C 市 N 区房管局；1 家公安局：C 市 N 区公安分局。

② 定期协作对于侦查机关来说最不容易把握，比如部分协查单位将协作时间定在每周周五统一协作，即便侦查机关周一发出协查通知，也只能在一个星期后拿到协作结果。

③ 随意性和个人主观性表现在协查单位配合协作的不稳定。比如，我们在某银行协作期间发现，协作岗在 3 年期间换了 3 个人。每个人给出的协作结果并不一样。第一个人把所有在 C 市开户的账号明细全部协作完毕。第二个人只协作 N 区内开户的账号，其他区开户的账号需到该区支行协作。第三个人只协作在该支行营业部开户的账号，即便是在 N 区其他网点开户的账号也拒绝协作，必须到开户网点协作。另一家银行则是换了领导后拒绝在该支行协作所有开户账号信息，要求我们分别去开户网点协作。由此可见，协作人员变更，领导意见不同都可能给司法协作造成不可预期性。

效率之间的比值，协查精度在很大程度上反映了侦查机关的合理期待。目前在司法实践中，基层检察院面临着协查精度低的困境，初次协查的信息范围非常狭窄、数据相对残缺，需要进行多次协查或者单位之间的沟通协调才能进一步提升精度。

表 2　协查精度具体表现

协查行业	各行业信息协查精度问题表现
银行	部分银行系统更新后只能协查更新后的数据，要查更新前的数据要到开户地协查；部分银行省级分部不接待基层检察院协查，而各个区的支行一般只提供该区信息协查；协查公司账号时必须一字不差的输入，不能模糊检索，否则不能显示，并且公司账户一年不使用就自动休眠而无法协查；被查对象在银行是否开设保险箱不提供协查；电子交易没有保存交易凭证，无法调取；网上交易的 ip 号保存时限在 1 个月到 3 个月不等，超过期限自动清除；监控视频保存时限在 6 个月左右，个别银行只保存 1 个月，超过时间自动覆盖，无法恢复。
证券	证券账号转移之后，只能查现有账号，无法追溯之前的交易。

3. 协查密级差

协查密级，就是反腐败主体在和协查单位进行互动过程中相关信息的保密程度。对于反腐败主体来说，协查过程、协查结果必须高度保密，绝不能向第三方机构或者个人透露。影响密级的因素可分为可控因素与不可控因素，可控因素包括协查环境和协查点的物理环境，即可以通过短期制度完善予以控制的因素。具体表现在：设置了专门协查点的机构要好于分散协查的机构；能够与外界隔离的协查点密级高于开放式的协查点。从数据分析来看，专设协查点的比例为 56.7%，完全隔离协查的比例仅为 20%，若两者取交集，在可控物理环境中能保证协查密级的绝对比例仅为 11.34%，情况并不乐观。

表 3　协查环境现状分析

协查环境	机关专设协查点	机关无专设协查点	网点专设协查点	网点无专设协查点
单位数量	8	7	9	6
百分比	26.7%	23.3%	30%	20%

表 4 协查点与外界的隔离度①

隔离度	完全隔离（一对一）	相对隔离	开放式
单位数量	6	11	13
百分比	20%	36.7%	43.3%

不可控因素则较为复杂。就协查单位的类型而言，工商、公安、房管等行政单位的保密性要高于金融单位；在金融机构中，横向比较而言，行业内对大客户的信息保护和告知力度明显高于一般客户，也就是说，利益关系牵连越紧，保密性则越差。纵向比较而言，银行的保密性相对较好，保险公司的保密性相对较差；由于协查人员的政治素养不同，在机关协查的密级高于网点协查；从地区差异来看，城市面积越大，人口流动度越高、关系网越稀疏的地区（陌生人社会）的协查保密性要高于城市面积越小、人口流动度低、关系网越紧密的周边区县（熟人社会）。② 但是协查单位的保密程度高低都不是绝对的，在人情、友情、亲戚关系、上下级关系、师生关系等随机变量无法排除的情形下，无论哪个级别的反腐败主体办案，泄密的可能性都是全方位存在的。

（二）2015—2016 年期间的博弈型协作

虽然笔者仅仅选取了 2013—2014 年期间的实践样态作为分析对象，但笔者在访问检察机关侦查人员后得知这样的状态已经持续多年，并且在全国范围内存在。也许是意识到了经济主体在反腐败协作中的消极，2014 年年底，中国银监会、最高人民检察院、公安部、国家安全部发布了《银行业金融机构协助人民检察院、公安机关、国家安全机关协查冻结工作规定的通知》（以下简称《协查通知》），要求金融机构做好司法机关协查冻结工作。对此，课题组在 2015—2016 年期间仍然进行着跟踪调研。

① 完全隔离协作是指协查单位专门为司法协作设置协作岗位，由专人负责协作，并与其他业务部门分开，只接待政法部门的工作人员，不办理其他业务。相对隔离是指协作也有专门的人负责，但同时这些人员也会办理其他业务，比如银行的对公岗位，协作点通常对外有物理隔离。开放协作是指没有专人协作、也没有物理隔离措施，协作岗面向所有公众，侦查机关的协作文书其他旁人也可以看见，甚至有些群众看见文书抬头是某检察机关，更会激发其一探究竟的好奇心。因此开放协作泄密性大于前两者。

② 在同 C 市周边以及较为偏远的检察机关交流中，他院同志反映在该区县内协作银行、保险、公安等信息时，基本没有保密性可言。当地的官员大多数都是土生土长的本地居民，在本地关系极为复杂。所以他们会选择去相邻区县协作，以降低泄密的可能性。由此可见，协作密级的提升将不可避免的要增加协作成本，放缓协作进度。

调研结果显示：四部委在颁布《协查通知》后，检察机关在金融机构的司法协查工作并未出现实质性的改善。各金融机构并未统一司法协查方式，更不可能为检察机关内部建立专门的网络协查绿色通道。发生改变的只有协查人员未再对侦查人员说“无协查义务”等话。但协查的期间、协查的成本以及协查的精度、密度等问题几乎和过去没有任何改变。

三、博弈型协作的结构分析

（一）行动结构上的博弈

从上述实证调研不难发现，博弈型协作并非拒绝协作，而是在协作细节中表现出消极协作、迟缓协作以及粗放协作。消极协作，就是协作机构在协助反腐败过程中，对反腐败主体的协作请求变通执行、选择执行，导致提供的数据不全、精度不高。比如以本区不能查询他区数据为由不提供全面的数据，在能提供全面数据的情形下不提供全面数据。迟缓协作，就是协作机构以各种理由延迟交付客体信息，极容易贻误反腐败的最佳时机。比如协作机构以业务繁忙为由，长期搁置协作请求。粗放协作就是协作机构长时间维系已有的协作模式，并不愿意为反腐败协作进行制度优化，比如绝大多数协作机构不愿意为反腐败主体提供专设的协作部门和协作人员，不愿意为反腐败开设绿色通道，不愿意为反腐败缩减繁杂的内部审批程序。

博弈型协作的最终结果表现为双方的妥协，并由此生成了一种在反腐败主体与协作机构斗而不破的格局。只要能够满足反腐败主体的办案需求，双方并不会就协作主体的自利行为和阻抗行为产生矛盾。这里也出现了一个新问题，而在传统行政领域内长期存在的中央决定在地方不能得到良好执行的情形，也出现在了反腐败领域。至少可以认为，在博弈型协作的行为结构上，中国的传统文化、地方性知识以及权力主体之间正在形成新的利益格局，这种利益格局会对反腐败权威和效度造成一定的影响，却在很大程度上维系着平和的政治关系。

（二）立法文本上的博弈

在我国，任何行为一旦得到法律授权，就具备了绝对的行为根据。1995年出台的《商业银行法》第29条规定：“对个人储蓄存款，商业银行有权拒绝任何单位或者个人查询、冻结、扣划，但法律另有规定的除外。”第30条规定：“对单位存款，商业银行有权拒绝任何单位或者个人查询，但法律、行政法规另有规定的除外。”众所周知，储蓄是商业银行立足和发展的根基，这样的立法语言暗含着商业银行在面对客户储蓄可能遭受侵犯或者流失的情形下，应当以拒绝查询、冻结，保护客户利益为原则，以法律规定为例外，其背后的立法原意仍然是以主张维系自身的经济利益和经济秩序。

紧接着，1996 年修订的《刑事诉讼法》在 117 条给予了回应：“人民检察院、公安机关根据侦查犯罪的需要，可以依照规定查询、冻结犯罪嫌疑人的存款、汇款。”2012 年修订的《刑事诉讼法》则在此基础上扩展了检察机关的查询权，第 142 条规定：“人民检察院、公安机关根据侦查犯罪的需要，可以依照规定查询、冻结犯罪嫌疑人的存款、汇款、债券、股票、基金份额等财产。有关单位和个人应当配合。”随后，2014 年出台的《协查通知》则再次强化了金融机构的配合协作义务。但是，2015 年修订的《商业银行法中》对客户储蓄的保护逻辑并未变更，立法对于客户的财产权和隐私权的重视度明显提升。可见，经济主体也在寻求增强对自身利益保护的话语权。

同商业银行立法采取的直接利益声明不同的是，证券法、保险法则相对委婉。在对于客户利益的保护上，证券法、保险法的立法思路采取了行为禁止原则，即列明从业人员不得损害客户利益的具体行为，对于如何配合检察机关、纪检监察机关并未提及，仅仅笼统规定不得违背客户真实意思表示，损害客户利益，或者泄露商业秘密，这在一定程度上赋予了从业人员在重大利益上向客户请示汇报的义务，反腐败机构即便获取了相关信息，也不能保证该信息的保密性。另外，这样的立法思路较为巧妙地规避了刑事诉讼法规定的强制配合义务给证券、保险机构带来的不利影响，却给整个反腐败制度建设带来了风险性。

四、博弈原理解析：规则权威之下的竞争与合作

（一）客观始因：经济与国家关系的悄然改变

1. 经济主体独立与经济权威的崛起

1978 年后，我国开始从“计划经济”向“市场经济”转轨。在将近 40 年的时间中，日渐自由的市场经济环境缔造出诸多奇迹，中国在最短的时间内完成了立足于国际环境的资本累积。这一切都是发生在以公有制为基础的商品经济上。但是，在市场经济体制逐渐建立并完善后，市场经济对社会结构深度嵌构，过去的“权威—强制”型社会正在悄然向“法理—协商”型社会转型。法国社会学家涂尔干在 19 世纪末期就意识到了政治与经济之间的微妙转变，他认为：“尽管在以前经济只居于次要的地位，而今天它已经站在最醒目的位置上了。很早以前，人们还轻蔑地把经济功能划归在下等阶层的范围里，但现

在我们却看到军事、宗教和管理等领域的功能已经越来越屈从于经济基础。”①

改革开放以来，我国的经济改革让很多国有资产控制权逐渐转移到了非国家主体手中。在这样的背景下，国家主体的权威性不断消释，作为市场经济功能节点的各类经济组织的独立性和主体意识逐渐强化。反腐败客体的查证就是在这些经济主体中查找涉腐资产的来龙去脉，但由于现阶段资产管理制度的不完善，合法资产与腐败资产的产权界限未能在经济运行中得以清晰界定。诸如银行、证券、保险、私营企业等经济体正是依靠这些资产实现其经济功能，当反腐败主体需要这些经济体予以协助时，自然就会遇到极大的阻碍。这种阻抗虽不会对最终的反腐成果造成太大的负面影响，但博弈的格局业已成型。

2. 经济对社会的模式化影响

一方面，经济思维正在悄然影响着社会普遍人群的思维模式。在自由化的市场环境中，遵循着经济人思维的逐利动机被无限放大，追逐并获取财富的资本评价逐渐取代了过去公民基于政治忠诚的良好评价，换句话说，就是社会的普遍思维模式已经转变为对私有利益负责优于对国家利益负责。笔者在长时期的查办职务犯罪过程中，发现民营企业的思维模式已经发生了根本转变。比如，在检察机关请求物业管理公司调取业主信息，或者要进入小区抓捕嫌疑人时，通常都会遭到严重的阻抗，物业管理的工作人员声称他们只对公司的规定负责。并且，越是高档的住宅区，这种趋势越发明显。

另一方面，经济权威并非孤立的对社会施加影响，而是积极影响政治。美国学者罗纳德·罗戈夫斯基认为：“那些热衷于财富与收入急速增长的人自然能够扩展他们的政治影响力。”② 我国学者何新认为：“根据 1982 年《世界发展年报》，19 个工业化国家的经济制度都是混合型经济。美国的经济自 1930 年以来，早已非纯粹的资本主义抑或市场经济，而是资本主义导向下的混合型经济，私人与政府均在市场中发挥影响力。”无论哪个国家，经济组织与政府（官员）之间都有很多说不清道不明的关系，在资本累积过程中产生了诸多的政商联盟，尤其是在诸如美国等自由主义资本主义国家，强大的财阀足以影响国家政策走向。对于我国而言，长时期的 GDP 崇拜，让地方政府高度依赖于资本，导致经济主体或个人与政府有着极为密切的关系，在很大程度上也在不断加深与政治过程的嵌合。

---

① ［法］涂尔干：《社会分工论》，渠东译，三联书店 2009 年版，第 15—16 页

② ［美］罗纳德·罗戈夫斯基：《商业与联盟：贸易如何影响政治联盟》，杨毅译，上海世纪出版集团 2012 年版，第 10 页。

虽然当下经济主体逐步独立带来的经济权威崛起虽然已经对国家主义的传统认知产生了冲击，但就我国的政治体制而言，国家对于经济运行仍然具有绝对的掌控能力，经济运行的政治属性必然要优于市场属性而存在，因为市场经济必须在得到政体授权后方能具有合法性。同时，也正是因为国家以经济建设为中心，经济权威才可能在最短的时间内形成自身的话语体系。

（二）现实成因：经济主体维利性与反腐败破局性的冲突

1. 经济主体的利益关联

经济主体与调查对象通常由两种利益关系构成。一是直接利益关联。比如社会经济组织为发展而谋求不正当利益时向重要官员行贿，获得了市场中的竞争优势，彼此之间形成了牢固的利益同盟。两者之间一荣俱荣、一损俱损。这种情形在我们查办职务犯罪过程中非常普遍，一些企业法人与地方官员之间存在非常深厚的利益瓜葛，甚至牵涉到寄存涉腐官员的个人资产、帮助其将涉腐资产进行清洗，接受官员的入股请求，安排官员亲属入职等等。二是间接关联。即涉腐官员同与其并无直接关联的社会经济组织之间存在着利益关联。比如，涉腐官员及其行贿人的资产会存放在银行、证券、保险等金融机构中，成为这些金融机构的大客户。相应地，大客户在金融机构中将会享受比普通客户更优质更安全更保险的服务，这也是一个双赢的过程。随着时代发展，过去的正式金融机构显然已经不能满足贪腐官员们隐匿财产的需要，一些非正式金融机构亦成为其密切的合作伙伴，尤其是互联网非正式金融的兴起，涉腐官员们倾向于将非法资产转移至这些非正式金融机构中，既能保证资金安全，又能攫取相当可观的利息收入。

2. 反腐败破局功能的必然冲突

当下国情通过“治标为治本赢得时间”的反腐思路具有合理性。根除腐败在于铲除腐败的犯因性土壤，除了腐败文化的改良、腐败制度的铲除，最不能忽视的就是利益集团的消解。也就是说，要建局必先破局。利益集团最大的危害就是通过控制文化、制度、经济，将社会财富隐性的流入利益集团之中。在利益集团内部，腐败官员与贪婪商人各司其职，把控着众多的关键权力节点。当下的反腐策略看似带着几分运动反腐的意味，其实质却是通过消除盘踞在重要节点上的关键人员来瓦解利益集团，将制度决定权予以再次规划，从而将权力掌控与资源分配朝着符合绝大多数人利益的公平正义方向发展。

社会经济主体与反腐败主体之间基于不同的利益选择，已经形成了潜在的对峙格局，这种悄无声息的暗战通过多种方式得以体现，并在很大程度上制约了调查功能的发挥。同样是调查关系，也同样基于程序需要，公安机关和法院在与经济组织进行博弈的过程中就明显具备更多的筹码。美国学者罗德里克·马丁认为："根据赋予经济增长的优先地位以及资本累积的支配手段，政治组织对于经济干预的回答是不同的。因为政治组织和经济组织之间的关系显然受到具体产业的成功对于政府给予优惠待遇的依赖程度的影响。比如在二十世纪五六十年代的美国，飞机制造公司百分之八十的销售要依赖于国防部，而且常常受到政府防卫政策变化的支配。所以在经济组织与政治组织中，权力分配之间的相互关系是非常复杂的，它依赖于每一活动领域内部活动者的目标，并且取决于他们为实现这些目标所需要的各种资源被经济活动者与政治活动者所控制的程度。"① 很明显，相比于能够给经济主体带来关联性利益的公安机关（维护经济主体的安全秩序、侦破侵财案件）和法院（经济主体之间的纠纷需要法院进行利益权衡），检察机关和纪检监察机关并不具备对经济主体的关联控制。所以，反腐败主体对经济主体的破局性呈现的是单向、线性的无回馈机制，从沟通的角度来看，缺乏互动的沟通，也必然引发博弈。

（三）宏观归因：统一规则下的权威竞争

作为代表国家权威的反腐败机构来说，调查权具有天然的政治权威性和合法性。在计划经济时代，经济运行依附于国家政治安排，这个时期的反腐败与经济建设可谓在统一规则之下并行不悖，经济主体与反腐败机构之间呈现着良好的合作伙伴关系。但在市场经济时代，反腐败主体明显感受到了来自各方的阻力，在很多时候表现出权威不够的困境。

在法哲学中，学者们对权威的研究提出了系列问题，这些问题涉及公权力的正当性以及守法义务。拉兹在其论述中认为："法律制度发布指示，这种指示也被认为是先占（preemptive），意在控制被约束者，并且通过制裁或其他形式的惩处，确保被约束者对指示的服从，而这种服从被认为是正当的。"② 从法律权威理论出发，"规则"对行为的控制被放置于较高的位置。

我国的反腐败权威作为后发型的权威机制，并不具备拉兹所言的"先占"性，导致当下我国的规则权威体系对于腐败控制具有局限性，更是在统一的规则权威之下出现了与法治权威、经济权威、文化权威等先占权威相互的竞争局面，使得腐败控制的效率、效益与效绩三个方面并没有完全达到理想预设的状态。

严格来说，博弈型协作机制虽然直接体现为反腐败权威与经济权威之间竞争与合作，但不能脱离法治权威与文化权威的附随作用。就法治权威而言，反

① ［美］罗德里克·马丁：《权力社会学》，丰子义译，三联书店 1992 年版，第 329—330 页。

② Raz J. , Practical Reason and Norms , London: Hutchinson. 1975: p. V5.

腐败在破除利益集团的垄断格局中所附带的政治经济属性，不能游离于法律规范的框架之外，面临着法治授权与调查限制，不可避免地存在紧张关系。文化权威则更是一种先占典范，根植于儒家文化、宗族文化的社会关联更容易让经济权威拥有资源整合性。进一步分析，权威之间的竞争，实质上是一种对整个社会行动结构与思维模式的话语权争夺。反腐败权威所主张的公平、正义、清廉、自律、忠诚等价值理念在推行过程中还将会有很长的磨合期，从这个角度而言，反腐败进程的推进，还有赖统一规则权威之下的政治授权与支持。

五、博弈型协作机制的规范之策

（一）权威之间的社会影响必须统一服从于政治规则权威

中国已经成为经济新兴模式的代言词，更是全世界观测经济与政治关系的实验场。国外一些学者很早就开始研究中国的市场经济、私有化进程会对国家政治体制造成怎样的影响。斯坦福大学经济学家罗文预计，如果能保持5个百分点的经济增长率，那么到2015年，中国就会达到人均GDP 7000—8000美元并且实现民主化。新加坡国立大学的郑永年认为："中国商人阶层有可能发挥他们的欧洲先行者当年的作用，资本主义正在催生中国的中产阶级——一个带着牙齿的阶级。"① 国外学者对于中国市场经济发展最终结果的预测，均给执政者敲响了警钟。

本文对博弈型协作机制的探讨，也正是基于对当下经济权威急剧膨胀的担忧。博弈时刻处于动态的变化之中，博弈的结果取决于参与人对自身实力和对手实力的综合权衡。当下因腐败衍生的资产存在巨大的黑数，这些涉腐资产对健康的市场经济将产生巨大冲击，更是可能挑战国家对经济的宏观把控。因此，国家必须强化对政治权威的塑造，增强政治规则权威对权威系统的内部调整能力，在不同的历史阶段分配适宜的权威角色，也就是说，在当下反腐败成为国家长远战略规划之际，应当强化反腐败权威的社会影响，保证反腐败效度，由效度制约权威之间的博弈。

（二）博弈必须建立在产权合法的基础之上

经济主体基于逐利本性追求资本扩张无可厚非，这让国家在最短的时间完成了原始积累，给予了国家在国内民生建设与国际舞台施展拳脚的充分空间。

---

① ［美］蔡欣怡：《当代中国私营企业主的身份与策略》，黄涛译，浙江人民出版社2013年版，第2页。

张五常认为："中国经济发展的重心转变始于上世纪 80 年代，一个重要的特征就是通过承包责任的合约，由等级界定权利的制度逐步转型成为资产界定权利的制度。"① 从民商事法的演变来看，国家对于私有财产的保护越来越重视，尤其是私有财产与国家权力之间的关系问题更是法律规制的重点。

由于制度不完善，合法资产与非法资产混杂于市场中，一些涉腐资产在经过清洗之后更加具有隐蔽性。经济主体在从事经济活动过程中，并未对产权的性质加以辨识，对于合法资产与非法资产采取了同一的保护态度。当反腐败主体的调查行为可能将非法资产从经济主体剥离时，必然引发经济主体对于既得利益的保护。从这个意义来说，博弈型协作在很大程度上具有先天的制度缺陷归因。笔者认为，这种对于资产的笼统认知不能再得以持续，凡是涉及腐败资产的查处和剥离的，经济主体必须要配合。但是为了弥补经济主体的风险，反腐败主体在资产收缴后，可以继续放回原经济主体，从而形成必要的经济沟通机制，避免由于信息不对称引发的博弈格局。

（三）增强反腐败的博弈筹码

第一，尽快整合反腐败资源。反腐败资源的分散不利于在当下急需构建效度的时期来塑造反腐败权威。目前，国家监察委员会的试点正是整合反腐败资源的一种尝试，下一步需要讨论的则是机构、职能整合之后资源调动能力、情报收集能力以及政治动员能力。当反腐败主体具备合法的资源整合能力后，将在博弈中占据先机。第二，从不利结果反向增强权威性。比如美国的大陪审团可以签发传唤令，要求任何机关及个人在规定时间配合调查，无条件地提供反腐败所需要的证言证词、书证物证。若拒绝提供证据或提供虚假证据，将面临藐视法庭和伪证罪的处罚。很多不愿意给警方提供证据的机构或个人，在面对大陪审团的传唤时，均只能选择服从和妥协。第三，从专门性立法中获取权威支撑。白俄罗斯在《白俄罗斯共和国反腐败法》中就检察机关进行了概括规定，第 10 条规定："国家机关和其他机构有义务向实施反腐败的国家机构提供与证明腐败实施相关的信息。"第 8 条规定："反腐败的专门部门在履行任务时有权：通过白俄罗斯共和国法律规定的程序，从国家机关及其他机构无偿获取为履行反腐败职能所必需的信息，其中包括从自动化信息查询系统和银行数据库中获取信息。"这些均能给我国后期的反腐败专门立法提供借鉴。

---

① 张五常：《国家与市场》，译林出版社 2013 年版，第 3 页。

信息化侦查侵权层级划分
——以隐私权的合理期待和任意侦查为视角

马　兵*

在高速发展的信息化社会中，人们的生活交往方式和社会运行模式都随之演变，信息的脱域性与多维性在引发新的社会变革同时，伴随而来的是犯罪手段的多样化和虚拟化。而近年来反恐形势越发严峻，一次次极端恶劣的恐怖事件发生，在一定程度上反映出相关机关信息情报收集研判能力不足。不管采用何种方式记录信息，对信息的追踪通常都以时间为顺序，而信息技术的发展为侦查人员提供了线索性时间可视化模型使信息的收集量最小化但信息效用最大化，提高了侦查效益。为此各国均出台相关法案以期对信息化侦查①作出一个良性的立法授权。美国国会两院通过了《网络安全情报共享法案》（Cybersecurity Information Sharing Act）；英国也在2015年12月提出了新的《调查权法案》（Daft Investigatory Power Bill）并提交审核；日本在2016年6月24日公布的《刑事诉讼法等部分修正的法律案》中对于通讯监听的适用犯罪对象进行了扩大化，并对见证者参与的适用情况进行了部分限制。对此我们可以看出各国对信息情报的收集、利用都极为重视，而我国目前尚未有相关法律文件的出台，对于相关条文内容应如何设置以及信息化侦查如何在法律上进行合理的层级划分均未有明确的理论依据。笔者认为明确信息化侦查侵权层级对其相应的法律规制大有裨益。

---

* 重庆市人民检察院职务犯罪预防处副处长，四级高级检察官。

① 各国对于信息化侦查的定义存在的差异，但不影响相关信息侦查的本质是通过收集信息，进行分析研判后，利用形成的情报数据进行侦查活动。所以本文参用中国的信息化侦查作为概括性概念。

一、目前我国侦查信息与侦查措施的层级分类现状

（一）不同维度下的信息概念厘清

作为一种新兴的社会结构性因素，信息理论的研究方兴未艾，涉及信息的含义也涵盖了自然科学和社会科学等多个领域。[①] 而作为社会科学的法学，其领域内对于信息的定义与层级分类也错综复杂，为此需要对信息从社会科学领域进行多视角的解读，以期能发现目前信息化侦查中信息的本质含义，进而厘清概念涉及横向范围和纵向分级。

1. 既有法律视角下的信息范围

法律现象概念化，是理论研究的先决条件。而从不同角度分析，同一法律现象也会得出不同的概念性结论。从既有法律规范视角下审视信息的范围，首先要明确几个原则[②]：（1）法律意义上的信息，需要以自然哲学意义上的信息为基础，即可以为人感知。（2）必须能够满足一定人群的需要。（3）必须是反映人与人之间或与人交互之间的信息。在上述原则的指导下，各学者对于法律意义上的信息作出相应的界定，而笔者认为刑事法律视角下的信息在与其他法律保持一致的同时，应具有自身的独特性。故法律视角下信息的范围应是："以自然人为主体，对其具有身份标识意义的以及能够直接或间接反映其相关社会活动的信息。"即包括了个人信息、个人数据和隐私。

2. 当前侦查视域下的信息层级

因信息化社会中的数据储存的呈现电子化趋向，我国目前侦查视域下的信息多表现为电子记录的形式。而"两高一部"于2016年10月1日起实施的电子数据证据规定中。此规定第1条即说明："电子数据是案件发生过程中形成的，以数字化形式储存、处理、传输的，能够证明案件事实的数据。"将电子数据分为：网络平台发布的信息、网络应用服务的通信信息、电子交易及通信记录等电子交互信息、文档图片及以计算机程序为载体的储存信息。而结合侦查实践对于侦查视域下的信息应划分为以下几部分：（1）执法记录，包括DNA、指纹、户籍信息等公安基础性信息以及前科记录、案犯面部相片等犯罪记录信息。[③]（2）其他政府部门记录，包括税务记录、出版信息、相关部门的

---

① 马改然：《个人信息犯罪研究》，法律出版社2015年版，第2页。

② 皮勇、黄琰：《试论信息法益的刑法保护》，载《广西大学学报》2011年第1期。

③ ［美］詹姆斯·W. 奥斯特伯格：《侦查：重建过去的方法》（第七版），刘为军译，中国人民公安大学出版社2015年版，第144页。

缴费记录以及相关政府部门公开填报信息。（3）商业组织记录，体现为银行卡记录、网页门户网站搜索记录、B2B、B2C 购物记录、P2P 借贷记录等。（4）其他来源记录，商会记录、高校数据库记录。（5）监视信息，以入侵式和非入侵式为区分，侦查部门主动收集的相关涉及隐私的信息。

3. 社会变革背景下的信息杂糅

在剧烈的社会变革的背景下，科学技术的高速发展对相关信息的理论也产生了巨大的冲击。原先层级分明的信息相互交错、既有的信息界线也随之模糊。从法学角度来看，个人信息与隐私的界线难以区分，随着个人信息犯罪在刑法成立相关罪名，部分个人信息其重要性得以提升，甚至上升至个人隐私的高度，相关的层级分类也随着技术的发展呈现交错的态势，出现了理论层面一致而法律层面区分对待的问题。从刑事侦查学角度来看，信息的发展模糊了犯罪预防和刑事追诉的界线，也模糊了两者对信息收集的程序性规定。

（二）侦查中心论与审判中心论视角下的侦查措施分类

我国目前对于侦查措施的分类种类繁多，且尚未确立任意侦查原则。对于侦查措施的分类据其指向对象、法律依据、公开与否、功能范围等均可设立相应的分类标准。侦查措施既包括刑事诉讼法所规定的各种措施，也包括侦查职能机关制定的法规或内部文件中规定。“侦查措施是指侦查机关在刑事案件侦查过程中，为了查明案情，收集证据和查获犯罪嫌疑人，依据法律采取的各种侦查方法。”[①] 从不同的理论视角，可以将上述分类整合为两个理论范畴。

1. 以侦查为中心视域下的措施分类

以侦查为中心的理念来源于诉讼阶段论，即将侦查、起诉、审判视为诉讼的三个阶段，对于刑事诉讼目的的实现同等重要，地位无高低之分。[②] 从刑事侦查学角度审视措施分类，其着眼点置于如何查明案情，收集证据和查获犯罪嫌疑人。进而对具体的侦查措施主张从其表面形式区分，使抽象的侦查措施以分类形式具象化。根据侦查措施的公开与否，可分为公开侦查措施与秘密侦查措施；根据侦查技术的需求度差异，可分为技术侦查措施与非技术侦查措施；依据指向对象的不同，可分为对人的侦查措施与对物的侦查措施。我国有学者以不同视角列举近 70 种侦查措施，也从侧面可以看出侦查措施是以实践为依托不断完善发展的。以侦查为中心的行为分类本质上是服务于侦查实践活动，故只涉及到侦查措施的表现形式，而未牵涉侦查措施的本质属性。

---

① 任惠华、马方主编：《侦查学教程》，法律出版社 2014 年版，第 207 页。

② 樊崇义：《刑事诉讼法》（修订版），中国政法大学出版社 2002 年版。

2. 以审判为中心视野下的措施式样

以审判为中心是指侦查、起诉活动应当面向审判服从审判要求，同时发挥审判在认定事实、适用法律上的决定性作用。[①] 从刑事诉讼法的角度，主要对于侦查措施从有无法律依据和强制程度层级作区分。以侦查行为是否有法律依据，可分为法定侦查措施与非法定侦查措施；以侦查行为是否以符合法律规定为标准，可分为合法侦查措施与违法侦查措施；以是否需要特定的生效要件，分为要式侦查措施与非要式侦查措施。而我国刑事诉讼法对于侦查措施采取的是列举方式，分为在“侦查”一章中规定的侦查措施——讯问犯罪嫌疑人、询问证人与被害人、勘验与检查、搜查与扣押、鉴定、技术侦查、通缉，和在“强制措施”章节规定的侦查措施——拘传、取保候审、监视居住、拘留、逮捕。以审判为中心强调侦查措施的正当性，即侦查行为来源于法律授权。着眼于侦查措施的强制属性，通过强制措施法定原则对其进行列举与规制。

3. 侦查中心主义的祛魅趋向与审判中心主义的构建现状

从党的十八届四中全会提出“推进以审判为中心的诉讼制度改革”以来，贯彻落实审判中心主义，对侦查中心主义的纠偏已成学界共识。侦查与审判固有的视域差使同一侦查方法依据不同分类标准结果相异，从侦查角度划分措施带来了强制措施与非强制措施界线不明、部分无授权或超授权侦查方法得以在实践中运用。重形式而轻实质等诸多问题。而对于侦查措施的分类也应从侦查视域向审判视域的跃进，从达到规范侦查取证行为的应有之义。故在审判为中心的制度下，实现侦查措施从实践分类到法律分类是其必经之路。而从目前的侦查措施分类来看，刑事诉讼法中对于侦查措施无论在列举种类还是划分概括都不尽完备。相应的，实践侦查措施依托于概括授权性规定的数量远大于法律条文明确规定的，从而带来了实践中技术侦查与侦查技术的模糊性，一般调查措施与强制措施的错杂分布等问题。

二、隐私合理期待理论下的侦查信息层级设立

（一）从隐私合理期待的发展沿袭中寻求侦查信息的划分标准

所谓“隐私合理期待”理论，是指在判断政府执法人员或者行为人所实施的行为是否侵犯了公民或者其他人所享有的隐私权时，应当同时考虑公民或者他人在主观上态度及其态度是否合理。[②] 美国联邦宪法第四修正案规定：

① 龙宗智：《“以审判为中心”的改革及其限度》，载《中外法学》2015 年第 4 期。

② 张民安、林泰松：《隐私合理期待总论》，中山大学出版社 2015 年版，第 2 页。

“人民有保护其身体、住所、文件及财物之权，不受无理拘捕、搜索与扣押，并不得非法侵犯。”第四修正案将侵犯公民个人空间的行为定性为物理性的空间侵犯，通过公民对其住所或其他场所内所享有的财产权排他性，对物理性入侵行为做排除性规定。而随着网络技术的发展，由虚拟数据形成的信息空间也成了社会生活中重要组成部分，且相关侵权行为借助科技可以对物理空间进行非实体性质入侵。第四修正案的时代局限性显露无遗。为此 Katz v. United States 案判决所催生的隐私合理期待理论得到迅速确立与发展。隐私合理期待理论发展大致经历了三个阶段，即主观标准阶段、客观标准阶段、主客观结合阶段。而加拿大在隐私合理期待中也提出了与美国的不同的标准即“综合情势”。

1. 主观标准阶段

主观标准主要表现为：要求个人已经表现出对其隐私权的主观期待，要满足该要件，法院要求个人采取明示或暗示的积极举措。个人的主观意图只有体现在客观的行为、语言和事实中，才可能为裁判者所肯认①。在实践过程中，主观标准并未引起美国最高法院的重视，究其实质，是因极易陷入博弈论的误区。在博弈论中存在着著名的“老虎悖论”② 即对于“确切的知道”和“既有事实下推理”的混淆理解带来的矛盾。当他人对特定事项客观上不具有隐私期待时，其必然不可能对该事项具有主观上的合理期待，在不具有客观期待的前提下考量主观标准在实践的过程中，会产生基于既有期待的推理下的隐私权与实际隐私权矛盾所带来逻辑混乱。

2. 客观标准阶段

客观标准阶段将理论重点置于隐私合理期待理论中对于“合理”的界定问题上，进而提出了公共暴露说、风险承担说和共见共闻说，即对于公共场合以及与相关不特定第三人信息传播过程中的隐私期待合理性进行区分。主张隐私人若将涉及隐私的信息、物品放置于公共暴露空间以及将隐私信息告知第三人时，视为降低其隐私期待的合理性，当上述行为活动处于共见共闻状态，不受区域空间及特定行为的限制。美国最高法院在对隐私合理期待的标准界定中曾长期采取客观标准，即该主观的隐私期待必须是社会承认为合理的。具体实施过程中则大多数取决于公共暴露说、风险承担说以及非法信息无隐私说进行隐私期待的界定。从侧面来说在客观标准的视域下，隐私是以全有或全无的状

① 向燕：《美国最高法院“隐私合理期待”标准之介评》，载《国外刑事法制》2014 年第 1 期。

② 此博弈论有多种说法，有的表述为“意外绞刑悖论”或者“突击实验悖论”，其讨论的重点都在于“知道”和“既有事实推理”中的逻辑悖论。

态存在。而随着科学技术的发展，个人在不知情的情况下向第三方提交数据的行为时有发生。客观标准也引起了学界的质疑，在进行客观合理性判断时对于行为人主观意愿的忽视会带来可能性到必然性的转化，使得公民在公共空间以及于第三方交流时隐私权的合理期待被强行降低。这本身与隐私信息的自决性相矛盾。

3. 主客观相结合阶段

主客观相结合阶段结合了上述两种观点，对于隐私合理期待的标准分为主客观相结合，即必须同时具备以下两个要素：一是个人必须“表现出一种真实的隐私期待”；二是社会大众认为公民的这一期待是合理的。① 而这种划分从公民的主观期待为前置型条件。隐私期待的合理性为后置型排除条件，整体上对认知悖论和暴露必然性进行良好的规制，也成为现今美国隐私权合理期待的判断标准。

4. 综合情势阶段

《加拿大宪章》第8条规定：“每一位公民都享有免受政府执法人员不合理搜查或者扣押的权利。”② 在规定了公民享有隐私权合理期待的同时，将其仅限定为侵害行为发生后才受宪章约束。加拿大最高法院对于隐私权合理期待成立与否的界定，大致可以概括为两种路径：风险途径和监视途径③。风险途径针对的是区域问题，即涉及隐私权的区域一般民众能否进入，通过区域安全性、私密性的判断得出该区域内是否享有隐私的合理期待。监视途径的核心问题在于公民能否预料到侦查人员可以在非授权情况下侵害隐私利益，即可知性问题。两种途径的着眼点不同：风险途径重视公民的所处区域或信息是否事实上容易受到侵犯。监视途径则重视无授权约束的侦查行为对公民造成的影响。而因为隐私权的主观性与延展性对其的判断标准，应结合个案特点进行综合性考量。

上述四种标准反映了隐私权合理期待理论的发展沿袭，也可以看出随着信息化社会不断发展，隐私的表现方式也日益繁杂。相应的法律界定问题也由单一标准向多元标准转化。而我国信息化侦查中所涉及的侦查信息划分标准，也应向多层级多元化发展。借鉴美国的主客观结合的标准，对于相关侦查信息进

---

① A reconsideration of the katz expectation of privacy test, Michigan lareview, vol. 76, no. 1, pp. 154－183.

② Part I of the Constitution Act, 1982, being Schedule B to the Canada Act 1982 (U. K), 1982, c. 11.

③ 张民安、林泰松：《隐私合理期待总论》，中山大学出版社2015年版，第118页。

行层级分类。

（二）从隐私合理期待的标准设定中审视侦查信息的层级分类

隐私合理期待的主客观标准为：一是公民主观上享有隐私期待，二是社会大众认为公民的这一期待是合理的。而根据这一标准对我国信息化侦查所涉及的信息进行分类，大致有两个角度。其一为区域性质角度，即从区分的私密性质可以划分为以下全开放的公共空间、半开放的公共空间、准私人性质型空间、纯私人性质型空间。而对于上述空间①的暴露程度不同，其涉及的隐私权也不尽相同，但与此同时，这一类型的划分与隐私权并不呈现充分必要关系。其二要同行为人的主观期待与行为表现联系结合起来从另一个角度去对隐私期待合理性进行分析，即行为人的主观意愿和对于侵权行为的认知程度。以“公共区域”为例进行分析，即使行为人处于全开放性公共空间，其视行为的私密性也要进行分级考虑，如处于全开放公共空间的行为人也具备了对于自己行踪不被监视与追踪的隐私合理期待或通过行为秘密性映射出的合理期待。上述层级分类表现为两阶段，在根据区域划分层级后对于同一区域内依据行为人的主观意愿与行为表现划分内部层级。因此侦查信息的层级划分大致可以分为以下三种。

1. 绝对隐私类信息

针对隐私权，法谚作出过这样形象的表述：“隐私止于屋门之外。”而对于当前社会，屋门之外不仅仅是现实中的一道屏蔽，更是指虚拟社会中的一间密室。美国联邦最高法院对于私人住宅强调其作为个人通常具有隐私期待而不受国家公权力无令状授权加以侵犯的空间，其内部隐私权具有显然的正当性。德国刑事诉讼法将其称为私人生活状态之核心区域。② 因此，对于私人空间的信息，无论行为人在主观上是否有对隐私权的期待，因私人空间的存在合法性，均推定为具有隐私合理期待，而对于处于准私人空间且主观上有对隐私权合理期待的信息，因客观上准私人空间作为一片能够延伸公民在其神圣住宅中的隐私活动区域，也应与私人空间为同一性质信息。上述三类均属于绝对隐私类信息，是公民信息中涉及最核心利益的信息。

① 以上表述的“空间”均为物理空间和虚拟信息空间的概括性概念，因信息化侦查中物理实体性的信息收集与虚拟网络信息收集均是信息化侦查的对象。

② 私人状态之核心区域是从《德国基本法》第1条1款和第2条1款中推导而来的。不过此概念并无通说，目前通过判例予以解释。而《德国刑事诉讼法》第100条C中对于私人状态之核心区域均有保护规定。参见宗玉琨译注：《德国刑事诉讼法典》，知识产权出版社2013年版，第63页。

2. 相对隐私类信息

隐私权并不是绝对性权利，而是相对性权利。即在某种情况下，可以推定行为人对于自身拥有的隐私权缺乏必要的重视程度。这类信息理论上虽属于隐私信息范畴，但不牵涉公民核心利益的或虽牵涉核心利益但行为人不具有合理期待，例如在准私人空间中主观上不具有隐私合理期待的信息或处于半开放空间以及全开放空间中具有隐私合理期待的信息。从行为人客观表现的合理性以及主观上对隐私期待程度可知其相对于绝对隐私类信息防御性较低，但仍属于核心利益。

3. 基础性信息

当行为人处于纯开放空间或半开放且对隐私权无合理期待时，推定其已经知晓其相关行为及信息可能为不特定第三人所了解，且社会公众与侦查机关获取信息的难易差异程度在可接受范围内。这一类信息属于侦查基础类信息。例如，公共街道的视频探头、公开论坛发布的信息、公民在出版物上的相应观点等。对于这类信息侵犯公民权益最小，也是信息化侦查的基础性信息。

从既有的隐私合理期待标准，我们可以作出与侦查实践相适应的信息划分，从侵犯信息的私密程度不同对侦查行为的性质进行厘清。但与此同时，需要明确的是单纯依据信息的划分对信息化侦查进行规制能否达到良性的反馈。

（三）从隐私合理期待的弊端中思考侦查信息层级设立合理性

上文依据隐私合理期待理论，对侦查信息层级进行划分，也是诸多学者提出层级规制理论的依据。可在实践中依据侦查信息所作出的层级划分的合理性和可操作性尚待商榷。隐私合理期待理论并非是完备的理论，其自身的弊端同样不可忽视。在隐私合理期待理论中存在以下弊端。

1. 法律理论的局限性

隐私合理期待表现在美国联邦宪法的修正案中，作为宪法理论对涉及内容进行规制，而中国目前若建立相关理论，也需要给予其宪法理论的地位。宪法理论究其实质属于法律理论，而当对于隐私权侵犯事实涵摄到法律理论时，会出现较大的不确定性。① 并且无论是公民隐私还是信息都是随着时代不断变化，即使在同一时间维度上，根据个案具有特殊性有着各异的表现形式。当法律理论无法穷尽现实中的事实类型时，理论的规制功能日渐式微。

① 向燕：《刑事侦查中隐私权领域的界定》，载《比较法研究》2011 年第 1 期。

2. 合理的主观性与合法的扩大性

根据上文所述，我们认为合理标准的设定有效地遏制了主观的任意性，而这里的主客观也仅仅是相对而言的，合理本身就是带有主观价值评价的度量词，且其内在的灵活性与多变性会使原属法律价值的评判被移交给社会理性范畴，从而使法院判决的相关法律意义缺失，过于片面性。而合法的期待同样存在问题，即公民需要承担违法信息不享有隐私合理期待的后果。在实践中对于信息获取之前，违法与否尚无清晰的认识。若将相关信息的收集均以合法与否进行审查，会陷入信息侦查手段乃至于技术侦查手段滥用的局面，使得公民社会变成监控社会。

3. 信息层级的单一性与侦查侵权行为的多样性

对于侦查信息进行划分是否就可以推定依据侦查信息可以对侦查行为的性质进行准确区分？从信息化侦查行为来看，其主体是侦查人员，行为方式是与信息化侦查相关的侦查措施，客体是信息。而仅仅依靠客体无法准确界定侦查行为的性质。对于同一信息，采取不同程度的侦查手段，其侵权性质显然不同。以网络热议的“朋友圈信息”为例。对于“朋友圈信息”采用后台数据进行收集，通过行为人的可视第三方进行查验，以及对行为人手机进行技术破解，均可达到对信息的收集目的。这三种方式根据手段措施的不同，对侦查相对方的权益侵害也不尽相同。而在隐私权合理期待理论的信息划分中均属于一类，这与民主自由社会道德价值观是相背离的。

英国在 2015 年 12 月修订的《调查权草案》中，就未采取对侦查信息的分类，而是对调查手段进行划分。大体分为拦截通讯、数据监看、以设备干扰连结、大量收集个人信息资料等。[①] 日本在修订刑事诉讼法的草案中，对于监听行为也是依据其任意侦查原则进行层级分类。目前我国针对于信息化侦查层级设立应该秉承着两阶段的理念，即在通过隐私权合理期待对信息进行划分后，根据任意侦查理论厘定侦查行为性质，综合比较后形成合理性层级。

三、任意侦查理论下的信息化侦查手段分类

（一）任意侦查概念辨析与特点分析

任意侦查理论肇始于法国初步调查制度中的任意侦查方法，而具体的任意侦查制度则滥觞于日本刑事诉讼法。日本《刑事诉讼法》第 197 条第 1 款规

---

① http：//services. parliament. uk/bills/2015 - 16/investigatorypowers/documents. html，2016 年 11 月 14 日。

定:“于侦查中,为达成其目的之必要可进行相应调查,但强制措施除法律明文规定外,不得为之。”即在侦查中任意侦查为原则,强制侦查为例外。而任意侦查究竟是什么,在宋英辉教授翻译的《日本刑事诉讼法》一书中,对任意侦查作出如下解释:“所谓任意侦查,是指以受侦查人同意或承诺为前提而进行的侦查,对于任意侦查,法律没有特别限制,即使法律没有明文规定,原则上也可以采取适当的方式。”① 日本学者田口守一则将任意侦查解释为“秘密侦查”,即从掌握侦查线索到强制侦查前,在被侦查者不知道的情况下进行的侦查。② 其将任意侦查与强制侦查对立起来,而受侦查者同意或承诺不应作为前提考虑。我国学者对于任意侦查也作出了相应的阐释:“任意侦查,是指侦查机关在侦查刑事案件过程中,不违背或侵犯侦查相对方自由意志与重要权益,由侦查机关自行判断、实施的非强制性侦查行为。”③

通过对上述定义的列举,我们发现任意侦查具有两个特点:一是任意侦查是侦查行为即刑事司法行为,必须符合比例原则。二是任意侦查区别于强制侦查而表现出的受侦查者的重要权益不被侵犯是其核心要素。④

（二）任意侦查理论下的界定标准与适用合理性评析

1. 任意侦查措施的划分标准

对于任意侦查的划分标准,日本学界存在两种学说。其一是以界定强制侦查为依据,对任意侦查作排除性定义。而对于强制侦查行为的界定标准主要有三种学说⑤:手段强制性说、普遍权益受侵犯说、重要权益受侵犯说。而这种排除性定义对于我国行政性与司法性杂糅的侦查行为无法作出清晰的区分,会导致任意侦查行为外延扩大化,虚化行政行为与司法行为的界线,故对此学说的内涵不作深入考究。其二是对任意侦查直接作出界定。日本学界也先后出现了五种不同的学说主张:（1）形式强制力说,将物理意义上的直接有形力（直接强制）或赋有预涵制裁效果的行为（间接强制）作为任意侦查与强制侦查的标准。（2）中间区域说,主张任意侦查为一种处于“强制”与“任意”

---

① 宋英辉译:《日本刑事诉讼法》,中国政法大学出版社 2000 年版,第 4 页。

② ［日］西原春夫主编:《日本刑事法的重要问题》（第二卷）,成文堂出版社、法律出版社 2000 年版,第 29 页。

③ 马方:《任意侦查研究》,群众出版社 2009 年版。

④ 笔者认为,其重要权益与自由意志并不处于同等地位,即在受侦查者同意的情况下,对于其重要权益视为放弃。例如隐私权、人身自由权进行部分限制时,其重要权益的本质并未改变。但征得同意即不违背自由意志的同时视为对其重要权益的放弃。所以重要权益处于核心地位。

⑤ ［日］田口守一:《刑事诉讼法》,刘迪等译,法律出版社 2001 年版,第 30 页。

之间的程度尚未达到强制，且为社会公众所认可的侦查行为。[①]（3）形式权利侵害说，无论是否有强制力实施，凡未经对象之同意而侵害其个人权利、法益的即为强制措施。（4）侵犯重要权益说，以有无违反侦查相对方明示或默示的意思表示即实施侵害个人的权利和利益的处分为区分基准。[②]（5）综合判断说，即综合有形力说与重要权益说，认为有形力为基础标准，重要权益为核心标准，同时添加侦查行为的紧迫性、必要性、正当性为衡量标准。

我国学者则主张对任意侦查从主观和客观两个方面构建综合评判标准。即主观方面侦查相对方有明确意思表示同意或承诺任意侦查、侦查相对方被明确告知相关权利、不存在任何可能压迫个人自由意志的外部强制力或胁迫；客观方面从内容上是否侵犯重要权益，从发动上看是否符合比例原则，对任意侦查进行综合评判。[③]

2. 任意侦查适用合理性评析及适应性调整

通过上述对于任意侦查划分标准的阐释，我们会发现对于侦查行为性质的界定都趋向于综合化，即从侦查主体行为与侦查相对方意思表示两方面衡量的基础上，对于侦查行为的全部情势进行综合性评判。而随着科技发展，侦查行为的表现形式也随之演变，上述任意侦查的划分标准也要依托于法治理念，在既有法制框架下进行调整。日本对于任意侦查的划分标准在适用性上存在以下的问题：其一为若将取得相对方明确同意或承诺视为任意侦查之必要要件，则网络信息调取、电子痕迹的追踪均为强制性侦查措施。于侦查机关而言，限制其实施任意侦查的范围，影响侦查效益。其二为侦查相对方的同意也带来了实践中的困境，即侦查机关在取得相对方同意或承诺后实施任意侦查过程中采取强制措施是否合理程度。对于任意侦查时行使有形力程度，日本学界主要有以下几种观点。[④]（1）严格任意说，认为同意即为任意的受忍措施而否定强制力的实施。（2）例外武力说，以案件的严重性和犯罪嫌疑人的明确性为要件例外承认使用武力。（3）制约说，承认可以使用强制力限制人身自由但不应达到人身羁押程度。[⑤] 而上述大多数学说都是依据个案所得出的判例学说，而我国台湾学者则认为相对方同意与否，可作为判断个人权益是否遭受侵害的要

① ［日］井上正仁：《強制捜査と任意捜査》，有斐閣2006年版，第41页。
② ［日］井上正仁：《刑事訴訟法の争点》，有斐閣2013年版，第54页。
③ 马方、周腾：《论任意侦查标准之构建》，载《西南政法大学学报》2007年第5期。
④ 彭勃：《日本刑事诉讼法通论》，中国政法大学出版社2002年版，第60页。
⑤ ［日］田宫裕：《偵査の構造》，有斐閣1971年版，第141页。

素，不易独立作为任意侦查的判断要件。[①] 其三为以重要权益为判断即强调个人权益受侵害的程度大小，将强制侦查限定为重要权益受侵犯。是否会使得任意侦查行为有扩张之虞。目前我国尚未确立司法审查制度与令状主义，任意侦查范围的扩大化也值得警惕。

针对于上述问题，笔者认为应对任意侦查作出适应性调整，即对于侦查相对方的主观方面应由明确的意思表示演变为推定其知悉或同意。在信息网络社会，对于部分信息采集及电子取证活动，相对方的明确意思表示难以获取，侦查效益无法体现。而客观方面应由重要权益的范围应扩大为实质性权益，实为扩大外延达到限制任意侦查范围扩大之举。故任意侦查的标准应为：主观上，侦查相对方知悉或推定其知悉相关权利范围，且不存在压迫自由意志的外部强制力或胁迫；客观上，从比例原则及是否侵犯实质性权益进行综合判断。

（三）任意侦查理论下的信息化侦查措施分类设定

1. 从任意侦查视角下审视既有标准的合理性

目前对于侦查措施的划分依据刑事诉讼法相关规定分为调查措施、强制侦查措施、技术侦查措施三类。针对上述三类均采取不同程度的法律规制且呈现逐级上升趋势。依据侦查实践又有公开与秘密之分。而信息化侦查在其实施空间与表现形式上均有不同。信息化侦查表现出明显的脱域性、虚拟性、隐蔽性、主动性，使得依据既有标准划分层级与实践反馈相左。表现在秘密侦查与技术侦查从属性模糊、强制措施与非强制措施的区别不明显、事后调查与主动调查无法区分、虚拟侵权无法规制等问题。因信息化侦查采取的多为非有形力式侦查方法对虚拟个人信息数据、隐私活动进行收集、提取、监视，按照当前刑事诉讼法中主要依据实体强制程度的侦查措施分类难以将其正确区分。并且虚拟空间与实体空间的特殊性也使得例如“现场勘验”之类传统侦查方法在转化到虚拟空间后，其行为性质也发生变化，强制与非强制随场所性质而转变。

从任意侦查理论的视角下审视传统分类方法其缺陷在于日本通过任意侦查原则将侦查措施分为强制侦查措施与任意侦查措施。而我国虽也通过强制侦查法定原则对强制侦查措施作出了相关规定，但传统强制措施概念的缺陷使其在实践过程中与日本强制侦查措施相距甚远，其概念的理论瑕疵使以其为基础架构的强制措施制度和侦查程序立法存在着逻辑性和实用性两方面的根本缺陷。[②] 主要体现在以下几个方面。

---

① 陈运财：《侦查之基本原则与任意侦查之界限》，载《东海法学研究》1995年第9期。

② 万毅：《微观刑事诉讼法学》，中国检察出版社2012年版，第104页。

第一，模糊了强制措施的本质属性。从任意侦查原则中标准体系中，我们可以看出，强制措施的本质是在未经侦查相对方的同意或承诺的情形下，对其核心利益或基本权利的干预。其重点在于核心利益，而意志自由与人身自由作为前置条件做例外性排除，如自愿偕行、经同意搜查等。而我国强制措施着眼点在于人身自由方面，而忽视了许多侦查措施在不侵犯自由意志的基础上干预公民的基本权利侵犯其核心利益。

第二，缩限了强制措施的外延。强制措施仅限于拘传、取保候审、监视居住、拘留、逮捕五种。其主要重视物理意义上的人身强制同时，干预公民宪法性基本权利的强制手段，如搜查、通讯监听等措施列为一般性侦查措施[①]。而上述措施在任意侦查视角下，若未经侦查相对人同意，其侵犯的是相对人的核心权益，理应纳入“强制措施”的概念与体系中予以规范。

第三，扩大了概括性授权的范围。我国侦查措施整体采取的是列举式规定辅之以概括性授权以期给予实践中层出不穷的侦查行为法律上的正当性。而实践中，却出现了概括性授权措施数量上远大于列举式规定的实践乱象。而任意侦查中对强制措施采取的是强制措施法定原则，整体形成以强制措施为例外、任意侦查为原则的模式架构。当前侦查措施分类在不符合侦查法治原则的同时，无法做到法律规制。

第四，忽视了目的性与的必要性分析。我国侦查措施分类重侦查方法性质分析、轻侦查目的必要性分析，按照既有分类方法，使用同一侦查措施收集同一种类信息，其在刑事诉讼法视角下即同一性质的侦查方法。在缺乏必要性的考量因素下，使得措施分类中忽视了主观因素即侦查措施实施目的的影响。信息化社会中信息的中立性使其基于何种目的收集以及被用于何处的重要程度远大于收集与否。

第五，既定标准的实然规则性与其应然原则性产生分类滞后的问题。标准的现实性使得其必然不会以恒定合理的状态存在，而随着侦查措施的不断丰富与变革，其本身属性也随之演变。故对于侦查措施的划分应为原则性调节而非规则性划分。从任意侦查标准架构中，其涉及的主观因素与客观因素在一定程度上具有稳定性与普适性。而目前标准的现实性使得其内部规范因素无法调节外部现实活动，由于标准的滞后于实践发展，出现诸多现实问题。

2. 任意侦查适应性标准下的信息化侦查措施层级分类

从任意侦查视角重新梳理信息化侦查的标准，在综合考量主客观要件及目

---

① 万毅：《论强制措施概念之修正》，载《清华法学》2012 年第 3 期。

的必要性的情势下，对既有信息化侦查措施可以作出如下分类：

第一，基础型侦查方法，即侦查机关以刑事犯罪的规律、特点和趋势为基础而制定实施的、制约侦查根本方向的具有长期性、预防性、全局性的侦查措施。[①] 如基于公安内部及其他政府部门机关数据库的查询比对、调取公共场所的视频信息、收集网络信息公共平台发布的信息等。而此类侦查方法在行为人主观方面推定其知悉信息会被第三方使用，故认为其在主观方面未违背其意志自由且获得承诺。而在客观方面因其信息的基础性与公开性，未涉及其实质性权益。属于任意侦查范畴。

第二，用于追捕的非侵入性侦查方法，如收集调取处于第三方平台的半公开或公开数据、目标轨迹追踪、调取通讯数据清单等。此类侦查方法区别于基础性侦查方法，其在主观方面多未取得侦查相对方同意，且相对方不可充分预知其信息会被第三人知悉与收集。客观方面达到了对相对人权益的侵犯，虽涉及了技术手段运用，但性质上属于“非入侵性侦查方法”，对于相对人的基本权利与利益未构成实质上的侵害。从行为目的考量，其行为多为追捕所需，具有紧迫性与必要性。此类侦查方法不可随机启动，其依照侦查需要综合考量比例原则后，方可实施。故属于强制侦查范畴，遵循强制侦查法定原则。

第三，用于侦查的侵入性侦查方法，如特定区域监视、犯罪远程现场勘验、通讯信息实时监视、密搜密取、在线搜查等。上述技术侦查区别于刑事诉讼法技术侦查的范围，其行为特征表现为主动性、监控性、隐蔽性。其措施侵犯的是公民的实质性核心权益，对宪法规定的通讯秘密与自由权利进行长时间、持续性限制，且行为手段带有不可知性与强制性。故在强制侦查措施中，应依照刑事诉讼法中技术侦查的相关规定，确立严格的审批适用制度。

四、结语

在信息化侦查侵权层级的判定方面，应以信息化侦查的结构特点为依据，即主体为侦查人员，行为方式是与信息化侦查相关的侦查措施，客体表现为信息。从隐私合理期待理论对信息化侦查所涉及的信息划分私密层级，进而从任意侦查理论出发，将侦查主体信息取用的目的及用途与侦查行为本身性质结合起来。从刑事诉讼法与侦查实践双重视域下审视侵权层级划分，进而形成视域融合以期达到对侦查行为的良好规制。

---

① 马海舰：《刑事侦查措施》，法律出版社 2006 年版，第 45 页。

浅析贪污贿赂犯罪定罪量刑标准的改变对逮捕条件把握的影响与应对

贺贝贝*

十八大之后，“打老虎拍苍蝇”的高压反腐已成“新常态”，如何准确地对职务犯罪进行定罪量刑，如何更有效地实现法律效果、社会效果和政治效果的有机统一，成为社会各界广泛关注的一个问题。为此，2015 年 8 月，全国人民代表大会常务委员会审议通过了《刑法修正案（九）》，对贪污贿赂犯罪的法定刑量刑标准作出了较大调整。2016 年 4 月，最高人民法院、最高人民检察院又联合发布了《关于办理贪污贿赂刑事案件适用法律若干问题的解释》（以下简称《解释》），进一步科学合理地设定了贪污贿赂犯罪定罪量刑的具体数额和情节标准。贪污贿赂犯罪案件定罪量刑标准的改变，给检察机关侦查监督部门正确把握逮捕条件带来了较大的影响，也提出了新的要求。

一、贪污贿赂案件定罪量刑标准发生的变化

贪污贿赂犯罪是最主要的腐败犯罪，能否科学、有效地防治贪污贿赂犯罪，直接关系到国家反腐败斗争的成效。1997 年刑法规定了贪污贿赂犯罪的具体数额标准，这是全国人大常委会根据当时惩治贪污贿赂犯罪的实际需要作出的，但随着经济社会发展，1997 年刑法规定的贪贿犯罪定罪量刑标准在一定程度上已与发展不相适应。因此《刑法修正案（九）》针对司法实践中出现的贪污贿赂犯罪的新情况，进一步加大对行贿犯罪的处罚力度，将贪污贿赂犯罪规定的具体数额修改为数额加情节的标准，并严格了贪污贿赂犯罪从宽处罚的相关规定，使得贪污贿赂犯罪相关规定进一步明确，量刑标准更加科学合理。

---

* 重庆市人民检察院第一分院公诉一处处长、检察委员会委员，三级高级检察官。

(一) 加大对行贿犯罪的处罚力度

行贿犯罪与受贿犯罪本来都是腐败的重要体现，但长期以来，由于在惩治腐败犯罪方面存在“重受贿、轻行贿”的观念，实践中往往表现为对行贿犯罪打击力度不够，缓刑免于刑事处罚适用率过高等。为进一步完善对行贿犯罪的制度规定，从源头上遏制和预防贿赂犯罪，《刑法修正案（九)》对行贿犯罪有关内容作了修改。一是增加了为利用影响力行贿罪的新罪名，将向国家工作人员的近亲属或者其他与该国家工作人员关系密切的人，或者离职的国家工作人员或者其近亲属以及其他与其关系密切的人行贿的行为规定为犯罪，这一规定进一步完善了贿赂犯罪的罪名体系；二是在“情节特别严重的”后增加“或者使国家利益遭受特别重大损失的”，使这一档犯罪的规定进一步明确；三是对行贿罪、对单位行贿罪、单位行贿罪以及介绍贿赂罪增设了并处制的罚金刑，加大对行贿犯罪人的经济处罚力度，进一步完善了行贿犯罪财产刑的规定，有利于预防和打击此类犯罪行为。

(二) 修改完善贪污受贿犯罪的量刑标准

1997年刑法对贪污受贿犯罪定罪量刑的规定存在难以全面而适时地反映案件的社会危害程度，不能充分贯彻罪责刑相适应原则等弊端，并且随着社会经济的发展，贪污受贿犯罪的涉案数额越来越大，原先的固定数额标准所造成的量刑拉不开档次的问题已经越来越突出，已不能适应反腐败斗争深入开展的实际需要。因此在这种形势下，《刑法修正案（九)》取消了之前单一依据具体犯罪数额作为定罪依据的量刑模式，将之修改为“概括数额+情节”的定罪量刑模式，即原则上规定“数额较大或者情节较重”“数额巨大或者情节严重”“数额特别巨大或者情节特别严重”三种情况，相应设置三档刑罚，并对数额特别巨大、使国家和人民利益遭受特别重大损失的，保留死刑的适用，这样就给有关数额、情节制定有差别的认定标准提供了空间，使二者在贪污受贿犯罪的定罪量刑中都能发挥决定性的作用。而《解释》则在《刑法修正案(九)》相关规范的基础上，又进一步明确了贪污罪、受贿罪、挪用公款罪等10个罪名的具体定罪量刑标准，并且规定即便贪污、受贿数额没有达到相应法定刑规定的数额起点，但只要达到一定比例（通常为一半）又同时具有规定的弹性量刑情节的，应当认定为符合“其他较重情节”“其他严重情节”“其他特别严重情节”并适用相应档次的法定刑。

(三) 调整完善贪污贿赂犯罪从宽处罚的规定

1997年刑法对贪污贿赂犯罪定罪量刑标准中有关从宽处罚的规定实际分

为两种情形：一是数额在 5000 元以上不满 1 万元的，犯罪后有悔改表现、积极退赃的，可以减轻处罚或者免予刑事处罚，由其所在单位或者上级主管机关给予行政处分；二是个人贪污数额不满 5000 元，情节较轻的，由其所在单位或者上级主管机关酌情给予行政处分。总体来看，两种情形从宽的幅度还是比较大的。考虑到国家反腐败工作的形势，一方面既要加强对严重腐败犯罪的打击力度，另一方面也要对确有悔改表现的予以适当从宽处罚。因此《刑法修正案（九）》对贪污贿赂犯罪从宽处罚的规定也作出了调整：一是对《刑法》第 383 条关于贪污犯罪从宽处罚作了特别规定："犯贪污罪，在提起公诉前如实供述自己罪行、真诚悔罪、积极退赃，避免、减少损害结果的发生，有第一项规定情形的，可以从轻、减轻或者免除处罚；有第二项、第三项规定情形的，可以从轻处罚。"这个规定要求犯罪人主观上要有良好的认罪态度和悔罪表现，客观上还要达到避免、减少损害结果发生的实际效果，且充分体现了宽严相济的刑事政策，对较轻的贪污受贿犯罪，从宽幅度较大，对比较严重的从宽幅度较小。二是严格规定了行贿犯罪的从宽处罚条件，将原来法律规定的在被追诉前主动交代的"可以减轻和免除处罚"，修改为"可以从轻和减轻处罚，其中犯罪较轻的，对侦破重大案件起关键作用的，或者对于有重大立功表现的，可以减轻或者免除处罚"。

二、定罪量刑标准的变化对逮捕条件的影响

《刑事诉讼法》第 60 条规定："对有证据证明犯罪事实，可能判处徒刑以上刑罚的犯罪嫌疑人、被告人，采取取保候审、监视居住等方法，尚不足以防止发生社会危险性，而有逮捕必要的，应当依法逮捕。"根据这一规定，可知适用逮捕措施应当具备三大条件：证据条件、刑罚条件和社会危险性条件。这三大条件是一个有机联系的整体，证据条件、刑罚条件是前提，社会危险性条件是关键。《刑法修正案（九）》对贪污贿赂犯罪的相关量刑标准进行修改完善后，检察机关侦查监督部门应进一步明确量刑标准的改变对贪污贿赂案件的逮捕三大条件带来的现实影响。

（一）对证据条件把握的影响

"有证据证明有犯罪事实"这是逮捕的证据条件，也称逮捕的事实条件和前提条件。以往侦查监督部门审查贪污贿赂犯罪的证据条件往往是看犯罪金额是否达到刑法规定的标准，但现在由于《刑法修正案（九）》及"两高"《解释》对贪污贿赂犯罪的定罪量刑标准作出调整，就要求审查逮捕贪污贿赂犯罪案件时，不仅要审查犯罪金额相关证据，而且要结合犯罪情节证据来认定是

否有犯罪事实。以贪污罪为例，从数额上看，1997 年刑法要求个人贪污数额大于等于 5000 元才达到贪污罪数额标准；但“两高”《解释》要求贪污数额需达到 3 万元以上。从情节上来看，“两高”《解释》明确规定，贪污数额在 1 万元以上不满 10 万元，同时具有下列情形的，应符合“其他较重情节”标准：一是贪污救灾、抢险、防汛、优抚、扶贫、移民、救济、防疫、社会捐助等特定款物的；二是曾因贪污、受贿、挪用公款受过党纪、行政处分的；三是曾因故意犯罪受过刑事追究的；四是赃款赃物用于非法活动的；五是拒不交代赃款赃物去向或者拒不配合追缴工作，致使无法追缴的；六是造成恶劣影响或者其他严重后果的。因此，对于侦查监督部门来说，在审查贪污贿赂犯罪时应更为慎重，在审查犯罪嫌疑人的涉案金额相关证据的同时，还要着重审查犯罪嫌疑人的涉案情节是否有证据证实，是否符合《解释》规定的各项情节条件，以避免出现错捕错放情形。

（二）对刑罚条件把握的影响

“可能判处徒刑以上刑罚”这是逮捕的刑罚条件，也可称为量刑条件。逮捕作为最严厉的强制措施，应当是适用于性质严重的犯罪分子，只有在法律上规定可能判处徒刑以上刑罚的才适用逮捕。《刑法修正案（九）》对贪污贿赂案件的量刑标准的改变给逮捕刑罚条件带来较大影响，提出了更高更严的要求。

还是以贪污罪为例，1997 年《刑法》第 383 条规定：“个人贪污数额在 5000 元以上不满 5 万元的，处一年以上七年以下有期徒刑”，“个人贪污数额在 5000 元以上不满 1 万元，犯罪后有悔改表现、积极退赃的，可以减轻或者免予刑事处罚”。而《刑法修正案（九）》则将原《刑法》第 383 条第 1 款修改为：“贪污数额较大或者有其他较重情节的，处三年以下有期徒刑或者拘役，并处罚金”，并增加规定“犯第一款罪，在提起公诉前如实供述自己的罪行、真诚悔罪、积极退赃，避免、减少损害结果的发生，有第一项规定情形的，可以从轻、减轻或者免除处罚”。“两高”《解释》则明确规定了贪污数额在 3 万元以上不满 20 万元的为“数额较大”，贪污数额在 1 万元以上不满 10 万元，同时具有前述五种情形的，应认定为“其他较重情节”。

由此可见，如果依据 1997 年刑法，涉嫌贪污罪除犯罪后有悔改表现、积极退赃的情形有可能判处徒刑以下刑罚外，一般情况下，只要贪污数额达到 5000 元以上标准就能满足“可能判处徒刑以上刑罚”这个逮捕刑罚条件。而按照《刑法修正案（九）》及“两高”《解释》相关规定，首先，从数额或者情节上来看，并不是只要达到“较大数额”或“其他较重情节标准”就必然会被判处有期徒刑，也存在判处拘役的可能性；其次，从从宽规定来看，也比1997年刑法规定严格，只有同时达到如实供述自己的罪行、真诚悔罪、积极退赃，避免、减少损害结果的发生几个条件，才可能从轻、减轻或免除处罚。因此对侦查监督部门来说，在审查案件时更凸显了对证据的把握判断能力，特别是对于刚达到立案标准的案件，更要谨慎审查证据，作出前瞻性预先判断，才能作出正确的批捕或不批捕决定。

（三）对社会危险性条件把握的影响

“采取取保候审、监视居住等方法尚不足以防止其发生社会危险性，而有逮捕必要”，这是审查逮捕的社会危险性条件或者叫逮捕必要性条件。这个条件是三个条件中的关键所在，如果仅具备前述两个条件，尚不能作出逮捕决定，还必须从犯罪嫌疑人的社会危害性和人身危险性方面进行审查判断。由于职务犯罪案件有其特殊性，犯罪嫌疑人均为国家工作人员，一般都有一定社会地位和权力资源，反侦查能力也较强，一旦羁押被解除，其或多或少都会利用各种手段和资源干扰侦查办案和审查起诉工作，造成言词证据的稳定性减弱，因此在以往审查逮捕过程中，为保证诉讼顺利进行，往往根据犯罪金额来判定罪行严重程度及社会危险性程度，并以此作出逮捕或不批准逮捕决定。而现在《刑法修正案（九）》及“两高”《解释》出台后，对贪污贿赂犯罪数额予以提高，且增加了情节标准。因此对于审查监督部门认定犯罪嫌疑人的社会危险性的判断标准也有所改变，一方面侦查监督部门在对犯罪嫌疑人进行社会危险性判定时要注重犯罪金额的大小、是否有犯罪前科以及犯罪嫌疑人在案件中所起的作用和所处地位，以此来认定社会危害程度；另一方面要认真审查犯罪嫌疑人自身情况、案件事实，看犯罪嫌疑人自身身体情况、主观恶性大小、认罪悔罪态度等，以及犯罪嫌疑人是否有串供、逃跑、打击报复证人等可能性，会否影响其他相关案件的侦查办理等情况，以此来判定犯罪嫌疑人的社会危险性。只有这样进行综合判断，才能在考虑保障刑事诉讼顺利推进的同时，有效保障犯罪嫌疑人的合法权益，作出准确的逮捕或不逮捕决定。

三、对策建议

（一）准确把握证据要件，防止错捕错放

虽然目前对贪污贿赂犯罪打击力度不断加大，但侦查监督部门在审查决定是否批准逮捕犯罪嫌疑人时，仍应坚持以逮捕条件“构罪”的证据标准为主。对定罪起关键作用的证据务必要查证属实，在审查判断证据是否查证属实，应

从涉案金额和关键情节方面，从证据的客观性、关联性和合法性上来进行综合的把握和判断，避免出现错捕错放。但是，实践中存在少数重大贪贿犯罪案件，侦查机关在提请批准逮捕时证据材料仍有所欠缺，仅达到“基本构罪”，但由于职务犯罪案件侦查具有其特殊性，如一律对这类案件不批准逮捕，不仅影响相关案件的侦查，而且最终还会影响法治权威。因此对这类重大贪污贿赂犯罪，只要案件能通过继续侦查补充完善相关证据，可在通过检察官联席会议讨论并请示领导后作出逮捕决定。但在作出逮捕决定后要落实跟踪监督措施，引导侦查取证，一旦发现案件证据有可能发生变化，应及时督促侦查部门变更强制措施。

（二）审慎把握刑罚条件，防止过严或过宽

由于《刑法修正案（九）》及《解释》规定达到“数额较大”或是“其他较重情节标准”的犯罪嫌疑人并非必然判处徒刑以上刑罚，还有可能判处拘役，且对从宽处罚标准也作了修改，使得侦查监督部门在把握逮捕刑罚条件时更为困难。因此，侦查监督部门在审查证据时，应积极转变观念，强化“六个意识”，始终把保障案件质量作为审查逮捕工作的着力点。一方面应重点审查犯罪嫌疑人犯罪金额及犯罪情节是否达到法定标准，是否可能判处徒刑以上刑罚；另一方面还要注意着重审查犯罪嫌疑人是否有从宽从轻处理情节，是否有可能减轻或免除处罚，因而达不到批准逮捕的刑罚条件。只有审慎分析判断影响刑罚条件的证据，才能避免出现因逮捕条件过严造成“该捕不捕”，或是对逮捕刑罚条件把关过宽造成“构罪即捕”两种情况的发生。

（三）严格审查社会危险性条件，防止滥用逮捕措施

由于新刑诉法对社会危险性的规定是对尚未发生但可能发生情况的一种预测，存在固有的不确定性，在司法实践中不同的办案人员对犯罪嫌疑人社会危险性的认识上常常会产生分歧，致使对相近条件的嫌疑人作出不同决定。在《刑法修正案（九）》出台后，如何正确把握贪污贿赂犯罪嫌疑人的社会危险性，是对侦查监督部门提出的一个新课题。笔者认为，一方面，检察机关内部部门之间以及与人民法院之间应积极沟通，对社会危险性的证明标准形成统一认识，最好能通过统计分析，构建一个定量预测公式，罗列社会危险性的各项因素并确定相应的分值，根据犯罪嫌疑人犯罪情况、个人情况等对社会危险性因素进行累加或递减，同时设定一个标准值，以是否超过标准值来判定犯罪嫌疑人是否存在社会危险性，使得逮捕的社会危险性条件相对明确和公平。另一方面，侦查监督部门应要求侦查部门注重收集犯罪嫌疑人是否存在社会危险性

的证据，并提供相关证明材料，对案件事实、证据、社会危险性分别进行阐释。同时，认真审查辩护人向检察机关提交证明犯罪嫌疑人无社会危险性的证据，积极听取辩护人意见和犯罪嫌疑人的辩解。必要时，可以对部分职务犯罪案件进行公开审查，听取各方意见，确保审查逮捕案件质量。

新型受贿犯罪若干疑难问题探讨

付元平*

近年来，随着反腐败斗争的不断深入，预防职务犯罪机制的不断完善，贪污贿赂犯罪活动受到一定遏制，但有一个不可忽视的问题是，国家工作人员为了规避法律的制裁，掩盖赤裸裸的权钱交易行为，受贿的手段不断翻新，方式日趋隐蔽，使这类犯罪呈现出查证难、定罪难的新态势。如对于这些新的犯罪形式如何定性，如何计算犯罪的数额，以及如何认定这些新型犯罪的既未遂问题，不管在理论还是实践均显得格外迫切和重要。本文以一个典型案例的分析为切入点，立足司法实践的需要进行探讨，以期对以后办理同类案件提供借鉴。

［**案例**］肖某是某大型国有企业S省分公司的一把手，在任职期间，利用其负责审批S省高速公路服务区投资建设的职务便利，为G省商人古某、S省商人曾某等人谋取经济利益上亿元。其中，在为古某谋取利益的过程中，古某向其承诺，每做成一座服务区就送给其500万元的感谢费，肖某表示认可。后古某在其手中一共做成了14座服务区，就对肖某说一共要送给其7000万元，肖某说先放着，等以后退休了再说。后来，古某和肖某一起在广州、昆明等地看了几个项目，意思是要把送给肖某的这部分钱投资到项目中去，但都没有找到合适的项目。再后来，古某开始在广州投资修建一个凯莱酒店，在这过程中提出要将送给肖某的这7000万元投资到这个酒店中，对肖某说这个酒店其和肖某一人一半，肖某表示同意。后古某投资的酒店建成，酒店登记的法定代表人和股东都没有古某和肖某的名字，但古某系实际控制人，古某投资酒店的资金就来源于在肖某手中做高速公路服务区赚取的利润。至案发前，该酒店已运营3年多时间，有一定盈利，但肖某未从酒店领取任何分红，古某和肖某也未对酒店利润分配作出其他决定。后经有关司法鉴定中心鉴定，截至营业前，该酒店共计投资为1.29亿元。

---

* 重庆市人民检察院职务犯罪侦查局侦查处三级检察官助理。

一、本案中肖某行为定性的分歧

对于该案的这笔事实如何定性，司法实践中存在着不同的认定意见。第一种意见认为，肖某的行为系以干股形式收受的贿赂。本案中，行贿人投资修建酒店，在受贿人并未出资的情况下承诺说该酒店与受贿人一人一半，受贿人表示同意。虽然受贿人在该酒店的股权登记等权利文书上没有体现，但实质上类似于取得了该酒店一半的股权，因此应当认定收受的贿赂为该酒店价值的一半。第二种意见认为，肖某的行为系以开办公司等合作投资名义收受的贿赂。根据最高人民法院、最高人民检察院《关于办理受贿刑事案件适用法律若干问题的意见》（以下简称《意见》）的规定，肖某的行为与《意见》第 3 条第 1 款的内容相符，系"代为出资"型受贿，受贿的数额为古某为肖某的出资额，即 7000 万元。第三种意见认为，肖某行为构成受贿，但因行贿人承诺的 7000 万元一直控制在行贿人手中，包括后续把这 7000 万元投资到酒店去，受贿人也没有享受到任何实际利益或分红。因此，应当认定肖某并未实际获得贿赂款项，系受贿未遂。综合上述几种观点，认定肖某的行为构成受贿没有争议，但在受贿的形式、数额认定以及犯罪既未遂的认定上存在认识分歧。

笔者认为，本案中肖某利用手中职权，给古某谋取利益的行为是客观的，同时对于这种职权所体现的"对价"，双方已经达成合意，肖某收受 7000 万元"对价"的主观故意也是明显的。从犯罪构成要件来看，已经具备了受贿犯罪法益侵犯的可罚性。本案的特殊性在于，肖某并未将这 7000 万元存入银行或是藏在家中，而是通过寻找投资项目意图将这 7000 万元更好地利用，以至于后来将其投资到古某修建的酒店中。综合全案证据来看，肖某对这 7000 万元虽然没有物理上的控制，但实际上已经形成占有，投资行为也相当于对赃款的控制、使用，因而应该认定为犯罪既遂。

二、新型受贿案件的特点与认定

基于打击实践中出现的新型受贿案件的需要，最高人民法院、最高人民检察院颁布实施的《意见》，囊括了干股型受贿、委托投资型受贿、特定关系人受贿等十种新型受贿犯罪，明确了各种新型受贿犯罪案件的司法认定规则，为司法人员对交易型新型贿赂犯罪的处理提供了一定指导和依据。但是《意见》在处理此类案件的个案中仍然遇到了很多问题，通过对这些问题进行加以研究，以求对《意见》作出更为合理的诠释，明确罪与非罪的界限，更加准确地认定新型贿赂案件。

（一）对于新型受贿案件的判断，要紧紧围绕受贿犯罪的实质构成要件加以分析

《刑法修正案（九）》虽对受贿罪的法定刑进行了修正，由以前规定的单纯的数额标准，修改为数额加情节的标准，但对于受贿罪犯罪构成的表述没有修正。我们认为，受贿罪的本质是“权钱交易”。“权”是指国家赋予个人或单位的权力，也就是立法上所说的“职务上的便利”以及“职权或地位形成的便利条件”；而按照我国的立法规定与相关司法解释，“钱”不应仅仅理解为狭义的金钱，而是应该理解为广义的财物或财产性利益，这与《意见》确立的观点也是一致的。公权力是没有对价，不能被收买的，这也是受贿罪所侵犯的法益，即国家工作人员职务行为的廉洁性与不可收买性。在受贿犯罪的过程中，受贿人与行贿人之间体现了一种“权钱交易”的动态关系，这种权钱交易既可以是直接的，也可以表现为间接的。既可以是在事中，也可以发生在事前或事后。因此，像本案代表的这种新型受贿犯罪，实际上也并未突破传统受贿罪的外延，只是表现出一些新特点：一是这些行为与正常的民事经济行为结合在一起，更加复杂和间接，定罪上难以把握，在罪与非罪之间容易产生分歧；二是受贿人在为请托人谋取利益时，并未当场收取贿赂，而是让请托人代为保管或者约定在一定期限后以红利、好处费等方式收取，具有期权式受贿的特征①；三是在以动产和不动产作为贿赂的犯罪中，传统的赤裸裸的进行产权变更的犯罪将大大减少，取而代之的必然是大量的更为隐蔽的非常态化贿赂等。但这些行为都没有摆脱权钱交易的本质，仅仅是披上了一层貌似合法的外衣而已。本案中，肖某利用手中职权，给古某谋取利益的行为是客观的，同时对于这种职权所体现的“对价”，双方已经达成合意，肖某收受7000万元“对价”的主观故意是明显的。客观上，肖某将这笔钱财投资到酒店，也从另一个侧面显示其收受行为的隐蔽性特征。从犯罪构成要件来看，肖某的行为已经侵犯了职务行为的廉洁性与不可收买性，因而构成受贿罪。

（二）对于新型受贿犯罪数额的认定，应该围绕权钱交易的本质进行

虽然《刑法修正案（九）》将贿赂犯罪的量刑由之前的单纯数额标准修改为数额加情节标准，但不可否认的是，在实际办案中，受贿数额的认定依然受贿罪定罪量刑的重要环节。通常情况下，受贿人收受财物的性质和数额是比较明确的，但随着贿赂行为日趋隐蔽化、多样化，收受干股、股票、债券、不动

① 钟德刚：《新型合作投资性受贿的司法认定》，载《中国检察官》2015年第6期。

产、“合伙”开办公司、赌博、挂名领薪等形式不断出现，容易出现受贿人对于受贿财物的认识不明确，甚至主观认识与客观价值差价较大的问题，对于认定贿赂数额造成一定的障碍。但不管怎样，权钱交易是受贿犯罪的本质，因此，在确定新型受贿罪的犯罪数额时，关注的焦点和重点应该是国家工作人员和请托人交换的条件是什么[①]。也就是说，受贿罪的犯罪数额就体现在请托人和国家工作人员约定的权力使用的“对价”，不管是当场交付的财物也好，还是具有预期利益的股份也好，都应以行受贿双方达成的一致性认识作为认定的基础。一方面，受贿人对于其职务行为与财物的交换性必须有认知；另一方面，受贿人对收受的财物也应有认知。只有受贿人对收受财物的价值有认知，才能反映受贿人出卖职务行为的主观恶性和社会危害性，才能给予不法评价[②]。本案中，肖某收受的数额既不是酒店的股份，也不是酒店价值的一半，而是双方约定的每座服务区500万，14座总共7000万元的利益。至于投资到酒店后产生的分红，应该认定为犯罪的孳息。

三、新型受贿犯罪既未遂的认定

《刑法》第23条规定，“已经着手实行犯罪，由于犯罪分子意志以外的原因而未得逞的，是犯罪未遂。对于未遂犯，可以比照既遂犯从轻或减轻处罚”。虽然学界对受贿罪是否存在犯罪未遂形态也存有争论，但大多学者和司法部门都持肯定态度。如张明楷提到，“我国的传统观点认为，受贿罪以取得财物为既遂”[③]。关于受贿罪既遂与未遂的判断标准，刑法学界和实务界存在四种观点。一是承诺说，认为只要受贿人作出利用职务便利为他人谋取利益而收受他人贿赂的承诺，即构成受贿既遂；在索取贿赂的形式下，以是否完成索贿行为作为区分受贿既未遂的标准，完成索贿行为即为既遂。二是谋取利益说，认为只要受贿人为他人谋取了私利，无论其是否已经得到贿赂，均应视为构成受贿罪的既遂。三是实际受贿说，认为只要受贿人收受了行贿人的财物，就是既遂。四是谋取利益与收受贿赂结合说，认为只有在同时具备了谋取利益和实际收受两个行为要件时，才视为既遂，缺少其中任何一个要件均为未遂。[④]

---

① 方明：《干股型受贿罪中几个疑难问题的辨析》，载《政治与法律》2016年第10期。

② 吴国海：《浅议贿赂犯罪案件中受贿数额的认定》，载《中国检察官》2016年第6期。

③ 张明楷：《刑法学》（第四版），法律出版社2011年版，第1077页。

④ 赵秉志：《刑法各论问题研究》，中国法制出版社1996年版，第353—354页。

笔者认为，受贿罪侵犯的客体是国家工作人员职务行为的不可收买性，那么职务行为与财物之间交换的数额越大，情节越严重，则侵犯的法益越严重。由此看来，既遂与未遂的区分应落脚在“收受”二字上，离开了收受行为（包括索取也是一种主动的收受），就无所谓受贿犯罪。这里的收受有两层意思：一是“收到”。这是行为人取得贿赂的前提，也是收受型受贿和索取型受贿相区别的主要标志。因为收受型受贿是行贿人主动将财物交于行为人的，因此对于行为人来说首先存在一个被动的收到财物的行为。而索取型受贿是行为人通过自己的索要行为获得财物的，所以对于索取型受贿来说并不存在这样一个“收到财物”的行为，这是其一。二是“接受”。这是收受型受贿中行为人取得贿赂的最终标志。只有这个行为完成了，行为人才算真正的完成整个收受贿赂的实行行为。受贿罪权钱交易的本质也就是从这一行为开始的，对法益的侵害程度也是从这个行为开始从无到有，从小到大逐渐变化的。因为行为人在接受了行贿人主动给予的财物后，并不意味着行为人在心里一定会接受贿赂。索取型受贿因为行为人的直接索取，就直接表明了行为人在心理上具有取得贿赂的主观目的，这是毋庸置疑的。可是收受型受贿正是因为行为人的被动性，所以在行为人收到了行贿人主动给予的财物后，并不是一定会在心理上“甘愿”的接受贿赂。具体来讲，在行为人完成了第一个行为收到了行贿人给予的财物之后，可能存在两种结果：（1）虽然开始行为人是被动的收到了行贿人给予的财物，但是经过一番的思想斗争后，没能抵挡住贿赂的诱惑，积极的接受了贿赂。至此收受型贿赂的实行行为予以完成。（2）行为人虽然收到了贿赂，但是行为人并没有接受这种财物的主观意识，或者行为人并没有将贿赂占为己有的意识，而是将行贿人给予的财物交给了相关部门进行处理，这时候行为人其实并没有取得贿赂，收受型受贿的实行行为并没有完成。[①] 因此，就收受型受贿而言，应该以实际取得贿赂、获得权力“对价”的财物来作为其既遂标准。而从获得财物的角度来看，就应以行为人是否实际控制财物来认定是否已经获得。这一点在2003年最高人民法院《全国法院审理经济犯罪案件工作座谈会纪要》中也得到印证：贪污犯罪既遂与未遂的区分标准应当以行为人是否控制实际财物为标准。而受贿犯罪作为规定收受财物的犯罪，同样适用上述原则。

而在现实的司法实践当中，收受财物的形式是多种多样的，又该如何来认定行为人是否实际的获得呢？笔者认为应当达到控制的程度。这种控制不一定

① 战丽阳：《受贿罪既遂标准研究》，吉林大学2016年硕士学位论文，第24—25页。

要求物理上的支配或是形式上的占有，而是要从依据常识、常情、常理作出客观的判断。在现实中，受贿人直接将收受的财物转移到自己名下的情况已经不是常态，更多的是以比较隐蔽的方式来实现：如本案中的将财物以投资形式进行包装、隐匿，其他还有如让第三人代为持有资产、控制使用房产但并不进行相应的权利转移登记等。这样一些财物的收受方式，在司法实务中认定为实际的控制应该不存在什么争议。因此，“刑法应当接受民法上的占有概念，即并不要求实际的领受控制，间接占有或者占有改定下的指示交付也是一种有效的占有形式”①。具体到本案，虽然肖某并未将古某要给他的这7000万元存入银行或是藏在家中，而是通过寻找投资项目意图将这7000万元更好地利用，直到后来将其投资到古某修建的酒店。肖某对这7000万元虽然没有物理上的控制，但实际上已经形成占有，相当于占有改定。其投资行为实际上就是对所收受贿赂的控制、使用，因而应该认定为犯罪既遂。

四、新型受贿案件的侦查取证

新型受贿案件与一般的受贿案件在本质上是相同的，但在犯罪形式上更趋智能化和隐蔽化，给这类犯罪的查证带来一定的困难。在对这类案件的侦查过程中，我们也要透过种种表象抓本质，围绕权钱交易的本质来固定证据。

（一）加大秘密侦查与技术侦查的运用，全面调取证据

新型贿赂犯罪形式和手段不断出现，犯罪的隐蔽性越来越强。因此，对受贿案件的侦查必须适应新的形势，在采取传统的侦查手段和方式的基础上，应当增加秘密侦查、技术侦查的比重，以此来提高证据查证的效力。

（二）以犯罪嫌疑人的供述与辩解为突破口

在讯问犯罪嫌疑人上，既要查证其收受钱财的过程，更要注意反映其犯罪动机。要着重讯问请托人委托请托事项时的细节以及收受财物时的心理活动，是否意识到收财行为与为他人谋利之间存在特定联系。同时，对该部分内容要反复、多角度讯问，尽可能增加讯问笔录的信息量与生动性，以作为认定犯罪的直接证据。

（三）注重细节侦查，从客观存在的基础事实来印证犯罪嫌疑人的主观犯意

在新型贿赂案件中，嫌疑人对其收受财物的行为往往存在很多掩饰与辩

---

① 杨岩：《受贿罪疑难问题探究》，载《政法学刊》2015年第4期。

解，如“以租为名”收受并长期使用行贿人赠送的房屋但不对产权过户，“以借为名”把收受财物说成借贷关系，“委托理财”把收受贿赂说成合法投资等等。在无法获取真实口供的情况下，可以通过获取的旁证进行推定。这时侦查人员要善于通过行为人的一系列外在客观行为来印证其主观故意。如本案中，肖某虽然辩解这笔7000万元钱其自始至终都没有收到，但是侦查人员通过调查，证实其与行贿人达成合意在先，然后中间一起寻找投资项目，最终又把这笔款投入到行贿人修建酒店中的这个过程是很自然和真实的，充分印证了其主观上收受财物的故意和客观上处置财物的行为。因此，在本案中，对肖某和古某一起寻找投资项目过程，以及最终投资酒店的相关证据的查证，就成为证实其受贿犯罪的重要旁证。

（四）注重查证谋利事项的客观真实性

我们知道，行受贿犯罪的发生，一般都是围绕着利益输送进行的。司法实践中的大量受贿案件的发生，都是因为请托人对受托人有巨大的利益请求或利益期待而开始的。因此，在受贿案件的侦办过程中，对请托人请托的谋利事项进行查证核实，对于认定受贿犯罪是不可或缺的。在调查谋利事项的相关客观书证之外，要针对谋利事项对行受贿双方进行专门讯问，特别是要针对请托事项及给付财物的时间、地点及受托人的回复等内容进行讯问，要明确给付财物过程中言词表达是否以明示或者暗示方式告知受托人收受财物与请托事项之间具有直接关联性。这也是证实受贿犯罪权钱交易的一个基本点。

（五）注重查清行贿款来源与赃款去向，形成证据链

受贿案的特殊性在于对口供的依赖性，因此对于客观证据的查证特别重要。其中，两大客观证据体系就是行贿款的来源和受贿款的去向。没有来源可证不可能存在行贿受贿，没有去向也可以反证受贿的事实没有发生，基本事实就不能成立。因此，在新型受贿犯罪中，犯罪形式日趋隐蔽与智能化，这种情况下对行贿款的来源和赃款去向的查证，对于证明受贿犯罪过程的客观真实与完整性，对于指控受贿犯罪是有力的，这也应当成为受贿犯罪侦查的另一个基本点。

论扶贫领域职务犯罪的惩防策略

庹增强*

扶贫工作是党和国家开展的一项暖心工程、民生工程，事关广大人民群众基本生存，事关党的执政根基和国家的长治久安。党和国家每年之所以不惜血本花数百个亿的资金搞扶贫，目的就是要保障贫困群众的基本生存，温暖民心，促进共同发展，夯实党的执政根基，确保国家长治久安。不过，近年来随着我国扶贫攻坚力度加大，扶贫项目、资金大幅增加，我国扶贫领域职务犯罪日趋严重。该类犯罪危害巨大，它不但使党和政府的扶贫工作达不到缓和社会矛盾、促进共同富裕这一目的，而且会适得其反，动摇群众政治认同、影响国家长治久安，并且扶贫工作力度越大，扶贫项目资金越多，危害后果越严重。那么，我们到底该如何从根本上来遏制这类犯罪？

一、当前我国扶贫领域职务犯罪的现状及特点

据最高人民检察院披露的统计数据，2013 年至 2015 年 11 月，全国检察机关在涉农扶贫领域就查办职务犯罪共 35240 人，占同期检察机关立案查办职务犯罪总数的 22.3%。[①] 2016 年 2 月至 4 月，审计署对河北等 17 个省、直辖市的 40 个县、区 2013 年至 2015 年共计 109.98 亿元财政扶贫资金中的 50.13 亿元进行了抽查，发现其中有 8.43 亿元扶贫资金长时间闲置，最长超过 15 年，有 1.38 亿元被骗取套取或违规使用。[②] 2016 年 7 月，中央巡视组对湖南、安徽等省“回头看”的反馈意见指出，基层腐败案件量大面广，“雁过拔毛”

---

* 重庆市人民检察院第四分院职务犯罪侦查局反贪污贿赂侦查处副处长，四级高级检察官。

① 荣启涵等：《聚焦扶贫领域职务犯罪：两年全国查处 3.5 万余人》，载 http://news.xinhuanet.com/legal，2016 年 2 月 29 日。

② 张然、赵鹏：《扶贫资金闲置最长超 15 年 1.38 亿被骗取或违规使用》，载《京华时报》2016 年 6 月 30 日。

腐败多发，这些问题都是屡巡未改的老问题。[①]

当前，我国扶贫领域职务犯罪主要有以下特点：（1）涉案主体具有草根性、抱团性。虽然扶贫领域职务犯罪涉案人员身份复杂，有村委会成员、乡镇站所工作人员、扶贫主管部门工作人员，但“主力军”还是村干部。这些涉案人员之间常常相互勾结，抱团腐败，在侦查环节往往是突破一案，就会带出一串，端掉一窝。据报道，安徽省芜湖市检察机关近年来查办的涉农惠民职务犯罪案件中，窝案、串案占涉农惠民领域职务犯罪立案总人数的84.52%。[②]（2）犯罪对象具有广泛性、复杂性。通常涉及宅基地复垦资金、退耕还林资金、农村危旧房改造、种养植直补资金、低保补贴资金等。不但涉及的领域非常广泛，而且名目繁多，绝大多数老百姓都搞不清楚。（3）犯罪手段具有交错性、反复性。表面上看，该类犯罪通常采用的手段是虚报冒领——通过虚构各种事实来套取扶贫资金。但在虚报冒领背后，常常隐藏有受贿、渎职行为。如湖南新邵县迎光乡上沙溪村支书彭某双全家一面装穷吃低保一面盖豪宅一案，无论从彭某双本人在当地的名头看，还是从其新建豪宅的块头（比当地小学大两倍）看，还是从其将自己和爱人拆分为两户申请占地建房这一“高超”“专业”的弄虚作假本领看，要想真正蒙混过国土房管部门和扶贫主管部门还是非常困难的。[③] 如果扶贫主管部门没有受贿和渎职行为，村干部的虚报冒领行为事实上很难顺利过关。如2011年，海南海口市石山镇北铺村村委会主任王某光等6名现任和往届村干部共同向海口市国土局公务人员行贿220多万元之后，顺利虚报冒领征地补偿款1300多万元。这些犯罪行为非常顽固，具有反复性。（4）犯罪后果的恶劣性、严重性。这类犯罪虽然多数案件涉案金额并不很大[④]，但发生在群众身边，为群亲自众耳闻目睹，损害的都是群众利益，相当部分是老百姓的维持基本生活的“救命钱”，群众反映特别强烈，社会影响极其恶劣。据重庆市检察院控告申诉检察处2016年上半年来访情况分析通报，近几年来，控告村干部虚报冒领扶贫资金问题已成为一个信访热

---

① 张志龙：《中央巡视“回头看”老问题为何这么多》，载 http：//news. xinhuanet. com/politics，2016年7月11日。

② 石志勇、徐旭忠：《扶贫款缘何成为唐僧肉？——我国扶贫领域职务犯罪调查》，载 http：//news. youth. cn/gn/，2013年8月9日。

③ 《湖南村支书被指全家领低保盖豪宅当地纪委介入》，载 http：//news. xinhuanet. com/politics，2016年8月19日。

④ 重庆检察机关2016年1—6月在扶贫领域查办的职务犯罪中，涉案金融不满20万元的62人，占了总数的63.9%，20万以上不满300万的案件35人，占36.1%。

点，且已成为集体访、到市进京越级上访的一个重要源头。该类犯罪不但使国家浪费了巨额扶贫资金却达不到温暖民心的目的，而且会严重损害党和政府的光辉形象，损害党与群众的血肉联系，甚至激化社会矛盾，动摇群众的政治认同，影响国家的长治久安。

二、当前我国扶贫领域职务犯罪发案的根本原因

导致扶贫领域职务犯罪高发的原因很多，但归纳起来主要有以下四点：

（一）扶贫工作本身很复杂

当前，我国扶贫工作任务艰巨。按照新的国家扶贫标准2300元计算，到2011年底，全国扶贫对象有1.22亿人，占农村居民的12.7%[①]。为了早日解决战斗，实现共同富裕，2015年11月23日，十八届五中全会后的首次中央政治局会议审议通过了《关于打赢脱贫攻坚战的决定》，提出了到2020年所有贫困人口实现脱贫、所有贫困县全部“摘帽”的目标任务。扶贫工作非常复杂：一是扶贫主体、扶贫资源多元化。我国的扶贫工作，过去是以专项扶贫开发为主，十六大后逐渐建立了农村最低生活保障制度，建立了以扶老、助残、救孤、济困为重点的社会救助体系，逐渐呈现出了专项扶贫、惠农政策扶贫、行业扶贫、社会各界扶贫等多方力量、多种举措有机结合、互为支撑的“大扶贫”局面，进入了开发扶贫和生活救助“两轮驱动”新阶段，扶贫主体和扶贫资源开始多元化。二是扶贫项目资金规模大、名目多。2011年到2015年，我国中央财政专项扶贫资金从272亿元增长到467.45亿元[②]。2016年，国务院总理李克强在政府工作报告中宣布中央财政扶贫资金将增长43.4%，扶贫资金净增200多亿。这些扶贫资金不但规模巨大，而且名目繁多。据甘肃省检察院2015年的清理，扶贫项目资金共有9大类、51大项和109个子项。[③]。三是扶贫对象涉及人数多，分布广。根据国家统计局发布的《2015年国民经济和社会发展统计公报》显示：2015年我国农村贫困人口仍然还有5575万，[④] 分布在自然条件十分恶劣的广大农村地区。四是扶贫资金项目管理

---

① 回良玉：《中国扶贫任务艰巨 贫困地区矛盾突出》，载http://www.chinanews.com/gn，2013年1月18日。

② 李亚楠等：《千亿扶贫资金到底怎么花?》，载http://news.xinhuanet.com/ttgg，2015年12月8日。

③ 荣启涵等：《聚焦扶贫领域职务犯罪：两年全国查处3.5万余人》，载http://news.xinhuanet.com/legal，2016年2月29日。

④ 黄俊毅：《2015年全国农村贫困人口减少1442万》，载http://www.ce.cn/xwzx/gnsz/gdxw，2016年2月29日。

部门多，审批程序多。据甘肃省检察院2015年的清理，扶贫工作共涉及22个省直部门，这些资金要经过很多人多道关口层层审批。这么多的扶贫资金，要经过那么多道关口，最终流到农村，对经济待遇较低、没端“铁饭碗”的村干部来说无疑是一个巨大的诱惑，难免“跑冒漏滴”。①

（二）社会管理制度不健全

一是村干部管理制度存在漏洞。村干部经济待遇不高，端的不是“铁饭碗”，但他们经手的扶贫项目、扶贫资金规模大、名目多，对扶贫资金的发放和扶贫项目的实施都具有最终发言权。② 虽然村干部权力大但却基本不受监督。信息不透明、不对称，广大群众根本无法监督，上级主管部门却又鞭长莫及，且很容易与村干部相互勾结。二是扶贫项目资金管理制度存在漏洞。扶贫对象识别基本上是村干部说了算，扶贫主管部门层层把关形同虚设。③ 扶贫资金项目公示公告制度不健全，目前全国还没有一个统一、成文、成熟、详细的扶贫资金项目公示公告制度，各省各行其是，不少村委干部对扶贫信息的公示公告都没有完全落实，流于形式。扶贫资金项目没有归口管理，涉及的部门太多，审批程序太多，每个部门每个管理者，但凡有机会，都想咬一口。没有建立扶贫项目资金落实档案制度，不少地方对扶贫款物的领取并不要求签字，更未将相关资料归档备查，这样即使有人举报，检察机关也很难找到有力的证据。三是刑法存在明显漏洞。由于村干部的主体身份存在争议，其职权职责不明确，扶贫资金流失的责任比较分散，损害后果难以界定，所以其渎职犯罪难以按犯罪打击，村干部渎职行为难以遏制，即使今天将那些开奔驰宝马吃低保、住廉（公）租房者清除出去，但过一阵子之后，那些逍遥法外的村干部

---

① 全国政协委员、国务院扶贫开发领导小组办公室原主任范小建曾说过：“这么多钱一下子都下到村里去，如果管理跟不上，太容易出问题了。”

② 因为扶贫对象人数众多、居住分散，对如此众多的扶贫资金，最终谁贫困谁不贫困，谁脱贫谁返贫，发给谁不发给谁，主管部门精力有限，根本不可能亲自逐一核实，只有委托村干部去落实。不去核实，对辖区贫困人口的底数就不清、情况就不明，扶贫主管部门的监督职能就会被弱化。加之，贫困标准相对模糊，所以最终基本上是村干部说了算。

③ 为什么会出现这种情况呢？第一，贫困户识别标准模糊。虽然有一些原则性的标准，但并没有规定由谁来识别。不同的人，对贫困标准的理解、把握显然不一样。第二，我国扶贫对象人数多，居住分散，扶贫主管部门力量有限，不可能逐一到实地去调查、了解、核实情况，只能委托村干部去识别，而村干部显然只能按自己理解和把握的标准去识别。第三，扶贫主管部门没有深入实地调查核实情况，所以对扶贫对象底数不清、情况不明，对村干部的行为自然无法进行监督。第四，主管部门主观上也有“雁过拔毛”的冲动，很容易和村干部形成利益共同体，抱团腐败。这是由“人的需要永远不能满足”这一自然属性决定的。

又会将另外一些新的开奔驰宝马者纳入扶贫对象。当前村委会账务中白条支出也非常严重，但由于白条支出的原因很复杂，[①]理论上对这种行为的定性存在争议，实践中做法不一。近年来，村干部选举中贿选、造假问题也非常严重，但根据我国刑法目前的规定，破坏选举罪不包含破坏村干部的选举。

（三）预防控制措施不力

一是扶贫主管部门监督不力。扶贫主管部门在扶贫对象的识别、扶贫资金的分配、发放方面，都经常出现严重失职的情况。二是农民群众监督无力。普通百姓对扶贫对象的识别、扶贫资金的分配、发放都没有发言权，对村干部无法进行监督制约。三是职务犯罪预防不力。国家在出台大量扶贫政策下拨巨额扶贫资金的时候，对职务犯罪的风险预测不足，没有注意将职务犯罪的惩防与扶贫工作同部署、同推进、同落实。参与预防的层面比较狭窄，更多依靠检察机关单打独斗，农民群众都更没有参与进来。惩防力量分散，纪检监察、检察机关、预防腐败局基本上是各自为政，相互只进行简单的交流、协助，没有深度融合。预防手段软弱无力，局限于法治讲座、警示教育等一些简单的形式，惩防“硬”度不够。

（四）职务犯罪打击不力

部分基层院重视不够，认为村干部、涉农扶贫资金都是一些小案，虽然作案次数多，但每一笔数额又较小，查办起来既耗费时间，又耗费精力。该类案件的证据确实难收集，法律规定存在漏洞，定性上存在分歧，所以实践中对该类案件查处的数量不够，挖掘的深度不够。

三、惩防扶贫领域职务犯罪的路径探索

“小智治事，中智治人，大智治制”。要从根本上遏制扶贫领域职务犯罪，必须要在法律制度建设上做文章，要站在全局的高度，统一完善惩防制度，使其更加系统化、科学化，促使各部门各司其职、各尽其能、彼此呼应、无缝对接。所建立的制度既要有利于扶贫主管部门加强管理，又要便于群众加强监督，更要让扶贫项目资金经手人员没有作案机会，还要有利于对职务犯罪的调查取证，有利于法院对职务犯罪的定罪量刑，使敢于作案的犯罪人员始终无法逃避法律制裁。

---

① 有些支出属实但确实无法找到发票，有些则完全就是造假套取扶贫资金。

（一）推动健全扶贫项目资金管理制度

1. 建立扶贫项目资金统一归口管理制度

当前，我国扶贫主体多元化，很多部门都有扶贫任务，都出台了一系列扶贫政策，把老百姓搞得晕头转向，无法进行精准监督。因此，对扶贫工作必须实行归口给扶贫办管理。不过这里的归口主要是扶贫政策要归口、扶贫资金项目使用分配信息归口，不是审批工作的归口。因为扶贫资金发放已基本归口到财政，审批权属于各部门，归口不现实，将大大加重扶贫办的工作量，且对各专业业务不熟，难免更流于形式。如贫困生补助、农村种养殖补助、农村危旧房改造补助，由扶贫办负责统一审核，他们显然会感到力不从心。归口之后，扶贫主管部门可全面掌握各自辖区扶贫工作总体情况，检察机关也可利用这些数据分析职务犯罪风险。

2. 建立动态的扶贫对象精准识别机制

贫困户的精准识别是精准扶贫的前提。长期以来，绝大多数地方都依靠少数几个村干部识别贫困户，这就为村干部滥用职权优亲厚友甚至牟取私利创造了条件。贫困不贫困必须要依靠群众来进行精准识别。具体而言，以组为单位，召开群众大会，由村组干部公布贫困对象的识别标准，由当地老百姓进行无记名投票方式来评选，选出当地最贫困的几个贫困户作为扶贫对象。当然，群众评议应与入户调查、公示公告、抽查检验结合起来。除了精准识别贫困户，还必须要依靠群众精准识别脱困户。脱贫的要及时清退，返贫的要及时纳入。发现扶贫对象不符合条件而通过隐瞒事实真相骗取扶贫资金的，要立即停止发放扶贫资金，已领取的责令其及时退还，并及时组织村民重新进行评选，将这些退还的和尚未发放的扶贫资金及时发放给真正贫困者。

3. 健全扶贫项目资金公示公告制度

公示公告不仅能解决老百姓对扶贫资金项目的知情权、参与权、监督权问题，还能解决扶贫主管部门人少事多对扶贫资金项目流向监督不到位的问题，更能解决该类犯罪举报线索匮乏和证据不好收集的问题。对扶贫项目、资金的公示公告，以前主要采用到室外张贴的方式，但张贴的公示公告很容易被撕毁。近年来，不少地方又开始采用报纸公示公告、网上公示公告、手机短息公示公告等方式。不过，这些方式仍然没有实质意义，因为当前我国相当部分农村还不完全具备上网、看报的条件，且农村青壮年农民基本上都外出务工，留在家里的都是老弱病残，他们上网、看报的能力有限。由于扶贫项目、资金公示公告信息内容多，容量大，所以手机信息更难解决问题，手机上网则费用高。笔者认为，可考虑采用发放宣传手册，外出务工的农民年末回家后，还可以看到，可以继续监督。公示公告必须明确监督举报程序、责任追究程序，提高农民监督举报的积极性，也可让扶贫主管部门的监督更具针对性，让检察机关发现职务犯罪线索更容易，对村干部也具有一定威慑力。

4. 建立健全扶贫工作档案制度

无论对扶贫政策的宣传，对扶贫项目资金的公示公告，还是对扶贫项目的落实，对扶贫款物的分配、发放，都应注意资料的收集与保存。特别要注意收集、保存以下资料：一是识别贫困户的相关资料；二是用于证明扶贫项目资金公示公告情况的书面资料；三是扶贫工作人员（包括村干部）发放扶贫款物的资料；四是贫困者领取扶贫款物的资料。这些资料都必须要参与人、经手人签字，必须要归档备查，作永久资料保存。建立扶贫工作档案制度，不仅有利于群众查询，也有利于上级扶贫主管部门监督，更有利于审计监督部门审计，也为检察机关立案查办该领域职务犯罪收集证据提供了便利。

5. 建立扶贫信息共享平台

扶贫信息监督平台既是一个管控扶贫项目资金流向的同步监督平台，同时又是一个发现制度漏洞的职务犯罪预防平台，更是一个发现职务犯罪线索的犯罪信息情报分析平台。不过，由于扶贫信息数据非常专业、复杂，非财会专业人员一般很难看懂，单凭检察机关预防部门的几个工作人员，很难发现问题。有学者提出借助审计的专业技术力量，但笔者认为审计也有自身的局限，如对贫困户的识别是否精准就无能为力，这就需要我们将共享的扶贫主管部门数据、财政局数据与村干部公示公告的数据进行对比，与村民反映的情况进行对比，与扶贫对象的实际情况进行对比。这样，不但可以从中发现制度漏洞，及时建制堵漏，而且也可为发现职务犯罪线索，为侦查办案服务。

（二）推动健全村干部管理制度

1. 完善村干部选举制度

一是改革候选人产生方式。候选人产生方式不改革，很难改变目前村干部“终身制”“世袭制”这一现状。候选人的产生可采用自愿报名方式，再组织召开村民大会选举。投票过程应公开唱票，并严格监票，特别要防止一人投多票。要严格限制乡镇政府操纵村干部选举，把村干部选举的决定权真正归还给村民，防止村干部当选后与乡镇政府勾结，共同侵蚀扶贫资金。二是建立参与选举投票者签到制度和选举过程同步录音录像制度。当前，破坏村干部选举的为较多，不过根据目前的制度设计，即使有人破坏村干部选举，调查者也很难收集到相关证据。建立参与选举投票者签到制度和选举过程同步录音录像制度，不仅有利于预防村官选举中对参与人数和投票人数弄虚作假，有利于职务犯罪调查取证，当然也有利于村民选举委员会自证清白。三是重新设计选票。要防止选票造假，必须对选票进行改革。可明确规定，选民必须在村官换届选举的无记名选票上按指纹，如有村民反映村官换届选举弄虚作假，可对选票进行指纹鉴定，但只能鉴定所有选票到底有多少人的指纹，不能具体是谁的指纹。四是允许新闻媒体记者采访报道。要当场公布选举规则，公布辖区实有选民人数和实际到场人数，公布多少人出席始得召开选举开会，获得多少票数可当选，应允许新闻媒体记者采访报道。据海南省东方市通报称，2016 年 7 月 26 日，《民主与法制》社海南记者站 2 名记者与中国廉政教育网 2 名同志共 4 名人员到东方市八所镇高排村“两委”换届选举现场采访，进行拍照、录像，结果因无“选民证”被选举现场总指挥、东方市委常委、八所镇委书记张渊派人将其“带离”现场①。媒体记者哪来“选民证”？言下之意，是根本不能让媒体介入当地的选举。显然，这种做法是明显背离村民委员会选举公开、透明原则的。五是建立村官选举档案制度。村官换届选举的图片、参会人员签到的表册、投票选举过程的同步录音录像和请人代为投票的委托书、公告情况等资料必须归档永久保存，以供有关部门和广大人民群众查询、监督。不建立档案制度，即使在《刑罚》第 256 条中明确增加“破坏村委会选举”的有关规定，侦查机关接到村民举报后也无法收集相关证据，破坏选举者也很难受到应有的惩罚。

2. 健全村干部财务制度

一是会计、出纳必须分开，且会计、出纳不能由村支部书记、村长兼任。二是禁止打白条，每项支出都必须有正规发票。当前，我国村委会账务中打白条问题越演越烈。据山东省纪委通报，山东一行政村财务管理混乱，白条支出近 3957. 8 万。② 对白条行为，财政部门决不能再开口子，应当实行“零容忍”，统一作出明确规定，白条支出的一律不能作为合法支出，但凡没有正规发票支持的各种支出，无论公务还是私务，都必须如数退还。三是大额公务支出必须由集体研究决定，有会议记录。明确规定，凡个人超过职权范围决定支出的，由决定者个人承担。四是建立村干部审计制度。每届任期届满，必须进行审计。

---

① 《海南东方成立调查组调查“选举现场记者被打”事件》，载 http：//news. cyol. com/content，2016 年 7 月 27 日。

② 《山东章丘一行政村财务管理混乱，白条支出达 3957. 8 万元》，载 http：//news. cqnews. net/htm，2016 年 8 月 2 日。

3. 建立村干部任职制度

随着近年来扶贫惠农资金日益增多，一些地方的村委会但搞起了“终身制”“世袭制”，而且搞起了“家族制”“裙带制”。为了预防这种情况，必须要建立完善村干部任职制度：一是建立村干部任职回避制度。村支部书记、村长、会计等村委委员，不能有任何利害关系。二是建立村干部任期制。每届任期与现在相同，不超过两届。村干部在同一个地方任职时间过长，容易滋生腐败。三是提高村干部待遇。任期内待遇，可参照同级公务员待遇标准确定。

4. 建立村干部廉政教育制度

虽然近年来村干部的权力越来越大，经手扶贫资金越来越多，但我们对村干部的廉洁教育却并没有跟上。必须要加强多村干部的廉洁自律教育。可利用区县党校、行政学院这一教育平台，对村干部定期、不定期地进行教育轮训，在轮训过程中穿插预防职务犯罪课程。也可通过组织村干部到看守所参观、旁听庭审贪官等形式进行警示教育。

（三）推动完善惩治扶贫领域职务犯罪的法律制度

1. 将村干部纳入渎职犯罪调整的范围

第一，进一步明确村干部的职权职责。我国目前对扶贫项目资金表面上是层层审批、层层把关，但实际上基本上都是村干部报什么他们就批什么，层层审批不但不能发挥其制约村干部权力的作用，而且具有分散责任、模糊责任的副作用。要解决这一问题，必须要减少审批的层数，把审查权下放到村干部，明确村干部在协助乡镇政府从事扶贫工作中的权力清单。如明确规定，村干部对村（居）民提出的扶贫申请，必须进行初步审查，严格把关。第二，将村干部纳入渎职犯罪调整的范围。我国刑法并没有将村干部纳入渎职犯罪调整的范围，原因是村干部并非国家机关工作人员，没有管理职权。不过，现在的村干部协助政府管理的比重越来越大，手中掌握的资金数额巨大，而且当前我国村干部滥用职权情况确实越来越严重，纪律基本上无法约束，如再不用刑罚调整，这种行为无疑就会越演越烈。因此，必须将审查权下放到村干部，明确村干部在协助乡镇政府从事扶贫工作中的权力清单，明确将村干部纳入渎职罪的范围，以解决对村干部的滥用职权、玩忽职守、徇私舞弊行为无法定罪的问题。

2. 完善村干部贪贿犯罪的规定

村干部贪污犯罪有个非常明显的特点，就是账务不规范，白条支出非常严重，有的甚至将其作为一种贪污扶贫资金的一种常用手段。白条入账与一般贪污犯罪造假账不同，虽然有些白条确实属于虚假支出，但有些又属真实支出，只是确实找不到发票。所以，对这种行为的定性，学界有争议。笔者认为，对这类行为，除了财政部门统一作出明确规定外，相关司法解释必须同时跟进，对检察机关无法查证的白条，赋予经手人对白条支出以举证责任，经手人找不到合法票据支持且不能提供相关证据佐证的白条支出，应作为贪贿犯罪的金额予以认定。对明确规定之前的白条支出，经调查核实纯属子虚乌的，可计入贪污犯罪金额。

3. 将破坏村干部选举的行为纳入刑法调整范围

应在《刑法》第256条破坏选举罪中增加“破坏村委会选举”的有关规定。明确规定在村民委员会、居民委员会选举过程中，以暴力、威胁、欺骗、贿赂、伪造选举文件、虚报选举票数等手段破坏选举或者妨害选民和代表自由行使选举权、被选举权，情节严重的，处3年以下有期徒刑、拘役或者剥夺政治权利。将破坏村干部选举的行为纳入刑法调整范围，让破坏选举罪的界限就更明确，相关证据更容易收集。

国有控股、参股公司中国家工作人员身份认定相关问题研究

熊　皓　崔晓燕[*]

随着我国国有企业制度改革的不断深入，市场主体多样化，经济成分多元化，公司、企业或其他单位人员职务犯罪案件呈上升趋势，其中国有控股、参股公司人员职务犯罪日益突出和复杂。由于现行刑法规定比较笼统原则，相关的几个司法解释也不能穷尽所有实务问题，从而导致实践中各地对国有控股、参股公司人员职务犯罪的认定和处理不尽相同，甚至有的大相径庭，负面影响不可小觑。为此，认真开展国有控股、参股公司中国家工作人员身份认定研究，具有十分重要的现实意义，必将对指导司法实践、服务办案工作有所裨益。

一、国有控股、参股公司相关问题研究

（一）国内外关于国有控股、参股公司的主要观点

1. 国内的观点

关于国有控股、参股公司的性质，刑法学理论界对国有参股公司的性质认定比较明确统一，即国有参股公司不是国有公司，然而对国有控股公司的性质认定在刑法学理论界主要有三种观点，即“单一股权说”“绝对控股权说”和“相对控股权说”。“单一股权说”认为，只有公司的全部股份都属于国家所有时才能认定为国有公司，即只有国有独资公司、企业才能算国有公司、企业，除此之外的都不是国有公司。“绝对控股权说”认为，当国有股份超过国有控股公司全部股份50%以上的，应当认定为国有公司。“相对控股权说”认为，国有股份在国有控股公司中处于控股地位时，就可认定该公司为国有公司。一

---

* 熊皓，重庆市人民检察院法律政策研究室副主任，四级高级检察官。崔晓燕，重庆市巴南区人民检察院法律政策研究室副主任，一级检察官。

般情况下，国有股份占国有控股公司全部股份的 30% 以上即可达到相对控股。据不完全调查统计，在我国，“单一股权说”的学术观点为多数观点。

2. 国外的相关观点

世界银行对发展中国家国有企业的定义是：“由政府拥有或控制的经济实体……包含：政府部门直接经营的企业，政府直接间接地通过其他国有企业持有大部分股份的企业。只要其余股份的分布不妨碍政府有效控制，这也包括政府持有少量股份的企业。”欧洲共同体规定，国有企业是指“任何一个企业，只要国家能够凭借其所有权、财政参与、章程以及其他规范企业活动的规定，可以直接或者间接行使支配性的影响。如果国家对一个企业能够直接或间接地在企业注册资本中占有多数股份；或者拥有企业份额相关的多数表决权；或者可以决定企业的管理机构、领导机构或者监事会一半以上的成员，这就可能推断，国家对这个企业能够行使支配性影响”。在这两个规定中，国有企业被定义为政府当局可以凭借它对企业的所有权、控股权或管理条例，对其施加直接或间接支配性影响的企业，国有控股公司亦属此类。另外，世界上许多其他国家，如德国、加拿大、韩国等亦存在类似的规定。

（二）关于国有控股、参股公司的认定

1. 国有控股公司的性质

国有控股公司是国家通过持有其公司达到决定性表决权的股份，而对该公司进行经营控制，并主要从事资本经营及其他生产经营的公司。国有控股公司是政府与企业的界面，专司国有资产所有者职能和经营管理职能的一种特殊企业法人。这种特殊表现在三个方面：一是特别设立，即经特别批准设立（一般公司不需经特别批准）；二是依照特别立法设立，即依照对国有控股公司的专门规定设立；三是与一般公司不同，它对应的国有资产有所有者的权利，而非法人财产权。对于国有控股公司，这种特殊性除表现在上述三个方面外，还在于它承担着行业调整和产业调整的任务，承担着社会公益目标，从而综合决定了其地位的特殊性。国有控股公司可以分为两种类型：一种是纯粹型控股公司，它不直接从事生产经营活动，而是通过全部或部分拥有其他公司或企业的股份或股权，而对其他公司或企业实行控制。另一种是混合型控股公司，它主要通过股份持有控制子公司，又直接进行一部分生产经营活动。这种控股公司投入全资子公司、控股子公司、参股子公司的资本总额，必须超过注册资本金的 50% 以上。在对子公司的关系上，它行使的是出资者权利，而在直接生产经营活动中，它还享有法人财产权。

2. 国有参股公司的性质

国有参股公司严格来说应该称为“国家参股公司”或“政府参股公司”，在这类公司中，政府只是普通参股者，受到公司法的规范。这类公司与一般竞争性公司没有区别，没有强制性的社会公共目标，主导的是经济目标。如果它们提供一些公共服务，那也仅是其履行社会责任的自觉行为。对于这类公司，政府参股只是为了壮大国有经济的实力，除此之外，政府对这类公司没有任何其他附加的义务。国有参股公司产生的原因主要是在传统经济体制下，国有经济在国民经济中占绝对主导地位，国有资产遍布各行各业，资产体量十分庞大，而国有经济的战略性调整和重组需要一个过程，故此，在较长一个时期内，许多行业均存在一定数量国有参股公司这一比较普遍的现象。

3. 关于国有控股、参股公司的界定

国有企业改革是一个不断深入的过程，相关法律规定与司法解释也随之不断调整。20 世纪 90 年代后期，国有企业的改革处于探索阶段，国有资本的结构比较单一，所以 1997 年刑法的相关规定也较为简单。随着国有控股、参股公司的逐渐增多，对国有控股、参股公司如何界定的问题成为我们必须认真梳理的现实问题。一方面，根据有关法律规定，对于国有控股、参股公司的界定，是可以明确的。2009 年施行的企业国有资产法提出了国家出资企业的概念，该法第 5 条规定，国家出资企业是国家出资的国有独资企业、国有独资公司，以及国有控股公司、国有资本参股公司。在国有控股、参股公司中的国有资产所有权属于国家，并不是说公司的全部财产属于国家所有，所以这样的公司当然就不能称之为国有公司，这与公司法的规定是一致的。按照公司法的有关规定，国有公司仅指国有独资的有限责任公司。另一方面，据有关司法解释规定，对于国有控股、参股公司的界定，也是可以明确的。2001 年最高人民法院在《关于在国有资本控股、参股的股份有限公司中从事管理工作的人员利用职务便利非法占有本公司财物如何定罪问题的批复》中规定“在国有资本控股、参股的股份有限公司中从事管理工作的人员，除受国家机关、国有公司、企业、事业单位委派从事公务的以外，不属于国家工作人员”，从而以司法解释的方式进一步明确：只有在企业资本全部属于国有资本的情况下，才能认定为国有公司，国有控股、参股公司不是国有公司。2010 年最高人民法院、最高人民检察院《关于办理国家出资企业中职务犯罪案件具体应用法律若干问题的意见》规定，国家出资企业，包括国家出资的国有独资公司、国有独资企业，以及国有资本控股公司、国有资本参股公司。综上，根据相关法律、司法解释的规定，我们可以看出，国有控股、参股公司不属于国有公司。

随着现代企业制度不断深化，企业模式日益丰富完善，为了更好地优化配置资源，提高经济效益，国有控股、参股公司再次投资子公司、孙公司的情况成为经济发展过程中的一种新常态。对于国有控股、参股公司再次投资成立的公司是否属于国有控股、参股公司，学界有不同的理解。有的意见认为，国有控股、参股公司再次投资设立的公司不是国有资本直接持股，不是国有控股、参股公司；有的意见认为，国有控股、参股公司再次投资设立的公司是由持有国有股份的公司投资建立，应当认定为国有控股、参股公司。我们认为，国有控股、参股公司与其再次投资设立的公司，它和子公司之间不再是以前的行政隶属关系，而是一种产权关系，一种平等主体之间的关系，它对全资子公司只能以出资人的身份，按照国家的有关规定，行使出资者权利；对控股子公司和参股子公司，只能以股东的身份，按照公司法的规定，行使股东的权利。国有控股、参股公司如同一瓶盐水，国有资本是盐，非国有资本是水，国有控股、参股公司再次投资设立公司，好比是对盐水进行稀释，但是不论稀释多少次，水中仍然具有盐分，不能因为盐水被稀释而否定盐水的性质。总之，国有控股、参股公司再次投资设立的公司的性质，应以国有资本是否达到对国有控股、参股公司再次投资设立公司的控股要求为标准，达到对该公司控股要求的，则该公司为国有控股公司，反之则该公司为国有参股公司。

二、国有控股、参股公司中“国家工作人员”的认定

（一）国有控股、参股公司中国家工作人员身份认定的依据

1. 法律依据

《刑法》第93条第2款规定：“国有公司、企业、事业单位、人民团体中从事公务的人员和国家机关、国有公司、企业、事业单位委派到非国有公司、企业、事业单位、社会团体从事公务的人员，以及其他依照法律从事公务的人员，以国家工作人员论。”具体到国有控股、参股公司中，国家工作人员的身份必须同时具备受“委派”和“依法从事公务”两个条件。“委派”的主体是国家机关、国有公司、企业、事业单位，即相关人员受委派主体所委派；“依法从事公务”的内容主要为组织、领导、监督、管理和经营等活动。具备上述两个条件，在国有控股、参股公司中代表委派主体行使职权的人员，应当认定为国家工作人员。

2. 司法解释依据

关于国有控股、参股公司中国家工作人员身份的认定，司法解释依据主要有2001年最高人民法院《关于在国有控股、参股的股份有限公司中从事管理

工作的人员利用职务便利非法占有本公司财物如何定罪问题的批复》、2003 年最高人民法院《全国法院审理经济犯罪案件工作座谈会纪要》、2005 年最高人民法院《关于如何认定国有控股、参股股份有限公司中的国有公司、企业人员的解释》和 2010 年最高人民法院、最高人民检察院《关于办理国家出资企业中职务犯罪案件具体应用法律若干问题的意见》。其中，《关于办理国家出资企业中职务犯罪案件具体应用法律若干问题的意见》就相关问题规定得最为明确具体。最高人民法院、最高人民检察院《关于办理国家出资企业中职务犯罪案件具体应用法律若干问题的意见》第 6 条规定：（1）经国家机关、国有公司、企业、事业单位提名、推荐、任命、批准等，在国有控股、参股公司及其分支机构中从事公务的人员，应当认定为国家工作人员。具体的任命机构和程序，不影响国家工作人员的认定。（2）经国家出资企业中负有管理、监督国有资产职责的组织批准或者研究决定，代表其在国有控股、参股公司及其分支机构中从事组织、领导、监督、经营、管理工作的人员，应当认定为国家工作人员。据此，国有控股、参股公司中的国家工作人员的认定需要具备的形式要件为受国家机关、国有公司、企业、事业单位委派或者国家出资企业中负有管理、监督国有资产职责的组织批准或者决定。实质要件为从事组织、领导、监督、经营、管理等公务。两个要件缺一不可。从现有的文献来看，目前刑法理论界对国有控股、参股公司中国家工作人员身份的认定均以此为基础展开研究。在司法实践中，实务部门也是根据上述司法解释对国有控股、参股公司中国家工作人员身份进行认定。

（二）国有控股、参股公司中国家工作人员身份认定的基本把握

1. 一般原则

在认定国有控股、参股公司中国家工作人员身份时，要把握好三点：一是要严格根据刑法的有关规定，凡是经国家机关、国有公司、企业、事业单位提名、推荐、任命、批准等，在国有控股、参股公司及其分支机构中从事公务的人员，都应当认定其具有国家工作人员身份。二是虽然国有控股、参股公司高管的产生以及日常经营均由股东会、董事会决定，但公司股东会表决权实际由代表国家负有管理、监督国有资产职责的组织控制，股东会的决议必定要体现国家的意志，也必定带有明显的职权性与公务性，故而由代表国家负有管理、监督国有资产职责的组织批准或者研究决定，在国有控股、参股公司及其分支机构中从事组织、领导、监督、经营、管理工作的人员，应当认定其具有国家工作人员身份。对于经公司党委和股东会或董事会联合下文批准或决定的人员，因其接受了党委的批准或任命，具备了受委托管理、经营国有资产的职

责，应当认定为国家工作人员。反之，仅由股东会、董事会、监事会批准或决定的人员，不能认定为国家工作人员。三是在国有控股、参股公司任职的国家工作人员，有需要按照公司法规定履行股东会、董事会投票选举程序的，属于国家工作人员同时接受非国有出资方的委托，代表非国有出资方参与公司的管理工作，这种情况并不影响其国家工作人员的身份。

2. 具体分类的认定

（1）股东、董事、监事。根据公司法的规定，股东由出资方通过委派、委托的形式产生，代表出资方履行出席股东会、股东大会，行使股东权利，所以由国有资产监督管理机构委派的股东属于国家工作人员。由公司股东会、股东大会直接选举的，属于国有资产监督管理机构提名、推荐的董事、监事属于国家工作人员。在国有控股、参股公司中的董事会、监事会中可能也存在职工代表，因其产生方式是由职工代表大会或其他民主形式选举产生，故而职工代表不属于国家工作人员。

（2）董事长、副董事长。根据公司法的规定，有限责任公司的董事长、副董事长的产生由公司章程规定，所以国有控股、参股公司的董事长、副董事长是否为国家工作人员，要根据公司章程的规定，如果公司章程规定董事长、副董事长由国有资产监督管理机构委派、任命、提名、推荐的方式产生，则该人员属于国家工作人员。国有控股公司的董事长、副董事长一般为国家工作人员。

（3）经理和副经理、财务负责人。经理是具体履行董事会决议的执行结构，根据公司法规定，董事会决定聘任或者解聘经理，经理对董事会负责。所以，从经理产生的规则来看，聘任或解聘经理应该属于公司的自主经营权，除非公司章程或董事之间协商由国有资产监督管理机构推荐、提名，否则不属于国家工作人员。公司副经理、财务负责人由经理提请董事会聘任或者解聘，所以在国有控股、参股公司中，除非公司章程或董事之间协商由国有资产监督管理机构推荐、提名，公司副经理、财务负责人等工作人员不属于国家工作人员。

（4）国有控股、参股公司中的其他管理人员。根据公司法的规定，公司经理有权决定聘任或者解除由董事会决定聘任或者解聘以外的管理人员，这些人员主要从事公司的日常管理工作，不属于国家工作人员。较典型的如宋某收受贿赂案。被告人宋某于2009年底至2012年8月，在担任上港集团生产业务部生产调度室副经理、经理（公司的中层干部）期间，利用负责上港集团下属港区码头货物装卸、船舶到港、浮吊作业计划、分配、调度和管理等职务便利，先后多次收受贿赂215000余元。案件的焦点是在国有控股、参股公司中，中层干部能否以国家工作人员论。最终法院认为：虽然宋某任职的职工岗位变动审批表上有公司总裁（即经理）的签字，但是总裁并非负有管理、监督国有资产职责的组织的适格主体，且根据该公司章程，公司中除应由董事会聘任或者解聘以外的管理人员乃至普通职工的聘用、解聘，均由总裁决定。此处总裁的批准，主要体现其代表公司行使职权，而非代表负有管理、监督国有资产职责的组织行使职权。由此，被告人宋某的工作也就不具有代表负有管理、监督国有资产职责的组织在国有控股、参股公司及其分支机构中从事组织、领导、监督、经营、管理工作的本质特征，故而认定其行为构成非国家工作人员受贿罪。①

（三）关于“委派”的认定

1. 被委派人的身份问题

关于国家工作人员的具体认定在刑法理论上主要存在两种观点，即“身份论”和“公务论”。前者认为国家工作人员犯罪是一种职务型犯罪作为，犯罪主体的国家工作人员必须具有国家工作人员的资格身份；后者认为不应该以是否具有国家工作人员的资格身份来判断，犯罪主体是否国家工作人员而应当以其是否从事公务来决定。从相关法律规定与司法实践来考察，应当采取“公务论”。我们同意“公务论”的观点。在现实生活中，委派的形式多种多样，不论被委派的人身份如何，只要是接受国家机关、国有公司、企业、事业单位委派，代表其到非国有单位从事公务的人员，都应当以国家工作人员论。

2. 具有“两种身份”利用职权实施犯罪时罪名的认定

在司法实践中，经常遇到的被国家机关、国有公司、企业、事业单位委派到国有控股、参股公司从事公务又被该公司董事会任命为总经理职务的工作人员，当他在公司利用职务实施经济犯罪时，对其主体身份的认定是定罪的一个难点，也是司法实践中难以把握的问题。因为按照公司法和公司章程的规定，被委派到国家控股、参股企业中从事公务又被该公司董事会任命为总经理职务的情况下，被委派人员就有了双重身份，即“国家委派人员”和“公司总经理”，前一身份是国家工作人员，后一种身份是公司管理人员。我们认为，“两高”应出台相关司法解释，明确在这种情况下，在对其主体身份认定时，不能一概而论，而要弄清其在实施犯罪时具体利用了哪一种身份。如果该行为

① 《宋某非国家工作人员受贿案——在国有控股、参股公司等非国有全资公司中，一般的中层干部能否以国家工作人员论》，载上海法院网，2015年7月13日。

人利用的是国家赋予他的权力实施犯罪，例如监管国有资产，那么其主体身份就是“国家委派人员”，属于国家工作人员犯罪；如果该行为人是利用“公司总经理”实施犯罪，那么就是非国家工作人员犯罪，从而避免司法实践中因认识不统一而造成的混乱。如刘某职务犯罪一案中，刘某在某国有控股公司中具有“两种身份”，最终司法机关认定刘某非法收受他人钱财的行为与其委派的职务有关，构成受贿罪，其侵吞公司财产的行为与其委派的职务无关，构成职务侵占罪。

（四）关于“从事公务活动”的理解

1. 公务活动的本质

依法从事公务作为国家工作人员的本质内容主要涉及从事国家机关、公共机构或者其他法定的公共团体的事务。公务活动是一种公共职权行为，是国家权力的体现，而不是私人行为、民间行为，公务活动主要是与职权有关的公共事务以及代表国有单位进行组织、领导、监督、管理活动。在国有控股、参股公司中，国家主要是通过参加股东会、董事会或者委派人员来实现股东权利，而不能具体干预企业的生产经营。而负有管理、监督国有资产职责的组织，应当依据公司法及公司的章程，通过批准或者研究决定相关人员，代表其在国有控股、参股公司及其分支机构中从事组织、领导、监督、经营、管理等工作。如果相关人员经过负有管理、监督国有资产职责的组织批准或者研究决定后任职，相关人员从事的组织、领导、监督、经营、管理工作，应当属于公务活动。如章某某收受贿赂一案中，章某某系交通银行股份有限公司（国有参股性质）某支行行长助理。2011 年 2 月至 9 月，章某某利用职务上的便利，为李某某谋取利益，先后多次非法收受李某某贿送的现金共计 49200 元。由于其任职经过了交通银行某分行党委研究决定，其所从事的经营管理工作具备了公务的属性，故而司法机关将其犯罪行为定性为受贿性质，并判处有期徒刑 2 年 6 个月。需要特别强调的是，我们这里所说的公务，必须与之前所述事务相关。如果行为人本身具有国家工作人员身份，自行到国有控股、参股公司兼职从事管理工作，涉嫌职务犯罪的，此时应认定其为国有控股、参股公司一般从业人员身份，不宜认定其国家工作人员身份，其所从事的管理工作，不是我们这里所说的公务，这一认定有最高人民法院研究室相关解释的参考依据。①

---

① 2000 年最高人民法院研究室《关于国家工作人员在农村合作基金会兼职从事管理工作如何认定身份问题的答复》：国家工作人员自行到农村合作基金会兼职从事管理工作的，因其兼职工作与国家工作人员身份无关，应认定为农村合作基金会一般从业人员。

2. 明确区分“公务”与普通劳务

从权力来源看，从事公务是掌握国家权力和意志的体现，也是公务与其他一般事务的本质区别。国家权力必须要有相当的机构和人来享有、行使才能保证制度、政策的执行，进而维护社会秩序，这些机构和人所享有的权责皆来自于国家权力。对于公务的理解要从严把握，公务首先是管理性的事务，从范围、内容来看，从事公务主要是代表国家权力对社会、公共事务进行管理，包括对人、财、物、事的公共管理，而不是一般的技术性、劳务性的活动。公务主要体现在代表国家进行管理，所从事的工作不涉及国家权力，也不能认定是在从事公务。此外，对于那些临时看管、保管公共财物，如生产工人要使用原材料、汽车司机要运输公共财物等，他们也要在工作中经手、保管公共财物，能否认定是在从事公务呢？我们认为，这种因从事劳务而需要临时经手、保管公共财物的行为不能认定为从事公务活动。因为这种临时管理在一定程度上只是其劳务活动的一个客观条件和需要，其没有对财物的管理和处理、处置及监督等权力，不具有刑法意义上的公务管理属性。具体到国家控股、参股公司中的基层工作人员，如班组长、生产队长、工人等，其所从事的工作不具有公务的属性，故不能认定为国家工作人员。

三、国有控股、参股公司中国家工作人员身份认定亟须厘清和解决的几个相关问题

在对国有控股、参股公司中国家工作人员身份认定进行研究时，我们发现办案实践仍然绕不开，回避不了一些相关问题，只有研究透、厘清楚、解决了这些相关问题，才能更好地服务司法实践，才能更好地促进相关办案工作的持续健康发展。

（一）关于国有控股、参股子公司、孙公司中国家工作人员身份的认定问题

随着国有企业改革不断向纵深发展，国有控股、参股公司投资设立子公司，乃至国有控股、参股公司投资设立的子公司再次投资设立“孙公司”的二次投资、三次投资的现象越来越普遍。如前所述，根据是否控股的情况，此类二次、三次投资公司应分别认定为国有控股、参股公司，其中国家工作人员身份的认定，应当同时把握两个要件：一是是否由国家机关、国有公司、企业、事业单位委派或国有控股、参股公司的党委、党政联席会批准或决定；二是是否从事组织、领导、监督、管理、经营等工作。如果在国有控股、参股子公司、孙公司中的工作人员符合上述两个条件，就可以认定该工作人员具有国

家工作人员身份。反之，该工作人员不具有国家工作人员身份。如中国四大国有控股银行系统中存在上述情况，虽然是股份制银行，但其系统内部还有一套党的系统，一般最大股东仍属于国有性质，对于该系统的国有控股、参股子公司、孙公司中国家工作人员身份的问题，也必须遵循上述的原则进行认定。

（二）关于国有控股、参股公司中不同身份人员共同犯罪的相关问题

厘清国有控股、参股公司中国家工作人员身份问题，更重要的是要认真解决实践中遇到的具体问题，而解决国有控股、参股公司中具有国家工作人员身份与不具有国家工作人员身份共同犯罪的问题，就是一个比较突出的难点。目前，除刑法总则规定外，涉及共同犯罪的有关规定有：(1)《刑法》第382条第3款之规定。(2) 2000年最高人民法院《关于审理贪污、职务侵占案件如何认定共同犯罪几个问题的解释》。(3) 2003年《全国法院审理经济犯罪案件工作座谈会纪要》。结合刑法及相关司法解释规定，我们可以作如下判定：一是在国有控股、参股公司中，不具有国家工作人员身份的人与国家工作人员勾结，分别利用各自的职务便利，共同将本公司财物非法占为己有的，应按照主犯的犯罪性质定罪，即按主犯的犯罪性质认定贪污或者职务侵占罪。如果根据案件的实际情况，各共同犯罪人在共同犯罪中的地位、作用相当，难以区分主从犯的，可以贪污罪定罪处罚。二是在国有控股、参股公司中，不具有国家工作人员身份的人与具有国家工作人员身份的人相勾结，伙同受贿的，以受贿罪的共犯追究刑事责任。三是在国有控股、参股公司中，不具有国家工作人员身份的人与具有国家工作人员身份的人相勾结，共同挪用公司财物的，由于相关解释没有涉及，建议按照主犯的犯罪性质定罪处罚，即按主犯的犯罪性质认定挪用公款罪或者挪用资金罪。如果根据案件的实际情况，各共同犯罪人在共同犯罪中的地位、作用相当，难以区分主从犯的，可以挪用公款定罪处罚。

（三）关于国有控股公司的财产是否有必要设定“以国有财产论”的问题

在刑法的规定中，对财产的分类，不外乎就是国有财产、劳动群众集体所有的财产、公民私人所有的财产等三类财产，而在办理国有控股公司工作人员职务犯罪时，有必要对国有控股公司中的财产的性质作出认定。由于在国有控股公司中，各种性质的财产混合在一起，从刑法角度分析，对于国有控股公司工作人员经营、管理的各类具体的财产，到底各属于什么性质的财产，理论和实践中根本无法回答，没有权威的声音，这直接导致了司法实践中法律适用问题的难度。一是导致《刑法》第382条第2款“受国家机关、国有公司、企业、事业单位、人民团体委托管理、经营国有财产的人员，利用职务上的便

利，侵吞、窃取、骗取或者以其他手段非法占有国有财物的，以贪污论”的规定在国有控股公司中没有适用依据。二是导致2003年《全国法院审理经济犯罪案件工作座谈会纪要》“受委托管理、经营国有财产，是指因承包、租赁、临时聘用等管理、经营国有财产”的规定在国有控股公司中没有适用依据。三是导致2000年最高人民法院《关于对受委托管理、经营国有财产人员挪用国有资金行为如何定罪问题的批复》“受国家机关、国有公司、企业、事业单位、人民团体委托，管理、经营国有财产的非国家工作人员，利用职务上的便利，挪用国有资金归个人使用构成犯罪的”规定在国有控股公司中没有适用依据。毕竟随着现代企业制度改革的不断深入，纯国有公司、企业已经非常少了，如果不及时进行相关立法完善，那么必将严重影响司法机关的法律适用问题，从而制约相关办案工作的顺利开展。为此，我们建议以立法解释的形式明确国有控股公司的财产以“国有财产论”的内容，我们作这一建议有党的相关文件为参考依据。①

（四）关于探索不同所有制经济平等保护的刑事立法问题

我们党高度重视不同所有制经济的平等保护，并以中央文件的形式就平等保护问题作出了明确规定，从而促进了各种所有制经济的持续健康发展。然而，目前相关刑事立法在此方面还不能适应形势发展的需要，已凸显立法的相对滞后性。根据《刑法》和2016年最高人民法院、最高人民检察院《关于办理贪污贿赂刑事案件适用法律若干问题的解释》的相关规定，对于不同性质的公司、企业不同身份的工作人员职务犯罪的，在定罪量刑方面的区别是比较大的，这既不利于对不同所有制经济的平等保护，也使得不少社会公众对类案处理迥异的问题并不认同。虽然国有控股、参股公司属于国家出资企业的范畴，但是，不论公司、企业的性质如何，不论其是否是国有公司和企业，不论国有控股、参股股份比例的高低，公司、企业更大程度上是一个市场经济主体，在市场竞争中地位是平等的。从这个意义上来讲，对各类公司、企业中的工作人员的评价应采用同一标准，不宜人为地将其复杂化。为此，我们建议借鉴国外的一些有益做法，取消公司、企业中区别身份分别定罪量刑的立法，探

---

① 《关于实行党风廉政建设责任制的规定》第2条规定，本规定适用于各级党的机关、人大机关、行政机关、政协机关、审判机关、检察机关的领导班子、领导干部；人民团体、国有和国有控股企业、事业单位的领导班子、领导干部参照执行规定。可以看出，党的文件将国有控股企业和国有企业、人民团体、事业单位纳入平等调整范畴，使其具有准国有企业的认同要求，故而作国有控股公司的财产以“国有财产论”的建议，是有一定的政策规定作支撑的。

索将各类公司、企业中的工作人员的职务犯罪行为纳入刑法统一调整范畴，如此规定，可以从根本上解决司法实践中国有控股、参股公司中国家工作人员身份认定的各种难题，既契合中央有关的平等保护理念，又能为社会公众所理解和认同，同时也更具合理性。

（五）关于相关司法解释的完善问题

1. 关于是否统一明确受委派人员在国有控股、参股公司任职的任命主体问题

实践中，由于司法解释对受委派人员在国有控股、参股公司任职的最终任命主体规定不明确，导致实践中认知各异，具有类似情况的案件，有的由检察机关在侦办，有的则由公安机关侦查，不仅群众对此感到困惑，甚至个别司法工作人员也对此感到困惑。如若仅因受委派人员在国有控股、参股公司任职的最终任命主体的不同，导致各地执法不规范统一，类似情形的案件作不同处理，必定在一定程度上影响执法公信力。比较明显的如银行系统，媒体上时有报道一些银行分行（或支行）行长、副行长因受贿、贪污被依法处理，也有报道个别银行分行（或支行）行长、副行长因非国家工作人员受贿、职务侵占被依法处理；同时，调查发现，银行系统工作人员职务犯罪的定性问题，在司法系统内部存在分歧的情况也时有发生。我们认为，出现上述情况，主要是相关人员在国有控股、参股公司任职的最终任命主体规定不明确，各地认识不统一所致。为此，我们建议以司法解释的形式，将受委派人员在国有控股、参股公司任职的任命主体，统一明确界定为国有控股、参股公司内部的党委与党政联席会。

2. 关于是否明确口头委派效力的问题

一般来说，委派都需以书面方式予以确认，但是现实中因特殊情况不排除有以口头方式委派的情况，却没有相应的书面正式文件体现。有的提名和指派，可能就是在一次非正式会议上作出的决定，少有书证体现，这就给司法办案工作带来了十分现实的拷问。对于有书面任命文件的委派人员可以直接认定为国家工作人员，而对于无书面任命文件，以口头形式委派的人员是否认定为国家工作人员，争议较大，各执一词。实践中，有的国有控股、参股公司职务犯罪嫌疑人的辩护人就以没有书面的正式委派文件为由，继而否定嫌疑人的国家工作人员身份。若此，受口头形式委派在国有控股、参股公司从事公务的人员被认定为非国家工作人员身份，那么身份认定的不同将直接导致同一犯罪行为在处理上的巨大差别，一是在刑法上体现的量刑档次的区别，二是在司法解释中体现的追诉数额标准的差别，特别是在2016年最高人民法院、最高人民

检察院《关于办理贪污贿赂刑事案件适用法律若干问题的解释》之中表现得尤为突出。[①] 我们认为，现实情况十分复杂，不论因何种原因出现口头委派情况，其实质仍然属于委派的性质，故而建议以司法解释的形式对于口头委派的效力予以认可。也就是说，对于被口头委派到国有控股、参股公司从事公务，但尚未依照规定程序获取相关职务的人员，其涉嫌职务犯罪的，应当认定其具有国家工作人员身份而追究其刑事责任，我们做这一建议有最高人民检察院法律政策研究室相关解释作为参考依据。[②]

3. 关于个别司法解释的废止问题

随着形势的发展，有的司法解释已经不能适应办案工作的需要，其相关解释已经不能有效解决实践中遇到的难题，建议及时清理废止。如 2005 年最高人民法院《关于如何认定国有控股、参股股份有限公司中的国有公司、企业人员的解释》规定："国有公司、企业委派到国有控股、参股公司从事公务的人员，以国有公司、企业人员论。"我们认为，该解释问题意识不够强，针对性不够精准，可以说，具有准国有公司、企业人员身份，并不必然具有准国家工作人员身份，其解释对当前办案工作没有多大指导价值。而且该解释既与《刑法》第 93 条第 2 款的相关规定契合度不够，又被 2010 年最高人民法院、最高人民检察院《关于办理国家出资企业中职务犯罪案件具体应用法律若干问题的意见》的相关规定所优化，[③] 故建议及时予以废止。

① 2016 年最高人民法院、最高人民检察院《关于办理贪污贿赂刑事案件适用法律若干问题的解释》第 11 条：刑法第一百六十三条规定的非国家工作人员受贿罪、第二百七十一条规定的职务侵占罪中的"数额较大""数额巨大"的数额起点，按照本解释关于受贿罪、贪污罪相对应的数额标准规定的二倍、五倍执行。刑法第二百七十二条规定的挪用资金罪中的"数额较大""数额巨大"以及"进行非法活动"情形的数额起点，按照本解释关于挪用公款罪"数额较大""情节严重"以及"进行非法活动"的数额标准规定的二倍执行。刑法第一百六十四条第一款规定的对非国家工作人员行贿罪中的"数额较大""数额巨大"的数额起点，按照本解释第七条、第八条第一款关于行贿罪的数额标准规定的二倍执行。

② 2004 年最高人民检察院法律政策研究室《关于国家机关、国有公司、企业委派到非国有公司、企业从事公务但尚未依照规定程序获取该单位职务的人员是否适用刑法第九十三条第二款问题的答复》：对于国家机关、国有公司、企业委派到非国有公司、企业从事公务但尚未依照规定程序获取该单位职务的人员，涉嫌职务犯罪的，可以依照刑法第九十三条第二款"国家机关、国有公司、企业委派到非国有公司、企业、事业单位、社会团体从事公务"，"以国家工作人员论"的规定追究刑事责任。

③ 《刑法》第 93 条第 2 款和 2010 年最高人民法院、最高人民检察院《关于办理国家出资企业中职务犯罪案件具体应用法律若干问题的意见》，都明确规定了准国家工作人员身份的表述，更有利于精准指导办案工作。

四、结语

随着国有企业股份制改革的不断推进，国有控股、参股公司的规模日益扩大。由于国有控股、参股公司中资本来源和持股情况不一，股权属性多样，管理人员的构成、职务产生方式、职权属性各异，相关法律、行政法规对此难以全面有效规范，加之司法实践中情况复杂，导致在不少情况下对于国有控股、参股公司工作人员的职务犯罪难以准确判定。为此，认定国有控股、参股公司中的国家工作人员，应当依据法律、司法解释的精神，从其管理权的来源及所从事工作的性质来严格把握，严守刑法的谦抑性，不能随意扩大打击范围。同时，针对法律适用中存在的诸多问题，在刑法立法、司法解释层面及时作出更加明确具体的规定，以保证准确适用法律，促进法律的统一正确实施。

试论公信力作为受贿罪犯罪客体的合理性

吕治平*

关于受贿罪的犯罪客体，理论上一直存在诸多争论。在各国及地区的刑法理论中，观点纷呈，但这里首先值得注意的是，我国刑法理论源于苏联，犯罪客体概念相当于日本刑法中的“法益”①。但从立法现状来看，各个国家或地区对于受贿罪的犯罪客体主要存在两大立法主义：一是罗马法之思想，认为贿赂为职务行为之对价无须违背职务之对价，故不问违背职务之行为与否，凡对于职务上行为收受贿赂，均加以处罚。二是日耳曼法的思想，认为贿赂必为违背职务之对价，对于违背职务之行为收受贿赂，始加以处罚。② 罗马法主义认为，受贿罪之可罚的违法性，在于职务上贿赂之取得，而不在于职务之违反，故受贿罪保护为职务行为之不可收买性，而日耳曼立法主义认为贿赂为违背职务行为之对价，其可罚的违法性在于侵害职务之公正，故认为受贿罪之保护法益为职务行为之纯粹性，即职务行为之不可侵犯性。

一、关于受贿罪犯罪客体的既有认识

（一）国外的几种代表性观点

一是国家意志篡改说，即受贿罪的犯罪客体是国家意志受到无端之阻挠与违法之篡改。③ 鉴于公职人员与行贿者之间存在的违法约定，致使公职人员在收受贿赂或期待收受贿赂的情况下，欲再依法公正地执行公务行为已不可能，这在客观上就是对国家意志的阻挠与篡改。但是这种学说存在的问题在于：如

---

* 重庆市人民检察院公诉一处三级检察官助理。

① “在我们看来，日本刑法理论中的行为客体与法益的区别，相当于苏联刑法理论中的犯罪对象与犯罪客体的区别。”马克昌：《比较刑法原理》，武汉大学出版社2012年版，第149页。

② 吴正顺：《贿赂之概念》，载蔡墩铭主编：《刑法分则论文选集》（上），五南图书出版公司1984年版，第107—108页。

③ 张明楷：《刑法学》（第四版），法律出版社2011年版，第1059页。

公职人员没有先行或预期受贿行为，或在职务行为完成之后才收受贿赂，就不可能有阻挠国家意志之实现的事实。

二是执行公务之纯洁性说（纯粹性说、公正性说），即受贿罪的犯罪客体就是职务行为的公正性（或不可侵犯性）。[①] 在现代民主社会中，公职人员是全体国民的服务者，其职务行为的公正性具有特别重要的意义。公务本应依法廉洁而公正地执行，但是贿赂行为必然使公务执行之公正性（纯洁性）受到不同程度的损害。但是这种学说的一大缺陷就是公职人员就正当合法的职务行为收受不当好处，却难以成立受贿犯罪。

三是信赖说。德日两国的内容不尽相同。德国的信赖说认为，受贿罪的法益是国民对职务行为的公正性的信赖，而不包括职务行为公正性本身。日本信赖说认为，受贿罪的法益是职务行为的公正性以及国民对职务行为的公正性的信赖。[②] 此等信赖或威信之损伤并非需要等到公职人员实际取得了不当好处，即便是在公职人员有表示收受不当好处的意愿时，足以使他人感到此公务行为可收买时，这种损伤就已经出现。

（二）国内比较有影响力的主要观点

一是受贿罪侵犯的是国家机关的正常管理活动，即正确执行国家机关对内外职能任务的一切活动。[③] 此观点在过去较长时间内作为通说，但没有说明“国家机关正常管理活动”的具体内容。

二是受贿罪的犯罪客体是国家工作人员职务行为的廉洁性。[④] 这种观点已成为目前中国刑法学界关于受贿罪犯罪客体的通说。虽然赞成者较多，但主张廉洁说的各学者认识并不完全一致，有的人表述为公务人员的廉洁制度，有的则表述为职务行为的廉洁性，二者之间存在一定差异。

三是受贿罪的犯罪客体就是职务行为的不可收买性或表述为国家工作人员职务行为与财物的不可交换性。[⑤] 此观点认为职务行为既包括属于职务范围内的合法行为，也包括与职务有关的超越或滥用职务的行为；不可收买性包括职务行为的不可收买性本身，也包括公民对职务行为不可收买性的信赖。

---

① 张明楷：《刑法学》（第四版），法律出版社 2011 年版，第 1059 页。

② 张明楷：《刑法学》（第四版），法律出版社 2011 年版，第 1059 页。

③ 张明楷：《刑法学》（第四版），法律出版社 2011 年版，第 1060 页。

④ 高铭暄、马克昌主编：《刑法学》，中国法制出版社 1999 年版，第 1136 页；何秉松主编：《刑法教科书》，中国法制出版社 2000 年版，第 1132 页。

⑤ 张明楷：《法益初论》，中国政法大学出版社 2000 年版，第 612—630 页。

二、如何正确认定受贿罪的犯罪客体

综观国内外的多种关于受贿罪犯罪客体的学说，都无法完全解决已经出现的诸多分歧，无论前述哪种学说作为指导我国当前立法、司法实践，皆不能尽善尽美，总有这样或那样的缺陷。

（一）正确认定受贿罪的犯罪客体需注意的几个原则

厘定受贿罪的犯罪客体，我们必须突破各学说互争的窠臼，从探寻认定受贿罪客体的原则入手。笔者认为，认定受贿罪的客体首先应当遵循以下三个基本原则：

一是与刑事司法政策相联系原则。由于犯罪构成采取法定原则，各国在刑事立法过程中，立法者们并不是可以随心所欲，立法的内容总是与本国的刑事司法政策紧密相关。国家对社会进行管理的过程中，其政策往往先于法而存在，面对纷繁复杂的各种社会问题、需不需要立法，如何立法，均与执政党的政策导向密不可分。自改革开放后，中国共产党已经认识到健全法制在社会管理过程中的重要性，提出了有法可依等16字方针，并将依法治国写进宪法。政策主要反映政党的意志，而法体现的是国家的意志，各国政党都是通过执政地位将自己的意志转化为国家意志。所以，法律往往就是政党政策的定型化、具体化。故在定罪政策上，是注重打击，还是倾向最大限度地挽救教育，将直接影响刑法中犯罪概念及犯罪构成的具体内容。

二是内容明确性原则。犯罪客体在我国传统刑法理论中系犯罪构成体系的重要部分，是判定罪与非罪、此罪与彼罪的具体标准，现在虽有学者提出了“不要说”观点，但这并不是说犯罪客体概念不重要，没有其价值了，可以模棱两可；正好相反，笔者认为搞清犯罪客体，可以更好地认识犯罪的本质，有助于明确刑罚的处罚范围，指导刑法分则体系的构建更为合理。各个犯罪客体内容如若缺乏明确性，就难以充分发挥其功能，就会导致对犯罪本质理解出现偏差，直接影响如何立法或司法的大问题，在具体个案中，此罪与彼罪的界限就会模糊，从而引起错案甚至冤案的发生。

三是与法益内涵相符的原则。从受侵犯的角度而言，法益被称为被害法益，即犯罪所侵害或者威胁的利益；从受保护的角度而言，法益被称为保护法益（即法所保护的利益）或者保护客体；显然，将二者联系起来就会发现，法益实际上是我国传统刑法理论上所说的犯罪客体。[①] 关于法益的定义，学者们作出了许多解释，可谓众说纷纭，但笔者比较认同张明楷教授关于法益的定义："法益是指根据宪法的基本原则，由法所保护的、客观上可能受到侵害或者威胁的人的生活利益。"[②] 其中由刑法所保护的人的生活利益，就是刑法上的法益。"人的生活利益"不仅包括个人的生命、财产、自由等利益，而且还包括建立在保护个人利益之上的国家利益、社会利益等。因此，受贿罪的犯罪客体应当满足属于"人的生活利益"这一基本前提。

（二）公信力作为受贿罪的犯罪客体的比较优势

公信力是国家工作人员职务行为最基本的属性，是对公权力行使的最本质要求，国家工作人员职务行为的公信力是建立在其行为的公正性和合法性的基础之上，故而缺乏公正性或合法性的职务行为没有公信力。尽管贿赂行为并不必然影响其职务行为的公正性或合法性，但因贿赂事实的存在当然使得职务行为的公正性或合法性受到国民的质疑，导致其公信力受到侵犯。法益保护主义认为，刑法的任务或目的是保护法益，犯罪应当被限定为对法益的加害行为（侵害法益或者具有侵害法益危险的行为）。[③] 因此，刑法禁止受贿的目的应是保护职务行为公正性和合法性的公信力，以此确保职务行为的不可侵犯性，故笔者认为，受贿罪的犯罪客体应为职务行为的社会公信力。

一是公信力说能更好地契合当前从严打击各种腐败犯罪的刑事司法政策。在现阶段，特别是党的十八大以来，新一届党中央领导集体将加强反腐工作提升到一个新的高度，习近平总书记提出要"把权力关进制度笼子里，形成不敢腐的惩戒机制、不能腐的防范机制、不易腐的保障机制"，严厉打击各种腐败行为。这就要求我们对受贿等腐败犯罪应当采取更加严厉打击的刑事司法政策，将执政党的政策转化为国家的意志，就需要上升为法律，具体到相应的法律规范当中去。就受贿罪而言，势必影响其犯罪客体具体内容的变化与调整，必须进一步丰富其客体的内涵，以确保在严厉地打击各种腐败犯罪过程中的合法性。公信力说契合了加大打击腐败犯罪力度的要求，相对于廉洁性和不可收买性二学说，更具有内容的明确性和内涵的广泛性，从而能在更大范围内确保职务行为的合法性和公正性。

二是公信力说比廉洁性说更符合内容明确性的要求。廉洁性说内容概括、

---

① 张明楷：《刑法学》（第四版），法律出版社2011年版，第67页。

② 张明楷：《刑法学》（第四版），法律出版社2011年版，第67页。

③ 张明楷编著：《外国刑法纲要》（第二版），清华大学出版社2007年版，第34页。

抽象，且主张廉洁性说的各学者认识也并不完全一致，有的人表述为公务人员的廉洁制度，有的则表述为职务行为的廉洁性。而公信力说的明确性主要体现在：（1）职务行为可以包括已经实施的职务行为、正在实施的职务行为，以及将来实施的职务行为，不管是哪种职务行为，一旦与贿赂行为相关联，国民都将会对其合法性或公正性产生怀疑，使国家工作人员职务行为的合法性或公正性的公信力受到影响。（2）受贿行为不仅包括是一种正在实施或者已经实现了的贿赂行为，还包括承诺实施的贿赂行为。（3）对于收受的对象是财物还是其他不正当的好处，整个收受贿赂过程是否已经利用职务之便，谋取的是正当利益还是不正当利益均不影响受贿罪的成立。公信力说只要求这种贿赂行为，足以让国民对国家工作人员具体的职务行为产生合法性或公正性的合理怀疑。

值得注意的是，公信力说并不要求职务行为合法性或公正性本身一定遭到侵害，国家工作人员的职务行为若同时侵犯了合法性或公正性本身，不仅构成了受贿罪，还可能构成其他罪行，换言之，即使职务行为是合法的或公正的，但因受贿行为也会使国民对职务行为的合法性或公正性产生合理怀疑，即公信力已受到侵害，故受贿罪依然成立。

三是公信力说比不可收买性说更符合法益内涵的要求。相比“不可收买性说”，以“公信力”作为受贿罪保护法益（犯罪客体）更符合“法益”本来的意义。

刑法中受贿罪的保护法益，以职务行为的公信力而论，无疑是一种国家利益，属超个人法益的范畴，完全符合法益的“人的生活利益”这一基本要求，而不可收买性主要表现为一种事实判断，难以体现出这是一种需要保护的“人的生活利益”。如果坚持认为“不可收买性”是一种法益或者客体，那么这种客体的存在也不具有刑法或者其他法律（如宪法、行政法）保护的价值，因为可以说人的行为都具有不可收买性。

就刑法规范一般而言，都是“不得作……”“应当……”，这种禁止、命令规范，然而这些规范并非无目的地存在，而是以一定利益的保护为其目的。因此，刑法规范的前提当然是必须决定“保护什么”，因而禁止、命令“什么”。[①] 如此，刑法规范的评价、预测机能才能发挥作用，也就是认定何种利益具有刑法保护价值，这样刑法规范的评价机能在理论上应先行于禁止、命令

---

① ［日］西田典之：《日本刑法总论》，刘明祥、王昭武译，中国人民大学出版社 2006 年版，第 97 页。

机能。如以“不可收买”作为受贿罪的犯罪客体就会出现原本属于刑法规范中禁止、命令机能的内容，转为了需要保护的利益，故“不可收买性学说”将刑法规范所禁止或命令的“不可对职务行为进行收买”这一禁止性规定或命令作为刑法所要保护的“客体”，有不适当之处。

同时，围绕违法性的实质，结果无价值论认为，违法性的实质在于行为所引起的客体侵害或者客体侵害的危险。诚如德国刑法学者麦兹格（Edmund Mezger，1884—1962）所言，“违法性，是惹起为法所否定的状态，而不是惹起一定状态为法所否定”，换言之，“行为并非因被禁止而违法，而是因违法（对社会有害）而被禁止”。[①] 对于受贿罪，就实质而言，并非因为职务行为被支付了薪俸以外的对价而违法，而是因为其贿赂行为违法而被禁止，故不可收买性说与违法性实质的要求也难以协调。

四是公信力说较德日信赖说更符合语义逻辑。德、日的信赖说彼此虽然有所区别，但本质上都是保护国民对公职行为的信赖。国民的信赖作为一种刑法的保护客体本无可厚非，但作为我国受贿罪的保护客体就值得商榷。我国刑法明确规定受贿罪的主体是国家工作人员，侵犯的客体若表述为国民的信赖，简而言之，受贿罪就是国家工作人员的职务行为侵犯了国民的“信赖”，这样就导致语义逻辑上有矛盾。事实上，受贿行为本身可能并没有侵犯国民的任何实质利益，相反却为当事人谋取了一定正当或不正当的利益；整个受贿行为过程真正受到直接影响或者否定性评价的是职务行为本身，是职务行为的合法性或公正性在国民心中的地位的沦丧，可以说，正是因为受贿行为，职务行为的公信力没有了。

三、公信力说作为受贿罪的犯罪客体的重要意义

新中国成立后，特别是改革开放以来，党和国家一直高度重视惩治贪污贿赂等腐败问题。司法实践越来越表明腐败的主要方向突出发生在受贿犯罪问题上，且受贿腐败现象是愈演愈烈：范围越来越广，涉案金额越来越大、隐蔽性越来越强。造成这种状况的原因固然很多，但从制度层面讲，我国现行刑法在有关受贿罪的犯罪构成与刑事责任的设置上不够完善是重要原因之一。当前形势下，依法严厉打击各种各样的贿赂犯罪，依法反腐、法治反腐，从立法上保障有效的打击，建立起反腐长效机制，仍是解决这一顽疾的重要策略之一。

① ［日］西田典之：《日本刑法总论》，刘明祥、王昭武译，中国人民大学出版社2006年版，第97页。

首先，公信力说能较好地解决受贿罪立法上的困境。就受贿罪而言，与《联合国反腐败公约》中的内容相比，我国立法层面依然相当不完善，存在着诸多亟待解决的问题。《联合国反腐败公约》第15条规定："公职人员为其本人或者其他人员或实体直接或间接索取或者收受不正当好处，以作为其在执行公务时作为或者不作为的条件。"可以看出，我国在受贿罪的规定中，重点强调是否利用"职务之便"、是否"为他人谋取利益"，所得到的好处是否为"财物"。换言之，对我国《刑法》第385条可作如此三种表达：一是没有利用"职务之便"的国家工作人员索要或收受好处为他人谋取利益，不构成受贿罪；二是利用"职务之便"收受财物后不"为他人谋取利益"，不构成受贿罪；三是既利用"职务之便"又"为他人谋取利益"，但只要索要或收受的不是"财物"，不构成受贿罪。

事实上在司法实践中，这样的规定大大增加了司法机关查处国家工作人员涉嫌受贿犯罪的难度，特别是对于嫌疑人或被告人拒不认罪，且恶意借用没有"利用职务之便"或"没有为他人谋取利益"来辩解以逃避法律的惩处者，他们的辩解在实践中极大地增加侦查取证的困难以及公诉人出庭举证的负担，以致司法难以有效惩治相应的犯罪。同时，如此规定还促使了部分国家工作人员索要或收受好处后"不为他人谋取利益"的现象存在，更有部分涉案人员以"受赃不枉法"的表面现象来辩解逃避刑罚的惩处，这无疑是对社会诚信体系的构建带来相当负面的效果，在此不详述。我们在这个罪状中，还明确限定了收受的贿赂必须是"财物"，这与《联合国反腐败公约》中"不正当好处"的内容相去甚远，限于文义解释的最基本的要求，我们是无论如何进行扩大解释也不能将现在比较严重的"性贿赂行为"界定为受贿犯罪。而公信力说内容的明确性和内涵的广泛性，可以从立法、司法的层面更为有效地打击受贿犯罪行为。

其次，公信力说更符合中华文化和中国的现实国情。诚信作为中华民族传统美德之一的地位应该是不容置疑的。古人云："言必信，行必果。"如今它的普遍缺失已成了中国社会发展的一大障碍。呼吁诚信社会，自然要从国家工作人员做起。同时，在中国"大政府，小社会"的现状下，国家机关或国家工作人员职务行为的公信力尤显得重要，在当前党和政府严厉打击国家工作人员各种腐败行为的刑事政策下，将"国家工作人员职务行为的公信力"直接作为受贿罪的犯罪客体就显得更加必要。

浅析职务犯罪预防调查制度

童　蕾*

职务犯罪预防调查是预防职务犯罪的一项基础性工作，也日益成为检察机关开展法律监督活动的重要内容。通过深入开展预防调查，准确掌握有关职务犯罪状况、特点和发展态势的第一手材料，为检察机关开展检察建议、预防咨询、专项报告、预测预警等其他预防工作提供依托。进一步完善预防调查制度，实现规范运作，有助于推动职务犯罪预防工作向纵深发展。

一、预防调查的概念和类型

职务犯罪预防调查，是检察机关以预防职务犯罪为目的，按照专门程序，查找发生职务犯罪的成因和可能诱发职务犯罪的隐患，发现制度、管理上的漏洞和风险，研究提出预防对策的专门调查活动。《人民检察院预防职务犯罪工作规则（试行）》对职务犯罪预防调查只作了原则性的规定。近年来，各地检察机关积极探索，紧紧围绕职务犯罪发案突出的环节领域、社会关注的热点问题以及群众关心的民生问题开展预防调查工作，取得了较好的法律效果、政治效果和社会效果，同时进一步丰富了预防调查的内容。

预防调查是检察院依据宪法和法律赋予的法律监督职能而派生出的一种法律监督活动。因此，预防调查的主体是检察院，而不是哪个具体的内设机构或部门。预防调查任务主要由职务犯罪预防部门承担，根据需要可以与检察机关相关内设机构共同开展，也可以与发案部门和单位、相关行业和领域主管部门联合开展。预防调查应当以检察院的名义进行，并出具人民检察院的法律手续。

预防调查主要有两种类型：一种是对权力和资金高度集中的重点领域、行业以及对社会关注、群众关心的热点领域、行业开展的调查，从事前预防的角度重点调查规制公权运行的制度规范是否健全、管理是否存在漏洞、公职人员

* 重庆市人民检察院刑事执行检察处副处长，四级高级检察官。

的思想状况等，前瞻性地提出预防建议，消除职务犯罪隐患。另一种是针对职务犯罪发案较多的行业、领域或者单位进行调查，从事后预防的角度帮助发案单位分析发生职务犯罪的主客观原因，查找管理中存在的疏漏，提出对策建议，督促开展廉政意识教育，防止职务犯罪再度发生。两种类型的预防调查虽然在侧重点和着眼点上略有差异，但都是以规制公权运行、防止遏制职务犯罪发生为出发点。

二、预防调查的特征

（一）预防调查具有法律监督性

宪法规定人民检察院是法律监督机关。法律监督主要是检察机关对执法、司法和国家工作人员的职务活动可能出现违法行为达到一定程度的专门监督，检察机关开展预防调查是行使法律监督权的重要方式。预防调查的法律监督性主要体现在立足检察职能开展预防调查，便于监视职权运行状态，及时发现权力运行过程中的失序及原因，以便提出检察建议，通过对权力的程序性和实体性的跟踪监督保证权力廉洁高效运行。

（二）预防调查具有专门性

预防调查是预防部门的专门性工作，不同于职务犯罪初查、侦查，也有别于普通的调查研究。预防调查的启动不以接受举报或申请为条件，不以事后查究和处分某种违法犯罪行为为目的，而是通过开展调查，发现犯罪隐患，发出检察建议，预防职务犯罪的发生，同时对涉嫌职务犯罪的线索移交侦查部门处理。预防调查是独立的、主动性的工作，是预防部门的专属职能，同时也对预防调查承办人的素质提出了较高的要求。进行预防调查须对职务犯罪本质特征有较深刻认识，具有查办与预防职务犯罪方面的专业知识，熟悉一般的行政管理、财务管理、职务行为、职务犯罪人心理及犯罪手段等方面知识，以及相关行业、领域的专业性知识，才能做到析理透彻、对策建议有针对性和可行性。

（三）预防调查具有非强制性

预防调查的内容和目标决定，不能采取限制或者剥夺公民宪法性权利的强制性措施进行预防调查。预防调查需要得到被调查对象的配合。预防调查不会对被调查对象产生实体影响，而是通过调查通报、检察建议启动纠错机制间接作用于被调查对象。

（四）预防调查具有程序性

预防调查是一种法律监督行为，它必然要依据专门程序进行，使用专门的调查方法、手段和措施。依据一定的流程规范开展，才能体现工作的严肃性和公信力。从《人民检察院预防职务犯罪工作规则（试行）》的规定来看，预防调查一般要有立项审批、制订调查方案、收集资料、查证问题、拟写调查报告等过程。

三、当前预防调查的发展困境

目前，预防调查工作虽然得到普遍重视，并广泛开展，但仍然存在程序不够规范严格、调查措施非强制性、调查结果缺乏约束力以及调查成果转化不及时不到位等问题，导致预防调查的权能属性与权威性受到质疑，影响实践中预防调查的效果发挥。

（一）预防调查地位没有得到应有的体现

检察机关内部而言，缺乏对预防调查的硬性要求，预防调查是软任务，对这项基础业务不够重视。检察机关外部而言，预防调查与其他预防措施相比，警示教育、预防宣传更受预防单位的欢迎。预防调查可能发现犯罪线索，因此，有关单位接受预防调查也是相当审慎的。

（二）预防调查规范性不足

这些年来，随着形势发展，对检察机关预防调查的职能上认识有了更新层次的认识，但目前尚未有预防调查工作的专门规范性文件，最高人民检察院《人民检察院预防职务犯罪工作规则（试行）》和《关于加强和改进预防职务犯罪工作的意见》中对预防调查仅作出原则性规定。各地预防部门在实践中做法也不尽一致，存在一定的随意性。

（三）预防强制力不足

在单位、部门、行业和领域开展预防调查的前提是他们愿意配合调查，并且在思想上有加强预防的意识，否则检察机关预防调查难以顺利开展。预防调查措施没有强制力，仅靠被调查对象的不确定性配合，导致收集信息的来源渠道及种类等无法规范。

（四）预防调查的成果价值应用不到位

预防调查报告的质量直接决定了预防调查的效果。有的调查报告内容缺乏深度和针对性，谈问题只谈表面现象，以偏概全，不深不透。提出的检察建议谈对策泛泛而谈，缺乏针对性，让被建议单位无所适从。有的检察院在开展预防调查，发出检察建议后不去主动追踪问效，影响了预防调查的效果。另外，预防调查成果传播范围大小，对预防调查成果价值有较大影响。

四、预防调查制度的完善

为了适应新形势下对预防工作的要求，应加快预防调查制度的完善，对预防调查进行科学设计、流程管理，建立健全相应的程序和制度，充分发挥其预防职务犯罪的内在价值，促进预防工作向专业化、规范化方向发展。

（一）加强预防调查的立项管理

一是明确立项标准。立项标准是开展工作的前提条件，就像办案有立案标准，预防调查也应当明确在什么情况下、符合什么条件就要启动，进行立项。职务犯罪预防部门可以结合本院查办职务犯罪的情况，对各类引发或可能引发职务犯罪的原因或隐患开展预防调查。比如，开展个案、类案的预防调查，可以考虑重点对以下情形开展调查，包括对发生实职处级以上领导干部要案的；一个单位出现涉案 3 人以上的窝案的；3 年内一个系统连续发生同类案件的；党委、人大要求检察机关对重点项目以及有关行业、系统开展专项预防的；检察长及上级检察机关预防部门交办的。二是明确承办人员。职务犯罪预防部门是检察机关实施预防调查的主体。开展预防调查，应当由两名以上检察人员进行。根据预防调查事项和工作需要，必要时可商请侦查人员、发案单位及其主管部门派员参加，保障预防调查力量到位。上级检察机关职务犯罪预防部门根据需要，可以组织下级检察机关职务犯罪预防部门开展预防调查。三是严格立项审批。由主办人应填写《预防调查立项申请表》，附上预防调查实施方案，经部门负责人审核，报主管院领导批准后实施。预防调查实施方案内容包括调查事项或问题的来源、方法、步骤等。四是引导预防调查方向。上级院对下级院的相同、相似领域的预防调查内容可以协调、整合，提高调查工作成效。对较大的调查项目，可分组、分层次、分步骤全面开展预防调查，再组织总体统筹。

（二）突出预防调查的时间节点

一是启动时间。预防调查有主动性，只要是立项审批通过都应该启动调查。但是针对个案、类案的预防调查，介入时间尤为重要。针对案件的预防调查，一般应当在职务犯罪案件侦查终结后及时开展。根据调查工作的实际需要，经主管侦查工作的院领导同意并报检察长批准，也可以在侦查阶段开展预防调查。在侦查阶段开展预防调查的，讯问犯罪嫌疑人应当有侦查人员参加并依照有关规定进行同步录音录像。二是调查期限。预防调查一般应当立项审批后 4 个月或者案件生效判决后 2 个月以内完成，特殊情况报主管院领导批准后可以延期 2 个月。预防调查有时限要求，如果时间太短，调查开展不深不透，而时间过长，预防调查缺乏现实意义。三是回访时间。按照检察建议的相关要求，以预防调查为依据而发出的《检察建议书》送达相关部门、单位后15日以内，承办检察官应及时回访，主动了解检察建议的落实整改情况。

（三）规范预防调查的方式

预防调查的方式要紧紧围绕摸清职务犯罪的特点、规律和发展趋势，提出防治职务犯罪再度发生的有效对策这个中心而展开。结合近几年的预防工作实践，职务犯罪方式，应当包括以下几种：（1）查阅、调取、复制有关案卷、规章制度、视听资料等材料。（2）召开办案人员座谈会或走访办案人员，听取情况介绍。（3）向犯罪嫌疑人、被告人或服刑人员了解有关情况。说服其陈述犯罪动机、心理发展演变过程、实施犯罪的过程。（4）旁听法庭审理案件。（5）在发案单位、主管部门召开座谈会，了解、通报有关情况，研究预防措施。（6）走访、约谈发案单位相关岗位人员。（7）统计和分析相关数据。（8）专家咨询和论证。预防调查要按照调查方案和计划来选择合适的调查方法。比如，座谈、走访就适合小范围的个别调查；询问、提讯适用于在押的犯罪嫌疑人、被告人或服刑人员的调查；问卷调查成本很高、不确定性太强，所以这里没有罗列进来。到有关单位、部门开展预防调查要做好沟通协调，注意维护正常的工作经营秩序和形象，防止引起负面影响和社会矛盾，关注和控制好社会舆论反应，力争预防调查工作的法律效果、政治效果和社会效果的有机统一。

（四）制作统一规范的文书

预防调查是通过对调查中获取素材的分析扫描，归纳提炼引发权力失范和职务犯罪的缘由，进而提出防治权力失范和职务犯罪发生的对策和策略。最终结论的具体表现形态是《预防调查报告》，《预防调查通报》和《检察建议》是预防调查报告的延伸。一般而言，预防调查完成后应制作《预防调查报告》，经职务犯罪预防部门负责人审核，报主管院领导批准。报告内容应当包括：立项调查来源、主要问题、调查经过、调查结论、处理意见或建议等。由于预防调查报告是内部文书，向发案单位或其主管部门通报调查情况，应当根据调查报告的内容制作《预防职务犯罪通报》。《预防职务犯罪通报》应当包括预防调查经过、调查发现的基本事实、应当引起重视的问题等。如果需要就相关部门、单位在制度和管理上的漏洞提出意见建议的，应当制作并发出《检察建议书》。可视情况择一制发《预防职务犯罪通报》与《检察建议书》，避免重复。涉及党委、人大要求检察机关对重点项目以及有关行业、系统开展预防调查的，其《预防职务犯罪通报》《检察建议书》应当报送同级党委、人大和政府。

（五）预防调查的成果评估及转化

开展预防调查工作发现问题、研究问题、分析问题是手段和过程，而解决问题才是最终目的。因此，预防调查成果评估和转化尤为重要。一是及时对调查成果评估。调查人员将调查收集的资料整理归档，按要求完成预防调查报告。立项单位组织对预防调查成果进行评估，考量预防调查成果的应用价值，适时在一定范围交流。二是充分发挥预防调查对预防咨询、专题报告、年度报告等工作的基础和支撑作用，特别是注意预防职务犯罪通报、检察建议对预防调查成果转化的能效发挥，将预防调查的成果及时通报给受调查的相关部门、单位和行业主管部门，督促其针对发生职务犯罪的突出问题或易发生职务犯罪的隐患问题进行整改。三是建立预防调查结果跟踪制度。《预防职务犯罪通报》《检察建议书》发出后，要关注相关单位的回复情况，根据回复的内容适时到现场追踪回访，进一步全面了解情况，督促对方落实不打折扣，进一步提升预防调查的质效和司法公信力。四是对普遍存在的问题以及预防职务犯罪的好经验、好做法，及时进行归纳、总结、提炼，依托检察专业职能，向党委政府作出专题报告，积极推动预防调查成果转化为反腐败的规章制度和法律法规，提高预防职务犯罪工作的层次和水平。

（六）预防调查工作的保障与监督

检察机关要强化力量、调配资源、理顺关系，加强预防调查各项保障工作。一是建立预防调查督导制。根据预防调查的进度，有关领导或部门及时协调各方关系，组织调查人员学习，对预防调查过程监督，对调查人员履职及廉洁情况监督考评。开展预防调查要严格遵守检察纪律，严禁干预有关单位的正常管理和经营活动，严禁谋取单位利益和个人私利，严禁泄露国家机密、商业秘密、个人隐私。在开展预防调查时应向发案单位及相关单位告知预防调查的目的及其需要配合、协助的事项，送达《预防调查通知书》《预防职务犯罪工作告知卡》和《预防职务犯罪工作监督卡》，接受相关单位的监督，树立良好的形象。二是完善惩防一体化的工作机制，加强检察机关内部协作，注重信息共享、资源互通，综合分析和研究职务犯罪规律特点，进而延伸调查犯罪的成因和条件，查找机制体制等方面的缺陷和漏洞。在预防调查中发现涉嫌职务犯罪线索的，应当按照规定及时移送本院有关部门处置。本院有关部门应将处置结果反馈职务犯罪预防部门。三是加强预防调查工作专业化建设，不断创新预防调查方式方法，拓展预防调查的渠道和领域，积极构建专业化预防职务犯罪的体系。

何为职务犯罪惩防一体化

王茂龙*

职务犯罪惩防一体化思想最早可追溯到2002年党的十六大报告。该报告针对当前我国职务犯罪惩防工作各自为政这一问题，提出了“标本兼治、重在治本”的反腐败战略思路。2004年党的十六届四中全会进一步提出了“坚持标本兼治、综合治理、惩防并举、注重预防”的反腐败战略方针，确立了建立“教育、制度、监督”并重的惩治和预防腐败体系的目标。2005年，中共中央印发了《建立健全教育、制度、监督并重的惩治和预防腐败体系实施纲要》，再次强调了“标本兼治，综合治理，惩防并举”的惩治和预防腐败方针。2007年，党的十七大提出“在坚决惩治腐败的同时，更加注重治本，更加注重预防，更加注重制度建设”的惩防职务犯罪工作思路。2008年，中共中央出台了《建立健全惩治与预防腐败体系2008—2012年工作规划》，提出了经过5年的扎实工作建成惩治和预防腐败体系基本框架这一阶段性目标。2012年，党的十八大再次强调，“坚持标本兼治、综合治理、惩防并举、注重预防”的方针，全面推进惩治和预防腐败体系建设。2013年，中共中央出台了《建立健全惩治与预防腐败体系2013—2017年工作规划》，明确了党委和纪委在反腐败斗争中的主体责任和监督责任，明确提出要把权力关进制度的笼子。至此，职务犯罪惩防一体化逐渐成为各地司法改革创新的前进方向。

不过，对职务犯罪惩防一体化这一概念的理解，无论是理论界还是司法实务界，目前都还存在不同程度的误读，归纳起来主要有以下几种认识误区：

误区一：认为职务犯罪惩防一体化就是对职务犯罪惩防资源的一体化。不少地方把职务犯罪惩防一体化简单地理解为对职务犯罪惩防机构进行合并。他们搞“职务犯罪侦查一体化”，就把反贪侦查部门与反渎侦查部门合并，搞“职务犯罪侦防一体化”就把职务犯罪侦查部门与职务犯罪预防部门合并，其最终结果是使反渎侦查工作和职务犯罪预防工作先后都逐渐被彻底边缘化。事

* 重庆市人民检察院职务犯罪侦查局反贪污贿赂指导处一级检察官。

实上，“惩防一体化”并不反对惩防工作的合理分工，因为合理的分工有利于将各项工作责任落实到位，从而促使各部门各司其职、各尽其能，最终推动各项工作全面发展，整体推进。但是，合理的分工并不等于各自为政，并不意味着彼此没有共同的目标和统一的思路。可见，“一体化”并不是简单的惩防资源一体化，更不是简单地把原来相互独立的实体进行合并。

误区二：认为职务犯罪惩防一体化就是职务犯罪惩防工作一体化。不少地方把惩防一体化简单地理解为惩防部门加强交流配合。有些地方搞“职务犯罪侦查一体化”就让反贪部门与反渎部门加强交流配合，搞“职务犯罪侦防一体化”就让职务犯罪侦查部门与职务犯罪预防部门加强交流配合。这些地方还先后建立了一些所谓的信息共享或沟通机制、联席会议机制、协作配合机制和分析研究机制等。不过，结果还是换汤不换药，反渎工作与反贪工作并没有齐头并进，职务犯罪侦查工作与职务犯罪预防工作也并没有融为一体。可见，“一体化”也不是简单地要求原来相互独立的实体进行加强交流配合。

误区三：认为职务犯罪惩防一体化就是职务犯罪惩防职能部门的一体化。还有不少地方把惩防一体化简单地等同于“侦查一体化”或“侦防一体化”。事实上，这三者虽然密切相关，但他们各自提出的背景、针对的问题、涵盖的主体范围都明显有别。职务犯罪侦查一体化是检察系统内部侦查工作的一体化，侦查一体化主要内容是加强对职务犯罪侦查工作的统一组织、统一管理和统一协调。职务犯罪侦查一体化思想，主要是针对检察系统内部职侦部门兵力分散、各自为政、资源浪费这一问题而提出的。1999 年 11 月《关于检察机关反贪污贿赂工作若干问题的决定》第 12 条和第 13 条最早涉及职务犯罪侦查一体化。2000 年 5 月《关于加强渎职侵权检察工作的决定》，职务犯罪侦查一体化机制初显雏形。2000—2002 年，先后出台了《人民检察院侦查协作暂行规定》《关于设立职务犯罪大案要案侦查指挥中心的方案（试行）》《人民检察院职务犯罪大案要案侦查指挥中心工作暂行规定》，对侦查工作统一指挥、相互协作作出了明确的规定。2002 年 5 月，在全国检察机关职务犯罪侦查工作会议上，最高人民检察院正式提出职务犯罪侦查机制一体化这一概念①。2005 年 9 月 8 日，最高人民检察院反贪总局召开的检察机关反贪部门第六次侦查工作会议明确提出，实行侦查一体化，就是要运用以省院为指导，以市院为主体，以区院为基础的侦查办案模式，通过整合侦查资源配置，形成纵向指挥有

---

① 该会议提出，职务犯罪侦查工作要向四化方向发展：执法规范化、队伍专业化、装备现代化、机制一体化。

力、横向协作紧密、运转高效有序的侦查运行机制，发挥检察机关的整体效能，以此推动反贪侦查工作健康发展。2006 年起，最高人民检察院决定全国推广职务犯罪侦查一体化，提出“应建立上下一体，指挥有力，协调高效的查办重大复杂案件的工作运行机制”。2006 年 9 月最高人民检察院《关于健全职务犯罪侦查工作一体化机制的若干规定》，在对多年来检察机关探索侦查一体化经验进行全面总结的基础上，又对进一步健全侦查一体化机制提出了明确要求。职务犯罪侦防一体化是检察系统内部侦防工作的一体化。职务犯罪侦防一体化最初也是由检察机关提出的。2010 年 7 月年出台了《关于推进职务犯罪侦查和预防一体化工作机制建设的指导意见（试行）》。侦防一体化思想，主要是针对职务犯罪侦查与预防严重脱节、资源浪费严重、职务犯罪日趋恶化等问题提出的，是在侦查一体化基础上逐渐提出的。而职务犯罪惩防一体化，不仅仅是检察系统内部的职务犯罪侦查工作或侦防工作的一体化，其涵盖的主体范围更广泛。

那么，到底何谓职务犯罪惩防一体化？笔者认为，准确理解职务犯罪惩防一体化这一概念，至少要把握三点：（1）职务犯罪惩防一体化涵盖的主体。职务犯罪惩防一体化是整个国家、整个社会职务犯罪惩治和预防工作的一体化，其涵盖的主体范围不但包括职务犯罪惩防机关，而且还包括广大人民群众。如扶贫领域职务犯罪惩防一体化，就特别强调人民群众的监督与扶贫主管部门的管理、检察机关的惩防工作的有机结合。没有人民群众的广泛参与，仅仅依靠职务犯罪惩防职能部门，职务犯罪惩防一体化都是空话。（2）职务犯罪惩防一体化的具体内容。一是惩防工作制度一体化。即站在全局的高度，统一完善惩防制度，使其更加系统化、科学化，促使各部门既能各司其职、各尽其能，又能彼此呼应、无缝对接。既站在监督管理的角度来完善制度，堵塞制度漏洞，切实减少扶贫项目资金经手人员的作案机会；又站在侦查取证的角度来完善制度，筑好取证平台，使敢于作案的人都不得不留下蛛丝马迹；还站在定罪量刑的角度来完善制度，减少刑法漏洞，使敢于作案的人最终无法逃避法律的制裁。所建立的制度既有利于扶贫主管部门加强对扶贫项目资金的管理，又有利于群众对扶贫项目资金运行过程的监督，还有利于检察机关对职务犯罪的调查取证，有利于法院对职务犯罪的定罪量刑。二是惩防工作思路一体化。即职务犯罪惩防工作要坚持全社会一盘棋的思想，要着眼全局，统筹思考、谋划、部署、推动职务犯罪惩防工作，充分发挥各监督主体的自优势，让大家围绕中心，齐心协力，步调一致，促进职务犯罪惩治和预防工作一体推进、全面协调发展。三是惩防资源一体化。包括对惩防资源的优化整合，对惩防力量的统筹协调，包括后勤保障装备一体化、权力资源配置一体化、队伍建设一体化等。四是惩防手段一体化。坚持点、线、面有机结合，坚持教育、制度、惩罚手段的综合运用。(3) 职务犯罪惩防一体化的最终目的。职务犯罪惩防一体化的最终目的是惩防效果一体化，是促进全社会各司其职、齐抓共管的大预防格局的形成，促进职务犯罪防控工作效率和效果的提升。

总之，职务犯罪惩防一体化，强调全社会一盘棋，强调各部门各司其职、齐抓共管，强调人民群众积广泛参与、大力监督，强调惩防工作的思路统一、齐头并进，强调惩防资源的优化整合、统筹协调，强调惩防制度的相互补充、无缝对接，强调调惩防手段的综合运用、软硬兼施，其最终目的是让职务犯罪惩防工作产生 1 +1 >2 的最优效果。

试论行贿罪之“为谋取不正当利益”要件

蒋　曼*

反腐倡廉一直以来都是党中央常抓不懈的一项重要工作，党的十八大以来，反腐斗争更是不断深入。而随着市场经济的发展，腐败的形式变得多种多样，尤其是行受贿犯罪变得纷繁复杂，越来越具有隐蔽性。在医药、建筑、教育等众多关系民生的重要领域中，行受贿导致的腐败更是如同一颗社会毒瘤，严重影响了人民群众的生产生活。但是在刑法理论研究和司法实践中，往往仅侧重于对受贿罪的研究和处理，对行贿罪的研究深度和打击力度都偏低，导致司法实践中出现了受贿人受到法律惩处而行贿人则不受打击的现象。而行贿罪处理的难度之一就在于对“为谋取不正当利益”的理解和适用问题上，本文试图从立法原意和实践需要两个层面谈谈对“为谋取不正当利益”的认识。

一、关于行贿罪中“为谋取不正当利益”要件的立法概况

根据我国1979年《刑法》第185条的规定，行贿罪的构成要件中并没有“为谋取不正当利益”这一项。1985年“两高”《关于当前办理经济犯罪案件中具体应用法律的若干问题的解答（试行）》在“关于受贿罪的几个问题”第4条中规定“个人为谋取非法利益，向国家工作人员行贿或者介绍贿赂的，应按《刑法》第185条第3款追究刑事责任”。至此，第一次出现了对行贿罪主观要件的限制，属于对行贿罪的缩小解释。1988年全国人大常委会制定的《关于惩治贪污罪贿赂罪的补充规定》（以下简称《补充规定》）中关于贿赂罪的第7条规定：“为谋取不正当利益，给予国家工作人员、集体经济组织国家工作人员或者其他从事公务的人员以财物的，是行贿罪。”该《补充规定》第一次以立法的形式明确了行贿罪的主观要件。1997年刑法再次在法条中明确了构成行贿罪必须满足“为谋取不正当利益”的主观要件，而关于该要件的具体含义一直未予明确。

---

* 重庆市万州区人民检察院公诉科副科长，一级检察官。

1999年“两高”《关于在办理受贿犯罪大要案的同时要严肃查处严重行贿犯罪分子的通知》（以下简称《通知》）的出台，明确界定谋取不正当利益，是指谋取违反法律、法规、国家政策和国务院各部门规章规定的利益，以及要求国家工作人员或者有关单位提供违反法律、法规、国家政策和国务院各部门规章规定的帮助或者便利条件。《通知》的出台，为司法实践中认定“谋取不正当利益”提供了更为清晰的指引，然而其内容并没有涵盖到现实中可能存在其他情形，如行为人为获得某种不确定利益而行贿的是否属于谋取不正当利益等，从而引起了理论界较大的争议，也使得司法实践操作起来困难重重。

2012年12月26日“两高”《关于办理行受贿刑事案件具体应用法律若干问题的解释》（以下简称《解释》）第12条对行贿犯罪中的“谋取不正当利益”进行了扩展，将行贿人谋取的利益违反法律、法规、规章、政策规定，或者要求国家工作人员违法法律、法规、规章、政策、行业规范的规定，为自己提供帮助或者方便条件；违背公平、公正原则，在经济、组织人事管理等活动中，谋取竞争优势，均认定为“谋取不正当利益”。至此，从立法层面上，关于行贿罪中“为谋取不正当利益”要件逐步明确并不断被完善。与此同时，立法所经历的这个从无到有，从粗略到不断细化的发展过程，也体现了我国对行贿罪惩处力度的变化。

二、关于“不正当利益”的界定

（一）对“不正当利益”含义的概述

根据2012年“两高”《解释》对“谋取不正当利益”表述的文字理解，“不正当利益”分为以下三类：一是谋取违反法律、法规、规章、政策的利益，即谋取非法利益；二是行为人本身谋取的利益不一定是违法利益，但其获得该利益的手段是通过要求国家工作人员以违反法律、法规、规章、政策、行业规范规定的方式为其谋取的，即程序非法利益；三是违背公平、公正原则，以谋取某种不确定的利益。其中关于谋取非法利益认定为不正当利益理论界和实务界都没有什么分歧，但对于程序非法利益和非法谋取不确定利益则有不同的理解。

首先，关于程序非法利益可以分为两类：一是通过非法程序谋取非法利益；二是通过非法程序谋取合法利益。前者所获取的是非法利益，实质上无论程序是否合法均已经可以界定为“不正当利益”了，但对于后者的认识却存在分歧。例如，某甲经营的酒吧经常有人酒后无故滋事，扰乱酒吧的正常经营，而所属辖区派出所对此却常常不管不顾或者敷衍处理，导致某甲的合法经营无法得到有效的保障。于是某甲向该派出所所长某乙行贿，请求其能够及时出警并严格依法履行职责，维护酒吧的正常经营秩序。在该种情形中某甲实施行贿的不正当行为，但其所追求的是公职机关依法履行职责保护自己的合法权益。

对此，一种观点认为，某甲实施了行贿行为，实现了一种钱权交易，客观上对公职人员的职务廉洁性已经造成损害，应当认定构成行贿罪。即行贿行为本身就是一种程序规则上的违法，其所换得的利益理应属于不正当的利益。该种观点只注重于对行为社会危害性的认识，忽略了行为人的主观目的，有客观归罪之嫌。

另一种观点认为，某甲的行为虽然看似是一种钱权交易，但其主观是出于被迫和无奈，是基于公职机关不正确履行职责而损害自己的合法权益，其行为的社会危害性远不及于公职人员渎职的社会危害性，不应当受到刑罚处罚。该种观点符合刑法审慎的价值观，但从另一个方面而言，只打击受贿者而不打击行贿者，容易使未受到震慑的行贿者变本加厉，从而诱发更多的受贿犯罪，助长社会不正之风，情理上有悖社会主义公平正义的核心价值。对此，笔者将在后面的论述中详细分析。

其次，关于非法谋取不确定利益的理解上，应当先明确所谓不确定利益，是指根据法律、法规及相关政策，符合一定条件均可获得的合法利益。该种利益的取得具有一定的竞争性，往往依赖于公职人员的自由裁量权，因此该种利益的取得具有不确定性。从某种程度上，也可以说不确定利益是一种可期待的合法利益，那么在符合条件的情况下通过正常的竞争、筛选获得利益可以当然地认定为合法利益，但如果是通过行贿的非法手段打破竞争和筛选程序获得该利益，根据《解释》的规定则应当认定为谋取不正当利益。

（二）司法实践对“不正当利益”认识和适用上的困惑

在前述某甲为促使派出所依法履行职责维护自己合法利益而行贿的案例中，理论界存在两种不同的观点，但实践操作中多采用第二种观点，即甲虽然向派出所所长行贿，但主观没有谋取不正当利益的目的，不构成行贿罪。然而司法实践中行贿存在的领域方方面面，行贿的方式也多种多样，仅从法律、司法解释的层面并没有全面地涵盖，操作中会出现以下困惑：

1. 将“谋取不正当利益”作为行贿罪的主观要件，在取证中存在困难

是否是为谋取不正当利益而行贿是对行为人主观的判断，其证据的搜集很大程度上依赖于行为人的口供，这样往往容易造成“口供定案”。虽然从理论上讲可以通过行为人的客观手段、行为特征、危害后果等方面来判断其主观目

的，但现实生活纷繁复杂，很难做到准确把握。同时，对于其“以……为目的”主观想法的认定，也给嫌疑人留下了很大的“活动空间”，很容易在审判环节受到被告人及辩护人的反驳和辩解，最终导致无法打击行贿人。

再如，行为人常常利用逢年过节、婚丧嫁娶等机会与某国家工作人员长期保持良好的交往关系，送礼送钱但不提出任何具体的请托事项，这种“感情投资”的目的往往是以备将来的“不时之需”。但当行为人最终谋取到了利益，且该利益的获得或多或少和该国家工作人员的职责相关时，要证实行为人送礼之时具有“谋取不正当利益”的目的则相当困难。如果系行为人适时地提出了具体请托，且其利益的获得是该国家工作人员通过违规手段帮其实现的相对比较好证实；但如果行为人谋取的利益属于其应得的利益，那么证明的难度就相对较大了，其日常的“感情投资”对该国家工作人员的影响力有多大，是否因此而破坏了竞争秩序谋取了竞争优势等都将很难证实。

2. “非法”的范畴涵盖不全

根据“两高”《解释》的规定，“非法”的范围包括法律、法规、规章、政策规定、行业规范的规定，对这些范围的理解在实践中存在以下问题：“法规”是否包括地方性法规；“规章”除了行政规章以外是否包含组织规章、社团规章、单位规章；“政策”除了国家性的政策以外是否包含地方性政策，是否包含党内的相关政策，不同政策出现抵触时应当采用何种规则；行业规范是否包含地方性行业规范等立法空白，司法实践中为了避免人为地扩大解释，容易造成对行贿行为的打击障碍。

3. 关于谋取“竞争优势”在司法实践中很难准确界定

一方面，随着社会经济的发展，存在竞争性的领域越来越多，现行法律、司法解释涵盖了招投标、政府采购等商业型活动，经济、组织人事管理等活动。而此外，在医药、招生教育、选举投票等很多存在竞争性的领域，行受贿现象也在愈演愈烈。在法律、司法解释未准确涵盖的范围内是否应当打击，司法机关无法准确判断。有观点认为《解释》中的“等”字可以在同类型活动中作出适当扩展，但也有观点认为类似于法律的兜底条款，“等”字需要法律、司法解释的进一步明确。那么，在这些暂时空白的领域内为谋取竞争优势的行贿行为面前，司法机关显得有些力不从心。

另一方面，“竞争优势”本身作为一种不确定的利益，要准确予以把握也有难度。所谓的“优势”既可能包含自身条件的优势，也可能包含客观环境造成的优势，甚至是市场规律中产生出来的优势等。如果仅凭实施了行贿行为就认定谋取的竞争优势是不正当利益，未免太过绝对化。例如：2008 年 7 月，张某通过与某县某医药销售企业签订个人承包合同，负责承包经营十几种药品，其中一种抗生素类药品通过正规程序入选该县人民医院药品采购库目录。由于该种药品价格适中、疗效较好，在市场中的销售情况一直不错并呈逐年上升趋势，该年度经过医院专家评审委员会评审通过，成为该医院采购药品。2009年1月，张某以春节拜年的名义，送给该医院药剂科科长、药品评审委员会委员李某现金3万元。同年7月，张某销售的该种抗生素药品再次通过医院药品采购程序成为该院采购药品，张某的销售量也较上一年度有了较大的提高。

在上述案例中，张某向该县人民医院药剂科科长、药品评审委员会委员李某行贿3万元的事实毫无争议，但关于张某是否属于“谋取不正当利益”则产生了不同的认识。一种观点认为，张某的行为违反了医院采购药品中公平、公正原则，谋取了竞争优势，应当认定为“谋取不正当利益”；另一种观点认为，张某虽然向李某行贿，但是医院的药品采购规则并没有被打破，而是基于其药品本身的优势和市场需求的自然规律，且经过了医院采购药品的正常流程，所谓的“竞争优势”和张某的行贿行为并没有直接的因果关系，不属于“谋取不正当利益”。

在实践操作中，要查清楚到底是张某行贿而获得了“竞争优势”还是药品本身在市场经营中具有优势的确很难。仅依靠侦查环节突破的张某的口供也极不稳定，张某随时可以就其行贿的目的提出各种看似合理的辩解。如果仅依据有行贿行为就认定其破坏了公平、公正的原则，谋取了竞争优势，就等于是直接以行贿的客观行为判定有罪，那又何必再设定“为谋取不正当利益”的条件。既然“谋取不正当利益”本身是一个主观要件，那么我们就应当坚持从目的意义出发，而非强调手段意义。客观来看，张某的这种行为不受到打击，势必会不断助长社会的不正之风，会有越来多的利益追求者竞相效仿，甚至有恃无恐，那么医药行业的正常秩序如何保障，患者的合法利益又如何保障，其带来的社会危害性显而易见。

三、对行贿罪立法完善的构想

（一）将“谋取不正当利益”作为量刑要件而非定罪要件

针对“谋取不正当利益”在理论界和实践中存在的诸多争论和困惑，有观点提出应当删除“谋取不正当利益”，凡是实施行贿行为，侵犯了国家公职人员职务廉洁性的都应当认定为行贿罪。对此，笔者持不同意见。从立法本意上看，设置该要件的目的既要严厉打击行贿犯罪，又要将打击范围控制到最低限度，其作用不可小觑，所以不宜直接将该条款删除。但是，鉴于该条件的限制，又容易出现以下问题：

第一，有悖刑法定罪的基本原则。我国刑法规定构成犯罪的应当具有社会危害性、刑事违法性和应受刑罚处罚性，虽然行为人的主观心态可以作为认定社会危害性的参考，但社会危害性的核心应当是对法益的侵害。而不论出于何种目的的行贿，均是一种钱与权的交易，严重损害了国家工作人员的职务廉洁性，损害了国家机关的公信力，破坏了社会经济秩序，其符合我国刑法定罪的基本原则，理应入罪。

第二，与受贿罪相比不对等的处罚容易助长贿赂之风。因为“谋取不正当利益”的条件设置，行贿罪虽然和受贿罪是对合犯罪，但实践中有大量案件是受贿者得到刑罚处罚，而行贿人因无法认定其谋取了不正当利益而不受追究。随着近年来我国贿赂犯罪愈演愈烈，对行贿的打击显得过于疲软，在某些行业中甚至成为了一种行业潜规则，有行贿者甚至宣称“倒了这棵树，还有那座山”，这种引导和评价确实形成了很严重的社会负面效应，也会有更多的“贪官”被“拉下马”，严重动摇广大人民群众对党和国家反腐的信心。

第三，对“谋取不正当利益”含义的准确界定确有难度，使得司法机关对打击行贿犯罪力不从心。经过2012年“两高”的《解释》已经对“谋取不正当利益”做出了进一步的解释，然而无论是理论界还是实务界对此的认识都有分歧。且随着社会市场经济的不断发展，“不正当利益”存在的领域、涵盖的范围、出现的形态都在不断变化，这又会为司法机关的办案造成新的困难。

综上，笔者认为，不应当将“谋取不正当利益”作为入罪的主观要件，只要行为人实施了行贿行为，不论出于何种目的不论谋取了何种利益，都会造成对客体的侵害，理应入罪。但是考虑到现实中行贿者可能是基于国家工作人员的勒索，或者是为了排除国家工作人员不正当履行职务等原因，为了实现自己的合法利益而行贿的情况，行为人的主观目的使其社会危害性明显低于为谋取不正当利益而行贿的社会危害性，那么在对其作出刑罚处罚时可以结合其他犯罪情节作出酌情从轻、减轻或者免除处罚。

（二）进一步明确“不正当利益”的含义

针对现有分歧，笔者认为对“不正当利益”可以作出以下补充：

1. 对程序非法利益进行再分类

程序非法利益可能出现的情况包括通过非法程序获得非法利益、通过非法程序获得合法利益。前一种情况自然很好认定，但对后一种情况应当区分行贿人的主观心态，当然这里的前提是排除对行贿本身违法性的理解，单就受贿者为行贿人谋利的手段而言进行区分，主要是指行贿人追求的是受贿者通过合法程序为其谋取合法利益还是通过非法程序为其谋取合法利益。例如前面讲到的某甲向派出所所长行贿的案例中，某甲追求的是该派出所依法履行职责为其谋取合法利益，这种情形就不应当认定为"谋取不正当利益"。但如果某甲希望借助派出所的力量打击报复滋事者，逞强耍威风来维护自己的正常经营秩序，则应当认定为"谋取不正当利益"。

2. 对不确定利益的认定

不确定利益实质上是合法利益暂时处于一种待定的状态，相对于既定的合法利益而言，其最终是否属于合法利益取决于获得利益的手段行为是否合法。简单说来就是，通过合法手段获得了该利益则为合法利益，通过非法手段获得则为非法利益。那么，一切未按照法律规定程序、方式、数量等限制性条件，或者虽然客观上满足条件但未按照规定流程操作的都应当认定为非法手段，这就避免了对所谓"竞争优势"理解上的分歧。

3. 进一步明确界定"非法"的范围

现目前对于法规、规章、政策的理解和适用上存在意见分歧，均是基于司法解释对此规定过于含糊，应当根据目前社会发展的形态、打击范围的需要等综合考虑，作出更加明确的限定。

（三）逐步拉近行贿罪和受贿罪处罚上的差距

对于行贿罪的处罚，《刑法修正案（九）》对行贿人在被追诉前主动交代的从宽处罚进行了限制性规定，将"可以减轻处罚或者免除处罚"改为"可以从轻或者减轻处罚"，并增加了"其中，犯罪较轻的，对侦破重大案件起关键作用的，或者有重大立功表现的，可以减轻或者免除处罚"。虽然这样的修改较之前的规定明显更为严苛了，但是相对于受贿罪的处罚而言仍然有很大差距。这种对于行贿者的"免责条款"实质上是一种司法不公的体现。受贿的成立必须依赖行贿，而一旦成立行受贿关系，行贿人却可以通过如实交代或者检举他人来获得"赦免"，无论从立法初衷还是社会道义而言都显得有失公平。对于行贿者而言，行贿后只要痛快交代了就不会有太严重的后果，很快就能"另起炉灶"；甚至在数额巨大的受贿案件中，行贿人主动交代并协助司法机关查获受贿人的很可能成立重大立功，那么其处罚将更轻，这样的犯罪成本明显低于受贿。从刑法的教育意义而言，这也并非是一个良好的法制引导。笔者认为，应当取消该"免责条款"，而适用普通的坦白、自首、立功条款。

四、结语

贿赂犯罪一直都是贪污腐败中的一项突出表现，其对国家工作人员的腐蚀度和对社会风气的破坏力都非常大，依法打击贿赂犯罪，不仅需要严厉惩处受贿者，也需要对“催化”受贿的行贿者不予手软。适当降低行贿罪的入罪门槛，合理设置行贿罪的刑罚处罚，进一步完善对行贿罪的立法及司法解释，有利于更加充分地维护国家工作人员的职务廉洁性，提升国家机关的公信力，维护社会主义法制公平正义的价值取向。

贿赂犯罪同盟的弱点及其突破

彭　冲　等*

“同盟”，在古代指诸侯国歃血为誓缔结盟约。在现代指的是国与国、人与人共缔盟约。而贿赂犯罪中的贿赂同盟显然就是行贿人与受贿人之间为隐瞒犯罪事实、逃避法律追究、相互保障自身安全的约定或心知肚明的“默契”。“对合性”是行受贿犯罪的一个显著特点，也即有人送、有人收，双方各取所需。一般情况下，行受贿双方皆有污点，事情如果暴露对双方都没有好处。因此，行、受贿双方是天然的犯罪同盟，尤其是贿赂案件中的“一对一”现象，如果双方都是得了便宜就保持缄默，“闷声发大财”，案件是非常难于被发现的。当然，行受贿犯罪同盟（以下简称“贿赂同盟”）并非坚不可摧，如果侦查人员运用侦查手段得当，抓住贿赂同盟的弱点予以攻击，当条件成熟时，看似坚固的同盟也可能在顷刻间土崩瓦解。

一、贿赂同盟的特点

（一）利益交换——贿赂同盟的本质属性

贿赂犯罪的本质特征就是获取不法利益，包括政治上的、经济上的等。在贿赂同盟中，一方拥有权力，一方拥有财。受贿人手中有权，这种权力会给他带来巨大的好处，受贿人可以根据对方的“报价”来决定是否“出售”这种权力；而行贿人为了获取某种利益，不惜钱财，以换取受贿人手中的权力。行贿人为了更大的利益，而给予别人较小部分的利益；受贿人本身并无支付对价，从行贿人手中获取了不正当利益。这样，贿赂同盟双方均从对方手中获得利益，成为利益的同盟军。这种利益的维系具有一定“稳定性”，因为面对刑

---

* 彭冲，重庆市人民检察院第四分院党组成员、职务犯罪侦查局局长，三级高级检察官。张鲁川，重庆市人民检察院职务犯罪侦查局侦查处副处长，四级高级检察官。卢青，重庆市江北区人民检察院职务犯罪侦查局教导员，一级检察官。王文君，重庆市人民检察院第二分院职务犯罪侦查局反贪污贿赂侦查处副处长，四级高级检察官。

事追究，一方利益的失去，意味着另一方利益的不保。这样，行受贿双方会自觉地形成利益同盟，以保卫自己业已获得的利益。

（二）行受贿“同罪同罚”强化了贿赂同盟

行受贿是一种天然孪生关系。为官者手中有权，便以权谋取私利；行贿者无权，需要借助权势达到目的，便以利相诱，换取权势。从对腐败的国家治理层面来说，对于贿赂犯罪打击的重点当然是受贿，减少和消除腐败的根本是打击受贿，因为政府反腐的目的是整肃公务员队伍，保证队伍的廉洁性，增加政府公信力。侦查实际中，打击受贿遇到的“堡垒”就是贿赂同盟关系，如何破解贿赂同盟，通常做法是“拉一个，打一个”，对于行贿人只有配合检察机关把事情说清楚，就会得到宽大处理。《刑法修正案（九）》收紧了对行贿者宽大处罚的幅度和条件，从总体上加大了对行贿犯罪的处罚力度。过于严厉打击行贿犯罪，将导致行受贿双方形成“贿赂同盟”，不利于贿赂案件的侦查突破。

（三）贿赂同盟双方是矛盾的统一体，具体表现为“互利、互防、互保、互害”

所谓“矛盾”，就是事物之间既相互连接、相互依存、相互渗透，又相互排斥、相互对立、甚至相互否定。贿赂同盟的双方一方送钱、一方收钱，是各为己利、彼此受益；但又相互提防，行贿人怕受贿人过河拆桥，不讲信用，受贿人怕的是行贿人暗中设套，留下行贿的证据；面对讯问，贿赂同盟双方深信“保对方就是保自己”，坚不吐实；但在关键时刻，亦会为“自保”，“出卖”对方。同一性和斗争性是矛盾的两种基本属性，在讯问中，既要看到贿赂同盟“同一性”，对讯问不利的一面；更重要的是要抓住其“斗争性”的一面，充分利用贿赂同盟双方的矛盾及其演变规律，用计施谋，促使矛盾向有利于讯问的方向运动、发展、转变。

二、贿赂同盟的弱点及其突破

（一）纯利益结合体，各怀鬼胎的临时性犯罪纠合

贿赂案件中，没有永远固定的行受贿犯罪组合，中长期的固定贿赂“搭档”也不多见。并且，行贿与受贿双方存在亲密友情甚至亲情的情况也非常少见。可以说，绝大多数贿赂同盟建立在纯经济利益的基础上，这种同盟有一个最大的特点，即当行贿方有求于受贿方，并向受贿方提供贿赂时，同盟的关系最为紧密，而当受贿方不能再向行贿方提供任何帮助，行贿方也不再继续提

供经济利益时，同盟关系将会名存实亡，行、受贿双方甚至会形同路人。这种情况较为普遍地发生在职能部门审批环节和相对独立的项目招标投过程中。例如，原市土地房屋管理局副处长王某受贿一案中，王某对重庆市部分地质灾害治理工程招投标以及工程预算变更有一定决定权和建议权，这些项目标的较大，利润也很丰厚，往往一个工程做下来，就有成百上千万的利润。因此，一些参与投标的企业先用小额贿赂投石问路，拉拢王某，再要求王某在投标与预算调整上为其提供帮助，并许诺给予好处。因这类大标的招投标项目不可能常有，王某也深知“过了这个村就没这个店”，于是迫不及待地要求对方为自己购买一辆高级轿车，对方只好照办。案发后，据行贿人熊某交代，自己对王某的印象很不好，平时与其吃喝玩乐，一副毕恭毕敬的样子都是自己装出来的，这次因有求于王某才会花二十多万为其购买高档轿车，行贿的金额大大地超出了他的预算。事实上，王某替熊某办妥事情后，双方也再没有任何往来，熊某因另案被检察机关传讯后很快交代了此行贿行为，贿赂同盟属不攻自破。

还有一种情况是，贿赂发生后，行受贿双方仍然较长时间地保持着较好的关系，并互有往来。这种表象下很有可能隐藏着这样一个事实，即受贿方对行贿方仍然有用。也就是说，从表面上看，钱也送了，事也办了，在一段时间内没送钱了，也没事可办了，但仔细分析，这是因为受贿人还继续掌握了某种对行贿人有利的权力。行贿人正是看重了这一点，做一个长期的感情投资，真正到了要求某人办事的时候，反而可以事半功倍，减少成本。

突破点：瓦解双方本就不牢固的信任度是关键。双方本无多少信任可言，通过将其中一方无法承受压力而选择如实交代的信息多渠道有意识、无意识传递给另一方，特别是从一些细节入手（如特定的语言、场景和物品等）让一方确定另一方已经配合调查，从而瓦解当事人的心理防线。

（二）权钱交易，双方利益实现的满意度成为评判同盟稳固指数的标准

在万州区原副区长康某受贿一案中，线索来源于曾向其行贿的某工程承包人的举报。康某负责对工程的质量进行验收，而承包人为了顺利通过验收曾向康某行贿数万元，康某也悉数“笑纳”。这对贿赂同盟中的盟友为什么会窝里反呢？原因很简单，就是康某在拿了别人的钱以后，却没有替人把事办好，行贿人觉得自己的付出与获得不成比例，自然就将其举报了。俗话说“拿人钱财，替人消灾”，“吃别人的嘴软，拿别人的手短”，从某种意义上说，行贿人送钱给受贿人的同时，就像用一副绳索将受贿人套死。这种情况比较典型的是发生在先送钱再办事的情形下。有的受贿人贪心较重，事情还没办，先把钱收了，真正替行贿人办起事来才发现事情不像自己想象得那么简单，或者是由于

一些客观条件的变化以及某些不确定因素的出现，使行贿人交办的事情没办成、没办好。甚至有一些人，事没有办成，钱却不愿意退还给行贿方，而是找种种理由敷衍。如原市烟草公司职工杨某，超出了自己的能力范围答应替某烟草经销商拿烟草销售指标，结果根本没法办到，行贿人向其索要事前给的好处费时，杨某却以钱已经拿去打点他人为由拒绝退还，行贿人一怒之下，向检察机关检举了杨某的犯罪事实。

还有一种情况是，事情虽然办了，但对办的效果，行、受贿双方却产生了较大分歧，这样一来，无论是受贿方没有足额收到对方事前承诺的行贿款，还是行贿方觉得给对方这么多好处太不值了，都会使双方产生比较大的矛盾。虽然，通常情况下，两方都不愿意公开矛盾，但小范围的抱怨和说对方坏话是很可能的，这就在客观上扩大了贿赂行为的知情面，从而也为同盟瓦解埋下了危机。

贿赂是权与钱的交易，行、受贿双方自然是各有付出又各有收获的。权钱交易搭建在一个大致平衡的平台上，每一方都希望自己的付出能与收获成正比，这种心态即使连出卖公权的受贿方也拥有。如果交易的双方都十分满意，就是所谓的“闷声大发财”，贿赂同盟也会相对稳固，但不是所有的结果都令双方完全满意，也不是每个人都能吃哑巴亏，行、受贿双方共同对自己利益实现满意程度才是评判贿赂同盟稳固指数的标准。

突破点：对双方实现的利益进行仔细评判，并了解他们是否向身边人抱怨或吹嘘过，以掌握是否存在利益交换不对等的情况，如果存在这种可能，则可在审讯中充分利用这些信息，以瓦解贿赂同盟。

（三）百密一疏，不可忽视的同盟边缘人

贿赂同盟边缘人，是游离在贿赂同盟周边的人，这种人不能严格地被划分在贿赂同盟以内，但他们又是因贿赂同盟的出现而出现，往往是为贿赂行为提供服务和帮助的人，在检察机关侦办贿赂案件的过程中，这部分人是不容忽视的。

哪些人属于贿赂同盟的边缘人呢？比如，某房地产开发商卢某为办理土地房产证的问题找到某区土地房屋管理局的副局长李某，希望李某能帮忙，并许诺事成后给李 50 万好处费。这个李某生性多疑，办事非常小心谨慎，在利用职权为卢某提供帮助以后的某晚，李某要求卢某独自一人，带 50 万现金到市内某洗浴中心见面，在收到钱后，李某迅速离开，并把钱存在了亲戚的银行账户上。李某认为，自己替卢某把事办得妥妥当当，卢某占了很大便宜，是不会把这事说出去的，而且整个过程只有他和卢某两人知道，自己收的又是现金，可以说做得天衣无缝，应该是可以高枕无忧了。李某想得没错，卢某的确没有把此事说出去，但卢某的手下却使此事暴露在检察人员的视线以内。原来，由于50万元并不算一个小数目，而银行对于房地产开发公司的现金流量是有严格控制的，于是为了如期筹措到50万元现金，卢某安排了他手下的财会人员赵某（女）在一天之内跑了几家银行，才取到了这50万元。而在当晚向李某行贿时，为了安全，卢某让自己的司机兼保镖张某开车送自己到洗浴中心，卢某送钱时，张某就坐在洗浴中心门外的车内等他，张某甚至看见了李某提着卢某先前拿进去的皮箱从里面走出来。巧的是张某与赵某是情人关系，两人在私下谈起此事时，已经悟出了其中的秘密。后老板卢某因其他原因解雇了张某和赵某，两人为报复卢某才将此事向检察机关举报，经过检察机关的缜密侦查，最终使这起当事人自以为天衣无缝的贿赂案件浮出水面。在这个案件中，张某和赵某就属于贿赂同盟的边缘人，他们一个取钱，一个送人，为贿赂同盟提供服务，虽然并不完全知道内情，但也能看出不少门道。李某根本就不认识他们，卢某也根本没在意他们，而正是这两个不引人注意的边缘人最终导致了贿赂同盟的瓦解。

突破点：边缘人掌握的情况虽然不一定详尽、全面，但往往比较真实。合理的使用，让当事人认为这些信息来源只可能出之于同盟内部，从而瓦解信任，往往会收到意想不到的效果。

（四）多人同盟，内部更易相互猜疑且多方证据可相互印证

能够有资格进入贿赂同盟的人应该关系不一般，毕竟是组合在一起进行违法犯罪的勾当，彼此间必须要有基本的信任。但相对于“一对一”现象，在多人组成的贿赂同盟里，成员之间的信任程度显然会打一些折扣，或者说这种信任很可能经不住考验。例如，某公司共有股东三人，如果用公司的钱向他人行贿，必须要经过三人的共同确认才能实施，也就是说，即使受贿方是一人，这个贿赂同盟的人数也会达到四人。从办理贿赂案件的角度看，这无疑增加了侦查人员突破案件的攻击点。当贿赂同盟的人员分别接受检察机关调查的时候，每个人都会感受到一份额外的压力，同盟人员的数量越多，压力也就会越大，同时同盟之间的不信任感也会慢慢产生。在法律的威严面前，许多同盟的成员会争先恐后地交代自己的问题，因为他们知道，反正我不说也有人会说，何必要把自己置于风口浪尖的位置，最后换来的只会是法律的严惩。在多人同盟中，隐性同盟给同盟带来的“危机”会更大。例如，刚才提到的那个有多名股东的公司，也许在行贿时只是其中的一名股东出面，给受贿人的感觉也是行贿人只有一人，但一旦案件暴露，当受贿人得知行贿方其实有多人，而且都非常清楚内情时，心理防线就很有可能崩溃，从而如实交代自己的问题。

多人同盟的另一个特点就是，同盟成员间证言或供词能够相互印证，形成证据锁链，更利于体现案件的真实性和客观性。

突破点：通过缜密侦查和理性分析，梳理出多人同盟的名单及相互关系，并将所掌握的信息适度地传递给相关人员，尤其是找到同盟中最为薄弱的一环，使他们清楚同盟随时可能瓦解。

（五）同盟之间的交集现象与关联性现象

从犯罪的构成要件来看，每一件贿赂案件是相对独立的。然而从办案实践来看，许多独立的贿赂案件之间又是紧密相连的。这就使得同盟之间形成了成员上的交集，即一个贿赂同盟的成员同时也是另一个贿赂同盟的成员。这类情况比较典型的发生在窝案、串案中。例如南岸区某家具厂老板贺某，长期采用给回扣的方式销售自己公司的家具，被他拉拢腐蚀的国家干部不下十人，虽然这些人来自不同的单位，相互之间也并不认识，而且往往都是“一对一”现金受贿，自认为罪行不易暴露。然而，他们却忽略了一点，就是他们都有一个相同的行贿人——贺某，贺某就是这十几个贿赂同盟的共同交集。虽然检察机关最初掌握的只是贺某的一起行贿事实，但在掌握了他的犯罪规律后，通过调取有关账务资料和销售合同，很快就铺开了大网，一个个和贺某有关的贿赂同盟都一一被瓦解。

突破点：存在交集的贿赂同盟，往往都会有比较相似的行受贿手段，甚至出现共用资源，如共用的账户、共同的账本以及共同的业务等，因此侦查机关在侦破一起案件的同时，细心留意并理性分析关联信息，极有可能“拔出萝卜带出泥”。

（六）“国”字号单位行贿，行贿人自我保护留下行贿证据

受社会不良风气的影响，一些“国”字号的企业和单位也加入到行贿的队伍中来。和大多数私人企业及个人行贿不同，“国”字号企业和单位行贿通常并非个人行为。因为企业制度和特殊的国家工作人员的身份，即使是行贿行为的决定者，也不敢完全暗箱操作，是将行贿资金来源与去向的痕迹全部抹去。原因很简单，“国”字号企业的资金属于国家，每用一分钱都必须得说明用途，即使是行贿的钱也是如此，虽然在账务上可能体现的是其他用途，如劳务费、会务费等，但至少要把账做平了，而且行贿方总是喜欢多叫几个人，知晓一下送钱的情况，其实也就是相互证明一下，因为一旦今后说不清楚行贿款的去向，就会很容易背负贪污公款的罪名。

原重庆港务集团董事长张某和总经理杨某都因为收受集团下属某国有建筑

公司的贿赂而锒铛入狱，这家公司为了达到从集团内部多拿项目的目的，多次向张、杨二人行贿，虽然每次行贿都由那家下属企业的一把手亲自实施，使张、杨二人放松了警惕，令他们没有想到的是，每次送钱之前在那家下属企业里所发生的事情：为了表明自己的清白，证实钱是给集团老总打点用的，以免落下个贪污的嫌疑，每次送钱以前，这家建筑公司都会召集所有的公司领导和财会人员开会，商量给谁送多少钱，形成共识后，再安排专人套取现金并分装好，最后再由公司一把手去行贿。当检察机关进行立案侦查以后，所有的书证和证人证言显得异常完整，使行、受贿双方都无话可说，只得低头认罪。

突破点：国有企业的特殊身份会使其作为行贿方事留下许多间接证据，也会使行受贿双方都产生更多的顾忌，如果使用好这些证据，会增大行贿方主要责任人心理压力，同时也更容易瓦解受贿方的心理防线。

（七）案发前后反常联系加速同盟瓦解

在很多案例中，行受贿双方在获取了有关机关正在对自己进行调查的信息后，往往都会有所触动，并为了串供和掩盖罪行而进行密切联系，这种联系往往都会表现出比较反常的现象。如联系的频度会大于前一段时间，联系的时间比较特殊，甚至不分昼夜，联系的理由没有合理解释，等等。而在案发后，一方被接受调查或双方被接受调查，也可能出现余下一方与另一方亲属或双方亲属进行反常接触的情况。这些情况的出现，一方面为我们的侦查工作设置了障碍，而另一方面却可能为我们提供新的侦查方向和突破点，如果经过侦查，查实受贿同盟之间确实出现了串供等行为，往往更会加速同盟的瓦解。

突破点：掌握案发前后行受贿双方以及紧密关系人在案发前后的反常联系，特别是收集到如通话信息、邮件、第三方证人等反映出的反常信息，并加以合理利用，破解疑点，往往会取得出奇之效果。

在瓦解行、受贿犯罪同盟的过程中，掌握并攻击其弱点对于侦查人员是极为关键的。因此，侦查人员要拓展思维，对贿赂同盟形成的内驱力、稳固程度等作全面的分析、把握，因案施策、因人施策，瓦解同盟，突破案件。

检察改革研究

员额制改革背景下检察官助理的角色构建

盛宏文*

最高人民检察院《关于完善人民检察院司法责任制的若干意见》规定，检察机关的办案组织形式分为独任检察官和检察官办案组两种，“独任检察官承办案件，配备必要的检察辅助人员”。作为检察辅助人员的一种，检察官助理必须在检察官的指导下履行相关职责，并根据职权和分工承担相应责任。检察官助理由改革之前的独立案件承办人转变为员额制检察官的助手。如何构建检察官助理的角色定位，既关涉独任检察官办案模式的实际运转，也关涉检察官助理的职业发展，甚至直接决定司法责任制改革的成败。

一、改革前的检察人员分类

党的十八大以来，司法责任制改革已在全国逐步推开。最高人民检察院先后出台了《人民检察院工作人员分类管理制度改革意见》《检察官办案责任制改革试点方案》《关于完善人民检察院司法责任制的若干意见》等文件。司法责任制改革的一项重要内容就是对检察人员进行分类管理，其最突出的特点就是对助理检察员的重新定位。

（一）关于检察官身份的几个概念

在员额制改革之前，检察官是依法行使国家检察权的检察人员总称，包括最高人民检察院、地方各级人民检察院和军事检察院等专门人民检察院的检察长、副检察长、检察委员会委员、检察员和助理检察员。其中检察员需要本院检察长提请本级人民代表大会常务委员会任免，助理检察员由本院检察长直接任免。助理检察员作为检察官的一种，可以依法行使检察职权，可经检察长批准代行检察员职务出席公诉法庭。

员额制改革之后，检察官是指经过遴选后进入检察官员额内的检察长、副

---

* 重庆市人民检察院法律政策研究室副主任，四级高级检察官。本文初步成果已公开发表于《第十三届高级检察官论坛论文集》，中国检察出版社 2017 年版。

检察长、检委会委员和检察员，改革前的检察官和助理检察官如果未能遴选入额，则降格为检察官助理，作为检察辅助人员的一类，不能独立履行检察职责，只能协助检察官履行职责。

（二）名实不副

检察官是行使检察职权的法律职业群体，其职务分为检察长、检察委员会委员、检察员、助理检察员等。不论是从理论上讲还是法律上讲，只有行使检察职权的人才能被称为检察官。然而，由于长期以来我国司法系统中缺乏专业化和精英化的观念，加之实践中干部流动性较大，导致了检察官职业泛化和虚化，一度出现“检察院看门的都是检察官”的戏言。虽是讽刺之言，但也深刻暴露了我国检察官制度名实不符的现状。换句话说，尽管法律对于检察官身份给予了明确的界定，但实践中存在大量的具有检察官职务（如检察员和助理检察员）的人不行使检察职权（不办案），而行使检察权的人不担责（即没有决定权）的情况。

为了扭转这种情况，党的十八大之后，最高人民检察院出台了一系列的改革措施，包括推行主任检察官制度、检察人员分类管理改革等，力图强化司法责任制，推进检察职业的专业化，重塑检察官的职业尊严。众多的改革措施中，最重要的当属员额制的推行。按照员额制改革的要求，人民检察院工作人员被划分为检察官、检察辅助人员、司法行政人员三类，而检察官的比例是特定的（从试点情况来看，约为33%）。这意味着，旧体制中具备检察官身份的人中有很大一部分将在改革中丧失检察官身份。显然，改革从循名责实开始。

（三）谁是检察官，检察官有助理吗

就法律职务而言，检察官包括检察长、检察委员会委员（含专职和兼职）、检察员、助理检察员四类。前三类法律职务顾名思义当然为检察官，而助理检察员的称谓则容易引发误会，让人误认为是检察员的助理或助手。实际上，尽管助理检察员被冠以“助理”二字，但从法律上讲，助理检察员并不等同于检察员的助手，而是单独的检察官职务。法律并未明确罗列检察员和助理检察员的职责，二者之间的区别仅在于助理检察员须经检察长批准才能代行检察员职权。或许是为了避免对助理检察员的误解，实践中不论起诉书还是判决书中的公诉人都是写的某某“代理检察员”。

由此可见，不论是法律上还是实践中，助理检察员本身就是检察官，而并不当然是检察官的助手。那么，检察官是否有助手呢？严格来讲，法律并未设置检察官助手这一角色，如果一定要较真，那么书记员大约满足了这一角色部分功能。但是，实践中，检察官助手却是普遍存在的，它不是存在于职务任命中，而是存在于“传帮带”的工作关系中。一般而言，检察院新招录的人员凡是进入业务部门，都会被安排与一个前辈（既可能是检察员，也可能是助理检察员）搭档，学习业务技能。在这种搭档关系中，新人自然充当了助手角色。随着业务的熟练，助手也会独立办理案件，此时，助手与主办之间不再有明显区别。因此，实践中检察官和助手之间并没有确定的界线，或者说边界相当模糊，以至于我们不能轻易说谁是谁的助手。

身份边界的模糊导致的是责任边界的模糊。为了强化司法责任，全国部分检察院试点了主任检察官制度，但该制度并未设计检察官助理的角色。党的十八大以后出台的人员分类改革意见明确提出了检察官助理的概念。在新旧制度交替之际，必然有一部分过去始终从事着检察官工作的所谓“助手”要成为检察官助理，这一身份难免让这部分人处境尴尬。

二、检察人员分类的域外经验与本土特点

（一）发达国家的检察官与“检察官助理”

司法专业化和职业分工导致了检察辅助人员的产生。检察辅助人员又分为检察官助理、书记员、法警、检察技术人员等。在这四类检察辅助人中，检察官助理与其他三类有着明显不同。不同之处在于，检察官助理的工作性质属于司法活动，而其他三类不是。因此检察官助理和检察官之间有着特殊联系，他们都是具有专门法律知识的人。

在司法专业化程度较高的发达国家，检察组织中均发展出类似“检察官助理”的角色，尽管名称上可能并不叫作检察官助理。在德国，协助检察官工作的高级官员被称为司法公务员。德国有专门的《司法公务员法》对司法公务员的职能、任职条件、待遇、义务等作出具体规定。司法公务员由上级司法机关统一录用，而后要接受数年严格的专业培训。被录用者试用期满后成为终身司法公务员，在公务员序列中属于次高级和高级，待遇较为优厚。在美国，不论是联邦还是各州地方，其检察官办事处都是由一名检察官和若干名助理检察官组成。但助理检察官并非检察官助理，而相当于检察官。美国检察机构中真正意义上的检察官助理叫作“准法律工作者”，他们的主要工作是为助理检察官收集资料、起草文件或者充当研究助手。在日本，检察厅的人员包括检察官、检事总长秘书官、检察事务官、检察技术官和其他职员。其中，检察官仅指检事总长、检事次长、检事长、检事和副检事。检察事务官在身份上虽

不属于检察官，但承担了检察官的部分职责。[①]

由上述发达国家的制度与实践可以看出，检察官助理是必然存在的一类特殊辅助人员，他不是检察官，却承担了部分检察官的职责。

（二）我国检察职业分工和人员分类的特点和不足

与西方国家的审检合署（如德国）或者检司（司法部）不分（如美国）不同，我国检察机关是人民代表大会之下的“一府两院”之一，法律地位上与政府、法院平级，因此地位更高，职能更广。检察机关是我国的法律监督机关，具有公诉、侦查监督、民事行政检察、职务犯罪侦查等职能。因其地位高、职能广，故每一级检察院在机构设置上至少都有十个以上的内设职能部门。以区县一级检察院为例，一般设有侦查监督科（或者处，下同）、公诉科、职务犯罪侦查局、民事行政检察科、刑事执行检察科、控告申诉科、案件管理中心、办公室、政治处、法律政策研究室等。

这样的机构设置决定了我国的检察职业分工呈现出以下特点：第一，有业务部门和综合部门之分，但双方人员在职业地位上并无明显区分。在2001年司法改革以前，业务部门和综合部门双方的人员是可以自由流动的。此后则对担任检察官有了司法考试的限制，但是当前实践中，综合业务部门和综合部门的交互轮岗仍然常见。第二，同为业务部门，但有主次之分。一般而言，侦查监督、公诉和职务犯罪侦查是检察院的三大主要业务，因此这三个部门是大科室（或者处、局、厅），其主要负责人通常担任检察委员会委员，甚至职务犯罪侦查局长当然为院党组成员。其他职业部门，如民事行政检察、控告申诉、职务犯罪预防等则为次要部门，其业务负担较轻，通常以老同志居多。第三，主要业务部门内部的分工以分组办案、以老带新为主。尽管法律设置了检察员、助理检察员、书记员等职务，但实践中，这样的区分相当模糊，或者说灵活。办案组内部，谁是主办谁是助手主要区别于搭档者之间的资历地位，而且主办和助手之间的工作内容并无严格区别。

不难看出，我国的检察职业分工虽然比较细，但并没有突出专业化的特点。相反，它的专业界限是模糊的。对于检察官而言，业务部门和综合部门、主要业务部门和次要业务部门之间的吸引力并没有明显不同，对于很多临近退休的老检察官而言，他们甚至更愿意去较为轻松的综合部门或次要部门“养老”。事实上，不少检察院的办公室都有具备检察员职务的检察官。可以说，

① 本节中关于德国、美国、日本的检察官制度的论述，参见王广宾：《中国检察官助理制度研究》，苏州大学2010年硕士学位论文，第4—6页。

这是我国检察职业分工不足所在。

三、员额制改革中的检察官助理

（一）检察人员身份的分化和融合——以重庆市推进司法责任制情况为例

按照中央深化司法体制改革的总体部署和要求，重庆市于2016年底全面推进司法责任制改革。经过资格审查、考试考核、组织考察、遴选委员会专业审查等选任程序规定，全市共计选任员额制检察官1501名，占政法专项编制数的29.3%，占实有人数的32.0%。而全市检察机关实有助理检察员以上法律职务人员为3338人，占政法专项编制数的65.1%、占实有人数的71.2%。选任后，1837名助理检察员以上法律职务人员未入额，检察官占编制比例下降36个百分点、占实有人数比例下降了39个百分点。

员额制被认为是推行司法责任制的基础。正如前面所分析的，改革的起点就是循名责实。换句话说，具有检察官身份，即进入员额的人，必须从事检察官工作，并且为自己的工作承担终身责任。要实现这一目标，必须打破原有身份界限。从重庆市改革试点的情况来看，其员额制改革的破局主要体现在以下方面：

第一，进入员额的多数是过去的检察员，少数为助理检察员。这意味着有的检察员和助理检察丧失了检察官身份，而他们新的身份将是检察官助理或司法行政人员。从比例上看，绝大多数会成为检察官助理。这一身份的分化还意味着，过去不直接办理案件的人因进入员额而必须承担一定办案任务。而过去承担办案任务的人因未进入员额而不能成为办案主体。

第二，传统综合部门和业务部门以及主要业务部门和次要业务部门之间分界变得模糊，甚至出现了一定程度的融合。综合部门的人进入员额的，即使不调离综合部门，也应承担办案任务。旧体制中，综合部门的多数人都具有检察员或者助理检察员的资格，并且有些人以前就是在业务部门工作的。此次遴选员额制检察官他们当然应当参加。从试点情况来看，确实有为数不少的综合部门人员进入了员额。这类人进入员额后，仍有的留在综合部门，既承担综合部门的工作（如研究室工作），也承担办案任务。次要部门的员额制检察官也应承担一定数量的主要部门的办案业务。这一融合符合了未来部门改革的趋势。

总的来看，检察人员身份的分化和融合使得检察官身份超越了检察人员的既有身份和部门属性，突出了检察官切实行使检察权的职权特征。而这一分化和融合带来的阵痛也是显而易见的。对这种“阵痛”有着最切身感受的莫过于检察官助理，这将是一个全新的身份。

（二）检察官助理的“瓶”与“酒”

检察官助理是在此次员额制改革中正式诞生的一个身份，它被定位为检察辅助人员。按照最高人民检察院《关于完善人民检察院司法责任制的若干意见》规定，检察官助理在检察官的指导下履行以下职责：（1）讯问犯罪嫌疑人、被告人，询问证人和其他诉讼参与人；（2）接待律师及案件相关人员；（3）现场勘验、检查，实施搜查，实施查封、扣押物证、书证；（4）收集、调取、核实证据；（5）草拟案件审查报告，草拟法律文书；（6）协助检察官出席法庭；（7）完成检察官交办的其他办案事项。《重庆市检察机关检察官、检察辅助人员岗位职责规范（试行）》也作了相同的规定。不难看出，就办案而言，检察官与检察官助理在履行职责上所做的工作并无不同。区别在于，检察官助理要在检察官的指导下工作。

如前所述，改革后的检察官（即员额制检察官）人数比改革前减少了39.2%，这意味着原来在办案一线工作的检察员或者助理检察员中有相当一部分将获得新的身份——检察官助理。这一身份难免让某些检察官助理在过去平起平坐的检察官同事面前显得低人一等。的确，在旧体制中，不论检察员还是助理检察员，只要具有独立办案的能力和水平，都能成为独当一面的承办人。但是，员额制改革后，落选的员额之外的检察官却只能成为辅助人员。也许他们在办案能力上仍然能够独当一面，但此刻，他们必须在检察官的指导下办案，对外文书（如起诉书）上甚至没有署名权。

那么，改革以后，员额制检察官与检察官助理是如何履行各自职责的呢？是否严格按照指导与被指导的关系工作呢？从某些试点院反馈的情况来看，检察官与检察官助理之间的实际关系并不仅仅取决于二者的职责身份，而更多地取决于二者的年龄、资历等。举例而言，某试点单位有一个由一名员额制检察官和一名检察官助理组成的办案组，二人同一年进入检察机关工作且均在主要业务部门。改革前二人即为一个办案组，办案模式为平分办案任务，基本属于相互独立承担各自案件的办理，只是在工作过程中相互商量。改革后，一人进入员额内，另一人为检察官助理，仍为一个办案组，但办案模式仍沿袭改革前，基本属于各自案件各自办理。区别在于检察官助理案件要署上员额制检察官的名字，且员额制检察官要对自己署名的案件承担责任。由此可见，检察官与检察官助理之间关系的本质不在于谁指导谁，而在于谁对案件承担责任。

如果说检察官助理的身份是一只“瓶”，而且是一只全新的“瓶”，那么，这只新“瓶”所装的应当是全新的“酒”，即全新的检察角色和关系。然而，从当前改革的状况来看，这只“瓶”里面还没有装上全新的“酒”。换句话说，尽管新的角色身份已经诞生，但是办案模式和角色关系还没有本质的改变。检察官和检察官助理之间还没有找到适应自身角色定位和身份认同的相处方式。例如，检察官助理完全有可能干着与检察官一样的事情，只是责任由检察官承担。这样固然加重了检察官的责任，有利于司法责任制的落实。但是，它未必有利于检察官助理认真履职。试想，让曾经是厨师的人给现在的厨师打下手，他会抱以何种心态呢？这个问题的答案，取决于怎样构建我国的检察官助理这个角色。

四、我国检察官助理角色的构建

（一）检察官助理应是检察官的“后备军”，而不是“勤杂工”

尽管《人民检察院工作人员分类管理制度改革意见》把检察官助理归于检察辅助人员一类，与书记员、司法警察、检察技术人员属于同类。但是，检察官助理所从事的工作与后三类人员有本质区别，他是在检察官指导下从事与行使检察权直接且紧密相关的工作，其本质是行使检察权。因此，检察官助理并非勤杂人员，而是行使检察权的主体。出于经验、能力等方面考虑，检察官助理不能单独行使检察权，而是必须在员额制检察官的指导下行使检察权。担任检察官助理正是积累经验、提升能力的必要过程和途径，即成长为检察官的必要途径。因此，检察官助理应定位为检察官“后备军”，他们的职业前途就是成为能够独立办案、独立决策的检察官。

（二）检察官助理应当具有法律上的相应的职业等级和待遇

按照2016年6月中组部下发的《法官助理、检察官助理和书记员职务序列改革试点方案》（组通字〔2016〕36号），明确了检察官助理和书记员的层次和职数比例及晋升办法。其中，检察官助理设置六个职务层次，由高到低依次是高级检察官助理、一级至五级检察官助理，与综合管理类副巡视员至科员一一对应。为了增强改革内生动力，中央司改领导小组会同国家相关部门对法检两院的工资制度改革作了适当的调整，明确除司法警察外，法院、检察院内部实行“三类人员，两种待遇”的政策。笔者认为，鉴于检察官助理是检察官的“后备军”，检察官助理与检察官在职级和待遇上应当存在一定的关联和对应关系。例如，高级检察官助理的待遇对应一级检察官，以此类推。这样一来，检察官助理在转为检察官时，不必从最低级检察官做起，而可以根据其原有职级待遇确定新的职级待遇。这对检察官助理的职业发展有较好的促进作用。

（三）检察官助理应当对相关办案事项有相应的处分权，同时对自己履行的职责承担责任

从现有职能来看，检察官助理是在检察官的指导下承担讯问、现场勘验、调取证据等侦查、审查证据、协助出席法庭等检察官法规定的由事项。这意味着，检察官助理是可以独自完成司法办案的事务性工作的。但“独自”不等于“独立”，二者的区别在于完成事务性办案工作不等于完成检察权的行使。检察权的行使最终要落实到案件决策权的行使上，对于案件决策，检察官助理是不能行使的，因此，尽管检察官助理可以独自完成办案必需的事务性工作，却不能独立办案。其完成办案事物性工作是受检察官指挥。检察官对的办案权和定案权本质是对法定职权的处分权。因此，如果不涉及法律处分，应允许检察官助理有一定的自主权，例如，调查取证等事项。当然，检察官助理对自己自主完成的行为应当承担相应责任。

关于实行检察官员额制的几点思考

——以重庆检察二分院员额检察官选任工作为例

任海新*

党的十八大以来，“让人民群众在每一个司法案件中感受到公平正义”，成为从顶层到民间对司法的朴素情怀和热切期望，也是本轮司法体制改革所追求的预期效果。完善司法责任制作为四项基础性改革措施的核心，顶层设计之初就摒弃了将司法责任等同于追责的狭隘理解，而是着力构建了以“权力划分、权力运行、监督和责任承担、保障”为逻辑进路的司法责任制体系。重庆市检察机关作为司法责任制改革的第二批试点地区，以最高人民检察院《关于完善人民检察院司法责任制的若干意见》为重要依据，以司法责任制体系为逻辑进路，研究制定了落实司法责任制九项规范性文件，率先构建起了“1+5+5”制度体系，为重庆检察机关稳妥、有序推开司法责任制改革提供了重要的规范依据和制度保障。

重庆检察二分院作为重庆市检察改革的首批试点单位之一，各项改革措施实施已一年有余，为分院级检察院落实完善司法责任改革提供了多项可复制、可推广的改革经验，为重庆市检察机关全面推开落实司法责任制改革打好了前站。在全面推开司法责任制改革的当前，针对二分院落实司法责任体系的情况进行实证调研分析、总结，为推动检察体制改革深化落实提供实证参考和实践经验，尤显必要。

---

* 重庆市人民检察院第二分院法律政策研究室主任，三级高级检察官。本文原题《员额制检察官选任的考量因素》，载《人民检察》2016年第11期。

一、检察官员额比例的确定

对检察人员分类管理的改革探索历经了五分法、四分法、三分法等阶段，[①] 到2013年3月中央组织部和最高人民检察院联合发布《人民检察院工作人员分类管理制度改革意见》进一步明确了将检察人员分三类管理的改革方向，并且将三类人员明确为检察官、检察辅助人员、司法行政人员。实施人员分类管理目的在于实现检察队伍建设的专业化、职业化、精英化，与之相应，以员额检察官选任为突破点突破口建立以员额检察官为核心的检察人员分类管理体系，是检察人员分类改革、全面推开司法责任制改革的第一步。

表1　各试点省份入额检察官占比[②]

试点省（市）	范围	入额人数（名）	占比（%）
青海	首批6个单位	96	27.1
	第二批全省	700	34.5
海南	全省	796	31.9
江苏	8个试点（5个基层院）	304	25.6
云南	试点院	152	25
广东	全省		39
湖北	全省		36
重庆	5个试点（4个基层院）	161	28.2
上海	全市		33
重庆检察二分院	全院	39	24.68

通过对上表观察可以发现，《关于司法体制改革试点中有关问题的意见》关于检察官员额应严格控制在中央政法专项编制的39%以内的要求得到了严

① 最高人民检察院在1999年制定的《检察工作五年发展规划》中，提出对检察人员实行“检察官、书记员、司法行政人员、司法警察和专业技术人员”的五分法；在2000年制定的《检察改革三年实施意见》中推出了“检察官、书记员、司法警察、司法行政人员”的四分法；2004年制定的《2004—2008年全国检察人才队伍建设规划》提出了“检察官、检察事务官（检察官助理）和检察行政人员”的三分法。

② 表中除重庆检察二分院数据外，其他数据来源于最高人民检察院内网《检察改革动态》栏目数据。

格执行；二是多数试点在39%员额规定内都有一定预留，一般是30%左右；三是全省开展试点的员额比例要高于部分试点的省份。主要是因为部分试点的单位一般是在办案任务较轻、改革基础好的单位试点探索经验，故根据案件数据为主要依据的员额比例会稍低，在全省员额统一调配后，可以化解员额不均引起的办案不均的矛盾。

员额检察官的选任被作为本轮检察改革的突破口，前期论证、执行以及后期宣传都下足了功夫，当前员额检察官选任改革的效果已初显。二分院员额检察官的选任情况如下：

（一）精准掌握内设机构、人员及工作的现实情况

在前期精细调研的基础上，以案件数量、办案质量、级别管辖（如上级院对下级院的业务指导）作为主要参考，兼顾本院辖区社会经济发展指标、人口数量、自然地理条件、社会安全指数、犯罪指数等因素，同时考虑减少推行员额制的工作压力，以及未来的工作发展等因素，确定了分院首批员额检察官的比例为25.31%（符合重庆改革方案分院不得超过32%的要求）。对检察官员额在各业务部门的配置、人员增补趋势及优秀检察官助理晋升空间等进行统筹分析，做到“底数清、情况明”，为后续人员分类、员额检察官设置提供了翔实资料和决策依据。

（二）坚持“以案定员、以岗定员相结合”确定检察官员额

“以案定员”主要是指在职务犯罪侦查、侦查监督、公诉、民事行政检察等业务部门，以近3年来的办案数量、质量等为主要依据确定检察官的员额。“以岗定员”是指在职务犯罪侦查、公诉、侦查监督等部门设置综合指导岗位，以及监所、控申、预防、案件管理、研究室检察业务部门主要依据充分履行检察权的岗位职责需要确定检察官员额。在员额具体的确定中，一线业务部门主要以办案的数量、质量等为依据设定，二线业务部门主要以岗位的需要设定，但两者也有交叉。初审符合首批检察官选任资格条件的人员有59人，通过8重程序最终选任出39名员额内检察官，其中院领导7名（包括正副检察长4名、职侦局长1名、检察委员会专职委员2名）、检察员23名、助理检察员9名，占二分院中央政法专项编制数的24.68%。低于重庆市院要求试点分院首次使用不超过32%的7.3个百分点，为人才的梯次培养、检察辅助人员积极性的调动创造了条件。从我院员额制运行情况来看，职侦、侦监、公诉等一线业务部门有员额内检察官21名，并配备了32名检察辅助人员，基本满足了办案需求。而研究室等二线业务部门由于严格控制检察官员额，出现了

“事多人少”现象。

（三）严把员额检察官选任的标准关、程序关和质量关

按照重庆市检察官遴选委员会明确的检察官选任资格、程序，从严审核，把好质量关和公平公正关。以考核为主、考试为辅，考核主要考业绩，考试主要考能力，既防止了“以资划线”，又防止了“能入额的入额后不办案，能办案的未入额”，选任的员额检察官均具备“成熟的司法能力和突出的办案能力”。

检察机关的宪法定位是“法律监督机关”，检察权与法院的审判权相比要复杂得多，办案时履行检察权的主要方式但不是唯一，上级检察院承担的大量的对下指导、监督等检察业务工作无法用办案进行考量，这些因素在确定不同业务条线检察官员额比例时应得到充分考虑。此外，应做到全省检察官额的统一配置，差异兼顾平衡，做到向基层倾斜、向办案量多的单位倾斜，同时要兼顾偏远地区检察队伍的建设，可以适当采取定额制方式，保证一定数量的检察官。

二、检察官入额的标准：坚持“造血为主、输血为辅”

要满足精英化、专业化要求，就必须提高检察官的相应标准，但这种提高应是在当前检察队伍的素质情况的基础进行。我国检察官的成长、发展并不像学者们论述的那样，因选任标准过低导致我国检察官整体水平偏低，得出这种论断的学者完全忽略了“法律的生命在于经验”这个真命题，检察系统源源不断地培养着办案能手、业务精英，为检察官的精英化、专业化打下了良好的基础。尽管我国现行检察官的选任标准，与英美法系从律师中选任检察官或者大陆法系层层筛选的严格考试相比都略显简单。但进入检察院的新人要想成为优秀的检察员，在重庆市检察系统内，基层院至少需要6年到7年的成长经历，分院基本上要有10年以上业务工作经历，实行检察人员分类管理后的检察官标准可以参考检察员的标准。

重庆标准

具有助理检察员以上法律职务的人员都属于选任范围。范围内的人员申请参加选任，除具备《中华人民共和国检察官法》第十条规定的基本条件外，还应具备以下资格条件：

（一）区县院的助理检察员应任职两年以上，分院的助理检察员应任职四年以上；

（二）具有较高法律素养和司法政策水平，能够依法独立办案和处理检察业务工作；

（三）历年年度考核均为称职以上；

（四）身体健康，能胜任本职工作；

（五）符合任职回避有关规定。

具有下列情形之一者，不得参加首次选任：

1. 3年内曾受到警告及以上处分的；

2. 3年内曾被追究执法过错责任的；

3. 正在被司法机关或纪检监察机关立案侦查的。

任职资历计算时间截止到2015年9月30日。

在当前我国法学教育和司法考试制度没有调整的情况下，盲目借鉴域外从律师中选任检察官或增加考试难度的方式来确定检察官选任标准并不可取。

根据检察人员分类管理改革的相关措施和改革实践情况，目前应采取“造血为主、输血为辅”的方式来确定员额检察官的标准。当前检察员的成长路径可以作为员额检察官的重要参考，原则上基层院的检察官助理须有6年左右的任职年限，省、市、分、州院的检察官助理须有10年左右的任职年限才能成为员额检察官。在学历及检察官个人研修上，应该对学历、研修水平高的检察官助理提供更多的晋升机会，以此带动检察队伍的整体素能。这里尤其需要强调的是职业道德素能，当前关于检察官职业道德的考核主要采取的排除法，也就是出现了问题才能在考核中体现，而应当检察官主动去做而未做的基本不会列入考核范围，或者即使列入考核范围也形同虚设。检察官作为司法职业精英化的代表，其任务职责不仅是办案，还应在人格、能力、工作水平、敬业精神、职业素养等方面成为检察人员的榜样和标杆，这才能体现检察官精英化。

三、检察官入额的程序：防止“论资排辈”和“一考定音”

检察官入额程序的设计既要防止简单的“论资排辈”，也要避免出现“一考定音”的司法闹剧，因此必须保证入额程序的科学合理。重庆方案对现任检察委员会委员、检察员、符合条件的助理检察员的选任，按照个人报名、资格初审、组织考核、统一考试、确定推荐人选、遴选委员会审核、组织考察、市院党组审批、公示、任职10项程序进行。其中，市检察官遴选工作办公室组织统一考试，考试得分按45%的权重计入最后得分。

考核由各试点院按市院统一规定的考核内容组织，考核内容包括资历考核、根据实绩进行推荐（包括群众推荐、谈话推荐和院党组推荐）、业务竞赛加分三大项内容，考核得分按55%的权重计入最后得分。

首批员额内检察官选任程序结束后，我们就及时对选任程序的科学合理性开展了匿名问卷调研，总体上有88.28%认为选任程序做到了公开、公平、公正，对前8项选任程序的满意度都在90%以上，最高达到96.09%。

表2　选任程序满意度

程序项目	个人报名	资格初审	组织考核	统一考试	确定推荐人选	遴选委员会审核	组织考察	市院党组审批	总体评价
满意度（%）	95.31	96.09	95.31	93.75	90.63	94.53	90.63	90.63	88.28

四、检察官入额后的管理：权、责、利的同步协调

司法责任制、分类管理、内设机构整合、省级以下人财物统一管理（由于重庆是直辖市的原因，分院已经实现人财物的省级统一管理）是本轮检察改革的四项主要内容，本轮检察改革的系统性决定了四者间的“相互依存、齐头并进”的逻辑关系。检察官入额的完成为检察改革起了个好头，但改革能否取得预期效果关键在于入额后的管理问题。主要体现在以下几个方面：

（一）对员额检察官的监督问题

完善落实司法责任制要求突出检察官办案地位、赋予检察官更多的办案权限，如重庆检察机关共梳理了304项检察权限，授予检察官205项，授权比例接近70%。赋予检察官这么多权限，但原有的科层制监督管理体系在“去行政化”的内设机构整合中被打乱，[①] 弱化了原有的部门内部、部门之间的监督，以及上下级检察院的监督制约。构建新的监督管理机制在内部要注重发挥部门负责人、检察官办案组等实现程序性监督制约，通过检察官联席会议、业务管理部门（重庆检察二分院由研究室、案件管理处、人民监督办、检察长

---

① 由于新的监督制约机制尚未形成，多数试点单位在操作中实行原内设机构和大部制双轨制，当前由于新的监督管理机制在制度构建、群众基础等都存在很大的阻力，加之内设机构整合的论证基础薄弱和受人为因素影响，存在部分不合理的整合，导致出现了反对大部制的声音，有改革倒流的迹象。

办公室等内设机构整合，相当于形成新的综合性智囊机构）等实现程序和实体的内部监督制约作用，在外部通过检务公开和引入人民监督、律师等第三方监督主体介入对检察官进行监督。

业务管理部门在落实监督管理职责上“三管齐下”：一是通过案件管理系统进行同步动态监督；二是通过检察官司法档案管理实现重点监督和随机监督；三是通过检委会办事机构实质审查实现对重大疑难案件的重点监督。

（二）对检察官的考核

当前对检察官的考核存在一种误区，即部分业务类型一律使用办案数量进行考核。其不科学性在于检察权的运行除了典型的一线办案之外，二线检察业务还存在着大量的事务性检察业务工作。其间，二分院花费了一些精力来论证行使检察权就是办案，但这有人为扩大办案范围的嫌疑，也有悖于社会的认知常识，这就出现了当前普遍的“零星办案”制度，由二线业务部门的检察官在完成个人职责的同时去办一线业务部门的案子，这实质上又形成了改革悖论，综合业务部门人手变少，相应其检察官的职责增大，本职工作还得疲于应对，再要求其办案很难达到理想效果，毕竟人的精力是有限的。另外，完全统一使用办案作为考核标准，尽管规定有数量差异，但仍有“一刀切”的嫌疑。

因此，有必要在对检察官考核的顶层设计中，进一步明确两项内容：一是明晰检察官办案的含义；二是明确不同业务类型检察官的考核标准。

（三）检察官的研修

科学完善的检察官研修制度对遴选、培养和造就高素质、精英化的检察官具有重要意义。当前，我国检察官研修制度存在检察官任职前司法研修缺位，以及研修的机构、内容、形式、师资和考评考核不健全等缺陷。立足我国检察事业发展，可以通过建立检察官任职前的司法研修制度、设立科学的研修机构、实现研修均衡化、完善研修内容、创新研修形式、加强研修师资建设和严格研修考核考评加以完善。

（四）检察官的职业保障

这里所讲的保障措施既包括对检察官的职业保障，也包括对司法责任制体系构建和落实的保障。对检察官的职业保障应着重解决职业待遇和司法豁免两大问题，本轮改革开始就确定了司法增量的投入，这也是大家对改革抱有希望的重要原因之一，在权力的责任落实到位后，职级待遇将是下一步改革的重点，检察官的主体地位应有所体现，但也应兼顾单位内部的平衡问题。司法豁免是检察官在履行职责过程中所实施的行为和发表的言论有不受指控或法律追究的权利，这是对检察官履职最有效的保护措施，因此有必要梳理总结现有法律、法规中司法豁免措施，构建完善的司法豁免制度，为检察官履职保驾护航。

五、防止改革失败的预期应对：四种误区的提前预防

（一）防止试点经验尚未巩固的情况下改革全面开花

司法体制改革要坚持法治思维，对改革经验、效果的评价应建立在客观的调研、评估上，检验改革效果的标准不应是媒体赞歌和简单的数据，而应是改革中发现并解决的问题的多少和社会公众对改革成果的认同程度，因此应避免开始时“一哄而上”，遇到难题时“集体沉默”导致改革倒流，因此应全面有序推进检察体制改革。

（二）扩大改革的公众参与度

要打破改革神秘主义的改革理念，增加第三方因素的介入改革，将被改革对象来设计改革的弊端的最小化。

（三）打通检察辅助人员的职业通道

检察辅助人员职业通道不畅，容易在检察系统内部出现分化，产生“改革就是改待遇、员额外就没前途”等错误认识，过渡期要适度照顾现有人员（尤其是老人）的职业预期，畅通其职业通道，实现检察辅助人员的有序流动，避免出现人才的无序流失。

（四）注意改革倒流思维

任何思维都是站在理性分析的基础上形成的，改革的过程就是破和立的过程，必定会困难多多、阻力重重，当前改革试点已经进入深水区，部分改革措施到了瓶颈期，此时产生畏难情绪是正常的，但作为改革的决策者应集中优势力量研究对策、破除瓶颈，防止选择退回改革前的状态。作为员额制改革的参与者和推动者，既然选择了这份职业，就应奋力前行，无愧于心。

重大疑难案件侦查机关听取检察机关意见和建议制度的调查与思考

詹文渝*

党的十八届四中全会决定要求，“推进以审判为中心的诉讼制度改革，确保侦查、审查起诉的案件事实证据经得起法律的检验”。学术界和司法实务界普遍认为，“以审判为中心的诉讼制度改革”在加强庭审实质化的同时，必然会强化检察机关的诉前主导作用，要求构建侦查围绕检察机关指控犯罪的格局。近年来，最高人民检察院提出要积极探索建立“重大、疑难案件侦查机关听取检察机关意见和建议的制度”，强化侦查机关、检察机关在办理重大、疑难案件中的沟通配合和监督制约，提高办案质量和效率。

在当前的司法实践中，对重大疑难案件侦查机关听取检察机关意见和建议的工作大多称为“提前介入引导侦查”，现阶段探索的“重大、疑难案件侦查机关听取检察机关意见和建议的制度”，与之既有区别也有联系。从区别上来说，主要有三点：一是主体不同。提前介入引导侦查的主体是检察机关，听取意见建议的主体是侦查机关。二是内容不同。前者的内容是检察机关介入并引导侦查，后者的内容是侦查机关向检察机关听取意见和建议。三是要求不同。前者主要是对检察机关提出要求，主旨在于检察机关“应当”介入引导；后者主要是对侦查机关提出要求，主旨在于侦查机关“应当”去听取意见和建议。从联系上讲，侦查机关所希望听取的意见和建议的重点是对侦查取证的引导，介入侦查是必要且重要的工作方法。总体而言，重大、疑难案件侦查机关听取检察机关意见和建议的制度，反映的是在当前的刑事诉讼法框架下，“侦查中心主义”向“审判中心主义”转变的新要求，是对侦查机关、检察机关调整诉讼角色的契合。

---

* 重庆市永川区人民检察院党组书记、代理检察长，三级高级检察官。本文系最高人民检察院研究室2016年度课题“重大疑难案件侦查机关听取检察机关意见和建议制度的调查与思考”的研究成果。

2015年以来，部分省、市、县检察机关出台了重大、疑难案件侦查机关听取检察机关意见和建议的制度，为我们提供了有益的借鉴参考。本文将对近年来检察机关提前介入引导侦查的实践进行剖析，从主动适应审判为中心的诉讼制度改革的视角，提出建立完善有听取意见建议制度的思考和建议。

一、检察机关提前介入引导侦查取证的实践状况

1979年《刑事诉讼法》第45条规定，“人民检察院办理审查逮捕案件，必要时可以派人参加公安机关对于重大案件的讨论”。据此，各地检察机关开始了在重大案件办理中提前介入引导侦查的有益探索。1996年修改后的《刑事诉讼法》第66条亦明确规定，“公安机关要求逮捕犯罪嫌疑人的时候，应当写出提请批准逮捕书，连同案卷材料、证据，一并移送同级人民检察院审查批准。必要的时候，人民检察院可以派人参加公安机关对于重大案件的讨论”。1999年《人民检察院刑事诉讼规则》第383条规定，“人民检察院根据需要可以派员参加公安机关对于重大案件的讨论和其他侦查活动，发现违法行为，应当及时通知纠正”。2012年刑事诉讼法再次修改时，将该条予以保留，《人民检察院刑事诉讼规则（试行)》也沿袭了1999年的规定。上述规定，为重大案件检察机关提前介入引导侦查提供了法律依据。

但是，法律规定十分原则，对于如何参与讨论、如何听取意见和建议缺乏明确的、行之有效的具体化的程序性规范。为确保提前介入引导侦查工作落到实处，从源头上提高案件质量，全国各地检察机关进行了大量有价值的探索。如重庆市检察院、市公安局于2007年出台了《关于检察机关提前介入侦查工作的规定（试行)》，并随着法律和形势变化，于2014年再次修订下发了《关于检察机关提前介入引导取证工作办法（试行)》，对介入案件的范围、介入检察官应当履行的职责、应当遵守的办案纪律等予以规范。安徽省人民检察院、省公安厅于2014年出台了《关于提前介入重大案件侦查活动的工作规定》。贵州省人民检察院、公安厅也于2016年出台了《关于检察机关提前介入刑事案件侦查工作规定（试行)》。

从工作效果来看，提前介入引导侦查能够有效提高侦查取证水平、提高办案质量，能够显著增强公安机关和检察机关的工作合力，有效打击犯罪。以重庆司法实践为例。2013年1月至2016年3月，重庆市检察机关侦查监督部门共对1567件刑事案件进行了提前介入，介入后批捕1055件1727人，公诉部门（含未检）介入1204件，介入后提起公诉978件1223人。提前介入的案件，不仅在办案质量上相对较高，而且有效地缩短了办案周期，实现了质量和

效益的“双提升”。另据调研，2011年初，大连市检察院与市公安局联合探索建立了同步介入命案侦查工作机制，当年共同步介入“命案”117件，介入案件侦破率达97.4%，同比提高近10%，基本形成了对公安机关命案侦查活动规范、同步、高效的刚性监督，有力促进了大连地区命案的侦办质量。①

与此同时，我们也需充分认识到这一机制还存在一些不足。从理念层面来看，思想认识不到位，存在“无益论”“不愿论”；对提前介入的定位有偏差，存在“无关论”“工具化”；缺乏价值认同，存在“无用论”“不必论”。从制度实践层面看，各地的规定在介入范围、启动程序、工作方式等方面的规定有所不同，在实践运作中也存在不知情、不执行、不规范等问题。

二、构建重大疑难案件侦查机关听取检察机关意见和建议制度的必要性和重要性

近来，最高人民检察院提出“建立重大疑难案件侦查机关听取检察机关意见和建议制度”。这是适应以审判为中心的诉讼制度改革，充分发挥法律监督职能，完善检警大控方（审前）格局，提高办理案件的质量和效率的一次路径探索，具有极其现实的必要性和重要意义。

（一）构建意见建议听取制度是适应以审判为中心的必然要求

以审判为中心的诉讼制度改革，其目的是促使办案人员树立办案必须经得起法律检验的理念，确保侦查、起诉的案件事实证据经得起法律检验，保证庭审在查明事实、认定证据、保护诉权、公正裁判中发挥决定性作用②，确保人民群众在每一起案件中感受到公平正义。以审判为中心的内涵和要求是控辩审三种职能都要围绕审判中事实认定、法律适用的标准和要求而展开，法官直接听取控辩双方意见，依证据裁判原则作出裁判③。

以审判为中心的诉讼制度的核心从侦查转移到庭审阶段，意味着侦查、起诉阶段是为审判作准备，其对于事实认定和法律适用的标准应当参照适用审判阶段的标准。④ 检察机关作为诉讼的纽带，是审前程序的主导者，要考虑如何构建一个完备的审前程序，如何建立一个由检察机关主导的“大控方”格局，

---

① 参见太原市人民检察院课题组：《检察机关提前介入“命案”侦查工作机制研究》，载《中国检察官》2013年第6期。

② 参见卢乐云：《以审判为中心创新检察工作模式》，载《人民日报》2016年5月18日第7版。

③ 参见樊崇义：《以审判为中心与“分工负责、互相配合、互相制约”关系论》，载《法学杂志》2015年第11期。

④ 参见陈光中、步洋洋：《审判中心与相关诉讼制度改革初探》，载《政法论坛》2015年第3期。

就是要把“引导侦查、侦查监督、改革审前程序”这三项工作做好。[①] 这必然要求检察机关在审前程序中重新审视和界定侦捕诉关系，强化检察机关诉前主导作用，对于公安机关来说，就是要加强与检察机关的协作，在收集固定证据、适用法律等方面接受检察机关的指导，确保符合庭审阶段的要求。

虽然，提前介入引导侦查也是侦查机关在重大案件办理中向检察机关听取意见和建议的方式，从目的、方式、范围、程序等方面来讲，二者有很多相似的地方，甚至可以说，提前介入引导侦查是侦查机关听取检察机关意见和建议的主要内容。但是，用语的不同，反映的是诉讼理念的根本差别，“听取”即表明了一种“谁得向谁”的主体转变，也就是说，检察机关成为了诉前程序的主导者（虽然不是领导者），侦查机关应当主动接受指导。这正是以审判为中心，强化检察机关诉前主导地位的必然要求。

（二）构建意见建议听取制度是破解司法困境的现实需要

我国《刑事诉讼法》第85条规定，“公安机关要求逮捕犯罪嫌疑人的时候，应当写出提请批准逮捕书，连同案卷材料、证据，一并移送同级人民检察院审查批准。必要的时候，人民检察院可以派人参加公安机关对于重大案件的讨论”，但目前对参与对重大案件的讨论的权限、方式、措施未明确，实践中对于检察机关的意见建议，公安机关可取可拒，监督形同虚设。

从刑事诉讼结构看，“流水作业”[②] 的特征较为明显，分工、配合有余，制约乏力。公安机关处于“线行流程”的前端，是启动和推进刑事诉讼的关键，可以自行决定立案、撤案，采取除逮捕以外的所有强制措施，侦查实质上是处于强大的地位。虽然刑诉法规定“人民检察院依法对刑事诉讼实行法律监督”，但现实是监督过度依赖于公安机关提供的案卷，以事后的书面审查监督为主，无刚性监督手段，其制约程度可以说低于现代多数国家[③]。

流水线的诉讼框架，确立了以侦查为中心的诉讼现实。由于侦查权过于强大，侦查权绑架公诉权、审判权，起诉和审判成了侦查的延续，侦查机关的案卷基本成为定案的依据，侦查阶段造成的冤假错案没有有效的发现、纠正机制，不利于人权保障和公平正义的实现。近年发生的杜培武、赵作海、张氏叔侄、聂树斌等冤错案件，不断地证明这一点。学术界对此也颇有非议。

---

① 参见陈光中、樊崇义等：《以审判为中心的诉讼制度改革》，载《国家检察官学院学报》2016年第1期。

② 参见何家弘：《构建和谐社会中的检警关系》，载《人民检察》2007年第23期。

③ 参见龙宗智：《论检察》，中国检察出版社2013年版，第117页。

近来，审判机关加快推进审判为中心的制度改革，努力实现“庭审在查明事实、认定证据、保护诉权、公正裁判中发挥决定性作用”，防范冤假错案。侦查是收集证据的关键阶段，侦查的质量在一定程度上决定了起诉的质量。从这个意义上讲，在坚持分工、配合、制约的诉讼关系前提下，唯有检察机关在审前阶段发挥决定性作用，才能破解目前的“线形”司法困局。

（三）构建意见建议听取制度是密切检警关系的重要切入点

当前，各国都开始认识到单纯的检警合一、检警分离对刑事诉讼带来的负面影响，因此相互借鉴其合理制度成为当前的潮流，各国都更加重视检警之间的相互配合、重视检察权对侦查权的有效监督，重视检察权对侦查的指导。

在以审判为中心的诉讼制度改革下，在现有检警“分工负责、互相配合、互相制约”关系基础上进行完善，强化、规范检察机关对侦查机关在案件办理过程中的协助、监督、指导。一是以“大控诉”格局为前提，检察机关作为大控方的主导者，应进一步强化对侦查过程的法律控制，通过介入引导和侦查活动监督掌握大控诉的主动权。二是以监督权为界限，检察机关可以从程序合法的角度对侦查活动进行监督，但没有对侦查的指挥权。三是以监督实质化为重点，即监督范围要扩大，监督措施要配套，管人与管事相结合，以增强监督效力①。在此情形下，构建重大疑难案件侦查机关听取检察机关意见建议制度，是一个比较恰当的切入点。在重大疑难案件中，检察机关具有发挥更大作用的条件和空间，也容易得到公安机关的理解和支持。

三、构建重大疑难案件侦查机关听取检察机关意见和建议制度应坚持的基本原则

（一）坚持分工负责、互相配合、互相制约的基本原则，明确权力行使的界限

“分工负责、互相配合、互相制约”是宪法、刑事诉讼法对我国检警关系规定的基本准则，彰显了中国特色社会主义刑事诉讼的构造特点，是我们必须坚持的基本原则。在以审判为中心的诉讼制度改革背景下，对这一原则的理解和执行，要从“控制犯罪型”转向“法律程序正当型”②，在处理分工、配合与制约的关系上，要求我们更加注重配合与制约。一方面，从侦查环节开始就

① 参见龙宗智：《论检察》，中国检察出版社2013年版，第121页。

② 参见樊崇义：《以审判为中心需正确理解“分工配合制约”原则》，载《检察日报》2015年9月16日第3版。

要求检警密切配合，全面客观地收集、固定、保全证据，确保所有的证据能够经得起庭审质证和法庭调查。另一方面，从司法规律来讲，检警之间的制约只能是检察监督制约侦查，而不能是公安反向制约检察，而且这种制约不应是平行的，而应当是起伏的，[①] 递进制约关系。

（二）坚持实体公正与程序公正并重的原则，注重打击犯罪与保障人权的平衡

现代刑事诉讼制度追求“法律正当程序”的理念，我国新刑事诉讼法也实现了向“打击与保障并重”的二元目的论转型，意见建议听取制度是案件尚处于侦查阶段，检察机关介入到侦查工作之中，以事前、同步、动态指导和监督的形式对案件侦查取证和法律适用进行实时指导，并发现案件办理中出现的程序和实体问题，相比以往被动、事后指导监督，通过审查案卷发现监督线索的模式，更易于发现侦查过程中的问题。因此，在制度内容设计上应贯彻实体与程序并重的原则，实现打击犯罪和人权保障的双赢。一方面，应加强案件实体方面的指导。另一方面，要更加注重案件程序问题的监督，以充分保障犯罪嫌疑人合法权益和诉讼的顺利进行，从源头上防止案件在后续诉讼中遭遇程序违法的制裁。

（三）坚持严格程序的原则，注重规范、适时、适度

意见建议听取制度是解决当前提前介入渠道不畅、介入方式混乱、监督指导效果不佳等矛盾而进行的制度建设，因此要对制度精细设计、严格程序，确保规范、适时、适度。要处理好定位与界限、过程与效果、主业与辅业的关系，严格程序，规范运行。检察机关、公安机关都要摆正在自己侦查中的位置。检察机关在强化诉前主导作用的同时，要把握好“参与而不干预、参谋而不替代、指导而不包办”的原则，做到对案件的介入不影响正常的侦查活动。侦查机关在把握好侦查主体职责和任务的同时，也要转变“侦查中心主义”的陈旧观念，树立主动听取意见和建议的理念。

（四）坚持以信息化为引导和保障的原则，推动构建刑事案件信息共享平台和侦查活动监督平台的建立与运用

要积极探索运用现代网络信息技术，以信息化、大数据、云平台等为意见建议制度提供坚实的保障。推动建立刑事案件信息共享平台建设，实现公安案件数据共享，依托平台使检察机关能够实时掌握公安机关受案、立案、撤案、

① 参见樊崇义：《以审判为中心与“分工配合制约”关系论》，载《法学杂志》2015年第11期。

侦查取证、采取强制措施等情况，为监督指导提供第一手资料。建立侦查活动监督平台，实时掌握提请批捕案件质量的动态信息，及时了解案件办理过程中存在的主要问题，对办案单位侦查违法趋势实时监控、提前预警，定期出具分析报告，实现监督手段、方式的现代化、规范化、精细化。

四、关于重大疑难案件侦查机关听取检察机关意见和建议制度的基本框架及内容

以审判为中心的核心要求是作为裁判根据的案件信息形成于审判程序，这并非忽视侦查、审查起诉程序，侦查和审查起诉是审判的准备，其收集和运用证据的质量关乎审判公正，高质量的侦查和起诉可以从源头上防范冤假错案。[①] 探索建立重大疑难案件侦查机关听取检察机关意见和建议制度，是为适应以审判为中心的诉讼新要求而作出的积极应对，也是对多年来检察机关提前介入侦查引导取证工作的总结、传承和完善。因此，本文也从这个角度，探讨重大疑难案件侦查机关听取意见建议制度的基本框架及内容。

（一）听取意见建议的案件范围

我国现行刑事法律中，对“重大疑难案件”的范围没有明确的规定。《刑事诉讼法》第85条规定，“必要的时候，人民检察院可以派人参加公安机关对于重大案件的讨论”。但是该法没有对“重大案件”的范围予以明确。《人民检察院刑事诉讼规则（试行）》和《检察机关执法工作基本规范》对“重大案件”也没有作出细化规定。2013年4月最高人民检察院《关于人民检察院审查逮捕工作中适用“附条件逮捕”的意见（试行）》第2条对“重大案件”作出了规定，即犯罪嫌疑人可能被判处10年以上有期徒刑、无期徒刑或者死刑的案件；对于犯罪嫌疑人可能被判处5年以上不满10年有期徒刑的六类案件，可以认为属于“重大案件”。[②] 1998年4月17日最高人民法院《关于处理自首和立功具体应用法律若干问题的解释》第7条规定，重大案件一般是指犯罪嫌疑人、被告人可能被判处无期徒刑以上刑罚或者案件在本省、自治区、直辖市或全国范围内有较大影响等情形。由此可见，对重大案件的范

① 参见魏晓娜：《以审判为中心的刑事诉讼制度改革》，载《法学研究》2015年第4期。

② 该意见第2条第2款规定了可以视为重大案件的“六类案件”：（1）危害国家安全和严重危害公共安全的暴力犯罪案件；（2）恐怖组织、黑社会性质组织等有组织犯罪和集团犯罪案件；（3）故意杀人、抢劫、绑架、强奸、故意伤害致人重伤、死亡的严重暴力犯罪案件；（4）毒品犯罪、走私犯罪案件；（5）严重破坏社会主义市场经济秩序或者严重扰乱社会秩序的涉众型犯罪案件；（6）情节严重或者造成严重后果的人民检察院直接受理侦查的犯罪案件。

围，最高人民检察院和最高人民法院之间尚有一定的分歧。

从各地检察机关提前介入引导侦查取证的有关制度规定来看，重大案件主要是指已经发生的犯罪的某一方面或某几方面涉及的情况或影响重大，包括犯罪手段残暴、危害后果严重、被害人涉及面大、社会关注度高等。例如，2014年11月重庆市人民检察院联合重庆市公安局出台的《关于检察机关提前介入侦查引导取证工作办法（试行）》第4条规定了五类重大案件：有重大社会影响的故意杀人、故意伤害、抢劫、绑架、强奸等严重暴力犯罪致人死亡案件；严重危害国家安全和严重危害公共安全的暴力犯罪案件；恐怖组织、黑社会性质组织等有组织犯罪案件；严重破坏社会主义市场经济秩序或者严重扰乱社会秩序的涉众型犯罪案件；有重大社会影响、人民群众或媒体较为关注的案件。对于“疑难案件”而言，则主要是指已发生的刑事案件在处理上有困难，包括罪与非罪的定性、证据的收集与固定、法律程序适用等方面（可能）存在较大的争议。从工作实践来看，检察机关提前介入的案件，主要是可能判处重刑的案件（如命案）、涉案被告人众多或被害人众多的案件（如黑社会性质组织、非法集资案）、社会影响大关注度高的案件、案件处理可能有重大分歧的案件。

笔者认为，从语义上讲，“重”主要是指可能判处重刑，“大”主要是指影响面大关注度大，“疑难”主要是处理上有疑虑和困难。对“重大疑难案件”范围的确定，必须要紧紧围绕“重大疑难”的语义来展开，充分考虑已有的实践经验，考虑实现制度目的的需要和适应以审判为中心的新形势的要求。既要尊重和坚持我国刑事诉讼体系中检察机关与侦查机关之间分工配合，互不隶属的基本关系结构，又要最大限度地发挥检察机关在审前程序中的主导作用，最大化地实现追诉犯罪和保障人权的诉讼目的。因此，有必要以“重大疑难”的语义为基础，采取定性加定量的方式，确定“重大疑难案件”的范围，具体包括：犯罪嫌疑人可能被判处10年以上有期徒刑、无期徒刑或者死刑的案件；在定性处理、证据收集与固定、法律程序适用等方面较为复杂疑难的案件；在本地区有重大影响的：危害国家安全犯罪案件，严重危害公共安全的暴力性犯罪案件，故意杀人、抢劫、绑架、强奸、故意伤害致人重伤、死亡的严重暴力犯罪案件，恐怖组织、黑社会性质组织等有组织犯罪和集团犯罪案件，毒品犯罪、走私犯罪案件，利用电信网络实施的诈骗、敲诈勒索、侮辱诽谤等案件，危害食品药品安全和破坏环境资源的案件，破坏市场经济秩序的非法经营、非法集资等案件，引起社会公众和上级机关高度关注的其他案件。

（二）听取意见建议的启动方式

我国刑事诉讼呈线形结构，阶段性特征明显。长期以来，我国刑事诉讼审前程序侦查主义特征明显，将刑事诉讼处理为一种由侦查到起诉再到审判的工序性作业，以线性关系代替“三角构造”。[①] 在这种模式下，侦查处于审前程序的中心，检察（批捕、公诉）处于承上启下的程序性角色，侦查机关也没有面向检察机关听取意见和建议的意愿和动力，检察机关也没有要求侦查机关听取意见和建议的动力和权利。

以审判为中心是一个刑事诉讼关系命题，确定侦查、起诉、审判三种诉讼职能在刑事诉讼的基本关系应当“以审判为中心”，从而要求侦查、起诉必须按审判的要求进行，发挥审判在认定事实、适用法律上的决定性作用。[②] 审判中心主义是对侦查中心主义下诉讼关系的重构，必然要求确立检察机关在审前程序中的主导作用。[③] 侦查、起诉面向审判，首先就要求侦查起诉面向审判，传导下来的必然结果就是，侦查必须面向起诉、侦查必须按起诉的要求进行。在此情形下，侦查机关需要更多地听取检察机关对于案件的意见和建议，转变以自我为中心的侦查办案模式。

我国检警关系不同于大陆法系的检警一体化，在刑事诉讼中以“分工负责、互相配合、互相制约”为基本原则。检察机关不具有指挥、命令侦查机关的权力和职能，不可能在总体上对侦查机关的侦查活动进行普遍性的指挥和引导。但是，在以审判为中心的诉讼制度改革要求下，侦查机关在重大案件的侦查中，主动听取检察机关的意见和建议，或者说检察机关主动要求侦查机关听取意见和建议，则是不言而喻的应然要求。所以，在听取意见和建议的启动方式上，检察机关应居于主导地位，既可以依职权要求侦查机关听取意见建议，也可以依侦查机关的申请而决定是否提供意见建议。鉴于检察机关人力资源配置还比较紧张，宜采取依申请为主、依职权为辅的模式，实现检察和侦查的良性互动。

与启动方式密切相关的问题，则是听取意见建议的时机问题。一方面，时间过早既可能浪费检察机关的司法资源，还可能因情况不明而无法提供有价值的意见和建议，甚至可能让侦查机关产生检察依赖性。另一方面，时间过晚则可能丧失听取意见和建议的必要性，可能导致错过引导侦查的最佳时机，难以

---

① 参见龙宗智：《论建立以一审庭审为中心的事实认定机制》，载《中国法学》2010 年第 2 期。

② 参见龙宗智：《“以审判为中心”的改革及其限度》，载《中外法学》2015 年第 4 期。

③ 参见陈胜才：《以审判为中心的检察应对》，载《人民检察》2015 年第 21 期。

实现通过听取意见有效引导侦查取证和促进规范侦查的目的。在目前的实践中，各地关于检察机关提前介入的时间规定也是各有不同。有的以犯罪嫌疑人确定为始，有的以第一次讯问犯罪嫌疑人时开始介入，有的以有重大犯罪嫌疑人时为介入启动的时间点，[①] 有的以对犯罪嫌疑人采取强制措施后为介入的时间点，[②] 有的甚至是公安机关初查后尚未立案时就与检察机关进行协商，以期获得检察机关关于该案能否作为刑事案件立案侦查的指导意见。

听取意见建议的时间点问题，既关系到侦查机关和检察机关权力的配置和相互边界，也关系到案件质量和指控成败，应从适应审判为中心、提高案件质量的角度出发来考虑。笔者认为，对于重大案件，应在侦查机关已立案并对犯罪嫌疑人采取强制措施之后进行，对于疑难案件，应在侦查机关已立案并确定犯罪嫌疑人之后进行。如果侦查机关尚未立案，检察机关的介入就没有法律依据。对于犯罪嫌疑人的确定，是侦查机关的专长，检察机关没有比较优势，过早介入没有现实意义。需要特别指出的是，对于致人死亡的“命案”，由于现场勘查、证据提取对案件成败的极端重要性，加之多起冤错案件暴露出的“起步错、步步错”的教训，可以将听取意见建议的时间提前至“案发后”。

（三）听取意见建议的具体程序

听取意见和建议制度，是在刑事诉讼中构建侦查机关与检察机关之间协同提高案件质量的新通道，既不同于传统的“联合办案”，也不同于“检警一体”。侦查机关与检察机关是平等、互动、协同的关系。在听取意见建议的具体程序设置上，需要重点考虑以下几个方面的内容。

1. 听取意见建议的形式要件

在关于检察机关提前介入引导侦查的制度规定中，很多都有以书面形式作为双方往来的形式要件。例如，重庆市规定侦查机关以《提前介入商请函》商请检察机关介入，江苏省规定侦查机关以《听取检察机关意见邀请函》邀请检察机关介入。[③]

调研显示，在实践中，相当比例的提前介入没有以书面形式往来，意见交流更多地表现为“携卷会商”，这不可避免地使介入活动出现随意化，甚至造

---

① 参见袁枫、张仁杰、李德胜：《检察机关提前介入机制的实践困境反思》，载《北京警察学院学报》2014 年第 6 期。

② 参见上海市人民检察院与上海市公安局《关于刑事案件适时介入、捕前协商工作的若干意见》（沪检发〔2009〕308 号）第 4 条。

③ 参见江苏省检察院、省公安厅 2015 年 10 月 26 日制定的《重大疑难案件公安机关听取检察机关意见的实施办法》。

成侦查机关与检察机关之间在个案问题上的“信息失真”，引起当事人的猜疑。

听取意见建议是侦查机关与检察机关之间在办理案件中协同配合的重要程序性事项，对于实现刑事诉讼目的具有重要意义，而且该项工作本身是在于“重大疑难案件”，对于将来检验双方是否履职尽责非常重要。为确保严肃性和程序性，听取意见建议应当采用书面形式，侦查机关拟邀请检察机关听取意见的，应当以单位名义出具《听取检察机关意见邀请函》，检察机关主动要求公安机关听取意见的，应当以单位名义出具《建议听取检察机关意见函》；检察机关提供的意见和建议，应当以《检察机关意见和建议函》的方式作出。相关材料应当归入案件卷宗备查。

2. 听取意见建议的参与主体

对于侦查机关，各办案单位具体实施侦查活动，法制部门履行法制审核职能，为避免听取意见建议的分散化、无序化，保证听取意见建议的统一性、直接性，应由法制部门负责归口管理，统一向检察机关提出听取的建议，侦办案件的部门和法制部门共同参加，主办侦查员、法制审核员具体参与。案件特别重大疑难的，侦查机关案件侦办部门、法制部门的负责人及分管领导应当参与。

对于检察机关，在讨论介入的主体时，还存在不小的分歧。有观点认为，介入的主体只能是人民检察院审查批捕部门，因为逮捕是保证侦查活动顺利进行的强制措施，审查公安机关提请批捕的案件，是人民检察院把握罪与非罪的第一道关口，所以法律规定审查批捕部门在必要时，可提前介入直接参与公安机关的侦查活动，并对侦查活动是否合法实行同步监督。① 有观点认为，提前介入的主体为侦查监督部门和公诉部门，以侦查监督部门为主，对未报捕案件主动介入、在报捕前介入、接受公安机关案件信息备案由侦监部门负责；对于已经报捕案件起诉前介入，由公诉部门负责。② 还有观点认为，从公诉职能的角度来看，提前介入的主体应当侧重于审查起诉部门。③ 与上述不同观点相对应，在实践中，检察机关介入的主体也各有不同，有的是分阶段介入（报捕前由侦监部门介入，报捕后由公诉部门介入），有的是联合同步介入（公诉和

① 参见毛晓玲：《检察机关提前介入中的问题及对策》，载《法学》1998 年第 11 期。

② 参见天津市北辰区人民检察院课题组：《检察机关“提前介入问题研究”》，载《河北法学》2009 年第 3 期。

③ 参见毕赛男、杨强：《检察院提前介入侦查的制度构建》，载《重庆理工大学学报（社会科学）》2010 年第 11 期。

侦监部门同时介入）。从提前介入的制度目的及检察机关内设机构职能分工的角度来讲，两种模式相结合的综合介入方式较为可取：报捕前由侦监部门介入，侦监部门在提供意见时应当征求公诉部门的意见；已批捕的案件由公诉部门介入，在提供意见时应当征求侦监部门的意见。侦查机关不报捕的案件由公诉部门介入。

当前，作为司法责任制改革的重要配套措施，检察机关内设机构改革已经启动或将要启动。从总体上讲，检察机关内设业务工作机构将进行整合，特别是在基层院，从改革试点实践及工作要求上看，业务工作机构的整合势在必行。① 甚至有的试点院不再区分侦监、公诉职能，由刑事检察部门的检察官统一行使两种职能。所以，在司法责任制改革及内设机构整合和职能优化调整的背景下，再过多地争论介入主体（部门）已意义不大，而应把关注点转移到行使具体职能的检察官岗位上。司法责任制改革的核心是突出检察官办案主体地位，部门负责人退出案件审批层级，因此，应当由行使审查批捕或审查起诉职能的检察官具体介入；在批捕和起诉职能分离的情况下，采取上述综合介入模式；在批捕和起诉职能合一的情况下，由刑事检察检察官具体介入。案件特别重大疑难的，部门负责人、分管检察长应当参与。

3. 听取意见建议的工作方式

侦查机关提出听取检察机关意见和建议的申请，检察机关同意后，双方应当即行安排开展意见建议听取工作。侦查机关应当提供有关案件的一切必要材料，详细介绍案件情况，列明需要检察机关提供意见和建议的事项。检察机关应当指派员额制检察官具体承办，在获知案件必要信息后，提出意见和建议。

为确保检察官掌握一切必要信息，应当对其实现知情权提供充分保障。根据办案实践经验，检察官至少应当有权采取下列工作方法：（1）查阅讯问犯罪嫌疑人笔录、询问证人笔录等一切言词证据材料，必要时可以旁听侦查人员的讯问、询问；（2）查阅现场勘查笔录、尸体检验报告、有关鉴定意见、电子数据等客观证据材料，必要时可以参与现场勘查等勘查检验活动；（3）查看案发现场、监控视频；（4）与侦查人员、检验鉴定人员进行咨询交流；（5）与侦查人员、法制人员召开会议，听取案件情况介绍，共同研究案情。侦查机关应当为检察官提供充分和及时的支持和配合。

---

① 据《北京青年报》2015 年 7 月 20 日报道，吉林省院进行了大部制改革，34 个处室整合为九部一委，公诉、侦监整合为刑事检察部。

（四）听取意见建议的职责任务

我国《刑事诉讼法》第2条明确规定，刑事诉讼的基本任务是准确、及时查明犯罪事实，正确应用法律，惩罚犯罪分子，保障无罪的人不受刑事追究。在重大疑难案件的诉讼过程中建立听取意见和建议制度，根本目的仍然是完成上述基本任务。围绕该任务，介入的检察官、侦查人员应当在立足各自职能的基础上，认真全面履行职责。

在当前的提前介入工作实践中，检察机关在发表意见时都趋向于谨慎，特别是关于能否逮捕、能否起诉的关键性问题上，要求提前介入的检察官不得随意发表看法。① 这一方面是出于对检察官职权限制的考虑，另一方面也是为了防止过分暴露检察机关对案件的处理意见而引起侦查懈怠等负面后果。当前，司法责任制改革下“谁办案谁负责、谁决定谁负责”，员额制检察官具有相当的案件决定权。为实现对侦查的有效引导，检察官在其职责范围内，应当以书面形式提供明确的意见和建议。对于检察官权限范围外的事项。应当按照司法责任制改革后检察权运行机制的要求履行程序。

1. 提供关于案件定性的意见

在了解案件情况的基础上，对案件是否构成犯罪、涉嫌何种罪名提供意见。对于新类型案件、边缘性案件等疑难案件，侦查机关征求关于案件定性、法律适用的意见时，检察官应当对案件的定性和如何适用法律提供意见，并说明理由。

2. 提供关于收集证据的意见和建议

对于已经收集在案的证据，从合法性、关联性、客观性等方面提出意见，对违法收集的证据或者有瑕疵的证据，应当提出明确的纠正意见或补充完善意见。对于证据有欠缺的，根据指控犯罪的需要，对后续侦查取证的方向和范围提出建议。

3. 提供关于强制措施的意见和建议

对于已采取的强制措施进行审查，提出是否合法恰当的意见。认为强制措施需要变更或解除的，提供相应的建议。因介入阶段检察官尚未对犯罪嫌疑人实施讯问、未向证人进行核实，仅单方查阅侦查机关的证据，尚不能对能否逮捕提供是与否的明确意见。

---

① 例如，重庆市人民检察院、重庆市公安局2014年11月《关于检察机关提前介入引导取证工作办法（试行）》第10条规定“提前介入的检察官不得对案件处理结果发表意见”。

4. 提供关于侦查监督的意见和建议

对侦查机关在立案、强制措施、强制性侦查措施、犯罪嫌疑人及其辩护人诉讼权利保障等方面存在的不规范行为或违法行为，提出改进或者纠正意见。

5. 提供关于风险防控的意见和建议

重大疑难案件大多会在当地引起关注，特别是疑难案件可能会在后续诉讼进程中发生性质变化而被终止刑事处理，进而有引起涉法信访或群体性事件的可能性。在侦查的初期，检察机关应当充分预测案件的法律走向和可能出现的风险，提示侦查机关予以充分注意，及早制定防范预案。

侦查人员对于检察官提供的意见和建议，应当认真进行研究落实，并在提请逮捕或者移送审查起诉时，一并说明有关意见和建议的落实情况；有不同意见的，应当书面说明情况，向检察官进行反馈。对于检察官提出的纠正违法或改进瑕疵的意见，应当及时纠正或作出整改。对于侦查人员有重大违法或重大瑕疵的案件，检察机关可以建议侦查机关更换承办人。

对于侦查人员没有落实检察机关意见和建议、造成案件质量缺陷的，应当建议侦查机关按照规定追究责任。当前，最高人民检察院正在部分省市试点侦查活动监督平台，我们可以利用平台的实时、动态监督功能，对侦查机关听取意见和建议的案件单独建立档案和报告，分析存在的问题并向侦查机关反馈，进而促进意见建议落到实处。

（五）听取意见建议的有关要求

从语义上讲，“意见”是指人们对事物的看法或观点，建议是指对事物提出自己合理的见解和观点，使其朝着更加良好的、积极的方面去完善和发展。[①]“建议”相对于“意见”来说，更具有目的性、指导性。在我国检警之间分工配合的关系背景下，检察机关虽然不能命令指挥侦查机关，但就刑事案件的办理而言，侦查机关应当面向、服务于检察机关。侦查机关就重大疑难案件向检察机关听取意见和建议，仍然应当具有相当的正式性和程序性，应当遵循基本的诉讼规律和诉讼要求。

1. 建立健全案件信息通报制度

检察机关介入重大案件，需要在第一时间获悉案件情况，并根据案件情况决定是否主动介入。2010 年 7 月 26 日最高人民检察院、公安部《关于刑事立案监督有关问题的规定（试行）》第 3 条规定了公安机关与人民检察院应当建

① 参见《新华字典》、百度百科有关词条释义。“意见”作为党政机关公文文种时，可用于上行文、下行文和平行文。

立刑事案件信息通报制度。[①] 据此，全国许多地方的公安机关和检察机关加强案件信息通报，部分地方还探索建立信息共享平台，但从总体上讲，信息通报的手段还比较滞后，大多局限于电话、会议等通报方式，检察机关掌握案件信息的节点较晚（临近提请逮捕）。当前，部分地方正在推进连通公检法司的政法信息共享平台建设，可以考虑将符合条件的重大疑难案件的立案信息纳入平台，建立起刑事案件信息通报的网络渠道，实现重大疑难案件信息通报的网络化，提高信息通报的效率，以便检察机关及时决定是否介入，确保意见建议听取制度得到落实。

2. 严格落实各项保密工作纪律

在推进案件信息通报和提前介入制度建设的过程中，公安机关、检察机关都对保密工作有担忧：公安机关担心案件信息知悉范围扩大可能影响侦查，检察机关担心检方关于案件的意见、观点提前表达可能影响逮捕和起诉。《保守国家秘密法》第9条规定，"维护国家安全活动和追查刑事犯罪中的秘密事项"属于国家秘密；最高人民检察院《关于完善人民检察院司法责任制的若干意见》及有关规定均明确，检察人员泄露案件秘密的应当承担司法责任；公安机关也有类似规定。为防止案件信息泄密，侦查机关和检察机关均应当严格落实各项保密工作纪律，对于在执法办案中怠于履行职责或不正确履行职责造成案件秘密泄露的，应当严格追究司法责任。

3. 推进听取意见建议取得实效

当前，犯罪日益呈现职业化、组织化、智能化的特点，[②] 新型网络犯罪、高科技犯罪不断发生，侦查取证的难度不断增大。在以审判为中心的诉讼制度改革背景下，作为在刑事诉讼中承担指控犯罪职能的大控方，侦查机关、检察机关面临的压力越来越大。探索建立重大疑难案件侦查机关听取检察机关意见和建议制度，就是要发挥检察机关在指控犯罪方面的专业优势，引导侦查机关在侦查中特别是在侦查初期即树立犯罪控诉意识（而不只是破案意识），进而提高指控犯罪的质量。因此，对于侦查机关而言，要按照确定的案件范围，及时主动听取和认真落实检察机关的意见和建议；对于检察机关而言，要高度重视介入工作，指派骨干力量提供意见建议。必要时，侦查机关和检察机关应当

① 公安机关与人民检察院应当建立刑事案件信息通报制度，定期相互通报刑事发案、报案、立案、破案和刑事立案监督、侦查活动监督、批捕、起诉等情况，重大案件随时通报。有条件的地方，应当建立刑事案件信息共享平台。

② 参见黄河：《准确解读侦查监督法治化现代化工作主题》，载《检察日报》2015年6月24日第3版。

组织联席会议研究会商。要摒弃功利心态，避免相互推诿，以提高指控犯罪质量为共同目标，在探索实践中不断增强实效。

五、结语

2016 年 7 月，最高人民法院、最高人民检察院、公安部、国家安全部、司法部印发《关于推进以审判为中心的刑事诉讼制度改革的意见》，从证据、程序、监督、权利保障等各方面对以审判为中心的诸项要求进行了明确细化，对审前程序提出了全面从严的高标准。探索建立重大疑难案件侦查机关听取检察机关意见和建议的制度，是我们适应新形势的重要举措。本文的探讨或许是粗浅的，但是我们相信，在坚持面向实践、联系实践、直面问题的思想指导下，必将为制度探索提供有益的借鉴。

公诉实务工作适应“以审判为中心”改革的现实困境及路径思考

黄常明　张　杰*

“以审判为中心”诉讼制度改革自提出之后，理论论述较多，但缺乏可操作性规定，在实务界的许多人头脑中是模糊的，甚至是心存疑虑的。最高人民法院给出时间表：“到2016年底，推动建立以审判为中心的诉讼制度，促使侦查、审查起诉活动始终围绕审判程序进行。”① 然而，“侦查意志的强大和侦查结论构成体系的坚固，使审判本应发挥的实质性审查判断和裁决功能被掩抑了……加之刑事司法理念仍然是以打击犯罪和“维稳”为压倒一切的任务，由此产生侦查中心主义的需求”。② 现实中，一些审判机关已经大胆以无罪判决方式制约检察机关，而检察机关却没有办法主导诉前活动，这使得检察机关处于有义务承担无罪判决责任，无权利主导侦查取证活动的尴尬境地。检察机关适应改革要求存在诸多现实困境。笔者试图通过梳理公诉实务工作中的各种现实困难，结合“以审判为中心”改革要求，对公诉工作适应这项改革提出参考意见。

一、“以审判为中心”对公诉工作的应然性要求

“以审判为中心”精髓是庭审实质化，而庭审实质化的两大支柱是证据裁判原则和直接言词原则。③ 庭审实质化要求法庭对案件中影响定罪量刑的必要信息进行全面披露，充分质辩，由此使法官在法庭上获得全面、准确的信息，使庭审成为法官形成心证和裁判意见的主要渠道。这些内容必将对公诉工作提

---

* 黄常明，重庆市人民检察院第三分院党组成员、副检察长，二级高级检察官。张杰，重庆市人民检察院第三分院公诉处三级检察官助理。

① 最高人民法院《关于全面深化人民法院改革的意见》（法发〔2015〕3号文）。

② 龙宗智：《“以审判为中心”的改革及其限度》，载《中外法学》2015年第4期。

③ 参见李勇：《“以审判为中心”的精髓与支柱》，载《人民法院报》2016年5月26日。

出新的要求。

（一）检察机关应当保证“确实、充分”的证据标准，防止将不符合标准的案件起诉至法院

在审查起诉阶段，公诉人指控整个犯罪事实的证据体系应当符合“确实、充分”的标准，并排除合理怀疑。具体应当做到：

1. 审查证据能力

对采用刑讯逼供等非法方法收集的犯罪嫌疑人、被告人供述和采取暴力威胁等方法收集的证人证言、被害人陈述，必须坚决排除。对收集物证、书证不符合法定程序，可能严重影响司法公正的，应当要求侦查机关补正或者作出合理解释；不能补正或者作出合理解释的，应当排除该证据。

2. 依法作不起诉

对侦查机关以维护社会稳定，保一方平安，平息被害人家属情绪，案件已达“基本事实清楚，基本证据充分”标准要求提起公诉的，检察机关认为仍然不符合“确实、充分”标准的，应当依法作出存疑不起诉处理，不受侦查机关意见影响和制约，不受不起诉率过高等考核指标及新闻媒体报道事实的影响和制约。

（二）检察机关提起公诉的案件应当接受庭审实质化的检验和挑战

1. 公诉人应当接受庭审关于“排除非法证据”程序的挑战

公诉人应转变“排非程序是审检察官”“是多此一举”的观念，积极履行证明取证合法性的义务。既要注意庭前证据合法性审查，该排的先行排除，不让“带病”证据上法庭。又要适应庭审启动排非程序的常态，平时积累证明取证合法性的经验。通过积极应对真正发挥此程序保障人权，促进司法公正的积极作用。

2. 公诉工作应当接受被告人当庭“翻供”的挑战

目前，职务犯罪、贩卖、运输毒品以及一些涉案金额大涉众型的经济犯罪案件被告人当庭推翻审前供述情况较多。今后一段时间，被告人当庭改变审前供述的情形可能会成为常态，公诉人在出庭中将受到更大挑战。公诉人应做好相应准备以适应此种常态。

3. 公诉工作应当接受辩方对技术性证据的质疑

公诉人应改变过去不太重视研究和审查勘验、检查笔录，鉴定意见，搜查、辨认笔录，以及物证、书证的收集程序的习惯，在工作中有意识地积累相关知识和审查经验，以应对辩方的挑战。

4. 公诉工作应当接受证人出庭常态的挑战

我国当前证人出庭率很低，检察机关出于巩固证言，防止庭审中翻证，争取庭审胜诉的效果考虑，不愿意证人出庭。[①] 但今后则必须面对这一庭审方式，这就要求公诉人庭前积极做好准备，应对挑战，防止虚假证言对定案的影响。

二、公诉实务适应“以审判为中心”改革的现实困境

近一年来，一些法院敢于作出无罪判决了，使出庭的检察官真切感受到挑战和压力，而侦查人员却没有直接的感受。加之缺乏制度上的支撑和保障，检察官难以将这种压力传递至侦查人员。这就形成了举证者有败诉的风险，但举证者无法掌控取证活动的现实困境。

（一）公诉工作不能有效制约和规范侦查取证工作，不能完全按自己的意图组织指控证据体系

1. 立案乱象难以发现，取证之初埋下隐患

有的侦查机关为了增大打击量，迎合业绩考核需要，搞一案多立，分别侦查，影响了取证质量。[②] 这种源头上存在的证据问题，公诉环节既不能及早发现纠正，难以使侦查机关重新取证，还不能简单作不起诉处理。

2. 违法违规取证导致证据不合法或存在瑕疵

有的证据已失去补证、重新取证条件，有的已无法消除瑕疵。即使由检察官直接补正，也因时过境迁而无力回天。如有的侦查人员基于印证证明模式，比照客观证据刻意制作虚假笔录；有的不如实记载口供；[③] 有的制作虚假的勘验、检查笔录、扣押笔录；有的侦查人员冒充犯罪嫌疑人签名捺印；出具假立功材料，致使公诉和审判环节错误认定立功情节；有的侦查人员冒充合适成年人签名以满足形式要件；有的侦查人员明示鉴定机构做出有利于刑事追诉的鉴定意见；有的侦查人员基于“重实体、轻程序”的执法观念，对法律明确要

---

① 陈光中等：《以审判为中心与检察工作》，载《国家检察官学院学报》2016 年第 1 期。

② 如有的侦查人员将同一人的多笔犯罪事实人为拆分，分别立案，分批侦查或交与不同办案单位承办，分别移送起诉，导致各笔犯罪事实的取证质量和效果差别很大，在审查起诉阶段证据像一团乱麻一样难以厘清，难以形成清晰的指控证据体系，难以经得起庭审实质化的检验和挑战。

③ 如运输毒品案件中，犯罪嫌疑人称不明知是毒品，记录为明知是毒品而运毒；贪污案件中，犯罪嫌疑人称未非法占有，记录为非法占有等。

求的程序性规定置之不理或习惯性遗忘。[①]

3. 对退回补充侦查的案件不认真补查甚至拒绝补查致不能弥补证据缺陷

如欠缺主观故意方面的证据；证据之间存在的明显矛盾未予以排除；未收集量刑方面的证据；对犯罪嫌疑人的辩解不记录也不核实；对涉案财物、犯罪工具、赃物去向等证据收集甚少；勘验、检查笔录记录不细致或出现明显矛盾时，不予调查核实。退回补充侦查时，侦查人员不予理睬或消极对待。补充侦查到期时，仍原封不动将案卷送回，抱“你看着办”的心态。

（二）公诉活动受到多种现实因素制约，无法有效阻却“带病”案件进入审判程序

1. 基于“分工负责，互相配合、制约的原则”带来的诉讼结构方面的制约

侦查机关与检察机关对侦查、起诉分工负责，即各管一段，在其管辖的程序阶段，实现程序自控。[②] 检察机关一般很难介入这种自控的侦查取证活动，事后要么因时过境迁，纠正问题已不可能；要么强调侦查的特殊性、保密性及独立性（实际上是封闭性），婉拒纠正意见。这是对公诉活动惯常性的反制，一些侦查人员认为这是“相互制约”。同时基于“相互配合”，检察机关一般很难将危害后果严重但证据不达标的案件简单过滤于庭审之前，实践中的做法是层层请示，期待各家的上层协商解决。

2. 受社会舆论打击犯罪维护稳定呼声的影响，检察机关难以有效开展诉前过滤活动

如一些案件在立案之初就被载于各类新闻媒体，报道犯罪事实和后果，使一些本需要进一步完善证据的事实，通过媒体渲染成为公众普遍认同的事实。若以事实不清，证据不足为由作出不起诉处理，检察机关将面临极大社会舆论压力和困扰。

---

① 如在侦办无期徒刑、死刑案件中讯问犯罪嫌疑人不按规定全程同步录音录像，在审查起诉环节无法确定口供内容的真实性；或同步录音录像不完整、不规范，有的有图无声或有声无图或长录短记或短录长记。再如对毒品的扣押、提取、送检存在程序瑕疵，对物品的扣押地点（系关键证据）与事实有大的出入；依法应当扣押的作案工具、赃物等不扣押，扣押款物不出具扣押清单，无人见证，或冒用见证人签名，或见证人为协勤、举报人、证人等与案件有利害关系的人。刑拘后未在24小时内讯问；刑拘逮捕后进行所外讯问；同案中既为讯问人员又为案件事实的证明人；讯问未成年人无法定代理人在场；同时同人讯（询问）多个人；笔录大量复制、粘贴等。

② 龙宗智：《“以审判为中心”改革及其限度》，载《中外法学》2015年第4期。

3. 对公诉工作的社会管理性制约

"在当前这种'整体性体制'之中，如果认为审判可以自行决定重大案件，尤其是涉及政治和社会的'维稳'案件、反腐败大要案件，以及当地一些重大利益的案件，未免天真。"① 同样，在审查起诉环节，对于与上述情形相似的案件，若认为检察机关可以因为"以审判为中心"的改革要求及理论界定位的诉前主导机关的地位，以案件不符合起诉标准而自行决定不向人民法院起诉，也是天真的。实务中，有一些后果严重、涉及面广、社会影响大的刑事案件，在侦查阶段已进行大量舆论宣传，得到了要求"限期破案、严肃查处、依法严惩"等批示和上级机关挂牌督办，但证据上存在较大问题，又无法补证的案件，检察官在提出审查起诉意见时往往陷入极大的烦恼之中。②

（三）公诉力量配备、人员素质现状与"以审判为中心"的要求存在差距，短时间内难以适应工作需要

因为公诉审查强度、难度的增加，现有人员不增加或甚至可能更少，案件数量逐渐增多的情况下，案多人少的矛盾将更加突出，目前反映出公诉部门的人均办案量在逐年增加，而每个案件的工作强度也在增加，这种双重加码，使许多公诉人没有更多时间充分做好公诉准备。③

据调查，许多基层检察院公诉检察官年龄在30岁以下，从事检察工作（包含公诉工作）时间不足5年。公诉队伍呈年轻化趋势，公诉人实战经验不足，能力不够，不能适应庭审实质化后的各项挑战：第一，证据变化因素增多，加大了审查起诉难度。对取证合法性的审查及对瑕疵证据的补正，侦查人员、证人、被害人、鉴定人出庭，改变原有证据体系，对公诉人审查证据能力提出了更高要求。第二，出庭支持公诉难度加大。根据庭审实质化要求，对于公诉人在法庭的应变能力、交叉讯问技巧、法庭辩论能力、证据的组织、举证、质证等方面能力均提出了更高的要求。第三，需要更广、更深的知识储备。新类型案件增多，法律法规、司法解释变化，部分律师曲解法律，利用规则进行程序性辩护等，都要求公诉人储备更多的知识，并提升灵活运用知识的能力加以应对。

---

① 龙宗智：《"以审判为中心"改革及其限度》，载《中外法学》2015年第4期。

② 有的案件在侦查机关侦查终结移送审查起诉后，就对侦查人员进行立功授奖，并通报检察机关，并要求检察机关若对案件作不同处理，应征得上级侦查机关同意。

③ 如笔者所在省份的基层院公诉人年人均办案量最多的达100余件200余人，最少的年人均办案数也在50件100人左右，也就是说多的平均每3天要办结一案，少的每6天也要办结一案。这些承办人还有一些相关的综合性的工作，因此办案这根弦一直是紧绷着的。

三、公诉实务工作适应“以审判为中心”改革的路径思考

目前在审前并没有一个主导机关，要一厢情愿地认为检察机关具有诉前主导地位，如果没有成熟的制度支撑，这种设想恐怕只是说说而已。因此，从长远来看，应从诉讼结构上确立公诉活动面向审判、服务审判，同时在审前，侦查活动应面向公诉、服务公诉的制度体系。否则审判的标准就很难真正传递到侦查活动中。当然，“以审判为中心”改革是长远目标，近期公诉工作应承认现状，面向未来，逐步推进。应用足用活现有的各项刑事诉讼制度，辅之以充分协调沟通的方式，改进侦控、控辩关系，最大限度地发挥引导取证“把关”“过滤”作用，最大限度地提升参与庭审实质化的能力和水平。用办案实效争取相对权威的诉前主导地位，以公正、规范、高效的出庭形象赢得尊重。为从体制和机制上实现“以审判为中心”背景下的公诉制度改革提供有说服力的实践依据。

（一）推动转变刑事诉讼模式理念

检察机关在工作中要逐步推动形成控辩实质对抗，法官据审裁断的刑事诉讼模式理念。明确法院审判主要不是配合检察机关的公诉工作，而是让控方和辩方在庭审中依程序充分调查、质证、辩论，谁有理谁合法采纳谁的意见。明确起诉有风险，判决无预定，两造实对抗，法官真审判的庭审实质化要义。

（二）围绕“以审判为中心”要求调整诉侦关系

一是要加强诉侦政策制度沟通。通过联席会议、案例研讨、联合调研和换位体验等方式共同学习理解为什么要进行“以审判为中心”改革。如何围绕审判的证据标准和程序开展好审前的侦查取证和审查起诉工作。共同就证人、侦查人员、鉴定人出庭接受质证等开展调查研究，取得共识。二是加强重点案件提前介入侦查、引导取证工作。以检察官直接介入侦查的方式发挥检察官在组织指控证据体系中的引导作用，增强审查判断案件的亲历性。[①] 坚持对命案、涉众型案件等重大复杂案件提前介入，通过第一时间介入现场勘查、介入第一次讯问、参加案件讨论等方式，提出侦查取证的意见和建议，引导侦查人员按照出庭公诉要求全面及时收集、固定证据，推动侦查工作实现由“抓人破案”向“证据定案”转变。[②] 三是采取适当方式传递压力，以作无罪判决和

① 参见陈光中等：《以审判为中心与检察工作》，载《国家检察官学院学报》2016 年第 1 期。
② 参见陈光中等：《以审判为中心与检察工作》，载《国家检察官学院学报》2016 年第 1 期。

存疑不起诉处理的案件倒逼侦查机关依法规范取证工作。以个案沟通和类案通报方式将庭审对证据的要求和压力传递给侦查机关。对达不到起诉标准的案件，发挥不起诉决定的案件质量传导功能。需要侦查人员、技术人员出庭的，应尽量要求其出庭，通知侦查人员就自己的侦查案件到庭旁听案件，向侦查机关送递判决书采信的证据、认定的事实及理由，并提出分析意见。四是对个别侦查人员违法取证、刑讯逼供、伪造证据作假案等行为，应视其情节程度，分别采取提出纠违意见、建议对其行政处理和依法追究其刑事责任等方法处理。

（三）强化审前过滤和分流，缓解参与庭审实质化压力

一是强化非法证据的审查和排除。在审查起诉阶段，通过讯问犯罪嫌疑人、审查同步录音录像、征求律师意见等主动收集涉嫌非法取证的线索，并及时跟进核实，确认证据系非法取得的，主动在检察环节排除。二是督促补证或自行补证，弥补证据缺陷，消除证据瑕疵。三是发挥审前分流和“过滤”作用，让有限的司法资源集中开展对重大疑难案件的审判。将事实不清、证据不足或者违反法定程序的“带病”案件坚决挡在审判程序之外。进一步加强案件的繁简分流，将多数无争议或争议较小的案件交付简易程序审理。加大对控辩协商一致的轻罪案件的刑事速裁程序适用。把一些不需要或者不宜在法庭上浪费时间、耗费精力的问题解决在庭前会议上，让法庭上集中精力解决焦点性问题。

（四）强化出庭公诉，充分应对实质化庭审的挑战

在开庭前，公诉人应充分做好出庭准备工作，吃透案情和相关法律规定以及相关理论论述，作好证据可能变化方向的预测及应对预案。充分利用庭前会议，积极争取在法官、当事人、辩护人、诉讼代理人同时在场的情况下，预知庭审的焦点问题，在庭审时是否提出排非要求，以便为开庭作出相应准备。在庭审中，公诉人应尊重和支持法官在审判活动中的主持地位和权威，切实提高当庭指控证实犯罪能力，特别是增强庭审应变能力。高度重视被告人当庭改变审前供述，证人出庭改变审前书面证言，辩护人庭审上的证据突袭，侦查人员出庭作证，鉴定人到庭接受质询等可能出现的新情况，及时根据庭前相关准备，围绕指控犯罪涉及的关键问题采取相应措施。

（五）理顺诉辩关系，实现诉辩良性互动

增强诉辩双方均为法律职业共同体，均为维护公平正义、保障人权的践行者的意识。公诉人除了应依法保障律师会见、阅卷、取证等基本执业权利外，还应充分发挥律师在查清案件事实、保障被告人人权等方面的重要作用。把依

法听取辩护律师意见作为提高公诉案件质量、防冤止错的重要手段。本着促进司法公正，推进法治进程的态度，加强与律师正面沟通协作，推动形成相互尊重、相互促进、良性互动的诉辩关系。

（六）强化队伍建设，提升公诉人职业素养

以审判为中心的诉讼制度改革，为提升公诉人职业能力和素养增加了紧迫性，也带来了机遇。建议从以下几个方面着手：一是加强法律专业学习，保持知识的不断积累和更新。通过专题培训、学历教育、案例研析、课题研究等方式，不断增加法律知识储备，增强法律功底。二是加强实战练兵，提升实战能力。在主任检察官独立办案机制下，明确主任检察官指导、培养检察官助理的责任，形成师傅带徒弟，老检察官教助理，标兵检察官作示范的常态化实战练兵机制。三是加强经验总结，促进自我提升。引导检察官形成在审结案件后回头总结办案得失的习惯，从自身办理的每一件普通案件、重特大案件及疑难案件中寻找办案闪光点和不足处，并形成定期讨论交流机制，以促进对办案经验的分享和对办案教训的警惕。

当然，加强办案力量配备，提升检察官的地位、待遇和各项职业保障，吸引更多的优秀人才投入检察事业中，积极推进检察官办案责任制改革，突出检察官的办案主体地位，明确非因渎职不予追究责任原则等，是公诉工作适应“以审判为中心”改革各项要求的重要前提条件、物质保障和配套措施，应在改革进程中逐渐加以落实。

加强检委会专业化建设路径研究

张德江　崔晓燕*

检委会是检察机关内部实行集体决策最重要的组织形式，对于正确执行法律、充分履行检察机关的法律监督职能起到了重要的作用。作为检察机关的最高业务决策机构，其应是检察机关业务能力最强的集合。然而由于历史原因，我国目前检委会在人员组成、议事程序以及激励机制等方面专业性不足，尚未形成科学的、符合现代司法规律的专业化运行机制。为了促进检委会职能的进一步有效发挥，有必要对检委会进行专业化的改造。

一、检委会专业化的含义和要求

“专业”最早的含义是指专门从事某种学业或职业，做动词用。出自《后汉书·献帝纪》：“今耆儒年逾六十，去离本土，营求粮资，不得专业。”随着时代的进步，社会的发展，“专业”的含义逐渐产生了变化，演变出了多重含义。至唐代时，“专业”可指专门的学问，可做名词用。如李峤《上张明府书》：“峤，西垂之贱吏耳，技非专业，未始存於剑书。”到了现代，根据《辞海》的有关解释，“专业”不仅有“专门”的意思，还有精于某种学业或职业，在某个具体领域内擅长某项技能的含义，可做形容词用，如检察官执法办案非常专业。专业化则是指一个普通的职业群体在一定的时期内，逐渐地符合专业标准，成为专门职业并获得相应的专业地位的过程。按照现代广泛运用的利伯曼“专业化”标准的定义解释，所谓“专业”，应当满足以下基本条件：一是范围明确，垄断地从事于社会不可缺少的工作；二是运用高度的理智性技术；三是需要长期的专业教育；四是从事者个人、集体均具有广泛的自律性；

---

* 张德江，重庆市巴南区人民检察院党组书记、检察长，二级高级检察官。崔晓燕，重庆市巴南区人民检察院法律政策研究室副主任，一级检察官。本文系2015年最高人民检察检察应用理论研究重点课题“加强检委会专业化建设路径研究”部分研究成果，获2015年最高人民检察院“适应全面推进依法治国要求，完善检察委员会制度”理论征文活动优秀奖。

五是专业自律性范围内，直接负有作出判断、采取行为的责任；六是非营利性，以服务为动机；七是形成了综合性的自治组织；八是拥有应用方式具体化了的伦理纲领。据此，检委会专业化是指检委会组成人员在一定时期内，逐渐成为具备较高的法律素质与法学功底，建立了一套专业的、统一的检委会制度和规范机制，在法律框架内专业、权威地审议重大疑难案件和重要事项的过程。它要求检委会必须达到以下标准：

第一，完善的组织机构和明确的职责范围。检委会成为一个专业化的组织首先应有完善的机构形式、固定的人员组成、规范的运行程序和固定的职责范围，检委会职能具有不可或缺性，检委会委员系“垄断地从事于社会不可缺少的工作”。

第二，专业的法律素养。检委会委员专业的法律素养是一种“高度的理智性技术”，这种技术需要通过长期的专业教育、实务锻炼来获取，同时需要通过不断的学习、积累来进行补充和更新，具有稀缺性，是检委会专业化的核心。它要求检委会委员具有较高的法律素质，强大的逻辑思辨能力，系全院公认的检察业务专家，能够对复杂疑难的案件作出专业的判断，能够对重大普遍的业务问题提出专业的意见建议，运用自身过硬的业务知识来承担检委会作为检察机关最高业务决策机构的职责。

第三，专业自主权。专业自主权表现在“专业自律性范围内，直接负有作出判断、采取行为的责任”，在本行业内具有专业的自主权，不受专业外的影响。即检委会应以事实为依据，以法律为准绳，在法律框架内运用自己的专业知识处理各种疑难法律问题，不受地方党委、政府以及社会团体的干涉。

第四，强烈的自律性和职业道德要求。检委会是检察机关最高业务决策机构，是检察官精英的会集，审议议题应跳出部门利益的牵绊，站在客观公正的立场，以法律规则进行处理决断。以行业的自律性严格要求自己，遵循“忠诚、公正、清廉、文明”的检察官职业道德要求。

二、检委会专业化建设的意义

最高人民检察院2015年9月出台的《关于完善人民检察院司法责任制的若干意见》第11条规定，要“提高检察委员会工作法治化、民主化、科学化水平”。这说明大力加强检委会专业化建设，促进执法公正，是司法体制改革必经之路，做好这项工作具有重大的现实意义。

（一）检委会专业化建设是建设法治国家的重要组成

依法治国，建设社会主义法治国家，是党领导人民治理国家的基本方略，是宪法规定的基本原则。所谓法治，是指有良善的法律体系和所制定出来的法律被严格执行。在立法方面，我们已经取得了巨大的成就，初步形成了以宪法为核心的法律体系，为实现法治提供了法律基础。但是，徒法不足以自行，要将纸张上的尚无生命的法律，变成现实的具有活力的一般行为规范，需要执法。因此，执法状况的好坏，是一个直接关系到法律的实现程度，从而直接关系到法治国家建设的成功与否的重大原则问题。检委会是检察机关最高业务决策机构，检委会专业化建设，确保了检察机关能够依照实体法和程序法来执法办案，使宪法和法律能够得到良好遵守和执行，依法治国的纲领得以全面落实，从而推进了法治国家的建设。

（二）检委会专业化建设是维护司法公正的内在要求

检委会在案件讨论过程中，由于案件相对重大复杂，对案件涉及的法律事实的细节的掌握显得尤为重要，在讨论案件的过程中，一个细节有时会影响一个案件的定性，所以，有些案件细节会在某种程度上影响到犯罪嫌疑人的最终命运。检委会工作专业化程度的提高，将会在很大意义上有助于全面地了解案情，掌握案件的细节，实现法的公正价值。检委会专业化的提高，不仅体现在对案件事实的分析与把握上，也包括在法律知识的运用上更加的熟练。检委会工作的专业化，有利于对案件进行更加全面的掌握，运用法律的过程更加精准，保障实现司法公正。

（三）检委会专业化建设是回应检委会质疑的有力举措

根据《人民检察院检察委员会组织条例》第4条的规定，检察委员会职责是讨论决定重大案件和其他重大问题，它是检察业务的最高决策机构，在实践中发挥着重要的作用。然而，由于检委会委员组成的行政化、审议程序简单、亲历性不足等问题，导致检委会制度不断遭到学界质疑。学者们质疑检委会委员法学素养不足、专业水平有限，根本不能在法律语境下探讨问题。同时，由于程序简单、亲历性不足，在检委会上无法探讨清案情。总之，学者们质疑的根本就在于检委会组织专业性不足，不能担当讨论决定重大案件和其他重大事项的职责。因此，为了扭转此局面，让检委会制度继续散发生机活力，有必要提升检委会的专业化水平，促进检委会工作有效开展，让这一制度真正起到防止检察官擅断、保障案件质量、维护司法公正的目的。

三、检委会专业化建设的探索

1999 年，在党的十五大推进司法改革的决策号召背景下，最高人民检察院为促进检委会工作的专业性，提高检委会办案质量，下发了《关于改进和加强检察委员会工作的通知》，在采取措施改善检察委员会结构方面提出“可以选拔一些具有良好的政治素质、法律政策水平高、业务熟悉、经验丰富、议事能力强的资深检察官和优秀检察官担任专职委员”，同时提出在研究室设立检委办，发挥参谋和辅助作用，为检委会讨论提供法律咨询意见。这些举措优化了检委会结构，提升了检委会专业化水平。2006 年，《中共中央关于进一步加强人民法院、人民检察院工作的决定》规定人民检察院可设置专职委员，按照同级党政部门副职配备。这一规定新增了检委会专职委员这一角色，改变了检委会委员的专业知识结构，有效提升了检委会决策的专业化。2008 年最高人民检察院修订《检委会组织条例》，2009 年审议并通过了《检委会议事和工作规则》，2010 年发布《检委会议题标准》，这些文件规范了检委会的组织架构与工作要求，细化了检委会的职权分配，规范了检委会法律文书的格式，以规范化促进了专业化。其中，2008 年最高人民检察院发布的《关于加强和改进最高人民检察院检察委员会工作的意见》中明确提出，“按照专业化要求选任检察委员会委员。检察委员会应当由政治素质好、检察工作经验丰富、专业水平高的检察官组成，通过改善检察委员会的人员结构，切实提高检察委员会议事决策的专业化水平”。这一规定是专业化进程中的巨大进步，只是这一规定仅针对最高人民检察院，尚未成为全国各级检察机关选任检委会委员应遵循的标准。2010 年最高人民检察院审议并通过了《检委会专职委员选任及职责暂行规定》，对专委的选拔条件和职责作出具体规定，专委对于提升检委会专业化的作用更加突出。2015 年最高人民检察院《关于完善人民检察院司法责任制的若干意见》，明确提出建立健全专家咨询委员会、专业研究小组等检察委员会决策辅助机构，进一步提高检委会的专业性。

在全国性的检委会专业化进程中，各地各级检察机关也大胆探索，积极创新，在检委会的功能定位、组织建设、会议制度等方面摸索出不少经验。北京市检察机关注意吸纳专家学者进入检委会，除个别院外，分院和所有区县院均有 1 名挂职学者担任检委会委员，检委会的理论层次得到提升。黑龙江省哈尔滨市检察院将工作前移到业务部门的具体办案环节，由专职检委会委员或检委会办公室主任代表检委会旁听业务处室对重大案件讨论，提前掌握案件办理情况，增强了检委会工作的主动性和前瞻性。江苏省检察机关在省、市院均设置了检委办，其中徐州市院、南京浦口区院的检委办是经当地编办批准设立的独立内设机构。重庆市检察院第一分院检委办对议案进行实体审查，对自侦撤案、不起诉等类型的议案实行调卷审查，多角度为检委会决策提供法律适用咨询意见。河南省西华县检察院大力加强检委会的现代化信息化建设。该院的检委会会议室坐席均配备一台电脑主机和一个可自动升降的显示屏，可进行实时多媒体交流展示，并可及时查询相关法律法规，有效减少了委员发言的随意性，提高了发言质量。此外，各地检察机关还积极探索智囊咨询机构的建设。有的建立了专家咨询委员会，有的设立了检察智库，还有的设置了专业研究小组。如上海市检察机关从2009年起成立了金融（证券期货）犯罪、知识产权犯罪、网络（计算机）犯罪、职务犯罪、单位犯罪、未成年人犯罪、民商事检察7个专业研究小组。通过开展个（类）案研讨咨询或组织热点难点问题研讨，向检委会提供"案件指导性意见"或某一类问题的指导意见，有效辅助检委会发挥业务决策和专业实务研究的示范和引领作用。

重庆市某区基层检察院检委会积极探索，不断创新，努力向专业化迈进。该院先后配备了4名专职检委会委员，对上会案件质量进行把控。同时，为专职委员的成长提供空间和途径，提高其履职的积极性，现2名专委已成为该院副检察长。配备专职检委会秘书，对重大、复杂、法律争议较大的上会议案撰写评析意见，对正反两方面的观点展开分析，提出倾向性意见供检委会参考。会后，根据委员们讨论情况，进一步完善评析意见，形成典型案例分析予以发布，给全院今后办理类似案件提供参考，发挥检委会对业务工作的指导作用。讨论公诉提交的职侦案件时，要求原职侦案件承办人到会列席，向委员阐明侦查情况，便于委员们全面了解案情。加强检委会学习，规定在每次检委会讨论完毕后，专门留出时间学习讨论与案件相关的法律知识和最新法律法规。在院领导委员之外，增加3名法律功底深厚、业务经验丰富的非领导干警进入检委会委员队伍，丰富了检委会专业结构，提升了检委会专业水平。

四、检委会专业化的不足

经过多年的发展，我国检察系统基本形成了统一的检委会制度和规范机制。但对照专业化的要求，检委会制度还存在诸多不足。尤其在基层，组织建设不足、决策行政化、激励措施乏力等问题仍然在一定范围内客观存在。

（一）检委会组织机构方面的不足

1. 检委会委员专业性欠缺

《人民检察院检委会组织条例》规定，"各级人民检察院检委会由本院检察长、副检察长、检委会专职委员以及有关内设机构负责人组成”[1]。从该条规定可以看出，我国检委会委员的构成是依职权而定，而非依业务能力而定。这种做法的弊端之一就是职务的高低和法律功底的深厚并不一定成正比，“有的检察长或者其他领导在调入检察机关前或许从未从事过法律工作，而一旦走上检察机关领导岗位即又理所当然的成为检委会委员，这种间接因果关系导致了检委会的非专业化”[2]。此外，政治处主任、纪检组长这样非业务部门的领导，如果没有法律教育背景，没有长期在业务部门工作的经历或分管过业务工作的经验，在检委会讨论重大案件和重大业务问题时也会显得吃力[3]。依职权定检委会委员的另一个弊端是直接导致非领导的检委会委员名额有限。最高人民检察院对各级检察机关检委会委员人数作了限定，领导委员增多，则非领导委员的数额就减少。如某基层院共13名检委会委员，其中院领导委员就多达10名，仅有3名为非领导委员。非领导委员的名额有限，大量优秀的业务能力强的检察官难以进入检委会的名单。此外，该规定将检委会委员的最低行政职务限定在内设机构负责人这个级别，于是业务能力强，但没有担任到部门负责人级别行政职务的检察官被排除在检委会之外。

2. 检委会专职委员的职能未能有效发挥

由于专职委员的职责不清，实践中许多地方的专职委员并未对检委会议案进行研究、审查和把关。专职委员更大程度上被视为一种政治待遇，而非检委会专业化的重要保障。如某基层院2007年将侦监科科长和公诉科科长提拔为检委会专职委员，但其工作职责仍是负责侦监科和公诉科工作，与一般科室负责人无异。这种做法的弊端是“检委会专职委员同时担任部门负责人，可能与提请检委会审议的议题存在潜在的利害关系，使其超脱性和中立性打折扣”[4]，同时“因事务繁杂、精力有限，也很难深入、全面了解议题、议案的

---

① 2015年9月出台的《关于完善人民检察院司法责任制的若干意见》将检委会人员组成修改为“检察委员会由检察长、副检察长、专职委员和部分资深检察员组成”。该规定虽在专业化方面有进步，但仍有行政化遗风，后文将进行分析。

② 参见唐立忠：《从个案公正考量检委会的去行政化》，载《云南大学学报》2011年第4期。

③ 司法责任制改革后，政治处主任和纪检组长不属于员额检察官，是否仍是检委会委员需进一步明确。因为根据《关于完善人民检察院司法责任制的若干意见》，检察委员会由“……部分资深检察员组成”，这里使用的是“检察员”而非“检察官”，是否说明司改后检委会允许有非员额检察官成员。

④ 参见彭志刚、吴新华：《再论检委会专职委员制度的困境与出路——以专职委员角色定位为切入点》，载《法学杂志》2013年第2期。

内容”[①]。实践中还有一种情形是专职委员不分管检委办工作，如重庆市42个基层院中仅有7个院的研究室由专职委员分管或由专职委员兼任部门负责人[②]。这种做法与《人民检察院检委会专职委员选任及职责暂行规定》相悖[③]，不利于专职委员议题审查职能的履行，其保障检委会专业化的职能作用大打折扣。

3. 检委办的“智囊团”作用未能有效发挥

1999年在《关于改进和加强检委会工作的通知》中就提出建立检委办，发挥参谋和辅助作用的意见。但时至今日，全国各级检察院建立检委办的不多，检委办作为独立的内设机构被编制机构认可的更是少有。如广东省截至2011年3月，全省仅有10个市分院、24个基层院设置了检委会办公室，12个市分院、82个基层检察院由相应的内设机构负责检委会工作，其中只有中山、茂名的两级检察院办事机构是经当地编办批准设置的独立内设机构[④]。研究室在检察系统中属于边缘科室，人员力量长期配备单薄。在只负责调研和检委会的检察院，研究室一般配备2—3人，真正做事的一般只有1—2人。在这种情况下，再拨出一部分人力成立检委会办公室，专司检委会工作不太现实，最多只能配备1名专职检委会秘书。如某基层检察院，2014年研究室配备干警4人，负责信息、宣传、调研、检委会、人民监督员、综合材料6大项工作，调研和检委会工作由检委会秘书1人负责。2014年全年检委会研究议题155件，在这种工作强度下，检委会秘书只能做好检委会的事务性工作，根本无法承担检委会“智囊团”的职责。

（二）检委会程序方面的缺陷

检委会讨论议题总的来说分为两类，一类是重大疑难案件，另一类是重大业务问题。讨论重大疑难案件时，检委会要对案件作出实体性的处断，此时，检委会是整个诉讼程序中的重要一环，其决议程序应当体现诉讼性。而现行检

---

① 参见彭志刚、吴新华：《再论检委会专职委员制度的困境与出路——以专职委员角色定位为切入点》，载《法学杂志》2013年第2期。

② 重庆市检察系统除少数几个院外，检委办隶属研究室。数据来源于重庆市人民检察院发布的2014年全市研究室通讯录。

③ 根据第6条的内容，专职委员具备以下七项职责，包括：党组或检察长分配的检察业务工作；指导下级人民检察院的检察业务工作；协助办理重大疑难案件，对有关检察工作的重大问题进行协调、研究并提出意见和建议；开展检察调研，总结检察工作经验；代表本院出席院外有关会议；分管检委会办事机构工作；负责其他检察业务工作。其中，分管检委会办事机构工作是其重要职责之一。

④ 参见刘昌强：《检委会制度研究》，西南政法大学2012年博士学位论文。

委会讨论程序行政化有余，诉讼性不足。

1. 决议程序单一化

检委会讨论议题分两类，但审议程序只有一。在讨论重大疑难案件时，这种方式弊端凸显。“要寻找一件刑事或民事官司的真相，最好的办法是敌对性、对抗性的辩论双方互相挑战、怀疑、质问。”① 而现行的汇报、发言、表决的方式是一种单向的讨论者之间的信息传递，讨论基本上处于一种自发的、偶然的状态。缺乏思想的交锋，缺乏意见的交流，更多的只是赞成或反对，不利于探讨问题、集思广益求得最佳选择。这种讨论模式虽然效率很高，但质量却堪忧。如某基层院最多的一次检委会一天讨论了21件案件，虽然其中有些案件案情并不复杂，但争议性较大的也不在少数。如此“高效率”的讨论，其辩论性自然难以保证，问题的探讨难以深入，检委会讨论容易流于形式。

2. 决议形式封闭化

检委会议事程序的参加人员主要由检察机关承办部门人员和检委会委员组成，其他人无法参与和了解，过程具有封闭性。虽然检委会审议程序是检察机关内部的审查，与公开审判有所区别。但作为诉讼程序中的一环，公开是其应当拥有的特性。过于封闭的运作不利于对全院干警的教化和指导，也不利于接受监督和制约。检委会是检察机关的最高业务决策机构，其专业的法律素养和专业的决策过程应当向一般干警进行展示，让一般干警可以学习和提高，有利于发挥检委会对业务工作的指导作用。另外，让检委会成员之外的人了解检委会的议事过程是对检委会委员审议工作的监督和制约。检委会委员人数少，相互熟悉，内部的封闭式讨论容易让发言变得随意，丧失严肃性和专业性。检委会委员之外的人参与其中，有助于委员们提高责任心，提高分析力，保证检委会决策的公正和专业化。

3. 决议过程非亲历化

司法活动讲究亲历性，具有直接原则和言词原则两个基本要求。目前检委会决策机制缺乏司法亲历性，获取信息的途径主要依赖于承办人的汇报。承办人的汇报多为案件主要证据的摘录或概括，尤其是在证据的取舍与认定方面，往往掺杂着承办人自己的主观判断，根据自己的认识有目的地进行汇报，有选择地、更多地汇报支持自己观点的证据，对相反观点的证据则轻描淡写，导致汇报内容与实际情况可能存在出入。检委会决议过程的非亲历性，使得承办人对案件事实和证据形成垄断，导致检委会委员信息不对称，不能占有全面、完

① 参见柳振华、陈明涛：《检委会引入辩论制度的思考》，载《中国检察官》2009年第2期。

整的信息。承办人对案件的汇报程度和对案情证据的取舍决定了案件的走向，绑架了检委会的判断。如重庆市某区侦监科某干警利用职务之便，接受当事人请托，在检委会案件汇报中，故意省略了嫌疑人的部分犯罪事实，致使检委会作出有利于嫌疑人的错误决定①。

（三）检委会激励措施方面的缺陷

1. 委员流动不强

现行法律对检察长任期有规定，却没有对检委会委员的任期作出规定。除非委员因被调离、退休、行政职务被免等原因而提请免去委员职务外，极少被免职，检委会委员成为事实上的“终身制”，流动性不强。检委会委员“终身制”的弊端是明显的，它一方面使得现有委员之间缺乏良性竞争，没有动力再更新知识、提升业务水平。当今法律知识日新月异，法律法规不断推陈出新，司法改革如火如荼，没有持续的学习和不断的钻研就不能跟上法学知识的发展。仅靠吃老本的方式不仅不能对检察业务工作作出正确的指导以及对重大疑难案件作出正确的决断，反而可能因为知识的陈旧对相关事项作出错误的判断。检委会委员“终身制”弊端的另一方面还表现在由于委员基本上只进不出，使得后面已经成长起来的业务专家、业务骨干不能进入到检委会中，降低了检委会的专业性。

2. 责任承担缺失

最高人民检察院出台的《检察人员执法过错责任追究条例》第12条仅对集体议决的执法过错责任作了原则性表述，但具体到检委会应如何落实，如何认定并追究委员的执法过错责任尚不明确。检委会责任追究机制的缺失，影响了决策主体的责任心，进而影响决策质量，检委会的专业性因此大打折扣。同时，检委会这种无人负责的情形也使其容易成为办案部门推卸责任的渠道。办案部门会把稍具争议、具有一定诉讼风险的案件提交检委会，通过检委会决定转嫁诉讼风险、廉政风险以及信访风险。如某基层院2014年检委会共研讨153件案件，这些案件中很大一部分都不属于重大、疑难、复杂案件。很多都是承办人简要汇报后，检委会委员一致通过。

3. 奖励措施缺乏

检委会委员除了委员的身份，需参加检委会讨论重大疑难案件和重大业务问题外，大多还有其他的行政职务，负责有具体的检察工作。如副检察长要抓

① 参见《重庆市检察人员违纪违法案例选编（三）》。

分管的工作，公诉科长要负责公诉业务等。很多时候，行政职务负责的工作才是其主业，参加检委会只是其副业。主业有考核的压力，是业绩好坏的重要体现。检委会讨论议题没有考核要求，发言好坏一般不影响主业。即使投入大量精力，会前认真研究议题、深入分析，会上发言质量很高，也不会给委员带来额外的好处。相反，由于精力投入过多，反而可能影响主业的推进，得不偿失。因此，很多时候，除非上会议题和自己部门相关，部分委员对议题讨论并不在意。虽然检委会应是一个专业性的组织，其成员应具有良好自律性和职业操守。但缺乏必要的激励，想仅凭道德上的约束，依据个体内心的自律，做好检委会工作是不够的。

五、加强检委会专业化建设的路径

（一）加强检委会组织机构建设

1. 改善检委会人员结构

作为检察机关司法体制改革的纲领性文件，2015 年 9 月出台的《关于完善人民检察院司法责任制的若干意见》已经对检察委员会的人员构成作出了调整。其第 12 条规定“检察委员会由检察长、副检察长、专职委员和部分资深检察员组成”，将原有的“有关内设机构负责人”改成“部分资深检察员”，这无疑是检委会人员结构从行政化到专业化的巨大进步。但同时，我们也看到，该条规定在专业化改造上还不彻底。检察长统一领导检察院工作，其作为检委会组成人员、主持人无可非议；专职委员的职责就是围绕检委会设定，是为了检委会专业有效运行而存在，其是检委会当然的组成人员。但是，副检察长是和检委会组织无关的一个行政职务，其单列为检委会委员是一种行政化遗风。因为虽然副检察长大多具有丰富的法律工作经验和较强的分析问题、判断问题以及解决问题的能力，但是不排除个别副检察长长期分管综合部门或二线业务部门，对最新法律法规疏于了解，专业化程度恐不及一些资深检察员。如果副检察长足够专业，那么其显然属于“部分资深检察员”范畴，不会被检委会排除在外。为了在表述上更加体现检委会委员的专业性，建议将该条进一步修改为“检察委员会由检察长、专职委员和部分资深检察员组成”，除了检察长以外，其他的检委会委员在检委会中的地位是平等的，讨论意见具备同等的效力。

2. 强化检委会专职委员的职能作用

检委会专职委员应定位为全院检察业务专家，履职范围应围绕检委会及其办事机构的全部工作，保障检委会议事质量。具体来说，专职委员最好分管研究室和案管科的工作。这样一方面分管具体的工作可使职位不至于虚化、闲置，强化了专职委员对检察业务的调研和指导，形成真正符合检察工作实际的制度和议案；另一方面研究室和案管属于综合业务管理部门，可以使专职委员既保持对业务的熟悉又能在检委会案件讨论中拥有排除部门利益的超然。总之，专职委员作为检察长和检委会在检察业务方面的参谋助手，其主要职责应是负责组织专家学者、相关部门负责人、业务骨干、检委办以及其他一些智力机构，在检委会召开前就有关议题中的法律问题和涉及法医、金融、证券等专业性较强的问题进行研究论证，提出分析意见，供检委会决策参考。同时，受检察长指派，就检察业务工作和执法办案的相关问题开展专题调研。

3. 加强检委会智力支持机构的建设

检委会智力支持机构包括检委办、检察业务专家、社会学者、专业研究小组等。各地的积极探索积累了丰富的经验，《关于完善人民检察院司法责任制的若干意见》也明确提出要“完善检察委员会决策咨询机制”，因此，这种吸取检委会组织之外的意见将成为提升检委会专业化的重要方式。检委办作为服务检委会的常设智囊机构，应拥有一批业务能力强、研究能力突出的干警，在做好检委会一般程序性服务工作的同时，协助专职委员开展对检委会议题的实体审查。检委办的职责应固定，人员应固定。同时，为保障检委办的专业性，司法体制改革后检委办里应当至少有 1 名检察官。此外，根据全院办理案件类型，选择办理某类案件熟悉、精通的检察官组成专业研究小组，开展对特定类型案件的研究工作。当检委会讨论到具体某类案件时，专职委员可提前组织专业研究小组成员和检委办人员进行讨论，出具更加专业的审查意见。

（二）改善检委会议事程序

1. 构建二元化的议事程序，引入检委会辩论机制

二元化的议事程序即针对事项讨论实行现行行政化的讨论模式，针对案件讨论则实行诉讼性的讨论程序，对争议较大的案件加入辩论程序。案件讨论程序可分为三部分：一是了解案情形成意见。在这一程序中，承办人汇报案情，相关部门负责人和分管领导补充说明情况，检委会委员针对案情提问，并可相互进行探讨。二是自由辩论。主持人针对现场了解、讨论的情况，发现观点不统一时启动自由辩论程序。主持人将观点不同的委员分成两组，决定组成人员的发言次数和顺序。同一时段内只允许有一位组成人员发言，其他组成人员一般不得插话。辩论围绕一个主题进行，注意辩论的针对性。三是表决程序。检委会委员各自发表自己的最终意见，主持人根据少数服从多数的原则作出决定。

2. 适度开放检委会议事程序，吸纳多种身份的人员列席检委会

为了增强检委会的透明性和开放性，可考虑增加列席人员的种类，使邀请委员之外的人员列席检委会成为常态。如讨论公安机关的复议案件，可邀请公安机关分管副局长参加；讨论人民监督员不同意检察机关拟处理意见的案件，可邀请相关人民监督员参加；讨论拟不起诉的职侦案件，可邀请职侦案件的相关承办人参加。此外，可组织青年干警列席检委会，青年干警在学习的同时，对检委会也是一种监督。相信检委会的领导们不愿在青年干警面前乱发言而有损自己的权威，从而促使检委会委员积极准备、认真讨论。

3. 加强专职委员审查职能，增强检委会议案的亲历性

设立专职委员的主要目的之一就是解决检委会讨论议题缺乏司法亲历性的缺陷和获取信息递减的矛盾，并使其成为独立的制衡主体。专职委员对提请检委会研究的案件进行程序审查和实体研究，必要时可以对案件犯罪嫌疑人、被害人、证人进行讯问或询问。通过专职委员的渠道，保证检委会对案件有一个亲历性的全面了解，作为案件判断的基础，以此保证检委会讨论案件具有更客观、扎实的事实依据。业务部门在办理重大复杂案件时，预期可能会提交检委会讨论的，可报请检察长批准，专职委员提前介入案件审查，全面、深入了解案情。此外，为提高检委会议案的亲历性，必要时，可以将被害人等相关当事人通知到场接受检委会的询问。

（三）增加检委会的激励措施

1. 细化检委会的执法过错责任追究机制

在《检察人员执法过错责任追究条例》的基础上制定实施细则，明确检委会委员执法过错责任的认定、责任划分与追究程序，做到追究责任有依据。要将集体责任分解兑现到个人，即以检委会讨论记录为依据，对检委会的错误决定投赞成票的委员应当承担责任。同时，明确承办人、部门领导、分管检察长、检察长这一基本责任链，落实个人责任制，出现问题后，依循这一责任链追究各有关人员的责任，不能以集体决策为借口逃避个人责任。为了保证责任倒查，对案件承办人、部门负责人、各位委员的发言均要进行详尽的记录，必要时可进行录音录像。防止出现只有最终结论而没有个人完整发言记录的情况，在发生决策失误时便于追究影响正确决策的检委会成员的个人责任。

2. 对检委会委员进行绩效管理

委员每年年终都应当向检委会以及同级人大常委会述职，同时政治部门会同检委会办事机构对委员的履职情况进行跟踪记录，报给人大作为考评依据，以此增强委员的决策责任心，提高决策质量。考评项目可包括参会次数、议决

能力、纪律作风等。议决能力的考评方式上可引入民主测评，将体现检委会委员议决能力的各种项目设计成赋予一定分值的指标，如法律知识10分、分析能力10分等。让参会的全体委员和列席人员对每位委员的表现分项打分。考评结果较差的委员应进行专门的学习培训或被免去委员职责，考评结果良好的委员则应给予适当的奖励。

论检察机关对“互联网+”时代的适应和对策
——以刑事立案监督为分析路径

李　方　王东海*

随着“互联网+”时代的到来①，人们的衣食住行无不受到互联网大数据的影响。正如习近平总书记于2014年在中央网络安全和信息化领导小组第一次会议讲话中所指出：“信息化和经济全球化相互促进，互联网已经融入社会生活的方方面面，深刻改变了人们的生产和生活方式。”② 2014年，央视播出的10集电视纪录片《互联网时代》，从技术、人性、社会、文化、制度等各个方面介绍了互联网对人类社会的影响。在当今这个互联网影响无处不在的社会，研究其对检察机关刑事立案监督工作的影响，既有理论价值，又具有现实意义，同时契合了最高人民检察院所提出的实现侦查监督工作法治化、现代化的指导思想。③ 然而，从目前的研究来看，学界并没有将立案监督这一检察机关的重要职权放在“互联网+”时代的背景进行研究，不得不说是一种缺憾。因此，研究“互联网+”时代背景下检察机关立案监督工作如何适应和应对便具有重要意义。

---

* 李方，重庆市人民检察院侦查监督处一级检察官。王东海，重庆市江北区人民检察院侦查监督科副科长，一级检察官。

① 国内“互联网+”理念首次出现是2012年。在2012年11月14日的易观第五届移动博览会上，于扬发表主题演讲《“互联网+”》；“互联网+”引起广泛关注是2015年3月，马化腾在“两会”上提交了《关于以“互联网+”为驱动，推进我国经济社会创新发展的建议》的议案；其真正进入公众视野源于李克强总理在2015年3月5日第十二届全国人大三次会议上的报告，提出了“互联网+”行动计划。参见高一飞：《网络时代的媒体与司法关系》，中国民主法制出版社2016年版，第1页。

② 中共中央总书记、国家主席、中央军委主席、中央网络安全和信息化领导小组组长习近平于2014年2月27日下午主持召开中央网络安全和信息化领导小组第一次会议并发表重要讲话，在这次讲话中提出了上述论断。参见《总体布局统筹各方创新发展努力把我国建设成为网络强国》，载《人民日报》2014年2月28日，第1版。

③ 2015年6月，全国检察机关侦查监督工作座谈会在北戴河召开，最高人民检察院副检察长孙谦作了题为“凝神聚力，忠诚履职，努力提高侦查监督的法治化现代化水平”的重要讲话，将侦查监督工作的法治化、现代化作为当前和今后一段时间的发展方向。

一、问题的提出：刑事立案监督未充分利用“互联网＋”时代的便利

检察机关作为国家法律监督机关，与我国古代的御史监察制度有着密切的历史渊源。从奴隶社会的夏商周三代开始，到封建社会的唐宋明清时代，御史制度不断发展完善，其主要的功能作用便是“讨奸猾、治大狱”，实行刑事监督。到清代末期，清政府进行了司法改革，“检察”作为御史制度的替代品被引入中国。新中国成立后，检察机关作为法律监督机关被我国宪法所明确规定。1996年，我国刑事诉讼法进行第一次“大修”，明确赋予了检察机关刑事立案监督职责。随后，最高人民检察院对内设机构进行了相应的调整，于1999年4月将原刑事检察厅分设为审查批捕厅和审查起诉厅，2000年8月再次进行机构改革，将审查批捕厅更名为侦查监督厅。机构的调整和名称的变更，使得检察机关的“刑事立案监督”和“侦查活动监督”由“软要求”变成了“硬任务”。[①]

刑事立案监督成为检察机关的“硬任务”和重要的职责之后，在纠正应当立案侦查而不立案侦查、不应当立案侦查而立案侦查和行政执法与刑事司法相衔接方面起到了较大的作用，在一定程度上规范了侦查机关的立案活动。然而，在“互联网＋”上升为国家发展战略之一，已经成为国家治理体系和治理能力现代化的重要手段的时代背景下，刑事立案监督工作的发展并不尽如人意。相对于将“互联网＋”广泛运用于约见检察官、查询案卷材料和进程等信息、讯问犯罪嫌疑人或被告人、实现对案件的动态监控、公开信息接受监督等方面来说[②]，在刑事立案监督工作中，运用“互联网＋”技术实现立案监督质量和效果的突破却显得捉襟见肘。

经对C市检察机关2013年至2016年立案监督[③]数据的统计，可以发现以下两个方面的问题：

一方面，从总体数量上来看，2013年立案监督749人，61人系通过网络

① 徐日丹：《一个名称的变化：从“审查批捕”到“侦查监督”》，载《检察日报》2016年10月27日，第1版。

② 刘子阳：《“互联网＋检察”实现办案方式革命》，载《法制日报》2015年9月9日，第5版。

③ 这里的立案监督是指狭义的立案监督，只包括监督立案和监督撤案两种情况，未将“两法衔接”纳入其中。

渠道[①]发现；2014 年立案监督 490 人，30 人系通过网络渠道发现；2015 年立案监督 551 人，44 人系通过网络渠道发现；2016 年立案监督 550 人，48 人系通过网络渠道发现。从图 1 可以看出，2014 年、2015 年和 2016 年立案监督的数量相对于 2013 年的数量呈下降趋势。虽然刑事立案监督的数量受到考核标准、侦查机关执法规范提升等多方面因素的影响，但一个不容忽视的现状是，立案监督的数量并没有随着“互联网 +”技术的发展而得到提升[②]，反而出现了下降趋势。

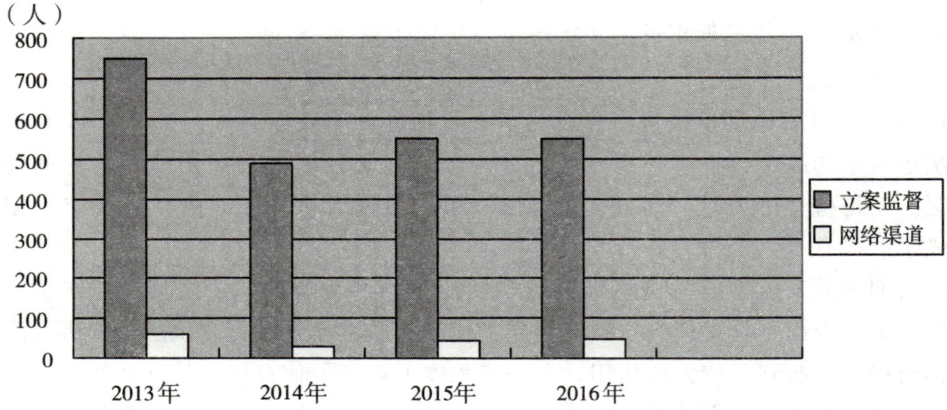

图 1　C 市检察机关 2013 年至 2016 年立案监督情况

另一方面，在对整体数量进行分析的同时，经过对线索来源进行考证，也同样可以说明上述问题，即检察机关的刑事立案监督工作并没有充分利用“互联网 +”这一新的技术手段，实现立案监督工作的突破性发展。自 2013 年以来，C 市检察机关在刑事立案监督的线索来源中，利用查询公安机关办案系统、网络媒体报道等“互联网 +”技术获取监督线索的案件只有 183 人，只占总体数量 2340 人的 7.82%，而剩余的 92.18% 的线索来源依旧是依靠办案中发现、控告申诉等传统的方法手段，“互联网 +”技术并没有很好地被运

① 文中所提的网络渠道包括查询公安机关办案系统、媒体报道等渠道，与“互联网 +”在同一意义上使用。

② 需要说明的是，2015 年是我国互联网发展史上具有里程碑意义的一年，这一年，大数据、云计算、移动互联网、物联网等技术日趋成熟，并获得广泛应用，各行各业都在通过“互联网 +”实现创新发展。参见正义网络传媒研究院：《首份〈“互联网 + 检察工作”研究报告〉解读》，载《检察日报》2016 年 1 月 13 日，第 12 版。

用到执法办案过程中。

虽然对刑事立案监督质量和效果的考评不能单独“以数字论英雄”，但是我们也应清醒地看到，不论是从绝对数量上来看，还是从相对数量上来看，在刑事立案监督工作中并没有充分有效利用“互联网+”这一重要技术手段是一个不争的事实。从理论的角度来说，利用“互联网+”技术可以查询侦查机关立案撤案、案件基本信息、案卷电子材料，可以实现网上控告举报，可以跨时空获取各地的舆情和信息等，诸如此类获取信息的高效性和便利性，为获取刑事立案监督线索拓宽了渠道；从实际的角度来看，随着“互联网+”时代的到来，信息传播的速度不断增快，信息传播的边界也越来越难以控制，而这恰恰给获取立案监督的信息提供了便利，因为这样可以突破相关利害单位对信息的垄断和封闭。然而，从上述对C市的实证考察中可以发现，司法的实然现状粉碎了逻辑上的应然推论和“互联网+”时代背景下所应该达到的状态。

二、成因梳理：理念、制度和实践运行与“互联网+”时代脱节

检察机关刑事立案监督工作并没有随着“互联网+”技术的发展而取得突破性进展，其原因是多方面的。经过实证调研和理论分析发现，造成这一不合理现象的主要原因是过度依赖传统的方法手段。当然，这里的过度依赖传统的方法手段是全方位的，包括思想理念、制度机制、实践操作等各个方面。

（一）理念上尚未适应

思想理念决定行动的方向和方式。刑事立案监督工作未充分有效地融合运用“互联网+”这一技术手段的瓶颈和症结在于，相关人员的思想理念上存在误区，没有引起足够的重视，没有正视“互联网+”的功能和作用。

从检察机关自身方面来说，检察机关在刑事立案监督工作中，之所以没有充分利用“互联网+”的先进方法实现对工作的突破，很大程度上是因为没有适用“互联网+”的思想理念，没有将“互联网+”放在战略高度进行规划和考虑。造成这一现象的原因有如下两个方面：首先，从知识结构上来看，从事刑事立案监督工作的检察人员基本上没有计算机网络的知识背景，知识背景的缺乏导致对网络技术的生疏，同时也导致难以对社会现象特别是与刑事案件相关联的工作和现象进行互联网意义上的思考，进而用互联网的思维来指导工作。其次，从办案现实上来看，检察机关承办案件的人员与关注舆情的人员往往是分离的，即侦查监督部门的案件承办人只负责办理案件，对网上舆情的关注度、关注范围、关注方向都取决于个人的兴趣爱好，没有硬性的要求甚至

是倾向性的指引，而被赋予关注舆情任务的人员，往往是检察机关政工部门的干警，而政工部门的干警所关注的也往往只是被任务所要求的涉检舆情，对于涉及侦查机关立案侦查方面的信息往往关注不够，或者不予关注，或者没有从中提取涉及立案监督的有效信息。

从侦查机关和行政执法机关来说，部分侦查机关和行政执法机关也没有将思想理念进行转换，与“互联网+”时代背景进行深度融合，或者是只在部门工作中充分利用了“互联网+”的高新技术，对外却不愿进行分享。当然，从保密的角度来说，涉密信息需要保密。不能对外公开，但是对于检察机关需要掌握的行政处罚、立案撤案、案件进展情况等与立案监督相关的信息来说，不应当对检察机关保密，而部分侦查机关和行政执法机关却以保密为由拒绝将相关信息向检察机关开放。可以说，在当前的“互联网+”时代背景下，“协同共享的要求与部门间信息壁垒之间矛盾日益凸显”。① 特别是当前公安机关和检察机关的刑事案件信息共享平台建立的较少，这其中的重要原因也许可以归结为并没有贯彻“互联网+”的思维。“互联网+”时代具有“跨界融合”“尊重人性”“创新驱动”“重塑结构”“开放生态”“连接一切”六大特征②，树立“互联网+”的理念就需要具有开放、共享的思想意识，要打破“部门壁垒”。另外，在已经建立起来的“两法衔接”电子平台方面，也存在同样的问题。部分行政执法机关基于部门利益考虑存在抵触情绪，实践中存在为数不少的不愿录入、选择性录入的现象发生，甚至是故意“屏蔽”与刑事立案监督相关的有价值的信息和线索，不愿与检察机关分享相关的数据和信息。这些部门之间的“利益壁垒”的存在，导致了检察机关和相关部门所掌握的信息之间存在着不对称现象。这种“部门保护主义”思想理念的存在，显然与“互联网+”的特征和“互联网+公开”“互联网+业务”的思维是背道而驰的。

（二）制度上保障不足

理念的落实需要制度的保障。“互联网+”在刑事立案监督方面发挥作用，需要制度的保障使其落地生根、茁壮成长。然而，从目前的司法实践来看，为“互联网+”在刑事立案监督方面发挥作用提供保障的制度机制还存在诸多不完善之处。

---

① 正义网络传媒研究院：《首份〈“互联网+检察工作”研究报告〉解读》，载《检察日报》2016年1月13日，第12版。

② 马化腾等：《“互联网+”：国家战略行动路线图》，中信出版社2015年版，第46—59页。

1. 案件信息共享机制不畅

首先，在刑事案件信息共享制度方面，全国各地没有统一的标准，有的地方在尝试探索建立，有的地方却对此“岿然不动”地置之不理。即使在建立相关制度机制的地方，其稳定性和范围也较大地受到人为因素的影响，“制度化”程度不高，且往往出现检察机关一头热的现象。在“互联网+”时代背景下，综观世界各地的司法现状，“不论是美国、英国、欧盟，还是俄罗斯、日本、韩国，通过网络平台进行司法公开已经成为实践工作中的常态。许多国家还制定了相关的电子政务法作为制度保障，为实践中的具体操作提供依据”。[①] 然而，在我国目前的司法实践中，司法机关内部信息互通共享制度的建立尚困难重重，建立真正意义上的司法信息公开制度恐怕更是“难于上青天”。其次，在行政执法和刑事司法相衔接方面，有关“两法衔接”的规定主要是国务院的行政法规、部门规章和相关部委的联合发文，且多以“意见”形式下发，位阶不高，强制力不够，立法缺位。有些规定可操作性不强，缺乏强制性和约束力，实践中难以贯彻执行，即保障“两法衔接电子平台”的相应的成熟稳定的制度机制并没有建立。

2. 惩戒考评机制不足

司法实践中，不当的考评机制所带来的弊端是显而易见的，特别是备受诟病的“批捕率”“起诉率”“无罪判决率”等不科学考核，导致实践中乱象丛生。但合理的奖惩考评机制是必须存在的，毕竟“人们奋斗所争取的一切，都同他们的利益有关”[②]。然而，在“互联网+”时代背景下，对于如何有效地利用“互联网+”这一新的技术手段实现检察机关刑事立案监督的网络化、现代化，落实各个部门的责任，却没有相应的奖惩考评机制予以规制。这就造成了推脱、懒散的现象，成为“互联网+”工作推进不力的重要原因。

（三）运行中困难重重

思想理念上因循守旧和“部门利益壁垒”，制度机制上信息共享保障不畅和奖惩考评不足，必然导致司法实践中运行的困难重重。

1. 线索来源渠道单一

当前，刑事立案监督的线索来源主要有三种：一是侦查监督部门在审查逮捕过程中，对侦查机关（部门）移送的案卷材料的审查和对犯罪嫌疑人的讯

---

① 高一飞：《网络时代的媒体与司法关系》，中国民主法制出版社2016年版，第80—81页。

② 中共中央马克思恩格斯列宁斯大林著作编译局：《马克思恩格斯全集》（第一卷），人民出版社1995年版，第82页。

问。但是，并不是每一起立案的案件均能进入审查逮捕程序或公诉程序。因此，侦查监督部门对不应当立案而立案侦查的监督存在盲区和漏洞，对应当立案而不立案的监督的缺位更是有过之而无不及。司法实务中应当立案而不立案侦查的情况更加隐蔽，侦查监督部门在审查逮捕时基本无从监督，特别是一些无被害人的犯罪案件更是无从监督。如安徽亳州市公安局巡警（特警）支队队长白玉玲，办理的赌博、卖淫、打假等案件卷宗6000多件，涉及近万人，但无一件转为刑事案件，涉案人员家属只要送钱，涉案人员就会被释放。[①] 二是被害人及其亲属的申诉和控告。但该渠道是针对有被害人的案件而言，对于大量的无具体被害人或被害人死亡且无家属或家属不能进行申诉、控告的案件，就无法通过这一渠道使案件进入侦查监督的视野。三是公民的举报。司法实践中，通过该渠道获得的立案监督线索更是凤毛麟角。究其原因：一方面，民众“事不关己高高挂起”“多一事不如少一事”，害怕被打击报复的心态；另一方面，民众的法治意识普遍较为淡薄；此外，还有为数不少的民众不知道检察机关对侦查部门的立案享有监督职能。从线索来源的渠道来看，刑事立案监督并没有有效利用“互联网＋”这一技术平台。

2. 刑事案件信息共享平台不足

刑事案件信息共享平台没有广泛建立。从网络媒体报道的信息来看，目前，只有山东寿光[②]、湖北潜江[③]、河南鹤壁[④]、福建罗源[⑤]、江西乐安[⑥]等为数不多的地方建立了刑事案件信息共享平台。在对C市进行实地调研时发现，该市只有一家检察机关与公安机关建立了刑事案件信息共享平台，但这里的共享并不是真正意义上的共享，而是在检察院给公安机关设立专门的办公室，公安机关将相关设备设置在检察院，检察院可以根据需要对公安机关的部分信息进行查询。可见，在实践运行过程中，“互联网＋”的技术和平台并没有被广

---

① 鲍小东：《贪淫特警队长的“权色”江湖》，载《新闻天地》2009第9期。

② 佘东明、孟伟阳：《公检法数字办案打通“任督二脉”：山东寿光刑事案件实现信息共享平台自动流转》，载《法制日报》2013年10月15日，第5版。

③ 王进、何娅茜：《潜江市院刑事案件信息共享机制显成效》，载 http://hj.hbjc.gov.cn/ssjd/201412/t20141222_602633.shtml，2017年1月2日访问。

④ 秦海霞、苏荣：《与公安机关联合建立刑事案件信息共享机制》，载《检察日报》2015年12月24日，第10版。

⑤ 陈沂、林漪：《建刑事案件信息共享平台提升办案质效》，载 http://www.jcrb.com/procuratorate/jckx/201505/t20150520_1507889.html，2017年1月2日访问。

⑥ 戴昂兴、赵敏：《江西乐安检察院与公安机关建刑事案件信息共享机制》，载 http://www.jcrb.com/procuratorate/jckx/201410/t20141014_1439870.html，2017年1月2日访问。

泛运用。刑事案件信息共享平台设立不足，成为制约检察机关刑事立案监督充分利用“互联网+”的“硬伤”。

3. 两法衔接机制不畅

“两法衔接”机制建立的目的之一在于对行政执法机关移送犯罪线索情况的监督，防止以罚代刑、有案不移、有案难移等问题的出现。尽管中央高度重视两法衔接工作①，但是其在实践运行中存在诸多困难。首先，有关“两法衔接”的立法缺位，有些规定可操作性不强，缺乏强制性和约束力，实践中难以贯彻执行，不移送、不接收案件的责任追究难以落实。其次，相关平台运行不畅。虽然截至2013年全国就已经有20个省份建立了“两法衔接”信息共享平台②，但在实践运行中存在诸多干扰因素。主观上，部分行政执法机关基于部门利益考虑存在抵触情绪，存在不愿录入、选择性录入的现象。客观上，平台之间没有实现真正意义上的联网，信息的录入获取基本靠手工二次录入。这一方面增加了行政执法机关的工作量，另一方面无法与已有信息系统实现对接，且在发现监督线索等方面的效果还不明显。最后，监督强制性不足。虽然相关文件明确了检察机关对两法衔接工作负有监督职责，但缺少具体监督权限、对应的惩戒措施等规定，无法形成有效的监督。

三、理性应对：理念、制度和运行深度融入“互联网+”时代

（一）认识理念上的转变与融入

思想理念的转变是根本，将刑事立案监督深度融入“互联网+”这一大的背景，需要“坚持认识为先、理念先行”③，只有思想理念实现转变，才能通过制度机制的设计、强化实践中的运行，将整个工作融入“互联网+”时代背景当中，实现工作方式的现代化。从理念上融入“互联网+”时代，具体有以下几个维度。

1. 要有法治梦想和大局观念

从检察机关的角度来说，不管是案件承办人，还是舆情巡查人员，都应当树立法治梦想和大局观念，主动将工作方法融入当下的形势发展，充分利用现

---

① 《中共中央关于推进全面依法治国若干重大问题的决定》第三章明确指出，深化行政执法体制改革，健全行政执法和刑事司法衔接机制。

② 张建升等：《打造信息共享平台深化“两法衔接”机制建设》，载《人民检察》2013年第19期。

③ 吴鹏飞：《强化“互联网+”思维，加快推进信息化与检察工作深度融合》，载《人民检察》2015年第16期。

代化的技术手段促进工作的便利，为工作发展和创新输入现代化的新鲜血液和动力。特别是办案部门和舆情巡查部门不能出现“两张皮”现象，不能将工作的边界和思维仅限于自己所从事的“一亩三分地”的部门之内，刑事案件承办人要善于运用“互联网＋”所提供的网络技术，舆情巡查人员要善于将思维延伸到发现立案监督线索上来。两者之间要实现良性互动、角色互补、知识共享。因此，不管是通过刑事案件信息共享平台、“两法衔接”电子平台，还是通过网络媒体来发现立案监督的线索，都需要在树立并践行“互联网＋”理念的基础上指导具体的工作。从侦查机关和行政执法机关的角度来说，和检察机关在案件信息共享上不应当有部门利益的壁垒，应当清醒地认识到都是国家治理体系中的一员、都是法治中国建设的重要成员、都是社会治理的重要分子，目标具有一致性。在加强自身网络大数据建设的同时，要将工作放入国家治理体系和治理能力现代化的整体目标去考虑，不能为了所谓的部门利益而置国家整体发展、法治整体进步、社会整体治理与不顾，成为实现中国梦路上的“绊脚石”。

2. 充分运用“互联网＋”理念

我们要“重视运用互联网思维，探索构建‘互联网＋检察’的工作模式”。[①] 互联网思维不是故步自封的封闭思维，而是开放性思维；不是因循守旧的仅仅依靠传统手段方法的思维，而是开拓创新善于利用现代化手段的思维；不是单打独斗的思维，而是团体协作的思维。检察机关在刑事立案监督工作中同样如此，要打破依靠讯问、查阅案卷、上门走访、被动接受控告举报等传统的思维模式，树立起充分利用“互联网＋”的时代理念，善于改变思维、创新思考，要高度重视大数据在诉讼监督中的作用，善于运用信息网络技术提高法律监督的能力和水平。[②] 侦查机关和行政执法机关也应贯彻“互联网＋”思维，当然这种贯彻不仅仅是针对其内部，更主要的是要针对外部，即具有开放思维、协作思维、整体思维、跨界思维，将国家整体利益放在首位，同检察机关共享案件信息，和检察机关在信息、知识、资源上互通有无，共同打击犯罪保障人权，维护社会稳定，为经济发展和人民安居乐业保驾护航。

（二）信息共享机制上健全与跟进

1. 建立信息互通机制

监督的前提是知情。没有知情的权力和渠道，监督就无从谈起。应进一步

---

① 王治国、徐盈雁等：《大力推进电子检务工程建设、探索构建“互联网＋检察”工作模式》，载《检察日报》2015年7月10日，第2版。

② 曹建明：《做好互联网时代的检察工作“＋”法》，载《中国法律评论》2015年第3期。

完善落实提前介入引导侦查制度，避免事后监督、被动监督的弊端，弥补事前监督和全程动态监督的空白，把侦查的全过程纳入监督的视野①；在不断强化通过审查案件和讯问犯罪嫌疑人获取线索的同时，要加大对检察机关法律监督职能的宣传，提高公民的法律意识，扩大监督线索的来源渠道；探索建立重大、疑难案件侦查机关听取检察机关意见建议制度②，使检察机关对重大、疑难案件信息能够充分及时的了解和掌握；充分利用现代化信息网络技术，建设公检刑事案件信息共享平台，实现检察机关对刑事案件立案、强制性侦查措施等重要关键信息的同步掌握，利用互联网和大数据切实解决知情难的问题，实现监督的信息化、集约化，用大数据提高监督能力和效率。

2. 完善互联互通的刑事案件信息共享平台的制度保障

建立公、检、法、司、安五机关案件信息共享的网络系统和数据库，对案件信息分门别类及时录入系统，并将其制度化。制定五机关关于案件信息共享机制的具体规定和方便可行的操作细则，对案件信息录入的人员、时间、方式、内容、具体责任以及详细的操作程序作细致的规定。确保有制度性的文件指导，有专门的人员落实，有具体的操作规程，有科学的责任追究，将责任等制度化、书面化、规范化。

3. 进一步优化"两法衔接"机制和制度

以立法的强制力打破部门保护壁垒，实现平台系统与各行政执法机关数据库的直接互联互通，推动"两法衔接"工作信息共享平台实现常态化、制度化、有效化的运行，加强平台管理维护和功能优化升级，大力推动平台发挥效用。同时，应强化案卷查阅、现场走访等传统的方法和手段。将现代手段和传统手段并用，"网上"与"网下"结合，发挥各自的长处，切实解决有案难移、有案不移、以罚代刑的问题。完善检察机关与行政执法机关的"行刑衔接"信息共享平台，打破行政执法机关的执法信息壁垒，提升检察机关惩治犯罪和法律监督的能力和水平。③

（三）人员设备与激励上的强化与落实

1. 培养队伍

马克思主义的历史辩证法告诉我们，人是历史的创造者，人作为具有主观

① 于昆、任文松：《检察引导侦查机制的反思与重构》，载《河南社会科学》2014年第11期。

② 孙谦：《努力提高侦查监督的法治化现代化水平》，载《检察日报》2015年6月15日，第3版。

③ 蓝向东：《"互联网+"时代检察机关的司法公信力建设》，载《人民检察》2016年第7期。

能动性的万物之灵在人类事物中起关键作用。在“互联网+”时代背景下，检察机关刑事立案监督工作的进展，需要人才的培养。一方面，检察机关自身应当加强对案件承办人网络信息技术、信息查询获取技术等与“互联网+检察”有关的技术知识的培养，增强办案人员获取案件信息和线索的能力。同时，加强对舆情巡查人员法律知识的培养，使他们在巡查涉检信息的同时关注案件信息和其他的新闻报道，增强发现案件线索的敏锐性。正如曹建明检察长所指出的：“要加强有针对性的教育培训，提高全体检察人员运用大数据能力，提高司法效能和办案质量。”① 另一方面，侦查机关和行政执法机关也应当对相关人员进行网络技术和法律知识的“双向培训”，并与检察机关案件承办人和舆情巡查人员定期开展交流。通过培训教育、招录、遴选等方式，培养和造就一批既具备现代信息网络、大数据知识，又具备较好的法律素养，且拥有发现立案监督线索的明锐洞察力的队伍，适应“互联网+”时代对立案监督工作的要求。

2. 配备器材

巧妇为炊必须有米，没有硬件作为前提保障，便不可能将工作融入“互联网+”的时代背景当中。因此，检察机关和相关的侦查机关、行政执法机关应当适应时代发展需要，高度重视大数据基础设施建设，加大对网络技术和大数据的投入，配备现代化的装备设施，并研究开发相应的软件和系统，从技术层面确保“信息化基础建设和软件应用全面实现数字化、信息化和智慧化”，系统性解决“数据的输入、存储、传输、加工和应用功能”②，实现案件信息的互联互通和共享。

3. 强化奖惩

虽然绩效考核作为一种隐性的法律深刻地影响了司法人员的独立性③，且诸多诸如“立案侦破指标”“批捕率”“起诉率”“无罪判决率”的违背司法规律的考核指标严重影响了司法公正④，但不得不承认的一个事实是，科学的考核指标和方法的存在有其合理性与必要性，毕竟，我们在仰望星空的同时更要脚踏实地。为推动“互联网+”在司法实践特别是在刑事立案监督中的运

① 刘子阳：《做好互联网时代检察工作“+”法》，载《检察日报》2015年7月4日，第1版。

② 金园园：《探索构建“互联网+检察工作”模式，提升检察工作现代化水平》，载《人民检察》2015年第21期。

③ 李拥军、傅爱竹：《“规训”的司法与“被缚”的法官——对法官绩效考核制度困境与误区的深层解读》，载《法律科学》2014年第6期。

④ 张明楷：《司法改革的断片思考》，载《现代法学》2014年第2期。

用，需要设置科学合理的符合司法规律的考核指标。并且，检察机关和与刑事立案监督密切相关的侦查机关、行政执法机关等机关之间的考核设计不能"各自为政"，需要在遵循司法规律，有利于激发工作积极性，有利于实现公平正义，有利于有效打击犯罪，有利于实现国家治理能力和治理体系现代化的前提下进行沟通协商，设置相互协调的考核制度。此外，"建议完善检察机关立案监督处罚建议权，即检察机关有权建议相关部门对办案人员进行一定的党纪行政处罚，构成犯罪的还应当移交司法部门处理"。① 通过科学的、与时俱进的激励机制和责任机制，打破部门间存在的信息壁垒②，形成考核与奖惩合力，共同推进立案监督工作适应"互联网＋"的时代要求。

四、结语

"互联网＋"时代已经深刻影响到我们的思想理念、工作方式、生活状态，给国家治理能力和治理体系的现代化提供了机遇和挑战，也给检察机关的刑事立案监督工作带来了利益和风险。在这一时代背景下，检察机关应当积极转变理念，正确看待立案监督工作所面临的各项难题，深刻剖析理念层面、制度层面和运作层面的问题。在找准问题的基础上，争取党委政府的支持和侦查机关、行政执法机关等有关机关和部门的理解配合，在"通过与公安机关建立刑事案件信息共享机制、关注网络媒体报道、设立网络舆情观察员等多种方式，不断拓宽监督线索知情渠道"③ 的同时，建立信息互通共享机制、奖惩机制、"两法衔接"机制等制度，将有利于促进立案监督工作发展的方式手段制度化、规范化；并通过队伍建设和人才培养、器材配备和研制开发软件系统、建立健全考评和机制激励等方法强化实践运行，对刑事立案监督面临的难题进行系统性治理，以达到促进立案监督工作科学发展的目的，为全面推进依法治国、实现国家治理能力和治理体系的现代化提供有力保障。

---

① 高一飞、高建：《论公安机关刑事立案公开之改革》，载《中国人民公安大学学报（社会科学版）》2012 年第 5 期。

② 正义网络传媒研究院：《首份〈"互联网＋检察工作"研究报告〉解读》，载《检察日报》2016 年 1 月 13 日，第 12 版。

③ 丁小溪：《最高检：重点监督侦查机关以刑事手段插手经济纠纷》，载《新华每日电讯》2017 年 1 月 10 日，第 5 版。

人民监督员异议复核制度探讨

易鑫志[*]

早在2003年，最高人民检察院发布《关于实行人民监督员制度的规定（试行）》（以下简称《03年规定》），并于次年进行了一次修订，其中，明确规定人民监督员参加案件监督后，在多数监督员对检委会作出的决定有异议的情况下，可以要求提请上一级人民检察院复核，从而确定了人民监督员的异议复核权。然而在此7年后，也就是2010年，最高人民检察院又发布了《关于实行人民监督员制度的规定》（以下简称《10年规定》），取消了人民监督员的异议复核权。此举曾引起持久、广泛的讨论和争议，至今尚未平息。从2014年开始，重庆作为被最高人民检察院确定的人民监督员制度改革试点单位之一，着眼完善人民监督员监督程序，提出探索设置人民监督员复议制度，将有关讨论再次推至台前。

目前，围绕人民监督员异议复核程序展开的讨论，主要有三种观点：一是“实体说”，认为人民监督员监督意见效力应是实体性的，并应在异议复核程序中进行体现；二是主流观点“程序说”，大多数学者认为人民监督员监督意见应是程序性的，但需要通过异议复核来进行强化和保障；三是得到最高人民检察院实际行动支持的“否定说”，认为异议复核程序是应当取消的。笔者认为，异议复核程序是有价值的，是对人民监督效果的一种保障，但也存在自己的问题，需要进行改变，从而有效发挥其作用。

一、人民监督员异议复核制度的设计初衷与实施效果

人民监督员异议复核程序，是用来保障人民监督员监督效力的一个重要环节。在人民监督员在实施监督过程中，监督表决意见得不到采纳时，为避免一些正确意见在基层被“消化”，通过“提请复核”这种救济方式，让人民监督员能够向上一级检察机关陈述自己的意见，保障人民监督员充分发表监督意见

* 重庆市人民检察院人民监督工作办公室三级检察官助理。

的权利；另外，通过这样的制度设计，还能够对下级检察机关排斥人民监督员决定的不良倾向打“预防针”，能够让检察机关更为慎重地考虑人民监督员的意见，从而可以在一定程度上起到保护监督效果的功能。[①] 这样的设想固然是好的，它既加强了对人民监督员监督权的保障，又强化了对检察机关的监督效力。但人们心中也不免对异议复核能否发挥作用存在疑问：人民监督员并非法律专业人士，他们提异议，能提到点子上吗？甚至还有人会有这样的误解：人民监督员程序就是“走过场”，他们会提出异议吗？会提出复核吗？

有一组数据可以回答这些问题。截止到2006年9月[②]，在全国检察机关已经监督的13547件的“三类案件”[③] 中，人民监督员不同意检察机关原拟处理决定的650件，检察机关采纳人民监督员意见的299件，占46%。对未采纳监督意见的案件，人民监督员提请上级复核251件，占71.5%，上级检察院采纳人民监督员意见198件，占78.9%。[④] 这说明，作为法律外行的人民监督员提请复核的意见大多能够得到采纳，人民监督员异议复核程序并非毫无作为，它是起到了应有效果和作用的。

正因如此，许多学者对人民监督员异议复核程序持肯定态度，其中又分为两种观点，即“实体说”和“程序说”，两者关键的分歧不在异议复核本身，而在于人民监督意见的本质属性——实体性监督抑或是程序性监督。

二、“实体说”：实体监督权要靠异议复核来限制

当前研究人民监督员制度，大多数学者都在参考美国大陪审团制度和日本检察审查会制度。与我国的人民监督员制度功能类似之处在于，这两个制度都对检察权尤其是对检察官的不起诉权力进行了制衡或监督。美国大陪审团制度扎根于普通法“程序先于权利”的基因中，通过对检察权的分权来对其进行制衡[⑤]。而日本检察审查会制度继受了美国陪审制度理念，但实践中又有鲜明的日本特色，相比而言，由于国情相似，日本的经验对我国人民监督制度更具

---

① 陈卫东：《人民监督员制度的困境与出路》，载《政法论坛》2012年第4期。

② 在这以后，最高人民检察院公布的数据中，没有了人民监督异议复核情况相关数据。

③ 根据《03年规定》，人民监督员对“犯罪嫌疑人不服逮捕决定”“拟撤销案件”“拟不起诉案件”三类案件实施监督，《10年规定》取消了对“犯罪嫌疑人不服逮捕决定”的监督。

④ 陈卫东：《人民监督员制度运行调研报告》，载《国家检察官学院学报》2011年第5期。

⑤ 丁玮：《人民监督员制度的法理基础——司法民主与正当性程序研究》，中国检察出版社2010年版，第251页。

有借鉴意义。[1] 2004 年，日本国会通过第 62 号法律《关于部分修改刑事诉讼法等的法律》，对检察审查会的第二次审查行为作了规定：当检察审查会作出"应当起诉"决议以后，如果检察官没有起诉，就要进行再次审查；如果在第二次审查过程中，11 名审查员里有 8 人以上同意作出"应该起诉"决议，那么，收到检察审查会决议副本的法院应该指定律师担任检察官，直接提起公诉。[2] 受此启发，同时为避免当前人民监督员监督流于形式、充当"司法民主的花瓶"，一些学者对增强人民监督员实体权力有了较大期待。有学者认为，我国人民监督员的表决意见仅起到"建议性"作用，意见是否被采纳，由检察机关决定。但人民监督员所作的决定既然是"直接民主"的一种方式，应赋予其法律效力。在以后的立法中，在特定程序限制下赋予人民监督员意见以强制效力，是应当考虑的重要问题。[3]

关于"特定程序限制下"的具体设计，目前尚无人提出有关设想。不过可以想象，如果人民监督员意见有强制效力，在检察机关作出"拟撤销"或"拟不起诉"决定后，人民监督员提出不同表决意见不被采纳，当即可以作出"强制不撤销"或"强制起诉"决定，是不慎重而且缺乏科学性的。因此，可在其中设置一道异议复核程序，让上级检察机关和另外抽取的不同人民监督员再次进行抗辩，综合两次人民监督表决意见，得到相对平衡、科学、正确的结果。

三、"程序说"：程序监督效果要以强化异议复核为保障

与之相反的意见认为，人民监督员制度的本质，是仅有建议权，而不应该成为另一种"检察官"。日本检察审查会制度是很好，但是一项制度只是特殊历史情境和意外事件的产物，不同处境的社会很难复制。[4] 效仿日本检察审查会赋予我国人民监督员以实体性监督权力是不合理的，检察机关虽然要接受监督，但是监督不能直接干涉检察机关独立行使检察权，换句话说，在我国，人民群众直接行使检察权并不符合宪法关于国家权力运行的基本原则[5]：赋予人

---

① 秦前红：《人民监督员制度的立法研究》，武汉大学出版社 2011 年版，第 13—14 页。

② 丁玮：《人民监督员制度的法理基础——司法民主与正当性程序研究》，中国检察出版社 2010 年版，第 245 页

③ 高一飞：《人民监督员制度改革研究》，载《南京师大学报》（社会科学版）2009 年第 4 期。

④ ［美］弗朗西斯·福山：《政治秩序的起源》，毛俊杰译，广西师范大学出版社 2012 年版，第 469 页。

⑤ 薛盘霖：《人民监督员意见的效力分析》，载《检察日报》2008 年 5 月 7 日，第 3 版。

民监督员监督意见的强制效力，是对检察机关独立行使检察权的宪法原则的侵犯。人民监督员既不能要求被监督的检察机关必须照自己的监督意见办，也不能代替检察机关作出决定，更不可能在检察机关拒绝自己的监督意见时对其施加某种制裁。① 同时，比照检察权中检察院对法院的抗诉权，也不难发现，检察机关作为法律监督机关，其意见对法院的裁决尚无实体性处理效力，又遑论人民监督员监督意见对检察院决定的效力。不过，虽然人民群众的监督对检察机关作出有关决定没有直接效力，但是它的意义在于打开了一扇窗口，让检察机关的决定过程被置于公众眼下，从而对检察机关起到了间接的约束作用。人民监督员的工作并非替代检察机关作出相关决定，或者对检察机关作出的决定进行争辩、对抗——他们只需要尽提醒义务即可。因此，有学者认为，将人民监督员监督效力限于程序性监督，是非常合理的，关键在于如何保障和强化这种程序性效力的实现。② 有学者认为，应当基于《03 年规定》中的人民监督员异议复核制度，在检察机关不接受人民监督员监督决定时，改“可以”为“应当”启动上级检察机关的复核程序，从而赋予人民监督员监督意见以较强的程序性监督效力。③ 还有学者建议，继续保留《03 年规定》中的异议复核程序，而通过增设检察机关不同意人民监督员意见的某些限制性条款实行“监督员意见审批和备案相结合”等措施④，限制性地扩大人民监督员的监督权，不失为一种折中之举。

四、“否定说”：人民监督员异议复核程序之弊

也有学者明确而直接地提出，应当取消人民监督员异议复核程序，原因有二：一是司法工作具有严格的程序性和时效性，在保证人民监督员充分了解所监督案件的同时，必须保证监督不影响法定的诉讼程序。而监督程序中的复议、复核程序烦琐，且与不起诉、撤案的备案程序重叠，同时造成监督时间过分延长，极可能导致不起诉案件超过诉讼时限。二是取消复核程序，而让持不同意见的人民监督员列席检察委员会，足以保障其监督权，也可以提高司法效率。⑤

---

① 李建明：《人民监督员监督意见的效力探讨》，载《人民检察》2005 年第 15 期。

② 陈威杰：《人民监督员监督效力研究》，中国政法大学 2010 年硕士学位论文，第 24 页。

③ 常艳：《人民监督员制度深化发展的路径》，载《国家检察官学院学报》2007 年第 1 期。

④ 龙婧婧、罗树中：《变迁语境下人民监督员制度的反思与深化》，载《行政与法》2012 年第 1 期。

⑤ 李卫东、维英：《人民监督员制度试行状况实证分析》，载《中国刑事法杂志》2011 年第 2 期。

笔者认为，前述的“备案程序”这一提法，尚不能描述上级检察机关在办理自侦案件“拟撤销”与“拟不起诉”两种情形中的决定性作用——2005年，也就是在《03年规定》出台2年后，最高人民检察院下发《关于省级以下人民检察院对直接受理侦查案件作撤销案件、不起诉决定报上一级人民检察院批准的规定（试行）》，其中规定：对于自侦案件拟撤销或拟不起诉的，业务部门将意见书移送本院人民监督员办公室，经人民监督员履行监督程序，提出表决意见后，报请检察长或者检察委员会决定。若同意，则将该意见书连同人民监督员的表决意见等全部卷宗材料，报上一级人民检察院审查。下级人民检察院根据上一级人民检察院批准或不批准的意见作出最终决定。[①]

可以看出，一方面，人民监督员的表决意见是“一并报送”上级检察院的，人民监督员无须再通过复核程序向其表述重复意见；另一方面，拟撤销、拟不起诉的决定权虽然在本级检察院，但是其批准权却在上一级检察院，可以说上一级检察院才是实质的决定者，人民监督员若有异议，其异议对象应是上一级检察院而非本级检察院。“提请上级复核”，就该是向实质上作出决定的上一级检察院的上一级提出。但这与形式上作出决定的检察院相差了两级，成了越级提请复核，增加了司法资源的开销，更增加了对业务部门办案时限的占用，最关键的是“两级检察院”同时出错的概率并不高。耗费更多的资源去解决变得更少的问题，人民监督员异议复核制度，就不免难以被接受了。

五、人民监督员异议复核制度的流变

在《10年规定》中，异议复核制度的条文没有出现，然而，“某一制度的消失，也决不是无端忽然地消失了；它必有流变”。[②] 综合《10年规定》及《检察机关执法工作基本规范》（2013版）中的内容，可以看出，当前，人民监督员表决意见到达上一级检察机关有三条路径：

第一，由上一级检察院组织对下一级检察院案件的人民监督评议会，从中产生人民监督表决意见。

第二，上一级检察院综合考虑下级检察院的拟处理决定与人民监督员表决意见作出最终决定。

① 自侦案件拟撤销或拟不起诉决定“上提一级”的做法，在2012年的《最高人民检察院刑事诉讼规则（试行）》中已明确规定，但不包括人民监督员的相关内容。包含人民监督员相关内容的部分，在2013年的《检察机关执法工作基本规范》中有规定，但不具司法解释的效力，仅为内部规范。

② 钱穆：《中国历代政治得失》，九州出版社2012年版，第2页。

第三，对“已监督的案件有关情况”向上一级检察院备案。

因而，让人民监督员的不同意见到达上级检察机关的目的，已经达到了。此外，重庆市检察机关还对持有不同意见人民监督员列席检委会作了规定，对保障人民监督员异议救济权进行了尝试。2014 年 12 月市检察院制定出台的《重庆市人民监督员监督范围和监督程序改革试点工作实施方案》中明确规定探索设置复议程序。检察机关未采纳人民监督员评议表决意见的，经反馈后，多数人民监督员仍然不同意的，人民监督员可以要求组织案件监督的检察院复议一次。复议案件由组织监督的检察院相关业务部门负责审查。复议审查过程中，可以用书面形式听取人民监督员的意见。审查终结后仍拟不采纳人民监督员意见的，应提交组织复议的检察院检委会研究，必要时也可邀请人民监督员列席检委会，再次听取意见。

六、人民监督员异议复核制度的发展

综观人民监督院异议复核制度的产生、发展乃至被取消的过程，其主要有以下四个特点：第一，设计初衷是作为一种救济措施，实施效果是比较好的；第二，无论人民监督意见效力是实体性的还是程序性的，异议复核制度都是必要的；第三，异议复核制度与其他现有制度发生重叠，导致冗余性与低效性；第四，异议复核的某些功能，已被其他形式的新制度取代。

从中可以看出，虽然异议复核制度有它的问题，而且某些功能已经被其他制度所代替，但是，作为一项救济制度，尤其是在强化人民监督员程序性监督的效果上，异议复核仍然存在它的价值。笔者认为，异议复核的发展完善应注意以下几点。

其一，异议复核应为异议复议。由于实质作出决定的已经是上一级检察机关，若要进行复核，则应向上一级检察机关的上一级提出，但这与原办案机关相隔太远，不利于了解案情，还增加了时间消耗。应将“复核”变为“复议”，直接向原办案检察机关提出，再由原办案检察机关上报“上一级检察机关”，由“上一级检察机关”的相关部门更换人员重新审查。

其二，异议复议是一种程序性监督的救济程序。由于人民监督员的监督是一种程序性监督，其异议复议的效力也应局限于此。

其三，异议复议程序必须尽量精简。由于人民监督员制度至今未立法，因此在办案期限上，人民监督员监督程序未得到专门的处理时间，只能挤占办案时间。为避免占用办案时间过长，降低办案效率，人民监督员异议复议必须尽可能精简，以独立审查为原则，以协同审查、公开审查为例外。

其四，事后监督要分情形对待。有观点认为，为不挤占办案时间，可将异议复议的时间节点置于检察机关作出相关决定之后，异议复议就成了事后监督程序。然而，按照刑事诉讼法相关规定的原则，要重新立案，必须有“新的事实或证据”，那就要求人民监督员针对检察机关作出撤销案件决定提出异议复议，也必须有“新的事实或证据”。除此之外，重新提起公诉，以及其他“八种情形”则没有太严格的要求，只需“确有错误”即可。因此，除对“撤销案件”的情形进行事后监督有严格条件之外，对其余情形进行事后监督，也可以是另外一种不挤占办案时间的做法。

媒体监督在法治国家建设中的正确定位

钱学敏*

媒体审判和媒体立法是媒体监督的具体形式，是社会民众对国家法治建设参与权的体现。理性的媒体监督是法治健康发展的内在动力而不是外在压力，引当予以重视。但有在当前，以刑事法治为例，我们可以看到媒体监督仍有许多不理性观点的出现，并在一定程度影响了司法工作的正常运行。刑事法治的全部主体，包括立法机关、司法机关、执法机关和普通民众都应对此现象有正确理解并合理应对，以使媒体监督成为推动刑事法治发展的动力而不是阻力。

一、普通民众在刑事法治建设中的主体地位

法治需要“全民参与”，民众是刑事法治建设的主体力量，而不仅仅是刑事法治的治理对象。在法治领域，普通民众是建设者，起到积极的参与和推动作用，而不能简单地将其定位为被动的法治服务或管理对象。

（一）法治的基本含义：法律之治和良法之治

法治的基本含义是指依法治理，是一种治国方略和社会调控方式。现代法治概念源于西方，首倡于古希腊的亚里士多德。他在《政治学》一书中讲道：“法治应该包含两重意义：已成立的法律获得普遍的服从，而大家所服从的法律又应该本身是制定得良好的法律。”① 这首次明确了法治的两个基本含义：一是法律之治，二是良法之治。近现代以后，现代法治的内涵虽在不断丰富，但始终没有脱离亚里士多德的两个结论。如英国学者戴雪提及法治应当具有的三个相互关联的意义：一是非经法定程序和普通法院审判，人民的财产和身体不受不利的处罚；二是法律面前人人平等；三是英国宪法是个案判决所积累的结果。这里除第三项是对英国法律体系特色的总结外，前两项是对法律之治的

* 重庆市沙坪坝区人民检察院检察委员会专职委员，四级高级检察官。

① ［古希腊］亚里士多德：《政治学》，吴寿彭译，商务印书馆1965年版，第199页。

强调。又如，德国哲学家康德所提倡的“国家必须依靠法律来统治，法律应该成为界定与人民权利界限基于理性的认知”。[①] 这里前半句强调“法律统治”，后半句强调“理性认知”，显然是亚里士多德法治观念的延伸。

近代以来，我国各方面始终保持向西方学习的态度，西方的法治观也逐渐被引入国内。基于我国实行社会主义政治体制的特点，执政党将法治理念归结为社会主义法治理念，包括依法治国、执法为民、公平正义、服务大局、党的领导。除去一些偏向政治性的表述如服务大局、党的领导外，可以看出我们国家正在进行的法治国家建设的核心依然是法律之治——依法治国和良法之治——执法为民、公平正义。

（二）刑事法治是刑事领域的法治

“刑事法治是刑事领域的法治”，[②] 刑事法治是法治的下位概念，两者是种属关系。基于法治理念，可以自然得出刑事法治的基本含义，一是刑事领域治理依刑事法进行，二是刑事法应是制定良好的良法。刑事法治可分为形式的刑事法治和实质的刑事法治。“前者追求的是刑法的安定性，意在促成刑法的和平与稳定；后者追求的是实质的正义，意在追求实现社会公正和公共福祉。”[③] 这种分类依然源自法律之治和良法之治的理念。

基于刑事法相对于民事法和行政法的特点，可以总结出刑事法治的特点：一是更强调法的安定性。因为刑法是法律体系的最后保障，掌握着刑罚这一最为严厉的调整手段，刑法的目的更多的应是强调维持社会稳定，这就要求刑事法律自身具有稳定性。二是更强调民众的接受度。刑法的调整对象广泛，社会生活的方面都有刑法涉及，关系到民众的全部的切身的利益，这就需要刑事司法本身能在更大程度为民众接受。三是强调刑事法治的谦抑性。相对于民事法治、行政法治，只有在最不得已时才能用刑法这一调控手段治理国家。

（三）民众是刑事法治建设的主体

从以上关于刑事法治的论述，似乎可以得出刑事法治就是权力机关严格依照制定良好的刑事法律治理或保护普通民众，刑事法治的主体是立法机关、司法机关等权力运行机关，而普通民众只是刑事法治的治理对象或保护对象的结

---

① 陈新民：《德国公法学基础理论（增订新版·上卷）》，法律出版社2010年版，第6页。

② 陈兴良：《刑事法治的理念构建》，载《刑事法评论》（第6卷），中国政法大学出版社2000年版，第1页。

③ 刘艳红：《包容性刑事法治国之构建与提倡——刑事法治国基本模式之冲突与出路》，载《现代法学》2009年第2期。

论。这种观点忽略了民众在法治建设中的主体地位，不应为现代社会所取。这种观点强调“中国司法要成其为司法，就不可能大众化”，[①] 认为应以法律人及其职业伦理和专业知识成为法治的主体。这样的观点有失偏颇，普通民众不能简单地定义为“法律工具”的治理对象，而应是积极参与的主体。正如知名学者陈忠林教授所言“良心教育优于业务教育”，“民主化必须优于职业化”。[②] 在法治社会中，法律从业者虽然扮演着重要角色，但普通民众才是法治社会的主要组成部分，不能因过于强调职业化以致忽视普通民众的主体地位。

首先，从法律之治的角度讲，普通民众参与并推动着刑事法治的发展与完善。如果说普通民众是法律工具的治理对象，那包括立法机关、司法机关、律师等在内的法律从业者不一样受法律的约束吗？在法治社会中，任何个人或团体都要受法律约束，不能从这个角度否定普通民众的主体地位。以民事法为例，法院审判组织中的人民陪审员是普通民众介入司法的最佳例证；以刑事法为例，且不说人民检察院正在大力推行的人民监督员制度，检举、控告、举报等公民权利也是普通公民介入刑事司法的例证。当然，相对于以私权为主的民事法治和公私兼有的行政法治，刑事法治的公权力味道更浓，但这不能排除人民是刑事法治的主体，享有刑事立法、司法等工作的监督权，参与并推动着刑事法治的发展与完善。

其次，从良法之治角度讲，普通民众是良法的制定者和鉴定者。从效力位阶上，我国现行法律法规可以分为宪法、基本法及其他部门法规。我国最高立法机关是全国人民代表大会，宪法和基本法由全国人民代表大会制定和审议。全国人民代表由人民选举产生，代表全国人民的根本利益，全国人民代表大会及其党委会制定通过的法律法规自然代表着普通民众的意志。其他部门法规，由最高司法机关，包括最高人民法院、最高人民检察院和其他行政部门如公安部、国务院各部委等制定。但这些法规不得同宪法和基本法冲突，依然是在人民意志范围之内。上述法律法规都是民众集体意志的体现，普通民众才是法律的制定者。同时，在法律法规施行过程中，普通民众享有监督权，能够对法律实施的好坏做积极监督，并要求执行机关及时调整、立法机关适时修订。因此，普通民众也是法律是否良好的鉴定者。

当然，当前普通民众在刑事法治建设中的主体地位不够明确，权利行使有

① 张千帆：《司法大众化是一个伪命题》，载《经济观察报》2008 年 7 月 28 日，第 48 版。

② 陈忠林：《中国法治应该怎样向前走》，载《经济观察报》2008 年 7 月 21 日，第 39 版。

待强化。上述所举普通民众在刑事司法过程中的权利未能得到充分行使。这是我们国家法治建设需要注意和加强的地方，是刑事法治未来的发展方向，是实然的现状，而不是应然的追求方向。

二、媒体监督是普通民众参与刑事法治建设的重要形式

监督权是民众参与刑事法治建设的重要权利，媒体是普通民众行使监督权的重要平台。尤其是互联网、新媒体迅速发展的今天，媒体监督的影响力日益扩大，成为了民众了解法治、表达观点的主要渠道。

（一）我国宪法规定的人民监督权

我国《宪法》第3条规定："全国人民代表大会和地方各级人民代表大会都由民主选举产生，对人民负责，受人民监督。国家行政机关、审判机关、检察机关都由人民代表大会产生，对它负责，受它监督。"第17条规定："一切国家机关和国家工作人员必须依靠人民的支持，经常保持同人民的密切联系，倾听人民的意见和建议，接受人民的监督，努力为人民服务。"这是普通民众对我国法治建设行使监督权的宪法依据。

习近平总书记在2012年12月4日我国宪法施行30周年纪念会的讲话中讲道："宪法的生命在于实施，宪法的权威也在于实施。"① 那么保障人民的监督权，包括对于我国法治国家建设的监督权正是宪法实施的重要内容之一。因此，人民对法治建设实施监督权有宪法依据，是宪法实施的必然要求。

（二）媒体监督是人民监督权的重要形式

普通民众对国家法治实施监督的形式除直接向相关机关反映外，主要借助于媒体。这就形成了媒体监督的概念。所谓媒体监督，是指报刊、广播、电视等大众媒体对各种违法违纪行为特别是国家公职人员违法犯罪、渎职腐败行为所进行的揭露、报道、评论或者抨击。媒体是传播信息的媒介，是信息宣传的平台。当前主要的媒体形式包括：报纸刊物、广播、电视、互联网、移动网络五种形式，其中互联网和移动网络是新媒体，前三种是传统媒体。媒体，尤其是新媒体，具有传播速度快、范围广、受众多等特点，且在自媒体时代后，普通民众言论进入门槛较低，极大方便了各种观点、言论的发表扩散。据中国互联网络信息中心发布的数据显示，截至2013年12月，中国网民规模达6.18

① 《习近平：宪法的生命在于实施宪法的权威也在于实施》，载 http://news.ifeng.com/mainland/detail_2012_12/04/19829429_0.shtml。

亿。其中，网民中使用手机上网的人群占比由 2012 年底的 74.5% 提升至 81.0%，手机网民规模继续保持稳定增长。① 可以想见，以网络信息技术支撑的新媒体，已经且将继续带来信息传播革命，形成普通民众发表自己声音的重要平台。

在此基础上，人民对国家法治建设的监督权的实现能够迅速发展。打开门户网站，媒体对立法司法活动、具体案件的报道和讨论占据主要位置。以媒体监督为关键词，在百度中可搜索到相关项 2820 余万条。以媒体监督为关键词，在中国知网可搜索到相关文章 611 篇，且全部集中在 2000 年以后。以互联网和移动网络等新媒体为载体的媒体监督已经成为新世纪以来普通民众行使监督权，参与法治建设的重要形式。与之相呼应的，媒体监督也进入了立法者的视野，2005 年 1 月 30 日通过的《深圳市预防职务犯罪条例》就成为首次在立法中明确媒体监督的法规文件。②

（三）当前媒体监督的主要特点

基于网络信息技术迅速发展的媒体监督，其公认的特点包括以下几项：监督主体的复杂性、监督对象的广泛性、监督载体的多样化、监督过程的互动性、监督效果的可量化。③ 另外，在刑事法治领域，媒体监督还具有内容多集中于贪污腐败犯罪、④ 媒体监督对个案审判造成一定影响、⑤ 媒体监督的范围从媒体审判向媒体立法渗透⑥等特点。

三、从醉驾入刑看媒体监督的理性评价

媒体监督并非全是正面影响，其消极作用已为社会所认识。近几年热炒的“醉驾入刑”为我们提供了可供分析的典型案例。当然，我们以醉驾入刑为例做思考，并不是否定醉驾入刑的积极意义，而是提醒媒体监督有可能会对法治

---

① 《我国网民 6.18 亿超八成手机上网》，载 http://www.chinastock.com.cn/yhwz_about.do?methodCall=getDetailInfo&docId=3949186。

② 该条例第 19 条明确规定：“新闻媒体对国家工作人员履行职务的行为进行舆论监督，并对其宣传报道负责。有关单位和国家工作人员应当自觉接受新闻媒体的监督。”

③ 姚广宜、张砥：《网络环境下的媒体监督的特点》，载《中国政法大学学报》2012 年第 1 期。

④ 《网络举报促进反腐　专家称需用好“双刃剑”》，载 http://news.xinhuanet.com/legal/2012-05/03/c_111878731.htm。

⑤ 为此，最高人民法院于 2013 年 11 月 21 日出台的《关于建立健全防范刑事冤假错案工作机制的意见》中明确提出人民法院不能因舆论炒作作出违反法律的裁判。

⑥ 《“醉驾入刑”与媒体立法化倾向反思》，载 http://npc.people.com.cn/n/2012/0803/c14576-18662933.html。

发展造成不利影响，要谨慎对待。

（一）醉驾入刑效果并不理想

醉驾入刑是在媒体的炒作下推进的，其真实效果并不尽如人意。以公安部数据为例：2012 年 4 月 29 日公安部网站公布的数据为酒驾（包括醉驾）违章行为同比降低了 41.7%①，2013 年 5 月 1 日公安部网站公布的醉驾入刑 2 年来酒后驾驶（包括酒驾与醉驾）同比下降 39.3%，入刑 2 年来全国查处酒后驾驶 87.1 万起，其中醉驾 12.2 万起②。但是，2009 年 8 月 15 日至当年 12 月 31 日，在尚未运用刑法规制醉驾的情况下，公安机关依据行政法规整治醉驾，在整治期间“酒后驾驶导致交通事故起数、死亡人数与去年同期相比分别下降 37%、39.6%”，且 3 个半月内即实现“全国共查处酒后驾驶违法行为 30.4 万起，其中醉酒驾驶 4.1 万起”。③ 两相比较，不管从下降比例还是查获的绝对数量上，似乎依靠行政手段同样可以有效控制醉驾。即便在今天，我们依然可以看到大量关于“‘醉驾入刑’两年了，酒驾案为何不升反降”④ 类的报道。

同时，醉驾入刑并没有带来交通肇事犯罪数量的显著减少。以上文所举公安部 2013 年 5 月 1 日公布的数据来看，2012 年 5 月 1 日至 2013 年 4 月 30 日，全国因酒后驾驶导致交通事故起数同比下降了 12.4%。其中，因醉酒驾驶导致交通事故起数、死亡人数和受伤人数，同比分别下降 35.2%、21.1% 和 34.7%。但在上文所述 2009 年期间公安部数据显示，因酒后驾驶导致交通事故起数、死亡人数与去年同期相比分别下降 37%、39.6%。这样看来，醉驾入刑后对交通事故行为的控制并不比以行政手段整治的效果更明显。这一方面是因为醉驾和竞速在交通肇事类案件中所占比例有限，另一方面也说明危险驾驶罪的设立不会附带唤起社会对其他交通规则的普遍重视。

由上可见，醉驾入刑后的治理效果并不比严格行政执法更好。考虑到刑事司法资源的紧缺性，刑法在法律体系中作为“最后保障”的地位，醉驾入刑

① 《公安部交管局：全国酒驾醉驾降幅均超四成》，载 http://www.mps.gov.cn/n16/n1252/n1837/n2557/3227129.html。

② 《醉驾入刑两周年治理成效显著》，载 http://www.mps.gov.cn/n16/n1252/n1837/n2557/3753879.html。

③ 《公安部下发指导意见健全酒驾查处长效机制提高违法成本加大综合治理》，载 http://www.mps.gov.cn/n16/n1252/n1837/n2557/2260071.html。

④ 《“醉驾入刑”两年了酒驾案为何不降反升》，载 http://www.jhnews.com.cn/jhrb/2013-05/14/content_2779721.html。

的合理性或说性价比有待商榷。

（二）媒体监督的非理性

醉驾入刑本身就有些仓促，是被社会舆论绑架的“媒体立法”。社会舆论会对“对司法施予不恰当的影响”,① 形成“媒体审判”，同样也会影响立法者的心态，导致某种程度的迎合舆论强烈情绪的“媒体立法”。危险驾驶罪就是受近几年来黎景全案、孙伟铭案、胡斌案等一系列醉酒驾驶、超速驾驶酿致的惨案的影响。这些案件的犯罪人大多具有“富二代”“官二代”的身份标签，并被媒体形容为漠视生命、轻视法律的极端性格，很容易引起社会的偏激议论。再加上近年来社会对司法工作日益增加的不信任和新闻媒体有意无意地片面或夸张报道，醉驾入刑、超速入刑的呼声一涌而起、愈演愈烈，并最终推动立法者下定决心设立危险驾驶罪。正如刑法修正案（八）草案说明中所讲，危险驾驶罪是“人民群众反映强烈”的犯罪。这也正好解释了为什么与醉驾和超速的危害性相当的超载没有纳入刑法规制，因为超载大部分是车主出于生计需要，“辛苦劳动”而已，群众对其反应不强烈。所以，危险驾驶罪的设立在一定程度上是被舆论绑架，其合理性和必要性有待作进一步的论证。而且，这样的状况有可能在新的立法过程中一再重演，这不得不引起我们的重视。

（三）理性地评价媒体监督效果

从醉驾入刑的案例我们看到，媒体给立法司法机关都施加了一定的压力，并且影响到刑事法治的进程。但是这一影响有可能是负面的，显示出媒体监督的急躁和不理智。对于媒体监督中出现的观点，普通民众和法律从业者都应当理性分析，应当尽量通过真实数据做客观分析，而不能盲目跟从舆论焦点和热点。有时候，真实数据反映出的结果会与我们的想象大不一样，客观事实会推翻原先的主观判断。这时，就需要各方在尽可能掌握全部事实的情况下，作出中立客观的判断。同时，要尊重媒体和民众充分表达自身观点的权利，并在观点冲突碰撞中发现真相、发现真理。

总之，在法治国家建设过程中，普通民众扮演者重要的参与者的角色，其作用很大一部分通过媒体监督体现。以刑事法治建设为视角，我们看到媒体监督的力量越来越大，且呈现从媒体审判到媒体立法的渗透过程。对于媒体监督

① 朱健、王人博：《“媒体审判”负面效应批——兼论构建传媒与司法间的和谐关系》，载《政法论丛》2006 年第 6 期。

的效果应当理性评价，不能仅凭主观判断，盲目跟从舆论热点、焦点，跟从未经实践检验、偏激甚至错误的言论观点。真实的数据最能反映法治效果，醉驾入刑就为我们提供了很好的参考。在今后的法治建设中应当越来越多的发挥媒体监督的积极作用，减少其负面影响。媒体从业者、司法机关及政府相关部门都应在自己的领域内做好对媒体监督的引导。

检察官司法责任追究的程序设计

杨洪广*

完善司法责任制是十八届三中、四中全会部署的重要改革任务，是司法体制改革必须紧紧牵住的“牛鼻子”。最高人民检察院于2015年9月发布《关于完善人民检察院司法责任制的若干意见》（以下简称《意见》）从健全司法办案组织及运行机制、健全检察委员会运行机制、明确检察人员职责权限、健全检察管理与监督机制、严格司法责任认定和追究等方面，着力构建了具有中国检察特色的检察权运行机制和司法责任体系。其中，对于司法责任的追究程序问题，《意见》规定相对较原则，笔者结合工作实际，进行了思考，以期对相关工作有所裨益。

一、建立司法责任追究的意义

长期以来，检察机关办案的主导模式是“检察官承办—部门负责人审核—检察长（检察委员会）审批决定”。这种办案模式在司法实践的历程中，发挥了积极作用，既能较好地体现检察一体，保证法律的统一适用，又能较好地强化对检察办案工作的领导和监督，防止检察权的滥用。但是，随着法治建设的深入推进和检察官职业素能的提升，这种“三级审批”模式已不能适应检察工作的需要，审批层级过多，影响办案效率，特别是“责任分散、主体不明、责任难追”，出现“逐级审批层层把关、集体负责而无人负责”现象，同时，也难以适应检察官队伍职业化、专业化建设的发展方向。

完善司法责任制为核心的四项改革，实现“权责统一”，不仅使入额检察官在授权范围内相对独立行使办案决定权，突出体现司法的亲历性、判断性和独立性，而且对司法责任作出了很好的注脚，检察官对自己的决定负责，对办案质量终身负责，切实做到“谁办案谁负责、谁决定谁负责”。权责统一乃世

* 重庆市人民检察院办公室主任、检察委员会委员，三级高级检察官。

界通例，也是中国古代乃至近代社会的司法惯例。① 根据人类司法责任演进情况和我国实际，我国应以故意违法责任和重大过失责任作为司法责任的主要形式，其中重大过失责任要以造成严重后果或者恶劣影响为前提。② 检察官作为司法官之一，其司法责任的范围，应当包括故意违反法律法规责任、重大过失责任和监督管理责任。对于检察官在履行职责中尽到必要注意义务，没有故意或者重大过失的，不承担司法责任。与司法办案活动无关的其他违纪违法行为，以及司法瑕疵，依照相关纪律规定处理。③

建立和完善检察官司法责任制追究制度，是促进检察官勤勉敬业、维护检察官整体形象和职业声誉的需要，也是体现社会公平、完善国家法制的需要。对检察官司法责任的追究应当通过严格的程序行使，这既是保证责任追究的公正性和必要性的要求，也是维护检察官正当权利的要求。具体程序的构建，既要明确检察官违反法律规定和纪律规范应当受到处分，又要从程序上保障检察官不受不当处分和依法申诉的权利，切实防止检察官因怕追责而畏手畏脚行使检察权。同时，应当坚持惩戒与教育相结合的原则，给予检察官责任追究的目的是“惩前毖后、治病救人”，追责不是目的，更是为了教育和挽救违法违纪的检察官。

二、构建司法责任线索发现与管理机制

发现线索、管理及甄别使用线索是开展司法责任追究的第一步。正是由于发现司法责任线索存在困难，因而有必要以检察机关的改革为契机构建和完善司法责任线索来源及管理机制。检察机关在司法责任线索的发现制度上需要充分考虑检察权的运作方式，根据检察权的多种运作方式，建立内部和外部两种机制来发现司法责任线索。

（一）检察机关内部发现线索

根据检察权具有司法属性、行政属性和监督属性的多元性，检察机关各部门在履职过程中，都有可能发现线索。一是通过案件质量评查发现线索。检察机关需要通过建立常态化、制度化的工作制度来发现线索，应当考虑在日常的工作中建立案件评查机制。通过建立健全案件评查制度，一方面能够通过案件

① 参见崔永东：《司法责任制的传统和现实》，载《人民法院报》2015年6月5日，第5版。

② 参见朱孝清：《错案责任追究的是致错的故意或重大过失行为——再论错案责任》，载《人民检察》2015年第17期。

③ 最高人民检察院《关于完善人民检察院司法责任制的若干意见》第32—36条的相关规定。

评查发现线索，检察机关主动纠错；另一方面可以起到监督作用，促使检察官提升案件的质量意识，提高各类案件的办案质量。首先，应当紧紧盯住最容易出现质量问题、最可能需要追究过错责任、最可能影响检察机关执法公信力的案件展开，如检察机关侦查终结移送起诉后作撤销案件或者绝对不诉处理的职务犯罪案件；被批准或者决定逮捕的犯罪嫌疑人，因没有犯罪事实或者依法不应当追究刑事责任而撤销案件、作绝对不起诉的案件；撤回起诉作不起诉处理的案件；收集、举示的证据被法院认定为非法证据予以排除，导致判决改变指控罪名、犯罪事实或者法定量刑情节的案件；提起公诉的被告人被判无罪且已发生法律效力的案件；刑事申诉复查后改变检察机关原处理决定的案件。① 凡是出现以上情形案件，由上一级检察院负责评查。评查后认为案件承办人在办理案件过程中涉嫌故意或重大过失，应当将其作为司法责任追究线索进行移送。另外，对于发生冤假错案，以及出现犯罪嫌疑人、被告人逃跑或者死亡、伤残等严重后果的，无须评查，应当直接作为司法责任追究线索予以调查。二是检察业务管理部门在流程监控，涉案财物监管，接待辩护人、诉讼代理人，司法规范化检查等工作过程中，发现需要追究检察人员司法责任的，应当及时移送线索。三是控告申诉检察部门、刑事执行检察部门办理控告、刑事申诉、国家赔偿等案件，发现需要追究检察人员司法责任的，应当及时移送线索。四是办案部门以及办公室、负责人民监督工作的部门等内设机构在履职过程中，通过司法办案内部监督和部门间相互制约过程，与党委、人大、政府、政协，以及其他司法机关工作联系过程，与人大代表、政协委员及各民主党派、工商联和无党派人士和特约检察员、人民监督员日常联络过程等监督监督途径发现线索的，应当及时移送。

（二）检察机关外部发现线索

在司法责任线索的发现上不应做过多的限制，需尽可能的拓宽发现途径。因为在刑事诉讼中案件的处理涉及诸多刑事诉讼主体，这些刑事诉讼主体与案件存在着利害关系，任何刑事诉讼主体均有可能发现线索并通过申诉途径向检察机关反映，他们对案件的事实、证据、案件的办理程序有一定的了解，应当允许各个诉讼主体向检察机关提出申诉。

① 2014年4月29日，重庆市人民检察院第四届第二十次检察委员会讨论通过了《重庆市检察机关“六类案件”质量评查工作办法（试行）》，将以上案件称为“六类案件”，分院、基层院的一旦出现，将由上一级院进行案件质量评查。

三、科学合理明确司法责任调查主体

在司法体制改革的背景下，鉴于省级以下人财物的统一管理和启动司法责任调查程序案件量不多的状况，可以考虑由省级检察院纪检监察部门统一管理、调查线索。地市级院、基层检察院纪检监察部门在收到追究司法责任线索后，应当及时报送省级检察院纪检监察部门。省级检察院纪检监察部门的职权除了包括内部移送案件的初步筛选权，还包括对于司法责任的初步调查和认定职能。由于纪检监察部门工作力量有限，且没有设置员额内检察官，完全赋予其调查认定权会显得力量不足，而且会给人以“非专业人士调查检察官之事”之口实，所以涉及司法责任的审查、处理与监督，应当由其牵头，抽调检察业务专家、相关业务骨干、专家学者以及地市级院、基层院纪检监察部门工作人员等组成调查组。对于涉及大检察官的司法责任线索，应当报送最高人民检察院统一管理、调查。最高人民检察院机关检察官的司法责任线索，由最高人民检察院纪检监察部门统一管理、调查。

四、明确调查程序和方式方法

无论是检察机关通过内部自主发现线索还是通过外部发现线索，是否需要追责仍然需要通过程序进行认定，包括简易调查程序和普通调查程序。设定两种程序的目的，一方面在于过滤掉那些明显不需要追责的情况，另一方面通过普通调查程序搜集到更为充分翔实的材料以作出准确的判断。简易调查程序中，省级检察院纪检监察部门收到或者受理线索后，应当对线索进行初步调查。初步调查后，认为不属于司法责任范围的或者不需要承担司法责任的，提出不予启动司法责任追究程序的书面意见，经纪检组组长审核后，报检察长决定。认为需要追究司法责任的，经纪检组组长审核后，报检察长决定，启动普通调查程序。省级检察院纪检监察部门应当及时成立调查组，通过查阅有关案件卷宗及其他相关资料；要求被调查人员就调查事项涉及的问题作出解释和说明；与相关知情人员谈话、了解情况；察看司法办案现场，走访相关单位等方式开展调查。调查组形成初步调查结论后，应当听取被调查人的陈述、申辩和相关办案部门负责人的意见。对申辩采纳或者不予采纳，应当在调查报告中说明理由。对初步调查结论，调查组应当听取被调查人员所在检察院纪检组组长、检察长的意见。调查结束后，调查组应当进行深入审查，得出调查结论及处理意见等。

五、组建检察官惩戒委员会

为进一步确保惩戒检察官的权威性，引入检察官惩戒委员会很有必要。2016年10月，最高人民法院、最高人民检察院共同出台了《关于建立法官、检察官惩戒制度的意见（试行）》。检察官惩戒委员会是按照专业性、广泛性的要求，选聘有关专家组成的、从专业角度对检察官在司法办案过程中是否应当承担司法责任进行审查的组织。从国外的制度建构来看，无论是法国的最高司法委员会，还是德国的职务惩戒法庭，对检察官作出纪律裁决的主体保持相对独立性是检察官纪律惩戒程序的核心理念之一。① 具体设置上，“两高”出台的意见明确，在省（自治区、直辖市）一级设立法官、检察官惩戒委员会。笔者认为，同时可以考虑在全国一级也设置检察官惩戒委员会，负责对大检察官以及最高检机关检察官的惩戒进行审查，提出建议。具体程序上，对于大检察官以及最高检机关检察官故意违反法律法规或者重大过失，应当追究司法责任的，由最高检统一与全国检察官惩戒委员会对接，向其通报当事检察官的故意违反法律法规或者重大过失事实及拟处理建议、依据；对于省（自治区、直辖市）以下检察官违反法律法规或者重大过失，应当追究司法责任的，由省级检察院统一与省一级检察官惩戒委员会对接。具体议事程序上，检察官惩戒委员会，应当及时对当事检察官的故意违反法律法规或者重大过失事实、依据进行审查，作出无责、免责或者给予惩戒处分的建议，移交最高人民检察院或者省级检察院予以依法处理。

六、设置检察官申诉救济程序

被追究司法责任的检察人员对处理决定不服的，可以自收到处理决定书之日起30日内，向省级检察院纪检监察部门提出复查申请。纪检监察部门在收到复查申请后，应当听取申诉人的申诉意见，另行组织复查。复查期间，不停止原决定的执行。复查应当组织原调查小组以外的人员办理。复查申诉案件，必须调阅原案进行全面审查，不受申诉内容的限制。复查应当对全部材料进行书面审理，必要时也可以要求检察官所在部门对部分事实直接进行调查核实，并按普通调查程序进行。复查后认为，原处理决定正确的，维持原决定；需要改变原处理决定，并认为需要追究检察官故意违反法律法规责任或者重大过失

① 参见林中梁、殷明胜、刘树德：《德、法司法制度考量》，载《人民法院报》2004年11月10日。

责任的，仍须移送检察官惩戒委员会审议。

七、建立健全配套制度

（一）保密制度

纪检监察部门、调查组及惩戒委员会应当全程对案件的所有信息进行保密，包括案件当事人的信息，涉案检察官的信息，案件的调查情况以及与案件相关的所有信息。惩戒委员会成员在被召集之前将不会被告知自己将要参与哪一起案件的调查和评议，被调查的检察官在调查正式开始之前也不会被告知由哪些惩戒委员会委员将参与其案件评议。在追责决定作出之前，所有调查及评议人员不应向社会公布案件的调查情况。即使决定免于追责的，都不应透露涉案检察官曾受到调查。

（二）告知制度

调查程序启动后，被调查的检察官会应当被告知其已经受到纪检监察部门调查，以及其在受到调查期间的权利和义务。被调查的检察官可以主动向调查小组提出辩解并且提供证据。

（三）回避制度

惩戒委员会及调查小组的成员与被调查案件存在利害关系的，与被调查的检察官存在近亲属关系、上下级关系、来自同一个检察院或者其他可能影响案件调查的关系的，不得参与调查及评议，纪检监察部门在发现存在上述需要回避的情形时，应当重新确定调查组成员，建议惩戒委员会更换委员。调查小组成员及惩戒委员会成员发现自身存在应当回避的情形时，应当主动提出申请自行回避。

我国检务公开法治化探析

廖　伟*

检务公开是司法公开的主要内容之一，而司法公开则是提升司法公信力、促进司法公正的基础和前提。实行检务公开，是确保检察权在阳光下运行的重要步骤，是维护司法公信力和促进司法公正的必要措施。① 党的十八大报告提出“推行权力运行公开化、规范化，完善党务公开、政务公开、司法公开和各领域办事公开制度，让人民监督权力，让权力在阳光下运行”。随后召开的十八届四中全会要求“构建开放、动态、透明、便民的阳关司法机制，推进审判公开、检务公开、警务公开、狱务公开，依法及时公开执法司法依据、程序、流程、结果和生效法律文书，杜绝暗箱操作”。提出了检务公开的具体目标为：构建开放、动态、透明、便民的阳关司法机制，公开的具体内容为：依法及时公开执法司法依据、程序、流程、结果和生效法律文书。因此，推进检务公开，就必须对其法律依据以及存在的问题进行详细的论证，并在此基础上确定检务公开法治化的方向和内容。

一、检务公开的法理依据

检务公开即将检察工作有关的信息向社会开放，满足群众的知情权，从而使其全面接受社会的检查和监督，并在此基础上保证检察工作更好地达成司法公正的目的。② 从法理的角度分析，检务公开的功能主要体现在以下方面，简述如下。

（一）保证公民知情权的实现

“知情权”即公众对关系到其自身利益的信息拥有获知的权利。按照《亚特兰大知情权》宣言中所述，知情权是人类的尊严和平等，乃至公正与和平

---

* 重庆市人民检察院案件管理处副处长（案件管理中心副主任），四级高级检察官。

① 齐珊珊：《检务公开研究》，山东大学 2015 年硕士学位论文。

② 张永红、吴茵：《检务公开的法理基础》，载《湖南社会科学》2010 年第 6 期。

的基础，是基本人权的一种。知情权是实现一系列重要的社会职能，包括公众参与、行政效率、打击腐败，乃至人类发展和社会包容，一切其他重要的公民政治权利和经济权利的基础。而检务公开则是保证公众获得对其自身利益息息相关的检务信息的基本方式，是检察机关承担的一项基本义务。[①] 只有通过检务公开的方式，公众才能在获知相应的信息的基础上对检察工作进行监督，才能保证检务工作的规范性和权威性，以及保障相关人员的人权等功能的顺利实现。因此，从法理的角度，保障公民的知情权是检务公开最基本的功能以及实现其他功能的前提。

（二）保证检务工作的规范性和权威性

资本主义启蒙思想运动的代表人物孟德斯鸠在其《论法的精神》即对权力的这一特征进行过精辟的论述。“任何拥有权力的人都可能对权力进行滥用，这是人类万古不易的真理。拥有权力的人会将权力一直使用到遇到相应的限制才会罢休。”[②] 为了遏制权力的这种自我扩张冲动，必须对其进行相应的限制，而对其进行监督则是对其进行限制的重要手段之一。检务公开不仅为群众对检察权进行监督提供了法定的平台，而且也为这一监督权的顺利实行提供了可靠的信息基础。因此，要保证检察工作的规范性和权威性，就必须实行检务公开，使检务工作时刻受到公众监督，确保检察权能够依法行使，从而使人民对其保持足够的信任。只有通过检务公开的方式，将检务工作直接置于公众的监督之下，才能使其规范性和权威性得到有力的保障。

（三）保障人权

检务公开将具体的检务工作直接置于公众的监督之下，尤其是对具体案情的检务公开，可以大大加强相关公众尤其是犯罪嫌疑人、被害人以及证人等对其具体执法过程进行监督的能力。检务公开要求将相关的法律规定、检察工作制度、具体的案情，以及检察机关和其工作人员的相关信息对公众开放，从而不仅使公民能更好地获得相应的法律知识，而且能对具体检察人员的工作是否依法进行正确的评判。尤其是对犯罪嫌疑人和证人来讲，其对自身在相应办案过程中的诉讼权利和义务的充分了解，有利于其依法抵制检察人员各种不符合规范的执法行为。因此，从法理的角度，检务公开通过加强公众尤其是犯罪嫌疑人、证人等对检务工作的监督能力，可以从根本上减少乃至根除类似刑讯逼

---

① 高一飞、张绍松：《检务公开中公民知情权的实现》，载《人民检察》2014 年第 11 期。

② 高尚：《孟德斯鸠与〈论法的精神〉》，人民出版社 2010 年版。

供等侵害诉讼参与人人权的现象，从而使检察工作涉及的一般公众的人权得到更好的保障。①

二、检务公开的现状检视

从1998年最高人民检察院发布《关于在全国检察机关实行“检务公开”的决定》开始，我国检务公开工作经历了从萌芽到逐步完善的过程，取得了相当的成绩，然而，其同检务公开需要达到的目标相比，仍然存在一系列亟待解决的问题。

（一）检务公开的现状

1. 初步形成了比较完整的检务公开制度体系

从1998年检察系统开展检务公开工作以来，最高检于2006年发布了《关于进一步深化人民检察院“检务公开”的意见》，尤其是最高人民检察院于2014年6月20日出台了《人民检察院案件信息公开工作规定》（以下简称《规定》），文件对案件信息公开的原则、范围、内容、救济程序等进行了全方位的规定。全国检察院系统结合本地实际均进行了相应的检务公开工作制度体系的配套建设，不少地方检察机关颁布了专门推进检务公开工作的专门规范性文件，制定了相应的检务公开工作实施方案。如山东省人民检察院在2006年颁布的《山东省检察机关“检务公开”实施办法（试行）》、上海市人民检察院在2011年颁布的《上海检察院机关检务公开的实施意见》、重庆市人民检察院出台了《贯彻落实案件信息公开的实施细则》等。与此同时，很多检察院还为检务公开工作建立了一系列配套制度，如定期通报制度和例会制度、考核评价制度、追责制度和经费审核和保障制度等。② 总体上来讲，虽然各地的检务公开制度存在一定的差异，但通过多年的制度建设，已经初步形成了比较完整的检务公开的制度体系，基本上保证了检务公开工作在整个检察系统的推行。

2. 检务公开范围不断扩展

按照最高人民检察院推进检务公开的要求，全国检察系统在法律允许的框架内，积极进行相关检务的信息公开工作。从最开始的和检察工作有关的法律法规以及具体的检察工作制度和规定等规范性文件的公开，到目前包括案件信息、法律文书、统计数据乃至预算信息和经费信息等，都被纳入了检务公开的范围。其中尤其是对案件信息和法律文书的公开，对加强公众对检务工作的监

① 易志斌：《检务公开制度的法理思考》，载《湖南社会科学》2009年第5期。

② 孙晓茹：《浅析如何以检务公开促司法公正》，载《中国检察官》2015年第11期。

督，保障人权等方面，有着特别重要的作用，有力地保证了检察工作的规范性和权威性。

3. 检务公开的形式多样化

近年来，检察机关充分利用信息技术的成果，并以互联网为中心，使检务公开工作的形式日益多样化，大大降低了公众获得相应检务信息的难度。就目前来讲，各地检察院采用传统和现代方式相结合的模式，建立了多种多样的富有特色的检务信息公开体系。一方面，各地检察机关通过电视报纸以及检务公开大厅的传统信息公开手段，方面公众获取相关检务资料。尤其是不少检察院建立的集业务咨询、案件查询、律师会见和阅卷以及控申接待乃至检察长接访等诸多功能于一体的检务公开大厅，有力地扭转了检察院在公众心目中"门难进"的不良形象。另一方面，各地检察机关充分利用信息技术发展的成果，充分利用互联网进行相应的信息公开工作。其中最普遍的举措是在互联网上建立相应的政府网站，并在其上提供相应的信息公开服务。如全国检察系统统一建立的案件信息公开平台，广州市检察院在其网站上提供的网上接访服务就包括了网上点名预约接访、QQ 接访、视频接访等多种形式。另外，随着近年来微博和微信等新兴媒体的兴起，很多检察机关还在网络上建立了自己的微博和微信公众号等。[①] 检务公开形式的多样化，不但便利了公众获取相应检务信息，而且能在很大程度上提高检务公开信息的公众覆盖范围，在使更多的公众获得更多检务信息的基础上，增强其对检察机关及其工作人员的监督力度。

（二）检务公开存在的问题

1. 缺乏明确的法律体系

检务公开虽然已经在检察系统推行了近 20 年，但到目前为止，尚没有专门的法律对检务公开进行具体的规定。检务公开的法律依据分别散布在宪法、刑事诉讼法、民事诉讼法等法律之中，然而，这些法律对检务公开仅进行原则性的抽象规定，缺乏检务公开的具体操作程序。因此，近年来检务公开的推行，基本上都是在最高人民检察院的相关司法文件的要求下开展，虽然，最高人民检察院关于检务公开的文件对公开的范围、公开的主体、公开的对象以及具体公开的方式方法等问题有一些要求，但是还是法律位阶太低，往往以内部的通知和要求为公开依据，公开的权威性和稳定性存在一定的问题。而且，由于保守国家秘密法、检察官法等明确规定了检务工作必须严守国家秘密，否则

① 高一飞、吕阳：《论检务公开方式的多样化与正当化》，载《中州学刊》2014 年第 3 期。

相关主体将会受到纪律处分甚至刑事制裁，检务公开显然有着严格的法律界限。正是由于可操作性的法律规定的缺失，在具体检务公开的实践中，检察机关及其工作人员经常遇到难以准确把握公开标准问题，操作的随意性问题比较突出，从而导致各地检察机关在具体检务公开的过程中只能自行其是，不仅导致了各地检务公开工作上较大的差异，而且严重影响了检务公开的深入开展。

2. 检务公开管理体制不完善

正是由于在检务公开工作方面缺乏统一的法律规定，导致检察系统内部在检务公开的推进方面存在较大差异，很多地方检察院在检务公开管理体制方面存在各种不完善的情况，具体表现为以下几方面：第一，缺乏专门的机构和人员。多数检察院在检务公开的制度建设和组织建设方面都处于初级阶段，缺乏专门为检务公开工作配套的机构和成员。各地检察院根据自己的情况，有的将其归口到政治部门，有的将其归口到纪检部门或监察部门，有的直接由院长办公室负责。专门机构和人员的缺乏，必然使其在组织和专业知识方面得不到足够的保障，对检务公开工作产生相应的负面影响。第二，对工作人员宣传教育的力度不足。此方面的问题主要表现在很多检察机关工作人员对检务公开的认识不足。不少检察官甚至认为检务工作都是较为敏感的涉及国家机密的信息，对其根本就不应当公开。部分检察官则认为公开的对象不宜过大，主要只应针对案件当事人，而不是社会公众。甚至还有少数检察官认为检务公开还对检务工作的正常开展造成不必要的干扰，公众对检务信息的知悉乃至参与会严重损害检务工作的效率。[①] 对工作人员宣传教育的力度不足造成其在检务公开意识上的误区，必然导致由此种意识指导下的检务公开实践上的问题，导致检务公开的推进困难。

3. 信息化技术投入不足

随着信息技术的日益普及，通过互联网发布相应信息并处理相关问题已经成为检务公开的主要方式。因此，要保证新时期检务工作的顺利推进，就必须保证相应的信息化软硬件配套设施和人力资源的到位。然而，就目前的情况来看，检务公开的信息化技术投入存在严重不足的情况，其具体表现为以下方面：第一，检务公开的网络平台建设滞后。网络平台是信息时代检务公开的基础。然而，到目前为止，仍有很多县市级甚至是地市级的检察院没有建立门户网站。第二，网络信息公开的互动性差。在已经建立的检察院门户网站中，很多网站在检务公开工作方面一般只注重检务信息的发布，而缺少同公众进行互

① 栗燕杰、田禾：《检务公开的成效、问题与展望》，载《人民检察》2014 年第 20 期。

动的手段。公众通过相应的门户网站除了查询相应信息之外，得不到其他必要的如咨询、申诉、控告以及建议等必要的检务公开的服务，公众不能充分行使其对检务工作的监督和参与的权利。第三，对检务公开网络平台及时更新和维护的忽视。检务公开要真正发挥其应有的作用，保证其及时性和真实性是最基本的要求。然而，不少网站因为缺乏专门和专业的技术人员对网站进行维护的原因，使网站疏于管理，其公开的信息得不到及时的更新，经常出现一些非常低级的错误。如近年来国家修法比较频繁，不少检察院网站对已经被修改了的法律不及时更新，很容易误导公众、损害检察机关的权威。①

三、检务公开的域外考查

检务公开属于司法信息公开的重要组成部分，随着信息公开原则逐渐得到世界各国的公认，域外很多国家都建立了其独有的检务公开制度。以下仅就在此方面比较典型的国家英国、美国以及法国等，对其检务公开制度进行具体的介绍。

（一）英国保守的检务公开制度

英国并不存在专门的检务公开立法，直到2000年，其议会才制定《信息自由法》，并在此基础上形成了相应的检务公开制度。这一法律规定，包括所有政府部门、立法机构以及军队和警察等500多个组织在内的公共机构信息，除了某些法律规定的例外信息之外，都应当对公众公开。然而，根据《信息自由法》的相关规定，其检务公开制度相当保守。英国检察机关作为政府机构，在理论上应当适用《信息自由法》。然而，在《信息自由法》列举的一系列公共组织之中，并没有包括检察机关。而且，这一法律对不能公开的例外信息进行了限定，同检察机关有关的例外信息即包括涉及犯罪的调查、起诉以及法律实施的相关活动信息等。正是因为《信息自由法》这两方面的规定，英国检察机关需要承担的检务公开的法律义务非常有限。然而，随着《信息自由法》的实施，公众对检务公开的要求越来越强烈。英国检察机关为了更多地获得民众的支持和信任，开始逐渐摆脱其检务公开的保守传统，按照《信息自由法》的要求逐步扩大检务信息公开的范围。②

（二）美国有限度的检务公开模式

美国是世界上对信息公开最为重视的社会，公开性甚至被作为美国现代社

① 张萍、何重任：《信息化条件下深化检务公开的五点建议》，载《人民检察》2015年第2期。

② 高一飞：《检务公开的比较研究》，载《中共中央党校学报》2010年第2期。

会民主实现的基石，成为其最为重视的社会原则。早在1966年，美国国会即通过了《信息自由法》，规定所有公共机关都必须坚持“最大限度公开”的原则，除了法律规定的九种例外，保证任何人都可以获取所有相应信息。美国检察机关理所当然地属于该法规定的公共机关的组成部分，从而在检务公开方面完全适用该法的相关规定。然而，由于检察机关的相关信息同一般公共机关存在着较大的差别，美国联邦司法部在1971年为此专门制定了《与媒体关系指南》，规定向公众媒体公开相关检务信息时必须同时考虑公众知情权、当事人人获得公正审判的权利、政府实行司法管理的效率三个方面，根据这一原则，其必须对可能影响未来裁决的相应信息公开进行限制。因此，美国检务公开制度在实践中并没有达到如法庭审判的透明程度，为了避免相关检察信息的泄漏干扰司法独立，多数检察事务都同公众完全隔离，如起诉决定、辩诉交易程序、与刑事案件相关的大陪审团程序等，其基本都是秘密进行的，其实行的是有限的检务公开模式。①

（三）法国范围明确的检务公开制度

同英美法系的典型国家英国和美国仅仅通过《信息自由法》对检务公开进行原则性的规定不同，法国在其刑事诉讼法中对检务公开的范围进行了明确的界定。在检务公开的范围方面，该法第11条规定，除非出现法律规定的例外，否则侦查和预审程序必须秘密进行。然而，这一条款自制定以来一直受到公众对其透明度缺乏的抨击。为了顺应检务公开的时代潮流，回应公众的呼声，法国于2000在第11条中增加了第3款，规定检察官应当依职权或依申请，公布不包含可能影响最终裁决的客观材料。从而确立了检务信息公开的一般准则。此后不久，法国又在第11条增加了第11－1条，规定了特殊情况下诉讼过程中的检察事务公开的情形。总体上来讲，法国《刑事诉讼法》的第11条第3款和第11－1条对应当公开的检务信息进行了规定，而第11条前两款则对检务公开进行了相应的限制，从而使其检务公开制度的范围得到明确的界定。另外，法国还建立了检务公开的配套制度，主要包括检察工作报告制度和不起诉裁定书公开制度。检查工作报告制度规定检察官和检察长向上级报告辖区内相应的刑事法律的具体执行情况。不起诉裁定书公开制度则要求预审法官在作出不起诉裁定之后，可以依职权或检察院自身的要求，通过发布公告的方式在公众媒体上公布其所做决定的全部或部分。②

---

① 段明学：《美国检务公开的实践》，载《人民检察》2014年第1期。

② 高一飞：《检务公开的国际准则与域外立法》，载《人民检察》2009年第15期。

总体上来讲，域外发达国家的检务公开制度均建立在具体的法律规定之上，英国和美国主要将检务公开作为政府信息公开的有机组成部分而将之置于《信息自由法》的规制之下，而法国则将其作为保证司法公正和透明的重要组成部分在刑事诉讼法中对其范围进行了明确的界定。

四、检务公开的法治化构想

检务公开是现代社会信息公开时代潮流的有机组成部分，其所具有的保证检务工作的规范性和权威性、保障公众知情权和保护人权的法理得到人们的广泛认知。正是在这样的背景下，经过十几年的努力，我国的检务公开取得了很大的成绩。然而，同其需要实现的法理价值相比，还存在很多需要解决的问题。因此，必须针对这些问题的存在，借鉴域外国家检务公开制度方面的经验，采取相应措施，以实现完善检务公开的目的。

（一）树立保障人权的司法理念

为了实现检务公开的规范化、制度化，有必要进一步提高认识，完善法规，健全制度，稳步推进。长期以来，由于受“重实体、轻程序”“重结果、轻过程”观念的影响，使包括检察机关在内的我国司法机关形成了“秘密办案”“办案神秘化”的思维定式。一些检察机关和检察官仍然习惯于这种传统的执法方式，害怕见阳光、害怕公开。有的认为实行检务公开纯属画蛇添足，完全没有必要，既给检察机关增添了许多麻烦，同时也增加了工作量。正是如此，不少检察机关在推行检务公开时犹豫摇摆，存在着公开不及时、公开不全面、不系统等问题。检务公开所面临的各项障碍，首要的应属观念障碍。冲破传统思维的束缚，破除司法神秘主义，切实解决部分检察官对检务公开的种种认识误区，应属当务之急。因此，有必要采取切实措施，引导检察官树立正确的观念，加深对检务公开的必要性、重要性的认识，切实树立起“公开是原则，不公开是例外”的观念；要坚持法治思维和法治工作方式，树立在法治框架下推进检务公开的观念；要正确处理检务公开与检察工作秘密的关系，树立公开与保密同等重要，不可偏废的观念；要转变“为公开而公开”的形式主义观念，树立“有效公开”“公开也是生产力”的观念，切实增强检务公开的针对性、实效性。

（二）推进检务公开的立法规范

针对我国在检务公开方面没有专门法律进行具体规定的现状，有必要借鉴域外国家的做法，制定与检务公开有关的法律制度体系。这一法律制度体系的建立主要包括三方面的内容：一是借鉴英美将检务公开置于公共机构信息公开的法律制度之下的模式，在2008年国务院颁布的《政府信息公开条例》的基础上，制定我国的《信息公开法》，将检务公开直接纳入更大范围的政府公开的范围。在此法律中针对包括检务信息在内的信息公开的一般原则以及具体范围进行明确的界定。二是借鉴法国在刑事诉讼法中专门针对检务信息公开设定范围的做法。在现有刑事诉讼法的基础上增加对检察院办理的刑事案件相关信息公开的范围和程序进行明确规定。三是根据检察院现有情况，在刑事诉讼法或检察院组织法中对检务公开作出原则规定，再由最高人民检察院制定检务公开实施的具体细则，根据上述法律的规定，对其范围和操作程序进行详细而合理的明确规定。通过上述措施，克服当前检务公开制度在不同检察院实行过程中各行其是，其推进缺乏具体的标准而导致效果不彰的问题，在我国建立一套相对完善的范围明确、操作程序科学的检务公开法律制度体系。

（三）合理界定检务公开的范围和时机

确定检务公开的范围，要按照“阳光检察”的要求，坚持“最大限度公开”原则，凡是能公开的都要公开，以保障公众的知情权、参与权和监督权。

按照美国学者戴维斯的看法，公开的内容应当包括七项：“公开计划、公开政策说明、公开规则、公开裁定、公开理由、公开先例以及公正的非正式程序。”对于不公开的内容，根据例外法定原则，必须有法律的明确规定，同时，这个例外规定还应该准确明了，不能模糊。如我国《人民检察院案件信息公开工作规定（试行）》第11条规定了重要案件信息的范围包括其他重要案件信息，显然这条就是一个模糊规定，是一个兜底的规定，在制定法律制度时应该避免类似规定。当对相关信息是否公开存在疑虑时，应当适用公开推定原则——在界定是否属于免除公开的信息，出现规范等方面的困难而无法确定时，推定这些信息都属于必须公开的范围。公开推定原则是最大限度公开原则的要求，也是坚持“公开是原则，不公开是例外”的具体体现。借助公开推定原则，可在操作方法上完全确定检察机关例外事项的范围，确保检务公开的顺利开展。

“正义不仅要实现，而且要以看得见的方式实现。”信息的本质就是其时效性，缺乏时效性的信息是毫无价值的信息，“迟来”的检务信息其价值也要大打折扣。检务公开应把握好公开时机，法律规定公开时限的，要在法定时限内公开，法律没有规定公开时限的，要在合理时间内迅速公开。对于社会公众，检察机关要及时发布有关检察活动事项，保障群众知情权、参与权和监督权；对于案件当事人和其他诉讼参与人，检察机关要严格履行法律规定的告知义务，及时向他们告知相关的诉讼权利、案件进展情况、处理结果等。既要保护好公众和诉讼参与人合法权益，又要保障诉讼程序的顺利进行。

（四）重构检务公开的业务流程

检务公开业务流程的重构，实际上就是将检务公开作为检察机关办理业务之一，作为检察职能的重要组成部分，解决当前分散、多头的现状，也为了更好的解决当前公开内容随意性的问题。贵州省检察机关对检务公开业务流程构建进行了积极的探索，制定了12309网上网下一体化服务平台应用和管理规范化的文件，对检务公开业务流程进行了详细规定，比如，办理主体、办理期限、答复内容、责任追究等，初步形成了检务公开的业务办理流程，取得了较好的社会效果。

（五）建立在互联网和移动通信平台上发布信息以及与公众的互动机制

通过互联网和移动通信等信息技术进行发布信息并和公众互动，已经成为当前信息革命的时代背景下检务公开最重要的手段。然而，当前检察系统信息化建设的滞后已经在很大程度上影响了检务公开的顺利推进。因此，有必要在以下方面加大检务公开信息化建设方面的投入。首先，由最高人民检察院制定各级人民检察院必须达到的最低信息化标准，并限期完成和定期进行检查。这一最低标准应当包括以下内容：第一，各级人民检察院必须建立自己的门户网站，并在门户网站上设置相应的与公众互动的信息模块。第二，省级和较大的市级人民检察院应当拥有自己的微博和微信公众号等，并对相应的信息能够及时予以更新和处理。第三，各级人民检察院必须设置专门的人员对网站和微博以及微信公众号上的相关信息及时更新和处理。其次，由省级人民检察院设立信息化建设领导小组。由该小组统一领导和协调其辖区内的信息化建设，对信息化建设确有困难的基层检察院提供必要的资金、人力和技术方面的援助。最后，将信息化建设的成绩纳入各级检察院主要领导的考核之中，使其能在真正重视信息化建设的基础上保证其应有的投入水平。

（六）完善检务公开的救济方式和渠道

西方法谚有云："无救济即无权利"，没有救济的权利就不是权利。在检务公开的过程中，不但要在立法上规定检察机关的检务公开职责，还要规定检察机关未履行公开职责的惩罚与救济措施，才能保障检务公开切实有效的推行，真正将公民享有的理论上的知情权、监督权等权利转化为实实在在的权利。根据检务信息的性质不同，可以将检务信息分为涉诉性信息、非涉诉性信息，其性质不同决定了不同的救济方式。涉诉性检务信息主要是检察机关在案件诉讼过程中产生的信息，包括侦查、审查逮捕、审查起诉、出庭支持公诉、抗诉以及其他发挥法律监督职能中产生的信息，与当事人和其他诉讼参与人权利息息相关的信息，对这类信息不公开的救济主要通过刑事诉法法及相关法规司法解释来实现，作为办案程序的重要组成部分。非涉诉性信息主要是检察活动中产生的如检察政务信息、检察队伍信息等面向公众应公开的信息，对此类信息，可向办案检察院提出申请或向上级检察机关提出复核。同时，将检务公开工作纳入整体检察工作绩效考核范围；将检务公开工作落实情况作为检务督察的内容，定期督察和通报，确保检务公开各项措施落到实处要求。

五、结语

检务公开是当前司法改革的重要内容，其作为司法公开的有机组成部分，具有保证检务工作的规范性和权威性，保障公众的知情权和当事人的人权等重要的法理价值。通过十几年的努力，我国的检务公开工作已经取得了一定的成绩，但其同真正实现应有的法理价值还存在相当大的差距。因此，有必要借鉴域外发达国家如英美法等过在此方面的相关经验，采取针对性的措施，提升我国现有的检务公开水平。

法国检察制度的发展与变革

段明学*

2016 年 10 月，笔者有幸随最高人民检察院“法国检察制度改革的最新发展及启示”培训团，前往法国巴黎、里昂进行了为期 21 天的学习考察。考察期间，培训团一行在巴黎东大学法学院、巴黎第 94 省大审法院检察院、律师公会、巴黎南大学司法研究所、巴黎埃弗里大审法院检察院、埃弗里大学法学院、巴黎上诉法院检察院、巴黎第一大学法学院、巴黎律师公会、里昂第二大学政治法律学院、里昂第三大学法学院、里昂天主教大学法学院、里昂大审法院检察院、里昂律师公会等地，与众多法学专家学者、法官、检察官、律师等，就法国检察管理制度、法国刑事诉讼制度及其改革情况等进行了座谈和交流，观摩了巴黎上诉法院重罪庭等案件的庭审，深入考察了法国检察官制度、法国刑事诉讼制度、法国司法改革最新进展。

一、法国检察制度发展简史

现代意义的检察制度发端于法国。它萌芽于中世纪欧洲的控诉制度下，在纠问制时期得以发展，直至法国大革命时期才正式确立。作为“革命之子”和“启蒙的遗产”，检察制度伴随拿破仑的铁蹄迅速散播于欧陆诸国，并漂洋过海移植至美国。此后，检察制度便在各国、各地区如雨后春笋般相继建立，在民主法治发展中发挥着独特而重要的作用。

（一）旧制度时期（1789 年以前）：检察制度的起源

13 世纪中叶以前，法国刑事诉讼采行控诉式诉讼制度，当事人必须亲自出庭。唯一的例外是国王或领主。当国王或领主们利益受到损害时，可以不亲自追诉，而是由其私人代理人代为控诉。法国一句古谚：“在法国，除了国王外，无人得以代理人进行诉讼。”国王代理人在代理国王进行诉讼时，不可能

* 重庆市人民检察院第一分院法律政策研究室主任、检察委员会委员，三级高级检察官。

将自己定位为“原告”，因为刑事诉讼的原告在败诉时，要承担受到伤害的风险。于是国王代理人说服法官，接受其以代理人的定位来进行诉讼。因此，国王代理人产生之初，与领主们的代理人并无二异，属于国王的私家代表，其事务亦仅限于国王的私事，主要是为国王处理财务。国王代理人的出现，并未改变传统习惯法中的私人控诉这种主要的检控方式，只不过为这种私人控诉增加了一种特殊的形式。

13世纪末期以后，国王亲自出席法庭的情况越来越罕见。而随着王权的扩张，国王的利益也从财产上的利益扩张到治安上的利益，国王代理人的工作也扩张到检举、追诉危害社会治安的所有犯罪。国王代理人除了代为参与刑事诉讼外，还可以代为提起民事诉讼，代为处理纠纷及其他法律事务等。1498年，路易十二世颁布敕令确立纠问式诉讼程序时，国王代理人的权限亦扩张至：（1）一般犯罪之检举、追诉；（2）从民众受理告诉；（3）侦查犯罪；（4）向法院请求处罚罪犯；（5）执行罚金、没收等刑；（6）以公益代表人之资格莅庭民事审判陈述意见；（7）监督司法行政事务等权限。[①] 1539年，弗朗索瓦一世颁布敕令，规定国王代理人是诉讼中的一方当事人，负责起诉或控告。至此，国王代理人的身份已经由一般私人代理性质发展为国家代理和国家追诉的性质，国王代理人已经不再是从前的国王私人代表，而是具有国家公权性质的国家官员。从15世纪开始，相关的法律法令规定使法国国王代理人制度开始向现代检察官制度发生根本性转变，并初步形成了大陆法系检察制度。

1670年，法国国王路易十四颁布敕令，明确规定：在最高审判机关设置检察官，称总检察官，下设检察官于各级法院内部。这就是大陆法系国家“审检合署”制的开端。敕令还规定了检察官在诉讼中的权力和义务，规定检察官的职责不仅限于通过诉讼保护王室利益，还具有对一切刑事案件行使侦查和起诉的权力。至此，法国检察制度基本形成。[②]

（二）大革命时期（1789—1799年）：检察制度的曲折发展

自18世纪下半叶开始，对法国司法制度提出的批评愈演愈烈。批评最激烈的，集中于诉讼程序具有纠问式、秘密性、刑讯以及缺乏辩护人帮助。其次，检察官的权力过大也是最受指责的一点。批评者认为法国检察官几乎拥有无限制的调查手段，而被告实际上赤手空拳地对付它。由此又引发连锁反应，即法官有时对被告人很严厉，有时又矫枉过正，变得过于仁慈。最后，卖官鬻

① 黄东熊：《中外检察制度之比较》，“中央文物供应社”1986年版，第7页。

② 朱孝清、张智辉主编：《检察学》，中国检察出版社2010年版，第54页。

爵制也受到广泛的、激烈的抨击。孟德斯鸠、伏尔泰以及当时的总检察长塞尔万等都很推崇英国的制度，尤其是英国的私诉（即私人追诉犯罪）、公开审判、辩护及陪审等制度。

1789年8月，法国制宪会议发布《人权宣言》，确立了许多刑事司法原则，包括罪刑法定、无罪推定、正当法律程序、法不溯及既往等。议会还颁布《废除封建制的法令》，废除了法院和市政官职的买卖制。“整个司法制度要重建，审判官、司法官员改为任命或由选举产生。他们的职务不归个人所有。”① 关于控诉者，不再使用“国王代理人”的称谓，而是改称“公众控诉人”。从保护市民利益的理念出发，“公众控诉人”采用公选制，负责在刑事法庭追诉及辩论。1790年，旧检察机构被废除，新设置“国王委员”和“公众控诉人”两种职位取代旧检察官职。1791年9月，制宪会议颁布法律，规定对最严重的重罪的审判开始实行陪审团制度。制宪会议还正式引进了英国式的起诉陪审团及治安法官制度，将旧制度下由检察官专门掌控的刑事检控权分散给了治安法官、起诉陪审团和公民个人。治安法官由选举产生，负责审前侦查和控诉审查；起诉陪审团（由8名成员组成）负责就（是否提起）追诉提出意见；公众控诉人则仅负责审判时之辩论，而不主动检举、追诉犯罪；在辩论终结后，由国王任命的“国王委员”向法院请求科刑，并负责判决之执行。无论是国王委员，还是公众控诉人，都不得干预审前阶段司法警察、治安法官和公诉陪审团的工作。因此，无论是前者还是后者，（直至开庭审判前）对案件均不了解。

1792年8月，国王委员改由政府首长任命，为政府委员；“公众控诉人”制度不变。同年10月，国民公会决定，行政和司法机关的一律由选举产生。至此，政府委员基本被废除。公众控诉人的职能得到扩张，他们除了监督审核法律文件外，还确定法院的管辖权，参与控诉、参与判决的执行等。②

督政府时期，1795年颁布的法律恢复了政府委员，检察院由政府委员和公众控诉人组成，从而回复到1790年所设立的二元制时代。政府委员由督政府任命和撤销——而以前是终身制。公众控诉人可以接受检举，但只在提出控告后才参加诉讼。这一时期，公众控诉人的处境越来越艰难。他同政府委员虽然同属于检察院，但是并不存在同等权力。“长期以来，公共控告人不再是‘人民’的代表，而演变成共和派富有阶层的代表。他们经纳税人的普选产

① ［法］皮埃尔·米盖尔：《法国史》，蔡鸿滨等译，商务印书馆1985年版，第270页。

② 甄贞等：《检察制度比较研究》，法律出版社2010年版，第10页。

生，又多次受到清洗，他们越来越属于更加封闭的群体。”①

总的说来，在大革命时期，检察官的控诉职能被不同程度地分割。法国的刑事诉讼已经被改造成英国式的民众追诉的形式，传统的检察制度基本中断。

（三）19世纪（1799年以后）：现代意义检察制度的确立

由于各种原因，革命时期的犯罪率，尤其是在督政府（1795—1799年）时期的犯罪率，已经达到令人瞠目的程度。而英格兰的制度在法国却“水土不服”，导致国家追诉犯罪的权力太薄弱，不足以应对革命后社会治安的严峻形势。

共和八年（1799年）宪法取消了公众控诉人，检察官民选的办法也被取消。公众控诉人的控诉职能由政府委员行使，政府委员由政府机关根据需要任命和撤销。因此，旧的检察官制得到恢复。“革命初期人人追诉犯罪是从保护市民利益的理念出发，采用了公选制。后来追诉的公益性被强调，直到给予检察官作为政府一员的地位。”② 1801年法律恢复了两项传统司法官职制度，一个是检察官公诉制，另一个是预审法院制。该法还恢复了1788年以前的秘密侦查与书面审理主义。预审法官询问证人时，当事人不应在场。同时，控诉陪审团不再询问证人与当事人，但受召唤依据证据材料进行审理。这种诉讼程序的言词性与对审特点的后退，表明该法律明显回到了纠问式诉讼程序。

拿破仑执政后，出于对司法政府幽灵的恐惧，于1800年发起了大规模的法典编撰运动。其目的在于通过成文法的形式，严格限制司法官的权力。1808年《治罪法典》彻底改造刑事诉讼，将旧制度下的纠问主义与大革命时期的弹劾主义予以折中：明确规定在侦查阶段实行纠问主义，而在审判阶段采取控诉主义。同时，一方面废除起诉陪审团制，另一方面又将追诉与预审、审判分开。将公诉权由原纠问法官之审判权中抽离，授予被称之为“皇帝代理人”的检察官；案件的预审职能属于预审法官，而审判职能则属于审判法庭。与革命期的法令相比较，1808年《治罪法典》在强调追诉与处罚的公益性上，更多了一些专制的色彩。但是，“它完成了刑事审判机能的分离，即把追诉权给了检察官，证据收集权给了预审法官，有罪与否的判断给了陪审员”③。1810年4月公布有关司法组织的法律，将检察机关的组织整顿为大体如现行形态，并随其国体改成共和体制后，“皇帝代理人”遂变为“共和国代理人”。经过

---

① 甄贞等：《检察制度比较研究》，法律出版社2010年版，第11页。

② ［日］森际康友编：《司法伦理》，于晓琪等译，商务印书馆2010年版，第166页。

③ ［日］森际康友编：《司法伦理》，于晓琪等译，商务印书馆2010年版，第166页。

1808—1810 年的改革、整顿，法国检察官不仅在刑事诉讼上拥有：（1）指挥司法警察而从事犯罪之侦查；（2）提起公诉、维持追诉；（3）指挥、监督预审法官；（4）执行裁判等权限，且在民事诉讼上，对公益有关之案件，在审判时，亦有莅庭陈述意见、监督审判之权限，从而成为与法官分庭抗礼的机构。

总的说来，法国 1808 年《治罪法典》所确立的基本原则历经两个世纪沿用至今，其确认的检察制度也一直延续至今。1958 年 10 月，法国第五共和国宣告成立后，对司法制度进行了改革，但检察制度仍基本保持了 19 世纪初的原貌。

二、法国刑事司法中检察官角色的新变化

在过去几十年间，法国检察官角色发生了显著的变化。随着案件量的日益增长，检察官人手不足的问题更加突出。为了降低司法成本和应对诉讼拖延，一系列快速或简易程序被引入法国，检察官的职权得到极大拓展与扩张，而且权力的融合也进一步深化。“检察院几乎一会儿扮演着预审法官的角色，一会儿又通过‘追诉替代措施’和简易程序的适用来扮演准司法裁决法官的角色。”①

（一）作轻罪处理：作为案件管理者的检察官

在法国，作轻罪处理实践已经建立起来。它并不是辩诉交易程序，而是一种允许检察官控制流向上一级法院的案件量的案件管理技术。具体而言，犯罪嫌疑人被以轻罪处理并且在轻罪法庭接受审判，这样就能节省花在更加繁重的预审程序，以及随后的重罪法庭审判程序上的时间和资源。例如，强奸可以以性侵害罪对待，而毒品走私可以以关税犯罪对待。根据法国刑法，毒品走私案件最多可以被处以 10 年有期徒刑，这些犯罪的严重性已经使它们不可能通过快速审理程序处理。相反，如果对犯罪嫌疑人以关税犯罪指控，这一指控的最高刑期处在快速审理程序允许的范围内。检察官的决定是单方面的，既不是与被指控人讨论的结果，也不是以被指控人认罪为条件的。在很多情况下，做轻罪处理是在考虑到地方刑事司法优先方向以及可利用的资源后，形成的一种地方刑事司法政策。检察官亦知道，这样做可能违反刑法的相关规定，但在实践中，它代表了一种更有效的处理犯罪嫌疑人的方式。

---

① ［法］米海伊戴尔玛斯－玛蒂：《检察院：法国刑事司法改革的关键》，俞亮、张驰译，载《法学杂志》2011 年第 9 期。

（二）刑事调解与和解：检察官作为准量刑者

在法国，刑事调解是指，“在第三人的主导下，让犯罪行为人与受害人接触，以便就有关赔偿的各项条件达成协议并修复关系，尽可能地创造不再重新犯罪的条件，即使各方当事人往后仍将见面”①。刑事和解则是指共和国检察官在提起公诉前，直接地或通过其委派的人与犯罪嫌疑人达成某种协议，从而使公诉消灭。刑事和解与刑事调解的区别在于：刑事和解是检察官与犯罪嫌疑人的和解，而不是由检察官提议，犯罪嫌疑人与受害人之间实行和解。刑事调解则是在第三人的主持人，犯罪嫌疑人与受害人之间的和解。可以看出，法国的刑事和解与各国实行的附条件不起诉比较类似，而我国的刑事和解更接近于法国的刑事调解。

1. 刑事调解

2014 年 8 月 4 日法律修改的刑事诉讼法第 41 - 1 条规定，共和国检察官在作出提起公诉决定之前，可以直接或者通过司法警察警官，或者通过一名授权代表或共和国检察官的调解人，在犯罪行为人与被害人之间进行调解。为达成调解，共和国检察官或者其授权的调解人可以采取下列措施：

（1）向犯罪行为人重申法律规定的各项义务。

（2）引导犯罪行为人前往卫生、社会或专业机构接受并完成实习或培训。特别是接受与完成公民资格培训、为人父母责任培训、认识使用毒品的危害性的培训。如果是在驾驶陆路机动车辆时实行的犯罪，则应完成公路交通安全意识的实习培训，培训费用由犯罪行为人自行负担。

（3）要求犯罪行为人按照法律或行政法规的规定补正各项要求的手续，纠正不符合规定的状况。

（4）要求犯罪行为人赔偿其犯罪造成的损害。

（5）应被害人的请求，或者经被害人同意，派人在犯罪行为人与被害人之间进行调解。

（6）在对配偶、同居人、与其订立紧密关系民事协议的人，或者对本人的子女、配偶的子女、同居人或者与其订立紧密关系民事协议的人的子女实施犯罪的情况下，要求犯罪行为人搬到夫妻住所或居所以外的地方居住，相应情况下，要求其不得在夫妻住所或居所及其周边的邻近地方出现；如有必要，要求犯罪行为人接受卫生、社会或心理治疗。

---

① 罗结珍：《法国刑事诉讼法中的刑事调解与刑事和解》，载《法学杂志》2008 年第 3 期。

如果双方达成协议并得到履行，共和国检察官将案卷归档，不予追究。如果调解协议尚未达成，或者由于犯罪行为人的行为，规定的措施没有得到执行的情况下，共和国检察官可以提起刑事和解程序，或者提起追诉。

2. 刑事和解

（1）由检察官及其授权的人实行的刑事和解

2014 年 8 月 4 日法律修改的刑事诉讼法第 41 – 2 条规定，只要尚未提起公诉，共和国检察官可以直接或通过得到授权资格的人，向承认自己实施了主刑当处罚金刑或当处刑期在 5 年或 5 年以下监禁刑的一项或数项轻罪，以及在相应场合承认自己实施了一项或数项有关联的违警罪的自然人，提议实行刑事和解。刑事和解也可以适用于已满 13 岁的未成年人。但不适用于新闻轻罪、非故意杀人罪或者政治性轻罪。刑事和解的措施，包括以下一项或者数项：

1）向国库交纳和解罚金。

2）将旨在实施用于犯罪之物或者犯罪所生之物上缴于国家。

3）将其机动车辆交付封存，最长时间为 6 个月。

4）将其驾驶执照交至大审法院书记室，最长时间为 6 个月。

4B）接受摆脱酒精依赖的恢复性治疗安排，包括在机动车上安装车辆启动酒精测试警示器，费用由犯罪行为人自行承担。安装车辆启动酒精测试警示器的时间最短为 6 个月，最长为 3 年。

5）将打猎许可证交至大审法院书记室，最长时间为 6 个月。

6）为公共部门，特别是在公法法人或者负责公共服务事业的私法法人或得到授权资格的协会，完成不给报酬的劳动，最长时间为 60 个小时，最长在 6 个月期限内执行完毕。

7）在卫生、社会或者专业部门或机构参加实习或培训，最长时间为 3 个月，在不超过 18 个月的期限内完成。

8）不得签发支票或者使用信用卡付款，最长为 6 个月，但出票人在受票人处提取资金或者经签证确认的支票除外。

9）不得出现在其实施犯罪的场所或共和国检察官指定的场所，最长不超过 6 个月，但行为人平常居住的场所除外。

10）不与共和国检察官指名的犯罪嫌疑人相见，或者不与他们联络，或者不会见这些被害人，最长时间不超过 6 个月。

11）不与共和国检察官指名的共同正犯或可能的共犯相见，或者不与这些人联络，或者不会见这些人，最长不超过 6 个月。

12）不离开本国领域并交回护照，最长不超过 6 个月。

13）相应情况下，完成公民资格的实习，费用自负。

14）在对配偶、同居人、与其订立紧密关系民事协议的人，或者对本人的子女、配偶的子女、同居人或者与其订立紧密关系民事协议的人的子女实施犯罪的情况下，要求犯罪行为人搬到夫妻住所或居所以外的地方居住，相应情况下，要求其不得在夫妻住所或居所及其周边的邻近地方出现；如有必要，要求犯罪行为人接受卫生、社会或心理治疗。

15）相应情况下，完成认识使用毒品危害性的培训。

16）在公法法人或者负责公共服务职责的私法法人或者得到授权资格可以实施此种措施的协会从事白天进行的活动并遵守有关措施，旨在实施职业性参与活动或者授受学校教育。

17）在事实表明当事人使用毒品或者习惯上过度酗酒时，按照《公共卫生法典》第3413条至第3413－4条确定的方式与条件服从治疗指令性措施，采取此种措施的最长时间为24个月。

18）自费完成预防和制止家庭暴力与性歧视的责任担当培训。

由共和国检察官提出的刑事和解协议，可以通过司法警察警官告知犯罪行为人。刑事和解得在司法场所与法律场所提出。受到刑事和解提议的人得到通知，在其对共和国检察官的提议表示同意之前，可以聘请律师协助。其表示的同意，应当制作接受笔录，并向该人送达一份笔录附本。犯罪行为人如果同意向其提议的措施，共和国检察官可以请求法院院长认定刑事和解的有效性。法院院长应当听取犯罪行为人与被害人的陈述，相应场合，犯罪行为人与被害人由其律师协助。如果法院院长作出认定刑事和解有效的裁定，已经决定的各项措施应当付与执行；相反情况下，刑事和解提议失去效力。法院院长的裁定应当通知犯罪行为人与被害人。对此裁定，不得提出任何救济申请。

如果犯罪行为人不接受刑事和解，或者在表示同意和解之后不完全执行已经决定的各项措施，共和国检察官得发动公诉，但有新的因素的情形除外。在提起追诉并对犯罪行为人作出有罪判决的情况下，有必要考虑该人已经完成的劳动或者已经支付的款项。刑事和解得到执行，公诉即告消灭，但并不妨碍民事当事人的权利。民事当事人可以向轻罪法院直接传唤犯罪行为人，轻罪法庭按独任制，仅就民事利益进行审理、作出裁判。在犯罪行为人承诺向被害人支付损害赔偿的情况下，被害人也可以依据认定刑事和解有效性的裁定，请求依据《民事诉讼法典》所定的规则，按照指令支付程序收取应当向其支付的款项。

（2）由司法警察警官实行的刑事和解

2014年8月15日法律增加的刑事诉讼法第41－1－1条规定，在提起公诉之前，经共和国检察官批准，司法警察警官可以与自然人及法人实行和解交易。其适用范围包括：①《刑法典》规定的违警罪，但按照《刑事诉讼法典》第529条的规定通过支付定额罚金公诉已经消灭的第一级至第四级违警罪除外；②《刑法典》规定的处罚金刑的轻罪；③《刑法典》规定的处最高刑期为1年监禁刑的轻罪，但该法典第433－5条第2款规定的侮辱罪除外；④《刑法典》第311－3条规定的轻罪，在盗取的财物的价值低于法令确定的界限时；⑤《公共卫生法典》第3421－1条规定的轻罪；⑥《建筑与住宅法典》第126－3条第1款规定的轻罪。

由司法警察警官提议，经共和国检察官批准实行并得到犯罪行为人接受的和解交易，由大审法院院长或院长指定的法官进行认可。在进行认可之前，如有必要，应听取相应情况下有律师协助的犯罪行为人的陈述意见。犯罪行为人在规定的期限内完全履行了其同意和解产生的各项义务时，公诉消灭。在犯罪行为人在规定的期限内不完全履行或者拒绝履行对其规定的各项义务的情形下，共和国检察官采取《刑事诉讼法典》第41－1条规定的措施，或者实行刑事和解，或者提起公诉。

刑事调解与刑事和解措施，充分发挥了惩治犯罪中的检察职权灵活性特点。通过刑事和解，使检察官通过科处名目上与法官量刑不同，但效果一样的制裁。因此，该程序一定程度上削弱了审判法官的角色，同时将检察官提升为“准量刑者”。这是司法理念的更新与进步，它满足了司法实践中解决案多人少矛盾的紧迫需要，以及刑事犯罪的危害修复化、犯罪处罚非刑罚化、社会矛盾处理多样化的社会需求，有利于实现社会和谐稳定。

（三）庭前认罪答辩：检察官作为当事人、法官和量刑者

为了更加有效解决近年来刑事案件剧增，法国司法资源严重不足、无法应对的突出问题，近年来，法国在借鉴英美辩诉交易制度的基础上，参照意大利的庭前认罪协商程序，结合本国情况，探索建立了法国式的庭前认罪处罚程序，进一步扩大了检察官刑罚裁量权范围。在当事人承认有罪且所犯罪行为10年以下有期徒刑时，检察官可与被告人协商对其的惩罚，这是一种崭新的定罪、量刑方式和刑罚执行方式。培训中，巴黎埃弗里大学的汲罗女士就认为“法国刑事诉讼程序改革的基本原则之一是为了提高司法效率，减少法院压力，采取简单或快速程序，使检察官成为主要决策人”。

1. 庭前认罪程序的适用范围

根据《刑事诉讼法典》第495－7条之规定，庭前认罪程序适用于除部分5年以上10年以下监禁刑的犯罪之外的所有轻罪。2011年12月13日法律对

刑事诉讼法第 495 –7 条规定的庭前认罪答辩程序的适用范围进行了修改。根据原刑事诉讼法第 495 –7 条的规定，庭前认罪答辩程序适用于主刑应当科处罚金或者科处 5 年或 5 年以下监禁刑的轻罪。2011 年 12 月 13 日法律则将其修改为：对于所有轻罪，如果犯罪行为人承认其受到指控的犯罪事实，共和国检察官可以依职权或者应当事人或其律师的请求，对犯罪行为人适用庭前认罪答辩程序。对于《刑事诉讼法典》第 495 –16 条规定的轻罪，包括未满 18 岁的未成年人犯罪、新闻方面的轻罪、非故意杀人罪、政治性轻罪或者追诉程序由特别法律规定的轻罪，不适应该程序。此外，对于法国《刑法典》第 222 –9 条至第 222 –31 –2 条规定的当处 5 年以上监禁刑的故意或非故意（过失）伤害人之身体或性侵犯之轻罪，追诉程序由专门法律进行规定的犯罪（如税收方面的犯罪等），也不适用该程序。依司法实践，案情过于简单的案件一般也不适用庭前认罪程序。以上可以概括为重罪案件、简单的轻罪案件，特别案件均不适用庭前认罪程序。

（四）庭前认罪程序的具体操作流程

其运行程序主要分为四个阶段：一是被告人认罪；二是检察官提出量刑建议；三是被告人是否接受检察官的量刑建议；四是法官对该量刑建议进行形式和实质审核。根据《刑事诉讼法典》第 495 –7 条的规定，被告认罪是指纳入庭前认罪程序的刑事案件被告人必须对自己的犯罪行为有一个清晰的肯定性认识，即被告“承认所被指控之犯罪事实”。原则上其必须以言辞书面形式作出。这可以作为认罪程序正式适用之前提，如果被告人不对指控的犯罪行为表示认可，认罪程序便不能继续下去。同时这种认罪应当是对全部指控罪名的认罪，而非部分认罪。犯罪行为人承认其受到指控的犯罪事实的声明，以及共和国检察官提出的有关刑罚的提议，应在当事人选任的律师或律师公会指定的律师在场时进行。当事人不得放弃得到律师协助的权利。律师有权当场查阅案卷。当事人在向共和国检察官告知其决定之前，可以自由地与律师交谈，共和国检察官不得在场。

检察官提出量刑建议的规定赋予共和国检察官较大的裁量权，根据《刑事诉讼法典》第 495 –8 条第 1 款的规定，“可建议执行一个或数个主刑或附加刑”。同时，法律也设置了若干限制：其一，共和国检察官所建议之量刑的性质及幅度应合乎刑罚个人化的原则，充分考虑犯罪情节、被告人格、收入及负担等；其二，如果共和国检察官建议执行监禁刑，则刑期不得超过 1 年；其三，如果共和国检察官建议执行罚金刑，则罚金的数额不得超过法定的最高罚金数额；其四，如果检察官建议适用无缓刑之监禁刑，则应向被告详细说明量刑是否立即执行或传唤至执行法官前以确定刑罚的执行方式。

被告人是否接受检察官的量刑建议是指，被告人对检察官上述量刑建议的书面认可，其可以选择认可，也可选择否认，否认将导致认罪程序终止。2014年5月27日修改的《刑事诉讼法典》第495－10条规定，如果当事人在对共和国检察官的提议表示意见之前，请求给予10日考虑期限，其将在该期限内决定是否接受量刑建议。对此检察官有告知被告人思考期限的义务。如果当事人在其律师在场时接受向其提议的一项或数项刑罚，共和国检察官向大审法院院长或院长委派的法官提出“认可申请”，当事人立即前往院长或院长指派的法官前出庭。如果当事人没有受到羁押，可以在1个月内受传唤至大审至大审法院院长或院长委派的法官前出庭。大审法院院长或者院长委派的法官在审核犯罪事实的实际情况以及该犯罪在法律上的罪名之后，公开开庭听取当事人及其律师的陈述。检察官既可以出庭，也可以不出庭。如果被告人不接受量刑建议，检察官应按照一般公诉程序向轻罪法院起诉。庭前认罪程序所作的各种声明及案卷笔录归于无效，不得作为证据提交给预审法官或审判庭。

庭前认罪程序进入最后一个阶段，即审核阶段。在被告人接受检察官的量刑建议前提下，庭前认罪协议将由法官审核确认。大审法院院长或院长所指派的法官得依共和国检察官之请求举行公开庭审，听取当事人及律师的陈述说明，并作出审核裁定。依法国宪法委员会的判决，审核法官应着重审查如下三个基本要点：其一，犯罪事实的真实性；其二，检察官所建议之量刑的适当性，即所建议之量刑是否与犯罪情节及被告的人格相匹配；其三，庭前认罪程序的运作是否合乎公正程序的要求。对于审查合乎上述要求的，法官一般当天即予以裁定确认。该裁定具有立即执行的效力。但如果法官拒绝核准，则检察官应依程序向法院提起公诉或要求启动正式的侦查程序。之前在庭前认罪程序中所作的各种声明及案卷笔录，不作为证据提交给法院。

庭前认罪程序给法律职业者的角色带来了重大影响。检察官提出量刑建议后，直接通知犯罪嫌疑人是否接受，犯罪嫌疑人必须有辩护律师在场协助，而法官的职责则是在法庭上确认或者拒绝已经达成的量刑协议。这一程序更加体现了以当事人为中心，而不是以法官为中心的特征，因而，该程序被认为是更适宜于对抗制程序。它要求犯罪嫌疑人和检察官达成一项审前协议，检察官代行了法官部分刑罚裁量权。法官的权力仅限于接受或拒绝当事人所做的量刑协议——他没有权力去修改该协议。但是，法国庭前认罪程序与英美辩诉交易程序不同，因为后者将认罪而不是真相置于首位。而在法国庭前认罪程序中，法官有责任核实被告人的罪行，以及指控是否有充分的法律基础。法官也要确保，犯罪嫌疑人在充分理解了后果后，自由地作出同意决定，而且要确保量刑是适当的。如果法官对任何一项协议不满意，或者存在法官认为这一处理方式不适当的其他理由——诸如程序不规范，需要被指控人的品格报告，被指控人实施犯罪的条件不清晰等——法官都可以拒绝该协议。

培训中了解到，法国适用庭前认罪程序处理的刑事案件越来越多，对于检察机关提出的量刑协议，法官基本上审核同意，极少有不予审核通过的情形。从这个层面上看，法官对检察机关司法处置建议的高度认同也起到了激励检察机关和被告人积极选择该程序处理案件的效用。总之，庭前认罪程序作为法国一项特色刑事程序，在司法实践中发挥了案件繁简分流重要功能，对于提高诉讼效率、维护社会稳定发挥了独特作用。

三、法国推进检务公开的新进展

法国刑事审前程序长期坚持不公开原则，其主要目的在于保障犯罪嫌疑人的无罪推定权利。《刑事诉讼法典》第 11 条规定，“除法律另有规定的外，侦查和预审程序一律秘密进行，并不得损害犯罪嫌疑人的权利”。2000 年 6 月 15 日法律修改的《民法典》第 9 条第 2 款规定：“受到拘留、审查、接到出庭传票、受到共和国检察官提起公诉或者受到民事当事人控告的人，如在对其作出任何有罪判决之前，如果被公开作为受到调查或司法预审之犯罪事实的罪犯介绍，可以向法官提出请求，要求刊载或发布一项公告，甚至以紧急审理程序发布这一公告，以制止对无罪推定的妨碍。”当事人提出这一请求，并不排除他就其受到的损害提出任何损害赔偿之诉，由此引起的全部费用由妨害无罪推定的自然人或者有责任的法人负担。

根据上述法律规定，无论是侦查还是预审，都实行不公开原则。预审程序不仅对公众保密，即使是证人还是当事人本人，都不允许参与预审程序。由于预审程序的秘密、书面、非对审特征，以及预审法官在预审中的角色冲突，人们对预审程序的批评从来就没有停止过。一些学者主张，将对质和公开审讯引入刑事预审程序。他们认为重罪和轻罪同其他社会事件一样，公众有权知晓。新闻界则希望刑事预审庭公开审理，这样他们就可以报道审理过程。鉴于此，法国政府正在不断推进诉讼程序与司法制度的变革，以提升司法透明度，顺应刑事诉讼的民主化趋势。具体体现在：

（一）明确规定检务公开的情形

2000 年 6 月 15 日法律增加《刑事诉讼法典》第 11 条第 3 款，作为第 11 条前两款的例外。该条款规定：“为了避免散布不完整或不准确的信息，或者为了制止对公共秩序的扰乱，共和国检察官得依职权，或者应预审法庭或当事人的请求，公布从程序中提取的不包含任何评论涉案人犯罪证据是否确实的客观材料。”2004 年 3 月 9 日法律增加《刑事诉讼法典》第 11－1 条规定：“为了进行科学或技术性研究或调查，特别是为了防止发生事故或者方便对被害人的赔偿或者负责对被害人给予赔偿，按照具体情况，经共和国检察官或预审法官批准，正在进行中的司法程序的相关材料可以报送由司法部长听取有关部长的意见之后发布的行政决定赋予资格的机关或组织。”可以看出，法国《刑事诉讼法典》第 11 条第 3 款规定的是普遍公开的情形，即为了防止不确切的、小道消息蔓延，或者为了提醒公众注意，以制止对公共秩序的扰乱，检察官既可以主动公开，也可以依申请公开涉案人的有关犯罪情况。第 11－1 条规定的是特定公开的情形，即侦查或预审中的材料可以小范围、有限度地公开。公开的目的是实现科学或技术性研究或调查，防止发生事故或者便于对被害人进行赔偿；公开的对象限于司法部长发布行政决定授权的机关或组织；公开的方式限于将相关材料“报送”给相应机关或组织。这些机关或组织收到相关材料后，有义务保守秘密，否则将承担相应的法律责任。

（二）建立检察工作报告制度

2013 年 7 月 25 日法律增加的《刑事诉讼法典》第 30 条第 3 款规定：“司法部长每年就政府确定的刑事政策的执行情况发布一份报告，具体说明该政策以及按照第 2 款的规定发布的总体指令的实施条件。该报告送交国民议会。在国民议会与参议院，可以就该报告进行辩论。”上诉法院检察长、共和国检察官都有其上级（司法部长、检察长）、法院与检察院的司法官大会报告检察工作的义务。

（三）建立不起诉裁定书公开制度

1993 年 1 月 4 日法律增加《刑事诉讼法典》第 177－1 条规定，在预审法官作出不起诉裁定的情况下，应有关的当事人提出的请求或者经该人同意，预审法官可以依职权，或者应检察院的要求，命令全文或部分公布不起诉裁定，或者在其指定的一份或数份报纸或文字刊物上，或者经电子传播途径向公众进行传播的部门发布一份公告，告知公众不起诉裁定的理由以及该裁定的主文。相应情况下，由预审法官决定应当予以公布的该项裁定的节录，或者确定拟登公告的措辞。如果法官不支持有关当事人提出的请求，应当作出说明理由的裁定。对此裁定，可以向上诉法院预审庭提出上诉。1993 年 1 月 4 日法律还在 1881 年 7 月 19 日法律第 13 条中增加了一项条款规定，在“不移送起诉裁定”

或者法院作出的无罪判决取得既判力后3个月内，此种裁决决定的受益人可以提出诉讼请求，要求强制在其受到刑事追诉的过程中对其指名道姓进行报道的报纸或期刊刊载上述公告。当然，对视听传播活动也可以采取上述措施。① 需注意的是，法国虽然规定不起诉裁定可以公开，但是公开的目的并非满足公众的知情权，而主要是保障被不起诉人的无罪推定权利。也就是说，在不起诉裁定作出后，犯罪嫌疑人可以请求，检察院可以要求，或者预审法官可以依职权主动公开不起诉裁定书的全部或者部分内容，以澄清事实真相，维护犯罪嫌疑人的名誉权等合法权利。因此，公开并非目的，仅仅是手段，是为了保障犯罪嫌疑人无罪推定权利的一个救济措施。

（四）推进预审程序的改革

一直以来，法国政府都在积极推进预审程序的改革。2000年6月，法国国民议会通过《加强无罪推定的被害人权利保护法》，加强了预审程序的透明度。根据该法，预审秘密原则只针对预审之外的第三人。受审查人、民事当事人可以通过查阅卷宗了解预审。公众的知悉权也在增加。比如，为了抑制零碎消息或虚假消息的蔓延，检察官可以公布案卷中不会对嫌疑人产生有罪推定影响的材料；在自由与羁押法官和预审法庭前召开的法庭辩论也可以公开进行，允许公众旁听。②

四、法国检察官履行职责保障机制的新发展

自20世纪90年代以来，法国检察机关的独立性得到加强，检察官的地位得到加强，逐步向法官靠拢。巴黎南大学司法研究所 Haritini Matsopoulou 教授提出“法国司法改革的最大赢家是检察机关，检察机关的独立性增强”。

（一）检察官职权保障的强化

在法国，检察官与法官都是司法官，具有独立的法律地位，有权独立地行使职权。比较而言，法官独立性受到宪法保障，而检察官却是司法部长为首的集权官僚体系的一部分。这种对司法部长负责的科层制，被认为是一种民主责任制的形式，旨在确保法律执行的统一性和公正性。然而，这也导致了潜在的政治干预的可能，这种干预会损害而不是保障检察官的独立性。正因如此，法国检察官的司法官属性多次受到欧洲人权法院的质疑与指责。欧洲人权法院认

① ［法］贝尔纳·布洛克：《法国刑事诉讼法》，罗结珍译，中国政法大学出版社2009年版，第69页。

② 周建华：《法国预审法官存废之争》，载《中国刑事法杂志》2006年第3期。

为，法国检察官从属于司法部长，缺少相对于行政权的独立性，因而不能成为欧洲人权法院判例意义上的“司法机关”。欧洲人权法院的判决使法国检察机关受到沉重的打击。为适应欧洲人权法院的要求，法国政府采取了进一步削弱司法部长指令权，强化检察官独立性的改革举措，其成果集中体现在2013年7月25日法律中。

2013年7月25日法律增加《刑事诉讼法典》第30条规定：“司法部长负责引导实施政府确定的刑事政策，保证该政策在共和国领域内的协调执行。为此目的，司法部长向检察院的司法官（检察官）发出总体性质的指令。司法部长不得就单个案件向检察官发出任何指令。”根据该规定，司法部长的指令权受到极大的限制和削弱，只能发布关于刑事政策的一般性指令，而不得对任何个案发布指令。共和国检察官虽然仍然需要贯彻司法部长的刑事政策，并且要服从上诉法院检察长发布的指令，但已经摆脱了司法部长外部指令的拘束，获得了更大的独立性和自主权。

（二）检察官身份保障的强化

根据司法官一体化原则，法国检察官与法官在选任条件、培训方式、身份保障、工资待遇等方面基本相同。在其整个职业生涯中，检察官与法官可以互换岗位，检察官可以转任法官，法官也可以转任检察官。如巴黎上诉法院代理检察长 Marc Brisset - Foucault 先生，在其40年职业生涯中，做了15年法官和25年检察官。完善的司法官身份保障制度，既是打造高素质司法官队伍的基础条件，也是司法官依法独立行使职权的制度保障。

在法官、检察官统一管理中，法国最高司法委员会发挥着至关重要的作用。最高司法委员会为宪法规定的自治机关，职责是任免司法官和负责司法官的纪律。法国1958年宪法单列第65条规定了最高司法委员会。由于最高司法委员会仅管理法官，而不管理检察官，由此受到外界的批评。一直以来，法国的检察官包括检察长是由部长会议提名，无须通过最高司法会议；对检察官的纪律处分权也是由司法部长行使。然而，检察官要涉及对行政机构不利的案件中（特别是刑事案件中）作出重大决定，必须要避免受到专制的压迫。[①] 鉴于此，法国于1993年进行司法改革，在最高司法委员会设立了法官事务委员会与检察官事务委员会两个分支机构，分别负责法官和检察官的相关事务。改革后，对所有检察官包括总检察长和驻最高法院的检察官的任命和纪律处分都须

① 金邦贵主编：《法国司法制度》，法律出版社2008年版，第65页。

事先征询最高司法委员会的意见。因此，最高司法委员会的改革，实际上加强了对检察官和检察长地位的法律保障。

尽管如此，由于检察官与法官的不同地位，决定了检察官难以获得与法官同样的身份保障。第一，根据1958年《司法官身份法》第4条的规定，法官具有不可罢免性。法官不得被任意解职或停职，在未经其本人的同意下，不得将其从一个辖区调往另一个辖区。即使是升职，也不允许。“不可罢免性因此成为了保护法官不受任何形式影响的原则之一。这通常被认为是法官独立性的保障，因为它可以避免通过调职对法官施加压力。”① 然而检察官却不具有不可罢免性，检察官可以被调动岗位、降职或者被司法部长罢免。第二，在法官任命方面，法官要获得进入高层级法院的任命时，必须得到最高司法委员会法官事务委员会的“同意”；法官甚至需要法官事务委员会的“建议”才能获得某一特殊任命。而在检察官任命方面，检察官事务委员会仅仅提出自己的“意见”，政府不一定要采纳；对于任命总检察长，直接由司法部部长会议决定，无须向检察官事务委员会提出咨询。第三，在纪律管理方面，法官事务委员会可以直接对法官进行处分。而检察官事务委员会仅可提出一般的纪律惩戒意见，由司法部部长负责最终的纪律惩戒。

目前法国的改革方向是对法官和检察官的任命惩戒统一由最高司法官委员会负责，进一步削弱司法部的影响。根据巴黎东大学刑事法学教授艾里克·马蒂亚斯（Eric Mathias）的介绍，2016年4月26日，法国国民议会通过一项新的法案，进一步削弱司法部长对检察官的管理权限，强化检察官的身份保障。今后，检察官的任命与惩戒将与法官一样，不受司法部长的控制与影响。

① 刘林呐：《法国检察制度研究》，中国检察出版社2016年版，第56页。

检察实务研究

拒不执行判决、裁定罪“情节严重”之实例考察

——以2014年全国法院385份一审判决书为样本

谭金生 *

根据我国现行《刑法》第313条的规定，拒不执行判决、裁定罪是指“对人民法院的判决、裁定有能力执行而拒不执行，情节严重的行为”①。本罪属情节犯，拒不执行生效判决、裁定的行为并非一经实施即构成犯罪，而是必须达到“情节严重”的程度，才能追究行为人的刑事责任，“情节严重”是区分罪与非罪的关键。如何理解和认定“情节严重”对正确适用本罪十分重要。自1997年拒不执行判决、裁定罪从妨害公务罪法条中分离出来后，国家最高权力机关和最高司法机关先后三次对该法条中的“情节严重”作出解释，特别是2007年8月最高人民法院、最高人民检察院、公安部联合发布《关于依法严肃查处拒不执行判决裁定和暴力抗拒法院执行犯罪行为有关问题的通知》，虽未直接解释“情节严重”，却规定了“以拒不执行判决、裁定罪论处”的五种情形，同时对拒不执行判决、裁定罪与妨害公务罪作出科学划分，应该说能够很好地规范和指导司法实务。不过，笔者通过分析2014年全国法院385份一审刑事判决书，发现司法实务中对“情节严重”的适用很随意，与现行法律解释有较大差距。基于此，本文拟通过对这些判决书的实证考察，全面分析拒不执行判决、裁定罪中“情节严重”的理解和适用，以期对司法实务和理论研究有所裨益。

一、拒不执行判决、裁定罪及“情节严重”法律解释之沿革

从立法和司法实践看，1979年刑法（简称“旧刑法”）最先规定拒不执行判决、裁定罪——将其与妨害公务罪规定在同一法条。此后，由于“欠债

---

* 重庆市人民检察院控告申诉检察处一级检察官。本文发表于《西南政法大学学报》2015年第3期，并被中国人民大学报刊复印资料中心《刑事法学》2015年第10期全文转载。

① 张明楷：《刑法学》（第四版），法律出版社2011年版，第971页。

不还”和“执行难”现象日益严重，1997年刑法（简称“新刑法”）对该罪作了修改——将其从妨害公务罪法条中分离出来，并增加了“有执行能力”和“情节严重”两个限制条件。然而，“情节严重”缺乏可操作性，国家最高司法机关和最高权力机关不得不发布解释。通过梳理该罪立法及相关法律解释的沿革，了解其基本发展脉络，有利于推动立法和司法实践。

（一）拒不执行判决、裁定罪之立法及修订

“旧刑法”第157条规定：“以暴力、威胁方法阻碍国家工作人员依法执行职务的，或者拒不执行人民法院已经发生法律效力的判决、裁定的，处三年以下有期徒刑、拘役、罚金或者剥夺政治权利。”从形式逻辑看，将妨害公务罪和拒不执行判决、裁定罪规定在同一法条中，说明立法者认为两罪具有同质性——妨害公务，而妨害公务罪具有“暴力、威胁方法”特征，因此当时很多学者或者教科书比照妨害公务罪给本罪下定义，强调必须是当事人以强暴（暴力和威胁）的方法，公然抗拒法院裁判的执行，也就是说“强暴”的方法和“公然”的方式是拒不执行的必要内容[①]。有学者认为，“拒不执行判决、裁定罪，是指当事人以暴力、威胁或其他方法，公然抗拒执行人民法院已经发生法律效力的判决、裁定的行为”，[②]“其客观表现往往是采取暴力、威胁或者无理取闹的方式，本罪的客观表现只能是作为”[③]。应该说，这种做法符合当时的立法意图和社会实际：第一，“旧刑法”颁布实施时，正值“文革”浩劫结束，“改革开放”刚刚起步，社会治安形势严峻，大中城市刑事暴力犯罪猖獗，认为立法者强调打击暴力抗拒执行法院生效判决、裁定的行为有一定道理；第二，“欠债不还”和法院“执行难”现象始于20世纪80年代末、90年代初，并随着“改革开放”深入和社会主义市场经济体制建立而日趋突出，不具有“强暴”特征的“软抗拒”“消极对抗”等行为才慢慢突现；第三，认为该法条“或者”用于连接“阻碍国家工作人员依法执行职务的”和“拒不执行人民法院已经发生法律效力的判决、裁定的”在语法上也说得通。不过，也有学者认为“旧刑法”第157条中的“暴力、威胁方法只是用于妨碍执行公务罪，而不适用于拒不执行判决、裁定罪”[④]，体现了难能可贵的前瞻性。高铭暄教授1982年主编的《刑法学（修订本）》指出，“拒不执行判决、

① 李俊杰：《拒不执行判决罪的犯罪构成》，载《河北法学》1992年第1期。

② 肖常纶：《析“拒不执行判决、裁定罪”的认定》，载《法学》1983年第1期。

③ 胡高文：《拒不执行判决裁定罪有关问题刍议》，载《律师世界》1999年第3期。

④ 高铭暄：《中华人民共和国刑法的孕育和诞生》，法律出版社1981年版，第215页。

裁定罪，是指拒不执行人民法院已经生效的判决或裁定的行为”，“通常表现为当事人强词夺理，胡搅蛮缠，拒不执行判决或裁定。这是无视法律权威的表现。例如，张某与沈某离婚案，经调解无效，于1979年经人民法院判决离婚。张某不服上诉，二审法院维持原判。宣判后张某拒不接受判决书，也不执行判决中有关条款。为此，人民法院先后四次对他进行教育，他都置之不理，蛮横拒绝。1980年3月，人民法院再次派人去他家执行判决，他仍拒不执行，并破口大骂法院工作人员，在群众中造成极坏影响。人民法院以拒不执行判决、裁定罪，判处张某拘役三个月”。① 但是，无论是理论界还是实务界，一般都把“暴力、威胁方法”作为该罪主要特征，显然不利于解决“执行难”问题。不过，主张该罪应当“以暴力、威胁或其他方法”为内容的观点，有利于落实刑法谦抑原则，限制国家刑罚权随意发动。

改革开放初期，由于与市场经济相适应的法治体系尚未建立，“欠债不还”和法院“执行难”现象十分突出，有学者称：“最高人民法院的统计资料表明，近年来，我国各级人民法院受理的民事、经济案件在裁判后，有30%左右难以执行成或不能执行。有些法院至今仍有十年前的生效判决没有执行。某直辖市截止1989年底，债权人有200亿元的经判决的债款难以收回，该市各级法院执行庭存案已达6000件。”② 这种现象对社会经济健康发展产生很大的负面影响：“企业的商品生产和交换不能正常进行；由拖欠导致的连环拖欠，使企业资金周转受阻；借钱不还，银行不敢放贷，使银行业务无法正常进行；投资者担心投资合同不能履约，生产的产品不能卖出去；消费者担心自己付了钱，不能买回与价格相称的商品。信用危机对社会经济生活造成严重损害，也严重破坏了社会主义市场经济秩序的建立。”③ 为此，国家最高权力机关在1997年颁布的新刑法中，把该罪从妨害公务罪法条中分离出来，以独立法条形式予以规定。该法第313条规定：“对人民法院的判决、裁定有能力执行而拒不执行，情节严重的，处三年以下有期徒刑、拘役或者罚金。”现在一般认为“拒不执行判决、裁定罪，是指对人民法院的判决、裁定有能力执行而拒不执行，情节严重的行为”。很明显，“新刑法”突破了“旧刑法”关于“以暴力、威胁方法”的约束和限制，扩大了拒不执行判决、裁定罪的犯罪

① 高铭暄主编：《刑法学（修订本）》，法律出版社1982年版，第512－513页。

② 丁海湖、房文草：《拒不执行判决、裁定罪的几个问题》，载《法律科学》1991年第5期。

③ 黄太云：《关于〈中华人民共和国刑法〉第313条的解释的理解与适用》，载《人民检察》2002年第10期。

圈，以应对日益严重的“欠债不还”和“执行难”，符合经济社会发展的实际需要。不过，由于“情节严重”主观色彩强烈，又缺乏可操作性，容易导致犯罪圈被扩大，不利于实现刑法谦抑。

比较刑法修订前后对拒不执行判决、裁定罪的定义，两者最大区别在于对罪状描述不同，前者以妨害公务罪罪状为参照，而后者摆脱了妨害公务罪影响，原因在于“旧刑法”把两罪规定在同一法条，并以简单罪状予以描述，自然导致大家比照妨害公务罪来解释。“新刑法”以独立条文分别规定这两个罪，虽然同属分则第五章“妨害社会管理秩序罪”，但分别规定在第一节“扰乱公共秩序罪”和第二节“妨害司法罪”，其所侵犯的同类客体也有所区别，再比照妨害公务罪解释本罪就不合适了。客观地说，与“旧刑法”相比，“新刑法”的规定要合理些。如果“旧刑法”规定有利于限制国家刑罚权的随意发动，导致不能有效应对“欠债不还”和“执行难”，那么“新刑法”的规定为了有效应对“欠债不还”和“执行难”，又带来了国家随意发动刑罚权，形成过分侵害公民权利的风险。从2014年全国法院385份拒不执行判决、裁定案一审判决看，这种随意发动刑罚权的现象确实突出，一些本可以通过非刑罚措施能够解决的案件，也采取了刑事制裁措施，导致拒不执行判决、裁定罪的执行手段化。

（二）“情节严重”之法律解释

最先对“情节严重”作出解释的是最高人民法院1998年4月8日发布的《关于审理拒不执行判决、裁定案件具体应用法律若干问题的解释》[①]（以下简称“旧司法解释”）第3条，规定：“负有执行人民法院判决、裁定义务的人具有下列情形之一的，应当认定为拒不执行人民法院判决、裁定的行为‘情节严重’：（一）在人民法院发出执行通知以后，隐藏、转移、变卖、毁损已被依法查封、扣押或者已被清点并责令其保管的财产，转移已被冻结的财产，致使判决、裁定无法执行的；（二）隐藏、转移、变卖、毁损在执行中向人民法院提供担保的财产，致使判决、裁定无法执行的；（三）以暴力、威胁方法妨害或者抗拒执行，致使执行工作无法进行的；（四）聚众哄闹、冲击执行现场，围困、扣押、殴打执行人员，致使执行工作无法进行的；（五）毁损、抢夺执行案件材料、执行公务车辆和其他执行器械、执行人员服装以及执行公务证件，造成严重后果的；（六）其他妨害或者抗拒执行造成严重后果的。”从

---

① 已于2013年4月8日被最高人民法院《关于废止1997年7月1日至2011年12月31日期间发布的部分司法解释和司法解释性质文件（第十批）的决定》废止。

法律渊源看，这一解释基本沿袭了最高人民法院1992年《关于适用〈中华人民共和国民事诉讼法〉若干问题的意见》第123条的规定——“当事人有下列情形之一的，可以依照民事诉讼法第102条第一款第6项的规定处理：（1）在法律文书发生法律效力后隐藏、转移、变卖、毁损财产，造成人民法院无法执行的；（2）以暴力、威胁或者其他方法妨碍或者抗拒人民法院执行的；（3）有履行能力而拒不执行人民法院发生法律效力的判决书、裁定书、调解书和支付令的”。很明显，该解释“遗留了一些未能解决的问题”①，因此难以应对日益严重的“欠债不还”现象也就理所当然。

后来，在市场经济建设过程中，“欠债不还”和“执行难”引发社会广泛关注，引起中央领导高度重视。2002年最高人民法院副院长沈德咏在全国法院加强执行工作电视电话会议上称，“截至今年8月底，全国各级法院共受理各类执行案件近154万件，已执结115万余件，执结标的额1430亿元，未结案件83万余件”，② 未结率竟然高达53.9%。为此，全国人大常委会法工委多次邀请中央政法委、最高人民法院、最高人民检察院、国务院法制办、公安部及部分法律专家研究法律对策，并提出了两套解决方案：③ 一是增设“拒不偿还债务罪”，对“恶意拖欠、拒不偿还合法债务，经债权人催告，三个月仍不归还，数额较大的”予以刑罚规制；二是在不增设新罪名的情况下，对刑法第313条在执行中遇到的问题，通过立法解释予以明确。通过研究，全国人大常委会采纳了第二套方案，于2002年8月29日通过《关于〈中华人民共和国刑法〉第三百一十三条的解释》（以下简称“立法解释”），着重解决了“审判实践中亟待解决的三个问题：一是明确了《刑法》第313条规定的‘人民法院的判决、裁定’的范围，指出人民法院依法作出的具有执行内容并已发生法律效力的判决、裁定，包括人民法院在执行程序中为依法执行支付令、调解书、仲裁裁决书、公证债权文书和行政决定书所作的裁定书；二是明确了对国家机关工作人员与被执行人通谋妨害执行行为以共犯论处的处罚原则；三是明确了协助执行义务人可以作为拒执罪的主体，增加了运用刑罚手段打击各类

① 参见最高人民法院副院长沈德咏2002年10月10日《在全国法院加强执行工作电视电话会议上的讲话》。

② 参见最高人民法院副院长沈德咏2002年10月10日《在全国法院加强执行工作电视电话会议上的讲话》。

③ 黄太云：《关于〈中华人民共和国刑法〉第313条的解释的理解与适用》，载《人民检察》2002年第10期。

拒不协助执行行为的内容”[①]。其中，“有能力执行而拒不执行，情节严重”的情形列举了五类：“（一）被执行人隐藏、转移、故意毁损财产或者无偿转让财产、以明显不合理的低价转让财产，致使判决、裁定无法执行的；（二）担保人或者被执行人隐藏、转移、故意毁损或者转让已向人民法院提供担保的财产，致使判决、裁定无法执行的；（三）协助执行义务人接到人民法院协助执行通知书后，拒不协助执行，致使判决、裁定无法执行的；（四）被执行人、担保人、协助执行义务人与国家机关工作人员通谋，利用国家机关工作人员的职权妨害执行，致使判决、裁定无法执行的；（五）其他有能力执行而拒不执行，情节严重的情形。”客观地说，该解释对应对日益严重的“执行难”问题起到了一定作用。但是，该解释仍然未能解决本罪与妨害公务罪的竞合等问题。不过，最高人民法院副院长沈德咏在2002年10月10日全国法院加强执行工作电视电话会议上指出，只要行为人以暴力、威胁方法阻碍人民法院工作人员依法执行判决、裁定的，不论行为人的阻碍行为是否影响了判决、裁定的执行，构成犯罪的都应当依照《刑法》第277条第1款的规定，以妨害公务罪追究刑事责任。

为“加大对拒不执行判决、裁定和暴力抗拒执行犯罪行为的惩处力度”，2007年8月30日最高人民法院、最高人民检察院、公安部联合发布《关于依法严肃查处拒不执行判决裁定和暴力抗拒法院执行犯罪行为有关问题的通知》（法发〔2007〕29号，以下简称“新司法解释”），在全国人大常委会“立法解释”的基础上，着重解决了两个问题：一是修正了“立法解释”对“情节严重”的解释方式，没有直接解释“情节严重”是什么，而是规定了五种“依照刑法第313条的规定，以拒不执行判决、裁定罪论处”的情形：“（一）被执行人隐藏、转移、故意毁损财产或者无偿转让财产、以明显不合理的低价转让财产，致使判决、裁定无法执行的；（二）担保人或者被执行人隐藏、转移、故意毁损或者转让已向人民法院提供担保的财产，致使判决、裁定无法执行的；（三）协助执行义务人接到人民法院协助执行通知书后，拒不协助执行，致使判决、裁定无法执行的；（四）被执行人、担保人、协助执行义务人与国家机关工作人员通谋，利用国家机关工作人员的职权妨害执行，致使判决、裁定无法执行的；（五）其他有能力执行而拒不执行，情节严重的情形”，明显带有突破“立法解释”导致大家将“致使判决、裁定无法执行”作为本罪必

① 参见最高人民法院副院长沈德咏2002年10月10日《在全国法院加强执行工作电视电话会议上的讲话》。

要构成要件的意图。二是对本罪与妨害公务罪的竞合问题作了明确解答，规定“以妨害公务罪论处”的情形包括三种：“（一）聚众哄闹、冲击执行现场，围困、扣押、殴打执行人员，致使执行工作无法进行的；（二）毁损、抢夺执行案件材料、执行公务车辆和其他执行器械、执行人员服装以及执行公务证件，造成严重后果的；（三）其他以暴力、威胁方法妨害或者抗拒执行，致使执行工作无法进行的。”

（三）地方司法机关对“情节严重”之适用解释

根据国家最高权力机关和最高司法机关的解释，一些地方权力机关和司法机关也出台规定，对拒不执行判决、裁定罪相关问题进行再解释，但是除了上海之外，基本上都是对现行法律解释的照搬。例如 2003 年 9 月 17 日北京市高级法院、市检察院、市公安局联合发布《关于依法打击拒不执行判决、裁定犯罪行为的通知》，规定：“具有下列情形之一的，依照《中华人民共和国刑法》第 313 条的规定追究刑事责任：（一）被执行人隐藏、转移、故意毁损财产或者无偿转让财产、以明显不合理的低价转让财产，致使判决、裁定无法执行的；（二）担保人或者被执行人隐藏、转移、故意毁损或者转让已向人民法院提供担保的财产，致使判决、裁定无法执行的；（三）协助执行义务人接到人民法院协助执行通知书后，拒不协助执行，致使判决、裁定无法执行的；（四）被执行人、担保人、协助执行义务人与国家机关工作人员通谋，利用国家机关工作人员的职权妨害执行，致使判决、裁定无法执行的；（五）其他有能力执行而拒不执行，情节严重的情形。”值得赞赏的是，上海市高级法院、市检察院、市公安局、市司法局《关于执行〈全国人大常委会关于刑法第 313 条的解释〉和〈最高人民法院关于审理拒不执行判决、裁定案件具体应用法律若干问题的解释〉的意见》，对全国人大常委会立法解释和最高人民法院司法解释中的“裁定”范围、“被执行人”、“有能力执行”、“致使判决、裁定无法执行”以及部分条款中的“情节严重”进行了再解释。特别是，该意见首次对立法解释中“致使判决、裁定无法执行”作了解释，即“可理解为造成人民法院执行机构无法运用法律规定的执行措施，或者虽运用了法律规定的执行措施，但仍无法执行的情形”。此外，从财产数额标准角度，进一步规定“情节严重”中部分财产数额标准的掌握：“1. 被执行人隐藏、转移、故意毁损财产或者无偿转让财产，个人达 10 万元，单位达 100 万元的，或者个人达 7 万元，单位达 70 万元且占执行标的额 70% 以上的；2. 担保人或者被执行人隐藏、转移、故意毁损或者转让已向人民法院提供担保的财产，价值在执行标的额 70% 以上的。”2009 年 07 月 15 日，上海市高级法院、市检察院、市公安局、市司法局再次联合发布《关于办理拒不执行判决、裁定犯罪案件若干问题的意见》，就“人民法院的判决、裁定”的范围，“有能力执行”“致使判决、裁定无法执行”和“拒不执行行为”的含义，以及“情节严重”的具体情形作了详细规定。值得注意的是，该意见首次对现行立法和司法解释中的“致使判决、裁定无法执行”进行了再解释，即“致使判决、裁定无法执行”，“是指行为人拒不执行判决、裁定，情节严重，造成人民法院执行机构通过执行程序无法实现判决、裁定确定的内容。既包括判决、裁定全部无法执行，也包括部分无法执行；既包括判决、裁定最终无法执行，也包括暂时无法执行”。

二、拒不执行判决、裁定罪中“情节严重”之实务考察

实证研究是考察立法①设计是否科学的有效方式，通过考察法院判例来研究拒不执行判决、裁定罪中“情节严重”立法设计的科学性应该是一个很好的途径。为确保样本的代表性，本文把中国裁定文书网②公布的刑事判决书作为样本。查询条件如下：关键词为“拒不执行判决”，案件类型为“刑事案件”，文书类型为“刑事判决书”，裁判时间为“2014 年 1 月 1 日至 12 月 31 日”，最终查询到标题名称包含了“拒不执行判决”的刑事判决书 458 份③，其中重复判决书 67 份④，一审刑事判决书 385 份，二审刑事判决书 5 份，重审刑事判决书 1 份。

（一）基本情况

从案件的地区分布情况看，除海南、青海、西藏 3 个省、自治区以及新疆生产建设兵团之外，2014 年我国共有 28 个省、自治区、直辖市法院的一审刑事判决书中有拒不执行判决、裁定案，地区分布不均衡现象明显，数量最多的

---

① 严格地说，立法仅指国家权力机关制定法律的活动。但是从实然角度看，最高人民法院和最高人民检察院的司法解释具有明显授权立法性质，部委规章、地方性政权机关制定的实施细则也具有立法性质，乃至地方司法机关发布的解释法律或法律解释的适用性解释也具有规范性特征，因此本文所称“立法”是指制定一切规范性文件的活动。

② http：//www. court. gov. cn/zgcpwsw/。

③ 由于各地区裁判文书上网时间不统一，而且有些省（自治区、直辖市）还没有实现三级法院裁判文书网上公开，造成裁判文书实际数量会有一定误差，但是应该不影响基本结论。查询时间是 2015 年 1 月 24 日前。

④ 2014 年是全国法院公布裁判文书的第一年，中国裁判文书网运行也不是很顺畅，存在裁判文书重复公布现象。另外，裁判文书公布形式比较混乱，几乎所有裁判文书都被删减过，多数裁判文书没有公布当事人姓名、年龄等基本情况，还有些裁判文书还存在表述错漏等问题。

是河南省，全年共有70件，占全国总量18.2%，这与其人口总数全国第一保持一致。此外，少于10件的省、自治区、直辖市多达19个，既包括广东、上海等经济发达地区，又包括多数西部经济欠发达地区，其中2014年全国各省市GDP排名第一的广东省仅5件，表明拒不执行判决、裁定罪发案率与经济之间的联系并不紧密。不过，从《国民经济和社会发展第七个五年计划》对东部沿海、中部、西部三个经济地区划分角度看，东部沿海地区[①]12个省、自治区、直辖市共167件，占总量的43.4%；中部地区[②]9个省、自治区共184件，占总量的47.8%；西部地区[③]10个省、自治区、直辖市则共34件，仅占总量的8.8%，似乎又说明拒不执行判决、裁定罪发案率与经济之间还是保持了某种程度的联系，而且与人口数量之间的关系似乎也不是很紧密。从判决时间分布曲线看，没有特别明显的趋势，只是春节前几个月案件有稍微增多的现象。

表1　2014年拒不执行判决、裁定案一审判决地区分布　　单位：件

省（市、自治区）	案件数量	省（市、自治区）	案件数量	省（市、自治区）	案件数量	省（市、自治区）	案件数量
北京	2	浙江	39	福建	13	吉林	24
上海	8	河南	70	安徽	29	山西	5
天津	1	河北	28	内蒙古	10	云南	4
重庆	6	辽宁	15	陕西	6	贵州	2
广东	5	四川	3	黑龙江	4	新疆	3
江苏	21	湖北	22	江西	14	甘肃	4
山东	30	湖南	6	广西	5	宁夏	6

① 东部地区是指辽宁、北京、天津、河北、山东、江苏、上海、浙江、福建、广东、广西、海南等12省、自治区、直辖市，土地面积占全国陆地面积的13.5%，人口占全国总人口的41.2%（1991年），国内生产总值占全国国内生产总值的60.7%（1997年）。

② 中部地区是指山西、内蒙古、吉林、黑龙江、安徽、江西、河南、湖北、湖南等9省、自治区，土地面积占全国陆地面积的29.5%，人口占全国总人口的35%左右。

③ 西部地区是指陕西、甘肃、青海、宁夏、新疆、四川、重庆、云南、贵州、西藏等10省、自治区、直辖市，土地面积占全国陆地面积的56%，总人口2.85亿人，占全国的23%。

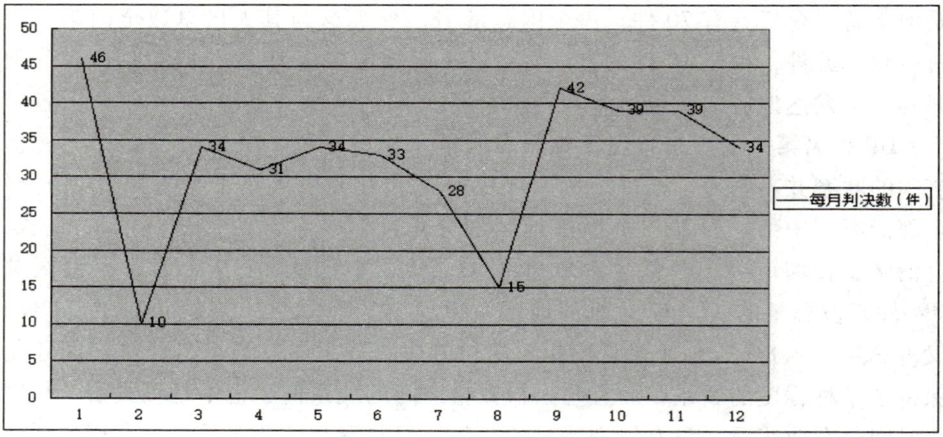

图1　2014年拒不执行判决、裁定案一审判决时间分布曲线

从被告人拒不执行的判决、裁定类别看，其中强制执行行政处罚的裁定5件，即山东省顾某某拒不缴纳社会抚养费案①、北京市李某强制征地拆迁案②、安徽省王某某拒不缴纳社会抚养费案③、福建省张某某拒不缴纳社会抚养费案④、辽宁省王某甲拒不执行退还非法占用土地行政处罚案⑤；刑事附带民事判决6件，即浙江省王某故意伤害案⑥、河南省禹某某交通肇事案⑦、福建省黄某交通肇事案⑧、河北省安某交通肇事案⑨、宁夏蔡某某交通肇事案⑩、内蒙古王某某交通肇事案⑪；民事判决或裁定374件，占总量的97%，表明拒不执行判决、裁定罪主要还是用于民事判决、裁定的执行工作。

---

① 山东省东明县人民法院（2014）东刑一初字第7号刑事判决书。
② 北京市平谷区人民法院（2014）平刑初字第141号刑事判决书。
③ 安徽省繁昌县人民法院（2014）繁刑初字第00143号刑事判决书。
④ 福建省仙游县人民法院（2014）仙刑初字第672号刑事判决书。
⑤ 辽宁省葫芦岛市中级人民法院（2014）葫刑终字第00123号刑事判决案。
⑥ 浙江省景宁畲族自治区人民法院（2014）丽景刑初字第6号刑事判决书。
⑦ 河南省新密市人民法院（2014）新密刑初字第150号刑事判决书。
⑧ 福建省漳浦县人民法院（2014）浦刑初字第269号刑事判决书。
⑨ 河北省晋州市人民法院（2014）晋刑初字第00071号刑事判决书。
⑩ 宁夏回族自治区青铜峡市人民法院（2014）青刑初字第149号刑事判决书。
⑪ 内蒙古自治区阿拉善左旗人民法院（2014）阿左刑二初字第39号刑事判决书。

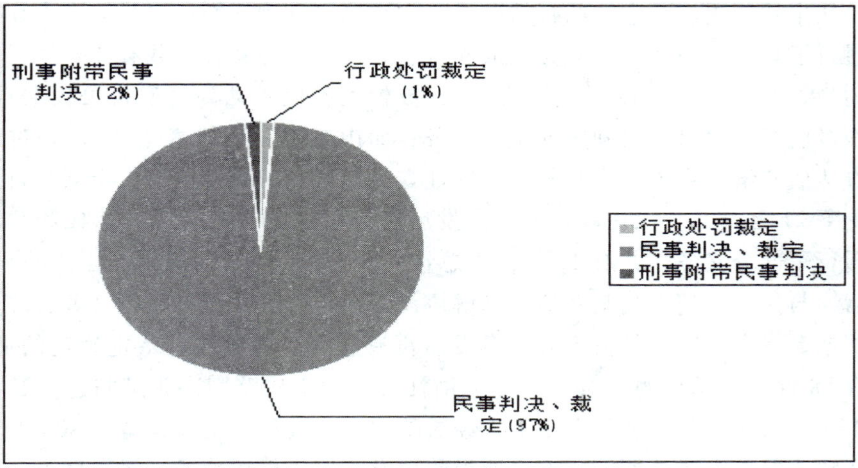

图2 拒不执行的判决、裁定类别

从被告人拒不执行的民事判决、裁定案由看，基本可以划分为两大类别：一是民生类案件，即与老百姓生活生存密切相关的案件，共有125件，占总量的33.4%，其中婚姻家庭纠纷23件，主要有离婚后夫妻共同财产分割、子女抚养、继承以及赡养费支付等；交通事故或肇事损害赔偿62件，主要涉及被害人或被害人家属的赔偿金不能得到兑现的问题；劳动纠纷、拖欠工资及工伤等28件；此外，还有一些侵权性质的案件12件。二是经济类案件，即与商业经济发展密切相关的案件，共有229件，占总量61.2%，其中民、商事借贷纠纷125件，如借贷人不及时偿还借款等问题；房屋、土地的买卖和租赁纠纷23件，主要涉及买受人不付款、占有人到期不归还房屋或租赁土地等问题；买卖合同、合伙纠纷81件，主要涉及不支付货款、工程款、合伙财产分割等问题。此外，还有20个案件的民事判决、裁定案由不明。

表2 被告人拒不执行的民事判决、裁定案由情况 单位：件

民生类案件				经济类案件			案由性质不明	合计
婚姻家庭纠纷	交通事故或肇事	劳动纠纷、拖欠工资及工伤等	侵权性质的案件	民、商事借贷纠纷	房屋、土地的买卖和租赁纠纷	买卖合同、合伙纠纷		
23	62	28	12	125	23	81	20	374

从生效判决、裁定的履行情况看，大致可以分为三类：一是被告人在案发后履行了全部义务，或者双方达成和解后履行了全部义务，共有286件，占总量的74.3%。例如安徽省李某某案[①]，被告人不仅主动到公安机关投案自首，还积极履行了民事判决确定的全部义务；而山东省张某某案[②]，在审理过程中双方达成和解，由被告人张某某一次性支付5万元，执行申请人李某某自愿放弃剩下21万余元。二是被告人在案发后履行了部分义务，或者达成和解协议后履行了部分义务，共有21件，占总量的5.5%。例如，湖北省杜某甲[③]在归案后，与执行申请人刘某乙达成和解协议，约定分五次履行赔偿义务，并兑现了首期5万余元。三是被告人在案发后没有履行生效判决、裁定确定的义务，共有78件，占总量的20%。例如，浙江省建德市法院判决张某归还严某祥等人164万余元欠款，被告人张某未经法院许可将其部分机器设备以800万元的价格转让案外人潘某辉等4人，所得款项没有用于偿还债务，案发后也一直没有履行还债义务，法院最终判处有期徒刑1年4个月。[④]

表3 案发后生效判决、裁定的履行情况 单位：件

履行情况	全部履行	部分履行	没有履行	合计
案件数量	286	21	78	385
比例	74.30%	5.50%	20%	

从量刑情况看，宣告刑量最低为免予刑事处罚（共11件），最高为3年有期徒刑（共有2件），基本覆盖了“新刑法”第313条规定的整个法定刑幅度。此外，量刑情节的认定十分混乱，而且基本上看不出其对宣告刑量的影响，例如，2011年8月3日，安徽省芜湖县法院判决[⑤]朱某某、何某某离婚，由朱某某返还何某某各项费用共计113200元，判决生效后朱某某未履行给付义务。2013年11月22日，朱某某被公安机关抓获后，如实供述自己的犯罪事实，且全部履行了生效判决确定的给付义务，被判处有期徒刑6个月，缓刑1年。再如，2011年12月7日，甘肃省庄浪县法院判决董某某给付李某某人身损害赔偿5万余元，在法院强制执行了2万余元后，余款一直没有履行。

① 安徽省五河县人民法院（2014）五刑初字第00306号刑事判决书。

② 山东省文饶县人民法院（2014）广刑初字第75号刑事判决书。

③ 湖北省秭归县人民法院（2014）鄂秭归刑初字第00032号刑事判决书。

④ 浙江省建德市人民法院（2014）杭建刑初字第137号刑事判决书。

⑤ 安徽省芜湖县人民法院（2014）芜刑初字第00023号刑事判决书。

2013 年 12 月 26 日，董某某被公安机关刑事拘留，归案后其亲属已缴纳了全部执行款，且当庭认罪，被判处有期徒刑一年。①

（二）拒不执行判决、裁定行为的类型分析

根据“新刑法”第 313 条的规定，拒不执行判决裁定的行为只有达到“情节严重”才构成犯罪，因此有必要对这 385 份一审判决书认定的犯罪行为进行类型化分析。为此，我们试图根据“立法解释”和“司法解释”对“情节严重”所确定的行为类型来归类分析，结果发现司法实务中“情节严重”的具体情形非常复杂，远远地超出了现行“立法解释”和“司法解释”的设计类型，最后不得不依据判决书认定的具体行为事实，重新对各种拒不执行的行为进行类型化。从判决认定情况看，大致可以分为如下七类：

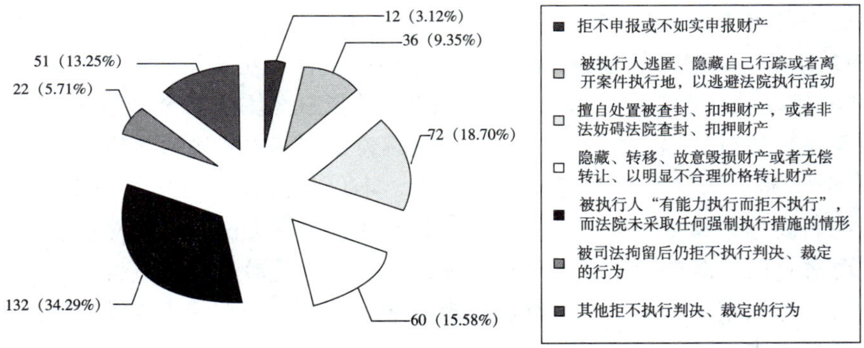

图 3　拒不执行判决、裁定行为的类型

一是拒不申报或不如实申报财产，即被执行人拒绝服从法院报告财产令，不履行或者不如实履行申报财产义务，致使法院不能依法执行裁判的行为。例如，浙江省周某案②。法院于 2013 年 12 月 13 日当面向被告人周某送达了执行通知书等法律文书，要求其如实申报财产，但被告人周某以没有财产为由拒绝申报。经调查发现，被告人周某以他人身份证办理、持有并使用银行卡，累计存款达 13 万余元。在司法实务中，这类案件并不多见，仅为 12 件，占总量的 3%，且一般与转移、隐藏、变卖财产或者逃匿等行为并存。例如，广东省李

① 甘肃省庄浪县人民法院（2014）庄刑初字第 35 号刑事判决书。

② 浙江省杭州市萧山区人民法院（2014）杭萧刑初字第 1313 号刑事判决书。

某案①。被告人李某于2012年7月14日签收了法院送达的执行令、财产申报表等法律文件后，未向法院申报财产，亦未履行法律义务，并于同月22日转移公司经营场所内的贵重机械设备后逃离深圳。对拒不申报或不如实申报财产的行为，一般只要证明其有执行能力或者部分执行能力，就认定其“情节严重”。

二是被执行人逃匿、隐藏自己行踪或者离开案件执行地，以逃避法院执行活动。据统计，这类案件共36件，占总量的9.4%。例如，江西省邹某某案②。2009年10月13日，法院判决被告人邹某某赔偿王某某人民币79975.83元，被告人邹某某收到民事判决后马上外出逃避执行并隐匿财产，拒不执行生效判决。2013年12月27日，被告人邹某某才被公安机关抓获归案，迫于压力其家属履行了法院判决。此外，这类案件往往伴随着转移、隐藏、变卖财产等行为。例如，山东省王某波案③。2007年被告人王某波因交通肇事被法院判决赔偿送被害人修某霞31万元，在生效判决未履行完毕的情况下，于2008年7月12日出售其房产后搬迁至新疆定居，致使案件无法执结，并于2013年10月24日被新疆玛纳斯县公安局玛电派出所抓获归案。广西金某洪案④。被告人金某洪在执行过程中，采取拒绝开门、跳窗逃跑等方式逃避执行。河北省叶某甲案⑤。被告人叶某甲为逃避法院执行，不仅将其儿子的死亡赔偿金藏匿，而且与其妻携孙女全家逃往外地生活，致使法院长期无法联系。对被执行人逃匿、隐藏自己行踪或者离开案件执行地的，一般也是通过认定被告人有一定执行能力，即认定构成拒不执行判决、裁定罪。例如，新疆涂某某案⑥。被告人涂某某拒不支付马某某等14人工资，并逃往湖北省秦皇岛市藏匿，被抓获归案后达成协议后部分履行义务，最终被认定构成拒不执行判决、裁定罪。

三是擅自处置被查封、扣押财产，或者非法妨碍法院查封、扣押财产，即未经执行法院许可违法处置被依法查封、扣押的财产。例如，浙江省任某案⑦。2013年2月6日，被告人任某明知法院已经变卖了被查封、扣押的宾馆设备，仍将该设备连同该宾馆一并转让他人，并将转让款40万元挪作他用，

① 广东省深圳市宝安区人民法院（2014）深宝法刑初字第81号刑事判决书。

② 江西省乐平市人民法院（2014）乐刑初字第129号刑事判决书。

③ 山东省海阳市人民法院（2014）海刑初字第45号刑事判决书。

④ 广西壮族自治区荔浦县人民法院（2014）荔刑初字第18号刑事判决书。

⑤ 河北省开化县人民法院（2013）衢开刑初字第222号刑事判决书。

⑥ 新疆维吾尔自治区库尔勒市人民法院（2014）库刑初字第629号刑事判决书。

⑦ 浙江省绍兴市上虞区人民法院（2014）绍虞刑初字第305号刑事判决书。

致使生效判决无法执行。再如，江苏省徐州市孙某案①。2011年4月21日，法院裁定查封、扣押被告人孙某夫妇抵押借款轿车两辆，而被告人孙某拒绝交出车辆，隐瞒车辆去向。在司法实务中，这类案件比较多，共有72件，占总量的18.7%。一般而言，绝大多数判决认定构成拒不执行判决、裁定罪，不过也有少数判决认定构成非法处置查封的财产罪，仅为3件。例如，浙江省诸某案②。2009年10月15日，被告人诸某隐瞒其厂房已被法院查封事实，私下与金某等11名案外债权人达成协议，由金某全权处理该厂房并偿还案外债权。2010年5月3日，该厂房转让款在偿还金某等11名案外人债权后，诸某将余款60多万元挪作他用并逃跑。检察机关以涉嫌拒不执行判决、裁定罪，将诸某起诉到余姚市法院，而法院认为"被告人诸某明知是人民法院查封的财产仍予以变卖，情节严重，其行为已构成非法处置查封的财产罪"。对擅自处置被查封、扣押财产，或者违法妨碍法院查封、扣押财产的，判决一般并不要求有特别的严重后果，只要其实施了非法处置查封、扣押财产等行为，即认定其"情节严重"。

四是隐藏、转移、故意毁损财产或者无偿转让、以明显不合理价格转让财产，即"立法解释"规定"有能力执行而拒不执行，情节严重"的第一种情形，也是"新司法解释"规定"以拒不执行判决、裁定罪论处"的第一种情形，其目的在于规避法院执行。据统计，这类行为共有60件，占总量的15.6%。例如，河北省刘某甲案③。2012年，法院先后判决被告人刘某甲与其妻张继红共同偿还艾景森、张小军等货款近100万元。被告人刘某甲将转卖鞋厂归还银行贷款后剩余的39万元转移至其外甥名下，还将其他款项用于支付工人工资、偿还他人债务及购买原材料等，而不履行法院判决确定的义务，最终被认定构成拒不执行判决、裁定罪。为了便于行为类型化，这类行为并不包含被执行人隐藏、转移、故意毁损、无偿转让或者以明显不合理价格转让被查封、扣押财产在内，因为被执行人隐藏、转移、故意毁损、无偿转让或者以明显不合理价格转让被查封、扣押财产的行为，本质上是属于破坏法院依法进行查封、扣押活动的行为。对隐藏、转移、故意毁损财产或者无偿转让、以明显不合理价格转让财产的，判决一般只要认定其存在这些行为，即认定其"情节严重"。

---

① 江苏省徐州市铜山区人民法院（2014）铜刑初字第349号刑事判决书。

② 浙江省余姚市人民法院（2013）甬余刑初字第676号刑事判决书。

③ 河北省新安县人民法院（2013）安刑初字第206号刑事判决书。

五是被执行人“有能力执行而拒不执行”，而法院未采取任何强制执行措施的情形，即有证据证明被执行人“有能力执行而拒不执行”，但是法院在未采取任何强制执行措施的情况下，将案件直接移送公安机关以刑事案件办理的情形。据统计，这类情形共有132件，占总量的34.4%，成为最为常见的行为类型。例如，河北省陈某案[①]。2010年9月25日，陈某因交通事故被判决赔偿贾晓东近12万余元经济损失；2011年4月8日，法院送达了执行通知书，但是被告人陈某拒不执行判决。经查，被告人陈某为他人开车每月有3800元工资收入，2012年4月花费20万元翻盖房屋。2014年1月21日，法院判决陈某构成拒不执行、判决裁定罪。从判决内容看，晋州市法院在执行过程中没有采取任何强制执行措施。

六是被司法拘留后仍拒不执行判决、裁定的行为，即被执行人“有能力执行而拒不执行”，经法院司法拘留后仍不履行判决、裁定的行为。据统计，这类案件共22件，占总量的5.7%，其中被司法拘留次数最多的是浙江省周某案[②]，竟然多达5次。2004年2月5日，法院判决被告人周某归还王某芬、王某借款人民币103480元。法院立案执行后，被告人周某在有履行能力并于2010年4月至2012年4月先后五次被司法拘留的情况下，仍拒不履行生效判决所确定义务。据查，被告人周某与其妻蔡某自2007年开始在上海承包建材厂，每年均有盈利，但周某将利润用于偿还其他自然债务、添置厂内生产设备以及购置长安牌汽车一辆，而长期拒不执行判决确定义务。案发后，双方达成和解并履行完毕。这类案件与第五类情形最大的区别在于，法院除对被执行人司法拘留之外，并未采取其他针对财产的强制执行措施。

七是其他拒不执行判决、裁定的行为，主要针对被执行人应当履行特定行为的情形，共有51件，占总量的13.2%。在这类案件中，被执行人往往采取暴力、威胁等手段，以阻碍法院强制执行，一般带有明显的“胁迫”性特征。例如，甘肃省刘某某案[③]。2011年11月4日，法院判决被告人刘某某等停止对永登荣方达某种养殖场土地使用权的侵害并赔偿损失。2012年7月25日，法院向被告人刘某某等送达执行通知书，被告人刘某某等仍在荣方达种养殖场地里种植庄稼。2013年11月，该种养殖场地被中川城际铁路项目部征用后施工时，被告人刘某某及家属等人以征用土地使用权属于他们为由，到该施工现

① 河北省晋州市人民法院（2014）晋刑初字第00005号刑事判决书。
② 浙江省诸暨市人民法院（2013）绍诸刑初字第1516号刑事判决书。
③ 甘肃省永登县人民法院（2014）永刑初字第53号刑事判决书。

场阻止施工，致使工程建设无法正常施工。

以上七种行为类型，基本包含了所有拒不执行判决、裁定的行为。当然，这些行为类型之间会存在交叉现象，因为现实生活中拒不执行判决、裁定的行为并非单一行为，往往是多种行为的综合表现，如有些被告人在隐匿行踪之前，往往会有转移、隐藏财产的行为。但是，这并不妨碍我们对其行为进行类型化。通过以上行为类型化后，会发现司法实务中存在一个明显倾向——拒不执行判决、裁定罪的执行手段化，即把拒不执行判决、裁定罪当作执行手段。例如，有些被告人虽然拒不执行裁判，但是并未达到阻碍执行目的，或者虽然实施了阻碍行为，但是通过非刑事措施能够达到执行目的，却被认定构成拒不执行判决、裁定罪。从判决逻辑看，司法实务中往往通过查证被执行人在执行期间有一定经济收入，或者曾经经手、使用了一定的金钱、财物，并且没有履行判决、裁定，即认定被告人拒不执行行为“情节严重”，并构成拒不执行判决、裁定罪，显然违背了刑法谦抑原则。

三、对拒不执行判决、裁定罪“情节严重”的再认识

（一）刑法分则条文的一般构造及“情节严重”的使用现状

1. 刑法分则条文的一般构造

我国刑法分则条文一般表述为“……的，处……”“……的”所表述的内容为罪状，即“分则罪刑规范对犯罪具体状况的描述，指明适用该罪刑规范的条件，行为只有符合某罪刑规范的罪状，才能适用该规范。”① “处……”所表述的内容则为法定刑。例如，“新刑法”第276条之一规定：“以转移财产、逃匿等方法逃避支付劳动者的劳动报酬或者有能力支付而不支付劳动者的劳动报酬，数额较大，经政府有关部门责令支付仍不支付的，处三年以下有期徒刑或者拘役，并处或者单处罚金；造成严重后果的，处三年以上七年以下有期徒刑，并处罚金。”其中，“以转移财产、逃匿等方法逃避支付劳动者的劳动报酬或者有能力支付而不支付劳动者的劳动报酬，数额较大，经政府有关部门责令支付仍不支付的”为拒不支付劳动报酬罪的基本犯罪状，而“处三年以下有期徒刑或者拘役，并处或者单处罚金”则为基本犯的法定刑。

不过，也有一些条文连续使用了多个“……的”的表述形式，且各个“……的”之间以逗号相连，这表明该罪有多种并列罪状。例如“新刑法”第

---

① 张明楷：《刑法学》（第四版），法律出版社2011年版，第971页。

244 条之一规定："违反劳动管理法规，雇用未满十六周岁的未成年人从事超强度体力劳动的，或者从事高空、井下作业的，或者在爆炸性、易燃性、放射性、毒害性等危险环境下从事劳动，情节严重的，对直接责任人员，处三年以下有期徒刑或者拘役，并处罚金；情节特别严重的，处三年以上七年以下有期徒刑，并处罚金。"据此，雇用童工从事危重劳动罪有三种并列罪状：一是"违反劳动管理法规，雇用未满十六周岁的未成年人从事超强度体力劳动的"；二是"违反劳动管理法规，雇用未满十六周岁的未成年人""从事高空、井下作业的"；三是"违反劳动管理法规，雇用未满十六周岁的未成年人""在爆炸性、易燃性、放射性、毒害性等危险环境下从事劳动，情节严重的"。这三种罪状具有同等法律效力，也就是说只要符合其中之一种，即成为雇用童工从事危重劳动罪的罪状。

根据罪状所描述的犯罪构成的不同，罪状可以分为两类：一是基本罪状，即基本犯的罪状，即描述具体犯罪构成特征的罪状；二是加重、减轻罪状，即对加重或减轻法定刑的适用条件的描述。例如"新刑法"第 310 条规定："明知是犯罪的人而为其提供隐藏处所、财物，帮助其逃匿或者作假证明包庇的，处三年以下有期徒刑、拘役或者管制；情节严重的，处三年以上十年以下有期徒刑。"其中，"明知是犯罪的人而为其提供隐藏处所、财物，帮助其逃匿或者作假证明包庇的"为基本罪状，而"情节严重的"则为加重罪状。基本罪状可进一步分为四类：[①] 一是简单罪状，即对犯罪特征进行简单描述；二是叙明罪状，即在罪刑规范中对具体犯罪的构成特征作了详细的描述；三是引证罪状，即引用刑法的其他条款来说明和确定某一犯罪的构成特征；四是空白罪状，即没有具体说明某一犯罪的成立条件，但指明了必须参照的其他法律、法令。值得注意的是，我国刑法分则条文对各犯罪罪状的描述并不完整，一般仅描述了"包含成立具体犯罪所必须具备的特有构成要件要素与责任要素，而共性（或共通）的构成要件要素与责任要素规定在刑法总则中"[②]。

2. 刑法分则中"情节严重"的使用情况

"现实生活中有许多行为，虽然在一般情况下其社会危害性没有达到应当追究刑事责任的程度，却又难以通过强调犯罪构成某一方面的具体内容使之达到这种程度，即或者不能预见所有情节严重的情况而无法具体规定，或者能预见但要作冗长的表述，使刑法失去简短价值。于是立法者作了一个综合性的规

① 高铭暄、马克昌主编：《刑法学》（下编），中国法制出版社 1999 年版，第 573—576 页。

② 张明楷：《刑法学》（第四版），法律出版社 2011 年版，第 577—578 页。

定，情节严重就以犯罪论处。”[①] 我国刑法分则有不少条文规定，某种行为只有达到“情节严重”程度，才能定罪处刑。据统计，刑法分则共有137个条文中有“情节严重”之规定。但是，“情节严重”在各条文中的功能并不相同，主要有两个方面的功能：一是作为犯罪的基本构成要件，即某种行为只有达到“情节严重”程度才构成犯罪，否则不构成犯罪。这种情形共有72个条文。例如，“旧刑法”第364条第1款规定：“传播淫秽的书刊、影片、音像、图片或者其他淫秽物品，情节严重的，处二年以下有期徒刑、拘役或者管制。”据此，传播淫秽物品的行为只有达到“情节严重”程度，才构成传播淫秽物品罪。二是作为法定刑“升格”条件[②]，即“情节严重”虽不影响犯罪的认定，但能决定法定刑是否“升格”。这种情形共有65个条文。例如，“新刑法”第364条第2款规定：“组织播放淫秽的电影、录像等音像制品的，处三年以下有期徒刑、拘役或者管制，并处罚金；情节严重的，处三年以上十年以下有期徒刑，并处罚金。”据此，只要实施了“组织播放淫秽的电影、录像等音像制品的”行为，就可以构成组织播放淫秽音像制品罪，但是如果该行为达到了“情节严重”的程度，法定刑即从“三年以下有期徒刑、拘役或者管制，并处罚金”升格为“三年以上十年以下有期徒刑，并处罚金”。“新刑法”第313条中的“情节严重”当属第一种情形，即“情节严重”是认定拒不执行判决、裁定罪的构成要件，如果虽有拒不执行判决、裁定的行为，但是没有达到“情节严重”程度，则不能认定为拒不执行判决、裁定罪。

（二）对拒不执行判决、裁定罪“情节严重”的再认识

1. 对“新刑法”第313条中“情节严重”的不同认识及评述

“新刑法”第313条规定：“对人民法院的判决、裁定有能力执行而拒不执行，情节严重的，处三年以下有期徒刑、拘役或者罚金”，其中“对人民法院的判决、裁定有能力执行而拒不执行，情节严重的”是拒不执行判决、裁定罪的基本罪状，且属于简单罪状，“处三年以下有期徒刑、拘役或者罚金”则为法定刑。从表述方式看，第313条对拒不执行判决、裁定罪的犯罪构成分成两个部分，即“对人民法院的判决、裁定有能力执行而拒不执行”和“情节严重”，“对人民法院的判决、裁定有能力执行而拒不执行”是对拒不执行判决、裁定行为的定性，对此大家没有多大争议。关键在于如何认识“情节严重”与“对人民法院的判决、裁定有能力执行而拒不执行”之间的构造关

① 张明楷：《论刑法分则中作为构成要件的“情节严重”》，载《法商研究》1995年第1期。

② 张明楷：《刑法分则的解释原理》，中国人民大学出版社2004年版，第223页。

系，对此学界主要有两种观点：

一种观点认为“情节严重”是单一性结果标准，即指拒不执行判决、裁定行为的危害结果严重[①]，拒不执行判决、裁定的危害结果通常包括两种情形：一是损害法院正常执行活动，导致法院长期无法按照法定程序完成执行任务，主要包括隐匿行踪、拒不申报财产、转移或隐藏财物、拒不移交被扣押财物等消极应对法院执行的行为。例如，浙江省王某甲拒不支付货款案[②]。2010年10月19日，被告人王某甲向顾某借款60万元，用于支付员工工资、公司和个人其他欠款等，而没有向执行法院申报或者履行债务，因此法院认定其构成拒不执行判决、裁定罪。此外，在司法实务中还有一些积极抗拒法院执行的行为，如采取暴力、威胁等方式阻碍法院执行生效判决、裁定。例如，山东省部香秀拒不执行判决案[③]。2013年10月11日，菏泽市中级法院依法强制执行生效民事判决时，赵某把自己反锁在一间屋子里，手里拿着打火机，对面桌子上放有两桶汽油，致使执行人员不敢强制执行。二是致使生效判决、裁定客观上无法执行，即拒不执行判决、裁定行为在客观上造成了生效判决、裁定彻底不能执行的后果，具有不可挽回性。例如，江苏省蔡某甲拒不归还借款案[④]。2012年8月8日，被告人蔡某甲擅自转让“无锡市南长物资再生利用有限公司永胜回收站”后，携款离开判决执行地，致使判决无法执行。

另一种观点认为“情节严重”是复合性标准，即并非仅指行为后果严重，而是指影响行为的法益侵害性与行为人主观罪过性的各种情况，包括“法益的性质、行为的方法、行为的对象、行为的结果、行为人的故意、过失内容，动机与目的等”[⑤]。因为从条文设计及立法、司法解释看，判断“情节严重”的标准似乎包含了两项内容，一是行为性质恶劣；二是损害后果严重。“当刑法规定‘情节严重’才构成犯罪时，我们应把握两点：第一，情节严重是构成要件，如果情节不严重，就不构成犯罪；第二，情节是否严重，要通过分析案件的全部情况进行综合判断。”[⑥]

其实，这两种解释思路虽然有差异，但是其结论似乎保持了某种程度上的一致性，即把行为的性质恶劣和后果严重都解释进去了，因此没有本质上的区

① 赵秉志主编：《妨害司法罪》，中国人民公安大学出版社1999年版，第285页。

② 浙江省杭州市西湖区人民法院（2014）杭上刑初字第190号刑事判决书。

③ 山东省成威县人民法院（2014）成刑初字第15号刑事判决书。

④ 江苏省无锡市北塘区人民法院（2014）北刑初字第0006号刑事判决书。

⑤ 张明楷：《刑法分则的解释原理》，中国人民大学出版社2004年版，第230页。

⑥ 张明楷：《刑法分则的解释原理》，中国人民大学出版社2004年版，第225页。

别。从形式逻辑角度看，这两种解释思路都具有一定的合理性，都符合人们的日常语言表达习惯。但是，“法律是一门实践性很强的社会科学，对法律的解释应该符合实践性品格，否则就会把法律适用带入虚无飘渺的玄学境地，成为空洞的纯思维活动”①。因此，有必要用法律解释的实践性品格来检验其合理性。所谓法律解释的实践性品格，是指对法律的解释应当符合两个标准：一是解释结论必须具有可操作性；二是损害后果必须具有可度量性。就“新刑法”第313条中的“情节严重”而言，其解释结论也应当符合法律解释的实践性标准，也就是说无论采取哪种解释方式，其解释结论都必须符合可操作性和可度量性的标准。事实上，把行为的性质恶劣解释进拒不执行判决、裁定罪，就难以符合法律解释的实践性品格，因为“恶劣”本质上是一个主观上的心理评价，而心理因素是难以度量的，还容易引起法条竞合。例如，“旧司法解释”第3条第1项规定“隐藏、转移、变卖、毁损已被依法查封、扣押或者已被清点并责令其保管的财产，转移已被冻结的财产”，造成拒不执行判决、裁定罪与非法处置查封、扣押、冻结财产罪竞合，而司法实务中确实有些判决是以非法处置查封、扣押、冻结财产罪来处理的；第3—5项则分别把“以暴力、威胁方法妨害或者抗拒执行，致使执行工作无法进行的”“聚众哄闹、冲击执行现场，围困、扣押、殴打执行人员，致使执行工作无法进行的”“毁损、抢夺执行案件材料、执行公务车辆和其他执行器械、执行人员服装以及执行公务证件，造成严重后果的”都解释成拒不执行判决、裁定罪，同样造成拒不执行判决、裁定罪与妨害公务罪的竞合。例如，“行为人以暴力、威胁方法阻碍法院执行人员执行判决、裁定的。对此，应按法条竞合的处理原则——特别法优于普通法来处理，以拒不执行判决、裁定罪处罚”②。当然，这些法条竞合问题随着“立法解释”和“新司法解释”的出台，基本上解决了拒不执行判决、裁定罪与妨害公务罪之间的竞合问题，但是如何解决拒不执行判决、裁定罪与非法处置查封、扣押、冻结财产罪之间的竞合问题，现行法律解释并未作出明确规定，而司法实务中绝大多数判决是以非法处置查封、扣押、冻结财产罪来定性的。

2. 对“新刑法”第313条中“情节严重”单一结果标准的再认识

如前述，单一结果标准与复合性标准都有意模糊了“行为”与“结果”

① 谭金生：《国家侵权精神损害问题研究——对〈国家赔偿法〉第三十五条的解读》，载《湖北行政学院学报》2013年第4期。

② 王作富主编：《刑法分则实务研究》，中国方正出版社2001年版，第1405页。

之间的界限，因而造成了不必要的法条竞合。基于此，我们认为应当坚持拒不执行判决、裁定罪的“行为 + 结果”构建模式，但是应当把“情节严重”解释成单一结果，即“情节严重”仅指“致使判决、裁定无法执行”这一严重后果，这样就很容易解决法条竞合问题。关键在于如何解释“致使判决、裁定无法执行”，即是否包含“致使执行工作无法进行”以及其他“严重后果”。我们认为，不宜把其他“严重后果”纳入“情节严重”的范围，“致使执行工作无法执行”也应慎重掌握。总体上看，法院判决、裁定可强制执行的对象大致可以分为财产和行为两大类，财产包括动产和不动产。针对财产的执行又可根据执行依据内容的不同分为特定财产的执行和不特定财产的执行。前者是指法律文书对具体财产范围进行了明确的指定，如特定房屋等；后者是指法律文书仅对财产价值进行确定，最常见的是金钱给付。对特定财产的执行而言，导致无法执行的原因只有一个，即财产灭失。财产灭失从狭义上讲仅指财产的物理灭失，即特定财产损毁或失去应有功能。从广义上讲还应包括法律灭失，即特定财产权属发生变更。因此，对“致使判决、裁定无法执行”应从以下几方面把握：

第一，“无法执行”应指执行法院在穷尽一切合法的非刑罚措施之后，仍然不能达到执行目的。如果发现被告人有财产可供执行，应当首先采取其他合法的非刑罚强制措施，否则不应当纳入刑事司法程序予以追究。对被执行人拒不申报或者拒不如实申报财产的，也应当先采取其他非刑罚措施，如司法拘留等措施，只有在穷尽非刑罚措施之后，被执行人仍然拒不执行的，才可以适用刑罚措施。司法实务中，有些案件未经采取合法强制措施，就认定构成拒不执行判决、裁定罪，违背了刑法谦抑原则。例如，吉林省尹某某案①。收到多次法院限期执行通知书后，被告人尹某某仍拒不返还孙某某水、旱田 7.104 大亩，机动地 1.2 大亩，退耕还林地 4.58 大亩，法院在未采取其他强制措施的情况下，直接移送公安机关立案侦查，最终被判处有期徒刑 1 年，缓刑 2 年。本案中，法院至少还可以采取司法拘留措施。当然，司法实务中确定存在一些诸如“挥霍型”之类的拒不执行行为，法院无法针对财产适用强制执行措施。例如，黑龙江吴某某案②。2013 年 5 月 29 日，大庆市大同区法院判决吴某某与其妻刘某某离婚，支付刘某某财产差价 3 万元及其女儿每年抚养费 5000 元。判决生效后，被告人吴某某将其财产变卖，钱款挥霍一空，致使判决无法执

① 吉林省梅河口市人民法院（2014）梅刑初字第 139 号刑事判决书。

② 黑龙江大庆市大同区人民法院（2014）同刑初字第 194 号刑事判决书。

行，被认定构成拒不执行判决、裁定罪。其实，对这类情况也应当坚持穷尽原则，只有在采取司法拘留等强制措施后，被执行人仍拒不执行生效裁判的，才可以启动刑事制裁程序。

第二，“无法执行”应当是指永久性执行障碍，即“无法执行”的后果无法挽回。从执行障碍的性质看，“无法执行”可以分为暂时性执行障碍和永久性执行障碍两种①。暂时性执行障碍一般指妨害人民法院的正常执行活动的行为，即行为人的行为只是导致法院暂时不能按法定程序、按时顺利完成执行任务；永久性执行障碍一般指造成法院彻底无法完成执行任务。我们认为，对暂时性执行障碍，如果采取非刑罚措施能够达成执行目的，那么就不应当认定构成拒不执行判决、裁定罪。例如，广东省杨某某案②。2011 年 1 月 21 日，法院判决被告人杨某某 7 日内搬离肇庆市端州三路北侧 1 号翠岗商住楼西座南幢×××房，但被告人杨某某以各种理由拒不执行判决。2013 年 10 月 25 日，法院将该案移送公安机关；12 月 24 日，被告人杨某某被抓获。破案后，被告人杨某某家属退出房屋，并赔偿申请人各项损失 2 万多元。2014 年 2 月 26 日，法院判决认定被告人杨某某构成拒不执行判决、裁定罪。其实，本案应该可以通过合法强制措施就能够达到执行目的，但是执行法院没有采取相应措施，而是直接以刑罚手段实现执行目的。不过，对永久性执行障碍，则应当认定构成拒不执行判决裁定罪。

第三，“无法执行”应当包括部分无法执行，即被执行人有部分执行能力而拒不执行，如果也应当符合拒不执行判决、裁定罪。从程度上看，“无法执行”可以分为全部无法执行和部分无法执行，全部无法执行是指判决、裁定确定的义务全部无法得到履行，而部分无法执行是指判决、裁定确定的义务仅部分无法得到履行。对此，无论是全部还是部分“无法执行”，都应当认定为拒不执行判决、裁定罪。不过，就部分“无法执行”而言，也应该达到一定的程度，否则也不应认定为拒不执行判决、裁定罪。另外，在刑事诉讼程序过程中，如果被执行人履行了生效裁判确定的全部义务，没有造成其他严重后果，并且取得申诉执行人谅解的，在量刑上可以免予刑事处罚。

---

① 王作富主编：《刑法分则实务研究》，中国方正出版社 2001 年版，第 1400 页。

② 广东省肇庆市端州区人民法院（2014）肇端法刑初字第 86 号刑事判决书。

铁路运输领域视野下的美沙酮犯罪调研报告

陈久红*

一、问题的提出：美沙酮犯罪的现状

通过对现已公开的全国判例查询统计发现，全国涉及美沙酮毒品的案件共计123件，其中案件中涉及美沙酮（混合其他犯罪），但在判决中未对涉案的美沙酮作犯罪评价的共计26件，占总案件数的21.14%，已作毒品犯罪处理的共计97件，占总案件数的78.86%。

在已判决的97件美沙酮犯罪案件中，涉及全国17个省、自治区、直辖市的地方司法机关的美沙酮犯罪案件59件，占已判案件数量的60.82%，全国各级铁路司法机关打击美沙酮犯罪共计38件，占已判案件数量的39.18%，其中重庆铁路司法机关打击美沙酮毒品犯罪21件，占全国铁路司法机关打击美沙酮犯罪数量的55.26%，占全国已判决美沙酮案件总数的21.65%。

表1　　　　单位：件

全国	地域	共计数量	非法持有	运输毒品	贩卖毒品	走私毒品	美沙酮来源
全国共计17个省、自治区、直辖市办理美沙酮犯罪案件59件，占60.82%	北京	3	1		2		治疗中心
	上海	4			3	1	治疗中心
	重庆	1			1		治疗中心
	广东	14	1		12	1	治疗中心
	浙江	6			6		治疗中心
	湖北	1			1		治疗中心

* 重庆铁路运输检察院党组书记、检察长，二级高级检察官。本文系2015年中国检察官协会铁路检察官分会理论课题“涉铁美沙酮犯罪案件办理规范化研究”成果之一。

续表

全国	地域	共计数量	非法持有	运输毒品	贩卖毒品	走私毒品	美沙酮来源
全国共计17个省、自治区、直辖市办理美沙酮犯罪案件59件，占60.82%	湖南	1	1				治疗中心
	云南	2			2		治疗中心
	河南	1			1		治疗中心
	四川	3	3				治疗中心
	贵州	7			7		治疗中心
	海南	7	4		3		治疗中心
	陕西	4	1		3		治疗中心
	宁夏	1			1		治疗中心
	青海	1	1				治疗中心
	江西	2	1		1		治疗中心
	内蒙古	1			1		治疗中心
现有共计铁路司法机关办理美沙酮犯罪案件38件，占39.18%	重庆铁路	21	2	19			治疗中心
	成都铁路	5	1	4			治疗中心
	兰州铁路	6	5	1			治疗中心
	柳州铁路	1		1			治疗中心
	武汉铁路	3	2	1			治疗中心
	广州铁路	2	1	1			治疗中心
已公开的全国涉及美沙酮毒品案件		123					
全国共计已判决		97					
全国各地法院判决		59					
全国铁路法院判决		38					
全国涉及美沙酮的刑事案件中，但最终未作犯罪处理		26					

注：以上数据来源于北大法宝5.0版的公开判例，非全国所办美沙酮案件的绝对准确数据。

根据最高人民法院发布的《人民法院禁毒工作白皮书》（2012—2017）和国家禁毒办发布的《2017 中国禁毒报告》载，2012 年至 2016 年，全国法院一审新收毒品犯罪案件共计 54. 1 万，已判决 53. 5 万件，仅 2016 年，全国破获毒品犯罪案件 14 万起，查处有吸毒行为人员 100. 6 万人。毒品犯罪案件在全部刑事案件中的比例从 7. 73% 增至 10. 54%，毒品犯罪案件是增长最快的案件类型之一。作为海洛因毒品犯罪最为突出的云南，其 2016 年已判决毒品犯罪案件 6574 件，但截至 2016 年，云南的美沙酮毒品犯罪仅为 2 件，占其去年毒品案件数量的 0. 03%，这在 2012 年至 2016 年，全国毒品一审毒品犯罪案件数量最多的广东、湖南、浙江、四川、贵州、云南、广西、重庆、江苏、湖北①的情况也大体相同，且在全国 17 个省级行政区域内未发现美沙酮的犯罪情况。看似全国美沙酮的犯罪数量极少且犯罪平稳，这是否可以得出我国美沙酮犯罪的现状总体良好的结论呢？笔者任职单位近 3 年所办理的 57 件毒品犯罪案件中，美沙酮犯罪案件为 21 件，占毒品犯罪案件总数的 36. 84%，涉案的美沙酮来源于重庆、四川、云南、青海等地，并且全部来源于各地公立医疗机构的正规美沙酮维持治疗中心。经现场调查发现，某市设置美沙酮治疗点 34 个，收治吸毒人员 13212 人，年均美沙酮使用量约 1. 35 亿毫升。国家指定的医疗单位以每 100 毫升 2 元的价格从指定的医药公司购进美沙酮，免费提供给收治的吸毒人员。由于美沙酮在“黑市”价格为每 100 毫升 100 元，部分吸毒人员利用高额利差，违规外带美沙酮转卖牟利，而针对调查的某市 6 家定点医疗机构中的 11 个治疗点调查发现，各美沙酮维持治疗中心的管理均存在管理不规范、制度执行不严的情形，从而导致美沙酮外带现象严重，根据调取的治疗点的监控视频资料显示，仅在某市某区一个治疗点，3 小时内在该治疗点服用美沙酮的为 89 人，违规外带人数为 28 人，外带人员比例占 31. 50%，进而滋生了大量的非法持有、运输、贩卖等美沙酮犯罪。

铁路运输由于其方便、快捷、便宜等特点，是群众出行的重要方式之一，也是毒品犯罪分子实施运输毒品犯罪的重要渠道，涉毒犯罪已经成为了铁路司法机关查处的主要犯罪类型之一，美沙酮又是铁路司法机关查处毒品犯罪的主要犯罪对象。美沙酮本作为地方医疗行政机构和公安机关严厉管控的药品、毒品，其贩卖犯罪主要发生在各维持治疗中心附近等地方行政区域，不

① 最高人民法院发布的《人民法院禁毒工作白皮书》（2012—2017）载：2012 年至 2016 年，全国毒品一审毒品犯罪案件数量最多的前十省份为广东 94853 件，湖南 33068 件，浙江 31240 件，四川 29747 件，贵州 29570 件，云南 29307 件，广西 28349 件，重庆 27725 件，江苏 26054 件，湖北 20955 件。

应是铁路运输领域的特有犯罪，这也得到了全国美沙酮犯罪数据的印证，在全国已判处的97件美沙酮犯罪案件中的44件贩卖毒品案件全部为地方司法机关所查处。

综观我们所调查的美沙酮管理的现状与全国所打击的美沙酮犯罪来看，美沙酮的犯罪却主要发生在铁路运输的特定领域及广东等个别省级行政区域之内，这是一种极不寻常的现象，美沙酮犯罪状况绝非想像得如此美好，涉及美沙酮犯罪数量也远非全国仅有的97件之多。通过我们的调查发现，美沙酮问题隐藏着一种非常严重的社会管控风险，也是一个可能导致失控的社会问题。美沙酮犯罪呈现出日趋凸显的状况，同时由于美沙酮有着不同于海洛因、冰毒等其他毒品的特殊性质，在查处和打击美沙酮毒品犯罪也存在并面临着一些法律适用与社会管理的问题亟待解决。

二、问题的扩展：美沙酮的属性

美沙酮有别于常见的海洛因、冰毒等毒品，它既是国家为海洛因成瘾者提供的替代“药物”，对预防艾滋病和毒品次生犯罪发挥着重要作用，又是我国法律明确界定的毒品，持有、贩卖、走私、运输、制造等都可能面临着追究刑事责任。

（一）美沙酮系国家为海洛因成瘾者提供的维持治疗“药物”

毒品泛滥是目前世界各国共同面临的严重社会问题。根据国际经验，美沙酮维持治疗（简称为MMT）是目前控制阿片类物质成瘾者毒品滥用和艾滋病传播最为有效的干预措施。美沙酮作为阿片类物质（海洛因类）成瘾者毒品的替代物，其目的是帮助吸毒人员戒掉毒瘾，早日复归社会，同时又可以预防交叉使用海洛因类毒品导致的艾滋病及毒品次生犯罪，从而有效管控社会秩序。2003年2月，我国卫生部、公安部、国家食品药品监督管理局联合下发了《海洛因成瘾者社区药物维持治疗试点工作暂行方案》，开始试点美沙酮维持治疗门诊，国家仅收取少量管理费（一般为每人每天人民币10元）为海洛因成瘾患者提供美沙酮。2006年7月，卫生部、公安部、国家食品药品监管局又发了《滥用阿片类物质成瘾者社区药物维持治疗工作方案》，美沙酮维持治疗工作进入全面推进阶段。① 在国家有限的宣传中，美沙酮一直以“药物”

① 截止到2014年底，全国共有28个省（自治区、直辖市）共计设有767个社区美沙酮维持治疗门诊，其中包括29辆流动服药车。全国在治人数为18.7万余人，门诊服药人员年保持率为78.9%。在治人数最多的前5位省份是贵州、云南、四川、重庆和广西。

的身份出现，也被接受美沙酮维持治疗的海洛因成瘾患者称之为“戒药”，意为戒掉毒瘾的药品。

（二）美沙酮系我国法律明确规定的毒品

虽然美沙酮维持治疗经过多年的发展，对预防艾滋病、减少毒品次生犯罪等方面发挥了巨大的作用，但美沙酮的法律属性为毒品。美沙酮被我国药监局界定为“药物依赖性很强，但医疗所广泛使用”的管制药品，“1 克美沙酮折算 0.5 克海洛因”。最高人民法院、最高人民检察院、公安部《办理毒品犯罪案件适用法律若干问题的意见》（2007 年）第 3 条关于办理氯胺酮等毒品案件定罪量刑标准问题规定，走私、贩卖、运输、制造美沙酮 1 千克以上、200 克以上不满 1 千克、200 克以下，应当认定为《刑法》第 347 条中的“其他毒品数量大”“其他毒品数量较大”“其他少量毒品”。最高人民检察院、公安部《关于公安机关管辖的刑事案件立案追诉标准的规定（三）》第 2 条规定，明知是毒品而非法持有：氯胺酮、美沙酮 200 克以上的，应予以追诉。最高人民法院刑一庭《关于审理若干新型毒品案件定罪指导意见》（2006 年）第 1 条规定，1 克海洛因 =20 克美沙酮。可见，美沙酮是我国法律明确规定的毒品，而根据我国《刑法》第 347 条、第 348 条的规定，对携带、走私、运输、贩卖美沙酮的行为应当以非法持有毒品罪、走私、运输、贩卖毒品罪予以处罚。

三、问题的分析：美沙酮犯罪的考察

（一）美沙酮犯罪的特征

从 97 件全国美沙酮犯罪的判例来看，判处非法持有毒品罪的案件 24 件，占 24.74%，判处运输毒品罪的案件 27 件，占 27.84%，判处贩卖毒品罪的 44 件，占 45.36%，判处走私毒品罪的案件 2 件，占 2.06%。而在铁路运输领域则主要被判处运输毒品罪和非法持有毒品罪，并以 2015 年 5 月《最高人民法院关于印发〈全国法院毒品犯罪审理工作座谈会纪要〉的通知》（以下简称为《武汉纪要》）的出台作为界定运输毒品罪和非法持有毒品罪的转折点，在打击美沙酮犯罪的过程中，我们发现美沙酮犯罪具有以下特征：

1. 涉案的美沙酮来源均为国家设立的正规美沙酮维持治疗中心，且涉案人员多为接受美沙酮维持治疗的人员

在美沙酮犯罪案件中，美沙酮的来源主要有三种，一是涉案人员在接受美沙酮维持治疗过程中，利用转诊制度漏洞或时间差等方式冒领、重复领取以及

采取虚报服用量或少喝、不喝等方式违规将美沙酮外带；二是涉案人员直接从其他服用美沙酮人员处购买通过上述方式外带的美沙酮，这也直接导致了部分吸毒人员利用其吸毒（海洛因类）人员可以接受美沙酮维持治疗的身份而进行贩卖美沙酮牟利；三是也存在部分美沙酮是正规的维持治疗中心医生开出的处方并允许其外带这种“合法”或至少在涉案人员看来合法获得的情况。① 同时，现也有部分省市“创新”式地以主动提供外带工具等方式鼓励外带②。但无论何种情况，现在案件中所发现的涉案美沙酮的最终来源均为国家设立的美沙酮维持治疗中心，而非毒品犯罪分子自己制造或境外走私所得，与它常见的冰毒等毒品相比具有显著的差异。

2. 涉案人员极大部分均辩称不知美沙酮是毒品

这在其他涉毒案件中是十分罕见的。由于美沙酮兼具有药品和毒品的双重属性，并仅由国家定点的公立医院设立的美沙酮维持治疗中心免费提供。而国家对美沙酮的宣传形式和范围有限，且主要侧重于药物的治疗性特征，而非其兼具毒品性质的特征，导致部分美沙酮维持治疗人员对美沙酮的性质以及外带美沙酮所带的法律后果认识不足，从而扩张了部分再生性美沙酮犯罪的发生。同时在办案中也发现，部分外带自吸型的涉案人员对携带的美沙酮基本没有进行掩饰和隐藏，对公安机关的调查取证往往也是积极主动配合，而有别于常见的千方百计逃避毒品犯罪打击的犯罪嫌疑人存在较大差别。因此，部分涉案人员对其所携带的美沙酮系毒品不知情的辩解也绝非诡辩。

3. 美沙酮犯罪案件判后上诉率高

由于涉案人员对美沙酮毒品性质认识不足等原因，引发了极大部分美沙酮犯罪的被告人对以非法持有毒品、走私、运输、贩卖毒品对其持有、携带、运输、贩卖美沙酮的行为处以重刑难以认罪服判，也直接导致了美沙酮犯罪案件的上诉率明显高于常见毒品犯罪现象，如重庆铁路运输检察院办理的美沙酮案件中，被告人虽然普遍对事实和证据没有异议，但判后上诉率却高达61.9%。

① 2015年6月10日，重庆铁路运输检察院在走访某市13个美沙酮维持治疗门诊后，针对在走访中发现的严重管理漏洞，向某市卫计委、公安局禁毒总队、食药监局等滥用阿片类物质成瘾者社区药物维持治疗工作组成员单位发出检察建议，并撰写了《当前毒品美沙酮管理存在两个问题》的《情况反映》层报最高人民检察院。随后，最高人民检察院上报至中央政法委和中央办公厅，引起中央领导的高度重视。

② 《云南在全国率先推行美沙酮外带治疗服务，戒毒者可在家治疗》，载云南网，2017年3月21日。

（二）美沙酮犯罪的成因

正如前文所述，从全国所判处的97件美沙酮犯罪案件来看，涉案的美沙酮最终来源均为美沙酮维持治疗中心，而区别于常见毒品的来源于制造、走私之情形。在我们实地调查的过程中发现，虽然国家对美沙酮有严格的管理制度，各定点医疗机构中设立的维持治疗中心（门诊）也有系列的管理、操作规范和制度，但大部分美沙酮维持中心在服药登记、人员审核、美沙酮的定量发放管理等过程中未严格执行相关规定，相关的卫生和计划生育委员会、食品和药品监督管理局、公安机关、医院等相关监管部门也未采取有效监管措施，从而导致冒领、多领、外带等现象的发生，最终引发了非法持有、走私、运输、贩卖美沙酮的衍生犯罪。

更为严重的是，在调查中我们发现相关的卫生、食药、公安、医院等监管单位或部门对维持治疗点存在美沙酮外带并可能引发毒品犯罪的现象及后果不知情，各监管部门的有效监管措施就更无从谈起。

虽然，对美沙酮的犯罪行为应当予以打击，任何借口不应成为美沙酮犯罪的理由。但针对美沙酮犯罪而言，确实存在国家相关部门的宣传不到位，导致接受美沙酮维持治疗人员对美沙酮属性的认识不足，继而引发美沙酮的衍生毒品犯罪，导致各相关医疗机构及美沙酮维持治疗中心的工作人员对其肩负管理职责的美沙酮可能造成的社会危害后果完全没有认识，从而才有了诸如云南、湖北所谓创新性地提供美沙酮的外带服务，助推接受美沙酮维持治疗人员违规外带美沙酮并从事走私、贩卖等毒品犯罪行为，更有各级卫生行政部门等责任单位对自身管理职责不清，监管不到位，甚至失职、渎职之行为。因此，我们认为对美沙酮的监管不到位是美沙酮犯罪的主要根源之一。

（三）打击美沙酮犯罪中存在的问题

1. 司法机关对美沙酮性质的认识不足，忽略了对美沙酮犯罪的打击

美沙酮兼具药品和毒品的双重属性，不仅接受美沙酮维持治疗人员、普通民众对此认识不足，即使在司法机关中，也有部分司法工作人员基于对美沙酮是“药品”的既有认识以及其办案过程中以打击常规毒品犯罪为主的习惯，从而忽略了对美沙酮犯罪的打击。同时，在司法实践中，对美沙酮是否定性为毒品，其所具有的严重社会危害性以及常以液态形式出现的美沙酮如何确定“含量”，以确认其追刑标准存在理解和认识上的不一致。2014年，重庆铁路司法机关对美沙酮犯罪进行打击时，全国对美沙酮犯罪已有的判例寥寥无几，直到2016年才逐步出现一些美沙酮犯罪的判例，迄今对美沙酮单独予以犯罪

打击的仅为97件，所占全部毒品案件数量的比例微乎其微。通过对全国涉及美沙酮的判例分析发现，因"两高"在制定毒品相关的司法解释及司法性文件时，忽略了针对美沙酮犯罪认定标准的考量，导致虽然有数个毒品犯罪的相关解释或文件，但至今司法实践中依然存在对携带、运输、贩卖美沙酮的行为是否予以犯罪评价及如何评价的争议，在我们所查询的全国美沙酮123件案件，涉及美沙酮（混合其他犯罪），但在判决中未对涉案的美沙酮作犯罪评价的共计26件，占总案件数的21.14%，而同样在我们对美沙酮犯罪相关问题进行层报请示时，也出现了认识上的分歧。最高人民法院又于2016年4月6日下发了《关于审理毒品犯罪案件适用法律若干问题的解释》（法释〔2016〕8号，以下简称为《解释》），更加引发了对美沙酮犯罪追诉标准的争议，并直接导致部分区域已对美沙酮已不作犯罪处理的现状。

我国当前司法解释及司法性文件对美沙酮犯罪的含糊化，导致司法实践中出现重罪轻判，对美沙酮案件或不以犯罪论处、或对美沙酮进行含量折算后以情节显著轻微不作犯罪处理等情形，导致了全国各地对美沙酮打击不一的乱相，由于司法不统一造成美沙酮犯罪人员由打击地向不打击地的流动。这种情况不但反映出选择性执法，更反映出极大的司法不公现象，最终也将严重损害我国司法的公信力。

2. 美沙酮兼具药品和毒品双重属性，使其具有特殊的社会危害性

美沙酮是国家指定的海洛因成瘾者的替代药物，其具有服用人员的特定性（仅适用于海洛因成瘾者）和来源的特殊性（国家免费提供）等特征。同时，美沙酮又是国家法律明确规定的毒品，虽然对不吸食海洛因成瘾者基本不具有致瘾性，但其具有毒性并且海洛因成瘾者对其具有一定的依赖性，于是国家将美沙酮限定在维持治疗中心管控下进行有限使用，并以国库作为资金保障。那么美沙酮的特殊社会危害性又在哪儿呢？当前我国推广美沙酮维持治疗是基于当前严重毒品犯罪形势和人道主义考虑的治理毒品犯罪的国家战略，国家投入巨大人力、物力在全国设立美沙酮维持治疗中心，为海洛因成瘾者提供免费的保密治疗，却出现大量涉案人员为了获取美沙酮在毒品"黑市"的高额利差，利用其吸毒者的身份和国家免费提供美沙酮维持治疗的政策违规外带美沙酮，采取零成本的方式转卖牟取暴利，这既违背了国家设立美沙酮维持治疗中心的初衷，也必然导致美沙酮对海洛因成瘾者监控性"治疗"管控政策的部分失灵，同时也可能造成普通民众对国家美沙酮维持治疗政策的质疑。这对社会公平和国家战略具有巨大的伤害，这就是美沙酮犯罪所具有的特殊社会危害性。

3. 在司法实践中，对美沙酮证据体系的认识确实存在重大分歧

在打击美沙酮犯罪过程中，一是有部分案件存在罪与非罪的认识分歧。如有涉案人员经医生同意后，外带数量较大的美沙酮供自己服用，其主观上认为其所携带的美沙酮是戒毒的药品，而不知道是毒品，但根据法律的规定和证据又足以认定其具有法律上的“明知”的情形。二是有部分案件存在此罪与彼罪的认识分歧。由于司法解释或司法性文件表述的含糊不清或采取“一刀切”的规定，导致了对美沙酮犯罪认定上的重大分歧。如2015年《武汉纪要》下发后，在铁路运输环节查获携带美沙酮达到数量较大的，均采取“一刀切”的方式以运输毒品罪定罪处罚，而非结合具体个案的情况进行定罪处罚。虽然这体现了国家对毒品保持严厉打击的高压态势，也有利于司法统一，但同时由于毒品美沙酮犯罪案件中所反映出的自身特点以及涉案美沙酮的特殊性，“一刀切”处理方式也导致司法实践中的重罪轻罚、轻罪重罚的混乱，有违主客观相统一和罪责刑相适应的原则。

四、问题的解决：美沙酮犯罪治理的可行路径

（一）美沙酮犯罪治理之关键：政府监管必须到位

正如前文所述，由于美沙酮作为兼具（精神管制）药品和毒品的双重属性，加之对美沙酮宣传的相对封闭性，导致各级卫生行政部门、维持治疗中心等医疗机构、维持治疗人员以及民众对美沙酮的性质认识不足，进而导致相关行政部门在美沙酮的流转过程中的监管不力和美沙酮外流。从上述97件美沙酮犯罪案件来中发现，所有涉案美沙酮无论经过多少次流转程序，其源头均为国家合法成立的美沙酮维持治疗中心，虽未发现相关维持治疗中心与涉案的犯罪嫌疑人存在内外勾结等共同犯罪之情形，但其中监管过程中存在的失职，甚至是渎职违法犯罪情形显而易见。这也是引发美沙酮再生犯罪的一个重要因素，在某种程度上甚至可以认为如果政府监管得力，该种犯罪可以减少甚至杜绝。这正是我们应当对相关机构监管行为的反思，也是减少和打击美沙酮犯罪需要妥善解决的前提问题。因此，解决美沙酮犯罪问题，既需要全社会尤其是公安机关禁毒部门、卫生行政部门、食药监、相关的医疗机构、生产企业等具有美沙酮管理职能部门的共同参与，形成打击合力。更需要相关监管单位或部门督促有关医疗单位限时整改，对使用美沙酮的医疗单位进行重新复核，严格执行医疗单位和医护、保安人员的准入制度，监督严格执行美沙酮管理制度。建立健全问题倒查和责任追究机制，加大对责任单位和个人的惩戒力度，确保政府监管到位和有效。

(二) 美沙酮犯罪治理之保障：检察权的适用

检察机关作为国家的法律监督机关，而检察权作为司法权，是国家赋予检察机关对国家宪法、法制统一、正确地执行进行监督的权利，对于严重影响群众安全感的毒品犯罪除了严厉打击外，同时也应加强行政执法与刑事司法的衔接，严肃查办行政执法背后的失职渎职犯罪，具体而言：

1. 加大对刑事案件的介入力度，强化立案监督

针对公安机关依法打击的美沙酮案件或在办案中发现的相关案件线索，应当及时移送具有管辖权的公安机关。对公安机关不立案、不及时立案等情形，坚决进行立案监督，确保对美沙酮相关犯罪的打击均衡、彻底。

2. 加强行政执法与刑事司法的衔接

结合国家食品药品监督管理总局、公安部、最高人民法院、最高人民检察院、国务院食品安全办联合制定的《食品药品行政执法与刑事司法衔接工作办法》的规定，健全完善各级食品药品监管部门、公安机关、人民检察院、人民法院之间线索通报、案件移送、信息共享、信息发布等工作机制。强化人民检察院对食品药品监管部门移送涉嫌犯罪案件活动和公安机关对移送案件的立案活动，依法实施法律监督。

3. 发挥检察机关的检察职权，提出切实可行的检察建议

针对在办案中发现的美沙酮存在监管问题，充分履行检察职能，参与社会管理，及时通过发送检察建议等方式，要求相关责任单位进行整改落实，并进行持续跟踪，确保建议有回复，问题有整改，落实到个人。

4. 依法打击职务犯罪

在办案过程中或参与社会管理过程中发现的美沙酮监管背后的贪污受贿、渎职等职务犯罪线索，及时跟进，无论是“老虎”还是“苍蝇”，坚决查办，绝不手软。

(三) 美沙酮犯罪治理之要求：准确适用法律

《解释》第1条第2款规定，国家定点生产企业按照标准规格生产的麻醉药品或者精神药品被用于毒品犯罪的，根据药品中毒品成分的含量认定涉案毒品数量。《解释》中的“含量”与“纯度”是否为同一含义存在争议。同时，由于《解释》的立法体例等因素，从而导致“其他毒品数量较大”是否适用该规定以及该“含量”是指“美沙酮纯晶体含量”，还是指“在混合药物中的该种毒品的比例含量”，也存在理解上的差异。

如果把《解释》中的“含量”理解为美沙酮的100%的晶体，由于美沙

酮的晶体含量较低,[①] 结合《武汉纪要》“吸毒者在运输毒品过程中被查获，没有证据证明其是为了实施贩卖毒品等其他犯罪，毒品数量达到较大以上的，以运输毒品罪定罪处罚”的规定，现实中已无法对美沙酮进行刑事打击，这也明显违反了《刑法》第 347 条关于“走私、贩卖、运输、制造毒品，无论数量多少，都应当追究刑事责任，予以刑事处罚”以及第 357 条第 2 款关于“毒品的数量以查证属实的走私、贩卖、运输、制造、非法持有毒品的数量计算，不以纯度折算”等上位法的规定,《解释》应无效。

而把《解释》中的“含量”理解为（规格为 10ml：1ml 的液态）美沙酮在混合药物中所占的比例含量，既可以排除司法实践中涉案人员为了贩卖增加毒品重量而人为加水稀释的情形，又更加客观地反映了毒品的实际含量，同时也符合刑法中查获的毒品不以纯度折算的规定，有利于对美沙酮犯罪的打击，这也是笔者所认同的。

虽然对《解释》以及《武汉纪要》的理解和适用存在各种争议，并且在司法实践中，部分司法机关基于充分保障人权和有利于被告人的原则等原因，以涉案美沙酮折算后含量数量较小，情节显著轻微、危害不大为由对美沙酮犯罪的嫌疑人作了（法定）不起诉处理，但这并不能掩盖政府相关部门对美沙酮存在严重的监管缺失的现实，并且通过打击部分美沙酮犯罪，这种状况并未实际改观；同时，也不能否认我国当前美沙酮违法犯罪的状况非常突出，而基于各种原因相关的司法机关并未对美沙酮的违法犯罪予以刑事打击，日积月累必然导致严重的社会隐患。因此，笔者认为，争议并不能掩盖美沙酮毒品问题的严重性，更不应作为美沙酮违法犯罪的借口，或是对美沙酮犯罪不予打击的理由，对美沙酮犯罪应当依法予以打击，同时应当适当考虑美沙酮犯罪的特殊性，不能采取“一刀切”的方式，应根据个案的事实和证据情况，结合行为人主观目的、客观行为及主观恶性、行为的社会危险性进行综合判断，从而在罪名认定和量刑上做到罪责刑相适应。具体而言，在司法实践中对美沙酮犯罪建议作如下处理：

第一，对美沙酮犯罪的定罪量刑以查获的液态美沙酮数量计算，不考虑纯度。

---

① 美沙酮，一般指盐酸美沙酮口服溶液，其晶体标示量约为 90%—110%，溶液规格为 10ml：1ml，即 1000 克美沙酮口服溶液折算为 1 克美沙酮晶体。根据《武汉纪要》的规定“吸毒者在运输毒品过程中被查获，没有证据证明其是为了实施贩卖毒品等其他犯罪，毒品数量达到较大以上的，以运输毒品罪定罪处罚”，符合数量较大（美沙酮 200 克）的标准则需要 200000ml 美沙酮口服溶液，这在现实犯罪中是基本不可能出现的，因此，对美沙酮犯罪的打击仅存在理论上的可能性。

第二，对有证据证实其有走私或出售美沙酮行为，无论数量多少，均应根据《刑法》第 347 条的规定，以走私或贩卖毒品罪定罪处罚。

第三，非正在接受美沙酮治疗的涉案人员在乘坐非自营交通工具上被查获或帮助他人携带美沙酮数量较大的，应根据《刑法》第 347 条的规定，以运输毒品罪定罪处罚。

第四，持有治疗卡的涉案人员携带或在其固定住所等地查获数量较大但未达到数量大的美沙酮，应根据《刑法》第 348 条的规定，以非法持有毒品罪定罪处罚。

第五，持有治疗卡的涉案人员携带数量大的美沙酮或同时携带有其他毒品的，应根据《刑法》第 347 条的规定，以运输毒品罪定罪处罚。

量刑情节及相关概念辨析

陈荣鹏*

经由“设法而体刑，临事而议罪”的罪刑擅断，到启蒙时代绝对罪刑法定主义的矫枉过正，现代各国采取了由法官在法律授权下自由裁量的方式来决定刑罚的适用。理想的法治状态，是法官凭借扎实的法律修养、丰富的社会经验、德高望重的地位作出大众认同的判决，以适度的刑罚实现法律之尊严。司法实践与理想状态却有相当差距，类似的情节在不同的司法管辖区域间可能会作出不同评判，甚至可能得出结论迥异的判决。个别情形下，脱离常情常理的司法定性与机械量刑还可能遭遇新媒体时代的民意挑战。规范刑罚裁量权，实现量刑均衡，以此作为维护司法公正的切入点，成为学界与司法实务的共识。自 2014 年 1 月 1 日起，全国法院正式实施量刑规范化工作，量刑在刑事诉讼中的地位更加凸显。2016 年开始试点认罪认罚从宽制度过程中，有学者提倡“在特定量刑情节的认定和解释上，检察官确实享有一定程度的自由裁量权，而不必严格遵循法律所设定的标准和幅度”，“检察官对量刑事实的证明不需要达到法定的最高证明标准”①。可见，无论是量刑规范化的推进，还是认罪认罚从宽制度试点的开展，量刑情节作为重要的概念，应有明晰的界定。但事实上，就此概念的规范统一尚有不足，不同层次概念在刑罚论、刑法实践中常常混同使用，导致论争缺乏针对性，围绕量刑情节展开的工作探讨也常常指代不明。例如，犯罪嫌疑人张某实施 5 次盗窃行为，涉案金额 1800 元；犯罪嫌疑人李某实施三次盗窃行为，涉案金额 2500 元，有盗窃前科。二人所在地域盗窃罪“数额较大”标准为 2000 元，那么哪些情节属于量刑情节，哪些情节可以有差异化的证明标准，看似

---

* 重庆市江北区人民检察院党组成员、副检察长，四级高级检察官。本文系 2016 年度重庆市人民检察院重点课题“适用‘两高’《关于办理盗窃刑事案件适用法律若干问题的解释》的疑难问题研究”（课题编号：CQJCY2016B04）成果。

① 参见陈瑞华：《认罪认罚从宽制度的若干争议问题》，载《中国法学》2017 年第 1 期。

简单问题，或许会生成多种理解。量刑情节与定罪情节是何种关系，与构成要件、加重构成要件系何种关系，常见的“数额巨大”之规定究竟属于量刑规则还是加重构成要件，要回答这一系列问题，均需对量刑情节这一基础性的概念进行准确辨析。

一、量刑情节概念梳理及狭义量刑情节之提倡

关于量刑情节的概念，有不同的定义。

第一种观点认为，量刑情节是指定罪情节以外的，人民法院据以在法定刑限度以内或者以下对犯罪分子从重、从轻、减轻或者免除处罚的主客观事实情况。① 持该观点者认为，用于充足某种犯罪构成要件起码要求的那个事实，是定罪情节；定罪剩余的那些构成事实，理所当然地转化为量刑情节。

第二种观点认为，量刑情节是指在某种行为已经构成犯罪的前提下，法院对犯罪人裁量刑罚时应当考虑的，据以决定量刑轻重或者免除刑罚处罚的各种情况。② 持该观点者认为，当法条中涉及的“情节严重”作为构成要件加以规定时，不是量刑情节。但影响法定刑选择的情节，如敲诈勒索罪中的“数额巨大或者有其他严重情节”，因其属于选择法定刑的标准，影响量刑，因此属于量刑情节。③

第三种观点认为，量刑情节是指由法律规定或认可的，在定罪事实以外，能够体现犯罪行为的社会危害性程度和犯罪人的人身危险性大小，进而在决定是否处刑以及处刑轻重时必须予以考虑的各种具体事实情况。④ 持该观点者认为，构成要件要素中多余部分，应该作为量刑情节使用。对于犯罪的具体手段，即在个案中所表现出来的行为的特殊性，亦属于客观构成要素中多余部分，系量刑情节。⑤

综合以上观点，关于量刑情节的概念，学者力图将其与通过构成要件要素的判断而认定是否构成犯罪的定罪过程进行切割，只是在何为构成要件要素、

① 高铭暄、马克昌、赵秉志：《刑法学》，北京大学出版社、高等教育出版社2005年版，第275页。

② 张明楷：《刑法学》（上），法律出版社2016年版，第553页。

③ 张明楷教授在该书注释中也提及，这种影响法定刑选择的情节应否视为量刑情节，取决于对量刑概念的理解。如果认为量刑情节是在既定法定刑之下影响量刑的情节，则影响法定刑选择的情节不是量刑情节。在该书禁止重复评价量刑情节（第573页以下）处，使用了狭义的量刑情节概念。

④ 周光权：《刑法总论》，中国人民大学出版社2011年版，第205页。

⑤ 周光权：《论量刑上的禁止不利评价原则》，载《政治与法律》2013年第1期。

何为定罪事实、如何判断充足构成要件的剩余事实上有不同理解。

立足文理解释的方法，量刑情节的概念无法脱离“量刑”和“情节”这两个基础性概念。“量刑情节”当属于“关于量刑的情节”。就“情节”而言，从词语本身上不会产生分歧，其借用自文学领域，原指“叙事性文艺作品中具有内在因果联系的人物活动以及其形成的事件的进展过程……一般包括开端、发展、高潮、结局等组成部分”①。犯罪事实在诉讼上的展现，恰如一部叙事性文艺作品，犯罪事实的进展过程也包括不同阶段和不同特征，法律将其中具有评价意义的部分加以抽离，成为犯罪情节和量刑情节。有关量刑的理解，则有着较大分歧。量刑有广义与狭义之分，广义上的量刑“包含着特定刑罚的选择决定过程的刑罚适用的整个过程”②。从我国刑法立法体例看，刑法第四章第一节统称为“量刑”，系包括了决定刑罚整个过程的广义上的概念。在学理上，学者多将《刑法》第61条所规定的“犯罪的事实、犯罪的性质、情节和对于社会的危害程度”统称为“量刑的根据”，也是在此意义上使用“量刑”这一概念。最高人民法院2010年《人民法院量刑指导意见（试行)》（已废止，以下简称《2010年量刑意见（试行)》），将确定量刑起点、确定基准刑、确定宣告刑都归于“量刑的基本方法”“量刑的步骤”，同样使用了广义量刑的概念。这种广义量刑概念被2014年、2017年最高人民法院《关于常见犯罪的量刑指导意见》（以下分别简称《2014年量刑意见》《2017年量刑意见》）予以沿用。从广义“量刑”概念而生成的“量刑情节”一词，应理解为在适用刑罚时包含着特定刑罚的选择决定过程的由法律规定或认可的各种具体事实情况。在此意义上，量刑情节实际上与量刑根据系相同概念的不同表述。

与广义概念相对，狭义的“量刑情节”概念源自于对狭义“量刑”概念的理解。在狭义上，量刑只是确定宣告刑的过程。《2010年量刑意见（试行)》《2014年量刑意见》《2017年量刑意见》虽然在广义上使用了“量刑”的概念，却是在狭义上使用了“量刑情节”这一特定用词。据此意见，量刑的步骤首先根据基本犯罪构成事实在相应的法定刑幅度内确定量刑起点，其次根据其他影响犯罪构成的犯罪数额、犯罪次数、犯罪后果等犯罪事实，在量刑起点的基础上增加刑罚量确定基准刑，最后根据量刑情节调节基准刑，并综合

① 《辞海》，上海辞书出版社1989年版，第980页。

② ［日］曾根威彦：《量刑基准》，载西原春夫主编：《日本刑事法的形成与特色》，李海东等译，法律出版社1997年版，第139页。

考虑全案情况，依法确定宣告刑。据此意见，未成年人犯罪、限制行为能力精神病人犯罪、防卫过当、犯罪未遂、从犯、累犯、自首、立功、坦白等系法定量刑情节，当庭自愿认罪、退赃、退赔、积极赔偿被害人经济损失、取得被害人或家属谅解、有前科劣迹等系酌定量刑情节。

法律概念可以被视为是用来以一种简略的方式辨识那些具有相同或共同要素的典型情形的工作性工具。[①] 大法官卡多佐指出，概念的专横乃是“产生大量非正义现象的根据”。本文认为，量刑情节既是一个刑法基础理论概念，同时是一种实践性强的规范用语。实践中常常会提及案件的犯罪情节、量刑情节，检察官、法官在研判案件、召开联席会等场合，常常会讨论量刑情节等问题，在共识基础上作出合理的刑罚裁判，因此概念的统一尤为重要。立足于文理理解的广义量刑情节，将凡是与量刑有关的事实都纳入评价，定罪的事实其实也包括在内，这样的概念不利于指向的特定化。从上文引述学术界的三种观点看，通说以及多数学者均是在中义上使用“量刑情节”的概念。[②] 在此意义上，量刑包括了用客观构成要素中多余的部分对刑罚进行的调节过程以及确定宣告刑的过程，在此过程中需要考量的情节，均属于量刑情节。从逻辑上讲，这种概念将定罪事实以外的情节当然地认为系量刑情节，即犯罪事实包括定罪事实和量刑事实，犯罪情节包括定罪情节和量刑情节。这种非此即彼的概念阐述，并没有体现出充分的合理性论证；即使同样使用定罪事实概念，三种定义对定罪事实的理解也不尽相同，由此在中义的量刑情节中又派生出不同观点，导致概念指向不明，且与实践中通常论及的量刑情节概念有所脱节。本文认为，比较广义和中义量刑情节概念的不足，狭义的量刑概念具有指代明确特点，将自首、从犯、被害人谅解等纳入量刑情节的范畴，与实践中的通常指向一致，且与目前推行的量刑规范化改革的规范性文本相统一，具有相当合理性，可以提倡。

二、定罪情节过剩并不必然成为量刑情节

定罪情节与量刑情节概念具有紧密关联。上文已经指出，中义量刑情节的概念中，将定罪情节过剩的事实认定为量刑情节，并不妥当。

---

① 参见［美］E. 博登海默：《法律学、法律哲学与法律方法》，邓正来译，中国政法大学出版社2001年版，第484页。

② 也有部分学者在狭义上使用量刑情节的概念，如王志祥在《犯罪既遂新论》（北京师范大学出版社2010年版，第316页）中提及，量刑情节以某种法定刑幅度的确定作为前提和基础，是实现刑罚个别化时需要考虑的因素。但这种界定在学理上属于少数派。

定罪情节，是指据以认定被审理的行为符合特定犯罪构成起码要求的，从而使该行为成立某种罪行所必需的主客观事实情况。[①] 换言之，符合基本犯罪构成要件或满足犯罪成立条件的情节，是定罪情节。[②] 这里有几个方面的疑问，基本犯罪构成要件是抽象的存在还是具体的存在？如果是抽象的存在，特定犯罪或同一罪名的基本犯罪构成要件是否恒定？定罪情节和量刑情节是抽象还是具体的存在？犯罪情节是否除了定罪情节就是量刑情节？二者能否相互转化？

作为基本犯罪构成要件的组成部分，构成要件是一个特殊的技术性概念。大体可以认定，构成要件是刑法规定的，行为成立犯罪所必须符合的违法类型。[③] 例如，以杀人罪为例，毒杀、刺杀、绞杀等，实际上有各种各样的杀人行为，但是，法律将这些形态进行抽象概括，以“杀人的”这种定型或类型加以规定。[④] 值得注意的是，不同国家的立法例各有不同，所属罪名所包容的违法类型可能会有不同。以杀人罪为例德国、法国、瑞士等国将杀人罪分为谋杀罪与故杀罪，意大利刑法仍保留有杀害尊亲属罪。同一国家同一罪名下，也可能包容有不同的违法类型。如我国刑法所规定的盗窃罪，就包括了“盗窃公私财物，数额较大”“入户盗窃”“携带凶器盗窃”“扒窃”等多种违法类型。由此可见，在我国刑法中，“盗窃罪”这一罪名对应有多个构成要件（违法类型），但“入户盗窃”这一特定犯罪只有一个构成要件（违法类型）；“故意杀人罪”这一罪名，同时也是一种特定的犯罪，只有一个构成要件（违法类型）。作为刑法抽象的技术性概念，构成要件加上违法性、有责性概念所形成的基本犯罪构成要件概念，也是一种抽象的存在。除非立法的变更（例如，将“杀害尊亲属”这种违法类型取消，而仅仅作为具体事实发生时的酌定量刑情节），基本犯罪构成要件在个案中是不存在转化的，特定类型犯罪的基本犯罪构成是恒定的。以此为基石，在进行定罪和量刑时，是以具体的犯罪事实与抽象的基本犯罪构成要件进行比对，符合基本

---

① 赵廷光：《论定罪剩余的犯罪构成事实转化为量刑情节》，载《湖北警官学院学报》2005 年第 1 期。

② 需要说明的是，学理上，存在基本犯罪构成事实、基本犯罪构成要件、犯罪构成起码要求等不同提法，有必要加以规范整理。本文选择“基本犯罪构成要件”这一概念，以区别于“构成要件要素”“基本的构成要件”，后者不包括违法性、有责性等要件。可以说，基本犯罪构成要件可以理解为四要件的有机组合，也可理解为三要件的有机组合。但多数情况下，就甄别量刑情节而言，主要是以判断“构成要件要素”与“剩余事实”为突破口。

③ 张明楷：《刑法学》（上），法律出版社 2016 年版，第 115 页。

④ ［日］大谷实：《刑法总论》，黎宏译，中国人民大学出版社 2008 年版，第 97 页。

犯罪构成要件的事实，作为定罪情节；具体事实在充足基本犯罪构成要件后，所剩余的事实，在刑罚适用时可能会担当不同的作用，本文称之为基本犯罪构成事实过剩的适用。其中一部分用以充足加重或减轻的构成要件，一部分成为狭义的量刑情节，另有部分成为单纯调节刑罚量的情节。从这个意义上讲，构成要件、加重构成要件均系抽象的存在，特定违法类型的构成要件、特定加重类型的构成要件均是恒定的，而定罪情节、量刑情节是具体的存在。犯罪情节并非仅仅包容了定罪情节和量刑情节。犯罪事实符合犯罪构成的部分，可能不单独作为独立的一罪来评价，但因此将其评价为量刑情节并不妥当。[①] 一方面，以故意杀死 2 人为例，杀害 1 人的情节可以作为定罪情节，杀害另 1 人的情节本质上也是同时影响定罪和量刑的情节，只是由于基本犯罪构成事实过剩，可以作为调节刑罚量的情节，但不能据此就认为属于量刑情节。另一方面，如果认为定罪事实过剩转化为量刑情节成立，选择哪些事实作定罪情节，选择哪些事实作量刑情节，不具有操作性。张廷光教授认为应当选择其中危害最重的那个犯罪构成事实作为定罪情节，例如，行为人在旅客列车上冒充警察持枪抢劫，应当选择“持枪抢劫”作为定罪情节。但是，一则何为危害最重难以判断，为何持枪情节重于在旅客列车上抢劫的情节不具有充分的说服力；二则这种选择标准的确定也缺乏合理性的论证。因此，所谓“构成要件的多余部分”“定罪剩余的犯罪构成事实”转化为量刑情节的观点都是值得商榷的。

张明楷教授立足于构成要件系违法类型的观点，提出了“整体的评价要素”的概念，并且将整体的评价要素作为一种构成要件要素来理解。[②] 无论是《刑法》第 275 条故意毁坏财物罪中“数额较大或者有其他严重情节的”规

---

① 如赵廷光教授认为，故意杀人罪杀死 2 人或者 2 人以上的，应当将被杀害的 1 人作为定罪情节，被杀害的另 1 人或多人，理所当然作为从重处罚情节。第 263 条规定的抢劫罪 8 种法定刑升格的情形，如果行为人在旅客列车上冒充警察持枪抢劫，应当选择“持枪抢劫”作为定罪情节，而“在旅客列车上冒充警察抢劫”这两种情形则转化为从重处罚的量刑情节。参见赵廷光：《论定罪剩余的犯罪构成事实转化为量刑情节》，载《湖北警官学院学报》2005 年第 1 期。

② 在现实生活中，有许多侵害法益的行为，虽然在一般情况下其违法性没有达到值得科处刑罚的程序，却又难以通过增加某个特定的要素使违法性达到值得科处刑罚的程度，或者难以预见具备哪些要素时，行为的违法性能否达到值得科处刑罚的程度，或者虽能预见但不能做简短表述。于是刑法条文作了一个整体性的规定，情节严重、情节恶劣，就以犯罪论处。亦即，当行为符合了构成要件中的基本要素后，并不意味着行为的违法性就达到了值得科处刑罚的程度，在此基础上，还需要对行为进行整体评价。情节严重、情节恶劣就是这种整体的评价要素。参见张明楷：《刑法学》（上），法律出版社 2016 年版，第 124 页。

定，还是盗窃罪中“数额较大的”规定，都认为是作为符合犯罪构成事实的情节，需要对其整体评价。按照此观点，只要属于数额较大范畴内的盗窃事实，都应当作为定罪情节来认定。以盗窃罪为例。假定某地区盗窃罪确定执行“数额较大”的幅度是2000元至6万元，某人盗窃7000元，那么，按照张明楷教授的观点，该盗窃7000元的事实均应整体评价为定罪情节。赵廷光教授认为，犯罪既遂为“情节犯”的不存在定罪剩余的犯罪构成事实，但其又认为单一行为的数额犯中存在，上述案例中，行为人盗窃2000元是定罪情节，定罪剩余的5000元是从重处罚情节。周光权教授则认为，在诈骗罪中，利用相当高明的骗术进行诈骗的，骗术的欺骗性较强这一情节可以作为量刑情节看待；而在使用暴力进行的抢劫罪中，暴力手段是定罪情节，但超过一般性暴力的程度可以作为量刑情节。[①] 按照周光权教授的观点，符合“整体的评价要素”的事实是可以进一步细分为定罪情节和量刑情节的。

本文看来，周光权教授将定罪情节归结为符合构成要件的一般性（一般性暴力、一般性欺诈）违法情节，有一定合理性，但存在两个方面的问题。一是除法律或司法解释已有规定外，在实践操作上存在难度，如毒杀、刺杀、绞杀等都是杀人，怎样来区分超过一般性的暴力程度，是否毒杀或绞杀就严重于刺杀，毕竟对于违法程度的理解及细分因人而异，在诈骗类犯罪中区分骗术高明作为定罪以外的情节，更难以把握。二是超越定罪情节的程度是否一定归于量刑情节，如果认为绞杀有超越杀人的更严重的情节，这种情节在确定基准刑时就应考虑，因此可以认为是先于量刑情节考虑的因素。赵廷光教授以犯罪数额为切入点区分定罪情节与量刑情节，观点明确，但从概念上分析，“盗窃公私财物，数额较大的”是一种类型化的违法行为，盗窃7000元的行为符合盗窃罪的该类构成要件，并没有超过“数额较大”产生剩余的事实，除非刑法规定“盗窃公私财物2000元的”为独立的构成要件，否则不能认为有值得转化为量刑情节的事实。张明楷教授“整体的评价要素”概念契合了构成要件的相关定义，但在操作层面上，整体的评价要素是否应区分内部的不同情节，并未予以明确；盗窃2000元与盗窃7000元虽同属盗窃数额较大，但二者的定罪情节是否相同、量刑情节是否相同，定罪情节和量刑情节在逻辑上如何区分，并不明确。

上述三种观点的困惑，部分源自于对量刑情节及相关概念定义上的欠缺。《2010年量刑意见（试行）》某种程度上克服了上述定义的不足。一方面，回

---

① 周光权：《论量刑上的禁止不利评价原则》，载《政治与法律》2013年第1期。

避使用定罪情节的概念，没有机械地将犯罪情节区分为定罪情节和量刑情节，而是采用了确定量刑起点的事实、确定基准刑的事实（在量刑起点基础上增加刑罚量）、确定宣告刑的事实。确定宣告刑时，根据量刑情节调节基准刑，并综合考虑全案情况，依法确定宣告刑。因此，在确定宣告刑的事实中，包括但不限于用以调节基准刑的量刑情节，“全案情况”的有关事实可能有些在日常中会被作为酌定的量刑情节，有些不宜纳入量刑情节。在具体操作层面，以盗窃罪为例，在量刑起点的基础上，可以根据盗窃数额、次数、手段等其他影响犯罪构成的犯罪事实增加刑罚量，确定基准刑。《2014 年量刑意见》《2017 年量刑意见》沿袭了《2010 年量刑意见（试行）》的上述规定。如果将上述规范性文件与理论界的相关概念对接，我们可以认为，盗窃达到数额较大起点、2 年内 3 次盗窃、入户盗窃、携带凶器盗窃、扒窃的，是盗窃罪确定量刑起点的事实，即定罪情节。定罪情节过剩的部分，如果满足法定刑升格条件，则成为满足加重构成要件的事实，即确定加重的量刑起点的事实。定罪情节过剩部分，尚未满足法定刑升格条件，或者满足了法定刑升格条件后又有剩余的情节，如盗窃 7000 元事实中超过 2000 元事实外的 5000 元，盗窃 7 万元中超过 6 万元的部分，2 年内超过 3 次盗窃的第 4 次、第 5 次盗窃事实，成为增加刑罚量的、确定基准刑的事实，这部分事实有人将其理解为定罪情节，有人将其理解为量刑情节，从量刑意见的规范性文本看，这种事实应当与定罪情节和量刑情节予以剥离理解，属于独立的第三类情节。

定罪情节过剩、又跨越不同的违法类型的，过剩的情节如何归类，是否转化为量刑情节，还是将其评价为上述第三类情节？为此，《2014 年量刑意见》《2017 年量刑意见》增加规定，“多次盗窃，数额达到较大以上的，以盗窃数额确定量刑起点，盗窃次数可作为调节基准刑的量刑情节；数额未达到较大的，以盗窃次数确定量刑起点，超过三次的次数作为增加刑罚量的事实”。在这里，盗窃次数是一种特殊的法律规定，司法实务将不作为定罪情节评价的多次盗窃行为归属于量刑情节，可以理解为多次盗窃行为本身属于惯犯的一种类型，而惯犯是与累犯、前科劣迹等性质相类似的、反映行为人人身危险性的情节，评价为量刑情节是合理的，能够基本满足了概念体系的自洽性与司法操作的可行性。

三、法定刑升格之“数额巨大”不属于量刑情节

将定罪情节理解为满足构成要件最起码的主客观事实，则充足加重构成要

件的事实不属于定罪情节。① 加重构成是指在独立构成的基本犯基础上，具有从重或加重情节的犯罪构成。② 加重构成要件可能是在时间或空间、实施方式、使用手段、行为人与受害人等关系上对基本构成要件进行变异而生成。以《刑法》133 条规定的交通肇事罪为例，“交通运输肇事后逃逸或者有其他特别恶劣情节的”以及“因逃逸致人死亡的”，均属于加重构成要件。此种充足加重构成要件的事实是确定不同量刑起点的事实，属于区别于定罪情节、量刑情节、增加刑罚量确定基准刑的第三类情节，系犯罪事实中的第四类情节。

加重构成要件能够产生刑罚升格的效果，但是，法定刑升格条件是否都属于加重构成要件，在理论上并未形成共识。以《刑法》第 263 条规定的“入户抢劫”等 8 种情形为例，是否属于同一性质的法定刑升格条件有不同认识，焦点集中于对抢劫数额巨大的不同界定。与此相关，我国刑法中财产性犯罪多以数额巨大、数额特别巨大作为法定刑升格条件。张明楷教授提出，应当严格区分加重犯罪构成与量刑规则。刑法分则条文单纯以情节（特别）严重、情节（特别）恶劣以及数额或数量（特别）巨大、首要分子、多次、违法所得数额巨大、犯罪行为孳生之物数量（数额）巨大作为升格条件时，只能视为量刑规则；刑法分则条文因为行为、对象等构成要件要素的特殊性使行为类型发生变化，进而导致违法性增加，并加重法定刑时，才属于加重构成要件。③ 区分加重构成要件与量刑规则的意义在于，只有加重构成要件，才可能存在未遂。据此，张明楷教授认为抢劫数额巨大，以及《刑法》第 264 条盗窃罪规定的数额巨大、数额特别巨大均系量刑规则。因此，以盗窃罪为例，假定某人意图窃取价值 100 万元的名画而未遂，不应认定为盗窃数额特别巨大的未遂，只能认为普通的盗窃未遂。

司法实务部门的做法，是认可抢劫数额巨大、盗窃数额巨大存在未遂的，且应以升格的法定刑作为量刑起点的，事实上认可了使法定刑升格之数额巨大系加重构成要件的观点。“两高”2011 年《关于办理诈骗刑事案件具体应用法

---

① 赵廷光教授认为，基本罪定罪剩余的一项或多项犯罪构成事实，只有在尚未达到加重构成要件的要求时，才能转化为从重处罚情节；如果定罪剩余的犯罪构成事实，足以评价为符合加重构成要件的要求时，应当认定该行为成立该罪的重罪或更重罪。该种观点一方面认为充足加重构成要件的事实属于“定罪剩余的犯罪构成事实”，一方面又不认可该种事实属于量刑情节，说明该类事实既不属于“定罪情节”，也不属于“量刑情节”。或者是该观点自相矛盾，或者只能理解为其也认可，在定罪情节与量刑情节之间，还有其他可以归属的“第三类”概念存在。

② 赵秉志：《刑法学通论》，高等教育出版社 1994 年版，第 86 页。

③ 张明楷：《刑法学》（上），法律出版社 2016 年版，第 119 页。

律若干问题的解释》（以下简称《2011年诈骗解释》）第6条规定，诈骗既有既遂，又有未遂，分别达到不同量刑幅度的，依照处罚较重的规定处罚；达到同一量刑幅度的，以诈骗罪既遂处罚。在之后制定的“两高”2013年《关于办理盗窃刑事案件适用法律若干问题的解释》（以下简称《2013年盗窃解释》）中，也采用了类似的规定。《2011年诈骗解释》制定调研及征求意见过程中，存在较大分歧。其中，有意见认为，应当根据既遂数额适用相应的法定刑幅度，并考虑未遂数额酌情从轻处罚。按此意见，假定诈骗既遂5000元，未遂100万元，只能在3年以下量刑。而如果行为人只是诈骗未遂100万元，没有既遂数额，依法则要在10年以上量刑，之后从轻或减轻处罚。考虑到《刑法修正案（八）》已明确不得跨档减刑，上述案件一般要在3至10年幅度内量刑，两相比较，显然有失均衡。[①] 2016年最高人民法院《关于审理抢劫刑事案件适用法律若干问题的指导意见》进一步明确指出：抢劫数额以实际抢劫到的财物数额为依据。对以数额巨大的财物为明确目标，由于意志以外的原因，未能抢到财物或实际抢得的财物数额不大的，应同时认定抢劫数额巨大和犯罪未遂的情节，根据刑法有关规定，结合未遂犯的处理原则量刑。

张明楷教授提出的量刑规则的概念，大概借鉴了德国刑法中量刑规则范例的概念。从字面意义上理解，量刑规则应该指代的是对于量刑情节的适用规则，具备这些情节，则适用相应的规则，不具备这些规则，则不能适用，自然也不存在既遂未遂的问题。将数额巨大、多次、首要分子置于一起评价，按照张明楷教授关于量刑情节的定义，则使法定刑升格之数额巨大应该属于量刑情节，对该情节的具体刑罚适用称之为量刑规则。量刑规则与量刑情节，是针对数额巨大的规范层面和事实层面的不同表述。

比较而言，量刑规则和德国刑法上量刑范例存在不同，后者并不具备作为犯罪构成要件类型的完整性和强制性的特点，法官可以自由裁量是否遵循适用，且即使没有范例，法官同样可以认定适用。但我国刑法中所规定的“数额（特别）巨大”，相关司法解释一般均会将其具体化为相应的标准，符合此标准的，法官并无权拒绝适用；不符合此标准，法官不得适用。在这个意义上，“数额（特别）巨大”的规定符合构成要件所具有的自由保障机能。[②] 此外，数

① 胡云腾、周加海、刘涛：《〈关于办理诈骗刑事案件适用法律若干问题的解释〉的理解与适用》，载《人民司法》2011年第9期。

② 参见张明楷：《加重构成与量刑规则的区分》，载《清华法学》2011年第1期。在张明楷教授提倡的量刑规则概念中，注意到了与德国刑法中量刑规则范例的不同，他所提倡的量刑规则并具有自由裁量的属性。

额（特别）巨大的规定同样符合构成要件所具有违法性评价和故意规制机能。作为法益侵害程度的表征，应当成为行为人主观认识的内容。相反，量刑情节、量刑规则本身，对于行为人而言，是不需要主观认识的，存在即应当适用；而我国刑法实践中需要行为人对数额巨大有认知，否则不能加重处罚，由此判断，此类数额巨大的规定，不宜认定为量刑情节或量刑规则。

与典型的加重构成要件不同，数额（特别）巨大的规定不能表明违法行为类型，不具有构成要件的犯罪个别化机能，这可能也是学者将其纳入量刑规则的唯一理由。但是，我们注意到，张明楷教授将表征违法程度的数额较大等要素认定为基本的构成要件要素，没有理由将同样是表征违法程度的数额（特别）巨大排除在加重构成要件要素之外。我国刑法区别于德日等国的立法模式，采取“行为类型 + 行为程度”立法模式，通过数额、情节等罪量规定，将犯罪与同一性质类型的一般违法行为区分开来，可见，在我国刑法中，构成要件不仅要求行为类型，也要求行为程度，既有罪体要素，也有罪量要素。在这个意义上，意在概括那些不改变行为类型，只是通过单纯地提高行为违法程度，从而加重法律效果的法定刑升格条件，将其概括为罪量加重构成概念是有现实意义的。①

确定了数额巨大不属于量刑情节，而属于加重构成要件，可以进一步解释为何司法解释及司法实践会坚持对意欲盗窃、诈骗、抢劫数额（特别）巨大财物而未遂的，以升格的法定刑为基础来适用未遂的规定。首先，从经验法则看，意欲盗窃、诈骗、抢劫数额（特别）巨大财物而未遂者，其已经对数额（特别）巨大财物产生紧迫危险，这种危险在危害性的程度上多数已超过了诸如日常扒窃、入罪但额度不高的盗、骗、抢等实害行为。其次，从责任要素看，意欲盗窃、诈骗、抢劫数额（特别）巨大财物而未遂者，其主观恶性也大于一般数额的盗窃、诈骗、抢劫犯罪。按照三阶层理论，评价入罪的标准上，或许可以认为数额（特别）巨大未遂甚至没有满足基本的违法性程度，当然不能超越基本犯的量刑范围来作起点调整刑罚，但三阶层理论在责任层面的分析时仍然侧重于罪的评价，可能会忽视在此环节对刑罚量刑起点的调整，至少存在着滞后的可能。但刑罚与责任相适应。恰如学者所言，犯罪的动机和

---

① 王彦强：《区分加重构成与量刑规则——罪量加重构成概念之提倡》，载《现代法学》2013 年第 3 期。王彦强博士虽然提出了罪量加重构成概念，但仍认为，若行为人意欲盗窃数额（特别）巨大财物而未遂的，应在盗窃数额较大的法定刑基准上可以从轻、减轻处罚。这一观点与构成要件的特性相背离，本文对此持相反立场。

目的，也是犯罪主观构成要件中“多余”出来的部分，不影响定罪，但可能影响量刑。此时，需要结合社会伦理标准，评估犯罪动机和目的在社会伦理和道德上的意义，以此作为从重处罚或从轻处罚的依据。[①] 当然也可以作为选择较重法定刑的依据。最后，从立法技术及司法平衡看，财产类犯罪法定刑升格条件一般既包括了数额（特别）巨大，也规定了情节（特别）严重，如果对图谋数额（特别）巨大而未遂者拒绝作为法定刑升格条件，立法及司法也可能会将这种图谋中所体现的主观恶性、行为对象等因素抽离出来，视为情节（特别）严重的范畴，从而可以适用法定刑升格条件。例如，根据《2013 年盗窃解释》第 12 条，盗窃三级文物未遂的，可以认为因行为对象不同而属于违法类型不同，可以归属于典型的加重构成要件，适用“三年以上十年以下有期徒刑”的法定刑，在此基础上以未遂来调节；盗窃金融机构未遂的，刑法修正案虽已取消相关规定，按照升格的法定刑为基准再以未遂调节，属于《2013 年盗窃解释》规定的其他严重情形应无异议；以价值连城的画作、名表、首饰等，以至数额巨大的财物，按此逻辑，都可归于情节（特别）严重的范畴。事实上，以升格的法定刑为基础以未遂犯“可以比照既遂犯从轻或者减轻处罚”，既可以满足司法的自由裁量，大概也更符合国民的心理预期。

① 周光权：《论量刑上的禁止不利评价原则》，载《政治与法律》2013 年第 1 期。

言词证据审查应注意的若干问题

唐　慧*

在刑事诉讼的任何一个环节，对案件的判断、定罪、量刑都离不开证据。如果说刑事诉讼是侦查机关、检察院、法院相互分工、协作配合发现犯罪、证实犯罪、处罚犯罪的过程，那么侦查是侦查人员通过收集、固定证据进而发现犯罪的过程；而审查起诉就是公诉人运用证据证实犯罪、论证犯罪是否成立的过程。公诉人需要审查、分析判断和取舍一个个证据，用证据来还原案件事实，从中判断被指控的犯罪嫌疑人的罪行是否成立。在这个过程中，我们看卷宗是审查证据；提讯是核实证据；形成审查报告是罗列证据和分析证据；出庭公诉、庭审中与辩护人的交锋和答辩是运用证据、论证证据。

在以庭审为中心的诉讼制度背景下，案件的成功指控更加依赖于公诉人在法庭上对案件证据的把控。脱离了证据这个基石，公诉人在庭审上的任何言词都会成为无根之木，无论公诉人有多么雄辩、华丽的口才，可能逞得了一时的口舌之快、赢得了庭下的满堂喝彩，却并不能最终被法庭所认可和采信。我们强调公诉人在庭审中“言之有据”，是指公诉人在庭审中发表的意见和观点应当有证据、有法律的支撑。这些证据也应当经得起被告人和辩护人质证、最终能够为法庭所采信。庭审的成功指控实质上是公诉人构建的指控证据体系的成功。因此，审查起诉环节对证据的审查、判断，构建坚实牢固的证据指控体系是庭审的关键、是指控成功的关键。对证据进行审查判断和取舍是公诉人应当掌握的基本功，决定着案件办理的质量，决定着庭审指控是否成功。

一、刑事诉讼中言词证据的重要性

从司法实践的角度来说，言词证据通常指犯罪嫌疑人供述和辩解、证人证言、被害人陈述。尽管我们一直强调应当“弱化口供、强化客观证据”，但我国目前的侦查技术水平和案件呈现出的特点，大部分案件的成功办理都必须依

* 重庆市人民检察院第五分院公诉二处副处长，四级高级检察官。

赖于言词证据。

一方面因为言词证据通常最能直接体现案件的事实，还原现场的情况，相对于对现场情况的证实也是最详细、最直观，获取案情相关线索和信息也更及时，获取方法也是最为简单的。在合法的场所，侦查人员两人就能完成取证过程。而通常也是定案的关键证据。另一方面，部分刑事案件由于案发时间和案发现场的特定，证人的查找和犯罪嫌疑人的锁定更为容易，言词证据的获取大多时候相较客观证据而言更容易获得。如寻衅滋事等聚众型犯罪、集资诈骗等涉众性犯罪，涉及的人员众多，但人物关系相对固定，通过言词证据的印证能够很快厘清当事人之间的关系。此外，某些特定类型的案件，没有客观证据或客观证据较少，不能支撑案件事实，只能依赖于言词证据定案。比如，隐蔽性犯罪的贪污、受贿、毒品案件，通常行受贿和毒品交易现场不会有第三人在场，也无法提供出客观的视频音像资料。行受贿双方是否有权钱交易；毒品案件有无钱货交易，是认定犯罪事实的关键。而这些通常需要涉案双方的言词证据综合其他客观证据排除其他可能性、得出唯一确定性结论后才能据以定案，此时，突破口供、获取行贿人证词成为侦查机关突破案件的关键。

二、刑事诉讼实践中言词证据的特点

口供的突破、证人证言的取得并非一劳永逸，随着犯罪分子作案手法的升级、法律知识的普及，犯罪嫌疑人自我保全意识随着诉讼进程的推进愈发强烈，随着案情的逐渐明朗化，其辩解可能会越来越多，也越来越切中案件的要害。案件的证人在诉讼进程中也可能由于辩护人的介入、犯罪嫌疑人亲属相求或威胁等多种原因改变证词。在审查起诉环节，面对这些言词证据，熟知其规律和特点有助于帮助我们正确的判断和厘清案件。从刑事办案实践来看，言词证据通常呈现以下特点：

（一）言词证据的真伪具有不确定性

言词证据都是通过当事人对事件的回忆来制作的。人的记忆并不绝对可靠的，尤其是对时间久远事情的回忆，经常会出现混乱、模糊、错误、甚至遗忘，而有些当事人在对事件的描述中并不自知。还有可能对于同一事件的描述，不同的人会从不同的视觉角度和心理角度做出描述，在此过程中由于文化层次、表达能力的不同可能会表达出不同的内容。当提供言词证据的主体同案件存在利害关系时，甚至可能会作出同案件事实相反的内容。这类言词证据需要通过审查、甄别、判断其真伪性。

（二）言词证据的易变性

同一提供言词证据的人，随着时间、地点和提取主体的不同，言词证据的内容都有可能发生变化。实践中在审查环节推翻侦查阶段证词时有发生。有的证人会因为律师、被告人亲属多次骚扰不胜其烦，再次前往复核其证言时称不知道或不记得事情的经过，对原来证言是否真实态度模棱两可。而犯罪嫌疑人推翻侦查机关的供述在部分案件中就很常见了，如毒品案件，尤其是一些重罪案件的犯罪嫌疑人，为能够减轻处罚，大部分会选择在审查起诉环节或庭审中翻供。辩解的理由往往是被刑讯逼供、被威胁、被误导作出供述；甚至会辩解不识字，回答的内容不是笔录上记载的内容。对这类证据需要在对证据进行取舍后，进行证据补强或补充新的证据去证实案件事实。

（三）取证主体的加工性

通常当事人对案件事实的证明内容需要经过侦查主体按照法定程序转化为书面材料才能作为刑事诉讼中的证据使用。而侦查机关的办案人员在记录当事人讲述的时候，一般不可能逐字逐句把每个字都进行记载，会根据法律构成要件，把与认定案件有关的讲述进行记录。在此过程中，有时由于办案人员对法律理解的不同，会根据自己对当事人陈述的理解，帮助当事人组织和整理语言，留下记录人自己的痕迹。也有的侦查人员在记录时没有追问或不能准确记录犯罪嫌疑人表达的确切含义，对有些定案事实有所遗漏，给犯罪嫌疑人在审查起诉环节的改变供述留下空间，最终影响案件的定性。有一起杀人案件，犯罪嫌疑人在对案情供述是称被害人掉下悬崖是因为在争执过程中他“丢了”站在悬崖边上的被害人的手，被害人随后掉下悬崖。案发现场只有犯罪嫌疑人和已经死亡的被害人，其供述的内容成为判断主观心态的重要证据。他使用的这个“丢”是自己家乡的方言。当地的人对该词的解释说法不一。在对该事实进行供述时，记录的侦查人员是犯罪嫌疑人的同乡，对于“丢”字的使用大概能够意会其含义，也并没有意识到这个关键的动词是判断犯罪嫌疑人主观心态的重要词汇，没有去追问这个“丢”的动作是一种消极放弃行为还是力量相持下的主动推送行为，没有将其转化为普通话中的行为动词并固定为书面供述。数次的笔录中直接将该动词记录为“丢”，并想当然地理解为力量相持下的主动推送行为，将案件定性为故意杀人移送起诉。当案件上报上一级人民检察院审查起诉时，犯罪嫌疑人在审查起诉阶段作出了有利于自己的供述，辩解自己是无奈之下的放弃行为，在案件没有其他证据印证的情况下，最终采信了其改变后的供述作为定案证据。由侦查人员形成的这类笔录，会在我们在审查鉴别时产生很大迷惑性，采信和使用需要十分慎重。

以上三点综合起来就是一句话：言词证据具有不稳定性，可变、难以固定。也正是由于这个特性，使言词证据的判断变得复杂，在审查的过程中通常难以判断和采用，不同的证据状况需要使用不同的规则，在实践中根据不同种类证据的特征，依靠辩证逻辑来判断，把握规律，按照相关法律、司法解释规定来确认、判断，决定是否采信。

三、言词证据的常见问题及审查方法

我国刑事诉讼法明确规定，证据必须符合法律规定的要求，查证属实，能够证明案件真实情况，才能作为定案的依据。言词证据也不例外。言词证据的审查重点是证据的客观性（真实）、合法性、关联性。真实性（又称客观性）是指证据所反映的内容应当是真实、客观的。关联性是指证据和案件事实之间存在客观联系。证据和案件事实的联系。合法性是指取证主体合法、证据形式合法、取证方法和程序合法。证据的关联性判断在实践中并没有太大的争议，而证据的合法性刑事诉讼法和相关的司法解释也有着详细的规定。对于言词证据真实性的判断在实践中通常会存在以下的问题，需要用不同的方法应对处理。

（一）与证人证言审查有关的问题

1. 证人资格的争议和审查方法

证人的作证资格是其作为证人的基础。我国《刑事诉讼法》第 60 条规定："凡是知道案件情况的人，都有作证的义务。生理上、精神上有缺陷或者年幼、不能辨别是非、不能正确表达的人，不能作证人。"这是对证人的资格的规定。从法条的理解来看，只有三类人不能作为证人：一是生理上有缺陷的人，通常是指盲人、又聋又哑的人或者存在其他生理缺陷的人。二是精神上有缺陷的人，通常是指智力或者精神上存在障碍的人，如智障、精神病人等。三是年幼的人是指未成年人。

司法实践中通常对证人的资格产生争议的有两类：一类是利害关系人作为案件证人。庭审中，经常会有辩护人在庭审中对公诉人举示的具有利害关系的证提出质证意见，称其与案件有利害关系，不能作为案件的证人，个人观点认为这种提法是错误的。只要证人不具备不能成为证人的上述三种情况，利害关系人是能够作为证人的，具备证人的资格，但是在审查过程中应当对其证言的真实性进行鉴别和判断。对其证言的真实性审查当然是通过内容的细节及和其他证据的印证性衡量其证言的真实性。对于无法和其他证据印证或仅仅和犯罪嫌疑人的证言相印证时，应当慎重考虑其证言的证实力度，不能作为主要定案证据使用。另一类是年幼的人作为案件的证人。实践中的争议焦点在于年幼的人能否具有正确表达的能力和辨别是非的能力。对此类证人内容和资格的审查，不能一概以年龄来划分是否能正确表达和分辨是非。而应当根据证人证实的内容结合证人的辩解能力和表达能力来综合分析判断。如在一起丈夫杀害妻子的案件中，年仅6岁的孩子在案发现场目睹，现场无其他的目击证人。在丈夫不认罪的情况下，6岁孩子证言可能成为案件的关键。其能否作为该案件的证人？通过和孩子当面交谈，我们发现6岁的孩子智力发展符合普通孩子的智力发展水平，言语表达能力也是正常的。孩子可能对一些细节的表述没有那么准确和详细，但对于父母的争吵和行为、谁先动手、使用的工具和部位都是清楚的，与现场勘查的、尸体检验情况相符，我们决定作为定案证据使用，最终被法庭所采信。需要注意的是，在这类关键证据的审查过程中，一定不能满足于书面审查，仅仅根据侦查机关形成的书面证据作出判断是不可取的。应当根据亲历性原则，亲自去感受分析孩子的认知能力和表达能力，从而对证据作出真实性及证明力的判断。

2. 证人证言的来源和内容的审查

证人获得跟案件有关的信息会有多种途径。可以是亲眼所见，如案发现场的目击证人，因为是亲眼目睹，这类证人证言的证明力很强，能够作为指控犯罪的直接证据。还有一类是传来证据。一种途径是从别人那里听说。例如，证人张三在陈述案情的时候，是路过小卖部时听买烟的路人乙说的，可能乙也是其他人转述；比如案发后嫌疑人将案件发生的经过告诉证人甲，或某个现场目击证人将案发现场的情况转述给自己的家人和自己的朋友。另一种途径也有可能是将从媒体报道、网络得知的信息加工成自己的认知。这些传来证据由于案件信息在传递的过程中，每个环节的角度、情感认知能力的不同，使得案件的事实在这个过程中可能增加、减少甚至发生歪曲，因此，此类证人证言的真实性无法得到保障，审查证人证言的来源就显得十分重要。

在司法实践中，对该类证人的审查首先是审查证言的内容是否为证人直接感知。在询问笔录的审查中，一定注意侦查人员在询问证人的时候，是否询问其对案件情况的了解是否是直接目击。如果陈述自己是现场目击证人，要通过详细审查内容来判断证人证言是否真的目击案发现场的情况。如通过审查证人证言的细节来加以判断：证人证言能够详细描述案件的相关情况，包括案发时间、地点、现场环境灯光、被告人和被害人的具体行为、犯罪工具等细节，并且与物证、书证、现场勘验、检查笔录等证据相印证，就能够反映出其直接感知到了案件情况。如果有必要，可以到案发的地点，站在案发现场证人所处的位置看当时的距离和光线是否足以听到和看到。如果证人证言不连贯，缺乏对案件细节情况的描述，或者细节情况和其他证据不能印证，就很可能表明其并未亲自感知案件情况，其证词的真实性有待进一步查证。如果要作为指控证据使用，需要其他的证据进一步佐证。如果无其他证据作证，不能确定其真实性，则不应作为指控证据使用。

如果证人是转述他人的证言，应当进一步查找相关的证人，核实案件信息来源，从而寻找第一手的证人证言。对于传闻证据，应当慎重，除非能说明来源，并且其真实性能够得到其他证据的印证，否则不能仅凭该证言认定案件事实。对于道听途说的证言或者来源不明的证言，则不能作为定案的依据。司法实践中曾经出现过传闻证据的案件，侦查机关收集了同村数十名村民的证言，都称听说某村民实施了犯罪行为，但传闻的源头即真正亲眼目睹的证人无法锁定和查找，最终无法定案。这样的案件证据的量足够大，可能证据的合法性和关联性都具备，但证据的真实性无从考证，证明力度不够。

（二）犯罪嫌疑人翻供的审查和处理

无论是否认罪，犯罪嫌疑人供述的审查都相当重要和关键。在犯罪嫌疑人认罪前提下的审查，同样也要预判庭审中犯罪嫌疑人翻供的风险，预测在翻供的情形下证据体系是否能够完成刑事犯罪的指控。犯罪嫌疑人在审查起诉环节的翻供，也只是将预测演变为现实。从指控角度而言，审查起诉环节的翻供对公诉人弥补证据漏洞、构建更为坚固的证据指控体系而言，是百利而无一害的。

如前文所述，随着科技的进步，法制的普及让犯罪嫌疑人的自我保护和辩解意识更加强烈。侦查证据固定和审查起诉环节的证据组成体系一旦存在疏漏，就可能使其有机可乘，逃脱法律的制裁。而对于一些特殊的案件，如上文提到的毒品类案件，犯罪嫌疑人翻供是常见现象。如何去判断犯罪嫌疑人的翻供是否成立，在翻供的情况下，如何去判断和组织我们的指控体系，需要公诉人具备清晰的思路和判断。

最高人民法院《关于适用〈中华人民共和国刑事诉讼法〉的解释》第80条规定，对被告人翻供和辩解应当着重审查以下内容：“（一）讯问的时间、地点，询问人的身份、人数以及讯问方式等是否符合法律有关规定；（二）讯问笔录的制作、修改是否符合法律有关规定，是否注明讯问的具体起止时间和地点，首次讯问时是否告知被告人相关权利和法律规定，被告人是否核对确认；（三）讯问未成年被告人时，是否通知其法定代理人到场，其法定代理人或者有关人员是否到场；（四）被告人的有无以刑讯逼供等非法手段收集的情形；（五）被告人的供述是否前后一致，有无反复以及出现反复的原因，被告人的所有供述和辩解是否均已随案移送；（六）被告人的供述和辩解内容是否符合案情和常理，有无矛盾；（七）被告人的供述和辩解与同案被告人的供述和辩解以及其他证据能否相互印证，有无矛盾。”同时该条第2款规定，必要时，可以调取讯问过程的录音录像、被告人进出看守所的健康检查记录、笔录，并结合录音录像、记录、笔录对上述内容进行审查。

依照上面司法解释的规定，证据审查和判断有了主要的思路和方向。规定的前四项内容是查明犯罪嫌疑人供述提取的程序合法性问题，后三项的内容是审查犯罪嫌疑人供述的真实性问题。而第2款的规定，则是在犯罪嫌疑人提出有刑讯逼供等非法取证的情况下需要收集的证据。除了“根据供述内容能否得到其他证据印证”这一规则来判断供述的真实性以外，司法实践中对于犯罪嫌疑人的翻供，还可以从以下两个方面着手判断：

1. 从供述的时间先后判断翻供是否成立

根据刑事诉讼法的规定，犯罪嫌疑人的供述在刚刚到案的时候有一份，对犯罪嫌疑人采取拘留和逮捕措施的应在24小时内进行讯问，也就是至少应当会有三份笔录在卷。其他的笔录会掺杂其间。当出现犯罪嫌疑人翻供时，我们首先应当着手对其供述的时间进行梳理。注意犯罪嫌疑人在对翻供事实第一次供述的这个时间段全案的情况。侦查机关是否立案，被害人是否报案，客观证据是否已经提取到案，反映的现场情况侦查机关是否已经掌握，侦查机关在其供述是对全案的掌握情况，等等。从时间上来梳理的目的是判断其翻供内容真实性和合理性。如在办理一起两人共同盗窃案时，一人翻供辩解自己当时并不在场，虽然有另一犯罪嫌疑人的指证，但无其他证据相印证，形成了指控证据和无罪辩解“一对一”、有罪供述和无罪供述“一对一”的情形。如何判断其有罪供述和无罪供述，应否采信其辩解？在承办该案时，我们对整个案件的时间顺序进行梳理后，发现其第一次做有罪供述的时间在另一犯罪嫌疑人到案之前，与此同时，侦查机关只接受了失主的报案，并不知晓系谁作案，更不清楚作案过程。而犯罪嫌疑人在第一次供述中就对两人共同盗窃行为中的分工、盗窃地点、藏匿地点和销赃地点等整个盗窃过程进行了详细的描述，并得到了后来到案的另一犯罪嫌疑人供述的印证；同时，另一犯罪嫌疑人描述现场与该嫌疑人通话的情节得到了通话清单的体现，其指证得到了客观证据的印证，具有真实性。因此我们得出结论，犯罪嫌疑人的翻供是不能成立的，应当采信其原有的供述，最终也得到了判决的认定。

2. 从供述和辩解的实质内容判断翻供是否成立

被告人的翻供，有些是完全否认；有些是部分承认，关键情节否认；有些是曾经承认，后来否认；有些是反复的承认、否认，不确定。最高人民法院《关于适用〈中华人民共和国刑事诉讼法〉的解释》第83条规定，审查被告人供述和辩解，应当结合控辩双方提供的所有证据以及被告人的全部供述和辩解进行；被告人庭审中翻供，但不能合理说明翻供原因或者其辩解与全案证据矛盾，而其庭前供述与其他证据相互印证的，可以采取其庭前供述；被告人庭前供述和辩解存在反复，但庭审中供认，且与其他证据相互印证的，可以采信其庭审供述；被告人庭审供述和辩解存在反复，庭审中不供认，且无其他证据与庭前供述印证的，不得采信其庭前供述。这是法院对翻供情形下证据的判断规则，也是公诉人在审查判断时遵循的原则。简单来说，就是全面审查，通过判断供述内容能否得到其他证据的印证来判断其前后供述的真实性。

除了对比供述内容和其他言词证据或客观证据的印证性以外，还可以从供述内容的本身去发现和判断内容的真实性。通常从以下两个角度同时进行：（1）辩解的合理性。无论犯罪嫌疑人实际上是否实施了犯罪行为，基于趋利避害的心理，翻供的情形下会作出很多辩解，有无罪辩解。例如，故意杀人案件中，不在场、没有作案时间；毒品案件中主观不明知、客观上没有实施行为。也有罪轻的辩解，如在故意伤害案件中，犯罪嫌疑人辩解是被害人先挑起纠纷，首先动手；毒品案件中，犯罪嫌疑人辩解自己受胁迫等。识别这些辩解真假，要根据常识来看是否符合常理。如在非法持有毒品案件中，犯罪嫌疑人辩解对身上的大宗毒品并不知情，不知谁何时在自己的挎包里。首先，从正常的认知来判断其辩解不具有合理性，毒品的重量并不轻，达到一百多克，对于随身带的挎包应当对多出这部分重量有明确的感知。其次，从体积来看包内的这部分毒品占据了挎包的三分之二容积，分析通话清单后发现，被捉获前一分钟犯罪嫌疑人使用过放置在挎包里的电话，不可能对包内多出大面积的东西不知情。最后，从常识来看，毒品价值不菲，不会有人主动赠送。这个案例中我们从生活常识和常情常理两个方面来判断其翻供不能成立。（2）细节内容的印证性。主要审查辩解的细节内容的可信性是否和其他证据相印证，根据其供述的内容甚至是细节是否印证来判断翻供是否成立。如在一起故意杀人案件中，其中一名同案人推翻了参与过共谋的供述。我们仔细翻阅了卷宗，发现其原有供述中对共谋地点的咖啡馆布局进行了详细的描述，经补充现场勘查，其布局与共谋现场一致，其辩解的可信度降低。在确信其辩解后，通过加强其他证据的印证，我们采信了其原有供述。此类的细节还有作案工具的表述、体貌特征的表述等，需要在审查中发现和注意。

裁判前未被羁押罪犯交付执行研究
——基于判处实刑罪犯的实证考察

何 涛 张光利*

一、问题提出

刑罚交付执行，是指刑事判决、裁定生效后，有关司法机关将罪犯和作为执行刑罚依据的法律文书交付司法机关执行刑罚的刑事诉讼活动。

我国《刑事诉讼法》第253条规定："罪犯被交付执行刑罚的时候，应当由交付执行的人民法院在判决生效后十日以内将有关的法律文书送达公安机关、监狱或者其他执行机关。对被判处死刑缓期二年执行、无期徒刑、有期徒刑的罪犯，由公安机关依法将该罪犯送交监狱执行刑罚。对被判处有期徒刑的罪犯，在被交付执行刑罚前，剩余刑期在三个月以下的，由看守所代为执行。对被判处拘役的罪犯，由公安机关执行。"我国《监狱法》第15条、第16条也有相同规定。

据此，对被判处实刑的罪犯的交付执行，由人民法院在判决生效后10日以内将有关的法律文书送达公安机关、监狱，再由公安机关依法将罪犯送交监狱执行刑罚或留所执行刑罚。简言之，法院负责执行刑罚法律文书的交付，公安机关负责被执行人的交付。

然而，刑事诉讼法并没有规定裁判前未被羁押的罪犯判处实刑后如何交付执行刑罚。在此问题上，最高人民法院《关于适用〈中华人民共和国刑事诉讼法〉的解释》（以下简称"最高法解释"）和《公安机关办理刑事案件程序规定》（以下简称"公安机关刑事程序规定"）有不同规定。

"最高法解释"第429条第2款规定："罪犯需要收押执行刑罚，而判决、裁定生效前未被羁押的，人民法院应当根据生效的判决书、裁定书将罪犯送交

---

* 何涛，重庆市人民检察院第一分院刑事执行检察处处长，三级高级检察官。张光利，重庆市人民检察院第一分院刑事执行检察处一级检察官。

看守所羁押，并依照前款的规定办理执行手续。”“公安机关刑事程序规定”第287条第1款规定：“对被依法判处刑罚的罪犯，如果罪犯已被采取强制措施的，公安机关应当依据人民法院生效的判决书、裁定书以及执行通知书，将罪犯交付执行。”结合刑事诉讼法的规定，裁判前未被羁押罪犯判处实刑后如何交付执行刑罚，在理论和实务界产生了争议：

一种观点认为，刑事诉讼法的有关执行规定仅适用于在押罪犯，而不适用于裁判生效前未被羁押的情形。由于刑事诉讼法在执行一编中只规定了执行的依据是生效的判决或者裁定，把执行对象都理解为已经在押的罪犯，由于执行限定在这一前提下，审判时没有羁押的罪犯的交付执行就成了问题。① “最高法解释”已经明确将罪犯送交看守所羁押的执行主体是人民法院，应当由人民法院负责将罪犯送交看守所羁押。

另一种观点认为，人民法院是审判机关，不是执行机关，人民法院只需将相关法律文书送达给执行取保候审的公安机关，由该公安机关将罪犯送交看守所羁押。“对于未被羁押的罪犯，由于其先前的刑事强制措施是由公安机关执行监管，公安机关掌握有关罪犯的实际情况，所以在交付执行时由公安机关将罪犯送交看守所羁押，更具有可行性和合理性。而人民法院作为裁判机关，本身不具有对罪犯进行监管的条件，尤其对于在取保候审或监视居住期间逃匿的被告人，人民法院更无追捕能力，从何谈起要由人民法院将罪犯送交看守所羁押。”②

正是由于在裁判前未被羁押罪犯判处实刑后如何交付执行刑罚存在上述争议，给此类罪犯的交付执行带来诸多问题。司法实践中，法院经常对判决、裁定生效前未被羁押的罪犯（因患病、怀孕等事由被取保候审或者监视居住）判处实刑后，既未将罪犯羁押并送交公安机关，再由公安机关将罪犯交付监狱执行或者留所服刑，也未制作《暂予监外执行决定书》交付有关机关执行，致使罪犯脱离监管普遍超过羁押期限。③

二、实证考察

笔者调研了C省十个区县裁判前未被羁押罪犯判处实刑后交付执行的情

① 李忠诚：《刑事执行功能研究》，载《中国法学》2003年第3期。

② 吴成杰、张镇安：《罪犯交付执行法律适用问题研究——以裁判生效前未被羁押情形为切入点》，载《法律适用》2014年第10期。

③ 陈斌、郭巧荣：《刑罚交付执行环节之检察监督》，载《人民检察》2014年第5期。

况：2006 年 1 月至 2016 年 3 月底，C 省十区县裁判前未被羁押罪犯判处实刑后，有 177 名罪犯没有交付执行刑罚。

通过调研发现，不同区县虽然案件数量存在差异，但裁判前未被羁押罪犯判处实刑后交付执行的情况存在较大差异：如案件数量并非最多的 A 区的交付执行情况就不容乐观；案件数量最多的 C 区未交付执行人数也仅为 14 人；案件数量处于中流的 E 区却无未交付执行刑罚罪犯。其中，隐藏的深层次的交付执行司法机关方面的原因不容忽视。如 E 区由于交付执行的司法机关、监督机关建立了良好的交付执行责任机制、配合机制和监督机制，没有发生裁判前未被羁押罪犯判处实刑后未执行刑罚的情况。

进一步调研发现，裁判前未被羁押罪犯判处实刑后未执行刑罚的原因虽然比较复杂，但大致可以分为两大类：一类是被执行罪犯特殊个体原因；另一类是交付执行的司法机关原因。

在被执行罪犯特殊个体原因中，大致有以下情形：患病（111 人）；抚养或哺乳未成年子女（20 人）；逃匿或下落不明（19 人）；体内有异物（6 人）；年老（2 人）；强制隔离戒毒（1 人）；原因不明（18 人）。

在交付执行的司法机关原因中，大致有以下情形：法院未依法交付执行文书（7 人）；看守所拒绝收押（98 人）；监狱拒绝收监（1 人）；未将罪犯送交看守所（71 人）。

通过对上述两类原因的更深一步的考察，我们不难发现：导致裁判前未被羁押罪犯判处实刑后未执行刑罚的主要原因是交付执行的司法机关的执行不力。理由是：被执行对象基本都不符合暂予监外执行条件，被执行对象的特殊个体原因只是在客观上给交付执行带来困难，交付执行的司法机关推诿扯皮、执行不力，才是导致此类罪犯没有交付执行刑罚的根本原因。

交付执行的司法机关在裁判前未被羁押罪犯判处实刑后交付执行方面，主要存在以下问题：

一是在罪犯送交羁押环节上，存在职责不清的问题。正如上述，部分公安机关认为，“最高法解释”已明确执行法院应将裁判前未被羁押罪犯送交看守所羁押，公安机关没有将判决生效前未被羁押罪犯送交看守所羁押的职责。交付执行的法院则认为，“公安机关刑事程序规定”中明确已被采取强制措施的罪犯，公安机关应当依据人民法院生效的判决书、裁定书以及执行通知书，将罪犯交付执行。被采取取保候审和监视居住的裁判前未被羁押的罪犯，理应属于“已被采取强制措施的”罪犯，公安机关有责任将其送交看守所羁押。

二是在强制措施监管环节上，存在监管形同虚设问题。裁判前未被羁押判处实刑罪犯，均采取了取保候审或监视居住的刑事强制措施，但这种非羁押性的刑事强制措施在执行监管上形同虚设，给罪犯逃匿逃避刑罚处罚提供可乘之机。

三是在审执衔接环节上，存在各自为政问题。一方面，法院在判处实刑前，对未被羁押的罪犯大多没有采取逮捕的强制措施，导致罪犯在接到判处实刑的裁判后逃匿或下落不明，而无法交付执行；在执行不能时，法院也未依法组织是否符合暂予监外执行情况的鉴定，导致罪犯无法执行刑罚。另一方面，公安机关在执行法院生效判决时，往往因罪犯个体原因可能被看守所拒收而未将罪犯送交看守所收押；对下落不明的罪犯也未穷尽可能的抓捕措施。

四是在罪犯收监执行环节上，存在规避风险、扩大解释问题。监管场所安全早已成为社会关注的敏感点。“两防一退”（防事故、防非正常死亡、退出舆情关注热点）警钟长鸣。监管场所多收一个病犯，就多一层安全风险，趋利避害导致病犯被拒收。[①] 监管场所在收监裁判前未被羁押罪犯时，为了规避罪犯特殊个体因素给监管安全带来的风险，往往扩大解释收押、收监的禁止性条件，导致很多患有疾病但不符合暂予监外执行条件的罪犯被拒绝收监。

三、路径探索

（一）统一收监执行标准

党的十八届四中全会决定指出，完善刑罚执行制度，统一刑罚执行体制。在罪犯交付执行时，统一收押、收监执行标准，是统一刑罚执行体制的应有之义。司法实践中，裁判前未被羁押判处实刑罪犯交付执行刑罚时，均先将罪犯交付看守所羁押，再由看守所根据法院生效判决和执行文书将罪犯交付监狱执行刑罚或者留所执行刑罚。正如上述，看守所在收押此类罪犯时，为规避风险，往往依据《看守所条例》第10条扩大解释收押的禁止性条件。

建议统一收监执行的具体标准。暂予监外执行与收监执行在逻辑上是一个事物的两个方面。即，罪犯被判处实刑后，要么在监内服刑，要么因自身特殊个体原因被暂予监外执行。因此，笔者建议，除将暂予监外执行的条件作为拒绝收监的理由外，监管场所应坚持“应收尽收”的原则。在现行法律框架下，看守所收押裁判前未被羁押判处实刑的罪犯时，不能以《看守所条例》第10条规定为理由拒绝收押，而应以《监狱法》第17条为标准坚持“应收尽收”。

---

① 徐玲利：《刑事交付执行存在问题及对策思考——以D市刑事交付执行实证考察为样本》，载《人民检察》2015年第14期。

同时建议尽快修改《看守所条例》中收押的条件，将裁判前未被羁押判处实刑罪犯的收押条件与未决犯罪嫌疑人、被告人的收押条件区别开来，单独予以规定，与其上位法监狱法的收监条件保持一致。

（二）明确交付执行机关各自职责

对于裁判前未被羁押判处实刑罪犯交付执行，应明确公、法、司各自职责。首先由人民法院负责将生效裁判文书和执行文书送交执行强制措施的公安机关和需要羁押罪犯的看守所。对需要进行暂予监外执行鉴定的，由人民法院组织进行鉴别，符合暂予监外执行条件的，依法作出暂予监外执行的决定，告知罪犯，并将相关文书送交执行强制措施的公安机关和社区矫正机构执行社区矫正。人民法院凭交付执行机关的执行回执办理结案。

其次，由执行强制措施的公安机关凭人民法院裁判文书和执行文书将罪犯送交看守所羁押，并向人民法院送达执行回执。对于逃匿或者下落不明的罪犯，依法采取上网追逃等抓捕措施。需要特别说明的是，公安机关应完善上网追逃的条件，摒弃仅依据刑事拘留或逮捕才可上网追逃的规定。可依据人民法院生效裁判文书进行上网追逃，因为人民法院生效裁判文书是比刑事拘留或逮捕法律效力更强、更具执行力和终局性的法律文书。

再次，由看守所依据人民法院送交的法律文书办理收押或留所服刑，并向人民法院送达执行回执。对需要送交监狱执行刑罚的，由看守所凭人民法院送交的法律文书将收押罪犯在一个月以内送交监狱执行刑罚。

最后，由监狱依据人民法院生效裁判文书和执行文书，办理罪犯收监手续。

（三）构建交付执行衔接工作考核机制

负责交付执行的公、法、司等司法机关，应建立罪犯交付执行考核评价机制。重点考核日常工作中人员交付接收程序是否规范、调查评估工作是否客观、法律文书材料是否完整、各类信息共享是否及时、收监执行活动是否依法等。[①] 对交付执行延迟、怠于履行职责、违法拒收、执行不力等行为，依法追究法律责任。

（四）完善检察机关交付执行监督机制

检察机关作为法律监督机关，应当严格依照修改后《刑事诉讼法》第253

---

① 贾晓文：《完善监狱刑罚执行与社区矫正衔接配合的相关机制》，载《中国司法》2016年第1期。

条、第254条，《监狱法》第16条、第17条，《看守所条例》第47条等规定，发现违法情形的，应当依法向人民法院、公安机关、看守所、监狱等提出纠正意见，并跟踪督促纠正。[①]

检察机关刑事执行检察部门要与公诉部门建立裁判前未被羁押罪犯判处实刑的信息通报机制。公诉部门在接到人民法院此类裁判文书后，应及时通报刑事执行检察部门。由刑事执行检察部门负责罪犯交付执行的个案跟踪监督。

① 尚爱国：《判实刑罪犯未交付执行刑罚问题解决的建议》，载《中国检察官》，2015年第11期。

共犯关系脱离的基本内涵与判断标准

王东海*

一、共犯关系脱离的概念厘定

（一）域外学说

共犯关系脱离理论最先由日本刑法学家大塚仁教授提出，主要是为了解决虽为共犯中止作出了努力但未能防止法益侵害结果①发生的共犯者的责任问题。目前，日本刑法理论界将其作为一种理论提出并展开深入研究，但对共犯关系脱离中的“脱离”这一概念的理解并未达成统一认识，代表性的观点主要有以下几种：

大塚仁教授认为，“共犯关系的脱离仅仅指行为人实行着手后、达到既遂之前，一部分共犯实施了中止自己行为的行为，并为阻止其他共犯行为的完成作出了真挚的努力，但是还是达到既遂。在这种情况下，可以对其为中止作出的真挚努力予以评价，应肯定为共犯关系的脱离”。② 大塚仁教授大大缩小了共犯关系脱离概念的外延，把共犯关系的脱离限定在着手后，排除了着手以前脱离共犯关系的可能性，而日本不承认犯罪着手前的犯罪中止，这显然不利于鼓励阻止犯罪行为的实行。他把判断脱离的标准界定为阻止其他共同犯罪人的实行行为或为防止犯罪结果的发生作出了真挚的努力，强调脱离者主观恶性程度的降低，不以脱离者实际上对阻止其他共同犯罪人继续实施犯罪行为，或者防止犯罪结果的发生产生多大作用为必要，也不考虑脱离者的先前行为在共犯关系中的影响力是否消除，因而受到众多刑法学者的批判。

---

* 重庆市江北区人民检察院侦查监督科副科长，一级检察官。

① 文章中所称的“法益侵害结果”或“犯罪结果”中的“结果”，既包括实害结果，也包括被认定为犯罪的危险，这里的结果是从成立犯罪的意义上进行理解的。以下所出现的类似表述，不在赘述。

② ［日］大塚仁：《刑法概说（总论）》，冯军译，中国人民大学出版社2003年版，第295页。

大谷实教授认为，所谓共犯关系的脱离，是指在共犯关系成立后，完成犯罪之前，部分处于共犯关系中的人切断自己的行为和其他共同犯罪人的行为以及其他共同犯罪人所促成发生的犯罪结果之间的因果关系，而从该共犯关系中解脱出来，其他共同犯罪人基于共犯关系实施实行行为，引起犯罪结果的场合。[①] 大谷实教授把共犯关系脱离的范围扩展到共犯关系成立后犯罪完成之前的任何阶段，即共犯关系脱离包括共同犯罪着手以前的脱离和着手以后的脱离，较符合日本的立法和司法实践，目前已成为日本的通说。大谷实关于共犯关系脱离的概念，主观上强调脱离者真诚的悔悟，要求其是自动放弃共犯故意；客观上要求脱离者自动停止自己的犯罪行为，切断先前行为与其他共同犯罪人的行为以及其他共同犯罪人所促成的犯罪结果之间的因果关系。也就是说，仅仅作出切断的努力是不够的，而是需要实际上被切断；虽然作出了努力，但如果没能切断，还不能构成共犯关系的脱离。

西田典之教授将着手之前的中止称为脱离共犯关系，而将着手之后的中止称为共犯的中止犯，他认为“在着手实行前脱离共犯关系的人的罪责，不应该作为是否成立中止犯的问题来探讨，而应作为共犯论的固有问题来探讨。脱离者的中止行为若将已经实施的加功行为与此后其他共犯者的行为、结果之间的因果关系切断，则不能作为共犯承担责任”。[②] 西田典之教授对共犯关系脱离的界定为着手之前的中止，而将着手之后的中止称为共犯的中止犯，结合我国《刑法》第 24 条的规定及我国刑法理论对共同犯罪中止的阐释，应当认为在我国不宜引入此观点，因为该种观点割裂了我国刑法在关于犯罪中止有效性要件认定上的统一性，也不利于在司法实践中对此类问题作出合理的处理。

平野龙一、福田平、中山研一、曾根威彦、川端博、前田雅英等日本学者则认为，若未能切断“物理性的因果力”以及“心理性的因果力”二者，则无法承认共同正犯或共犯之脱离。

德国刑法学界没有明确的共犯脱离的概念，但是德国《刑法》第 24 条有类似于共犯关系脱离的准中止的规定，其实这一规定实质上是共犯关系脱离在德国刑法上的体现。

（二）国内见解

我国有学者认为：“所谓共犯关系之脱离，乃共犯开始后，尚未既遂前，共犯其中一部分人，心生悔悟，而自共犯关系离去之谓。犯罪有多数人参与

---

① ［日］大谷实：《刑法总论》，黎宏译，中国人民大学出版社 2008 年版，第 426 页。

② 张明楷：《未遂犯论》，中国法律出版社、日本成文堂联合出版 1997 年版，第 411 页。

者，其中一部分人，于中途中止犯罪之续行，而自共犯关系脱离之情形，乃平常颇为常见之现象”。[①] 也有学者认为，共犯的脱离，是指一开始是以共犯形式出现，在完成犯罪之前，部分共犯人退出即切断其与其他共犯人的关系，从而使先前成立的共犯转变为单独犯或者其他人的共同犯罪的情形。[②] 也有学者认为“行为人自动中止犯罪行为，并作出了足以防止犯罪达到既遂的真挚努力，但未能实现，或者是未能达到既遂并非行为人的努力或者行为从根本上不能达到既遂，以准中止犯论”。[③]

综观我国学者关于共犯关系的脱离的概念，学说众说纷呈，目前尚未界定出一个确定的概念。对于是否需要引入该概念，也未达成一致。从我国刑法关于中止犯的规定来看，共犯中止和共犯脱离应该是两个既有联系又有区别的概念，引入共犯脱离概念有利于弥补犯罪中止理论的不足，合理地解决共同犯罪实践中虽为中止作出了努力但没能防止结果发生的共犯者的责任问题。

对于部分共犯人消除了其行为对犯罪的促进效果，使其行为与犯罪结果之间的因果关系切断的情况，认定为共犯关系脱离是没有问题的。而对于为阻止犯罪和防止犯罪结果的发生作出了真挚努力，但未能阻止犯罪和防止犯罪结果发生的情况是否能认定为共犯关系脱离，存在较大争议。依据主张因果共犯论学者的观点，行为人虽为阻止犯罪的发生作出了真挚努力，但没能阻止犯罪的完成、没有切断自己的行为与结果之间的因果关系时，就不能认定为共犯关系的脱离。例如，甲、乙二人用甲提供的钥匙侵入丙的住宅物色财物时，甲放弃犯意，也强烈迫使乙中止犯罪行为，却被乙打倒在地，处于休克状态，乙窃取财物后逃走。由于不能否认甲的加工（提供钥匙并一同侵入丙住宅）使乙容易达到既遂，故甲是盗窃既遂的共犯。考察甲的行为，从主观方面讲，甲自动放弃了犯意，其主观恶性经历了一个由“有”至“无”的过程；从客观方面讲，甲为了防止犯罪结果发生而尽了最大努力，其行为由“恶”（盗窃）至“善”（制止盗窃，并为此付出努力）。因此，无论从主观方面还是从客观方面来讲，要甲与乙一起承担盗窃既遂的刑事责任而接受刑罚处罚过于严苛。而类似于此的案例在生活中大量存在，如果将物理的、心理的因果关系是否被切断作为判断是否脱离共犯的标准的，则几乎所有的场合都难以认定为脱离。故因果关系切断说在判断共犯关系时，也有其自身的不足。

① 谢雄伟、张平：《论共犯关系脱离之根据》，载《学术界》2006年第3期。

② 黎宏：《刑法总论问题思考》，中国人民大学出版社2007年版，第535页。

③ 赵秉志：《犯罪总论问题探索》，法律出版社2003年版，第473页。

主客观相统一是认定犯罪的基本原则之一。在对上述关于共犯关系脱离的概念进行分析和借鉴的基础上，可以认为共犯关系脱离是指在共同犯罪关系形成以后直至犯罪最终完成，部分处于共犯关系的人主动放弃犯罪，切断其与共犯的关系而从该共犯中脱离出来，其他共犯人基于重新成立的共犯关系继续实施犯罪行为，引起了犯罪结果的场合。由于共同犯罪的关系可分为共同正犯和狭义的共犯，所以，共犯关系的脱离可大致分为共同正犯关系的脱离与狭义的共犯关系的脱离。前者还可以细分为共谋共同正犯关系的脱离（着手实行前的脱离）与实行共同正犯关系的脱离（着手实行后的脱离）；后者则可以细分为教唆犯关系的脱离与从犯（帮助犯）关系的脱离①。

二、共犯关系脱离与共犯中止的异同

共犯关系脱离与共犯中止是两个既有区别又密切联系的概念，过去曾被作为是否能够适用中止犯的情况而被讨论。但是，两者之间却存在诸多的不同，需要加以鉴别。

（一）共犯中止速描

我国刑法中只有关于单独犯罪中止的规定而没有共同犯罪中止的规定，因此在处理共同犯罪中止时需依照我国《刑法》第24条关于单独犯罪中止的规定处理。我国《刑法》第24条第1款规定：“在犯罪过程中，自动放弃犯罪或者自动有效地防止犯罪结果发生的，是犯罪中止。”故要成立共犯的中止必须符合以下四个条件：一是中止的时间性，中止必须发生在犯罪过程中，即在开始实施犯罪行为之后、犯罪呈现结局之前均可中止。二是中止的自动性，即成立犯罪中止，要求行为人“自动”放弃犯罪或“自动”有效地防止犯罪结果发生。三是中止的客观性，中止不只是一种内心状态的转变，还要求客观上有中止行为。② 四是中止的有效性，行为人必须彻底阻止了共同犯罪的继续实施或者有效防止了共同犯罪结果的发生，只要其中任何一个共犯人引起了犯罪结果的发生，行为人就不能被认定为中止犯。③

---

① 王昭武：《论共犯关系的脱离》，中国人民公安大学出版社2005年版，第115页。

② 中止行为分为两种情况：行为未实行终了，只要不继续实施就不会发生犯罪结果时，中止行为表现为放弃继续实施犯罪行为；行为实行终了，不采取有效措施就会发生犯罪结果时，中止行为表现为采取积极措施有效地防止犯罪结果发生。

③ 张明楷：《刑法学》，法律出版社2007年版，第303—309页。

（二）共犯关系脱离与共犯中止的相同点分析

共犯关系脱离脱胎于共犯中止，是为了救济共犯中止之不足而产生的，两者在很多方面都具有相似性。

1. 二者均体现了行为人主观恶性程度和人身危险性降低

脱离者或中止者主动放弃犯意，停止自己的行为，并为消除自己先前行为在共犯关系中的原因力或为阻止犯罪和犯罪结果的发生作出真挚的努力。即使脱离者是出于惧怕承担刑事责任而为脱离共犯关系作出相当的努力，这种惧怕触犯法律的心理也会一直伴随着他们，法律像一把悬挂在头顶上的达摩克利斯之剑威胁着其不要再犯罪，因而他们的再犯可能也会明显减少。我们不能也不应当苛求这些出于对刑罚的恐惧而脱离共犯关系的行为人，以“圣贤”的道德标准强加于他们，因为现实中确实存在一些人之所以没有触犯法律，是出于对触犯法律要承担法律后果的恐惧心理而不是所谓的道德性的“悔悟”。共犯中止者在主观上也体现了对自我先前犯罪行为的悔悟，其主观恶性程度也明显降低。

2. 二者所期望的目的和意图达到的结果相似

相当多的共犯脱离者作出脱离的努力的目的是为了中止共同犯罪，只是由于其意志以外的原因没有达到中止的目的。而共犯中止之所以成立，是由于行为人在共同犯罪中通过真挚的努力实现了犯罪中止，达到了所期望的客观效果。而共犯关系脱离是在形成共犯关系后行为人自己脱离对共同犯罪的加功作用，只是脱离者无法以一己之力达到他所预期的不发生危害社会的效果，但是不可否认其已经对此作出了真挚的努力。

3. 二者成立的时间条件相同

我国《刑法》第24条明确规定犯罪中止必须发生在犯罪过程中，所谓犯罪过程就是从犯罪预备开始到犯罪既遂以前的全过程。这是犯罪中止的时间性条件。在理论上存在争议的是，对于引起法定危险状态后又采取积极行动避免危害结果发生的行为是否属于犯罪中止的问题。否定论者认为该种情况系犯罪既遂以后的行动，不属于犯罪中止，悔罪的行动只对量刑有影响。肯定说则认为应当以犯罪中止论，当然，它不是危险犯的中止，而是实害犯的中止。① 应当认为肯定说的观点根据合理性，在发生具体危险后、严重后果前自动防止严重后果发生的，不成立该种犯罪“危险犯”的中止，但成立该种犯罪结果加

① 陈兴良：《刑法学》，复旦大学出版社2009年版，第173页。

重犯的中止。例如，在某一学生食堂工作的甲、乙，自认为受到不公正待遇，欲报复社会，便在其做的饭菜中投毒。投毒后在开始出售饭菜前，突然良心发现，赶紧把有毒的饭菜倒掉，显然已经发生了具体危险，但未造成人身伤亡结果。因为已经造成具体危险，该投放危险物质罪的危险犯既遂，无成立危险犯中止的余地，但可以成立结果加重犯的中止。这也符合犯罪中止制度设立的目的。共犯关系脱离理论的设置目的，主要是为了解决虽为中止作出了努力，但没能防止犯罪结果发生的共犯者的责任问题，在于为行为人放弃犯罪架设一座返回的黄金大桥。所以只要共犯中止能存在的场合，均可存在共犯关系的脱离的情况。

（三）共犯关系的脱离与共犯中止的区别

共犯关系脱离来源于救济共犯中止之不足，虽然与共犯中止存在诸多联系和相同之处，但它也有其本身独特的品质，与共犯中止存在较大差别。

1. 对有效性要件的要求不同

共犯中止的有效性要求有效防止犯罪结果的发生，只要出现了犯罪结果，则不可能再成立共犯中止。而共犯关系脱离的有效性要件是部分处于共犯关系的人切断了自身与共犯的联系而从该共犯关系中解脱出来。共犯关系的脱离和共犯中止的最大区别就是是否防止了犯罪结果的发生。

2. 主观上悔悟的程度不同

共犯中止人主观上是出于中止犯罪的目的，而共犯关系脱离者中的一部分人脱离共犯关系可能是出于和其他共犯人划清界限的目的，并不是想为中止犯罪作出努力。所以共犯中止与共犯关系的脱离虽然在主观上都体现共同犯罪人的悔悟以及其人身危险性的减少，但是中止犯的主观恶性的程度有可能会低于共犯关系脱离者。客观上，共犯中止人防止了犯罪结果的发生，而共犯关系的脱离人没有防止犯罪结果的发生。因此，对共犯中止人的从宽幅度应大于对共犯关系脱离的从宽幅度。

3. 不属于同一理论层面

成立中止的前提是没有发生既遂结果，而成立着手后的脱离的前提则是必须已经发生了既遂结果，从这一点来说二者是互相排斥的。也就是说，在符合任意性和有效性的中止犯成立条件时，只有成立中止犯的余地，而在发生既遂结果即不具有中止的有效性时，没有成立中止犯的余地，只可能成立共犯关系的脱离。

4. 反映的刑法观的侧重点不同

随着人权保障的推进，世界各国刑法的人性化情绪日渐浓厚，共犯关系脱离正是顺应了这种形势而成为现代刑法理论中讨论的热点。共犯关系脱离关注行为人的主观恶性和人身危险性，符合人性关怀的理念。共犯中止考察能否成立共犯中止的关键的因素是否有效防止犯罪结果的发生，在这一点上只能用客观存在的情势来判断，过度注重客观行为。共犯中止较之于共犯关系的脱离更侧重于中止人行为的结果，而不是行为人。

由此看来，共犯关系的脱离问题并非完全可以被共犯的中止所包容，乍看上去是由共犯行为惹起了结果的发生，但如果在该结果发生之前，某共犯已脱离共犯关系，则犯罪结果的发生并非由该共犯所“惹起”，该共犯的罪责理应止于未遂，也有成立中止犯的可能，在此情形下，共犯关系的脱离与共犯的中止相互交错，极易造成理论上的混乱，因而有必要理清二者之间的关系。应当认为，尽管二者存在重合部分，但共犯关系的脱离研究的是犯罪结果的归属问题，而后者讨论的则是犯罪未达到既遂的可罚性问题。二者在本质上属于不同的理论层面。

三、共犯关系脱离的认定标准

（一）判断共犯关系脱离的主要学说

在日本，共犯关系脱离的理论研究的极为深入和全面。对脱离共犯关系的认定标准主要存在以下学说。

1. 共同意思欠缺说

日本学者井上正治认为，共同加功的意思，具有将各共犯人的行为纳入共犯全体的意义，各共犯人相互联络共同实现违法行为，因此，共同加功的意思或者意思联络是共同正犯行为性的重要因素，即便是在犯罪实行过程中，若欠缺意思联络，以后各行为人的行为也不应作为全体行为进行评价，考虑到行为人为阻止结果发生作出的真挚努力，应适用中止未遂的规定处理。①

该学说的提出，为研究共犯关系脱离现象提供了启发，但其自身的缺陷是显而易见的。在行为人的加功仅限于共谋的场合，只要行为人放弃犯罪并向其他共犯表明已放弃共同实施违法行为这一犯意，并得到其他共犯的认可，此时宜认定所形成的意思主体解消，行为人已从共犯关系中脱离出来；但是在着手实行后的场合，部分犯意已经客观化为行为，此时是否对既遂产生影响，并不取决于中止人的意思本身，在行为人中止前的加功行为促成了犯罪既遂的情况

① 陈洪兵：《共犯论思考》，人民法院出版社2009年版，第193页。

下，如果说只要不能确认共犯人之间具有“意思联络”这种主观性极强的模糊关系，就认定共犯关系已经解散，对脱离人免责，就有轻纵脱离人的嫌疑。不仅如此，按照这种观点，还会将共犯责任建立在共犯人之间具有意思联络的基础上，使共犯成立丧失其应有的客观性。

2. 障碍未遂准用说

大塚仁教授认为，行为人在为避免结果发生作出了努力但结果仍然发生的情况下，由于不符合中止犯的条件，所以不能按中止犯处理；如果按既遂犯处理也不合适，于是提出了共犯关系脱离（障碍未遂准用说）这一学说。大塚仁教授认为，脱离共同正犯关系必须具备两个条件：一是脱离者必须表明放弃共同实行的意思，并让其他共同正犯者接受；在其他共同正犯者不接受的情况下，必须说服其他共同正犯者，造成不得不承认其脱离的事实。二是必须为除去自己已经实施的行为对发生结果的原因力而作出真挚的努力。具备这两个条件时，即使其他共同正犯者导致犯罪既遂，脱离者也只对自己脱离前的行为承担障碍未遂的罪责。关于脱离教唆犯与从犯关系的问题，可以与脱离共同正犯关系作类似考虑。该观点受到佐久间修等人的支持。

大塚仁教授的共犯关系脱离理论，对于那些实施了真挚的中止行为却未能阻止其他共犯实施既遂罪的行为人而言，具有补救对策作用，对此应予以积极评价。但是在中止行为具有任意性的场合，既然不能成立中止犯，当然也不能构成障碍未遂；反之，在任意中止的场合，既然能构成障碍未遂，又为何不能成立中止犯呢?① 就此而言，该说难以自圆其说。

3. 因果关系切断说

近年来已成为日本通说立场的“因果关系切断说”主张，成立共犯关系脱离，要求切断共犯行为所产生的物理性的因果力和心理性的因果力，若未能切断“物理性的因果力”和“心理性的因果力”，则无法承认共同正犯或共犯之脱离。② 该说以共犯的处罚根据为基点，着眼于脱离者自身的行为对结果所造成的物理性和心理性因果影响是否已被切断。其基本观点在于，在因脱离行为而切断了与结果之间的因果性的场合，如果脱离发生在着手实行之前，则脱离者一般不承担任何罪责但可能成立预备犯；如果发生在着手实行之后、既遂

---

① 金泽刚：《论共犯关系》，载《法学研究》2006年第2期。

② 陈子平：《刑法总论》，中国人民大学出版社2008年版，第442页。

之前，则对脱离之前的部分承担未遂罪责，如具备任意性要件[①]，则成立中止犯，而对其他共犯在脱离之后所实施的行为、所造成的既遂结果并不承担罪责。[②]

该说不仅能在理论上统一解决着手实行前后的脱离问题，而且能够适用于不同的共犯形式，能明确共犯的处罚边界。我国台湾一些学者也主张此说，认为“只要行为人能以真挚的意思切断心理及物理上的联系，则其共同正犯的关系即从切断联系的时点起消失，切断关系者只就切断前的行为负责”。[③] 应当说，该说通过探究脱离者脱离之前的行为是否对犯罪结果存在因果影响力来判断共犯关系脱离是否成立的做法是比较合适的。但问题在于，物理性和心理性因果关系的切断标准何在，因果关系是否真能被切断？因而，该说虽然处于通说地位，但仍受到不少学者批判。首先，该学说的最大问题在于，如果将物理的、心理的因果关系是否被切断作为判断是否脱离的标准的话，则几乎所有的场合，都难以认定为脱离。这是因为在很多时候心理性和物理性的影响一旦形成，要完全消除几乎是不可能的。比如在提供技术性帮助的场合，只要其他共犯利用行为人所提供的技术性帮助实施了犯罪，因果性就存在。其次，有的学者指出，如不存在因果关系，当然应免受刑责，完全没有必要将其设定在共犯关系的脱离这一框架之内。正因为如此，现在有不少日本学者一边坚持因果关系切断说的基本立场，一边又从规范性角度出发试图缓和切断标准，而提出了“因果关系切断缓和说”，认为无须完全切断因果关系。如果因果关系能被完全切断，且又具有客观可操作性，那么日本学者便完全没有必要提出修正的观点。这一动向恰好反映了因果关系切断说的不合理性。

4. 共犯关系消解说

大谷实教授以因果关系切断说为基础，立足于脱离前后的共犯关系是否是同一共犯关系这一角度，提出了共犯关系消解说，即“脱离必须达到解消既存共犯关系的程度”。

尽管共犯关系消解说是由因果关系切断说演进而来，但并不止于对因果关系切断说的补充。因果关系切断说将脱离前后的共谋关系视为同一共谋关系，而从脱离者脱离之前的行为对结果的发生是否具有因果影响力这一角度来研究共犯的脱离；与此相反，共犯关系消解说则认为，在脱离之时，结果并未发

---

① 根据日本刑法的规定，为了成立中止犯，必须行为人“因自己的意思”中止犯罪。所谓“因自己的意思”，理论上通常称为任意性。

② ［日］内藤谦：《刑法讲义总论（下）》，有斐阁2002年版，第1426页。

③ 甘添贵：《刑法之重要理念》，瑞兴图书股份有限公司1996年版，第164页。

生，犯罪尚处于未遂（或预备）阶段，因此应从其后的犯罪行为及其结果是否由并不包括脱离者在内的新的共谋关系所引起的这一角度来研究。这正是区别共犯关系消解说与因果关系切断说的关键之所在。大谷实教授的脱离理论主要包括以下内容：一是着手之前的脱离。一般只要向其他的共谋人作出脱离共谋关系的意思表示，其余的共犯如果知悉该脱离，就应当认定共谋关系被解除，可以认为是脱离。但是重要的是解除相互利用、相互补充以实现犯罪的共犯关系，正如在共谋的时候提供凶器，而没有使对方返还一样，在共犯关系依然存在的场合，就不能认定为共犯关系的脱离。二是着手之后的脱离。原则上着手之后很难成立脱离，但是在实行途中，行为人对其他共谋人表明了脱离的意思，其他共谋人也了解这一点，脱离人采取积极的防止结果发生的行为来阻止其他的人实施实行行为，使当初共谋实施的行为未能得以实现的场合，可以认为共犯关系被解除。三是脱离必须基于行为人本人的真诚努力。

共犯关系消解说的脱离标准为共犯关系是否被消解，即在行为人退出共犯关系之后，其他共同犯罪人是否通过犯意的再确认而形成新的合意确立新的共犯关系，并据此继续实施犯罪。该学说具有合理之处，但也存在值得商榷之处。首先，大谷实教授认为，共犯关系脱离必须是行为人出于自愿而脱离。但是该条件存在疑问，应当认为成立脱离并不以行为人主观上具有“任意性”为必要条件。比如，甲、乙、丙三人欲杀丁，在摸清丁的活动范围之后，三人在乙的家中密谋具体杀丁的计划，其谈话刚好被乙的父亲听到，在甲和丙走后，乙的父亲劝乙放弃杀丁，乙不听，其父随后对乙说：“你如果执意要和甲丙一起去杀人，那么我和你妈就死在家中等你来收尸。”乙无奈之下只好告之甲和丙自己已放弃杀丁，以后这事与自己无关，后甲和丙合力将丁杀死。在该案中，乙放弃犯罪并从共犯关系中脱离出来，显然在主观上并不是出于自愿的，而是出于其父亲的逼迫，但是乙并没有参加后来杀丁的行为，如果按照大谷实教授共犯关系解消说的观点，乙就不能成立共犯关系的脱离，这既不符合公平正义的理念，也不符合常理。其次，该观点也有混淆脱离与中止未遂之嫌。因为根据具体情况，对脱离之前的行为既有适用或准用中止未遂的，也有适用障碍未遂的，而并非一概适用中止未遂。

（二）共犯关系脱离的判断标准

为了便于在司法实践中对脱离共犯关系的行为做出正确处理和增强司法机关的实际操作性，有必要对构成共犯关系脱离的行为给出明确的判断标准：

1. 脱离者在主观上不要求具备任意性

共犯关系消解说认为，成立共犯关系的脱离，必须是在具有共犯关系的人脱离之后，脱离人的影响力消除，而形成了新的共犯关系或者犯意。因此，脱离人必须表达脱离的意思；其他剩下的具有共犯关系的人必须知道脱离人的脱离。剩下的人实施犯罪的时候，是基于新的共犯关系、在新的犯意的基础上实施的行为，脱离者对该行为和结果不承担责任。依据该学说，只要行为人退出共犯关系，该共犯关系归于解消，便成立共犯关系脱离，脱离者对脱离之后其他共犯的行为和结果不承担责任。但是这与“任意性”并无必然联系。日本刑法学界多数观点也认为，脱离者丧失犯意的动机如何，这与是否成立脱离并无关系。

不要求脱离者在主观上具有任意性，有利于分化瓦解犯罪分子，减少社会不安定因素，有利于兼顾刑罚的惩罚与教育功能，提高刑罚效益；同时这符合我国刑法的基本精神，在我国刑事法律中也能找到类似规定。例如，最高人民法院《关于处理自首和立功具体应用法律若干问题的解释》第 1 条第 1 款第 3 项规定，并非出于犯罪嫌疑人主动，而是经亲友规劝、陪同投案的；公安机关通知犯罪嫌疑人的亲友，或者亲友主动报案后，将犯罪嫌疑人送去投案的，也应当视为自动投案。该规定并不要求自动投案是出于犯罪嫌疑人自愿，只要该犯罪嫌疑人客观上能在亲友的规劝、陪同下或报案后投案的，也视为自动投案。

与任意性相关的还有如何评价“真挚的努力”这一问题。在共犯关系脱离的情形下，真挚的努力是否必不可少，对此学者也有不同的看法。大塚仁教授就把判断脱离的标准界定为阻止其他共同犯罪人的实行行为或为防止犯罪结果的发生作出了真挚的努力。但是作为脱离要件，日本的判例对首犯之外的“平均性共犯”并未作此要求。应当认为，共犯关系的脱离并不以“真挚的努力”为必要条件，即使行为人付出了“真挚的努力”，只要未能消除既存的共犯关系，仍然不能认定为共犯关系脱离。

2. 共犯关系脱离的客观行为认定

脱离者在客观上实施了脱离共犯关系的行为，这是成立共犯关系脱离的实质性要件。究竟什么是脱离共犯关系的行为呢？根据共犯关系解消说，脱离必须是解除已经成立的共犯关系。为了成立共犯关系的脱离或者解除，必须是在具有共犯关系的人脱离之后，脱离人的影响力消失，而形成了新的共犯关系或犯意。问题是，怎么才算是解除已经成立的共犯关系的行为呢？应当认为，共犯类型不同，脱离者在共犯中所处的地位及所起的作用不同，其解除共犯关系的标准也不应相同。

第一，着手前的脱离。在共犯人着手实行犯罪前，由于还没有进入实行犯罪的实质阶段，部分共犯人只需把脱离共犯关系的意思传达给其他共犯者，其他共犯人知悉该脱离；有加功行为的，行为人通过撤回自己的加功行为（如将提供的犯罪工具索回等），向其他共犯者表明脱离共犯关系的意思，这时应认定为行为人成立共犯关系脱离。

第二，着手后的脱离。相对于着手之前的脱离而言，判断着手之后的脱离更加严格。一般要求必须同时具备两个条件：一是行为人为防止结果的发生作出了最大程度的努力，这里的最大程度的努力应认定为其同成立中止犯的场合所作出的努力是同等程度的，只是在成立中止犯的场合，行为人的真挚努力有效地阻止了犯罪或防止了犯罪结果的发生；二是脱离之后的行为就社会一般人看来可以评价为基于新的共谋关系而产生。

3. 共犯关系脱离成立的时间条件

西田典之教授认为，共犯关系脱离仅存在于犯罪着手之前的阶段，犯罪着手之后只存在共犯中止的可能性。[①] 大谷实教授认为，通常情况下，部分共犯成立共犯关系脱离，自共犯关系成立时一直到犯罪既遂之前的阶段都可以存在。对于着手后的脱离他又进而认为可以发生在犯罪既遂之后，即“着手后的脱离，通常是指到既遂为止的阶段起意脱离的情况，但是，正如在伤害结果发生之后，致死结果发生以前的脱离的场合一样，出现既遂之后的脱离也包括在内”。共犯关系脱离理论存在的意义，主要是为了解决“虽为共同犯罪中止作出了努力，但没有能防止结果发生”的部分共犯的刑事责任问题。在司法实践中，这样的情况大多是发生在共犯着手实施犯罪之后的阶段，而西田教授排除了犯罪着手之后成立共犯关系脱离的可能性，将犯罪着手之后切断因果关系的行为一律规定为共同犯罪的中止，故此观点从很大程度上并没有体现共犯关系脱离存在的价值。

大谷实教授的观点比较合理，即共犯关系的脱离不仅可以发生在着手实行犯罪之前和着手实行犯罪之后既遂之前，而且可以发生在犯罪达到既遂之后（例如，在存在结果加重犯、继续犯的场合）。因为在许多案件中，犯罪分子的行为虽然已经对刑法所保护的法益造成了侵害或侵害的危险，刑法意义上的犯罪结果已经发生，犯罪已经既遂，但犯罪分子所追求的目的并未实现或者没有全部实现。此时如果没有外力的影响、主观思想的变化，犯罪分子绝不会善罢甘休，会将犯罪行为继续进行下去，使已经造成的损害进一步扩大和加重，

① ［日］西田典之：《日本刑法总论》，刘明祥、王昭武译，中国人民大学出版社2007年版，第304页。

以此来实现其共犯罪目的。在既遂后的犯罪结果发展阶段，就本质而言，犯罪分子继续在实施犯罪行为，与犯罪结果产生前的犯罪行为比较，甚至有过之而无不及。故承认犯罪既遂之后也可以存在共犯关系的脱离，既符合此制度设立的目的，也有利于分化瓦解犯罪，避免更严重的危害结果的发生。

4. 脱离是否必须得到其他共犯的认可

是否得到了其他共犯的“认可”，对于判断是否成立脱离极其重要。“认可”一词的日文原文为“了解”“谅承”“了承”，我国学者的著作或译著对此多有涉及，但译法各异。例如，马克昌教授译为“谅解”,① 陈家林博士译为“接受”,② 冯军教授与黎宏教授均译为“了解”。尽管译词的中文表面意思差别不大，但作为脱离的要件，其间深层含义却相差很远。应当认为，判断是否成立共犯关系脱离，并不以得到其他共犯的认可为成立要件，一般情况下，只要行为人能让其他共同犯罪人了解到自己的“脱离”即可。因为如果由决意继续实施犯罪的其他共犯的主观意思来决定脱离的成立与否，就会从客观上加大成立脱离的难度；不利于鼓励部分行为人退出共犯关系、分化瓦解犯罪，也有违共犯关系脱离理论提出的初衷，对脱离者来说也不公平。

结语

共犯关系脱离既是共同犯罪理论中极其重要的问题，对共犯关系脱离的概念的界定，应当依据“共犯关系消解说”理论，是指在共犯关系形成后直至犯罪完成前，部分处于共犯关系的人主动放弃犯罪，切断其与其他共犯的关系而从该共犯中脱离出来，其他共犯人基于重新成立的共犯关系继续实施犯罪行为，引起了犯罪结果的场合。在脱离的判断标准上，脱离的时空可以发生在共犯关系的任何阶段，不要求脱离者在主观方面具有“任意性”，也无须得到其他共犯的认可，原则上要求要同时具备脱离者的主观认识与社会一般人的客观评价这两个要件。根据我国刑法的实际需要，倡导引入“共犯关系脱离”理论，有利于丰富和发展我国的犯罪论体系，弥补犯罪中止理论所不能救济之处，贯彻罪刑相适应原则，实现公平正义，并体现刑法的人性关怀。

① 马克昌：《比较刑法原理》，武汉大学出版社 2002 年版，第 742 页。

② 陈家林：《共同正犯研究》，武汉大学出版社 2004 年版，第 290 页。

刑法中“但书”的适用与国家赔偿问题研究

宋建锋*

一、问题的提出：赔与免责的争议

按照1994年《国家赔偿法》第17条第3项的规定，由于“情节显着轻微、危害不大，不认为是犯罪”不追究刑事责任的人被羁押的，国家不承担赔偿责任。2010年修正后的《国家赔偿法》第19条第3项作了同样的规定。但对于“情节显著轻微、危害不大，不认为是犯罪”这一免责条款的理解和适用，一直有着不同认识。一种观点认为：刑事赔偿免责条件中的“情节显著轻微、危害不大，不认为是犯罪的”是指构成犯罪的要件都具备，但危害不大，可不按犯罪处理的情形。缺少犯罪构成要件，如轻微伤害，贪污、盗窃等未达法定数额的，不属于情节显著轻微，依法不能免除国家赔偿责任。另一种观点则认为：“情节显著轻微、危害不大，不认为是犯罪的”是指行为在形式上符合犯罪构成要件，实质上不符合个罪的具体构成特征，但因行为的社会危害性不大，情节显著轻微，而不构成犯罪的行为。殴打他人致轻微伤，经济犯罪数额达一到犯罪标准，都是属于“情节显着轻微、危害不大，不认为是犯罪的”，应当免除国家赔偿责任。①

上述争议集中体现在云南省张某某等4人申请国家赔偿案上。该案中，张某某因故邀集多人打伤韩某某，公安机关立案后对韩某某的伤情进行鉴定，结论为重伤，经侦查，检察机关批准逮捕张某某等4人并提起公诉。法院审理期间，韩某某的伤情经重新鉴定，结论为轻微伤。后检察机关撤回起诉，公安机关以证据发生变化、不构成犯罪为由撤销案件。张某某等4人申请检察机关赔偿。检察机关认为，张某某等4人殴打他人属于“情节显著轻微危害不大，不认为是犯罪”的违法行为，国家不承担赔偿责任。而最高人民法院赔偿委

---

* 重庆市人民检察院控告申诉检察处一级检察官。

① 江雁飞、赵景川：《刑事赔偿免责条款若干问题探讨》，载《人民检察》2011年第11期。

员会（1996）赔他字第6号批复指出：该案张某某等4人殴打他人致轻微伤，其行为不构成犯罪；检察机关批准对张某某等人逮捕，属于《国家赔偿法》第15条第2项规定情形，对张某某等4人依法应当予以赔偿。①

因为对这一免责条款存在不同认识，加之司法实务部门对“但书”认识不足，在办理刑事案件中存在滥用、误用“情节显著轻微、危害不大，不认为是犯罪的”规定情形，常常导致国家赔偿案件的处理陷入严重分歧。

例如，某公司员工周某接受钱某某的邀约，由贾某在外联系需要“套现”或者“养卡”的信用卡持卡人，利用周某负责为本公司缴纳车辆购置税的条件，将贾某联系取得的持卡人的信用卡，在征收分局的POS机上刷卡支付车辆的购置税，之后，通过转账等方式将套出的资金支付给贾某，由贾某支付给持卡人，从中谋取利益。经查明，周某将该公司缴纳的车辆购置税人民币1800余万元支付给贾某，用于持卡人“套现”或者“养卡”。该案在诉讼过程中，司法机关对贾某、钱某某、周某是否构成非法经营罪产生重大分歧，后检察机关撤回起诉，并以周某的行为不认为是犯罪为由，依照《刑事诉讼法》第173条第1款的规定，决定对周某不起诉。周某遂以其被无罪逮捕、羁押为由申请国家赔偿。

本案中，是否应该给予周某国家赔偿呢？案件处理过程中，对原案中周某的行为是否属于“不认为是犯罪”、是否属于免责情形产生了分歧。解决问题，须从辨析“不认为是犯罪”的含义入手。

二、“不认为是犯罪”含义之辨

“情节显著轻微危害不大，不认为是犯罪”是我国《刑法》第13条但书规定，《刑事诉讼法》第15条第1项将其作为不追究刑事责任的情形之一，《国家赔偿法》第19条第3项又将此情形作为不承担赔偿责任的免责条款加以规定，应该说，在三部法律中其含义是一致的，刑法是实体法，刑事诉讼法是保证刑法的正确实施的程序法。因此，正确理解“不认为是犯罪”的含义必须从刑法进行探究。

在刑法学界，大多数学者赞同“不认为是犯罪”是指刑法不认为是犯罪，“不认为是犯罪”的行为属于不构成犯罪的行为的观点。如张明楷教授认为：“不认为是犯罪”，即刑法不认为是犯罪，故司法机关也不得以犯罪论处，结

① 参见沈德咏主编：《国家赔偿法律适用与案例评析》，新华出版社2000年版，第874—876页。

论只能是不构成犯罪。[①] 陈兴良教授还特别说明，“不认为是犯罪”是指情节显著轻微危害不大的，本身就不是犯罪。对于这一但书规定，不能理解为“情节显著轻微危害不大的，是犯罪，只是不作为犯罪处理”。[②] 全国人大常委会法制工作委员会原副主任郎胜主编的《刑法释义》中如此解释“情节显著轻微危害不大的，不认为是犯罪”，即行为人的危害行为虽属于刑法规定禁止的行为，但情节显著轻微，其社会危害尚未达到应当受刑罚处罚的程度，法律不认为是犯罪。[③]

笔者赞同上述观点。一方面，从立法过程看，在1979年刑法的起草过程中，历次讨论稿、修订稿中，对表述不认为是犯罪的写法曾经有过多次变动。有的稿中表述为“不以犯罪论处”（如第21次稿、第22次稿、第27次稿、第30次稿、第33次稿、第36次稿），有的表述为“可不以犯罪论处”或“可不认为是犯罪”（如第34次稿、第35次稿、第37次稿）等，这些表述极易被理解为行为已经构成犯罪，仅仅是不按犯罪处理。1979年刑法最终采纳“不认为是犯罪”的表述，1997年刑法予以保留。据全程参与刑法立法的高铭暄教授介绍：刑法的写法是“情节显著轻微危害不大的，不认为是犯罪”。看来这条“但书”的任务是从原则上划分罪与非罪的界限，而不是划分论处不论处的界限，否则与《刑法》第32条[④]就不好区分了。[⑤] 这说明，“不认为是犯罪”应当是指因“情节显著轻微”不是犯罪，从而区别于犯罪“情节轻微”不需要判处刑罚，可以免予刑事处分的情形。另一方面，从《刑法》第13条的规定看，我国采用的犯罪概念是犯罪的形式概念和实质概念合而为一的混合犯罪概念，应受刑罚惩罚程度的社会危害性是犯罪的本质特征，刑事违法性是犯罪的法律特征，犯罪是应受刑罚惩罚程度的社会危害性与刑事违法性的统一。但书属于一种提示性、注意性的规定，是从反面强调“情节显著轻微危害不大的”，其社会危害性未达到应受刑罚惩罚的程度，因而立法机关认为不需要运用刑罚加以制裁，不规定为犯罪，这体现了刑法谦抑性。所以，“不认为是犯罪”的行为是指社会危害性未达到应受刑罚惩罚程度而法律不规定为

---

① 张明楷：《刑法学》（第四版），法律出版社2011年版，第92页。

② 陈兴良主编：《刑法学》，复旦大学出版社2009年版，第26页。

③ 郎胜主编：《中华人民共和国刑法释义》（第四版），法律出版社2009年版，第14页。

④ 该条规定：对于犯罪情节轻微不需要判处刑罚的，可以免予刑事处分，但可以根据案件的不同情况，予以训诫或者责令具结悔过、赔礼道歉、赔偿损失，或者由主管部门予以行政处分。1997年修改的刑法改为第37条，仅作细微改动。

⑤ 参见高铭暄：《中华人民共和国刑法的孕育和诞生》，法律出版社1981年版，第37页。

犯罪的一般违法行为。

有观点认为，“我国刑法中规定的情节是指犯罪情节……犯罪情节显着轻微危害不大的，可以从犯罪中拉出来‘不认为是犯罪’，即做无罪处理”，[①]“‘不认为是犯罪’的行为是一种触犯刑法分则条文的行为，但不作为犯罪处理……作为总则条文，‘不认为是犯罪’是司法人员对某种符合犯罪特征的行为，不作为犯罪处理的定性结论”。[②] 这种观点是值得商榷的。首先，从我国《刑法》第13条的犯罪概念看，如果某一行为已经触犯刑法分则条文规定属于“犯罪”，那么它就应当是社会危害性已达到应受刑罚惩罚程度，具有刑事违法性的行为。又何来“情节显著轻微危害不大”呢？这在逻辑上明显是矛盾的。其次，按照我国刑法理论，犯罪构成才是认定犯罪，确定行为人承担刑事责任的唯一根据。纳入刑法范围的行为必须接受犯罪构成的考察，要么符合犯罪构成从而成立犯罪，要么不符合犯罪构成而被排除出犯罪之外，二者必居其一。某一行为不构成某罪，一定是缺乏该罪犯罪构成的一个或几个要件。但认为直接依据刑法但书可以将具备犯罪要件但危害不大的行为不按犯罪处理，或拉出来作无罪处理的观点，相当于在犯罪构成之上又设定一层罪与非罪的标准。这种认识必然造成评价标准的混乱。难道行为依据刑法分则的规定符合犯罪构成，但还不能确定属于犯罪，最后还要司法机关用社会危害性再作一次评判？这是不符合我国的犯罪构成理论的，这种观点变相放弃了罪刑法定原则，势必造成司法上的擅断与混乱。因为一旦赋予法官将符合犯罪构成已经成立了犯罪的行为依据“但书”来否定其属于犯罪的权力，也就意味着法官掌握了立法者划定罪与非罪的权力以及司法者执行法律的功能，在犯罪构成之外另设了出罪标准，从而动摇整个犯罪认定标准。[③] 实际上，是否属于“情节显著轻微危害不大”也不能依靠《刑法》13条规定的犯罪概念来判断，必须结合涉及的罪名来具体分析。不同的罪名由于法律规定不同、犯罪构成要件不同，同一行为在此罪中被认为是危害不大，但在其他罪中则有可能被认为已达到应受刑罚处罚的程度。

三、赔偿法语境下的“不认为是犯罪”

此外，从上述分析看，由于“不认为是犯罪”的行为是指社会危害性未

① 唐明：《“不认为是犯罪”与国家赔偿问题反思》，载《法律适用》2013年第3期。

② 唐小琳：《“不认为是犯罪”的适用困境与立法思考》，载《人民检察》2005年第3期。

③ 参见苏彩霞、刘志伟：《混合的犯罪概念之提倡——兼与陈兴良教授商榷》，载《法学》2006年第3期。

达到应受刑罚惩罚程度而法律不规定为犯罪的一般违法行为，前述那种将国家赔偿免责条款中的“不认为是犯罪的”解释为构成犯罪的要件都具备，但危害不大，可不按犯罪处理的情形，致人轻微伤不构成犯罪，不应当免责的观点是不恰当的；前述将“不认为是犯罪的”理解为“行为在形式上符合犯罪构成要件，实质上不符合个罪的具体构成特征，但因行为的社会危害性不大，情节显著轻微，而不构成犯罪的行为”的观点，有一定合理性，但这种解读对“不认为是犯罪的”情形进行了限制，这种限制超出了法条文字本身可能包含的含义，同时对于限制条件“形式上符合犯罪构成要件，实质上不符合个罪的具体构成特征”实际上也难以理解和把握。

笔者认为，从立法规定和司法实践情况看，2010年国家赔偿法修正，羁押赔偿改为结果归责原则后，“情节显著轻微、危害不大，不认为是犯罪的”继续作为刑事赔偿免责条款的规定，并不合适。

首先，“不认为是犯罪”的行为属一般违法行为，该条款意味着对一般违法行为免除国家赔偿责任，不管这种违法行为是否应当给予行政处罚或其他什么处分，它的免责范围都过于宽泛，明显缺乏合理性。按照这一规定，基本上只有纯无辜的人才能获得国家赔偿。也就是因为这样，在实践中该条款往往被办案机关用于规避赔偿责任。正是因为其免责范围过宽，有的持前述第二种观点的学者进一步提出，“情节显著轻微，危害不大，不认为是犯罪”的免责情形，“应限制在违法行为与犯罪行为较接近，不容易区分的范围内”。[①] 但“与犯罪行为较接近”这种标准在实践中仍然难以把握，不具有可操作性，可能导致理解和适用上的混乱。

其次，赔偿法修订基于保护公民权利，顺应国家赔偿法发展潮流，扩大赔偿范围的需要，将羁押赔偿的归责原则从违法归责原则改为结果归责原则，只要诉讼终结的结论为无罪，就可以进入国家赔偿的范围。由于“不认为是犯罪”属于结果无罪，按照这个归责原则本应得到赔偿，但是由于“不认为是犯罪”属于赔偿法规定的免责情形，按照这一规定，一旦被认定“不认为是犯罪”就无法得到赔偿，这就剥夺了一大部分被刑事追诉但结果无罪的人获得国家赔偿的权利，这一免责条款的存在，使这一具有重大进步意义的修改在很大程度上失去了实际效用。

最后，刑事追诉是非常严格的依照法定程序进行的活动，对“不认为是

① 参见苏彩霞、刘志伟：《混合的犯罪概念之提倡——兼与陈兴良教授商榷》，载《法学》2006年第3期。

犯罪”的情形，作为一般违法处理与作为犯罪处理的差别是巨大的。如对盗窃行为达不到刑事立案标准，只能对处15日以下的行政拘留，而作为刑事案件追诉，对嫌疑人的拘留、逮捕、起诉等羁押期限累计可达数月甚至超过一年之久。更何况在我国司法实践中，逮捕往往被异化为打击犯罪的工具，逮捕羁押时间往往较长，超期羁押屡见不鲜。同时，对不构成刑事犯罪的公民进行刑事追诉，对其各方面的影响是巨大的，不予赔偿，明显不公。

实际上，在国家赔偿法2010年修正之前，已有学者提出删除这一免责条款。如马怀德教授认为：“‘情节显著轻微，危害不大，不认为是犯罪’就是结果上的无罪，而不是事实上有罪而在法律上按无罪处理。对无罪之人的羁押应当承担国家赔偿责任。所以，对情节显著轻微，危害不大，不认为是犯罪的人进行羁押的，根本就不能排除国家赔偿责任，相反应当完全承担国家赔偿责任。”① 陈光中教授认为：“‘对情节显著轻微，危害不大，不认为是犯罪的’，如果最后作无罪处理，对其是否赔偿，实务部门之间意见不一……《刑事诉讼法》第15条的此项规定实际上来自《刑法》第13条关于犯罪概念规定最后的但书：‘但情节显著轻微，危害不大的，不认为是犯罪’。刑法学界对此一致认为属于不构成犯罪的行为。根据结果责任原则，应当予以赔偿。”② 但可惜的是，这些合理的意见未得到立法机关采纳。

四、解决相关争议问题的途径

（一）对原案进行实体性审查决定是否免责

在司法实践中，由于司法人员对但书存在模糊认识，且适用但书往往是将案件作无罪处理，对法条的适用准确性不够重视，导致“误用”“滥用”但书的情况屡见不鲜。一般表现为三种情况：一是行为符合犯罪构成要件，本应作有罪处理，却直接根据但书作无罪化处理；二是行为根本不符合犯罪构成要件，或对犯罪构成要件作形式主义的理解，将不值得科处刑罚的行为视为犯罪，最后根据但书作无罪化处理；三是案件本属事实不清、证据不足，为保护自身“形象”或规避赔偿责任适用但书作无罪化处理。

因此，我们在办理相关国家赔偿案件过程中，不能仅看原案法律文书引用了“情节显著轻微，危害不大，不认为是犯罪”的条款，就认为应该免责，而是要对原案进行实体审查，区分不同情况予以处理。上述三种情形中，第一

---

① 马怀德主编：《完善国家赔偿立法基本问题研究》，北京大学出版社2008年版，第234页。

② 陈光中、赵琳琳：《国家刑事赔偿制度改革若干问题探讨》，载《中国社会科学》2008年第2期。

种情形作无罪化处理不当，应依法作出有罪认定，国家不应承担赔偿责任。第二种情形属于《刑事诉讼法》第 173 条第 1 项规定的犯罪嫌疑人没有犯罪事实情形，国家应当承担赔偿责任。第三种情形适用但书属于适用法律错误，应以证据不足作不起诉处理或判决无罪，不应以此免除赔偿责任。

回到前述争议案件，如果周某行为性质属于非法经营，按照检察机关认定的经营金额，其属于情形"情节特别严重"，则不可能被"不认为是犯罪"，所以本案不作为犯罪处理，原因只能是其行为性质上不属于非法经营行为，应当作不构成犯罪处理，理应给予国家赔偿。

（二）准确适用但书，保障当事人合法权益

如上所述，尽管对"不认为是犯罪"的刑事赔偿免责条款有着重大认识分歧，但是只要我们在办理国家赔偿案件时克服形式化办案方式，对适用"不认为是犯罪"的案件区分不同情况作出处理，对原案作无罪化处理确系适用法律错误、处理不当，可能影响赔偿案件办理的，应先启动相应的纠错程序，待纠错后再依法处理赔偿问题，仍然可以在一定程度上合理解决"不认为是犯罪"的免责问题。但是要从根源上解决相关争议，只有正确理解、准确适用但书，避免因不当适用但书损害当事人合法权益。

首先，《刑法》第 13 条是犯罪的一般定义，其最为重要的意义在于刑事立法。但书规定是我国混合犯罪概念"定性 + 定量"模式的体现，[①] 是犯罪定义的重要组成部分。但书指引立法者在刑法分则规定的大多数罪状中，根据构成要件行为类型的不同性质，危害行为的行为方式、主观心态的不同情况，将数额较大、情节恶劣（严重）、后果严重等"量"的要素规定为犯罪构成要件，从而把大量仅具有轻微社会危害性的行为排除在刑法的处罚范围之外。

其次，犯罪的概念对司法机关解释、适用刑法有关犯罪的具体规定起着重要的间接指导作用。司法机关在运用刑法分则具体犯罪构成要件认定犯罪的过程中，需考虑但书的规定，对具体犯罪的成立条件进行实质的解释，使最终认定的犯罪不仅具备刑事违法性，而且具备应受刑罚处罚程度的社会危害性。因为不具备应受刑罚处罚程度的社会危害性的行为，刑法是不会规定为犯罪的。例如，邮局工作人员私拆一封并无重要内容的信件，但并未造成严重后果的行为，从法条字面上理解法条似乎符合《刑法》第 253 条规定构成犯罪，但是实质上，其社会危害性不大，不应作为犯罪对待。我们不能机械地理解法条，

① 李翔：《论我国〈刑法〉第 13 条"但书"司法化之非》，载《东方法学》2016 年第 2 期。

认为此种情形符合犯罪构成要件。

但是犯罪概念不是认定犯罪的具体标准，同样，《刑法》第 13 条的但书也不是宣告无罪的具体标准。司法机关只能根据刑法规定的犯罪成立条件认定行为是事成立犯罪，而不是直接以社会危害性的大小认定犯罪。[①] 判断行为罪与非罪的唯一标准只能是犯罪构成。行为不构成某罪，是因为其不符合经过实质解释的该罪的犯罪构成。行为情节显著轻微、危害不大，是因为该行为不具备刑法分则所规定的某种犯罪的犯罪构成中的实行行为所要求的条件。所以，正确的做法应该是依据刑法分则相关条文及其司法解释阐明不构成犯罪的理由，然后依据刑事诉讼法相关规定处理。不宜脱离刑法分则直接引用但书作为认定罪与非罪的法律依据。

---

① 张明楷：《刑法学》（第四版），法律出版社 2011 年版，第 93 页。

吸毒人员犯罪现状与对策

——兼论毒品犯罪防控的新思路

张红良*

毒品犯罪社会危害性极大，历来是刑法打击的重点，但打击效果始终不理想。考虑到吸毒活动是毒品犯罪存在的根本原因，也是毒品犯罪社会危害性的主要体现，本文试从吸毒人员犯罪的视角观察毒品犯罪，并为防控吸毒行为和毒品犯罪提供新的思路。本文分为三个部分，一是对毒品犯罪和吸毒人员犯罪做实证调研，用数据来证明吸毒人员犯罪与毒品犯罪之间的直接关联，及当前我们打击效果并不理想的现状；二是原因分析，在数据的基础上用犯罪学理论分析吸毒人员犯罪的主要原因和当前防控模式的主要弊端；三是对策思考，在上述论证的基础上对吸毒人员犯罪的防控模式提出新的思路，为惩防控相关犯罪提出参考意见。

一、数据证明：当前毒品犯罪惩治效果不够理想

（一）数据说明

实证数据力求客观全面，才能反映出调查对象的真实状况。本文数据以官方机构公开数据为主，另有重庆市某基层检察院（以下简称 A 区检察院）等司法机关的调研数据及知名戒毒网站提供的数据。数据来源具体包括：

1. 国家级相关部门——中国公安部禁毒局、中国禁毒网（公安部主管，人民公安报社主办的专业戒毒网站）、中国药物滥用防治协会（国家卫生部主管的全国学术性社会团体）、最高人民法院、最高人民检察院及其他各级司法机关等。

2. 重庆市部分检察机关——以本文作者参与调研的 A 区检察院为主，参考其他院数据。

---

* 重庆市沙坪坝区人民检察院法律政策研究室副主任，一级检察官。

3. 其他网站——杜新忠戒毒网等（杜新忠现为台州市公安局强制戒毒所医疗部主任、管教部主任。担任国家禁毒委所属“青少年预防毒品网”、共青团中央所属“青网社区”中禁毒论坛的版主，并拥有公益性个人网站“杜新忠戒毒、禁毒专业网”和个人禁毒论坛）。

（二）数据统计

1. 毒品犯罪在所有犯罪中比重高且增速快

首先，从公安部提供的数据来看，毒品犯罪案件量始终在快速增长。如1999年“全国共查获毒品犯罪案件6.5万起，缴获海洛因5.364吨、鸦片1.193吨、甲基苯丙胺16.059吨，以及部分可卡因、摇头丸、大麻等，破案数和缴获毒品总量分别比1998年增加2.4%和33.6%”。[①] 2007年“1月至11月，全国公安机关共破获毒品犯罪案件5万余起，同比上升18%；抓获毒品犯罪嫌疑人6万余名，同比上升17%，其中逮捕5万余名、起诉4.8万名”，毒品犯罪呈现出“破案数和抓捕数显著上升、海洛因缴获量持续下降、新型毒品缴获量明显增多”的明显特点。[②] 2011年“全国公安机关破获毒品刑事案件与抓获毒品犯罪嫌疑人数量同比分别上升14%、10.5%”。[③]

其次，最高人民法院的数据表明了毒品犯罪的这一特征。最高人民法院研究室的调研数据显示：“近年来，刑事案件总量变化不大，但毒品犯罪案件却持续大幅增长。2011年，全国法院新收各类毒品犯罪案件69754件，比2006年的34350件增长了1.03倍，五年翻了一番。2007—2011年，毒品犯罪平均年增长率达15.22%，大幅超出刑事案件平均增长率。”[④] 上海高级人民法院公布的数据显示，毒品犯罪“2010年收案1745件，同比上升3.1%；2011年收件1827件，同比上升4.7%；到了2012年，全市法院收毒品犯罪案件一下子上升到2508件，同比上升37.3%”。[⑤]

最后，本文调研的重庆市A区检察院的数据也支持这一结论。下图是本

---

① 《中国的禁毒白皮书》，载 http://www.mps.gov.cn/n16/n80209/n80361/744319.html。

② 《2007年中国公安机关打击毒品犯罪工作情况》，载 http://www.mps.gov.cn/n16/n80209/n80406/742318.html。

③ 《2011年禁毒执法成果显著》，载 http://www.cpd.com.cn/n10216060/n10216144/c11368052/content.html。

④ 闫平超：《2006年—2011年全国法院审理毒品犯罪案件数据分析》，载法制网，http://www.legaldaily.com.cn/zbzk/content/2012-10/08/content_3884483.htm。

⑤ 《上海高级人民法院审理毒品犯罪案件深度调查》，载 http://www.chinapeace.org.cn/2013-07/16/content_8298523.htm。

文在该院统计所得数据。

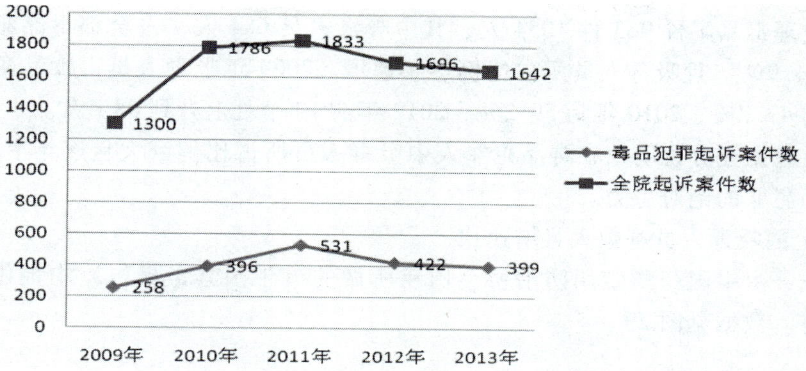

图1 重庆市A区检察院2009—2013年毒品犯罪统计

图1说明，该院近5年毒品犯罪数量随全院刑事案件数量而升降，但始终保持较高比例。

以上数据充分说明，近些年来，我国的毒品犯罪在高压打击的态势下不但没有得到有效控制，反而愈演愈烈，日益猖獗。

2. 毒品犯罪人中吸毒人员比例大且逐年上升

首先，最高人民法院的数据支持。如上文所提到的最高人民法院研究室的调研数据："毒品犯罪中的犯罪分子往往集贩毒、吸毒于一体，以贩养吸的情况比较普遍。青海法院近年来审理的毒品犯罪案件中，87.80%以上都是吸毒贩毒交织在一起；山东省枣庄中院近年来审理的毒品罪犯中，吸毒者占56.5%；山东省济南市历下区法院近年审结的涉毒案件中，约50%涉案人员是吸毒者。"①

其次，各地调研数据的支持。如北京昌平检察院所做统计，"在2013年昌平地区毒品犯罪人员中，吸毒的人员为71人，不吸毒的人员仅为6人，吸毒人员占92%。"② 再如上海铁路检察院2011年所做的统计，在158名吸毒人员中，涉及贩卖、运输毒品的95人，占60.1%。而且吸毒人员占毒品犯罪的比例也在逐年升高，如上述上海铁路检察院的数据显示："2009年吸毒人员占毒品犯

① 闫平超：《2006年—2011年全国法院审理毒品犯罪案件数据分析》，载法制网，http://www.legaldaily.com.cn/zbzk/content/2012-10/08/content_3884483.htm。

② 《昌平检察院办理毒品犯罪案件的情况分析》，载http://www.bjjc.gov.cn/bjoweb/minfo/view.jsp?DMKID=220&XXBH=39606。

罪总人数的47.2%，2010年为51.2%，2011年前10个月上升到64.5%。”①

最后，重庆市A区检察院调研数据的支持。2010年1月至2012年10月，该院共受理毒品案件963件1054人，其中吸毒人员684人，占全部毒品犯罪人数的64.9%。且吸毒人员所占比例逐年递增。2009年吸毒人员占毒品犯罪总人数的47.2%，2010年为59.2%，2012年前10个月上升到68.5%。

以上数据充分说明，在毒品犯罪人中吸毒人员所占比例巨大且逐年上升，成为毒品犯罪的绝对主力。

3. 全国吸毒人员基数大且增速快

首先，由中国药物滥用防治协会历年所做的《中国禁毒报告》中提供数据的支持。数据见图2②。

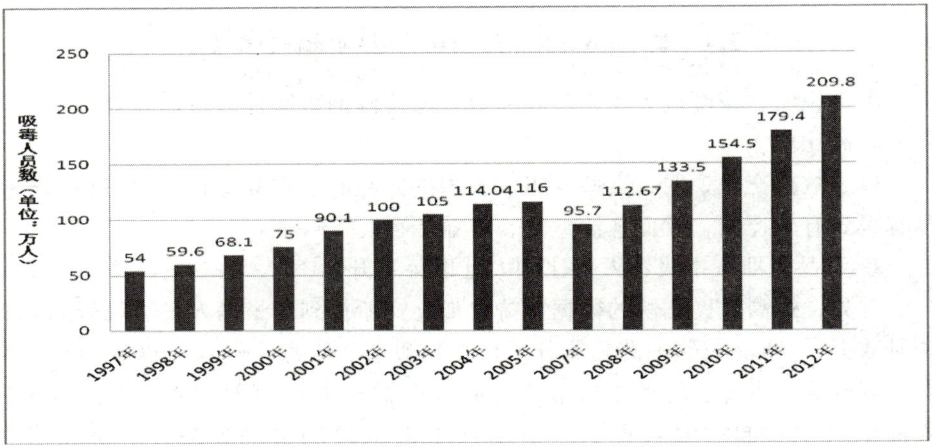

图2　1997—2012年全国吸毒人员

从图2可以看出我国吸毒人员人数众多且呈迅速增长趋势。2007年看似比2005年人数减少，但这是由于我国在2006年实行了吸毒人员动态管控机制，该年之前和之后的统计口径不同造成。我们可以看到，在2007年之后同一个统计口径下，登记吸毒人数又回到迅速增长的趋势且立刻超过

① 《上海铁路中院分析毒品犯罪中吸毒人员犯罪特点》，载http://www.zjjd.org/jdfz/content/2011-11/29/content_6674.htm。

② 本图暂缺2006年和2013年数据，其中2006年数据各年禁毒报告未有体现，2013年数据尚未公布。2006年我国推行吸毒人员动态管控机制，故2006年之后全国吸毒人员统计口径与2006年之前有所差异。

2005年。同时需要我们注意的是，2007年之后上图统计曲线坡度更大，说明吸毒人员增长率进一步提高。依上图计算，2012年底全国吸毒人员人数是1997年底的3.89倍，年均增长率达到14.54%。即使考虑到随着近些年来管控力度加强吸毒人员登记率逐年提高而可能夸大的增长量，上述增长率也让人吃惊。

其次，各地调研数据的支持。如上海警方在2014年“6·26”国际禁毒日新闻发布会上提供的数据显示，“今年6月15日，上海累计登记吸毒人员达7.5万人，其中本地吸毒人员达4.8万人，且吸毒人员近5年以10%左右的幅度不断增长”。[①] 又如金华市警方公布的数据显示，“自1995年金华市区发现我市第一例吸毒人员以来，我市涉毒人员快速增长。我市登记在册的吸毒人员，从2001年的126人猛增至现在的8000人。”[②] 实际上各地关于吸毒人员数量激增的报道大量存在，充分证明了这在全国已成统一趋势。

以上数据充分说明，目前我国吸毒人员基数庞大，且在近些年来始终保持较高的增速。

4. 吸毒人员复吸率和重犯率都较高

首先，最高人民法院研究室的统计指出，“吸毒人员一旦染上毒瘾就很难脱瘾，个别地方戒毒后复吸率高达95%”。[③] 且毒品犯罪“犯罪人员、累犯和再犯比例较高。2011年全国法院判决生效的毒品罪犯中，曾犯罪人员占13.42%，比全部刑事犯罪中曾犯罪人员的比例高5.99个百分点；累犯占7.96%，比全部刑事罪犯中累犯的比例高3.68个百分点”。[④]

其次，各地数据的支持。如北京昌平检察院统计，“2013年所办理案件的77名犯罪嫌疑人中，累犯有28人，有刑事处罚、劳动教养前科的有18人，有行政处罚不良表现记录的为7人，无前科的为24人。77名犯罪嫌疑人中，毒品再犯人员为27人，其中同时为累犯的毒品再犯人员为5人”。[⑤]

---

① 《上海吸毒人员年增一成　缴获毒品以合成类为主》，载 http://xmwb.news365.com.cn/jd/201406/t20140624_1139426.html。

② 《我市禁毒面临严峻形势》，载 http://www.jhnews.com.cn/jhrb/2013-06/27/content_2831659.htm。

③ 闫平超：《2006年—2011年全国法院审理毒品犯罪案件数据分析》，载法制网，http://www.legaldaily.com.cn/zbzk/content/2012-10/08/content_3884483.htm。

④ 闫平超：《2006年—2011年全国法院审理毒品犯罪案件数据分析》，载法制网，http://www.legaldaily.com.cn/zbzk/content/2012-10/08/content_3884483.htm。

⑤ 《昌平检察院办理毒品犯罪案件的情况分析》，载 http://www.bjjc.gov.cn/bjoweb/minfo/view.jsp?DMKID=220&XXBH=39606。

5. 吸毒人员犯罪大部分为筹集毒资

第一，毒品犯罪人大部分是以贩养吸。在重庆市 A 区检察院，2010 年 1 月至 2012 年 10 月间 684 名吸毒犯罪人中，以贩养吸为目的有 623 人，占总数的 91%。在 2013 年昌平检察院所做的调研中，“77 名毒品犯罪人中吸毒的有 71 人，涉嫌贩卖毒品罪的 43 人中有 42 人吸毒，仅 1 人不吸毒，吸毒人员占比达 98%”。[①] 又如，上海市铁路中院 2011 年的数据显示，“以贩养吸成了维持吸毒的主要手段，在 158 名吸毒人员中，涉及贩卖、运输毒品的 95 人，占 60.1%”。[②] 另外需要注意的是，吸毒人员的涉毒类犯罪罪名比较集中，主要是以贩养吸的贩卖、运输毒品罪，其次是为吸毒做准备的容留、持有毒品罪。以重庆市 A 区检察院为例，前者占到吸毒人员毒品犯罪的 80% 以上，后者仅有 20% 不到。

第二，其他衍生犯罪也主要为筹集毒资。吸毒人员的衍生犯罪可分为三类：为筹资毒资的犯罪、吸食毒品致幻后的犯罪和其他犯罪。在调研中我们发现，吸毒人员衍生犯罪仍以筹资毒资为主。如重庆市 A 区检察院的数据显示，684 名吸毒人员中曾受过刑事处罚的人员有 89 人，占 13%，主要涉及盗窃、抢劫等犯罪。上海市铁路中院的数据显示，“158 名吸毒人员中曾受过刑事处罚的人员有 57 人，占 36.1%，主要涉及盗窃、抢劫、抢夺、故意伤害、聚众斗殴、敲诈勒索等犯罪”。[③] 可见，吸毒人员的衍生犯罪仍然集中在盗窃、抢劫等常见的侵财类犯罪，其目的仍是为筹集毒资。

以上数据表明，吸毒人员实施犯罪的主要目的是为筹集毒资，且形式集中在以贩养吸等毒品类犯罪。其他衍生犯罪也以侵财类犯罪为主，其主要目的仍是筹集毒资。

（三）数据分析

通过以上数据，我们可以合理地归纳出当前我国吸毒人员犯罪的以下主要特点：

1. 两个为主

一是毒品犯罪以吸毒人员为主。依数据来看，各地统计毒品犯罪中吸毒人

---

① 《昌平检察院办理毒品犯罪案件的情况分析》，载 http：//www. bjjc. gov. cn/bjoweb/minfo/view. jsp？DMKID = 220&XXBH = 39606。

② 《上海铁路中院分析毒品犯罪中吸毒人员犯罪特点》，载 http：//www. zjjd. org/jdfz/content/2011 - 11/29/content_ 6674. htm。

③ 《上海铁路中院分析毒品犯罪中吸毒人员犯罪特点》，载 http：//www. zjjd. org/jdfz/content/2011 - 11/29/content_ 6674. htm。

员的比例从60%到90%不等，且此比例有逐渐上升的趋势。二是吸毒人员犯罪以毒品犯罪为主。依数据来看，此比例甚至达到98%，吸毒人员的其他衍生犯罪也主要是以筹资毒资为目的。

2. 两个不佳

一是对毒品犯罪的打击效果不佳，毒品犯罪越打越多，且增长率远超同期其他刑事案件；二是对吸毒人员的管控效果不佳，吸毒人员越管越多，且增长量稳中有升。

3. 两个较高

一是吸毒人员的复吸率较高，个别地方高达95%；二是毒品犯罪的重犯率较高，普通达到百分之十几至二十。

通过以上特点可以发现，毒品犯罪与吸毒行为有着直接关联，而当前我国控制吸毒、打击毒品犯罪的效果并不理想，即便一时有所控制，也会迅速反弹。严峻的现实迫使我们不得不重新考量我国现行的毒品管控机制，并作出积极改进。

二、原因分析：当前毒品管控“打－控－防”模式思路有误

（一）现行“打－控－防”模式的主要做法

本文将目前我国毒品管控措施总结为“打－控－防”模式。其中的“打”指刑罚机制，“控”指戒毒机制，“防”指教育机制。具体如下：

1. 打：力重效弱的刑罚

“打”，是指用刑罚工具惩防吸毒。需要明确的是：我国刑法主要是打击毒品犯罪行为而不是吸毒行为，是通过“源头”来惩防毒品泛滥。这里的毒品犯罪行为主要是为毒品流通服务的行为——集中在贩卖、制造、运输及为吸毒做准备工作的行为——如持有、容留、诱骗等。考查近些年来毒品犯罪，可以发现国家对毒品犯罪的刑罚打击越来越重。

一是刑法中毒品犯罪的条文越来越多。1979年刑法仅在第171条规定了毒品犯罪，即“制造、贩卖、运输鸦片、海洛因、吗啡或者其他毒品的，处五年以下有期徒刑或者拘役，可以并处罚金。一贯或者大量制造、贩卖、运输前款毒品的，处五年以上有期徒刑，可以并处没收财产”。而1997年刑法则从第347到357条共用11条来规定毒品犯罪。当然，1979年刑法仅有192条，1997年刑法有452条，从1979年到1997年，刑法典本身是整体大量扩充的趋势，但从1条扩充到11条，仍然说明刑法对毒品犯罪的关注度大幅提高。

二是刑法中毒品犯罪的范围越来越广。从行为方式上看，1979年刑法仅

规定有“制造、贩卖、运输”三种，而1997年刑法在第347条规定了“走私、贩卖、运输、制造”，在第348条规定了“持有”，在第349条规定了“包庇”，在第351条规定了“种植”，在第353条规定了“引诱、教唆、欺骗”，在第354条规定了“容留”，行为方式大大扩充。从毒品范围上看，1979年刑法仅规定了“鸦片、海洛因、吗啡或者其他毒品”等毒品成品，而1997刑法除规定了毒品成品外，还将作为毒品原材料的“醋酸酐、乙醚、三氯甲烷或者其他用于制造毒品的原料或者配剂”、作为毒品原生物的“罂粟、大麻等毒品原植物”、可能作为毒品替代物的“麻醉药品、精神药品”等毒品相关产品纳入刑法规制范围之内。另外，从上下游犯罪的规定来看，1979年刑法并没有规定毒品犯罪的上下游犯罪，1997年刑法则在第191条规定了作为毒品犯罪下游犯罪的洗钱罪。以上说明刑法对于毒品犯罪打击的范围越来越广。

三是对毒品犯罪规定的刑罚越来越重。一方面是刑法规定的刑罚量越来越重。1979年刑法规定毒品犯罪一般是5年以下有期徒刑，“一贯或者大量制造、贩卖、运输前款毒品”的可以判处5年以上有期徒刑，但1979年刑法规定的有期徒刑最高刑期为15年，数罪并罚最高也仅有20年。反观1997年刑法，毒品犯罪的最高刑可达无期和死刑，且有期徒刑数罪并罚的刑期最高则达25年。另一方面是1997年刑法新增了毒品犯罪的再犯制度。1997年《刑法》第356条规定，“因走私、贩卖、运输、制造、非法持有毒品罪被判过刑，又犯本节规定之罪的，从重处罚”。这明显提高了毒品犯罪的惩罚力度。

四是对毒品犯罪的重刑率越来越高。我们仍用数据说话。云南省的数据显示，“2003年到2007年5年时间，毒品重刑占起诉的毒品犯罪人数比例分别为：39.6%、61.2%、77.2%、76.3%、79.9%。这一不断增长的趋势正说明了对毒品犯罪的重刑化处罚，且每年有70%的死刑适用于毒品犯罪，使云南成为所谓的‘死刑大户’和‘毒品大省’”。① 2012年2月最高人民法院通报的《2011年人民法院审理毒品犯罪案件情况发布会》指出，“2011年，全国法院共审结毒品犯罪案件69244件，同比增长16.9%；判决发生法律效力的犯罪分子74670人，其中被判处五年以上有期徒刑、无期徒刑至死刑的18969人，重刑率为25.4%，高出同期全部刑事案件重刑率11.19个百分点”。②

① 董晓松、李世清：《毒品犯罪重刑化的正当性拷问》，载《云南大学学报》2010年第5期。

② 最高人民法院《通报2011年人民法院审理毒品犯罪案件情况新闻发布会图文》，载 http://www.court.govxn/xwzx/xwfbh/twzb/201202/t20120214 171532.htm，2012年6月18日访问。

综上，说明我们国家的刑罚对于毒品犯罪的打击力度越来越大。但令人遗憾的是，正如上文数据统计部分所作的分析，虽然刑罚力度越来越大，但毒品犯罪却越打越多。

2. 控：效果甚微的戒毒

“控”，是指通过有效手段减少吸毒行为。这是直接针对吸毒人员的手段，意在通过多种戒毒手段戒断毒瘾，减少已有的吸毒行为数。我国现行和曾有的戒毒方式主要为以下三种：

一是自愿戒毒。2000 年公安部发布了《强制戒毒所管理办法》，其中第 47 条规定，“强制戒毒可以接收自愿戒毒人员”。这是自愿戒毒的法规依据。但是自愿戒毒存在如下问题，导致效果甚微：首先，自愿戒毒合法性存疑。上述公安部办法规定了自愿戒毒，但 1990 年施行的《全国人民代表大会常务委员会关于禁毒的决定》第 8 条则规定：“吸食、注射毒品的，由公安机关处十五日以下拘留，可以单处或者并处二千元以下罚款，并没收毒品和吸食、注射器具。吸食注射毒品成瘾的，除依照前款规定处罚外，予以强制戒除，进行治疗、教育。强制戒除后又吸食注射毒品的，可以实行劳动教养，并在劳动教养中强制戒除。”依此决定，凡吸毒成瘾的必须强制戒毒，而此人大党委会决定的效力显然要高于公安部办法，那么自愿戒毒的合法性何在？其次，自愿戒毒机构管理混乱。自愿戒毒本应是公益组织，但许多此类机构为牟取更多利益而放松管理，致使戒毒效果微弱，甚至成为吸毒人员的避风港，纵容吸毒——一旦禁毒风声较紧，吸毒人员就“主动”自愿戒毒，以逃避可能面临的拘留、罚款、强制戒毒，甚至曾经的劳教戒毒。再次，自愿戒毒机构的手段有限。自愿戒毒时间一般是 15—20 天。但根据卫生部药政管理局 1993 年发布的《阿片类成瘾常用戒毒疗法的指导原则》的规定，完整的戒毒过程包括生理脱毒、心理脱毒和善后辅导 3 个阶段，其中第一个阶段需 3—6 个月内以解决对毒品生理的依赖，第二阶段需 3—5 年以解决毒品的心理依赖性。自愿戒毒的 15—20 天显然远远不够。且为追求短期效果，所用药物和方法也不尽合理。这种不合理的治疗，不但没有一次戒断，反倒大大增加了二次戒毒的难度。

二是强制戒毒。上述 2000 年施行的全国人大党委会的决定、1995 年国务院发布的《强制戒毒办法》、2008 年施行的《中华人民共和国禁毒法》（该法第 33 条规定公安机关可以责令吸毒成瘾人员接受社区戒毒，但同时在第 38 条规定，对于拒绝接受社区戒毒的由县级以上公安机关作出强制隔离戒毒的决定，可见对吸毒成瘾人员参加戒毒仍是强制的）都规定了对吸毒成瘾人员要强制戒毒。但强制戒毒的效果也不理想，其主要存在以下问题：首先，戒毒所管理混乱。一些戒毒所因经费不足，名义上由公安机关开办，实际有企事业单位、地方医院甚至个人合资；一些戒毒所为营利而收费混乱，不能有效控制吸毒人员；一些戒毒所甚至存在所内毒品交易，成为合法外衣下的犯罪地。其次，戒毒水平不高。戒毒工作专业性很强，但目前戒毒所工作人员、人民警察这方面知识储备不足、专业能力不强，医疗人员配备也不足。最后，戒毒理念不正。在戒毒理念上，以生理戒毒为目标，忽视心理戒毒，导致出所复吸，“戒而不断，恶性循环”。

三是劳教戒毒。劳教戒毒曾是国家禁毒事业的主要战场，且有数据显示劳教戒毒效果比自愿戒毒和强制戒毒略好。如“来自上海劳教戒毒所的一项调查，该所对1998年和1999年上半年解教、居住在杨浦、虹口的172人进行调查，戒断率达到15.7%。”① “云南第一劳教戒毒所连续多年的跟踪调查表明，该所解教人员的复吸率一般在85%左右。”② 但这种好的效果也是相对而言，没有很大意义。且随着劳教制度的废除，劳教戒毒已卷入历史的尘埃，本文就不再展开论述。

由上可见，通过戒毒来减少吸毒行为，数效果有限，并不理想。

3. 防：流于形式的宣传

“防”，是指借宣传教育强化社会反毒意识。这主要是针对有吸毒可能的潜在危险人群，也包括对打击毒品犯罪的宣传。由于宣传数量不易统计、宣传效果难以量化，所以本文未能对这方面做比较充实的研究。粗略来看，禁毒宣传的效果不容乐观。以本文写作期间网络集中报道的明星吸毒事件为例，某位明星父亲即是中国禁毒形象宣传大使，另一位明星本人就是禁毒宣传大使，但两人皆因涉毒被抓。③ 对于反毒品的教育，这些明星不可能接触的不多，但反倒成为吸毒及毒品犯罪的高发人群，虽然由于明星的特殊身份，这些事例并不能完全说明禁毒宣传效果不佳，但毕竟是在提醒我们应当注意禁毒宣传的效果了。

（二）对“打－控－防”模式的反思

面对日益泛滥的吸毒行为、日趋猖獗的毒品犯罪，现行“打－控－防”模式耗费了大量的社会资源却效果很差，这不得不引起我们对现行模式的

---

① 张纬、李晓宝：《关于戒毒劳教工作的认识和几点做法》，载《中国劳动教养》2000年第1期。

② 郭建安、李荣文：《吸毒违法行为的预防与矫治》，法律出版社2000年版，第233页。

③ 相关内容见新华网2014年8月26日报道《宣传禁毒自己却吸毒　港台明星吸毒谁之过?》，载http：//news.xinhuanet.com/tw/2014－08/26/c_ 126918067.htm。

反思。

1. 打：重刑主义作祟的刑罚之殇

重刑主义，简单来说就是迷信武力、崇尚刑罚，以为只要不断加重刑罚，严刑酷罚自可防控一切犯罪。但事实证明，重刑主义是反人道的，违背现代法治理念的，也是难有实效甚至适得其反的。重刑主义推崇严酷的刑罚，在重刑主义盛行的中西方古代刑罚体系中，单死刑就有“族、诛、磔、戮、弃市、枭首、定杀、绞、斩、镬烹、生埋、腰斩、车裂、戮尸、锉骨扬灰、凌迟、扑杀、囊扑”等多种，这显然有违人道文明。在现代法治理念中，刑罚谦抑、罪刑适当已成为社会公认的“刑法公理”，本文作者授业恩师陈忠林老师曾讲到刑法适用的“不得已”原则，指出刑罚应当能不用则不用，能少用则少用，而重刑主义一味强调“轻罪重刑、以杀去杀”，显然有背上述公理。且历史事实一再证明，重刑主义最多抑犯罪多发于一时，绝不会制犯罪祸乱于一世，甚至刑愈重而罪愈多，正如贝卡利亚讲到的“严峻的刑罚造成了这样一种局面：罪犯所面临的恶果越大，也就越敢于规避刑罚”。[①] 在19世纪中叶的西方各国普遍出现了犯罪急剧上升、治安日益恶化的严峻局面，而“以刑罚的严厉程度与犯罪客观的社会危害程度相适应”的传统刑法理论却对此现象“束手无策”。[②] 刑法的这种尴尬境地，虽然不能直接说明重刑主义面对犯罪泛滥时的软弱无力，但间接表明刑罚的严厉性并不能成为发挥其惩防犯罪作用的全部要素。相反，在上述历史背景下产生的刑法实证主义学派，开辟了以矫治教育、特殊预防为特征的犯罪预防新路径，这在某种程度上证明了严厉刑罚对控制犯罪效果有限。

可惜的是，时至今日我们的刑罚理念仍难摆脱重刑主义的魔影，这在毒品犯罪中表现的较为明显。我们的社会报道总是不遗余力地鼓吹从重打击毒品犯罪，“打击毒品犯罪要从严从重”[③] “玉环法院从重打击毒品犯罪效果好”[④] “从严从重从快打击毒品犯罪”[⑤] 之类的报道层出不穷。我们的司法机关也长

---

① ［意］贝卡利亚：《论犯罪与刑罚》，黄风译，中国法制出版社2002年版，第50页。

② 陈忠林：《刑法散得集2》，重庆大学出版社2012年版，第74页。

③ 见1999年8月10日光明新闻网报道《打击毒品犯罪要从重从严》，载 http：//www. gmw. cn/01gmrb/1999 - 08/10/GB/GM%5e18144%5e3%5eGM3 - 1003. HTM。

④ 见2010年9月15日玉环法院网报道《玉环法院从重打击毒品犯罪效果好》，载 http：//www. yhfyw. gov. cn/InfoPub/ArticleView. aspx？ID = 292。

⑤ 见2014年8月26日揭阳日报网报道《从严从重从快打击毒品犯罪》，载 http：//www. jyrb. net. cn/content/20140819/detail157389. html。

期坚持重刑打击的执法理念，以公安部的一些报道为例：“禁毒人民战争重拳出击遏制毒品犯罪成效显著”[①]“2009 年全国禁毒战线重拳出击打击毒品犯罪战果显著”[②]“中国将以更严厉手段打击毒品犯罪”[③]。甚至我们理论界也有一些观点支持继续提高刑罚以防控毒品犯罪，包括将吸毒行为犯罪化的声音也时有出现。但是以加重刑罚来应对毒品犯罪必然陷入上述重刑主义的困境，如美国“1956 年的《麻醉品控制条例》对于毒品犯罪的处罚达到顶峰，规定将海洛因卖给未成年人可判处死刑”“这对于缓解当时美国的社会危机的确起到了不小作用，毒品在不短的一段时间内得到很大程度的控制”，但“到 60 年代以后，美国社会掀起反主流文化运动，毒品问题又一度泛滥。美国各阶层吸毒现象达到前所未有的程度，毒品的传播范围和流通程度也远超过先前”。[④]

本文认为，从严从重惩处毒品犯罪本无不妥，前提是要在现行刑法规定内。但一味迷信刑罚的作用，执着于不断提高刑罚量来应对吸毒行为和毒品犯罪则有失偏颇，值得商榷。

2. 控：感性打败理性的技术之殇

在戒毒方面，首先我们应当树立几个正确的观念：一是要正视现状——毒瘾难戒，这从较高的复吸率可以体现；二是要树立信心——毒瘾可戒，现有技术方法的合理运用和不断完善；三是要正视难度——综合管理，戒毒机构、帮教机构各方面同步跟进。

有观点认为毒瘾戒除考验的是吸毒者的意志，坚强的意志一定可以戒毒成功。这种观点不太恰当，坚强意志固然重要，但毒瘾发作时过于痛苦，毒瘾本身异常顽固，这非人的意志可以完全控制，因此要清楚认识到毒瘾难戒。现有的毒瘾戒除方法大致有身体意志戒毒、开颅手术戒毒、埋药戒毒、美沙酮戒毒、安眠药戒毒和降压药戒毒等。其中身体意志戒毒是强行戒毒的最早方法也是最危险的方法，一旦吸毒人员控制不了自己身体极易危害自身和他人，即使暂时成功，由于记忆快感和心瘾仍在，也极易复发。开颅手术戒毒又称脑科手

---

① 见 2008 年 6 月 23 日公安部网站报道《禁毒人民战争重拳出击遏制毒品犯罪成效显著》，载 http：//www. mps. gov. cn/n16/n1237/n1342/n803715/1268877. html。

② 见 2010 年 2 月 1 日公安部网站报道《2009 年全国禁毒战线重拳出击打击毒品犯罪战果显著》，载 http：//www. mps. gov. cn/n16/n1252/n1897/n2872/2327656. html。

③ 见 2014 年 6 月 26 日公安部网站报道《新华社：中国将以更严厉手段打击毒品犯罪》，载 http：//www. mps. gov. cn/n16/n1252/n1897/n2872/4068468. html。

④ 余瑜：《20 世纪 60 年代美国毒品泛滥现象探悉》，载《宁波大学学报（人文科学版）》2005 年第 3 期。

术戒毒，虽然能戒除毒瘾但副作用极大，风险很高，已在2004年被卫生部叫停，现仍未批准使用。埋药戒毒，一是成本高，需每两年重新开刀置入药物，二是心瘾难除，不能根治。美沙酮戒毒则完全是用小毒代大毒，只是权宜之计，能一定程度减小毒瘾但基本不可能戒除。安眠药戒毒和降压药戒毒只是身体意志戒毒的另一种方式，难有效果，反倒增加安眠药和降压药本身的副作用。总之，现有的戒毒技术手段都是不完善的，戒毒效果有限。但是毕竟现在有戒毒成功的例子存在，而且随着科学技术的进步，我们相信戒毒成功率会稳步上升，这是我们开展戒毒工作的信心所在。

另外，在开展戒毒工作时，要注意毒瘾根治，强调生理毒瘾和心理毒瘾两方面的戒除。现有戒毒机构只重视生理毒瘾的戒除，导致容易复发，且复发后更难戒除。同时，要加强戒毒工作人员素质培养，让更多的优秀医疗人员参与戒毒工作。最后，还要重视戒毒后的帮教工作，吸毒人员在社会上很容易被忽视或敌视，如果他们不能顺利回归社会，会带来一系列其他犯罪或重新吸毒，这方面也需要引起我们的重视。

总之，戒毒是一项理性的工作，需要以科学的态度对待，不能用感性猜测、凭想象进行，一味指责吸毒人员意志不坚只会适得其反，越戒越重。

3. 防：重形式轻实效的理念之殇

我国禁毒法第一次将禁毒宣传教育列入法律当中，彰显了国家对禁毒宣传教育重要性的充分认识。该法第16条规定，国家机关、社会团体、企业事业单位以及其他组织，应当加强对本单位人员的禁毒宣传教育。第17条规定，居民委员会、村民委员会应当协助人民政府以及公安机关等部门，加强禁毒宣传教育，落实禁毒防范措施。第18条规定，未成年人的父母或者其他监护人应当对未成年人进行毒品危害的教育，防止其吸食、注射毒品或者进行其他毒品违法犯罪活动。但是我们的禁毒宣传教育重形式轻实效，未能取得预期成果。以学校宣传教育为例，中国刑警学院禁毒学系任桂秋教授在2008至2009年主持的一项对全国28个省（区市）的普通中学、职业中学中的3万多名在校学生进行的问卷调查显示，“从学校宣传途径了解毒品预防知识的学生只占41.39%，32.17%的中学生反映其所在学校未开展禁毒宣传教育，在学校没有上过较正规的禁毒课程的学生占71.56%”。[①] 这项在2009年取得的数据，竟然与2005年由中共中央宣传部、公安部、教育部、民政部、司法部、文化部、

① 张凯伦、温新、崔馨：《论遏制新吸毒人员滋生的初级预防对策》，载《中国人民公安大学学报（社会科学版）》2012年第1期。

国家广播电影电视总局、全国总工会、共青团中央、全国妇联、国家禁毒委员会办公室联合发布的《全民禁毒教育实施意见》中到“2008 年各级各类学校禁毒教育面达到 100%”的目标尚有如此巨大的差距。该意见同时提到：“到 2008 年，城市禁毒教育面要达到 90%，农村要达到 70%。其中，各级各类学校要达到 100%，流动人口等高危人群要达到 80%，监狱、劳教所、强制戒毒所和自愿戒毒医疗机构要达到 100%。”显然这些场所教育宣传的力度并不比专门从事教育工作的学校更乐观。

禁毒宣传教育的最大问题在于流于形式，难有实效。本文作者曾参与过一段时间社区矫正工作，深知禁毒宣传形式大于实质，标语式、展板式、传单式、现场咨询式效果都不理想。宣传对象没有针对性、宣传内容陈旧无吸引力、恐吓式宣传难以引起共鸣、长效宣传机制不够完善等问题都值得注意。

三、从“打－控－防”到“防－控－打”：涉毒行为防控的社会资源重心重置

行文至此，本文已用大量篇幅论证了当前吸毒行为和毒品犯罪紧密关联的关系和日趋猖獗的趋势，批评了现行倚重刑罚、难以戒毒、弱视宣传的“打－控－防”模式的无奈和弊端。那么禁毒工作已陷入僵持的泥淖难以前进了吗？答案当然是否定的。本文认为，在当前困境下，应当转换思路，重新分配社会资源，适当调配工作重心从“打－控－防”到“防－控－打”，这有可能会走出一条新路，取得更佳效果。

（一）防：全面加强宣传教育，坚决抑制吸毒人员增量

防止尚未吸毒或吸毒未成瘾的潜在吸毒人员演化成“瘾君子”的难度要大大小于对吸毒成瘾者戒除毒瘾的难度。这一事实在当今戒毒技术确不发达、戒除率极低的现实下尤其醒目。所以我们与其把有限精力大量花费在戒除已成瘾人员毒瘾身上，不如更高效地分配在潜在人群这一群体，以坚决抑制吸毒人员增量。因为潜在人群基本都是合法公民，防止其吸毒的主要或唯一方式就只能是宣传教育。

上文讲到宣传教育数量不易统计、效果难以量化，多流于形式，难有实效，但这正说明我们的宣传教育工作仍有巨大空间可以挖掘。以上文列举的在校生禁毒教育受教育数据为例，如果在校生受教育率能够完成设定目标的 100% 而不是实际的 41.39%，那宣传效果自然会大幅提高。当然，加强禁毒宣传教育的不是仅提高普及率，以下几方面也应注意：

1. 教育对象的针对性

与吸毒人群相对应，吸毒潜在人群也有着自己的特征，在性别、年龄、职业、经济收入、生活环境等各个方面都有着倾向特征。如一篇调查中讲到上海市吸毒人群的特征包括“吸毒人员获得毒品相对比较容易、男性吸毒人员占主要比例、青少年为吸毒的主体、文化水平普遍较低、个体户、无业人员和单身人员多、有前科劣迹的多”等,① 那么我们宣传教育关注的重点就应当相应侧重于吸毒人员的朋友、男性、青少年、低学历、个体户、无业、单身及有前科者等。另如我国台湾学者杨思隆、李思贤对非法药物使用人口基本特征的研究也可为我们的禁毒宣传提供参考。②

2. 教育方式的针对性

显然，对男女性、中青年、有无业、已未婚等不同特征的人群要有不同的教育方式，以取得最好的教育效果，这些经验需要在实践中不断摸索积累。

3. 教育内容的优化

陈旧重复的禁毒知识必然使受教育者厌烦，也没有多大的实际意义，宣传教育内容应随形势发展不断更新。如对新型毒品的宣传要及时到位，否则新型毒品很可能迅速泛滥。以美国为例：“90 年代以来，人工合成毒品如：安非他明类兴奋剂、姻以等在全球范围内迅速扩散，而传媒对这些新型毒品的危害性认识不足，报道往往不是滞后就是失真，结果导致新型毒品的吸食人数大幅度增加。据‘吸毒警告网络（DAWN）’统计，1994 年，在都市，因吸食甲基安非他明需要急诊的人数比 1991 年增加了 4 倍。同时，传媒对于大麻容忍度的增加和有关大麻合法性问题争论的报道使大麻的使用人数也大幅度增多，如与 1991 年相比，1999 年因使用大麻需要急诊的人数增加了 5 倍多。”③

4. 对吸毒人员的教育

一是教育其认真对待吸毒行为，认真配合戒毒工作；二是教育其充分认识毒品的危害性，避免引导其他人随其吸毒；三是加强吸毒人员回归社会的帮教教育，防止因社会排斥致其沉沦于吸毒。

---

① 参见樊静平：《上海地区吸毒现状及反吸毒观念和模式思考》，华东政法学院 2002 年法学硕士论文，第 16—17 页。

② 参见杨士隆、李思贤：《药物滥用、毒品与防治》，五南图书出版股份有限公司 2013 年版，第 162—175 页。

③ 参见张勇安：《美国吸毒群体的历史嬗变和成因分析（1970—2000 年）》，东北师范大学 2002 年硕士学位论文，第 36 页。

5. 设计合理的宣传教育考核机制

在当前社会环境下，考核是衡量工作成绩、推动工作进步的重要动力，应当继续完善考核机制，鼓励相关部门加大教育宣传的投入力度。

提升宣传教育的效果，需要在方方面面努力和全社会的共同参与，具体做法应在实践中不断总结完善。

（二）控：科学提升戒毒实效，努力减少吸毒人员存量

虽然目前戒毒成功率不高，形势不容乐观，但我们仍应认识到运用现有戒毒技术手段，我们的戒毒效果仍有进一步提升的空间，这可以从以下几方面挖掘：

1. 加强对戒毒机构的管理，提高戒毒机构工作人员业务能力，使更多优秀的医疗人员参与戒毒；加强对戒毒机构的监管，避免其成为毒品交易“黑地”和吸毒人员避难所；加强对戒毒机构的管控，剔除不合资质、非法营利的戒毒组织等。

2. 挖掘现有技术手段潜力，加强科学研究，提升戒毒技术。

3. 加强“心瘾”戒除能力。新加坡的强化劝诫方案、泰国的佛教组织参与戒毒，这些重视心瘾的戒毒方法都取得较传统戒毒方式更好的效果，值得我们借鉴。①

4. 加强吸毒人员的发现能力，即争取更全面地发现吸毒人员，并更多地把他们纳入戒毒体系。

（三）打：合理实施刑罚打击，积极控制毒品犯罪数量

没有吸毒者，自然就没有吸毒人员犯罪和毒品犯罪。所以控制毒品犯罪的根本在于控制吸毒、减少吸毒者。李斯特说过“最好的社会政策就是最好的刑事政策”。这句名言也在提醒我们，如果用社会政策可以解决问题，完全不必用刑事政策。在控制毒品犯罪方面，如果可以通过减少吸毒行为实现，自然比运用刑罚更好。而正如上文所述，目前关于毒品犯罪的刑罚已是很重，重刑率也远远大于一般犯罪，最高刑已是死刑这种最严厉的刑罚，所以实不宜再偏执地追求重刑制毒，而应将更多精力放在抑制新吸毒人员增量和减少现吸毒人员存量上。这也是国际禁毒的大趋势，即“由独重缉毒，转向注重拒毒与戒毒”②。所以，目前我们对毒品犯罪的刑罚打击应注重在现有体系下的合理性，

---

① 参见陈谞：《吸毒预防论》，吉林大学2004年刑法学博士论文，第177—183页。

② 杨士隆、李思贤：《药物滥用、毒品与防治》，五南图书出版股份有限公司2013年版，第562页。

无须刻意追求重刑重罚。

总之，在控制吸毒和惩治毒品犯罪方面，实现从“打－控－防”到“防－控－打”的模式转变，这不仅是从刑法理论角度所做的思考，而是站在刑事政策、社会政策方面所做的欲最有效地利用现有的社会资源来实现防控效果的整体考虑，是对突破当前吸毒人员越管越多、毒品犯罪越打越多困境的一种积极尝试。当然，这一思路的实际效果仍应在实践中验证和完善。

浅论审查逮捕环节的证据审查与判断

——基于“喻某某杀妻案”的分析

丑　丽*

犯罪嫌疑人连续多次供认杀人，同案犯供认协助抛尸，犯罪嫌疑人口供内容有同步录音录像固定，口供中某些细节得到了尸检报告的印证。据此，犯罪嫌疑人杀人、抛尸行为能否被认定为“有证据证明”？对犯罪嫌疑人是否应当批准逮捕？审查逮捕是检察机关严防冤假错案的第一道关口，一旦错捕或错放，后果严重。办理审查逮捕案件的侦查监督检察官该如何从纷繁复杂的证据中抽丝剥茧、去伪存真，厘清案件事实，作出正确处理决定？本文试通过一起真实案例的证据评析，对审查逮捕环节如何把握证据进行探讨。

一、基本案情及提捕时侦查机关移送的主要证据

（一）基本案情

2013 年 10 月 18 日 10 时 35 分许，某村村民陈某电话向警方报案，称在该村高洞桥下的河流里发现一具女尸。警方当天对现场进行了勘查，认定被害人死于他杀，于次日立案侦查，为查明被害人身份，发出悬赏通告。同年 12 月 22 日，周某某（叶某珍之堂妹夫）受叶家人委托向公安机关报叶某珍失踪，辨认出悬赏通告中的死者就是叶某珍。经侦查，公安机关认定：2013 年 10 月 17 日晚，犯罪嫌疑人喻某某（叶某珍之夫）酒后回到家中，欲与当天去娘家办事后返回的妻子叶某珍发生性关系，被叶某珍拒绝，为此两人发生抓扯打斗。喻某某恼怒之下从厨房拿一把尖刀连续刺其妻腹部数刀，并用手卡被害人颈部致其死亡。当晚，喻某某找来邻居廖某某帮助处理尸体，将尸体装入口袋，两人轮流用背篼背至某区油溪镇高洞大桥抛入河中。

* 重庆市人民检察院第五分院侦查监督处副处长，四级高级检察官。

（二）提捕时侦查机关移送的主要证据

1. 鉴定意见

证实：（1）对被害人尸体的乳房、口唇、肛周、指甲等检验无结果；对喻某某家中地面可疑斑迹、衣服可疑斑迹、厨房提取的尖刀检验无结果；喻某某家中扫把、拖把上未检出被害人DNA。（2）高洞桥护栏上、下两处血迹与桥下发现的被害人DNA一致。（3）尸检见被害人头面部多处挫裂伤，脐周、左下腹、左腰部、右腰部共有八处创口，创口均呈一侧创角锐利，一侧创角钝，创缘整齐，创壁光滑，部分创口见拖刀痕。左上臂背侧见一横形创口。（4）被害人肠管断裂、肝脏破裂、腹主动脉及下腔静脉见破口；双上肢损伤考虑为抵抗伤；左侧舌骨大角骨折，可由捂压口鼻及扼颈形成；左眼肿胀，右颞部、左枕部挫裂创，分析系与钝性物体接触形成。（5）死者系外伤致出血性休克死亡，死亡时间距末次进餐2小时以内，作案工具为单刃锐器。

2. 勘验、检查笔录

证实在高洞桥北侧护栏上沿、下沿上提取两处血迹，在喻某某家中地面提取可疑斑迹、扫帚、拖把、尖刀，附现场照片。

3. 书证

电话通话清单证实：喻某某在案发当晚23时20分、23时43分两次给岳父家打电话，次日早7时10分再次给岳父家打电话，7时34分给叶某智（叶某珍之妹）打电话，之后当月19日、21日、23日多次电话联系叶某智。

叶某智在案发当晚20时32分、21时19分两次给娘家打电话，通话时长分别为248秒、155秒。

4. 辨认笔录

该笔录由侦查人员于2014年1月20日制作，称于当月16日组织两名犯罪嫌疑人对杀人现场、抛尸地点等进行辨认。

5. 证人证言

被害人亲属及同村村民的证言证实喻某某与叶某珍夫妻关系不好，经常吵架、打架。案发当天，被害人回娘家办事，晚上9点左右离开娘家，在离开娘家前曾用家中座机电话与妹妹叶某智通话。当天喻某某参加同村人的葬礼，晚饭后返家。喻某某的两名同舍在押人员证实听喻讲述过杀妻经过。

6. 犯罪嫌疑人的供述和辩解

（1）喻某某的供述和辩解

喻某某对公安侦查人员12次供述、对看守所管教民警1次供述、对侦查监督科提讯干警1次供述。

第 1—4 次讯问，喻某某辩称妻子叶某珍 10 月 17 日回娘家后再未出现，否认自己杀妻。第 5 次讯问承认杀害了妻子，一人作案、抛尸。第 6 次及之后的供述均为认罪供述，供称杀妻后，由廖某某帮助抛尸。

（2）廖某某的供述和辩解

廖某某对公安侦查人员 9 次供述、对看守所管教民警 1 次供述、对侦查监督科提讯干警 1 次供述。

前 3 次供述否认帮助喻某某抛尸，之后的 7 次供述承认帮助喻某某抛尸。在审查逮捕环节接受侦查监督人员讯问时翻供，否认案发当晚见过喻某某。

二、本案证据存在的主要问题

（一）客观性证据存在的问题

1. 鉴定意见存在的问题

喻某某供认杀人第一现场是其家中卧室，警方对现场勘查并提取相关物品、痕迹后，经送检鉴定，现场地面可疑斑迹、衣物可疑斑迹及喻某某供认的作案凶器尖刀上均未检出被害人 DNA；尸检对被害人乳房、口唇、肛周、指甲检验无结果。

2. 勘验、检查、搜查存在的问题

（1）提取、送检不规范。尸检尸表检验见被害人右手中指与环指间留有毛发 2 根，勘验、检查记录中没有记录，对此毛发没有提取笔录。在送检做 DNA 鉴定时，只送检了其中 1 根毛发。

（2）勘验、检查笔录制作不规范。2013 年 12 月 23 日制作的现场笔录中记载了喻某某、廖某某共同抛尸的内容，此时喻某某尚未供出廖某某。笔录为侦查人员事后补记并将制作日期提前。

（3）侦查人员从喻某某家中未提取到被害人案发当晚确曾回到家中的物证；被害人被发现时全身赤裸，案发当天所着衣物及随身挎包未起获到案；转移尸体所用的背篼、编织袋未起获到案。

（4）无现场平面图。侦查人员未根据犯罪嫌疑人的指认绘制抛尸路线图，无法判明杀妻现场与抛尸现场之间的距离。廖某某的供述称抛尸的距离约 15 里路，走了约 3 个小时。被害人身高 146 厘米，发育正常、体态适中。喻某某 1965 年生，身高 160 厘米，自述及证人证言证实案发前一年在工地打工时受伤，肋骨骨折三根，不能搬运重物。廖某某 1953 年生，身高 155 厘米，从指认现场所摄照片看，廖某某体格瘦弱。两名犯罪嫌疑人从体力上、时间上能否完成认罪供述中所述抛尸行为存在疑问。侦查人员也未绘制被害人娘家与两个现场之间的平面图，无法了解三者之间距离、位置关系。被害人案发当晚离开娘家的时间不早于20时38分，在娘家吃过晚饭，死亡时间在末次进餐2小时之内。被害人返家方式未查明，其能否在末次进餐2小时内返回家中，嫌疑人是否有作案时间存在疑问。

3. 辨认、指认现场存在的问题

喻某某、廖某某分别于2013年12月22日、24日到案，从24日、25日起作认罪供述。侦查人员提供的指认现场笔录制作于2014年1月20日，称于1月16日进行了现场指认。侦查人员在得到认罪供述后，为何未及时组织开展现场辨认、指认工作，以便在现场收集可能遗留下来的作案工具、物品、痕迹？侦查人员是否及时组织辨认、指认？

（二）主观性证据存在的问题

1. 嫌疑人喻某某供述存在的问题

喻某某在侦查机关的12次供述中，第1次供述为程序性讯问未录音录像，2－12次讯问中，只有第5次讯问（在公安机关办案中心讯问）无同步录音录像，而此次讯问是喻某某第1次作认罪供述，侦查机关解释无同步录音录像的原因是设备故障。

（1）关于犯罪嫌疑人是否有作案的时空条件

本案死者在被害当天回娘家办事，当晚是否安全返回自己家中，是喻某某是否有条件在家里杀害妻子的前提条件。在此关键问题上，喻某某的笔录前后矛盾。在前4次笔录中，喻某某称妻子当天去娘家后，一去不返。在之后的数次认罪供述中，对妻子何时回到家的说法前后不一，与在案的证人证言和客观证据也相矛盾。被害人妹妹、被害人父亲的证言证实案发当天被害人离开娘家前用娘家的座机与妹妹通话，电话通话清单证实两人通话时间为当天20时32分至38分。被害人父亲证实被害人离开娘家的时间约是晚上9点左右，由于天晚无交通车，所以走路回家，需用时1个多小时。喻某某在第5、6次供述中称当天参加村里人的葬礼，晚饭后回家，中途碰到因没带家中钥匙而来接自己的妻子，回到家中约晚上8点10分左右；在第11次供述中称自己在外吃过晚饭后回家，到家时妻子还没回来，自己睡觉，睡醒后发现妻已在家中；在接受看守所管教人员讯问时，喻某某称当晚自己回到家中8点左右，妻子已在家中。

（2）关于转移尸体所用工具

喻某某在第5次供述中称用的是“花背篼”，在之后几次供述中称用的是“背篼”，在第11次供述中称用的是“竹背篼”。

（3）关于案发当天被害人、犯罪嫌疑人所着衣物的去向

对被害人当天所着衣物，喻某某在第6次供述中称“架起两根高粱扫帚把衣物烧了”，在第7次供述中称“将衣物架在柴火上烧成灰”，其余供述未提及被害人衣物的处理。犯罪嫌疑人近距离行凶、又背着尸体长距离抛尸，其衣物上很可能留下被害人的血迹，但两名犯罪嫌疑人的供述自始至终都未提及事后对衣物的处理，不符合凶手杀人后为自保而尽可能毁灭罪证的行为特征。

（4）关于嫌疑人认罪口供的客观真实性

喻某某的第一次认罪供述形成于公安机关办案中心，笔录开始于早上7点，此时距喻某某被拘传到侦查机关已34个小时。侦查机关在喻某某到案接近24小时时结束传唤，办理了刑拘手续，但并未立即将喻某某送看守所羁押，而是在办案中心继续讯问。在此期间，从早上7点至19点20分之间形成3次讯问笔录。喻某某的第一次认罪供述，即形成于刑拘之后而未送看守所羁押期间，此次笔录没有同步录音录像，侦查机关解释为设备故障，而十几小时之前的上一次讯问以及3个多小时后的下一次讯问，讯问地点相同，均有同步录音录像，设备均能正常工作，喻某某之后的所有供述也均有同步录音录像，只有第1次认罪供述“设备故障”。喻某某在前四次无罪辩解后作了多次有罪供述，有罪供述的某些细节与尸检报告相符（如持刀所刺部位为腹部、打中死者眼部一拳、用手卡过死者脖颈、试图肢解尸体在死者肩关节处割过一刀）。被害人被杀次日（2013年10月18日）即被发现，发现当日即开始尸检，喻某某到案时（2013年12月22日）已距案发两月有余，侦查人员在长达数月的时间里，对被害人的伤情、死因应已有所了解。由于喻某某的第一次认罪口供没有同步录音录像，无法排除在讯问中侦查人员诱导或其他非法方式迫使喻某某作出相应供述的合理怀疑。同时，喻某某口供与同案人的交代之间存在的诸多矛盾不能合理排除，导致喻某某有罪口供的客观真实性存疑。

2. 嫌疑人廖某某供述存在的问题

廖某某到案后先作无罪辩解，从第4次口供开始认罪，其认罪口供有明显一步步向喻某某口供靠拢的趋势。在审查逮捕环节，接受侦查监督检察人员讯问时翻供，辩称案发当晚没有到喻某某家中去，没有抛尸，称之前的供述是公安人员让自己配合处罚喻某某，自己被吓着了乱说。

3. 两名嫌疑人供述之间存在的矛盾

（1）喻某某始终供述杀妻是在床前的地上，尸体在地上，杀妻后自己随即叫来楼上的邻居廖某某协助抛尸，在抛尸返回家中后才对现场地面进行清洗。而廖某某始终供述自己到达现场后尸体在床上，现场的地面是清洗过的，

有很多水。

（2）装尸体的口袋颜色。喻某某供述是红色尼龙口袋，而廖某某供述是黄色口袋。

（3）深夜抛尸的照明方式。喻某某供称用自己手机照明，廖某某称喻带了一把手电筒照明。

（4）是否共同抛尸及装运尸体的口袋、背篼的去向。喻某某在第1次认罪供述中称自己单独完成杀人、抛尸，在之后的供述中均称杀人后与廖某某共同转移、抛弃尸体，自己中途离开，由廖某某完成最后抛尸，不清楚口袋、背篼去向。廖某某的第4、5次供述称记不清抛尸时是否从尸体上取下口袋，背篼由喻某某背着返回，第6、7供述称抛尸时取下了口袋，将口袋收到背篼后被喻某某背着返回，第6次供述称两人回途中途自己就见喻某某没背着背篼了，不清楚喻何时丢弃，第7次称返途自己一直走在前面，不清楚喻是否将背篼背回家。第8次供述称抛尸中途喻某某离开，自己单独完成最后一段抛尸，抛尸后将口袋放进背篼里原路返回，走了一段路后将背篼连同里面的口袋丢在马路边。

（5）关于谁背第一肩的问题。喻某某供述始终称廖某某背的第一肩，廖某某在前四次认罪供述中称喻某某背的第一肩，在第8次供述中向喻某某的供述内容靠拢，称自己背的第一肩。

综观全案证据，笔者认为，在犯罪嫌疑人供述的杀人第一现场没有提取、检测到能证实喻某某实施了杀人行为的物品、痕迹；有罪供述没有得到勘验、检查笔录、鉴定意见等客观证据的印证，且其客观性、合法性存疑；有罪供述与无罪辩解之间存在重大疑点；犯罪嫌疑人数次有罪供述及两名同案人口供彼此之间存在矛盾，与相关客观证据之间也存在矛盾。上述矛盾没有合理解释，疑点无法排除，全案证据呈开放状态，证据所证明的结论不具有排他性，无法排除案发当晚被害人从娘家离开后，在返家途中被他人杀害的可能性。

三、审查逮捕环节证据审查应注意的问题

（一）从“质”与“量”两方面从严把握证明标准

对本案犯罪嫌疑人是否批准逮捕，存在很大争议。持肯定意见者认为，犯罪嫌疑人虽然有无罪辩解，证据之间确实也存在一些矛盾，但多次的认罪供述都供认了杀妻、抛尸这样一个主要事实，尤其是认罪供述对某些细节的描述，得到尸检报告的印证。在这样的情况下，本案的证据达到了逮捕所需的“有证据证明有犯罪事实”的证明标准要求。尽管面对的是同样的证据，持否定

意见者则正好相反，认为本案的证据情况并不符合“有证据证明有犯罪事实”。这样的争议表明，尽管刑事诉讼法有明确的规定，相关的司法解释也有进一步的阐释，但在司法实践中对逮捕的证明标准仍存在理解上的模糊与实践操作中的不统一。

《人民检察院刑事诉讼规则（试行）》将“有证据证明有犯罪事实”阐述为“有证据证明发生了犯罪事实；有证据证明该犯罪是犯罪嫌疑人实施的；证明犯罪嫌疑人实施了犯罪行为的证据已经查证属实”。笔者认为，审查逮捕环节的证据应从“质”与“量”两方面从严把握，其中应特别注意对“有证据证明”和“已经查证属实”的理解把握。

“有证据证明”侧重对证据“量”的要求。此处“有”不是简单与“没有”相对应的概念，而应延伸理解为“相当充足”。“相当充足”并不要求案件事实的各方面都有证据证明，而是主要针对核心事实，也即必须有证据证明犯罪嫌疑人实施了犯罪行为。在证据数量上，如果有直接证据，则该直接证据应得到其他证据的印证，也即该直接证据不能是孤证或来源单一的相对孤证。如果只有间接证据指向犯罪嫌疑人，则该间接证据之间必须形成闭合证据锁链，共同证明犯罪嫌疑人实施了犯罪行为。上述两种情形中，都不能有证明力较强的反证或是重大矛盾证据存在，否则则证明存在犯罪嫌疑人没有实施犯罪的可能性，便不能认为犯罪嫌疑人属于“有证据证明”实施了犯罪。所以，本案中尽管有两名犯罪嫌疑人认罪供述、同步录音录像，但除了犯罪嫌疑人的认罪供述外，欠缺其他证据尤其是客观证据对犯罪嫌疑人供述的印证，难以认定犯罪嫌疑人实施犯罪证据“相当充足”，即便犯罪嫌疑人的认罪口供再多，也不能改变其来源单一、证据类型单一的事实。相反，由于证据能证实被害人当天确曾回了娘家，在当晚9时许才离开娘家，加之犯罪嫌疑人曾辩解妻子一去不返，而侦查取证未能证实被害人当晚回到自己家中，不能排除被害人在返家途中被他人杀害的可能。在这种情况下，不能认定犯罪嫌疑人涉嫌杀人、抛尸行为“有证据证明”。

“已经查证属实”侧重对证据“质”的要求。查证的主体是侦查机关侦查人员，查证的过程、手段必须合法，经法定程序取得的各证据能相互印证，形成完整闭合的锁链，证据与证据之间、证据与事实之间不存在重大矛盾或矛盾得以合理排除，由证据得出犯罪嫌疑人实施了犯罪行为的结论具有排他的唯一性。审查逮捕环节的证据，在“质”上要求证据内容客观真实，证据“确实”。此处的“确实”与提起公诉时要求证据确实、充分之“确实”可作同一理解。在案件核心事实也即犯罪构成要件事实上，批捕阶段和起诉阶段证据标准的差别只是数量的不同，而不是“质”的不同。很显然，本案由于证据之间大量矛盾没有得到合理解释、消除，无法认定嫌疑人实施犯罪的证据已经查证属实。

（二）注意克服“有罪推定”思维

整个刑事诉讼活动就是围绕着发现、揭露和证明犯罪嫌疑人是否有罪而进行的。侦查人员在初步接触案件后，会对谁有可能是犯罪嫌疑人形成一个初步的判断或推断，从而根据自己的推断，确立侦查思路，制定侦查方案，研究侦查谋略，确定侦查方法，这是允许的。[①] 但是，侦查人员的这种初步判断仍要以一定的事实为依据，符合逻辑和经验规则，如通过对死者人际关系的梳理，对被害前行踪轨迹的追踪，对可能的犯罪动机的预判，对行为人符合作案的时空条件的调查，从中找到行为人与犯罪行为之间的某种内在联系，从而锁定犯罪嫌疑人，这就是一种正确的推断。随着证据的收集，侦查人员应不断用证据验证先前的推断，如果证据否定了最初的推断，侦查人员应及时调整侦查思路、侦查方案，而不能先入为主、固执己见，在内心有意无意地对修正错误持排斥心态，使侦查取证工作继续偏离正确方向越走越远。

承办案件的检察官，应从侦查人员最初推断的依据，侦查工作层层推进不断充实进来的证据入手，依据证据规则和经验规则来审查、判断侦查人员最初的主观推断是否符合常情常理并具有一定的事实依据，犯罪嫌疑人是否具有作案动机和作案的时空条件，侦查人员在反向证据出现后是否调整了侦查方向，侦查人员是否忽视收集无罪证据，侦查人员是否将收集到的证据全部移送检察机关。在本案中，死者身份确定之后，侦查人员通过走访，从死者家人、邻居处了解到死者与丈夫喻某某感情一般，经常吵架，在死者失踪的两个月时间里，喻某某并未积极四处寻找。推断喻某某行为反常具有重大作案嫌疑，在当天即将喻某某拘传到案展开审讯工作。侦查人员这种将死者关系密切者作为怀疑对象的做法虽有待商榷，但在有一定依据的情况下，这种推断是允许的。但是，随着取证的深入，在犯罪嫌疑人辩解死者案发当天回娘家一去不返的情况下，侦查人员仍继续将侦查重点放在突破犯罪嫌疑人口供上，而不是将取证重点转移到对死者案发当天行踪的调查、犯罪嫌疑人当天是否具有作案的时空条件的查证上。这种忽视犯罪嫌疑人无罪辩解的做法，是侦查人员在内心已过早将犯罪嫌疑人定位为罪犯，是传统“有罪推定”思维方式的表现。作为审查

① 贺恒扬：《审查逮捕环节证据的审查与运用》，载《国家检察官学院学报》2006年第1期。

逮捕的检察官，面对的已不是侦查机关立案初期的证据，从立案到逮捕阶段，刑事证明标准的递进为质的递进。[①] 检察官对此应保持清醒的认识，应本着客观的立场，不带任何成见地审查、判断、运用在案证据，必须坚持证据裁判原则，必须以证据为根据认定案件事实。

（三）重视对证据合法性的判断、运用

在司法活动中使用的证据应该具有合法性，这似乎是天经地义的事情，因此在收集提取的程序和手段等方面不符合法律规定的证据不具有可采性。[②] 非法言词证据应当予以排除，不能作为定案的根据。非法物证、书证若可能影响公正司法、侦查人员不能补正或作出合理说明，不能作为定案的根据。由于侦查讯问环境的封闭性、侦查人员在讯问中所处的强势主导地位，导致讯问笔录中很难发现非法取证痕迹。在犯罪嫌疑人出于种种原因而未能控告、申诉的情况下，短短几天办案期限内，审查逮捕检察官发现非法证据线索有相当大的难度，对于物证、书证而言难度更大。这就要求检察官在审查证据时须高度敏锐，不放过任何蛛丝马迹，小心求证。在本案中，为什么其余讯问都有同步录音录像，而唯有第一次认罪口供没有同步录音录像？（审查起诉环节，犯罪嫌疑人称在此次讯问中被侦查人员殴打、威胁。）为什么侦查人员在30日刑事拘留期限届满前夕才组织开展现场辨认、指认？（本案存疑不起诉后，侦查机关在提请复议时方提交廖某某于2013年12月26日第一次指认现场时的录音录像，未说明不制作指认现场笔录以及在提请逮捕、提起公诉时未移交录音录像的理由。现场视频被剪辑为34个小片段，存在民警走在廖某某前面带路去抛尸现场、在抛尸点对廖某某进行诱导、暗示的问题。）为什么廖某某在接受检察官提讯时翻供？这些都是检察官在办案中需要仔细分析、判断的。承办案件的检察官必须对上述口供、辨认、指认笔录的合法性进行调查核实，若在办案期限内不能查明是否非法取证的，应存疑待查，暂不将存在非法取证重大嫌疑的证据作为认定案件事实的证据使用。

（四）重视对无罪辩解、矛盾证据的判断、运用

证据是定案的基础，在疑难案件中，证据往往错综复杂，可能既有认罪供述，也有无罪辩解，犯罪嫌疑人的口供经常时供时翻，言词证据与客观证据之间、言词证据彼此之间可能存在矛盾不一致之处。在本案中，两名犯罪嫌疑人

---

① 毛晓玲：《逮捕证明标准研究》，载《人民检察》2003年第7期。

② 何家弘：《证据法功能之探讨——兼与陈瑞华教授商榷》，载《法商研究》2008年第2期。

到案后都经历了从不供到供的过程，其中一人在接受检讯时已然翻供，在案客观性证据不能帮助建立起犯罪与犯罪嫌疑人之间的联系。在这种情况下，不能因为是杀人案，就忽视鉴定意见、勘验检查笔录、电话通话明细等客观性证据的证明作用，过分倚重口供的作用，简单认为犯罪嫌疑人的无罪辩解是态度不老实、证据中出现的细节矛盾不影响大局、只要有犯罪嫌疑人的多份认罪口供，逮捕就不会出错。作为案件承办人，应该吃透全部证据情况，既要从细微处入手，对每个证据的合法性、关联性、证明力逐一进行审查判断，也要从宏观处着眼，构建以客观证据为核心的证据分析论证和案件事实认定体系，将全案证据联系起来进行综合评判。切忌过分倚重口供，忽视客观性证据的证明作用；切忌对证据任意取舍，只看有罪供述，无视无罪辩解；切忌不看证据细节大而化之，无视证据矛盾。

逮捕是最严厉的强制措施，犹如双刃剑，用之不当则国家与当事人两受其害。身处刑事诉讼防范冤假错案第一道关口的侦查监督检察官，应以如履薄冰、如临深渊的审慎态度规范办案、精细办案，真正做到凡逮捕的均依法逮捕，凡不捕的均依法不捕。

公诉环节落实非法证据排除规则的难点问题及对策

李大槐　史运伟*

2010年，最高人民法院、最高人民检察院、公安部等五部门出台《关于办理死刑案件审查判断证据若干问题的规定》和《关于办理刑事案件排除非法证据若干问题的规定》（以下简称《两个证据规定》），首次确立规定了非法证据以及非法证据排除程序。2012年刑事诉讼法吸收了《两个证据规定》的重要内容，以法律形式确定了非法证据排除规则。随后，最高人民法院、最高人民检察院陆续颁布一系列司法解释，特别是2017年6月最高人民法院、最高人民检察院、公安部等五部门出台《关于办理刑事案件严格排除非法证据若干问题的规定》，意味着相对完善的非法证据排除制度体系得以构建。但是由于犯罪形式的复杂性、侦查活动的不规范、司法解释的不明确性等，司法办案实践中关于非法证据排除仍然存在很多疑难问题需要解决。

一、理论探究：非法证据及排除程序的内涵解析

准确界定非法证据的概念及范围，是进行非法证据排除的前提和基础。司法实践中，存在着非法证据理解不一以及非法证据排除程序滥用情况。因此，有必要对非法证据、非法证据范围进行重点阐述，厘清概念的内涵和外延。

（一）非法证据的内涵界定

1. 非法证据的概念

传统的证据法学理论按照证据是否存在违法性进行分类，将证据分为合法证据和非法证据。纵观各种观点发现，非法证据的解释有广义解释和狭义解释之分。广义的非法证据大致是指证据的内容、形式、收集或提供证据的人员与

---

* 李大槐，重庆市涪陵区人民检察院党组书记、检察长，二级高级检察官。史运伟，重庆市涪陵区人民检察院公诉科副科长，二级检察官。

程序、方法以及手段等方面不符合法律规定的材料。主要包括三种类型：一是证据的收集主体不合法；二是程序不合法；三是方法或手段不合法。狭义的非法证据是指办案人员违反法律规定的权限、程序采取不正当的方法、手段所获取的证据。狭义的非法证据是指办案人员违反法律规定的权限、程序采取不正当的方法、手段所获取的证据。笔者认为非法证据的概念应当与刑事诉讼法和司法解释范围相一致，专指采取刑讯逼供等非法方法收集的犯罪嫌疑人供述和采用暴力、威胁等非法方法收集的证人证言、被害人陈述等言词证据，以及收集不符合法定程序，可能严重影响司法公正且无法提供补正或者作出合理解释的物证、书证。该定义一方面符合刑事诉讼法对于非法证据的字面界定，另一方面符合相关司法精神和实践层面的内涵界定；一方面注重保护犯罪嫌疑人的人权问题，另一方面又兼顾非法方法的度和量的精准界限，符合现有的司法环境对犯罪打击的政策要求和法律理念。

2. 非法证据的范围界定

基于以上非法证据的概念分析，非法证据主要有三个要素。具体而言，一是非法证据的获取主体是指具有侦查权资格的主体，不具有侦查权主体获得的证据，不能认定为非法证据。二是非法证据仅包括言词证据和实物证据。刑事诉讼法规定的 8 种法定证据中的鉴定意见、视听资料、电子数据以及勘验、检查、辨认、侦查实验笔录等证据，即使符合《刑事诉讼法》第 54 条规定的非法手段或者严重违法程序，也不属于“非法证据”。三是非法证据的获取具有严重违法性，这是区别于其他违法证据最重要的特征。非法言词证据的违法性主要是指取证方式上，是采用刑讯逼供、暴力、威胁等手段或者方式；而非法实物证据的非法性主要侧重其严重的违反法定程序。明确了非法证据概念和范围，也就比较容易认定哪些证据是属于非法证据。

2017 年 6 月，《关于办理刑事案件严格排除非法证据若干问题的规定》中进一步明确界定了非法证据的范围，具体包括：第一，采取殴打、违法使用戒具等暴力方法或者变相肉刑的恶劣手段，使犯罪嫌疑人、被告人遭受难以忍受的痛苦而违背意愿作出的供述。第二，采用以暴力或者严重损害本人及其近亲属合法权益等进行威胁的方法，使犯罪嫌疑人、被告人遭受难以忍受的痛苦而违背意愿作出的供述。第三，采用非法拘禁等非法限制人身自由的方法收集的犯罪嫌疑人、被告人供述。第四，采用刑讯逼供方法使犯罪嫌疑人、被告人作出供述，之后犯罪嫌疑人、被告人受该刑讯逼供行为影响而作出的与该供述相同的重复性供述。第五，采用暴力、威胁以及非法限制人身自由等非法方法收集的证人证言、被害人陈述。第六，收集物证、书证不符合法定程序，可能严重影响司法公正，又不能补正或者作出合理解释的。该司法解释将非法证据的范围进一步细化，以便实践中可以更加精确的认定，并且为有争议的非法证据界定提供较为明确的参考标准。但笔者认为在实践中仍有几个问题需进一步探讨。

（二）非法证据的司法实践界定

1. “变相肉刑”的界定

《刑事诉讼法》第 54 条规定刑讯逼供等非法方法收集的犯罪嫌疑人供述应当予以排除。何为“刑讯逼供等非法方法”？根据最高人民法院《关于适用〈中华人民共和国刑事诉讼法〉的解释》第 95 条第 1 款的规定，使用肉刑、变相肉刑，或者其他使被告人在肉体上或者精神上遭受剧烈疼痛或者痛苦的方法，应当认定为“刑讯逼供等非法方法”。按照最新的司法解释，刑讯逼供等非法方法可以分为三种类型：① 第一类型主要是指殴打、捆绑以及较长时间的冻、饿、晒、烤等肉刑或者变相肉刑；第二种主要是指采用威胁等造成精神疼痛的方法。第三种主要指采取非法拘禁等限制人身自由或者违反程序收集物证、书证的方法。对于留下明显身体伤痕的刑讯逼供案件，司法工作人员比较容易发现和认定，主要争议问题在于“变相肉刑”的认定问题，如不让上厕所、不让吃饭、长时间保持一个姿势等，这些方式同样给犯罪嫌疑人造成肉体上、精神上的疼痛，效果不亚于以暴力殴打为特征的刑讯逼供。但是变相肉刑的程度不同，对犯罪嫌疑人的伤害不同，是否认定为非法证据也存在争议。②

笔者认为，判断是否属于“变相肉刑”应当进行综合判断：第一，类似侦查人员面对不认罪的犯罪嫌疑人，非常气愤踢两脚、打个耳光并不少见。根据“痛苦规则”判断，一般轻微暴力没有达到“使犯罪嫌疑人肉体遭受剧烈疼痛”程度，不能认定为非法证据。第二，对于“10 多个小时不让他吃饭，也不让他上厕所”可以认为超越“一般人”能够接受限度，可以考虑适用于“等非法方法”。第三，当威胁针对犯罪嫌疑人近亲属并且达到一定程度造成犯罪嫌疑人难以忍受的痛苦而作出虚假供述，应当认定为“刑讯逼供等方法”。

2. “非法拘禁”的界定

最新司法解释将非法拘禁等非法限制人身自由的方法认定为非法方法作为

① 《关于渎职侵权犯罪案件立案标准的规定》，刑讯逼供涉嫌下列情形之一的，应予立案：（1）以殴打、捆绑、违法使用械具等恶劣手段逼取口供的；（2）以较长时间冻、饿、晒、烤等手段逼取口供，严重损害犯罪嫌疑人、被告人身体健康的。

② 陈光中、郭志媛：《非法证据排除规则实施若干问题研究——以实证调查为视角》，载《法学杂志》2014 年第 9 期。

非法证据认定的标准之一，是对非法证据范围的延伸，也是对司法实践中常见的不规范“侦查措施”的否定。何为非法拘禁，一般而言有以下几种含义：第一，拘禁主体不合法。如没有侦查权的主体将犯罪嫌疑人私自关押以达到逼迫其认罪的情形。第二，拘禁程序不合法。如人民警察在没有任何刑事拘留或者监视居住等强制措施法律文书的情况下，非法将犯罪嫌疑人羁押在派出所进行讯问的情况。第三，拘禁过程不合法。如人民警察将被关押在看守所的犯罪嫌疑人以指认现场等名义从看守所提出来后长时间关押在派出所审讯的情形。非法拘禁之所以认定为非法方法，主要是考虑到犯罪嫌疑人在非法拘禁的情况下，是非法执法活动的直接受害人。面对国家侦查人员的非法拘禁，犯罪嫌疑人的身体、精神往往遭受异常的恐惧心理，不论身体健康及精神状态，犯罪嫌疑人误认为生命安全也得不到保障，其在被非法拘禁情况下作出的供述应当认定为违背意愿的供述而予以排除。

3. “引诱、欺骗”的认定

《刑事诉讼法》第 50 条虽然规定严禁“引诱、欺骗”方法收集证据，但第 54 条并没有将“引诱、欺骗”作为言词证据排除的绝对条款。对于“引诱、欺骗”取得的证据，何种情况下可以认定为非法证据，一直困扰着司法工作人员，引诱、欺骗方法与侦查技巧常常难以区分。[①] 一律将引诱、欺骗界定为非法方法，会给侦查工作带来很大的冲击，不利于打击犯罪。但是如果引诱、欺骗一律不认定为非法方法，也不符合非法证据排除制度的立法精神。

笔者认为对于欺骗取证应把握两个标准：第一，这种引诱、欺骗是否突破人们可以接受的道德底线；第二，引诱、欺骗是否可以导致无辜者违背真实意愿作出有罪供述。[②] 第一个标准主要看是否符合公序良俗，是否符合司法伦理道德，是否超越普通民众的感情。第二个标准关键看被欺骗、引诱的犯罪嫌疑人是虚假的供述。笔者认为，单纯使用“引诱、欺骗”方式取得犯罪嫌疑人供述，以不排除为原则、排除为例外。“引诱、欺骗”方式下取得言词证据，结合其他证据，存在虚假供述的，可以排除。

4. “重复自白”的认定

重复自白是指通过刑讯逼供等非法方法取得犯罪嫌疑人供述后，再通过合法的方式获取的有罪供述，其构成是有罪供述（非法获取）+有罪供述（合

① 杨宇冠、郭旭：《非法证据排除规则实施考察报告——以 J 省检察机关为视角》，载《证据科学》2014 年第 22 卷。

② 何家弘：《短缺证据与模糊事实：证据学精要》，法律出版社 2012 年版，第 366 页。

法获取)。[①] 在刑事案件中，侦查人员采取刑讯逼供后获取的供述是全部排除还是部分排除有两种截然不同意见。第一种观点认为，犯罪嫌疑人第一次接受讯问时受到刑讯逼供，该次供述自然应当排除，此后多次内容相同的有罪供述不能排除第一次影响，均不能作为证据使用；第二种观点认为，犯罪嫌疑人第一次讯问时遭受刑讯逼供，该次供述自然应当排除。但是犯罪嫌疑人一旦进入看守所以后，公安机关已无法对其进行刑讯逼供，在看守所以后取得证据都应当采用。

根据最新的司法解释，只有犯罪嫌疑人受该刑讯逼供行为影响而作出的与该供述相同的重复性供述才可以认定为非法证据予以排除，并且有两个保留情形：第一，侦查机关确认或者不能排除以非法方法收集证据而更换侦查人员，其他侦查人员再次讯问时，犯罪嫌疑人自愿供述的。第二，审查逮捕、审查起诉和审判期间，检察人员、审判人员讯问时，犯罪嫌疑人自愿供述的。根据该解释，刑讯逼供后的供述是否排除关键看该供述是否受到刑讯逼供行为影响，但是如何来认定是否受到刑讯逼供行为影响司法实践中争议较大。笔者认为既然司法解释规定刑讯逼供后的供述不排除的两款情形，而是否受刑讯逼供影响难以认定，那么实践中可以采取原则上将刑讯逼供后的供述全部排除，不排除的两种情形作为例外予以保留的做法。

二、实践困惑：公诉环节非法证据排除的难点问题

追究刑事责任必须建立在证据确实充分的基础上，而证据的合法性是必然要求。从近年来曝光的赵作海、张高平叔侄等冤假错案中发现，无一不存在侦查人员违法取证的情况。公诉环节非法证据能否得以排除，关系到能否有效防范冤假错案和确保案件质量。但是由于立法的不明确、程序的不完善和操作上不规范等因素，非法证据排除仍面临诸多难点。

（一）非法证据排除程序被合理“借用”

由于非法证据理解分歧，非法证据排除范围有扩大趋势。即使违法证据认定不属非法证据，但是非法证据以外有些瑕疵证据无排除程序可适用。司法工作人员不得不对其中一些证据进行否定评价，就容易出现非法证据排除程序就被合理“借用”。这种借用其实质是非法证据排除规则的扩张或者泛化适用。在法律和司法解释没有明确规定前，将非法证据排除规则适用于非法证据以外

---

① 阮能文：《重复自白审查中的几个问题研究》，载《西部检察（第六卷）》，中国检察出版社 2016 年版，第 30—31 页。

的证据不符合规定。非法证据排除规则设立的理论依据，主要有维护公民的宪法性权利、遏制警察的违法取证行为、维护司法纯洁性和保证证据的真实性等。① 泛化适用的后果，可能会逐步模糊非法证据与其他严重违法、严重侵权的瑕疵证据的界限，办案人员逐渐将非法证据与其他严重违法的瑕疵证据一体对待，而不对取证行为进行调查和否定评价。这明显违背立法者设立非法证据排除制度本意，非法证据排除规则规范侦查的功能被大大削弱。

（二）法律司法解释表述有待进一步明确

虽然刑事诉讼法和相关司法解释尽量对非法证据表述详细化、精细化，但是由于缺乏统一的判断标准，司法实务认识分歧较大。这种分歧不仅在司法工作人员与辩护人、当事人及其家属之间，公检法内部争论也比较大。如《刑事诉讼法》第54条的“刑讯逼供等非法方法”“暴力威胁等非法方法”，《关于适用〈中华人民共和国刑事诉讼法〉的解释》《人民检察院刑事诉讼规则（试行)》也是给出了较为原则性的解释。“等非法方法”具体范围是哪些，2012年《刑事诉讼法》删去了1996年刑事诉讼法“引诱、欺骗”作为非法证据的情形，是否“引诱、欺骗”获取的口供一概不排除，“重复自白”“疲劳审讯”获取的口供排除问题，无不困扰着司法工作人员。

（三）非法证据发现和调查核实难

由于侦查活动具有秘密性、封闭性等特点，检察机关仅仅依靠查阅卷宗，提讯犯罪嫌疑人等方式，很难直接发现侦查机关的严重违法非法取证行为。有的侦查机关移送的案件，不愿意移送全程同步录音录像，有的案件没有制作全程同步录音录像，有的即使制作了同步录音录像，也未必是全程、完整的录像。有的同步录音录像内容，是侦查人员在调查阶段使用了不正当手段“说服”嫌疑人，之后再讯问时才开始录音录像。要求侦查人员出具办案说明，也不可能主动出具存在非法取证行为的说明。即使确定了非法证据线索，对案件进行调查核实时，由于事过境迁、证据灭失、侦查人员不配合等原因，最终很难收集到非法取证行为的相关证据。

（四）缺乏对非法证据实施者和诬陷者的有效制约机制

一方面，根据《人民检察院刑事诉讼规则（试行)》的规定，犯罪嫌疑人只要提出具体线索就可以启动调查程序，但是赋予被告人启动非法证据排除的同时，却没有规定非法证据排除程序被滥用的法律后果。有的被告人为逃避法

① 陈光中：《刑事诉讼法（第三版)》，北京大学出版社、高等教育出版社2009年版，第183页。

律制裁，故意编造侦查人员存在刑讯逼供的事实，使检察机关工作不得不花费大量的时间对所谓的非法证据进行审查。这种后果可能导致随意启动非法证据排除程序，一旦蔓延，无疑会增加诉讼成本。另一方面，在加大排除非法证据行为的同时，注重抑制非法证据源头更为重要。除非涉及到刑讯逼供、暴力取证犯罪，一般并没有非法证据制造者进行处罚。侦查人员的不规范侦查行为没有受到处分，可能下次会继续实施非法取证，非法证据排除制度的监督、制约效果无法达到预期。

三、非法证据排除程序的规范与完善

刑事诉讼法和司法解释在赋予检察机关非法证据排除职能的同时，也对检察机关提出更高的要求。虽然公诉环节非法证据排除制度已经建立，但实施效果有待检验和提升，运行程序有待规范和完善。

（一）非法证据排除程序的规范

1. 规范非法证据线索发现程序

发现非法证据线索是启动非法证据排除程序的前提条件。规范非法证据线索程序，对于公诉环节非法证据排除至关重要。第一，充分告知犯罪嫌疑人的合法权利。办案人员在讯问前，应明确告知犯罪嫌疑人诉讼权利。讯问时注意核实侦查机关是否存在违法取证行为、刑讯逼供行为，核实侦查机关取证是否合法并如实记载。第二，重视其他诉讼参与人意见。审查公诉案件，办案人员应当注意听取辩护人、被害人及其诉讼代理人对取证合法性的意见，及时制作笔录审查。第三，犯罪嫌疑人、证人、被害人、辩护人等提出存在非法证据线索，办案人员应当要求对方提供涉嫌非法取证的人员、时间、方式、内容等相关内容和证据。如不能提供详细内容，承办人可以将涉及的相关内容记入讯问（询问）笔录。第四，刑事执行检察部门、控告申诉部门发现或者接到控告、申诉、举报侦查人员采用刑讯逼供等非法方法收集证据的材料或者线索，应当及时移送公诉部门，公诉部门应当立即进行审查。

2. 明确非法证据排除启动标准

检察机关启动非法证据排除程序前，必须充分履行审查监督职责，认真审查非法证据线索，以决定是否启动排除程序。实务中对决定启动的客观标准有争议。有的认为只要犯罪嫌疑人提出具体的时间、地点、人员、非法取证方式等线索就可以启动；有的认为犯罪嫌疑人提出的线索需要有一定证据支撑，不能仅仅凭犯罪嫌疑人言词随意启动。两种观点争议点主要在于，是否要求犯罪嫌疑人或者辩护人在提供线索的同时提供一定证据，涉及非法证据线索的举证问题。如果举证责任完全由检察院承担，则犯罪嫌疑人只要提出具体线索，就可以启动排除程序。如果举证责任由犯罪嫌疑人和检察机关共同承担，则非法证据启动标准需要具体线索加证据支撑。为防范犯罪嫌疑人滥用启动权，应当明确更为详细的排除启动标准。

（二）建立非法证据排除程序保障机制

1. 完善同步录音录像制度

同步录音录像是指侦查机关依法讯问犯罪嫌疑人、询问证人时，用录像设施全程全部全面的记录整个讯问、询问过程。讯问过程的录音录像是证明力较强的认定是否存在刑讯逼供的证据。[①] 当犯罪嫌疑人提出被刑讯逼供讯问时，只要审查同录，是否存在违法取证行为一目了然。因此，同步录音录像是审查是否存在非法取证行为的最直观、最直接有效方式。《刑事诉讼法》第 121 条规定，侦查人员在讯问犯罪嫌疑人的时候，可以对讯问过程进行录音或者录像；对于可能判处无期徒刑、死刑的案件或者其他重大犯罪，应当对讯问过程进行录音或者录像。为确保案件质量，探索建立全部案件全程同步录音录像制度，通过全程全面同录，可以更加规范和防止非法取证行为。

2. 建立非法证据听证制度

检察机关根据调查核实的证据，决定哪些证据属于非法证据，这也是检察机关行使监督权的一种形式。但是，为体现公正平等的对待侦查机关与被告人双方，检察机关可以在非法证据认定过程中，召开非法证据听证会议，充分听取犯罪嫌疑人、辩护人、侦查部门的意见，增强非法证据排除制度的公开性、公正性。但是，听证制度实现存在诸多困难。目前，案多人少的矛盾比较突出，审查一般刑事案件已经很困难，而听证制度需要公诉部门承办人抽出更多的时间、精力来应对。听证制度适用可以先限定在重大、疑难案件，争议不大的案件暂不适用，这样可以节省司法资源，让公诉人有更多时间、精力应对案件本身。同时，在建立非法证据听证制度过程中，需要对听证制度的启动主体、启动条件、启动范围等进行明确规定，以增强现实操作性。

3. 延伸庭前会议制度的重要性

虽然庭前会议的主动方是法院审判人员，但检察机关公诉方可以抓住该制度立法精神，转变为主动方。当案件涉及非法证据排除程序时，主动建议法院召开庭前会议。庭前会议内容可以涉及回避、非法证据排除等问题，此类问题

---

① 王德成：《非法证据排除规则运行情况实证分析》，载《山东审判》2016 年第 1 期。

也是公诉人必须要应对的问题。在庭前会议前，公诉人可以将意见完整的传递给审判人员，也可以与审判人员就程序问题相互沟通，为出席会议发表意见做好准备。庭前会议时，在公诉方充分发表非法证据意见同时，听取被告方关于非法证据的意见，并与对方进行沟通交流。庭前会议后，公诉方可以再次与审判人员将庭前会议没有解决的问题进行沟通，从而在正式开庭前处理非法证据问题。

审查逮捕环节适用认罪认罚从宽的几点思考

彭劲荣*

党的十八届四中全会决定提出要“完善刑事诉讼中认罪认罚从宽制度”。在中央政法委的统一部署下，最高人民检察院和最高人民法院共同牵头，会同有关部门对这项改革任务进行了研究论证，形成了《关于认罪认罚从宽制度改革试点方案》，经中央深改组第26次会议审议通过。2016年9月全国人大常委会授权“两高”在部分地区开展试点，2016年11月16日，“两高三部”印发《关于在部分地区开展刑事案件认罪认罚从宽制度试点工作的办法》（以下简称《试点办法》），标志着认罪认罚从宽试点工作正式启动。截至2017年4月，18个试点省市相继出台了实施细则。

认罪认罚从宽制度，是我国宽严相济刑事政策的制度化和具体化，也是现代司法宽容精神的体现。在检察环节充分实施认罪认罚从宽制度，既有利于减少羁押和诉讼拖延，节约司法成本，又有利于实现案件繁简分流，更好地实现庭审实质化的改革目标。① 在筹备和启动认罪认罚从宽制度改革试点工作的过程中，在检察机关而言是以公诉部门牵头为主，侦查监督部门参与为辅。对于认罪认罚从宽制度的适用阶段是否包括审查逮捕环节、审查逮捕环节如何贯彻、具体规则如何设计等重大问题，在检察机关内部和检察官之间，还存在一定程度的分歧。为此，本文结合工作实践，谈谈对审查逮捕环节贯彻认罪认罚从宽制度的几点思考，以求教于大家。

一、审查逮捕环节适用认罪认罚从宽主要体现在“少捕慎捕”

《试点办法》第1条规定，“犯罪嫌疑人、被告人自愿如实供述自己的罪行，对指控的犯罪事实没有异议，同意量刑建议，签署具结书的，可以依法从

---

* 重庆市人民检察院侦查监督处一级检察官。

① 吕天奇、贺英豪：《检察机关实施认罪认罚从宽制度的路径选择》，载《人民检察》2017年第8期。

宽处理。”结合第2条关于“不适用认罪认罚从宽制度”的四种情形的规定，可以认为，第1条的规定是对适用认罪认罚从宽制度的案件范围的规定，即认罪认罚从宽制度没有对适用案件的罪名和可能判处的刑罚作出限定，原则上一切类型的案件均在范围之内。

从这条规定上，似乎看不出《试点办法》对适用阶段有要求。但是，认真分析该条文用语，我们可以看出，“依法从宽处理”的四个条件中，“对指控的犯罪事实无异议”“同意量刑建议”“签署具结书”三个条件均是在审查起诉阶段和审判阶段的活动，在审查逮捕环节是无法进行的。①

从认罪认罚从宽的内涵上看，“认罚”是指对检察机关建议判处的刑罚种类、幅度及刑罚执行方式没有异议。“认罚”是决定是否从宽以及如何从宽时应当考虑的重要因素，如果犯罪嫌疑人、被告人只“认罪”不“认罚”，则不能从宽。“从宽”则是指在实体量刑上从宽，且应当依法从宽、一般从宽，也不能一味从宽。② 在审查逮捕环节，侦查监督部门没有实体从宽的权力和相关程序安排，无法给予从宽的建议或作出相应的从宽决定。

从诉讼阶段的任务上看，侦查阶段的任务是收集、调取和固定证据，查明犯罪事实和情节，而不是去搞认罪协商，否则侦查人员很有可能放弃查证犯罪的职责，过分依赖口供，甚至威逼、利诱犯罪嫌疑人选择认罪认罚。因此，侦查阶段不能适用认罪认罚。③ 需要注意的是，《试点办法》第9条对“有重大立功或者案件涉及国家重大利益”的特殊案件，规定了特殊的处理方式。根据该条的规定，在侦查阶段对于极其特殊的个别案件，公安机关应当层报公安部、由公安部提请最高人民检察院批准撤销案件。撤销案件是公安机关将已立为刑事案件的案件撤销、终止刑事侦查程序，被追诉者“犯罪嫌疑人”的身份解除。这一特殊的制度安排，并不能改变侦查阶段整体上不是适用认罪认罚从宽制度主要阶段的属性。

审查逮捕是侦查阶段的一个环节，从整体上属于侦查阶段，不具有诉讼阶段意义上的独立性。根据我国刑事诉讼法及《人民检察院刑事诉讼规则（试行)》的规定，审查逮捕环节的主要任务是对侦查机关提请批准逮捕的案件进行审查，在符合“事实证据条件”“刑罚条件”的基础上，评估犯罪嫌疑人是

---

① “对指控的犯罪事实无异议”，也是指对检察机关指控的事实无异议，而在逮捕环节，检察机关尚未提出“指控”。

② 参见最高人民检察院孙谦副检察长2016年11月18日在南京试点工作部署会上的讲话。

③ 陈卫东：《认罪认罚从宽制度研究》，载《中国法学》2016年第2期。

否具有社会危险性，并进而作出是否批准逮捕的决定。我们应当充分认识到，虽然逮捕只是我国刑事诉讼中的一种强制措施，但其对犯罪嫌疑人权利的影响是重大而深远的，某种程度上并不亚于定罪量刑。从这个意义上讲，在审查逮捕环节适用认罪认罚从宽，最主要的就是做到依法“少捕慎捕”，把“从宽”体现为“少捕慎捕”。

二、审查逮捕环节对认罪认罚的犯罪嫌疑人仍应当综合评估其社会危险性

《试点办法》第6条规定，人民法院、人民检察院、公安机关应当将犯罪嫌疑人、被告人认罪认罚作为其是否具有社会危险性的重要考虑因素，对于没有社会危险性的犯罪嫌疑人、被告人，应当取保候审、监视居住。此条是《试点办法》对认罪认罚案件如何适用逮捕强制措施的具体规定。

该条规定明确，犯罪嫌疑人认罪认罚的应当作为其是否具有社会危险性的考虑因素。具体如何评估社会危险性，仍然应当依据刑事诉讼法和相关司法解释的规定。《刑事诉讼法》第79条规定了五种社会危险性情形：可能实施新的犯罪的；有危害国家安全、公共安全或者社会秩序的现实危险的；可能毁灭、伪造证据，干扰证人作证或者串供的；可能对被害人、举报人、控告人实施打击报复的；企图自杀或者逃跑的。2015年10月9日最高人民检察院、公安部印发的《关于逮捕社会危险性条件若干问题的规定（试行）》，将情形细化为20种情形。① 这是评估认罪认罚案件犯罪嫌疑人社会危险性的主要法律依据。

犯罪嫌疑人“认罪认罚”，表明犯罪嫌疑人一方面如实供述自己的罪行、对指控的犯罪事实没有异议，另一方面其自愿接受法律的惩罚。将“认罪认罚”作为社会危险性的因素予以考虑，需要将认罪认罚的情形具体对应到前述法律、规范性文件规定的社会危险性情形之中。认罪认罚体现了犯罪嫌疑人对所犯罪行及受罚的一种态度，愿意接受国家司法机关的追诉和依法判处的刑罚，这可以视为其不具有妨碍诉讼进行的情形予以考虑。也即是说，在没有相反证据证明的情况下，犯罪嫌疑人认罪认罚的，可以认为其不具有《关于逮捕社会危险性条件若干问题的规定（试行）》第7条至第9条规定的情形。

《刑事诉讼法》第79条规定的五种社会危险性情形，从类型上可以分为

① 参见《最高人民检察院、公安部关于逮捕社会危险性条件若干问题的规定（试行）》（高检会〔2015〕9号）第5—9条。

“妨碍诉讼型”“可能再犯型”两类。“可能实施新的犯罪”“有危害国家安全、公共安全或者社会秩序的现实危险的”两种情形，可以归入“可能再犯型”。在评估认罪认罚的犯罪嫌疑人是否具有社会危险性情形时，应当全面综合评估，不能因为其“认罪认罚”就认为其不具有社会危险性，还得从“可能再犯型”社会危险性的角度，对其进行评估判断。坚持“少捕慎捕”，不等于盲目地“不捕”。例如，犯罪嫌疑人多次实施盗窃行为，且没有正当生活来源的，其可能再犯的风险较大，虽然对本次犯罪“认罪又认罚”，但综合评估其符合“可能实施新的犯罪”情形，具有逮捕的必要性。

三、“径行逮捕”与“认罪认罚”交叉的情形应当依法逮捕

《刑事诉讼法》第 79 条第 2 款规定了三种应当径行逮捕的情形，即“可能判处十年有期徒刑以上”“曾经故意犯罪”“身份不明”。2013 年新刑事诉讼法实施以来，司法实践中对于符合径行逮捕条件的犯罪嫌疑人，一般不再考虑其是否具有《刑事诉讼法》第 79 条第 1 款规定的社会危险性情形，直接予以逮捕。但是，对于“曾经故意犯罪的”犯罪嫌疑人再犯轻罪的，司法实践中的做法也有差异，有的地方直接逮捕，有的地方也全面考查是否具有社会危险性再做决定。①

有观点认为，对“曾经故意犯罪的”行为人，不应简单化、机械化地适用径行逮捕，而应结合具体案情，从曾经故意犯罪的性质、次数、被判刑罚的性质、前罪与后罪的间隔长短、后罪的性质情节等综合考虑。② 笔者认为，此种观点及实践中的类似做法，虽然从贯彻“少捕慎捕”理念的角度看可以理解，但从依法办案的角度看难以令人信服。刑事诉讼法规定的“曾经故意犯罪应当予以逮捕”十分明确，没有规定例外情形，不应有所突破。

在开展认罪认罚从宽试点的地区，在审查逮捕工作中同样也会遇到“径行逮捕”与“认罪认罚”情形交叉的情况，如何处理这个问题值得重视。据对 c 市检察机关批捕办案情况的抽样调研，曾经受过刑罚处罚的人在批捕人数中的比例为 40%—47%，而批捕环节犯罪嫌疑人认罪的比例大约在 80% 以上。这反映出“径行逮捕”与“认罪认罚”交叉的情况还比较普遍。笔者认为，

---

① 据笔者调研 C 市 B 区检察机关，该区院 2014 年 9 月办理杨某某盗窃案时对杨某某作了不批捕决定。该案中，杨某某（左腿膝关节以下截肢致残疾）曾经在 2011 年 8 月因盗窃罪被判徒刑 11 个月，2013 年 7 月又入室盗窃邻居家价值 700 余元的物品，2014 年 8 月其投案自首。

② 李雅：《审查逮捕时对“曾经故意犯罪”的把握》，载《检察日报》2013 年 7 月 10 日第 3 版。

检察机关行使逮捕权，应当坚持法治原则，严格依照法律的规定作出决定。《试点办法》是刑事诉讼制度改革试点的规范性文件，在法律位阶上明显低于刑事诉讼法。况且，《试点办法》规定，犯罪嫌疑人“认罪认罚”的，是作为“社会危险性”的考虑因素，而没有对刑事诉讼法规定的“应当逮捕”的情形作出突破。因此，处理“径行逮捕”与“认罪认罚”交叉的案件，应当依照《刑事诉讼法》第79条有关“应当逮捕”的规定作出决定。对于犯罪情节较轻、不羁押不致发生社会危险性的，可以通过羁押必要性审查制度予以救济，或者在公诉环节变更强制措施。

四、审查逮捕环节应当加强对犯罪嫌疑人认罪自愿性的监督

依法保障犯罪嫌疑人诉讼权利、确保其认罪认罚的自愿性和真实性，是刑事诉讼法和《试点办法》的基本要求，也是改革试点能否取得成效的关键。犯罪嫌疑人违背真实意愿认罪认罚的，其供述不应采信。审查逮捕环节，检察机关承担着对侦查机关侦查活动合法性的监督职责，应当加强对犯罪嫌疑人在侦查阶段认罪认罚自愿性的审查和监督。

（一）增强监督意识，注重对讯问活动的审查监督

犯罪嫌疑人认罪认罚，最直接的体现就是在侦查阶段作出有罪供述。审查逮捕环节，对于认罪认罚的案件，应增强监督意识，注重对讯问活动合法性的审查核实。在逮捕提讯环节，检察官要依法告知犯罪嫌疑人有对非法讯问进行控告的权利，在讯问中对侦查机关讯问活动的合法性进行核实，从中发现监督线索。特别要重视对讯问笔录中的矛盾节点进行审查，对认罪后陈述的作案细节进行审查，对犯罪嫌疑人提出的辩解进行审查。例如，王玉雷案件中，其前后供述矛盾、认罪供述中的细节矛盾，检察官从中敏锐发现了非法讯问的线索。

（二）加强调查核实，探索重大监督事项案件化

获取认罪供述，是侦查讯问的重要内容和目的。实践中发生的多起重大冤案证明，通过刑讯逼供手段获取的认罪供述，不具有真实性。近段时间，高检院提出“重大监督事项案件化”的思路，即对重大诉讼违法行为，建立案件化办理模式，进行内部流程管理和外部程序再造，实现程序规范、证据规则、管理流程、质量标准、办案机制“五位一体”的完整办案体系。[①] 刑讯逼供属

① 黄河、赵学武：《侦查监督现状、问题及发展方向》，载《侦查监督指南》（2016年第4辑），中国检察出版社2017年版。

于严重侵犯当事人人身权益的严重违法诉讼行为，可以通过案件化的方式进行监督办理。在审查逮捕环节，获知可能存在以刑讯方式取得口供的线索后，调取有关入所检查记录、伤情鉴定等材料，经过初步核查后，予以立案，并依据《人民检察院刑事诉讼规则（试行）》《关于侦查监督部门调查核实侦查违法行为的意见（试行）》等规定开展调查。经调查核实，确认存在刑讯逼供行为的，在监督的同时，应当排除该供述。

（三）加强总结研究，注重积累监督经验

对认罪认罚自愿性的审查和监督，既可以说是一个新的课题，也可以说是老生常谈的问题。从对侦查讯问进行监督的角度来讲，这是侦查监督部门一直在履行的监督职责，从对认罪认罚案件办理的角度看，这又是在新的形势下履行监督职能的新课题。对于侦查环节而言，为加快办案节奏，减少办案压力和成本，侦查机关具有尽快获得犯罪嫌疑人认罪的潜在动机，存在违法侦查的风险。在开展认罪认罚从宽制度改革试点后，审查逮捕环节需要适应新形势，把对认罪自愿性的监督作为监督的重要内容，并对试点过程中出现的问题进行调查分析和总结，积累更多的监督经验，提高监督的效率和实效，助推试点改革工作取得成效。

五、审查逮捕环节应当积极配合做好认罪认罚从宽有关工作

审查逮捕环节虽然不是适用认罪认罚从宽制度的主要阶段，但并不是说审查逮捕环节可以安然置身事外。刑事诉讼本身即是一个具有连续性、衔接性、承继性和整体性的过程，前一阶段的工作与后续阶段的工作直接相关。因此，审查逮捕环节也应当积极参与、配合做好有关工作。具体来说，可以从以下几个方面入手。

（一）告知犯罪嫌疑人认罪认罚的法律后果

在审查逮捕环节，检察官在告知犯罪嫌疑人享有的诉讼权利的同时，应当一并告知其认罪认罚的法律后果，并听取其意见。告知权利是检察机关保障犯罪嫌疑人诉讼权利的前提。虽然认罪认罚从宽不属于诉讼权利，但其对犯罪嫌疑人的利益有重要影响，对诉讼的顺利进行也具有积极意义，在审查逮捕环节检察官应当核实并确保犯罪嫌疑人知悉该项制度的法律意义，巩固其认罪意识，或者促使其产生认罪意识。当前，审查逮捕环节的权利告知通常以格式化的《权利义务告知书》形式进行，其中也有关于“犯罪嫌疑人如实供述可以获得从宽处理”的告知内容。在改革试点过程中，应当将此项权利内容更加

细化和明确，增加认罪认罚从宽制度的具体内容，特别是“实体从宽、程序从简、进度从快”的精神，以有助于犯罪嫌疑人对认罪认罚从宽的认识和选择，推动该项制度在侦查阶段顺利落实。

（二）探索以诉讼化方式审查认罪认罚案件

最高人民检察院“十三五”规划纲要提出“围绕审查逮捕向司法审查转型，探索建立诉讼式审查机制”，进一步完善审查逮捕工作机制，促进减少审前羁押，节约司法资源。对于在侦查阶段认罪认罚的犯罪嫌疑人，对社会危险性的审查成为更为重要的工作内容。对于这类案件，律师参与全覆盖，审查逮捕环节可以尝试开展诉讼式审查，即由检察官当场听取侦查人员、犯罪嫌疑人（或）及其辩护人关于应否逮捕的意见。在诉讼式审查中，重点围绕社会危险性展开，同时融讯问犯罪嫌疑人、听取辩护人意见、释法说理于一体，既节约办案时间，又能广听各方意见，有利于促进提高案件质量和执法公信力。上海、重庆等地开展的公开审查实践证明，以诉讼式方式审查案件，能够提高社会认同度，在案件质量方面也更有保证。

（三）加强与侦查机关和公诉部门的衔接

加快办案节奏、实现精准审前繁简分流，是认罪认罚从宽制度的内在要求。审查逮捕环节处于侦查、公诉的中间阶段，加强与前后环节的衔接，有利于推动认罪认罚案件顺畅流转。在审查逮捕环节，犯罪嫌疑人认罪认罚的，侦查监督部门应当及时将情况向公诉部门通报；对于在侦查机关没有认罪的，还需向侦查机关通报，以促进其强化证据收集、转变办案方向，加快办案流程。

论重大事项社会稳定风险评估机制

文顺明*

重大事项社会稳定风险评估机制，是指与人民群众利益密切相关的重大决策、重要政策、重大改革措施、重大工程建设项目、与社会公共秩序相关的重大活动等重大事项在制定出台、组织实施或审批审核前，对可能影响社会稳定的因素开展系统的调查，科学的预测、分析和评估，制定风险应对策略和预案。这是一项重要的基础性工作。根据四川“遂宁模式”对“重大事项”的含义进行的科学界定，所谓重大事项包括事关广大人民群众切身利益的重大决策，关系较大范围群众切身利益调整的重大决策，涉及较多群众切身利益并被国家、省、市区县拟定为重点工程的重大项目，牵涉相当数量群众切身利益的重大改革措施等。[①] 由于我国正处于社会的变革期，城市化进程中引发的矛盾冲突不断加剧，导致缠访、重复访、闹访、越级访现象突出，屡禁不止。在和谐社会与法治社会的建设下，以人为本，纾解社会矛盾，恢复已被破坏的社会秩序，是司法工作的目标之一，因此建立科学有效的重大事项社会稳定风险评估机制成为当前亟待研究的一项重要课题。

一、重大事项社会稳定风险评估机制产生的社会背景及在检察机关适用的必要性

（一）重大事项社会稳定风险评估机制产生的社会背景

1. 社会利益结构矛盾突出，平衡公众利益的需要

随着我国社会经济的发展，社会结构和利益格局发生了深刻的变化，同时不同的社会阶层和社会群体开始成为利益主体，并围绕各自的利益诉求展开博

---

* 重庆市合川区人民检察院党组成员、副检察长，三级高级检察官。本文系重庆市人民检察院政治部与西南政法大学法学院联合培养专业型检察官项目调查研究成果。

① 霍燕：《关于完善重大事项社会稳定风险评估机制的思考》，载《前沿》2012年第21期。

弈。“人们奋斗所争取的一切，都同他们的利益有关。”① 公众除了利益诉求外，权利意识、安全意识等也逐渐增强，如对选举权、知情权、决策参与权，以及对环境、食品、卫生等领域安全的诉求日益强烈。所以在公共政策制定、重大决策出台和作出终结性法律文书前，通过重大事项社会稳定风险评估机制，充分运用问卷调查、听证会、访谈等多种公民参与的形式，对公众利益预期进行评估，为各利益主体创造公开、平等表达利益的渠道和平台，以平衡各方利益。提高公众对党委、政府和司法机关的认可度和信任度，从而在源头上防范社会风险。

2. 转变维稳思维的必然要求

传统的维稳方式是在社会矛盾化解和群体性事件的处置上采用单向的静态稳定思维，注重事件发生后处置的速度和力度，甚至为维护稳定不惜代价。各级党委和政府采取自上而下以垂直命令、群众动员、专项治理和集中整治的方式，并通过集中配置资源和整合多方力量来解决社会冲突和矛盾。这种治理方式往往能起一时之效果，但无长久功效。党的十八大报告明确提出，要加快形成源头治理、动态管理、应急处置相结合的社会管理机制。对事关民生的重要决策、重要政策、重要项目、重要改革措施进行社会稳定风险评估，对可能存在的不稳定因素及其风险程度、可控程度进行科学分析评估，同时明确化解、控制措施。与原有治理模式比较，社会稳定风险评估有助于实现从少数人决策到科学、民主决策的重要转变，对制度上构建社会稳定的基础具有重要的现实意义。

3. 取信于民的现实需求

新时期深入开展党的群众路线教育实践活动，对于教育引导党员干部牢固树立宗旨意识和马克思主义群众观，切实改进工作作风，赢得人民群众信任和拥护，夯实党的执政基础，巩固党的执政地位，具有十分重大而深远的意义。但是一些地方干部的“官本位”“权力本位”意识仍然突出，在决策中“一言堂”现象以及人民群众深恶痛绝的“四风”问题依然严重。要及时、有效的解决这一类问题，就需要重大事项社会稳定风险评估机制，通过公开、透明、科学、民主的决策方式，为党委、政府和群众的对话协商提供制度化的渠道，既提高党委和政府的公信力，又能赢得老百姓的赞赏，减少不稳定因素。

（二）重大事项社会稳定风险评估机制在检察机关适用的必要性

随着我国政治经济不断深入发展，以及利益格局的调整，各种深层次的社

① 《马克思恩格斯全集》（第1卷），人民出版社1956年版，第82页。

会矛盾和社会问题日渐显露，各种矛盾纠纷越来越多地以案件形式进入司法渠道，一些影响面广、人数众多的案件，一旦处理不好，就会影响到改革发展的进程和社会政治稳定。所以解决好此类案件，对维护群众合法权益，推进司法严肃公正，促进社会公平正义，确保社会大局稳定，具有重大而深远的意义。

1. 重大事项社会稳定风险评估是检察机关在执法办案过程中进行司法公开的重要体现

习近平总书记在就全面推进依法治国进行第四次集体学习时指出“司法工作者要密切联系群众，规范司法行为，加大司法公开力度，回应人民群众对司法公正公开的关注和期待”。制定重大事项社会稳定风险评估预案的前提是办理涉及人民群众切身利益、牵涉面广的案件，即公众对于正在办理的案件知晓，检察机关作出的处理决定会影响广大群众的利益。对于此类案件的办理，要依职权及时主动公开的信息，因为“阳光是最好的防腐剂。执法司法越公开就越有权威和公信力”①。

2. 重大事项社会稳定风险评估是检察机关在执法办案过程中维护群众切身利益的体现

“立检为公，执法为民”是检察工作的宗旨。维护群众合法权益是履行检察职能的出发点和落脚点。近年来，检察机关通过履行检察职能、畅通便民利民渠道、自觉接受群众监督等措施不断推进群众工作，在解决人民群众最关心的公共安全、最关切的权益保障、最关注的公平正义等问题上，都得到了群众的充分肯定。但是在严厉打击侵害群众生命健康的恶势力犯罪、多发性侵财犯罪以及查办涉及民生领域、重点项目等职务犯罪方面，因涉及不同群体的利益，会产生一些社会稳定风险，所以办理此类案件，通过事前进行重大事项社会稳定风险评估，制定切实可行的预案，将化解矛盾纠纷与维护社会稳定、释法说理引导与解决实际问题紧密结合起来，最大限度的维护群众合法权益。

3. 重大事项社会稳定风险评估是检察机关在执法办案中保证公众知情权、参与权、监督权的体现

知情权是监督公共权力的有效手段，是保护公民自身利益的需要，是消除谣言，稳定社会秩序和社会发展的需要。检察机关在办案过程中，对于有较大争议或有较大社会影响的刑事案件，通过制定重大事项社会稳定风险评估方案，对案件进行公开审查，通过公开听证、公开示证、公开论证和公开答复的形式，让公众充分参与，主动接受人民群众和社会各界的监督，把可以公开的

---

① 摘自《习近平总书记在中央政法工作会议上的讲话》。

检察工作向全社会公开，不仅加强对检察权的监督，而且能进一步保障案件当事人和社会公众对结果的接受程度，增进程序的正当性，提升法律的公信力，保障公民实现宪法赋予的知情权、参与权、监督权等民主权利，有效地保证公民的合法权利。

二、重大事项社会稳定风险评估机制在执法办案过程中遇到的困难

《重庆市检察机关涉检信访风险评估机制》第2条规定："涉检信访风险评估是指检察业务部门及案件承办人在案件作出处理决定或采取有关法律措施前，对可能引发涉检信访和其他社会不稳定因素进行综合分析评判，确定风险等级，分级预警，提出周密、恰当的处置预案，提前采取必要的防范或稳控措施，防止重大涉检信访事件发生的活动。"当前社会矛盾触点增多、燃点升高，维护社会稳定难度加大、任务繁重，建立涉检信访风险评估机制，是检察机关从源头上化解社会矛盾的一项重要的制度建设，其主要作用是要把维护社会稳定的重点放在预防上，防止在决策、审批等前端环节人为引发社会矛盾。

结合合川检察院的执法办案过程来看，目前落实社会稳定风险评估机制，存在以下问题：

（一）干警思想认识不足

近年来，随着合川经济的不断发展，企业改制、城市拆迁、移民搬迁、征地补偿、社会保障和再就业等问题的出现，产生的社会矛盾逐步突出。面对新形势新矛盾，合川检察院部分干警在办案过程中，没有认清形势，理顺各种社会关系，及时化解矛盾，预防和规避社会风险，也没有认识到评估是手段而不是最终目的，构建执法办案风险评估预警机制的最终目标是推动社会矛盾纠纷的成功化解和检察机关执法公信力的有效提升。很对干警是就办案而办案，没有真正实现办案效果和社会效果的有机统一。

（二）对需要进行社会稳定风险评估的案件范围不明确

《重庆市检察机关涉检信访风险评估机制》第5条规定："下列案件应当进行涉检信访风险评估：1. 有重大社会影响，或举报人、受害人、申诉人及其他当事人反映强烈，拟作出各种终结决定的案件；2. 拟采取查封、扣押、冻结财产措施的案件；3. 其他可能引发涉检信访的案件。"因为该条规定太笼统，不具有操作性，导致在实际办案过程中，承办人往往不愿意进行风险评估，即使进行了评估，也是为了完成规定任务，对信访风险评估不准确，制定的措施缺乏可操作性。

（三）缺乏科学有效的评估程序

根据《重庆市合川区稳定工作领导小组办公室关于推进重大事项社会稳定风险评估的通知》[①] 的规定，社会风险稳定评估程序是确定评估目的—制定评估方案—科学分析预测—形成评估报告。检察机关的相关文件中也没有规定评估程序，导致合川检察院在实际办案中，由承办人对风险点进行预判，然后制定评估方案，报部门负责人审批，未经过部门集体讨论，所以制定的措施缺乏可行性和操作性。

（四）评估责任主体不明确

合川检察院在执法办案过程中，由案件承办人进行评估后，报部门负责人审批，因为制定的措施缺乏操作性，所以社会风险评估预警方案并未实际起到应有的作用。而一旦发生涉检信访事件，造成不良影响或是后果，出现承担责任的主体不明确。是该由承办人承担，或是承办人所在部门的部门负责人承担，或是控申接待部门承担，并没有明确的主体界定。因此当责任发生时，承办人和部门之间都相互推诿责任，致使没有责任主体来承担已经发生的不良后果。

（五）网络舆情应对能力较弱

随着自媒体、全媒体时代的到来，拍客、微博、微信等新兴媒体的出现，使得“人人都是记者”“人人拥有麦克风”正成为可能，诉求、观点、认识在“网络舆论场”中持续发酵。[②] 检察机关不可能置身事外地处于“网络舆论场”的外圈，而是自然而然地成为网民关注的焦点。很多检察人员缺乏舆情意识，简单地认为，那是宣传部门的事情，对网络舆情不关心，缺乏对网络民意的足够重视，缺乏执法办案的舆情风险的预判，存有“置身网络事外”的错误思想。在应对网络舆情上，缺乏专职的舆情管理人员，缺乏网络舆情处置技巧，缺乏舆情应急处置机制。

三、重大事项社会稳定风险评估机制在执法办案中的运用探索

建立重大事项社会稳定风险评估机制是党中央、国务院站在治国理政的战略高度提出来的，是妥善处理改革、发展、稳定关系的一项基础性工作，也是从源头上治理社会风险，维护社会稳定有力的制度支撑和保障。检察机关作为

---

① 重庆市合川区稳定工作领导小组办公室文件，合川稳定办〔2013〕5号。

② 章俊程：《“微时代”涉检网络舆情的应对与处置》，载《行政与法》2013年第10期。

国家的法律监督机关，肩负着维护法律权威和司法公正的神圣使命，重大事项社会稳定风险评估机制的运用能够促进检察机关的执法办案工作更加公开、公正。

（一）提高检察干警对建立社会稳定风险评估预警机制的领会和运用能力

一些干警对社会稳定风险评估预警工作认识不深入，重视度不够；一些干警视社会稳定风险评估可有可无；一些干警认为社会稳定风险评估工作是走过场、走形式；甚至有些干警认为社会稳定风险评估工作是多此一举。如此种种错误认识，导致评估工作流于形式。所以，必须加强检察干警对社会稳定风险评估工作重要性的认识。检察院领导要从全局的角度出发，把社会稳定风险评估提升到转变执法办案方式，加强执法办案能力建设的高度来认识；检察干警要把社会稳定风险评估工作与群众路线教育实践活动结合起来，增强干警做群众工作的意识、方法和能力。除思想建设以外，在健全组织机制的保障上，控申部门作为检察机关的信访部门，联系群众的对外窗口，必须拥有集中受理、统一分流、督查协调以及建议处分权，并有权对信访件的办理过程进行督查。由于群众信访内容涉及面广，如错案纠正、对侦查活动监督等，均不是控申部门能够单独解决的，可以考虑设置一名专职委员直接领导管辖，行使对各部门的协调统筹权，从而有针对性地采取应对措施，解决群众信访诉求，缓解检群矛盾，维护检察机关形象。同时，控申部门还应按需配编，补充高素质人员，提高专业化水平，要将一些有一定心理学知识、法律知识掌握较为全面、协调能力强、经验丰富的干警充实到控申部门，以保证相关工作的良好开展。

（二）明确社会风险评估预警的案件范围

分析目前检察机关办理的案件中，易发生社会稳定风险的案件有以下三大类：

1. 极易发生涉检上访或激发社会矛盾，必须进行风险评估预警的案件

主要包括：公诉机关拟作不起诉决定、不予抗诉决定的案件；职侦局拟作出不立案或撤销案件的；侦监科不批准逮捕的和对被害人（含被害单位）不服不立案决定而申请立案监督，经审查拟作同意不立案决定的案件；控申科拟对不服检察机关处理决定刑事申诉案件作出维持或改变决定的；民行科对当事人不服人民法院民事、行政裁判，申请本院监督，拟决定抗诉或不予抗诉的；其他易于引发涉检信访问题发生的案件。

2. 对案件质量有影响，处理结果可能引发涉检信访、缠诉或引起群体性事件，经过分析需要进行风险评估预警的案件

主要包括：所办案件法律法规不明确，导致定性困难或认定罪与非罪缺乏

明确法律依据的案件；侦查机关取证程序违法，或收集、保全证据不当，造成证据的证明力下降，对案件处理可能造成较大影响的；人身伤害案件出现多个不同鉴定结论，可能影响定罪或重大量刑情节的；审查认定事实在证据上存在重大缺陷，可能影响审判认定或降低量刑幅度的；提起公诉后因案件事实、证据发生变化，或与人民法院在认识上产生重大分歧，可能出现无罪判决或撤回起诉的；共同犯罪中部分犯罪嫌疑人在逃，认定事实缺乏同案犯供述印证，可能影响定罪量刑的；其他可能影响案件处理结果的案件。

3. 处理后，有可能引发社会矛盾或涉检信访，根据案件具体情况进行分析，在必要时应该进行信访风险评估预警的案件

主要包括：受理的群体访案件；受理的反映检察机关工作人员违法违纪问题；实名举报的案件线索；群众反映因举报而受到打击报复的事件；上级检察院拟对下级院请示案件作出答复，可能会引起当事人上访的；在当地有较大影响或社会关注的敏感性案件；其他可能引起集体访等重大紧急信访事项。

（三）确定社会稳定风险评估预警的程序

对重大案件需要进行社会稳定风险评估的，不能仅由承办人作出，而应该经过风险评估、风险预警、风险化解、风险反馈与总结四个阶段。风险评估阶段，由案件承办人负责收集风险评估信息，对承办案件的社会稳定风险进行初步评估，在汇报案件时作为一项内容同时向部门负责人提出风险评估意见。填制《涉检信访风险评估预警表》，对存在社会稳定风险的理由逐一说明，注明风险程度。风险预警阶段，对重大及较大风险等级的案件，由部门负责人组织本部门有关人员进行评估，形成明确的风险分析论证意见和化解方案，向分管检察长汇报案件时将风险分析论证意见和化解方案一并汇报，并决定是否提交检委会讨论。风险化解阶段，也是预案的落实阶段，向检委会提交讨论的社会风险评估案件，检委会应当认真讨论社会稳定风险评估意见及化解方案。检委会做出最终决定后，责成承办人及时向当事人做好释法说理和疏导工作。必要时，可由部门负责人、分管检察长亲自做释法说理工作，积极化解社会矛盾，确保案结事了。执法办案风险的反馈与总结阶段，承办部门必须将执法办案风险预警工作预案及时送本院控申部门报备，便于控申部门及时掌握情况，做好接待信访人工作。风险化解后，承办部门要将风险化解报告单交控申部门，由控申对执法办案风险评估预警工作进行总结。

（四）明确责任主体，建立责任追究制

建立重大事项社会稳定风险评估机制的目的是为了从源头上防止因办理涉

及人民群众切身利益、牵涉面广的案件而引发的社会冲突。为使办案风险得到早预测、早发现、早化解、早控制，按照检察机关的工作性质和特点，必须构建社会稳定风险评估预警责任追究制。对不积极开展执法办案风险评估预警，谁对应当评估预警的案件，承办部门、承办人严重不负责任，应当进行评估预警而未落实的，或评估失误、未采取有效防范化解矛盾措施，导致矛盾激化，丧失处理时机，引发非正常访等不良影响的，要依照有关规定追究相关部门和承办人员的责任。按照“谁办案、谁评估，谁决定、谁负责”的执法办案风险评估预警机制原则，建立和健全检察机关执法办案风险评估预警机制中的责任追究问题。要坚持“依法办案与化解矛盾相结合”，为了减少在实践中相互推诿和事后无法追责的现象，除首办责任制和领导包案制外，还应当根据案件的风险程度，确定第一责任人和主要责任人：根据涉检信访预警评估机制拟定为重大风险案件的，由检察长启动预警化解机制，分管案件的检察长对于拟定风险较大的案件决定是否进行预警化解，而部门负责人则负责一般风险的案件。对重大风险案件、较大风险案件和一般风险案件，应当分层次分别由检察长、副检察长、部门负责人进行负责，作为第一负责人进行决策性的指导和计划，而具体承办的工作人员应当作为直接负责人，对风险案件的具体化解工作进行实施与执行。

（五）建立系统性的舆情处置工作机制

针对当前“信访”向“信网”的发展趋势，建立起风险预估、监测预警、分析研判、处置引导“四位一体”的舆情处置工作机制尤为重要。一是要建立完善涉检舆情风险评估机制，要求案件承办人在办案中要注意分析案件的网络舆情风险，并留意网络舆论，尤其要关注传统媒体已报道并引起较大反响、社会关注度高的案件。二是要建立完善涉检舆情监测机制，建立相应的舆情巡览预案队伍，配合宣传部门，通过人工搜索、监测软件等技术手段，巡览各主流网站、知名论坛、微博等，及时掌握与本单位或有关案件的舆情信息，以便于及时发现掌握舆情，向办案部门预警。三是要建立完善涉检舆情分级预警机制，根据传播范围、危害后果等综合因素，按网络途径产生的言论数量、影响、关注，划分出一般舆情、较大舆情和重大舆情的标准，建立涉检网络舆情处置的三级预警机制。四是要建立和完善涉检网络舆情研判机制，加强与涉检网络舆情直接关联人的沟通，加强与网络舆情应对专家的沟通，掌握舆情研判方法，把握舆情发展规律。五是要建立完善涉检舆情分级引导机制，在第一时间抢占先机，引导舆论主流，通过依法解决实体问题、争取“黄金”时间发声、主动设置议题引导舆论等方法，强化网络舆情应对处置的效果，善于综合运用网评员、意见领袖、传统媒体的作用，运用数据事例等有力证据，攻破网络谣言，通过他人之口传达检察正面信息，用网民自身态度转变产生“辐射带动力”，扭转舆论颓势，有时远胜于检察机关自身的辩解及正面发声。

四、结语

检察机关构建执法办案风险评估预警机制，是践行群众路线的应有之义，也是从源头上“防患于未然”的一项有效举措。但是构建检察机关社会稳定风险评估预警机制需要长期坚持、不断努力，需要检察干警树立大局意识、责任意识和群众意识，未雨绸缪，积极配合，妥善处置矛盾隐患。唯有如此，才能不断增强检察机关的执法公信力，提高群众对检察工作的满意度。

论刑事司法中的人权保护

王昌奎*

人权保护问题是近年来国际国内最为关注的一个问题。无论是从事理论研究的宪法学者、刑法学者、刑事诉讼法学者，还是从事法律实务的刑事司法人员、刑事辩护律师，可以说几乎都是张口必谈人权保护。特别是在“人权入法”之后，我国刑事法学界和刑事司法界对刑事司法中的人权保护问题更是展开了一场旷日持久的激烈争论。不过，当前我国刑事法学界和刑事司法界对刑事司法中的人权保护的认识均出现了这样一种认识误区：绝大多数同志都把刑事法律当成“犯罪嫌疑人、被告人、犯罪人（以下简称‘被追诉人’）的大宪章”，片面地强调在刑事司法中要保护被追诉人的人权，有的甚至大胆地提出了“宁可错放，也不错判”的主张①。记得曾经在一段时期，我国绝大部分刑事法学者和司法人员都认为，刑事司法中要保护被害人的权利。随着这种理念之弊端的逐渐暴露②，近年来，在对“严打”思维和冤假错案的批判声中，我国刑事法学界和刑事司法界的人权保护观念又矫枉过正，从一个极端走向了另一个极端，来了个180度的大转弯。毫无疑问，对被追诉人权利和被害人的过度强调和偏袒，必然都会加倍损害另一方的人权，必然会严重威胁广大无辜群众的人权，必然会影响司法公正和社会和谐。那么，刑事司法中到底该保护谁的人权？为什么要保护这些人的人权？怎样保护这些人的人权？

一、问题争议：刑事司法到底该保护谁的人权

对这一问题，近年来学界争议异常激烈，但归纳起来主要有三种观点。

第一种观点认为，刑事司法中应当保护的是被害人的人权。笔者将这种观

---

* 重庆市人民检察院第四分院职务犯罪预防处处长，三级高级检察官。本文系国家发改委项目“促进区域发展的法律法规体系研究”（批准号：2011－47－02）项目。

① 沈德咏：《我们应当如何防范冤假错案》，载《人民法院报》2013年5月6日。

② “严打”概念的提出，佘祥林、赵作海等错案的发生都是这种思维模式的必然结果。

点简称为“被害人人权保护论”。这种观点曾在我国占有相当的市场，所以在早期允许同态复仇。就是在解放后的很长一段时间内，我国的司法人员都基本持这种观点，所以搞“严打”，将犯罪嫌疑人、被告人五花大绑后游街示众。刑法和刑事诉讼法中（以下简称“两法”），仍然有这种思想的痕迹。例如，“两法”第1条中均还有“为了打击犯罪”之类的字句。如对部分轻微刑事犯罪案件，允许被害人提起自诉，允许被害人与被告人进行刑事和解。在理论界，犯罪本质理论中的“权利侵害说”、刑罚正当根据论中的“报应刑”思想，可以说与这种认识都具有一定的“血缘关系”。

对这种观点，绝大部分学者持反对意见。在众多反对者中，陈兴良教授的观点最为特别。陈教授认为，保护被害人权利是国家刑罚权存在的根据之一，它属于主权的范畴；而人权是与主权相对应的，它起着限制主权（这里主要是指刑罚权）的作用。因此，不能把刑法中的人权等同于被害人权利，更不能把刑法的人权保障理解为就是对被害人权利的保障①。陈教授指出，保护被害人的权利属于刑法的社会保护机能。②

第二种观点认为，刑事司法中应当保护的是被追诉人的人权。笔者将这种观点简称为“被追诉人人权保护论”。这种观点的是当前我国刑事诉讼法学界最流行的观点。如北京大学的汪建成教授就认为，刑事诉讼法中的“人权”是指“个人对抗国家权力的权利”③，因为在特定案件中，除了犯罪嫌疑人、被告人之外，受害人和其他公民均没有“对抗国家权力滥用的机会”，所以，刑事诉讼法中的“保障人权”就是指“保障犯罪嫌疑人和被告人的权利”。刑法学界也有不少学者持这种观点。主要代表是日本的西原春夫和我国的陈兴良教授。西原春夫认为，刑法的保障机能是指保护犯罪行为者的权利及利益，避免因国家权力的滥用而受害的机能。④ 陈兴良教授认为：“人权是一种个人权利，刑法中的人权是指被告人的权利。”⑤ 这种观点的理由归纳起来主要有三点：一是刑事诉讼活动的开展都是围绕着确认被追诉人的刑事责任问题进行的；二是刑事诉讼中的人权必须是那些与刑事相关的权利，所以只有那些进入刑事诉讼流程的人才能享有这些权利；三是在刑事诉讼中强调人权保护，主要作用在于抵制国家司法权的滥用，因此只有那些可能受到滥用国家司法权的威

① 陈兴良：《本体刑法学》，商务印书馆2003年版，第40页。
② 陈兴良：《当代中国刑法的新视界》，中国政法大学出版社1999年版，第224—225页。
③ 汪建成：《论刑事诉讼中人权保护的几个理论问题》，载《中外法学》1999年第2期。
④ ［日］西原春夫：《刑法的根基与哲学》，顾肖荣等译，法律出版社2004年版，第45页。
⑤ 陈兴良：《本体刑法学》，商务印书馆2003年版，第40页。

胁的人才有可能是刑事诉讼中人权保护的主体。有些诉讼参与人（如证人、翻译人、鉴定人等）虽然也进入诉讼流程，但由于他们并不面临滥用国家司法权的威胁，所以不应视为刑事诉讼中人权的主体。德国刑法学家李斯特也曾经说过，“刑法是保护罪犯的大宪章”。

对这种观点，也有不少学者提出反对意见。陈忠林教授指出，如果刑事司法中应当保护的仅仅是被追诉人的人权，那么国家还要制定刑法、刑事诉讼法等刑事法律规范干什么？这些法律本质上不就是规定如何侦查犯罪、追诉犯罪、处罚犯罪、制裁犯罪的法律吗？不去侦查犯罪、追诉犯罪、处罚犯罪、制裁犯罪，放任他们在社会中逍遥自在地胡作非为不是更能保护犯罪人的人权吗？陈教授认为，假如罪犯的人权与受害者的人权之间出现不能两全的情况，更应该优先保护的是受害者的人权，因为无辜是一个绝对理由，否则，人权就会变成一个自相矛盾从而自毁的概念。

第三种观点认为，刑事司法中应当保护的是全体公民的人权。笔者将这种观点简称为“全体公民人权保护论”。其主要代表人物有日本的木村龟二和我国的何秉松教授、陶晖先生。木村龟二认为，刑法不仅是犯罪人的大宪章，而且是善良公民的大宪章。之所以说刑法是犯罪人的大宪章，是因为即使行为人实施了犯罪，也不能对其实施刑法规范以外的不正当的刑罚。之所以说刑法就是善良公民的大宪章，是因为只要公民没有实施刑法禁止的行为，就不能对该公民处以刑罚①。何秉松教授认为，刑法中的人权保护包括保护被害人的人权，保护被告人（犯罪嫌疑人）的人权，保护全体中国公民的人权②。陶晖也提出，刑法对人权的保护，既包括对被害人及守法公民的人权保护，也包括对犯罪人人权的保护③。陈兴良教授虽然认为“刑法中的人权是指被告人的人权”，但他同时又指出，刑法的保障机能通过限制刑罚权，尤其是限制司法权，保障被告人的权利，进而实现对一般人的权利的保障。因此，刑法不仅是犯人（被告人）的大宪章，也是守法公民的大宪章④，是公民自由的大宪章⑤。

对这种观点，提出批评意见者也不少。有学者认为，“全体公民人权保护论”在外延上既过于狭窄又过于宽泛。说它过于狭窄，是因为“公民”是一

① ［日］木村龟二：《刑法学词典》，上海翻译出版公司 1992 年版，第 9 页。

② 何秉松：《刑法教科书》，中国法制出版社 1997 年版，第 154 页。

③ 陶晖：《我国现行刑法的人权保障功能》，载《培训与研究——湖北教育学院学报》2004 年第 1 期。

④ 陈兴良：《本体刑法学》，商务印书馆 2003 年版，第 40 页。

⑤ 陈兴良：《当代中国刑法新视界》，中国政法大学出版社 1999 年版，第 229 页。

个与国籍紧密相联的概念，一个人只有当他具有某国的国籍时，才能称作是这个国家的公民，那么，当外国人或者无国籍人在一个特定的国家实施犯罪而被提起刑事诉讼，是否应当对他的人权给予保护呢？答案自然是肯定的，特别是在当代各国都强调国际刑事诉讼中的人权保护的时代背景下，更是不言自明。说它过于宽泛，是因为事实上并不是"全体公民"都是犯罪嫌疑人或被告人，对于那些没有进入诉讼流程的公民来说，根本上没有必要运用刑事诉讼中的人权来抵御滥用国家司法权的威胁。还有学者认为，用"全体公民人权"来解释刑事司法保护的客体似乎不妥。国家对有些犯罪如贪污贿赂犯罪、危害国防利益犯罪的处罚，与其说是在保护公民的人权，不如说是在保护国家利益、社会利益、公共利益或社会管理秩序。

比较上述观点，我们可以看出，被害人人权保护论和被告人人权保护论都明显不合理。

"被害人人权保护论"对被追诉人明显不利，容易导致刑罚权的滥用。近年来我国刑事司法中出现的佘祥林案、赵作海案、呼格吉勒图案等冤假错案就是在这种思想指导下的结果。刑罚权一旦被滥用，对全体公民来说也是个重大威胁。事实上，这种观点在逻辑上也存在诸多矛盾：这种观点的逻辑前提是，犯罪行侵害的似乎只是被害人的人权，所以刑事司法只保护被害人的人权。按这种逻辑，刑事犯罪、民事侵权、行政侵权都只是侵害被害人个人的权利，为何国家对民事侵权、行政侵权行为实行自诉，而对刑事犯罪行为却要坚持国家公诉？按这种逻辑，国家对民事侵权行为、违约行为和行政侵权行为的处罚都只是对受害人（被害人）个人人权的保护，刑法、民法、行政法都可称为人权保护法，那么，这三大法的界限在哪里？如果仅仅保护被害人的人权，国家在打击刑事犯罪过程中为何要动用包括立法、行政（负责侦查的公安机关和负责执行的监狱机关）、司法（负责起诉的检察机关和负责审判的法院）甚至国家武装力量（负责监狱警戒的武警）在内的全部强制性力量？显然，按这种观点是没法回答的。

"被告人人权保护论"则对被害人人权的保护明显不利，很容易导致犯罪行为被放纵、姑息。放纵、姑息犯罪行为，对全体公民的人权仍然会造成严重威胁。2016 年 4 月 15 日，我国台湾地区警方以犯罪事证不完整且无拘票为由将在马来西亚因涉嫌诈骗被遣返回台北的 20 名台湾嫌犯当场释放。虽然这些犯罪嫌疑人齐声赞扬台湾当局很尊重他们的人权，但台湾当局的行为却引发了两岸民众的愤怒和谴责。国务院台办发言人安峰山明确指出台湾方面的这一做法是对众多受害者权益的漠视和再度伤害，要求他们立即纠正错误，尊重和维护受害者合法权益。台中地检署不得不于4月20日对被释放的20名诈骗犯罪嫌疑人进行传唤，并对其中的18人向法院提出羁押申请，台中地方法院21日作出裁定将上述20名嫌犯中的18人羁押禁见，对其余2人限制出境。台湾警方释放犯罪嫌疑人为什么会惹众怒？台湾当局最后为什么又会纠正错误？就是因为两岸民众和台湾当局心里都很明白，刑事司法绝不能仅仅为保护被告人的人权而放任犯罪行为去侵害被害人的人权和威胁全体公民的人权，这是司法公正的题中之意。德国刑法学家李斯特曾经说过“刑法是保护罪犯的大宪章”，但李斯特在说这句话时是有其自身背景的，他是一个社会保护论者，并非单纯的罪犯人权保护论者，他不仅注重保护罪犯的人权，更注重保护全体公民的人权。他在《刑法的目的观念》一书中提出刑罚的目的有三个：（1）矫正需要改造而且可以被改造的犯罪分子；（2）威慑不需要改造的犯罪分子；（3）使不可改造的犯罪分子无危险。这就是部分刑法学者归纳的“矫正可以改造好者，不可矫正者使之不为害”。可见，李斯特所谓的“刑法是保护罪犯的大宪章”只是重点强调了一下刑法对被追诉人权的保障机能而已，并没有否定刑法保护全体公民人权的机能。脱离李斯特的文化背景和其理论倾向，对那句话进行断章取义，得出的结论显然是片面的。

“全体公民人权保护论”相对更合理、更科学。虽然也有不少学者对这种理论提出质疑，但笔者认为，这些质疑基本上都可以得到“合理排除”。（1）关于在保护“公民”人权的同时也应当保护外国人人权的问题。的确，在和平时期，对在一国境内活动的外国人、无国籍人，无论其是被告人、被害人还是无辜者，政府对他们的人权都应当给予一并保护。但是，政府保护外国人人权的最终目的是什么？最终目的是为了保护外国人的人权吗？显然不是，各国对外国人人权保护的最终目的还是为了保护本国公民的人权。在国际法上，各国都在不断强调对等原则，各国驻国外的大使馆、领事馆等外交机构都在不断地为本国公民努力争取国民待遇，有些国家还利用本国强大的实力努力争取最惠国待遇，其最终目的都是为了更好地保护本国公民的人权。（2）关于绝大多数公民并未参与刑事诉讼如何保护的问题。虽然绝大多数公民未直接参与刑事诉讼，但刑事诉讼会间接涉及且最终都会涉及大家的利益。这就是国家在制定法律的时候常常要广泛征求广大人民群众的意见建议的原因，要在法律中赋予普通公民对任何犯罪行为的举报权利和对任何司法行为进行舆论监督的权利的原因，这就是为什么国家一再司法机关要公开司法、阳光司法的原因，这就是每发生一件冤假错案往往会成千上万“与事无干”的网民会在网上踊跃发言的原因。（3）关于用“全体公民人权”来解释刑事司法保护的客体似乎不妥的问题。的确，从表面上看，国家对有些犯罪如贪污贿赂犯罪、危害国防利益犯罪的处罚是在保护国家利益、公共利益或社会管理秩序。但事实上，正如上文分析，国家的一切权力来源于人民，属于人民，国家的一切利益当然也属于人民。换言之，国家利益、公共利益本身就属于“全体公民人权”的范畴。至于社会秩序，也属于人权的范畴。准确地说，社会秩序是人权赖以实现的基本条件。没有秩序就没有任何权利存在的可能。卢梭说过，秩序是一切权利的基础，是一切权利中最神圣的权利①。《世界人权宣言》第28条明确规定：“人人有权要求一种社会的和国际的秩序，在这种秩序中，本宣言所载的权利和自由能获得充分实现。”

二、问题论证：刑事司法保护全体公民的人权

“全体公民人权保护论”不但在形式上有道理，而且在逻辑上也能够得到证成。无论是从犯罪的本质、刑罚的正当根据看、刑法的调整对象看，还是从“两法”的目的和任务看，我们都可以得出这样的结论：刑事司法中保护的是全体公民的人权。

（一）为什么说刑事司法保护的是全体公民的人权

1. 从犯罪行为的本质看，刑事司法保护的是全体公民的人权

对犯罪行为的本质，刑法学界争议很大。但归纳起来，对犯罪本质的认识主要有以下三个角度：（1）从客观危害的角度探讨犯罪的本质，也称客观危害论。主要有费尔巴哈“权利侵害说”和李斯特“法益侵害说”。费尔巴哈认为，犯罪是对公民个人权利的侵害；李斯特则认为犯罪实质上是对法益的侵害。我国刑法中也有“社会危害性”理论，认为犯罪是一种严重危害社会的行为。（2）从主观罪过方面探讨犯罪的本质，也称意志对立论。主要代表人物有奥斯丁、黑格尔、马克思等，包括规范违反说、命令违反说。如黑格尔认为犯罪是个人犯罪意图的体现，马克思认为，犯罪的实质是“孤立的个人反抗统治关系的斗争”的对抗。（3）从人格方面探讨犯罪的本质，也称人身危险论。主要代表人物有龙伯罗梭、加洛法罗、菲利等。龙伯罗梭认为，犯罪是犯罪人反社会人格的一种表征。其中，龙伯罗梭认为这种犯罪人反社会人格的形成与其生理原因有关，加洛法罗认为犯罪人反社会人格的形成与其心理有关，菲利则认为犯罪人反社会人格的形成与犯罪人的内部心理和外部社会条件

---

① ［法］卢梭：《社会契约论》，商务印书馆1997年版，第8页。

均有关。不过，上述观点均存在不同程度的问题。如“权利侵害说”，民事侵权行为、行政侵权行为也是对权利的侵害，为何未作犯罪处理？为何在中国持有枪支就是对公民权利的侵害，在美国持有枪支就不是对公民权利的侵害？如果犯罪行为仅仅是对公民个人权利的侵害，为什么国家要动用一切暴力机器来惩罚犯罪？“法益侵害说”也不例外：违反民法、行政法的行为也是法益的侵害，为何未作犯罪处理？“社会危害”一词也无法将犯罪行为与民事违法行为、行政违法行为区别开。法益侵害说和规范违反说、命令违反说都存在一个共同的问题——对立法权无法进行限制，立法者可以随意地将一些并不重要的利益上升为法益，随意地制定刑法规范，随意地发布命令。显然，这对处于绝对弱势的广大人民群众来说是极其危险的。人身危险论则根本无法把握，似乎可以把所有的人都抓起来，因为每个人看起来似乎都有一定的人身危险性。按这种理论，精神病人也具有人身危险性，且病得越厉害其人身危险性越大。针对上述犯罪本质论的缺点，结合对犯罪行为特有的处罚措施——刑罚的特点和相关法律规定，陈忠林教授提出了“人权侵害说”。陈教授认为，犯罪行为实质上是一种侵害或威胁全体公民人权的行为。“人权侵害说”克服了传统犯罪本质论的缺点，科学地解释了现代法治国家都要动用一切力量惩罚犯罪的原因，而且科学地划定了犯罪行为的外部边界，使犯罪行为与民事侵权行为、行政侵权行为得以区别开来，对立法者和司法者科学把握犯罪圈也具有一定的指导作用，从而在一定程度上达到了限制立法权和司法权的目的。由于犯罪行为侵犯的是全体公民的人权，所以刑事司法中保护的自然是全体公民的人权。

2. 从刑罚的正当根据看，刑事司法保护的是全体公民的人权

对刑罚权的正当性的解释，刑法学界主要有两种学说：报应主义和功利主义。报应主义者认为，刑罚是对犯罪人实施的犯罪行为的报应，行为人选择去实施应该受到刑罚处罚的错误行为，受到刑罚处罚是罪有应得。功利主义者认为，刑罚的适用是为了预防犯罪，即通过剥夺或限制已经表现出人身危险性（对社会规范持漠视、蔑视的人格态度）的犯罪人的基本人权，来限制犯罪人的犯罪能力，教育改造犯罪人，威慑其他具有人身危险性的人，从而控制犯罪、减少犯罪。但上述观点都存在问题：（1）按通说，人权只能作为目的被保护，不能作为实现其他任何目的的工具，国家为了预防犯罪或让犯罪人得到报应就可以剥夺或限制公民个人的基本人权？国家能不能把公民个人作为实现社会目的的工具？显然，上述两种观点都很难作出合理的解释。（2）上述观点并不能回答刑事责任与民事责任、行政责任有何本质区别。（3）功利主义理论为司法者打着“预防犯罪”的幌子滥用刑罚工具提供了理论依据。当前，

刑法学界出现了将刑法理论与道德价值割裂的趋向，功利主义理论难辞其咎。报应刑理论也为社会报复犯罪人提供了理论支持，助长了憎恨犯罪人和复仇的情绪。当前，我国不少司法者和学者仍然热衷“严打”，重刑观念仍然具有一定市场，原因也在于此。

那么，国家剥夺或限制公民个人人权的正当性何在呢？考察一下世界各国的刑罚，我们不难发现，无论哪个国家的刑罚都表现为对公民的自由权、财产权、政治权利甚至是生命权的剥夺。如管制、拘役、有期徒刑和无期徒刑是对自由权的剥夺，罚金和没收财产是对财产权的剥夺，剥夺政治权利是对政治参与权的剥夺，死刑是对生命权的剥夺。而且，刑罚完全以剥夺公民最基本的人权（人身、财产、政治权利，甚至生命）为内容，以完全剥夺公民最基本的人权为限度（终身监禁、没收全部财产、剥夺政治权利终身甚至死刑）。众所周知，人权是一个人做人的权利，具有终极价值，神圣不可侵犯。而且，正如上文分析，国家存在的唯一目和其主要任务就是保护其公民的人权。那么，以保护其成员利益为神圣职责，以维护公民人权为根本宗旨，承担着“尊重和保障公民人权”根本义务的国家，为什么还要利用刑罚权来限制、剥夺犯罪人最基本的人权？国家有什么正当理由来剥夺或限制一个公民最基本的人权呢？《世界人权宣言》第29条明确规定：“人人在行使他的权利和自由时，只受法律所确定的限制，确定此种限制的唯一目的确在于保证对旁人的权利和自由给予应有的承认和尊重，并在一个民主的社会中适应道德、公共秩序和普遍福利的正当需要。”《欧洲人权公约》第8条也规定：“任何人对于自己的私生活和家庭生活、住宅及通讯都有权受到尊重，除非依据法律并且在民主社会所必要的范围内出于国家安全、公共安全或国家的经济福利的利益，为了预防骚乱或犯罪、保护健康或道德或者保护他人的权利和自由，公共机关不得干预这项权利的行使。”可见，国家剥夺或限制公民个人的基本人权，理由只有一个：只有为了保护人权才能剥夺人权，只有为了保障全体公民的人权才能剥夺公民个人的人权，只有为了保障全体公民的人权且在迫不得已的情况下才能剥夺公民个人的人权。什么叫迫不得已？内涵有四：（1）其他法律不能有效调整；（2）如果不用刑罚调整，相应的法律制度就会崩溃；（3）如果不用刑罚调整，社会成员普遍感到自己的基本权利就会受到威胁；（4）刑法所保护的利益必须大于所牺牲的利益。可见，国家之所以要利用刑罚权限制或剥夺犯罪人个人的人权，实在是出于迫不得已，出于为了保障“全体公民人权”这个更大的利益，不得不牺牲犯罪人“个人的人权”这个相对较小的利益。正如上文分析，犯罪的本质在于对包括被害人、无辜者个人人权在内的“全体公民人权”

的侵害和威胁，所以不得不对其适用刑罚处罚，不得不限制或剥夺犯罪分子的人权。换言之，保护全体公民的人权就是适用刑罚的正当根据，如果仅仅为了保护公民个人的人权，国家就没有必要动用刑罚。如果为了保护公民个人或少数人的人权而动用了刑罚，那么这个行为就是不正当的。

由于国家使用刑罚剥夺公民个人人权的正当根据只能是为了保护全体公民的人权，所以刑事司法中保护的自然只能是全体公民的人权。

3. 从刑法的调整对象看，刑事司法保护的应是全体公民的人权

按照我国法理学界的通说，法律规范所调整的社会关系——调整对象是划分法律部门的主要标准①。任何一个部门法之所以能独立存在，就是因为它有着与别的部门法不同的调整对象——社会关系。正因为法律部门之间的本质区别在调整对象不同，所以几乎所有的民法学教科书和行政法学教科书都从民法、行政法特有调整对象的角度入手来界定民法和行政法的概念②。不过，对刑法的调整对象，刑法学界却出现了“刑法从属性说”与“刑法独立性说”两种不同的观点。③“刑法从属性说”认为，刑法所保护的利益基本上都是由其他部门法先行确定的权利或义务，刑法所处罚的犯罪基本上都是首先为其他法律所禁止的行为，其他部门法的调整对象都可以成为刑法所调整的社会关系，因此，刑法没有自己独立的调整对象，不是独立的法律部门。④“刑法独立性说”则认为刑法不但有自己独立的调整对象，而且有自己独立的行为规范，⑤有自己特有的任务和功能，有自己特有的规范体系⑥，因此是独立的法律部门。我国当代著名的刑法学家几乎都持这种观点。⑦但刑法特有的调整对

① 卢云：《法学基础理论》，中国政法大学出版社1994年版，第17页。

② 如多数民法教科书给民法下的定义是：所谓民法就是指调整具有平等主体地位的公民之间、法人之间、公民与法人之间的财产关系、人身关系的法律规范的总和。

③ 我国刑法学界存在认为刑法不仅是部门法，而且还是综合法的观点（参见苏惠渔：《刑法学》，中国政法大学出版社1994年版）。

④ 参见［日］宫本英修：《刑法大纲（总论）》，弘文堂1935年版，第3页。

⑤ 如禁止杀人、抢劫、强奸等就是其他部门法中没有的行为规范。当然，对于这些规范的性质，国外刑法学界也有不同看法。如德国刑法学家宾丁认为这些禁令，既不是刑法的一部分，也不是其他法律部门的一部分，而是一些独立的公法规范。支持刑法从属性说的人则认为，刑法中的这一部分规范是刑法用制定法的形式对传统的根深蒂固的习惯法的认可。

⑥ 如有系统完整的总则规范，有犯罪的预备、未遂、共同犯罪等任何其他部门法中不可能存在的特有制度。

⑦ 参见马克昌：《外国刑法学总论（大陆法系）》，中国人民大学出版社2009年版，第6页。陈忠林：《刑法学》，法律出版社2007年版，第1页。张明楷：《刑法学（上）》，法律出版社2009年版，第19页。陈兴良：《本体刑法学》，商务印书馆2005年版，第1页。

象到底是什么，我国刑法学界则出现了“广泛社会关系说”“罪刑关系说”“刑事法律关系说”“刑事责任关系说”等四种不同观点。但这四种“关系”都是一些抽象关系，难以把握。根据这四种观点，我们仍然无法找到刑法与其他法律部门的本质区别到底何在，更不能回答什么样的行为可以纳入刑法调整的范围，为什么这些行为不由其他部门法调整而由刑法调整等问题。那么，刑法特有的调整对象到底在哪里？我们该从何处寻找？

众所周知，刑罚是刑法特有的制裁措施，刑罚是刑法在形式上区别其他法律部门的唯一标志，因此，科学界定刑法的调整对象必须从刑法特有的调整手段——刑罚入手。考察刑罚权的运用过程，我们可以发现：刑罚的一端是掌握刑罚权的国家，而另一端是因犯罪而受到刑罚处罚的“孤立的个人”。换言之，刑罚的主体和适用对象说明，刑罚不仅是一种制裁措施，更反映了这样一种特殊的社会关系：国家和作为个人的公民之间的关系。结合上文刑罚的正当根据——为了保护全体公民人权，我们可以得出这样一种结论：刑法调整的是全体公民人权与公民个人人权之间的关系。根据这一结论，我们可以发现，刑法与民法、行政法的界限变得更加明晰：刑法调整的全体公民人权与公民个人人权之间的关系，民法调整的是平等主体之间的关系，行政法所调整的是国家行政机关与公民个人之间的关系。由于刑法调整的对象就是全体公民人权与公民个人人权之间的关系，所以刑事司法中保护的自然只能是全体公民的人权。

4. 从“两法”的目的和任务看，刑事司法保护的应是全体公民的人权

我国《刑法》第 1 条和《刑事诉讼法》第 1 条通常被视为关于“两法”目的的规定。不过，对这两条的理解，分歧很大。传统的观点认为，我国“两法”的目的是“打击犯罪”。当前，绝大多数学者都认为，我国“两法”有双重目的：打击犯罪、保护人权。事实上，这两种理解都存在明显问题：“打击犯罪”就意味着要动用刑罚，动用刑罚就意味着要剥夺犯罪人的人权，显然，这马上就与《世界人权宣言》《公民权利和政治权利国际公约》《经济社会文化权利国际公约》和我国宪法的规定对立起来了。因为根据上述法律文件，人权神圣不可侵犯，国家要尊重和保护人权，对人权不能随意限制，更不能随意剥夺。这种观点不仅与上述人权文件精神对立，而且还与国家的基本职责和主要任务——“保护人民”对立，与犯罪的本质、刑罚的根据、刑法的调整对象等理论对立。相反，如果我们将“两法”的目的和任务理解为“保护人权”，那么，根据《世界人权宣言》第 29 条规定，国家为了保护全体公民的人权，在迫不得已的时候，则可以通过法律明确规定，限制或剥夺公民

的人权。而且，这种观点无论是与我国宪法的规定还是与上文提到的犯罪的本质、刑罚的根据等刑法理论都高度契合。事实上，“两法”的目的与任务还可从国家（政府）与人民的关系这一角度推理出来。总之，“两法”的目的和任务都是保护全体公民的人权。由“两法”的目的和任务决定，刑事司法保护的只能是全体公民的人权。

（二）刑事司法为何要保护全体公民的人权

刑事司法中，国家（政府）之所以要保护全体公民的人权，是由国家（政府）与人民之间的关系决定的。

在专治统治时期，国家（政府）与人民之间的关系通常表现为统治与被统治关系。统治者为了证明其权力的正当性，常常鼓吹国家权力来自于“神意”①“上帝”②“天命”③，鼓吹“君权神授”④。在这个时期，国家权力表现为一种绝对的权力，一切都由统治者说了算，统治者往往视民如草芥，为所欲为。正所谓“普天之下，莫非王土；率土之滨，莫非王臣”，“君让臣死臣不得不死，父要子亡子不得不亡”。随着科学技术的不断发展，人类对自然科学认识的不断加深，“君权神授”的谎言逐渐被启蒙思想家戳破，他们将国家权力的正当性从“天”“神”转而诉诸于“民”，提出了“主权在民”“人民主权”思想。

---

① 在西方，早在公元前2500年早期美索不达米亚的历史文献中就有关于“神意”的记载。这种学说把神设想为社会真正的首脑，国王是神的化生，认为国家权力来源于神的旨意。

② 西方有上帝造人之说。在基督教中，上帝是永恒的存在，创造和治理世界。

③ 在中国，早在原始社会时期，由刀耕火种、生产力落后、认识能力有限等条件决定，人类在对自然的依赖、恐惧和祈望中，就逐渐产生了对“天”的信仰和崇拜，形成了一种朦胧的“天”的正当性意识，一切“听天由命”。据《论语·尧曰》记载：“尧曰：‘咨！尔舜！天之历数在尔躬。允执厥中。四海困穷，天禄永终’”。进入阶级社会以后，随着国家权力的私有化，统治者逐渐将自己掌握的权力披上了“神圣”的外衣，“天命”逐渐成了统治者的正当性基础。皇帝自称“天子”，皇帝称百姓为“子民”，至今百姓称政府官员为“父母官”“命官”。那时，人们常常以“天命”作为评判政治功过是非，“天命”一词在《诗》《书》等古代典籍中频频出现。如，“武汤革命，顺乎天应乎人”（《易·革·彖辞》）；“天乃大命文王，殪戎殷，诞受厥命”（《书·康诰》）。统治者常常通过夜观“天象”，来揣摩“天意”，推测“天运”，承受“天命”，行使“天职”。据《史记·周本记》记载：“九年，武王上祭于毕。东观兵，至于盟津。……是时，诸侯不期而会盟津者八百。诸侯皆曰：纣可伐矣。武王曰：女未知天命，未可也。乃还师归。”从周康王时期的《何尊》的铭文中，我们已清楚地看到“天”这时已具有了明确的社会政治意义。

④ 我国封建社会时期，历代皇帝都无不坚信自己受命于天，诏书开头就是“奉天承运”。隋文帝说，“帝王岂可力求！孔子以大圣之才犹不得天下”；唐太宗说，“帝王之业，非可以智竟，不可以力争者矣”；唐高宗说，“帝王自有天命，非小子所能取”；清太宗说，“天运循环，无往不复，有天子而废为匹夫者，亦有匹夫而起为天子者，此皆天意，非人力之所能也”。

按人民主权理论，国家权力来源于人权，派生于人权，是人民权利让渡的结果。主权既然来源于人权，自然也应服务于人权。人民建立国家的目的，就是为了更好地保护自己的利益，保护自己的人权。国家与人民之间、主权与人权之间的关系不过是一种产生与被产生、保护与被保护、手段与目的关系，国家权力不过是保护人权的一种手段，人权才是最终目的。国家权力与人权之间的这种关系，决定了国家权力的主要职责只能是保护全体公民的人权。日本学者庄子邦雄说过："国家的目的在于保护全体市民的相互的自由，换言之，保障各人可以完全行使自己的权利，保护各人的权利不受侵害，是国家的目的，所以，侵害权利是对市民结合的本质与目的的背反。"① 我国学者陈忠林教授也明确指出："保证公民基本人权不受侵犯，发展和丰富公民基本人权的内容，为公民基本人权的实现创造更好的条件，是现代国家存在的惟一目的，不允许任何出于非保护公民人权的目的运用国家权力"，"在一国之内，国家的任何活动都只应该是本国公民人权（即满足每一个公民不断丰富自己的需要内容和提升自己的需要层次权利）的体现。离开了人权，任何国家权力根本就没有存在的理由。"②

刑事司法权（刑罚权）是国家权力的一个组成部分，"两法"是国家行使刑事司法权保护全体公民人权的重要依据。由国家权力与人权的保护与被保护、手段与目的关系决定，刑事司法权（刑罚权）、"两法"与人权之间仍然是保护与被保护、手段与目的关系，刑事司法权和"两法"的最终目的和主要任务仍然应该是保护全体公民的人权。事实上，刑事古典法学派创始人贝卡利亚早就提出，刑罚权来自公民订立的社会契约，它是由公民所放弃或者转让的自由组合而成，其目的在于保障公民的自由③。正是因为基于这一点，所以我国"两法"均在第 1 条中明确规定，国家要"保护人民"，刑事诉讼法还明确规定，国家要"尊重和保障人权"。

（三）坚持"全体公民人权保护论"的理论意义

将保护全体公民人权定位为刑事司法的目的与任务，其重要意义至少体现在三个方面：

---

① ［日］庄子邦雄：《近代刑法思想史序说——费尔巴哈与刑法思想的近代化》，转引自张明楷：《刑法的基本立场》，中国法制出版社 2002 年版，第 5 页、第 15 页。

② 陈忠林：《刑法散得集》，法律出版社 2003 年版，第 19 页。

③ ［意］贝卡利亚：《论犯罪与刑罚》，黄风译，中国大百科全书出版社 1993 年版，第 9 页。

1. 有利于使刑罚权的边界更加明确

刑罚权的界限在哪里？哪些行为应该划入犯罪圈？哪些行为不应当划入犯罪圈？入罪和出罪到底该遵循什么原则？这是古今中外刑法学界至今没有解决的问题。从目前立法的实际情况看，好像是立法者想将什么行为入罪就将什么行为入罪，想将什么行为出罪就将什么行为出罪，谈不上什么标准，没有规律可循。但根据“全体公民人权保护论”，刑事司法保护的是全体公民的人权，其保护的前提是“迫不得已”——国家在全体公民人权受到犯罪行为威胁，保护的方式是通过剥夺犯罪人个人的人权来保护全体公民的人权。这个“迫不得已”明确了刑罚权适用的三条边界：（1）刑罚只有到了迫不得已的时候才能用；（2）到了迫不得已的时候必须用；（3）适用刑罚的时候保护的利益必须大于牺牲的利益。陈忠林教授将其提出的这种理论称为“紧急避险论”。无论是相对欧洲大陆法系的“必要性理论”、日本的“谦抑性理论”还是相对于我国刑法学界的“正当防卫论”，“迫不得已”论都更科学：不但退有底线（不使用刑罚手段全体公民的人权会遭受威胁或侵害），而且进有红线（使用刑罚的时候不能对全体公民的人权构成威胁和侵害）；不但使刑罚权的三条边界更加明确，更加科学，而且更容易把握；不但对刑事立法具有指导作用，而且对刑事司法也具有指导作用。更难能可贵的是，由于到底是“得已”还是“不得已”老百姓均可凭常识、常理、常情或自己的良心作出判断，所以“迫不得已”一词有利于使刑事立法权和刑事司法的监督权真正回到老百姓手中，使刑法真正变成民主刑法。

2. 有利于使刑法学理论更加科学、系统

从前面的分析我们可以看出，无论是犯罪的本质、刑罚的正当根据，还是刑法的调整对象，都与“全体公民人权”这一关键词有关：犯罪的本质是对全体公民人权的侵害或威胁，刑罚的正当根据是保护全体公民的人权，刑罚调整的对象是全体公民人权与被追诉人个人人权之间的关系。可见，“全体公民人权”是刑法学理论体系的“纲”，将刑事司法的目的与任务理解为保护全体公民人权，有利于将上述理论统一起来，形成一个更科学、更系统的刑法学理论体系，有利于更合理地解释用传统刑法学理论难以回答的诸多理论问题：如刑法是不是独立的法律部门？国家凭什么可以限制甚至剥夺一个公民最基本的人权？这些问题，传统的刑法学理论是一直无法解释的，但用“全体公民人权保护论”来解释则更科学、简单一些。

3. 有利于促进司法更加公平、公正

如果仅仅理解为对被害人的保护，容易导致刑罚权的无限扩张。如果无限扩张，对被告人的权利无疑会造成更大的伤害。相反，如果仅仅将其理解为对被告人权利的保护，那么刑罚权就会被无限压缩。如果被无限压缩，对被害人的权利又会造成更大的伤害。无论是无限扩张或无限压缩，都会对广大无辜群众的人权造成更大的威胁，都会引起老百姓的不满。因此，刑事司法中既要注重保护被害人的人权，又要注重保护犯罪嫌疑人、被告人、犯罪人的人权，还要放眼全体公民的人权。不能一味地强调“严打”，重视保护被害人的人权而无视被告人的人权；也不能一味地强调“宽缓”，重视保护犯罪嫌疑人、被告人、犯罪人的人权而忽略被害人已受侵害的人权和全体社会成员正在遭受侵害威胁的人权。

三、问题的展开：刑事司法如何保护全体公民的人权

那么，在刑事司法中国家（政府）又是怎样保护全体公民人权的呢？理论界有不同说法，笔者认为主要有三种方式：

第一，国家通过惩罚犯罪，消除犯罪行为对全体公民人权的威胁，从而保护全体公民人权。刑事法律规范首先是授权规范。司法机关利用刑事法律规范授予的权力，打击犯罪，努力防止这种行为的再次发生，使全体社会成员免受犯罪行为的威胁。从这个角度，我们可以看出，“打击犯罪”与“保护人权”并非对立关系，二者是完全统一的。“打击犯罪”不过是“保护人权”的一种手段，“保护人权”才是“打击犯罪”的目的。那种所谓坚持“打击犯罪与保护人权并重”“实现打击犯罪与保护人权的双重目的”，人为地将二者对立起来的观点不过是对人权的误读，对刑事法律目的和任务的误读。不过，对这种保护方式，又有两种不同的阐述：“正当防卫论”“紧急避险论”。有学者认为，国家通过刑罚权限制、剥夺犯罪人个人的人权，属于合法对非法，相当于“正当防卫”。陈忠林教授则认为，当犯罪行为侵害或威胁到了全体公民人权时，司法机关只能通过“紧急避险”的方式保护全体公民的人权，即为了保护较大的利益——保护全体公民的人权，且在迫不得已的时候，才能牺牲较小的利益——限制、剥夺犯罪人个人的人权。虽然“正当防卫论”和“紧急避险论”的前提条件都是迫不得已，但“紧急避险论”坚决要求“保护的利益”必须大于“牺牲的利益”，而“正当防卫论”无此要求，所以与“正当防卫”理论相比，“紧急避险”理论更具有限制立法权、司法权的作用，更具有合理性。

第二，通过限制刑罚权，防止刑罚权对被追诉人之人权的过度侵害，使有罪的人不受非法追究，间接消除刑罚权对潜在犯罪人（即全体公民）人权的

威胁，从而保护全体公民的人权。陈兴良教授指出："刑法的保障机能通过限制国家的刑罚权，尤其是限制司法权，保障被告人的权利，进而实现对一般人的权利的保障。"[①] 刑事法律规范既是授权规范，同时也是限制权力的规范。刑罚权具有非常大的危险性，稍不注意，就很容易侵犯被追诉人的人权。所以，国家通过刑事法律规范将其"关进笼子"，使其活动范围大大受限，危险性大大降低。国家限制刑罚权的目的，就在于时时刻刻提醒司法人员，被追诉人也是人，也应当将他们当成人来对待，对他们的人权，该限制或剥夺的就一定要限制或剥夺，不该限制或剥夺的就一定不能限制或剥夺，不能法外用刑，不能滥用酷刑。可见，这种保护方式与前一种方式明显不同，主要是通过限制刑罚权的方式实现的，重点针对的是潜在的犯罪人（即今后有可能走上犯罪道路的人），可称为间接保护。法国著名律师勒内·弗里奥说过："请不要以为您是一位行为端正的好父亲、好丈夫、好公民，就一辈子不与当地的法官打交道。实际上，即使是最诚实的、最受尊重的人，也有可能成为司法部门的受害者"，"不要以为您的声誉、您工作上的成绩和社会关系可以保护您。您如果以为这种司法裁判的错误只会被那些地位低下和倒霉的人碰上，那就大错特错了。这种错误不分青红皂白地打击着各种人，既有权贵，也有贫民"。[②] 可见，任何人都既不是天生的罪犯，也不是永远的天使。包括立法者、司法者在内的每个社会成员在明天都可能成为的被追诉人，都是刑罚权潜在的适用对象。如果对刑罚权不加限制，允许它今天肆无忌惮地侵害犯罪人的人权，那么这种不受限制的刑罚权明天就可能会肆无忌惮地侵害我们每一个潜在的犯罪人（即全体社会成员）的人权。

第三，通过限制刑罚权，消除刑罚权对广大无辜者人权的威胁，使广大无罪的人民群众不无辜遭受刑事追究，从而保护全体公民人权[③]。这种保护方式也是通过限制刑罚权的方式实现的，也可称为间接保护。不过，与前述间接保护方式不同的是，这种保护方式主要针对的是"笼子"之外的无辜者。日本刑法学家木村龟二说过，刑法作为善良公民的大宪章，是指只要公民没有实施刑法禁止的行为，司法机关就不能对该公民处以刑罚；作为被追诉人的大宪章，是指行为人实施了犯罪，司法机关也不能对其实施刑法规范以外的不正当

① 陈兴良：《本体刑法学》，商务印书馆2003年版，第40—41页。

② 李奋飞：《人权漫谈》，载《中国检察官》2008年第1期。

③ 林山田：《刑法通论》（上册），北京大学出版社2000年版，第48页。

的刑罚。[①] 我国持这种观点的学者主要代表人物是何秉松教授。何教授认为，刑罚对人权的防卫，是防卫一切人的人权。既防卫一般人的人权，也防卫罪犯的人权。防卫一般人的人权即防止无辜群众的人权被限制、剥夺。防卫罪犯的人权，不是说不能对罪犯施加刑罚，剥夺他应当被剥夺的人权，而是防止刑罚权的滥用，防止非法侵犯罪犯不应当被剥夺的人权。[②] 此外，孙长永、李海东也发表过类似的看法。孙长永教授曾经告诫大家："一个政府怎样对待它的犯罪嫌疑人，就必然怎样对待其他国民。"[③] 李海东博士也说过："刑事法律要遏制的不是犯罪人，而是国家。换言之，尽管刑法规范规定的是犯罪及其刑罚，但它针对的对象却是国家。这就是罪刑法定主义的实质，也是它的全部内容。离开了刑法的对象是国家这一认识，刑法自然就成为了国家对付犯罪的工具。"[④]

上述三种观点实质上从三个不同侧面揭示了刑事法律保障全体公民人权的方式，实际上可以进一步归纳为两种方式：通过打击犯罪行为来保护全体公民的人权和通过限制刑罚权的滥用来保护全体公民的人权[⑤]。对这一问题，事实上贝卡利亚和丹宁勋爵都曾提及。贝卡利亚认为，公民个人自由的转让形成了国家的刑罚权，这种刑罚权的存在是为了防止公民的自由不受到他人的侵犯。同时，它又是对国家权力的一种限制，如果刑罚超过了保护公共利益这一需要，它本质上就是不公正的[⑥]。丹宁勋爵也说过："每一个社会均须有保护本

---

① ［日］木村龟二：《刑法学词典》，上海翻译出版公司 1992 年版，第 9 页。

② 何教授认为，刑罚以防卫人权作为最高价值目标，它自身必须严格符合这个目标而不被滥用。在这种情况下，它自身就不是恶，而是善。不能认为刑罚惩罚罪犯，剥夺他们应当被剥夺的人权，就是以恶制恶。刑罚惩罚罪犯，是以善制恶。无论任何时候，都不能允许刑罚自身由善变为恶，都不允许以恶制恶。这样就使刑罚的适用，产生了一个内在的、自我控制、自我约束的机制，即刑罚的适用，必须受到防卫人权这个最高价值目标的制约，不得违背这个价值目标。刑罚不能一方面保护人权，另一方面自身又侵犯人权。以侵犯人权来防卫人权，这是以恶制恶，因而是荒谬的。防卫人权作为刑罚的最高价值目标所必然具有的这种自我控制、自我约束的内在机制，从根本上防止了刑罚自身对人权的侵犯，也从根本上杜绝一切假借防卫人权之名，行侵犯人权之实的行为。这一点，是任何现存的刑法理论所不具备的。你可以假借防卫社会之名，行侵犯人权之实；你可以假借实现正义之名，行侵犯人权之实。但任何人都绝对不可假借防卫人权之名，行侵犯人权之实。因为如果刑罚一旦侵犯了人权，它就不再是防卫人权了。正如刑法上的"正当防卫"一旦超越了它的界限，就不再是正当防卫，而是犯罪一样。刑罚对罪犯的惩罚，不是为了威胁或恫吓他人，而是通过以善惩恶，划清善恶的界限，树立以善胜恶的信心，使人们分清善恶，扬善惩恶。

③ 孙长水：《侦查程序与人权》，方正出版社 2000 年版。

④ 李海东：《刑法原理入门（犯罪论基础）》，法律出版社 1998 年版，第 4 页。

⑤ 包括保护潜在的犯罪嫌疑人的人权，保护无辜群众的人权。

⑥ ［意］贝卡利亚：《论犯罪与刑罚》，黄风译，中国大百科全书出版社 1993 年版，第 9 页。

身不受犯罪分子危害的手段。社会必须有权逮捕、搜查、监禁那些不法分子。只要这种权力运用适当，这些手段都是自由的保卫者。但这种权力也可能被滥用，而如果它被人滥用，那么任何暴政都要甘拜下风。”[①] 可见，保护全体公民的人权有多么重要。

① ［英］丹宁：《法律正当程序》，李克强等译，法律出版社 1997 年版，第 109 页。

留守未成年人重新犯罪问题实证研究

——以重庆某区77名留守未成年人犯罪案件为样本

万云松　陈贵玲　等*

全国妇联2014年发布的《全国农村留守儿童状况研究报告》，全国有农村留守儿童的6102.55万①，占全部农村儿童的37.7%，占全国儿童21.88%。这意味着每3个农村儿童中就会有1个左右的留守儿童存在。庞大的群体基数，俨然使留守儿童成为一个广受关注的社会问题，与之相应的留守儿童犯罪问题也不得不成为世人瞩目的命题。

重庆是大城市大农村并存的格局，农村区域宽广，经济落后，资源贫瘠，外出打工是重庆很多农民的主要出路，同时城市里的居民外出打工的也不在少数。由于外出务工的人数众多，重庆的留守儿童也相对较多。因此，某区作为重庆市三峡库区的核心及库区最大的移民城市，以某区近五年留守未成年人重新犯罪为样本，分析留守未成年人再犯的情况，对我们探讨预防留守未成年人重新犯罪的对策具有较大的参考意义。

一、"留守未成年人"及其重新犯罪的概述

（一）留守未成年人的界定

1. 留守未成年人的概念

留守，只是一种状态。这种状态并非是一成不变，而是一种变化中的状态，如父母回家或者将儿童带在身边都会是留守的结束，当然这也可能会是一

---

* 万云松，重庆市万州区人民检察院党组成员、副检察长，四级高级检察官。陈贵玲，重庆市万州区人民检察院未成年人检察科科长，一级检察官。谢昕原，重庆市渝中区人民检察院职务犯罪侦查局四级检察官助理。马燕，重庆市万州区人民检察院环保检察室四级检察官助理。本文系重庆市法学会少年法学研究会课题（编号为CQSNFXH2014B01）最终研究成果。

① 不同的机构与研究者对我国留守儿童数量的估算差别很大，少者一千万，多者数千万。造成这样差异的原因主要在于对留守儿童的界定标准存在区别。

种反复的过程。在我国留守未成年人的定义是多元的，学术界尚无统一的观点，主要是涉及以下两个要素：一是外出父母的数量；二是父母外出的时间长度。目前，学界普遍认为留守儿童是指那些在义务教育年龄（6—16岁）过程中，其父母中有一方在外打工，被除了父母以外的亲人或者他人照顾的儿童。对于父母外出时间的长度，学界存在着不同看法，有研究者以父母双方或一方外出打工三个月以上为标准，也有研究者以半年或者一年以上为标准。结合上述观点，根据联合国《儿童权利公约》第1条①，得出本文的研究对象：留守未成年人，是指在6—16周岁的成长关键期，在因父母一方或双方流动到其他地方6个月以上，不能长期与父母或父母中的一方生活在一起的18岁以下的人。

2. 留守未成年人的分类

根据本文对留守未成年人的界定，将留守未成年人分为以下几类：

（1）现实留守未成年人和非现实留守未成年人

现实留守未成年人是指在父母外出打工6个月以上，犯罪时依然没有返家的留守未成年人；非现实留守未成年人是父母曾经外出打工6个月以上，但犯罪时已经回家的留守未成年人。虽然非现实留守未成年人在犯罪时暂时得到父母的监管，但是这一部分未成年人已然受到曾经独自留守的影响，性格特征发生改变，尽管父母返家，在一定程度上心理受到了抚慰，但是留守的那一段时光对其的影响并未能彻底消退，父母返家会发现孩子与父母之间存在着交流的隔阂，亲子之间的亲情蒙受阴影，父母可能对孩子的影响力减弱，权威不在，支配力降低，管束不了孩子。这一部分群体依然会产生与现实留守未成年人一样的社会问题，因此在考察上笔者也将其归属于留守未成年人群体。

（2）农村留守未成年人和城市留守未成年人

农村留守未成年人是指家在农村和乡镇的留守未成年人，占据了留守未成年人绝大部分的比重，往往是留守未成年人的主要群体。但随着城市化的发展进程逐渐加快，经济结构的变化，城市人外出打工的数量也越发增多，在城镇里也出现了一批父母外出打工的留守未成年人。由于农村和城市的环境不同，所受的教育也不相同，因此所受父母外出的影响也不相同。

（二）留守未成年人重新犯罪的界定

重新犯罪是犯罪学研究用语而非刑法概念。目前，学术界和立法界还没有

---

① 联合国《儿童权利公约》第1条规定，为本公约之目的，儿童系指18岁以下的任何人，除非对其适用之法律规定成年年龄低于18岁。我国是该公约的缔约国，儿童与我国的未成年人的范畴是一致的。

统一的界定，不同角度会得出不同的定义，从犯罪学的的角度来看，具有代表性的观点有两种。广义说是指经人民法院判刑并投入监狱服刑的犯罪人员或者刑满释放的人员再次犯罪和经公安机关处理，正在劳动教养或已解除劳动教养的人员犯罪以及未受到刑事制裁的犯罪人员再次犯罪的。狭义说是指被处以刑法处罚或劳动教养的人员在刑法执行完毕和家畜劳动教养后又实施被处以刑法处罚的犯罪行为。本文主要采用狭义的重新犯罪观点，即重新犯罪是指触犯刑事法律并受到刑罚处罚后又重新故意实施犯罪活动，依法应当追究其刑事责任的行为。它既包括刑满释放人员回归社会后的再次犯罪，也包括正在执行刑罚期间的服刑人员的再次犯罪。本文所指的留守未成年人重新犯罪主要是刑满释放的未成年人回归社会后的再次犯罪行为，且这种行为一般具有报复、仇恨、补偿等心理特征，社会危害性大，应当重视对它的预防。

二、某区77名留守未成年人重新犯罪的调研分析

据本次调查统计，重庆市某区的留守未成年人犯罪占全区未成年人犯罪的49%，留守未成年人的重新犯罪率约为24.44%，并具有以下明显特征：

（一）留守未成年人重新犯罪率较高

如表1所示，2010—2014年留守未成年人再犯罪样本77个，得出5年内重新犯罪率为24.44%，而其他未成年人5年内重新犯罪率15.12%，留守未成年人重新犯罪的比例明显高于其他未成年人。与国内其他专家学者统计得出未成年人13.1%①的重新犯罪率比较，留守未成年人重新犯罪率也明显更高。

表1　2010—2014年犯罪数量统计　　　单位：人

年份	总人数	未成年人数	未成年人重新犯罪人数	留守儿童人数	留守儿童重新犯罪人数	重新犯罪比例
2010	1484	151	25	77	19	24.68%
2011	1670	144	27	70	14	20.00%
2012	1454	132	18	58	12	20.69%
2013	1464	92	30	51	15	29.41%
2014	1442	120	26	59	17	28.81%
合计	7514	639	126	315	77	24.44%

① 郭开元主编：《预防青少年重新犯罪研究报告》，中国人民公安大学出版社2013年版，第13页。

（二）重新犯罪年龄集中在未成年人向成年人交替之间

留守未成年人重新犯罪的年龄主要集中在16—20周岁，其中成年期间的17周岁、18周岁两个年龄组所占比重最大，分别达到21.63%、19.88%。发展心理学认为，人的心理成熟年龄大致是18—20周岁，在此之前，未成年人的身体发育快于心理发育。本次调查显示，未成年人重新犯罪周期与其心理成熟年龄基本保持一致，我们看到在19周岁以后，再犯罪比例逐渐减少，22岁之后重新犯罪情况已明显改观。

根据著名犯罪学家沃尔夫冈的长期跟踪调查，只有大约6%的未成年罪犯不能在成年后改变自己的行为，成为“终生犯罪人”，这类人在未成年人阶段都体现出行为上连续犯罪，思想上藐视社会，开始出现职业犯罪迹象。从长期的司法实践来看，未成年人罪犯主观恶性总体不深，具有较大的可塑性，大部分涉罪未成年人能够通过对事物的重新认识和重新进行自我评价，走上正确的人生轨道。留守涉罪未成年人因欠缺家庭管护、沟通，在初次犯罪后往往不能从家庭得到有效教育，在16—20周岁的年龄段内，重新犯罪风险更高。

（三）重新犯罪间隔时间短，刑罚执行完毕1年内重新犯罪较为突出

调查显示，有43%的留守未成年人在初次服刑或缓刑考验期满后1年内重新犯罪，17%的留守未成年人在初次服刑或缓刑考验期满后1—2年内重新犯罪，间隔2年以上重新犯罪的留守未成年人合计只有12%。由此可见，重新犯罪的间隔时间主要集中在初次犯罪刑满后1年内。留守儿童在初次犯罪后，由于留守未成年人多不具备家庭监管条件，缓刑考验期内的司法监督也多处于定期报到层面，致使留守未成年人缓刑考验期内的监管堪忧，调查显示，缓刑考验期内重新犯罪率也高达26.3%。

（四）重新犯罪的预谋性高，在团伙中的作用提升

以往资料表明，留守未成年人犯罪一般不会经过充分考虑，没有预谋，往往是只要受到某种影响和刺激，一时冲动，就可能立即萌生犯意，突发犯罪，在共同犯罪中多起辅助作用。但调查研究的留守未成年人初次犯罪后，由于他们的工作、生活均不稳定，又未能重新回归主流社会，再次犯罪时，初次的犯罪经历为再次犯罪提供了经验和胆量，使得犯罪的预谋性更强，团伙性明显，社会危害性更大。

表 2　留守未成年人在初次犯罪与重新犯罪中的作用比较

	初次犯罪	重新犯罪
是否有同伙	76.31%	70.52%
起主要作用	27.71%	60.00%
起次要或辅助作用	65.36%	36.47%
被胁迫参与	5.42%	2.35%
其他	1.51%	1.18%
样本量	332	85

（五）大多数留守未成年人重新犯罪时处于闲散状态

无论初次还是再次犯罪，犯罪时处于闲散状态的比例最大，特别是重新犯罪时，闲散比例高达 80%。他们由于学历低、技能少，社会就业能力差，犯罪经历更是增加了生存压力和生活风险，一旦得不到外力帮助，初次犯罪后很难找到合适的学习或工作途径，其重新犯罪的风险随之增加。这也印证了中央综治委预防青少年违法犯罪工作领导小组将闲散青少年群体、农村留守未成年人列为开展教育帮助和预防犯罪试点的五类重点青少年群体的“精确预防”思路。

表 3　留守未成年人初次犯罪与重新犯罪时所处状态比较

所处状态	再次犯罪	初次犯罪
工作	7.9%	20.2%
一直无业	28.1%	15.1%
失业两个月上	32.8%	25.2%
失业两个月内	18.6%	16.8%
上学	6.3%	14.3%
其他	6.3%	8.4%
样本量	64	119

三、留守未成年人重新犯罪的相关因素分析

犯罪的产生是一种综合的社会现象，其原因无外乎人类学因素、自然因素以及社会因素等三个方面，这三个要素我们可以称之为犯罪的结构性因素。对

于未成年人的犯罪原因而言，此三种因素并非三足鼎立的结构安排，而是强弱相伴的参差性结构理路。这主要体现在社会因素对未成年人犯罪的参与程度的强弱，“未成年人的犯罪，并非完全由个人自由意志决定（非决定论），而是由个人与社会的综合因素导致的（决定论）”，[①] 由于不同地区的不同情况，这些因素可能在整体的结构性影响中所起的作用有所不同。个人与社会因素的综合关系是未成年人犯罪异于成年人犯罪的重要结构性标识，按照犯罪社会学的观点，留守未成年人犯罪的主要原因来自于其成长的社会中的诸多结构性因素，如家庭、学校、传播媒介、救助机构等因素的影响[②]。从犯罪学社会控制理论角度看，这些因素回答了社会联系程度对于未成年人犯罪的影响程度。换言之，社会控制的形成有两个层次，一是社会联系，即青少年受制于社会给予的关爱、帮助，与社会之间形成了紧密的生存关系；二是社会遏制，即青少年的违法犯罪行为在打破已然形成的社会秩序时，社会将对之采取适应性对策。留守未成年人重新犯罪的因素实际上是从社会联系论的层面解读未成年人的犯罪原因。该论认为，“父母、朋辈及学校的联系，当个人对这些事物的依附程度较高，会受彼此共有的规范所约束，他们犯罪的机会便较少”。[③] 因此，本文对留守未成年人重新犯罪原因的分析，依托社会联系论，主要结合未成年人犯罪的家庭、学校及社会因素作出，以探究他们重新犯罪中具有共性的特殊之处。

（一）家庭关系的薄弱

家庭是未成年人主要的生活场所，家庭环境对未成年人的成长具有重要影响。现代犯罪学认为，家庭环境与未成年人犯罪间的关系密切。这与本文经过研究得出的“我区留守未成年人的再犯率高于非留守未成年人重新犯罪率”的特征相印证。据问卷调查数据显示留守未成年人家庭关系最为突出的特点是隔代抚养。隔代抚养对未成年人的家庭成长环境的影响主要表现为两种类型：一是溺爱型家庭教育；由于爷爷奶奶等长辈在知识结构、教育观念等方面的差异，对子女教育容易产生溺爱，家庭的教育作用难以充分发挥；二是断裂型家庭教育；由于留守未成年人与父母的沟通少，对父母的依赖、信任没有很好建立，当子女进入叛逆期容易导致家庭关系紧张。隔代教育的溺爱与同代教育的断裂形成了未成年人畸形的成长环境，阻碍未成年人健康人格的生成。

---

① 胡印富：《社区矫正制度的三大根基》，载《湖南农业大学学报》2014 年第 4 期。

② 吴宗宪：《西方犯罪学》，法律出版社 2012 年版，第 329 页。

③ ［美］赫希：《少年犯罪原因探讨》，吴宗宪译，中国国际广播出版社 1997 年版，第 79 页。

表 4　留守未成年人的家庭关系

	重新犯罪	初犯
很好	18.2%	23.9%
比较好	12.1%	25.8%
一般	45.5%	36.8%
比较差	15.2%	6.5%
很差	9.1%	7.1%
样本量	66	155

从调查中我们可以看出，重新犯罪的留守未成年人对家庭关系的看法相比初犯更加悲观。紧张的家庭关系容易导致多方面的问题，如家长对留守未成年人疏于管理，使本就分离的家庭长期处于冷战状态。部分父母用暴力方式建立家庭权威，为留守未成年人处理自身人际关系带来不良示范。对家庭环境的反感，使留守未成年人对家庭产生排斥，从而更多的走向社会，增加其出现越轨行为的机会。在实践中，我们发现许多重新犯罪的留守未成年人有离家出走的情形，违法犯罪行为也多发生在离家出走期间。因此，与家庭联系薄弱是留守未成年人犯罪的重要诱因。

（二）传统教育体系的弊端

学校是系统灌输知识和价值规范的场所，是进行社会化最有效率的场所，也可以说是专门为社会化目的而设立的学习机构。[①] 当家庭教育缺失时，良好的学校教育可以弥补留守未成年人在知识获取、人格形成方面的不足。但受应试教育的种种影响，我国当下学校对留守未成年人的教育管理存在诸多的缺陷。由于家庭教育的缺失，留守未成年人往往面临学习困难从而沦为“差生”。对此类群体，学校在忽略他们学习需求的同时，也忽略了对他们情感的关注和心理健康的教育，导致留守未成年人自信心日趋减弱，社会存在感降低，滋生厌学甚至厌世的消极情绪。根据对样本的统计，犯罪的留守未成年人在学校受教育的程度普遍偏低，84.3%的涉罪留守未成年人只具有初中及以下文化，近15%的涉罪留守未成年人只具有小学文化。通常情况下，初中毕业进入社会的留守未成年人大都不满16周岁，心智发育尚未成熟，对社会的复

① 童星：《现代社会学理论新编》，南京大学出版社2003年版，第68页。

杂性认识不足。这也是为何“留守未成年人”重新犯罪年龄较为集中的原因之一。

由于教育的缺位，留守未成年人已成为“学习无人辅导、生活无人照顾、心里话无人说”的“三无儿童”。一方面，留守未成年人在情感结构上除了具有未成年人共有的急躁、冲动外，还具有孤独、自卑、敏感、不安、胆怯、任性、报复等性格特点；另一方面，在意识结构上，未成年人处于自我统一的迷茫阶段，意志力薄弱，缺乏自我控制力和忍耐力，极易受到外界客观环境和刺激的影响，当淫秽、色情、暴力等既新奇又有诱惑的事物出现时，留守未成年人缺乏父母、学校的及时教育引导，或者自我封闭，导致生理恐慌从而行为失控，或者心理扭曲，情绪不稳从而冲动犯罪。

（三）社会包容度的偏颇

留守未成年人普遍学历低，就业能力差，在初次犯罪后更易受到社会歧视，社会的卷入度低，究其原因，主要在于：

一是犯罪的标签带来不利影响。虽然我国已建立未成年人前科封存制度，但在广大农村及乡镇的熟人社会，犯罪分子的标签仍然会被周边人所知晓，涉罪留守未成年人求职、交友、恋爱等会受到不同程度影响。同时，因家庭功能不完整，难以发挥家庭的亲情关爱、保护、经济支持等作用，涉罪留守未成年人为寻求情感依托仍然会回归边缘群体。使得留守未成年人在被主流社会拒绝后，重回边缘人群的可能增加。调查发现，56%的留守未成年人在犯罪后仍然难以脱离以前的亚文化圈，这也从另一角度体现了其自诉重新犯罪原因“交友不慎”。

二是初次犯罪后的帮教改造存在不足。犯罪后的帮教分为监禁刑罚和非监禁刑罚两部分。如前所述，因“教育为主，惩罚为辅”的宽缓刑事政策，近60%留守儿童初次犯罪被判处非监禁刑罚，但由于我国大部分地区没有建立涉罪未成年人缓刑期间帮教机制，对未成年人的缓刑监管多停留在定期签到上，留守未成年人在缓刑考验期内不能得到工作技能、法律知识、心理矫治等帮教。这使得留守未成年人在文化程度不高的同时又不具备熟练的工作技能，他们大多只能从事临时性、低技术、欠缺劳动保障的职业，随之带来信息工作环境差，经济受剥削，容易使其对社会认知产生偏差，走上重新犯罪的道路。

四、防治留守未成年人重新犯罪的对策思考

通过上述对留守未成年人重新犯罪的特征及原因分析，可以看出“留守未成年人”重新犯罪的社会原因是引起犯罪的根源，是犯罪的个体原因形成

的基础，没有犯罪产生的根源，就不能形成犯罪个体原因，驱使个体犯罪。留守未成年人作为我国城乡二元结构和“三农”问题中产生的副产品，在较长的一段时间内还会继续存在，他们与家庭、学校、社会的联系薄弱，对其采取最有效的措施还是应当从外部环境入手来控制犯罪，这也符合犯罪学经典理论——赫希的社会控制理论①对青少年犯罪原因的解释。赫希认为，任何人都有犯罪的倾向，如果不进行控制的话，任何人都会进行犯罪，青少年犯罪是个人与传统社会的联系薄弱或破裂的结果，可以从依恋、奉献、卷入、信念四方面建立联系，从而阻止犯罪。② 由此，我们认为对留守未成年人重新犯罪的防控可从以下几方面入手：

（一）加强教育引导，重塑道德信念

留守未成年人重新犯罪前，意味着这些未成年人曾经进入过刑事司法程序，那么刑事案件的办理过程的本身就是对涉罪未成年人的法制教育过程。因此，在办理未成年人刑事案件的过程中，我们司法人员应坚持“教育为主、惩罚为辅”的原则，将“教育、感化、挽救”方针，贯穿于执法办案始终。

1. 讯教结合

在对涉罪未成年人进行审查批捕、起诉时，应当通过开展社会调查，走访、询问涉罪少年的法定代理人、知情人等，分析家庭环境、条件、管理教育模式，全面地了解涉罪少年犯罪事实、成长经历、性格、爱好、不良习惯，发现其系留守未成年人后更应有针对性地进行沟通交流，尽可能地消除他们的紧张情绪和抵触心理，在潜移默化中对其进行感化教育，同时结合具体案情以及法律规定对之进行教育，让其深刻理解自己行为的社会危害性。

2. 寓教于审

办理未成年人刑事案件，相应的教育挽救工作应伴随案件的整个审判过程。在法庭审理这样的特殊时间、特殊场合进行教育，易被涉罪未成年人所接受。在对留守未成年人的法庭教育上，司法人员应根据留守未成年人的身、心发育特点，充分尊重人格，从“爱”出发，从“帮”入手，在挽救上下工夫，根据不同案件特点，针对性的进行庭审教育，是他们能够感受到对待他们国家并未弃而置之，社会并未撒手不管，而是通过各种途径和方法，“像医生对待病例人、像老师对待学生、像家长对待子女”一样对待他们的错误。这也是

---

① 社会控制理论，又称社会联系理论、社会键理论（social bond theory），是美国著名犯罪学家特拉维斯·赫希（Travis Hirschi）于1969年出版的《少年犯罪原因》一书中提出来的。

② 吴宗宪：《西方犯罪学史》（第四卷），中国人民公安大学出版社2010年版，第1159—1173页。

我国少年司法制度的优越性所在。

3. 个性化帮教

对于被判监禁刑的留守未成年人，督促其父母或其他监护人及时探视，获得关怀，增强自我改造的信心。对于被法院判处缓刑或者免于刑事处罚的，定期回访，掌握未成年罪犯心理特点，及时对症下药，尽力帮助缓刑犯解决生活中的具体困难，并建立回访档案。注重考察家庭环境以及教育是否恰当，引导家长树立正确的教育观念，运用正确的教育方式，指导社区落实正确的帮教措施，以便未成年罪犯早日回归社会。对于被法院判处缓刑或者免于刑事处罚的在校学生，与校方联系，帮助解决上学问题。

（二）修复社会关系，建立留守未成年人的情感依恋

依恋是个人对他人或群体的感情联系，主要包括对父母的依恋、对学校的依恋、对同辈朋友的依恋，对正常人来说，这种感情联系是犯罪的重要抑制因素。

1. 积极搭建父母子女沟通交流的平台

相关部门要通过多种方式，引导家长在外出务工的同时，把孩子的生活、教育安排好。留守未成年人父母要定期回家探望，经常与孩子联系、沟通、交流。对于有条件的父母，尽量把孩子带在身边就读或就业，注重保护孩子敏感内心，用家庭温暖重新建立与子女的信任，学习生活技能，预防其违法犯罪行为再次发生，使其真正回归家庭。诚然，当前家长带未成年人到务工地共同生活还存在就学、就业、就医等诸多困难，但我们看到国家、劳务流入地政府已在积极采取措施保障进城务工人员及其子女的权益，相信随着经济社会的发展，我们能够逐渐打破城乡二元结构，农民工进城能享有平等权利和社会权益，为从家庭层面解决留守未成年人难题创造条件。

2. 积极搭建学校的关爱平台

学校和家长之间要互通联系方式，家长可以随时联系到各科的具体任课教师，及时了解掌握孩子的学习思想动态。学校不应只关注学生的学习成绩，还应培养学生的不同兴趣，积极引导留守未成年人在一起开展各项健康有益的文体活动，使其感受集体生活的温暖，弥补父母那里的感情缺失，增强其学习和生活的乐趣，形成对学校的依恋情结。此外，对一些住所条件差的农村寄宿制学校，应加大建设力度，并不断完善其基础设施和各种文体投入，要尽量为双亲在外地或亲友不能有效地提供完整成长环境的农村留守未成年人提供住宿便利，让他们在老师同学群体中成长，以对缺失的家庭教育进行补偿。

（三）拓宽文化职业技能培训渠道，增加社会存在感

1. 提高对留守未成年人非监禁刑罚的适用

从分析中我们看出，留守未成年人非监禁刑罚适用比例偏低，诚然留守未成年人存在监管困难，但监禁刑罚显然未能预防和矫治留守未成年人犯罪。非监禁刑罚以行刑社会化为主要特点，对未成年人犯罪适用非监禁刑罚其作用已被世界各国所认可，它可以避免留守未成年人的“监狱化”人格形成，避免交叉感染，使其与社会生活充分融合。对于留守未成年人的监管难题，不应采用简单的羁押方式解决，应着眼建立相应的社会监护体制，为留守未成年人非监禁刑罚的适用创造条件。

2. 建立涉罪留守未成年人职业培训机制

本次调查发现，涉罪留守未成年人多不具备职业技能，而回归社会的基本条件就是掌握必要的生存本领。帮助涉罪留守未成年人重新回归社会，解决生活难题，是降低他们再犯罪的有效途径。涉罪留守未成年人因犯罪难以回到原来的学校或工作单位，再加上“犯罪标签”的影响，涉罪留守未成年人很难摆脱原有交往圈。建立涉罪留守未成年人职业培训机制，既可以为留守未成年人提供生活场所，摆脱原有交往圈，又可以为留守未成年人提供职业技能，还可以通过文化课程影响涉罪留守儿童的价值观。目前，全国就涉罪未成年人职业技能培训有多种尝试，如工读学校、进入职业学校学习，进入指定企业培训等做法均值得进一步探索。

（四）完善非监禁刑罚的执行，建立留守未成年人观护制度

观护制度是指对被采取非监禁刑事强制措施或被判处非监禁刑罚的未成年人，将其交由专门成立的观护组织，在刑罚执行期间接受观护人员的辅导、监督、矫正、保护、管束等，以达到纠正心理偏差、改变行为方式、预防重新犯罪的目的，并为司法处理提供建议。“观护制度从本质上看，它既不是对已犯罪者或犯罪之虞者的恩惠，也不是对以惩罚为中心的刑事体系的彻底否定，而是基于秩序维护与人权保障等理念构建的惩罚与保护二元一体的刑罚替代措施。这意味着适度福利型的控制是一种惩罚与教育相结合的社会管理模式。”[①] 该制度由司法机关提供一定强制力作为执行保障，充分利用社会力量对涉罪未成年人进行日常考察，及时掌握其日常生活情况；通过利用社会资源进行心理

---

① 胡印富、邬小军：《观护制度研究——走向适度福利型的社会控制》，载《西南政法大学学报》2015 年第 4 期。

沟通和疏导，在一定程度上可以弥补家庭教育的欠缺；同时，要求留守未成年人参与团体活动、参与职业技能培训，培养其社会责任感，促使其认同社会主流价值，重新融入社会。

留守未成年人在缓刑考验期内和刑罚执行完毕1年内是重新犯罪的高发期，也是管控留守未成年人重新犯罪的要点。其困难在于涉罪留守未成年人的无人监管，尝试建立观护制度可以将留守未成年人纳入社会监督体系，用社会力量解决监管困境。目前，观护制度已在北京、上海等发达地区试行，取得较好效果。建立追踪回访考察制度，建立帮教体系，对判处刑罚的留守儿童采取确定专人帮教，定期考察，会同工、青、妇等单位与所在学校或村委会，家庭密切配合，共同帮教，并对后进留守儿童，轻微违法犯罪的留守儿童做好教育、挽救工作。

性侵未成年人犯罪被害人保护机制研究

赖江陵*

性犯罪被害人是指遭受刑法明文规定的与性欲的满足和性行为的进行有关的犯罪行为所直接侵害的人。① 我国刑法规定的这类犯罪包括强奸罪、强制猥亵侮辱罪、猥亵儿童罪、组织卖淫罪、强迫卖淫罪、协助组织卖淫罪、引诱容留介绍卖淫罪、引诱幼女卖淫罪、传播性病罪、引诱未成年人聚众淫乱罪。性侵未成年人犯罪被害人是指遭受性侵时未满18周岁的被害人。性侵未成年人犯罪案件在整个刑事案件中所占比例并不高，但这些犯罪给未成年人身心造成严重伤害，影响深远且不易修复。但在刑事案件中，与刑事被告人保障制度相比，被害人的权利保护不尽如人意，虽然“两高”出台了《关于依法惩治性侵害未成年人犯罪的意见》（以下简称《性侵意见》），在程序设置上突出对未成年人被害人保护的，但对未成年被害人的保护机制设置较为原则，还不完善，缺乏具体操作程序。未成年人由于生理、心理处于弱势地位，极易受到犯罪侵害，给他们造成的伤害比成年人更严重。“在所有个人权利中，最重要的是平等的权利，也就是关怀和尊重的平等的权利。政府必须不仅关怀和尊重人民，而且还要平等的关怀和尊重人民。”② 因此国家和社会均具有保护未成年人的共同责任，研究性侵未成年人犯罪被害人保护机制，可以完善保护弱者的措施，对未成年被害人的保护具有重要意义。

一、二分院辖区性侵未成年人犯罪基本情况

（一）性侵未成年人犯罪现状及特点

近年来，二分院辖区性侵未成年人犯罪的现状是“三多发”“两薄弱”

---

* 重庆市人民检察院第二分院侦查监督处副处长，四级高级检察官。

① 杨杰辉、袁锦凡：《刑事诉讼视野中性犯罪被害人的特别保护研究》，法律出版社2013年版。

② ［美］罗纳德·德沃金等：《认真对待权利》，信春鹰、吴玉章译，中国大百科全书出版社1998年版，第253页。

“一凸显”，即强奸、猥亵儿童罪多发，熟人犯罪多发，被害人受小恩小惠诱骗多发；幼童安全监护薄弱，农村地区儿童安全监护薄弱；利用QQ、微信等网络媒介犯罪凸显。据统计，2013年至2016年共办理性侵未成年人案件227件247人，受害人260人。呈现出如下特点：一是涉案罪名相对集中，主要为强奸罪、猥亵儿童罪。从辖区所办案件看，涉案案由有强奸罪、猥亵儿童罪、引诱卖淫、组织卖淫、容留、介绍卖淫罪，但主要为强奸罪、猥亵儿童罪，占性侵未成年人案件总数的74.9%。二是熟人作案多，有未成年人的老师、邻居，甚至自己的父亲、哥哥。二分院辖区所办案件系熟人作案的139人，占性侵案件总人数的56.2%。这类案件中犯罪人与被害人关系密切，有的未成年人长期受到侵害，有的还致被害人怀孕产子。如某县卢某卫2011年在广东省东莞市租住的房子内，酒后强奸了其女儿卢某某（11岁），同年下半年，卢某卫将卢某某带回该县老家，一直与其发生性关系，致卢某某怀孕产下一女婴。三是以小恩小惠利诱未成年人。以小恩小惠利诱未成年人，受害人主要是农村地区的小学生。如某校小学生朱某放学后，一陌生男子以让朱某免费搭乘摩托车回家为由将其骗至一临时搭建的房屋处强奸。四是通过QQ、微信网络媒介认识并性侵未成年人。这类犯罪约占性侵未成年人案件总数的4.9%。如某县贺某通过QQ搜索附近的人添加一名13岁女学生为好友，通过网络聊天诱骗女学生与其见面后将其强奸。五是嫌疑人利用农村儿童安全监护薄弱侵害幼童和小学生。如某县王某某在其租住的某乡某村房屋内，对3岁幼女胡某实施了猥亵行为；60余岁的王某利用部分幼童无人看管，在长达5年的时间里对多名幼儿园和小学学生实施强奸和猥亵。这些案件均暴露出幼童安全监护薄弱，农村地区儿童安全监护薄弱。

（二）存在的问题

1. 造成的损害后果严重

性侵未成年人犯罪案件，往往因受害人年龄小，身体发育不成熟、造成的损害后果严重。一是造成身体伤害、怀孕甚至致人死亡的严重后果。如某县性侵未成人犯罪共25件28人，受害人34人，性侵致被害人身体伤害的8人，占受害人总数的23.5%。二是精神损害严重。遭受性侵的未成年人除身体遭受伤害外，精神上也受到损害，尤其是对其心理上的影响较大。有的不愿意上学，有的与人交往存在障碍等心理疾病，有的甚至走上犯罪道路。

2. 被害人获得赔偿的渠道不多，获得赔偿少

刑事诉讼法、《人民检察院办理未成年人刑事案件的规定》及最高人民法院《关于审理未成年人刑事案件的若干规定》，规定应帮助因经济困难等原因

没有委托辩护人的未成年被害人申请法律援助，询问未成年被害人应有合适成年人及女性工作人员到场。虽然现实中各办案单位对这些规定落实较好，但对未成年人的保护还是稍显无力。一是性侵案件被害人获得补偿的不多。性侵案件被害人有的得到经济补偿，但获得补偿不多，有的经济补偿都未得到。如某县某镇残疾人王某强奸、猥亵儿童案，王某在长达5年时间内对9名幼童长期性侵，案发后王某被处刑，但因其系残疾老人无力赔偿，被害人均未得到补偿。二是对未成年人遭受性侵的心理影响的认识不到位，家长不重视，康复所需费用不好解决。遭受性侵会影响被害人的成长及今后的生活，尤其是精神上的创伤极不容易修复。如辖区一在校生被性侵后其隐私被泄露，造成创伤性应激性障碍的心理疾病，其父母没有送其治疗的意识，家里也无力负担治疗费用，办案机关为其进行了心理咨询，但不系统也不专业，被害人留下了不愿意与人交流的后遗症。三是获得救济的渠道不多。获得救济的渠道有的通过协商由被告人补偿，提起附带民事诉讼的较少。《刑事诉讼法》第99条规定，被害人由于被告人的犯罪行为而遭受物质损失的，在刑事诉讼过程中，有权提起附带民事诉讼。对未造成物质损失或其精神上造成的损害是否赔偿未作明确规定。从辖区所办案件看，被害人身体受到严重创伤的占被害人总数的6.5%，未造成身体严重创伤的案件多未提起刑事附带民事诉讼，被害人获得补偿的途径多为协商解决；个别案件因办案机关或媒体的关注，能够获得帮助。

3. 被害人被性侵的隐私保护措施不足

一是办案过程中隐私被泄露。如某县在校生被性侵，家长为得到经济补偿到各级单位上访，致使被害人隐私被泄露，被害人因此患上创伤性应激性障碍。二是因办案需要，侦查、起诉等环节不得不让她（他）们反复陈述这段痛苦的经历，被害人被性侵，对她（他）们来说本就是十分痛苦的经历，反复回忆陈述会增加她（他）们的痛苦。三是《性侵意见》规定对外公开的诉讼文书不得披露被害人的身份信息及其他可能推断出其身份信息的其他资料，但规定较为原则，现实中判决书往往载明其学校和姓氏，容易被他人推测出姓名。

4. 对此类案件未建立强制报告制度

没有强制报告主体应承担法律责任的规定和禁止令的相关规定，导致有的犯罪分子作案时间长，对多人多次实施侵害能得逞。如某县某镇王某强奸、猥亵儿童案，有人发现王某家经常有女生出入且王某自己在外吹嘘，早已露出了蛛丝马迹，被邻里知晓，但无人告发，使其在长达5年时间内对该镇某小学9

名幼童多次强奸猥亵。从辖区所办性侵案件中，老师作案所占比例较高，但由于学校不重视，也没有强制报告制度，使犯罪嫌疑人迟迟得不到惩罚还继续实施性侵。如某县某乡某小学教师李某某强奸、猥亵儿童一案，该学校学生早在案发前3个月就向校长举报了李某某的犯罪行为，但校长在接到举报后，不履行职责，不调查不报案，反而将举报信烧毁，导致李某某在此后继续实施侵害幼女的性犯罪。

二、完善刑事诉讼程序中的特别保护机制

针对办案中存在的以上问题，笔者建议完善刑事诉讼程序中特别保护机制，通过立法加强对遭受性侵害的未成年人的保护，在未成年人保护法、刑事诉讼法中增加保护未成年被害人权益的相关内容，尤其是遭受性侵害后对其隐私的保护措施，获得救济的途径，对被害人无偿进行心理康复的规定，尽可能减少犯罪行为对她（他）们造成的不良影响，为具体实施保护遭受性侵害的未成年人提供硬性的法律依据，切实落实对未成年人的保护。

（一）增加保护被性侵未成年人隐私的规定

未成年人保护法、最高人民法院《关于适用〈中华人民共和国刑事诉讼法〉的解释》《公安机关办理刑事案件程序规定》等均规定司法机关不得披露涉及未成年人的身份信息等资料，律师法也规定了律师不得泄露当事人隐私，但规定均较为原则，可操作性不强。建议细化相关规定，切实保护被性侵未成年人的隐私。性侵害对未成年人来说是一件令人痛苦的记忆，他们受到伤害后往往产生自卑等心理，生怕别人知道知己的“丑事”，不愿意上学，不愿意与人交往，有的甚至发展到严重的心理疾病，因此加强对未成年人的隐私保护非常必要。除了法律已规定的不公开审判外，还可以采取以下措施：一是明确规定诉讼法律文书信息保密措施。在对外公开的法律文书上屏蔽或模糊被害人及法定代理人、监护人的信息，如模糊其上学的学校，对其名字用代号，不使用姓氏＋某某的方式。二是在送达文书时可以规定由被害人法定代理人、监护人亲自签收，不可以代签，不记载案由等。邮寄使用普通信封，不使用有公安机关、检察院、法院标识的信封。三是对隐私被泄露的未成年人以异地上学等方式更换新的生活环境，帮助遭受性侵的学生健康成长。办案中发现有的遭受性侵隐私泄露后，家长无力为其更换新的环境，甚至有的家长为了经济利益，不顾孩子的身心健康泄露其被性侵的隐私，对此，可指定专门机关或组织给他们换新的生活环境，以利于其健康成长。如辖区某院在办理一性侵在校生案件时，因该生被性侵已被其他学生知晓，被害人恐惧上学，办案检察官帮助其联

系转学等事宜，除帮助其到异地就读外还做好了保护其隐私的工作及心理辅导，让该生不致因此而失学。

（二）建议推行“一站式”询问模式

建议建立公安机关、检察院、法院及医疗机构的工作联动机制，检察机关未检部门通过提前介入侦查活动，实现对未成年被害人一次询问、取证，避免造成对被性侵害未成年人的二次伤害。日本的实证调查表明，性犯罪被害人有超过半数的比例对于警察、检察官等犯罪的侦查感到不舒服。该调查同时显示，尤其在强奸、猥亵犯罪中，我们需要考虑被害人的感情因素。[①] 因此，为了更公平地对待性犯罪被害人，许多国家专门成立了办理这类案件的组织。我国目前有的检察院正在探索“一站式”询问未成年被害人制度，试点检察院建立与公安、法院以及医疗机构的工作联动机制，在专门工作场所“一站式”询问未成年被害人进行，取证时把影响尽可能缩小。建议推行“一站式”询问模式，对这些有益的尝试可以以立法的形式予以固定。一是对询问场所作出规定。如可设立特殊的被害人询问室，在询问场所上尽可能设立特殊的被害人询问室，办案人员在对未成年被害人进行询问时，尽可能在特殊的被害人询问室进行询问。如未设立特殊的被害人询问室，可以选择未成年人住所或者其他让未成年人心理上感到安全的场所进行，并通知其法定代理人或其他成年亲属、合适成年人到场，尽量做到一次性全面询问，避免反复询问。二是通过检察官提前介入，依法快捕、快诉。建议在公安机关侦办性侵害未成年人犯罪案件时，检察机关未检部门提前介入侦查活动。检察机关未检部门的检察人员在公安机关侦查取证阶段，应公安机关邀请或主动与公安机关联系，提前介入侦查活动，对证据的合法收集、固定、完善及法律适用提出意见和建议，督促公安机关切实保护未成年被害人的合法权益，并对侦查活动是否合法进行法律监督。检察机关未检部门提前介入的案件提请批准逮捕或移送审查起诉后，原则上由提前介入的未检部门检察人员承办。

（三）完善未成年被害人获得经济救济的途径

完善未成年被害人获得经济救济的途径，《性侵意见》规定对于未成年人因被性侵害而造成的人身损害，为进行康复治疗所支付的医疗费、护理费、交通费、误工费等合理费用，未成年被害人及其法定代理人、近亲属提出赔偿请求的，人民法院依法予以支持。但从二分院辖区所办案件看，被害人遭受性侵

① 张鸿巍：《刑事被害人保护研究》，人民法院出版社2007年版，第174页。

后获得补偿的不多，有的被害人遭受性侵后造成了心理障碍康复费用难以落实。如能得到多渠道的救济，将会促使遭受性侵害而致精神受损的被害人获得救助，健康成长，因此建立多方参与的经济救济体系，对遭受性侵害的被害人予以救助，有利于她（他）的成长。一是促成犯罪人积极主动赔偿。对犯罪人有能力赔偿的，由司法机关做好促进刑事和解，最大限度化解矛盾，尽可能给被害人补偿。二是建立国家补偿制度。当犯罪人无力赔偿时，由国家对遭受性侵害的被害人无偿提供心理治疗。三是合理利用公益救济金。在现实中，个别特殊案件因受到社会关注，受害人能够得到社会的捐助，但有的被害人家庭贫困，又因犯罪行为遭受了严重损失，犯罪人无力赔偿，国家补偿有限，又未引起社会关注，未得到足够的救助，因此可以通过社会公益救助制度化，使最需要救助的人得到救助。四是明确规定对精神损害的补偿形式。对精神损害赔偿法定化。重刑严惩犯罪嫌疑人可能会安抚被害人受伤的心灵，但还可以通过判处较重的经济处罚严惩犯罪，对精神损害赔偿法定化，可以对法院依法判处提供法律依据。

（四）明确规定强制报告主体应承担的法律责任和禁止令

一是明确规定强制报告主体应承担的法律责任。在辖区所办案件中，遭受性侵害的未成年人多是邻居、亲朋等熟人，有的孩子长期遭受性侵害，有的嫌疑人对多人实施侵害还四处吹嘘，邻里有的早发现被害人可能遭受性侵害，有的已发现蛛丝马迹，但均因各种原因未报案，致他（她）长期遭受性侵害，有的甚至造成了严重的后果；特别是学校教师对学生的性侵，校园内性侵害案件受害人数多和持续时间长，有的学生给学校反应了但学校未报案，致学生继续遭受性侵，在社会上造成恶劣的影响。因此建议可以规定强制报告主体应承担的法律责任。虽然《性侵意见》第 9 条规定了负有监护、教育、训练、救助、看护、医疗等特殊职责的人员及其他公民和单位，发现未成年人受到性侵害的，有权利也有义务报案，但对不报案将承担什么后果未作规定，因此选择不报案的比例较高，因此应设立学校、邻居等知情人的强制报告义务，规定学校及邻居等知情人有强制报告的义务，不报告将承担法律责任。尤其是要规定学校及教职人员对性侵未成年人案件的及时报告义务，一旦发现学生遭受性侵害，学校要及时报警，同时要向上级教育主管部门报告，避免出现更多的受害者。二是适用禁止令。目前，法院以签发保护令方式保护家庭暴力被害人已经成为世界上大多数国家的通行做法。“20 世纪 80 年代中期，美国各州相继规定要为家庭暴力被害人签发保护令，并且宣布违反保护令是一种刑事犯罪，执法人员在有足够理由相信某人违反保护令的情况下，可以执行无令状至逮捕。”①我国法律规定：“宣告缓刑，可以根据犯罪情况，同时禁止犯罪分子在缓刑考验期内从事特定活动，进入特定区域、场所，接触特定的人。”从辖区调查的情况看，性侵未成年人的案件多发生在熟人之间，有的还是家人，除对宣告缓刑的犯罪人使用禁止令外，我们也可以借鉴国外的做法，对遭受性侵害的被害人可由法院签发保护令。

三、完善遭受性侵未成年人的保护措施

未成年人之所以容易受到性侵害，是因为他们生理、心理不成熟，防御性侵害的自我保护能力不强。因此完善未成年人保护措施十分必要，可以统筹协调司法、行政、社会、学校等诸多资源建立预防治理性侵的长效机制，形成合力防止性侵害。

（一）加强性安全教育，注重对未成年人自我保护意识的培养

1. 检察机关可以通过在社区举办法制讲座、自编自导微电影、情景剧等多渠道加大宣传力度，加强性安全教育，强化对未成年人自我保护意识的培养

如二分院立足辖区实际，结合小学阶段儿童安全监护薄弱，农村地区儿童安全监护薄弱等现象，由莎姐检察官准备了一堂本院未检干警自编自演的“防范性侵害　学会自我保护”法制教育课，并因单次法制宣传覆盖面有限、农村偏远地区中小学难以触及等问题，制作了千余份防范性侵害的法制教育光盘，发放到辖区900余所小学，实现了分院辖区小学生性侵防范教育的全覆盖。对培养未成年人自我保护意识起到较好的作用。

2. 发动全社会力量关注未成年人的成长，形成家庭保护、学校保护、社会保护和司法保护相衔接的合力

从辖区所办案件看，有的是因为家庭监护不力，有的是未成年人不知道如何保护自己，有的是贪图小便宜，对此可以发动全社会力量关注未成年人的成长，形成家庭、学校、社会和司法保护相衔接的合力，切实保护未成年人的合法权益。一是父母要守卫好第一道防线。保护未成年人不受性侵害，纵观受到性侵害的未成年人，父母多有失职之嫌，因此家长要加强对未成年人的监护，强化她（他）们的自我保护意识，告诉她们不与异性单独待在封闭空间，更不许异性触碰身体的敏感部位等，以及懂得告诉家人秘密，学会报警等。二是

① 张鸿巍主编：《刑事被害人保护问题研究》，人民法院出版社2007年版，第109页。

学校要发挥教育的主要作用。一方面要增强教师师德，预防老师对学生的性侵；另一方面要把预防性侵害纳入教学内容，对学生开展树立自我保护意识的教育，增强自我保护能力。三是社会也要发挥其作用，可由关工委联合相应的街道、社区，共同开展预防教育工作，建立预防和惩治性侵害未成年人的联动机制，动员全社会的力量共同参与，形成家庭保护、学校保护、社会保护和司法保护相衔接的合力，才能预防、减少性侵害未成年人犯罪的发生。四是未成年人通过互联网上结交会见网友，给犯罪分子提供了可乘之机。辖区这类犯罪凸显，应加大对利用QQ、微信等新型网络聊天工具实施犯罪的宣传力度，强化对新型社交平台的监管，提醒未成年人谨慎交友，加强自我保护。五是司法机关要针对办案中发现的失职行为，及时向相关部门提出建议，最大限度地避免类似悲剧再次发生，有效维护未成年人的身心健康。

（二）关注已遭受性侵的未成年人的身心健康，防止未成年被害人恶向逆变

未成年人在被害过程中不仅受到肉体的伤害，同时他们单纯、稚嫩的心灵直接受到了种种罪恶观念的污染，极易走上犯罪道路。尤其是女性遭到性侵害后绝大多数人会产生恐惧、忧郁、多疑、消沉、绝望等综合性心理反应，美国学者称之为“强奸创伤综合征”。有的被害少女在被害后开始变得毫无自尊、行为放荡，甚至演变为犯罪分子的帮凶，最终走上犯罪道路。[①] 从社会防卫的角度来看，对未成年被害人保护既是人道主义的体现，又可以阻隔犯罪的恶性循环。要防止“在其合法权益受到犯罪行为侵犯以后，在不良心理的支配和其他的推动下所导致的逆向变化，即从被害者向害人者转化”。[②] 一是健全救助体系，明确救助主体，设立专门的康复中心，对由富有经验的心理咨询师对遭受性侵的未成年人进行心理测评，发现有心理疾病的及时治疗；二是关注未成年人的成长，关注其生活、学习情况，及时给予帮助。

① 周军、高维俭等：《未成年人刑事检察制度研究》，中国检察出版社2014年版，第304页。
② 杨新娥主编：《未成年人检察的实践与探索》，中国检察出版社2015年版，第193页。

侦查监督工作中存在的执法不规范问题及工作对策

钟　华*

人民检察院是国家的法律监督机关，通过依法行使检察权，保证准确、及时地查明犯罪事实，正确适用法律，惩罚犯罪分子，保障无罪的人不受刑事追究，对公安机关的侦查活动、人民法院的审判活动、监狱等机关执行刑罚的活动，依法实行法律监督，尊重和保障人权，保护公民、法人和其他组织的合法权益，维护司法公正，维护国家的统一，保护国家安全、人民民主专政政权和社会主义制度，维护社会主义法制，维护国家法律的统一正确实施。作为法律监督机关，人民检察院应当高度重视自身执法行为的合法性和规范性，不断提高执法水平和办案质量，提升检察机关的执法公信力。

一、侦查监督工作的主要职责和面临的形势

（一）侦查监督工作的主要职责

侦查监督是宪法和法律赋予检察机关的一项重要法律监督职能，是中国特色社会主义检察制度的重要标志之一，主要包括审查逮捕、立案监督和侦查活动监督三项职能。侦查监督是检察机关核心业务之一，处于检察机关打击犯罪、化解社会矛盾、维护人民群众权益、促进社会和谐稳定的前沿，既依法惩治犯罪，又充分保障人权，既配合侦查工作，又对其监督制约。侦查监督工作的开展情况，直接关系到刑事诉讼能否顺利进行，直接关系到国家刑事司法政策和法律能否统一正确实施，对检察机关执法公信力和社会和谐稳定，具有十分重要的意义。

侦查监督工作的主要内容有：（1）审查批准或决定逮捕犯罪嫌疑人；（2）复议、复核公安机关不服不批准逮捕的案件；（3）批准延长侦查羁押期

* 重庆市人民检察院侦查监督处副处长，四级高级检察官。

限；（4）批准侦查部门重新计算侦查羁押期限，对于公安机关重新计算侦查羁押期限的案件进行备案监督；（5）监督公安机关的办案期限是否合法；（6）监督侦查机关（部门）的立案活动；（7）监督侦查机关（部门）的侦查活动；（8）审查办理报请核准追诉的案件；（9）法律规定或检察长交办的其他工作。

（二）侦查监督工作面临的形势

当前，我国仍处于人民内部矛盾凸显、刑事犯罪高发、对敌斗争复杂时期，侦查监督工作承担的任务将更加艰巨。

1. 社会矛盾错综复杂，犯罪态势更加严峻，侦查监督部门依法打击犯罪、化解矛盾纠纷、维护社会稳定的任务更加繁重。

2. 经济犯罪呈多发态势，金融诈骗、合同诈骗、非法集资、制假售假等案件的疑难程度增加，作案手段更加智能化，执法办案的难度加大。

3. 社会管理领域难点、热点问题增多，由食品药品安全、重点人群管控、农村土地征用、城市房屋拆迁、医患纠纷、网络炒作、环境污染等引发的突发性事件、群体性事件时有发生，结合办案促进加强和创新社会管理成为侦查监督工作面临的新课题。

4. 公民民主权利意识日益增强，诉求的多样化以及网络信息化的快速发展，使得执法环境更加复杂，如何做好群众工作、提高舆情应对能力对侦查监督工作提出更高的要求。

5. 修改后的刑事诉讼法赋予了侦查监督工作新的职责任务，侦查监督工作面临新的发展机遇，同时对执法规范化也提出了更高的要求：一是"尊重和保障人权"写入刑事诉讼法，要求侦查监督人员牢固树立惩治犯罪与保障人权并重，要坚守防止冤假错案的底线。二是逮捕条件的调整、逮捕程序的完善以及证据制度等的新规定，对我们的执法能力和规范化水平提出新的更高的要求。三是规范侦查措施和完善救济监督机制的新规定，赋予了侦查监督的新任务。明确了对强制性侦查措施的监督职责；增加了捕后对继续羁押必要性的审查职责；赋予了对指定居所监视居住的决定和执行进行监督的职责；明确了对非法取证行为的监督措施；进一步完善了行政执法与刑事司法相衔接机制；技术侦查措施入法，为侦查活动监督开辟了新视野。四是辩护制度的完善，寄予了侦查监督工作的新期待。明确了侦查阶段委托律师的辩护人地位，完善了侦查阶段律师的辩护权，律师行使权利遇到阻碍，可以提请检察机关进行监督，并将法律援助工作延伸到了侦查阶段。

二、侦查监督人员能力素养要求[①]

自刑事诉讼法修改以来，侦查监督工作面临着前所未有的挑战，其处于刑事检察第一关的地位也决定了每一个执法环节的重要性，执法行为规范与否，直接关系到案件处理的准确性和公正性，直接影响到检察机关执法公信力。侦查监督工作的规范化是通过具体承担侦查监督各项职责的执法人员的业务活动体现的，侦查监督干警的法律功底、业务水平、职业操守等决定了其执法行为的规范化程度。从具体业务层面分析，侦查监督干警应当具备的能力主要包括以下七个方面的岗位技能：

（一）证据审查和分析、判断能力

即在侦查初始阶段证据尚不充分、确定而审查逮捕办案期限又较短的情况下，进行证据审查、分析、判断，并据之准确认定案件事实、判定案件性质的能力。这种能力是与侦查监督职责特点相适应，居于侦查监督业务核心地位的能力，是侦查监督人员必须着力提高的关键本领。

（二）法律适用和政策运用能力

即在刑事政策指导下依法准确认定案件性质，正确作出司法决断的能力。它要求侦查监督人员熟练掌握和正确理解刑事法律和相关司法解释的规定，善于从犯罪的本质特征把握行为性质，按照主客观相统一的原则正确区分罪与非罪、此罪与彼罪的界限。法律适用要与刑事政策的运用相结合，特别要提高对于宽严相济刑事政策的认识和运用能力，既要保持对严重犯罪的打击力度，当捕则捕，又要尽可能减少轻微刑事案件的羁押，准确把握的关键是要提高对逮捕必要性的审查判断能力。切实增强从涉嫌犯罪的性质、情节、犯罪嫌疑人的人身危险性以及诉讼保障条件等方面审查判断逮捕必要性的能力，坚持少捕慎捕，减少不必要的羁押。

（三）发现和纠正违法的能力

它要求侦查监督人员熟悉侦查知识，把握侦查活动特点和规律，善于通过介入侦查、审查案件材料、讯问犯罪嫌疑人和受理投诉等，察微析疑，及时发现违法线索，有效纠正违法行为，保障侦查活动依法进行。有效纠正违法的前提是准确认定违法，因此要提高调查核实违法的能力。纠正违法要突出重点，讲究方式方法和工作艺术，善于与侦查机关进行沟通协调，处理好加强监督与

---

① 最高人民检察院《关于加强侦查监督能力建设的决定》。

配合支持的关系，努力做到敢于监督、善于监督、依法监督、规范监督，提高监督质量，注重监督效果。

（四）案件汇报和文书制作能力

提高侦查监督法律文书和工作文书的制作水平。《审查逮捕意见书》做到案件事实概况清楚、准确，证据分析透彻、排列有序，案件定性和法律适用正确，格式规范，层次清晰，简繁得当。提高案件汇报能力，做到全面客观准确，事实陈述清楚，证据展示清晰，观点表述明确，疑点难点突出，便于讨论决策。

（五）快速反应和应急处置能力

强化政治敏感性和政治辨别力，善于察微析疑，从具体案件或者涉检舆情中发现执法办案风险和群体性、突发性事件苗头，及时提出应对、引导措施，有效化解风险和作出正确处置。

（六）释法说理、化解矛盾和群众工作能力

在审查逮捕、刑事立案监督和侦查活动监督中，善于针对不同环节、不同对象、不同问题，阐明法理、释疑解惑，使监督对象心悦诚服地接受监督意见，使诉讼当事人认同检察机关的决定。在执法办案中善于发现矛盾、解决矛盾，做好群众工作，平复社会关系，促进社会和谐。规范自身执法行为，讲究工作方法，防止因执法不当导致矛盾激化，产生新的矛盾和不稳定因素。

（七）参与加强和创新社会管理的能力

立足职能，延伸监督触角，更加自觉地通过执法办案和参与各类专项工作等，发挥侦查监督职能在加强和创新社会管理中应有的法治保障和积极促进作用。增强参与平安建设和立体化社会治安防控体系建设的自觉性和能力，善于结合办案研判社会治安形势和犯罪规律，运用检察建议和参与专项工作联席会议等建言献策，促进有关方面改善民生、加强管理、堵漏建制，完善和创新流动人口和特殊人群管理服务，提高社会管理法治化、科学化水平。

三、侦查监督工作中存在的执法不规范问题分析及工作对策

目前，修改后的刑事诉讼法赋予了检察机关更多的侦查监督职能，侦查监督工作面临着新的发展机遇，同时也面临着更加严峻的挑战。规范执法行为，是应对新任务、提高法律监督水平的重要保障，也是提高业务水平、确保案件质量、防止冤假错案的前提和基础。通过对全市检察机关近3年639件侦查监督案件案卷材料的检查发现，侦查监督工作中存在以下执法不规范情况，这些

问题分布在侦查监督重点环节，必须引起高度重视，及时整改。

（一）执法不规范问题分析

1.《审查逮捕意见书》及法律文书制作不规范问题

（1）《审查逮捕意见书》证据方面存在的问题。此类问题占比最大，约占60%。审查证据是刑事诉讼证明活动的关键环节，是对诉讼过程中收集到的各种证据材料进行审查、鉴别和分析，以判断其真实性和在证明案情方面的作用。对证据种类的正确分类、综合分析，准确把握其证明作用、鉴别其真伪是正确认定案件事实的基础。证据方面不规范问题的存在，直接反映出办案人员执法水平的欠缺，是案件质量的一大隐患。主要有三个方面的问题：

第一，证据归类不规范。如将辨认笔录、检查笔录、鉴定意见等列入书证；将被害人陈述列入证人证言；将同案犯的证言作为一种证据种类；将物证、书证列为同一证据种类。对证据种类的混淆，会直接影响到对各个证据作用清晰认识，从而影响对案件事实的准确认定，这类不规范问题较为普遍，反映出法律功底的欠缺。

第二，证据分析过于简单或缺乏对全案证据的综合分析。在刑事诉讼活动中，特别要注重对证据的综合审查和运用。证据分析能够直接反映出办案人员对证据审查的情况。对于全案证据，需要进行综合审查，在对证据逐个进行查证核实的基础上，综合全案的证据材料进行分析、比较和判断。根据《人民检察院刑事诉讼规则（试行）》（以下简称《刑事诉讼规则》）的规定，证据的审查认定，应当结合案件的具体情况，从证据与待证事实的关联程度、各证据之间的关系、是否依照法定程序收集等方面进行综合审查判断，证据之间具有内在的联系，共同指向同一待证事实，且能合理排除矛盾的，才能作为认定案件事实的根据。在分析、比较鉴别时，一是要对同一的证据，如当事人的前后几次陈述，进行综合比较；二是要将此种证据与彼种证据进行比较；三是要将证据与案件事实联系起来加以考察比较。

第三，不当运用证据。此类问题表现为：将侦查机关立案前的调查笔录作为诉讼证据使用；将逮捕必要性分析的证据与案件定性的证据分析混淆，用定性的证据代替逮捕必要性的分析。

（2）《审查逮捕意见书》案件事实部分存在的问题。这一类问题较为普遍。

第一，案件事实概括不清楚、认定错误。如陈某某受贿案，对于犯罪嫌疑人如何利用职务之便未进行具体叙述，仅粗略地表述为“利用职务之便”；犯罪嫌疑人在案发前将受贿款退还给行贿人并叫其出具归还借款收据，承办人将该伪造证据、逃避打击的行为认定为部分退赃、可予从轻处罚，且作为决定不予逮捕的理由之一，与案件客观事实不符，认定错误。

第二，未摘抄或全部摘抄侦查机关认定的案件事实。审查逮捕的过程即是对侦查活动进行监督的过程，如果缺乏对侦查机关认定事实的了解，何谈监督？这个问题的存在，反映出办案人员对侦监工作职能定位的认识不到位，缺乏监督意识。

第三，审查逮捕意见书缺少“经审查认定的事实”部分。由于这一部分的缺失，显然无法评价办案人员对案件事实的认定情况，在未查明案件事实的情况下，又如何能够作出处理决定，这显然极不严谨。

（3）对逮捕必要性分析不到位的情况。个别案件未严格按照《刑事诉讼法》第 79 条规定的逮捕条件以及刑事诉讼规则的相关规定进行分析。如：张某抢劫案，仅从犯罪嫌疑人无监管条件认为应对其适用逮捕措施，而未依照刑诉法和刑诉规则的规定，从其连续作案，主观恶性较大，可能实施新的犯罪方面分析其社会危险性。修改后的刑事诉讼法将原“有逮捕必要”的原则性规定细化为若干情形，有利于司法实践中进行审查、衡量和认定，为准确适用逮捕提供了可行性，减少了法律适用的难度，有利于更加准确地适用逮捕措施。此类问题的存在，一方面反映出执法人员的执法办案能力的欠缺，另一方面也反映出执法人员人权保障意识不到位，具体表现在工作上不够精细。

（4）《审查逮捕意见书》未引用法律条款。法律条款是定案的依据，在案件事实已经依法查明的情况下，如何定性和处理，必须采取适用具体的法律条款的方式来完成。这一问题的存在，反映出个别办案人员办案精细化理念的欠缺。

（5）案件处理意见不明确。如范某某受贿案，承办人在《审查逮捕意见书》中签署的意见是“对范某某涉嫌受贿罪是否逮捕，请领导批示”，无明确处理意见。

（6）不批准逮捕（决定不予逮捕）说理不充分，未按照最高人民检察院《关于加强侦查监督说理工作的指导意见（试行）》的要求进行说理。这个问题较为普遍，反映出对侦查机关的提请审查批准逮捕意见没有充分地进行“反驳”，对作出的不批准决定没有进行充分的阐释，释法说理能力、化解矛盾和群众工作能力有待提升。

2. 办案流程及工作制度执行不规范问题

办案流程和工作制度的规范执行是确保案件准确、妥善处理的重要保障，而在侦查监督办案实践中，大量地存在执行不规范或执行不力的情况，虽然还未出现导致冤假错案的严重后果，但却是案件质量不容忽视的隐患，同时也降低了侦查监督整体执法规范化水准，必须加以高度重视。

(1) 讯问犯罪嫌疑人及制作笔录不规范。体现在以下五个方面：未核实侦查活动是否存在违法情形；讯问犯罪嫌疑人时有开始时间，无结束时间；卷宗内无犯罪嫌疑人权利义务告知书和讯问笔录；讯问笔录更改之处被讯问人未捺指印、未签署被讯问时间；在讯问笔录中留有空白，空白处被讯问人未按指印或签名。

(2) 询问证人不规范。未按《刑事诉讼规则》的要求问明证人的基本情况及与当事人的关系，并告知如实作证的义务及作伪证的法律后果。

(3) 附条件逮捕的案件办理不规范。如捕后没有跟踪监督的相关材料；附条件逮捕告知书未明确要求公安机关在侦查完毕移送审查起诉前7日内需要告知侦监部门，并将补充的证据送侦监部门审查；缺乏附条件逮捕决定的研究记录。

(4) 对辩护律师提出的意见，未在审查逮捕意见书中说明是否采纳的情况和理由。这显然不符合对当事人合法权益保障的要求。

(5) 卷宗内无领导审批手续，未能反映出案件的处理流程。

(6) 案件研究记录不全面，特别是一些附条件逮捕案件，未能反映出所有参加讨论人员的意见，或是记录简单，没有记录发表意见的理由。

(7) 卷宗内无公安机关执行逮捕的回执。缺少对侦查机关的监督意识。

(8) 同意公安机关撤回提捕的案件，办案流程不规范，案件的处理有失严谨。如没有讯问犯罪嫌疑人、没有制作审查报告；无撤回提捕理由的记录在卷。

(9) 个别案件的处理反映出办案单位为满足侦查机关考核需要盲目配合、执法不严肃问题。如兰某、代某某盗窃案，该案进行研究时，当地侦查机关领导到场，并提出支持其工作批捕1人的要求。又如张某贩毒案，本应作存疑不捕，应侦查机关的要求作出无逮捕必要不捕的决定。

(10) 个别案件反映出法律监督能力不足或不敢监督的问题。集中体现在对共同犯罪案件中的漏犯，未建议追究同案人的刑事责任。

(二) 不规范问题存在的原因及工作对策

以上问题的存在，主要有以下原因：一是法律专业知识不够扎实。个别案件反映出侦监干警对刑法、司法解释以及刑事诉讼规则的把握不够准确。二是执法精细化意识不到位。主要体现在审查逮捕意见书的制作方面，在认定案件事实、证据归类排列及提炼分析上较为粗略，尤其在逮捕必要性分析上，普遍存在不够充分的情况。在不捕理由说明方面，暴露出释法说理能力欠缺的问题。个别案件也反映出办案人员对规章制度不熟悉导致执行不到位的问题。三是知识结构和专业化程度亟待优化。部分案件反映出办案人员的专业素质欠缺、知识老化问题。四是工作责任心不够的问题。主要体现在案件研究记录过于粗略、案卷装订归档不规范方面。

对此，我们的工作对策包括三个方面：

一是充分认识执法规范化建设的重要意义，不断增强工作责任心。侦查监督部门承担着审查逮捕和立案监督、侦查活动监督两项监督职能，处于刑事检察工作的前沿，是防止冤假错案的第一道关口，规范每一办案环节的执法行为，是确保案件质量和监督效果的重要保障。侦监干警要增强工作责任心，牢固树立规范执法行为意识，充分认识到规范执法行为对提高法律监督能力和执法公信力的重要意义，增强工作主动性、积极性，使规范执法成为自觉行为。司法不规范的问题，说到底是责任心的问题。必须要纠正只要案件没有出现影响实体质量问题就不必注重细节等认识误区，注重执法细节，切实提高执法规范化素养。

二是加强业务学习，不断提高规范执法水平。修改后的刑事诉讼法完善了逮捕程序及证据制度，对审查逮捕案件办理程序规范化提出了更高、更细的要求；关于规范侦查措施和完善相关救济监督机制的规定，对监督权的规范行使相应有了更加严格的要求。侦监干警应加强对修改后刑事诉讼法和《刑事诉讼规则》以及《检察机关执法工作基本规范》的学习，以学习促规范，不断提升自身业务素能，将执法规范贯穿到具体的执法环节和办案流程中，自觉做到理性、平和、文明、规范执法。

三是强化责任主体意识，不断提升执法素养。检察官办案责任制正式运行，检察官被赋予更大的权限，当然地成为了执法规范化责任主体。《重庆市检察机关检察官、检察辅助人员业绩考评办法》对检察官和辅助人员的业务考评，包括了业务工作、司法作风、司法技能和职业操守等方面，其中业务工作和司法作风两项与执法规范密切关联，同时，按照《重庆市检察机关检察官司法档案管理办法》的规定，将司法规范化检查情况计入检察官司法档案。通过业绩考评方式加强对检察官执法行为的监督是司改的重要内容，也是执法规范化建设的重要手段。强化自身执法素养，从源头上解决执法不规范问题，是规范执法行为的重中之重。

律师参与化解和代理涉法涉诉信访案件制度研究
——以检察机关为视角

甘　健　何彦林[*]

信访作为公民、法人或其他组织反映情况、表达诉求的重要方式，具有民主参与、社会监督和权利救济等诸多功能，在民众表达诉求、解决问题、化解矛盾、推动法治进步等方面发挥了重要作用。在我国，信访工作作为党的群众工作的重要组成部分，是党和政府联系群众的重要桥梁、倾听群众呼声的重要窗口、体察群众疾苦的重要途径。当前，我国改革已进入攻坚期和深水区，各种深层次矛盾凸显，越来越多的社会矛盾以案件形式进入诉讼渠道，诉讼与信访交织，法内处理与法外解决并存，少数群众“信访不信法”“信上不信下”“弃法转访”，甚至“以访压法”等问题突出。2014 年 3 月，中央印发《关于依法处理涉法涉诉信访问题的意见》，对涉法涉诉信访进行改革，实行诉讼与信访分离制度。2014 年 10 月，党的十八届四中全会通过的《中共中央关于全面推进依法治国若干重大问题的决定》（以下简称《决定》），提出“对不服司法机关生效裁判、决定的申诉，逐步实行由律师代理制度”，为律师参与化解和代理涉法涉诉信访案件提供了政策依据。2015 年 6 月，中央政法委出台的《关于建立律师参与化解和代理涉法涉诉信访案件制度的意见（试行）》（以下简称《意见》），为律师参与化解和代理涉法涉诉信访案件提供了根本遵循。随着涉法涉诉信访工作改革和三大诉讼法的修改实施，检察机关法律监督的范围更广、任务更重，面对的涉法涉诉信访案件日益增多，缠诉、缠访、闹访现象亦屡见不鲜，化解信访矛盾的压力越来越大。究其原因，除有的案件处理本身存在瑕疵和问题外，主要是信访人对自身利益保护意识不断增强，但对法律知识缺乏了解或者掌握片面，对司法机关缺乏信任，有的甚至试图通过缠访闹访获得不当利益。这就使律师参与和代理涉法涉诉信访案件成为信访人和

---

* 甘健，重庆市人民检察院第五分院控告申诉检察处处长，三级高级检察官。何彦林，重庆市人民检察院第五分院控告申诉检察处一级检察官。

政法机关共同的现实需求，对依法处理涉法涉诉信访问题，切实维护信访人合法权益，维护法治权威，化解矛盾纠纷，促进公正司法具有十分重要的意义。

一、涉法涉诉信访案件的内涵

（一）信访的概念

“信访”是一个合成词，“信”是“诚信和信函”，“访”是“访问、咨询和看望”。在社会生产和生活的发展过程中，因社会人和社会组织管理者的共同需要，产生了信和访。[①]“信访”是“来信来访”的简称，信访的概念有广义和狭义之分。广义的信访，是指社会成员通过写信、访问等形式向社会组织管理者及其负责人反映个人或集体意愿的一种政治交往活动。[②] 狭义的信访，是指公民、法人或者其他组织采用书信、电子邮件、传真、电话、走访等形式，向各级人民政府、县级以上人民政府工作部门反映情况，提出建议、意见或者投诉请求，依法由有关行政机关处理的活动。[③] 我们通常所说的信访，就是狭义的信访。

（二）涉法涉诉信访的界定

涉法涉诉信访在我国有着深远的历史，最早可溯源于历史上的直诉制度。据《魏书·刑法志》记载，太武帝年间，朝设“登闻鼓”，百姓如果有冤屈，可以直接击鼓鸣冤，直接诉求于皇帝。[④]

现代意义上的涉法涉诉信访是一个横跨法学、公共管理学、社会学的概念。何为涉法涉诉信访，主要有两种观点：第一种观点认为涉法涉诉信访是指公民以来信来访的方式向法院和检察院（有时包括公安机关）就与司法有关的事项提出申诉或要求解决问题的行为。[⑤] 第二种观点认为涉法涉诉信访应界定为案件进入司法程序或司法程序已经终结的涉及公检法等司法机关的信访。[⑥] 中央出台的《关于依法处理涉法涉诉信访问题的意见》提出“实行诉讼与信访分离制度。把涉及民商事、行政、刑事等诉讼权利救济的信访事项从普通信访体制中分离出来，由政法机关依法处理。”在对该《意见》的有关解读

---

① 中国行政管理学院信访分会：《信访学概论》，中国方正出版社 2005 年版，第 1 页。

② 中央办公厅信访局、国务院办公厅编著：《信访学概论》，华夏出版社 1991 年版，第 5 页。

③ 2005 年《信访条例》。

④ 杨和德主编：《群体性事件研究》，中国人民大学出版社 2002 年版，第 85 页。

⑤ 王亚新主编：《社会变革中的民事诉讼》，中国法制出版社 2001 年版，第 2 页。

⑥ 徐昕主编：《迈向社会和谐的纠纷解决》，中国检察出版社 2008 年版，第 143 页。

中也具体地明晰了诉讼与信访的界限：对符合法律法规规定，属于政法机关管辖的信访事项，可以通过司法程序或相应法定救济途径解决的，作为诉类事项办理；对政法机关依法不能通过司法程序或其他法定救济途径解决的信访事项，以及公安机关、司法行政机关应当按照《信访条例》处理的信访事项，作为访类事项办理。由此可以看出，认定为涉法涉诉信访必须同时具备两个条件：一是属于政法机关管辖；二是可以通过司法程序或法定救济途径解决。中央政法委《关于健全涉法涉诉信访依法终结制度的意见》明确，经过法定程序依法终结的信访不再启动复查程序，各级各有关部门也不再统计、交办、通报，交由地方党委政府及其基层组织继续做好矛盾化解、教育疏导和帮扶救助工作。换言之，已经依法终结的涉法涉诉信访不能再导入法律程序。综合分析这些规定，我们认为，涉法涉诉信访应当界定为信访人的信访事项属于政法机关管辖、可以通过司法途径解决的涉及民商事、行政、刑事等诉讼权利救济、尚未依法终结的信访。

（三）检察机关涉法涉诉信访案件的范围及类型

根据中央政法委《涉法涉诉信访案件终结办法》和《人民检察院信访工作规定》《人民检察院受理控告申诉依法导入法律程序实施办法》的相关规定，检察机关涉法涉诉信访案件是指公民、法人或者其他单位通过信访渠道反映的属于检察机关管辖的控告申诉案件，包括涉检信访案件和诉讼监督案件两大类，具体分为三种类型：

1. 涉检信访案件

主要包括：不服检察机关处理决定案件；反映检察机关在处理群众举报线索中久拖不决、未查处、未答复的案件；反映检察机关违法违规办案或者检察人员违纪违法的案件；请求检察机关进行国家赔偿或者赔偿复议的案件。

2. 诉讼监督案件

（1）不服人民法院的生效裁判、调解书，以及人民法院赔偿委员会作出的国家赔偿决定，反映审判人员在审判程序中存在违法行为，以及反映人民法院刑法执行、民事执行和行政执行活动存在违法情形，要求检察机关实行法律监督，依法属于检察机关管辖的案件。

（2）不服公安机关的刑事处理决定，以及反映公安机关的侦查活动有违法情况，要求检察机关实行法律监督，依法属于检察机关管辖的案件。

二、律师参与化解和代理涉法涉诉信访案件制度的基本内容

要充分发挥律师在参与化解和代理涉法涉诉信访案件中依法维护群众合法

权益、有效化解社会矛盾、促进公正司法、维护法治权威“四大基本职能”作用，在制度设计上必须明确以下基本内容：

（一）律师参与化解和代理涉法涉诉信访案件的政策与法律依据

前面已经提过，《决定》和《意见》是律师参与化解和代理涉法涉诉信访案件的主要政策依据。其中，《意见》在律师参与化解和代理的运行模式、工作方法、管理和保障、组织领导等方面作出了宏观要求。

关于律师参与化解和代理涉法涉诉信访案件的法律依据，相关法律规定并不十分明确。其中，我国《律师法》第28条规定律师可以接受委托，代理各类诉讼案件的申诉。根据涉法涉诉信访案件的类型不同，刑事诉讼法、民事诉讼法、行政诉讼法在总则中规定律师可以受当事人委托担任诉讼代理人或辩护人，但没有明确规定可以代理申诉案件。民事诉讼法、行政诉讼法更是将申诉改为申请再审。理论界针对申诉的法律性质存在一些分歧。有的观点认为，申诉只是当事人的请求行为，复查也仅仅是对申诉是否符合法定条件的审查，属于再审程序的前置程序，不具有诉讼的特点，律师的作用仅限于代写诉状。[①]还有的观点认为，我国三大诉讼法都把审判监督程序作为诉讼的一个阶段，律师既然可以担任整个诉讼的代理人，那么当然可以受托担任诉讼中某一阶段的代理，申诉复查阶段也不例外。[②] 此外，一些规范性文件就具体申诉领域内的律师代理问题进行了规定，如《人民检察院复查刑事申诉案件规定》第12条规定，申诉人委托律师代理申诉，符合规定的受理条件的，应当受理。该规定还明确申诉人委托代理的，只能委托律师进行代理，为逐步推行申诉案件由律师代理的制度进行了积极的探索。中华全国律师协会《律师参与刑事申诉办案规范（试行）》明确规定，律师可以接受案件当事人及其法定代理人、近亲属的委托，对已经发生法律效力的判决、裁定向人民法院或者人民检察院提出申诉。可见，虽然部分法律法规明确了律师代理涉法涉诉信访案件的权利，但是律师在申诉阶段的代理权仍存在一些争议。我们注意到，《决定》在“加强人权司法保障”中指出：“落实终审和诉讼终结制度，实行诉访分离，保障当事人依法行使申诉权利。对不服司法机关生效裁判、决定的申诉，逐步实行由律师代理制度。对聘不起律师的申诉人，纳入法律援助范围。”从这种条文的叙事逻辑结构讲，《决定》在此处所指的“申诉”应属于诉讼范畴，具有司法

① 最高人民检察院理论研究课题组：《申诉案件律师代理制度探索》，载《刑事申诉检察工作指导》（2016年第3辑），中国检察出版社2016年版，第38页。

② 潘岳松：《律师代理申诉的法律问题》，载《法学》1992年第3期。

属性，更何况检察机关管辖的涉法涉诉信访案件往往因申诉而启动诉讼程序。因此我们认为，律师在申诉阶段具有毫无争议的代理权。

（二）律师参与化解和代理涉法涉诉信访案件的原则

《意见》对律师参与化解和代理涉法涉诉信访案件应当遵循的原则作了规定，即：自愿平等—尊重信访人意愿，不强制化解；依法据理——严格依照法律和政策，向信访人释法说理，向政法机关提出法律意见；实事求是——以事实为依据，以法律为准绳，依法维护群众合法权益和司法权威；无偿公益——不以赢利为目的，向信访人无偿提供法律服务。可见，按照制度设计，律师参与化解和代理涉法涉诉信访案件是一项公益性法律服务工作，律师定位应侧重于公益服务角色。但由于律师参与化解和代理涉法涉诉信访案件的方式不同，因此律师的角色定位也存在差异。律师参与涉法涉诉案件的方式大致有三种：一是由律师协会向信访人推荐律师或由信访人在涉法涉诉信访案件律师库中自愿选择律师代理；二是由律师协会选派到政法机关信访接待场所，向信访人提供法律服务；三是基于信访人委托而代理。上述第一、二种方式系《意见》规定的律师参与模式，按照这两种方式参与涉法涉诉信访案件的律师应当按照《意见》规定的原则参与和代理案件，既要为信访人提供无偿法律服务，维护其合法权益，又要承担向信访人释法说理、化解矛盾、劝其息诉罢访的双重责任。对于第三种方式，由于律师是基于当事人的委托参与到案件中来的，故应依照三大诉讼法对律师代理的权限代理信访案件，不宜另外承担释法劝导、化解矛盾的责任。我们认为，在原有四条原则的基础上，有必要增加一条“客观中立”原则，即依法独立开展工作，不偏袒政法机关，也不受信访人干扰。

（三）律师参与化解和代理涉法涉诉信访案件的范围

由于《意见》对律师参与化解和代理涉法涉诉信访案件的范围没有作出具体、明确的划定，在司法实践中，各地对于律师等参与化解和代理涉法涉诉信访案件的范围规定得并不一致。如重庆市检察机关规定的范围主要包括：（1）涉检信访案件（由举报引发的信访不宜第三方参与的除外）；（2）不服检察机关对公安机关、人民法院的监督意见，久诉不息，长期向检察机关缠诉缠访的；（3）检察长决定邀请或上级检察机关建议第三方参与化解的案件；（4）信访人主动申请第三方参与的案件；（5）其他需要第三方参与的案件。四川省内江市市中区检察院规定，非访、缠闹访、集体访、极端访的案件、赴省进京越级访案件、扬言滋事的案件、上级机关交办的案件、社会关注度高可能引发媒体炒作的敏感案件、认识上存在重大分歧以致久诉不息的案件、重大、复杂、疑难的信访案件，可以引入律师参与化解和代理。我们认为，按照《意见》精神，改革涉法涉诉信访工作机制，引入律师等第三方参与化解涉法涉诉信访案件，最终目的是为了把解决涉法涉诉信访问题纳入法治轨道，努力实现案结事了、息讼息访。因此，律师参与化解和代理涉法涉诉信访案件的范围不宜过窄。但同时，为了节约司法资源，保护律师的积极性，律师参与代理信访案件的范围一般应限定为：信访人与检察机关对涉法涉诉信访案件认定的事实、证据或者法律适用认识上有重大分歧，信访人不接受检察机关的解释疏导，久访不息的；经检察人员多次释法说理，信访人对检察机关作出的决定不服而重访、缠访的；检察机关认为律师介入更有利于化解信访矛盾，向信访人提出建议后，其自愿选择律师参与的；重大、疑难复杂、敏感的信访案件。

（四）律师参与化解和代理涉法涉诉信访案件的职责

《意见》明确了律师参与和代理涉法涉诉信访案件的六种工作方法。从工作的方式和所要达到的目的上看，我们认为这既是工作方法，也可以说是律师应当履行的职责：一是接谈信访人，了解其信访诉求，为其提供法律咨询服务；二是评析信访案件，对信访人的信访事项和诉求作出评议分析，研究解决问题的方案；三是开展释法劝导工作，促成信访人息诉罢访；四是提出处理建议，督促司法机关规范执法；五是引导信访人依法申诉，理性表达诉求；六是帮助申请救助，促进矛盾化解。我们认为，代理律师还可以应邀参加或申请参加公开审查活动，对信访人的诉求和司法机关的处理结论是否有理合法进行公开评析，提出意见和建议。此外，参与律师在信访案件被依法终结转为普通信访后，也可以适当延伸，帮助信访人做一些善后工作。

三、律师参与化解和代理涉法涉诉信访案件制度的实践

（一）先行先试的效果

中央政法委的《意见》下发后，各地政法机关认真学习领会，纷纷出台实施意见或实施细则，作了很多有益的探索和尝试。从各种媒体、内部资料获取的信息看，各地贯彻落实《意见》取得了阶段性成果，积累了一些成功的实践经验。如湖南省把律师参与化解和代理涉法涉诉信访案件作为用法治思维和法治方式解决涉法涉诉信访问题的创新举措，在整合律师资源上下功夫、出妙招，工作得到中央政法委的高度关注并将其经验向全国推广；山东省临沂市形成了“市委政法委领导、公检法司机关搭台、律师唱戏”的良好局面。临沂市律师协会严格标准推荐5家市级以上优秀律师事务所选派了30名优秀律

师到临沂市中级人民法院、临沂市人民检察院值班，20 名律师到公安局值班，接访效果得到群众首肯。[①] 仅 2016 年，律师参与化解和代理涉法涉诉信访案件同比上升 160.3%。一批信访老案由于律师的参与得到依法化解。同年，最高人民检察院控告厅发布了全国检察机关 10 起律师参与化解和代理的涉法涉诉信访典型案例，如申诉人唐某不服湖南醴陵市检察院对殷某故意伤害不起诉决定一案，该案代理律师就案件证据采信、法律适用等问题经过与检察机关多次沟通和反复论证，最终认可了检察机关的不诉决定。之后，代理律师又耐心细致地给唐某释法说理，并告知其提起民事诉讼维权途径，得到唐某认同。本案代理律师的做法，既维护了申诉人的合法权益，又促使申诉人息诉罢访，还提升了检察机关的执法公信力。

（二）实践中存在的问题

1. 律师参与的力度不能满足信访群众的需要

实践中，由于参与的律师人数有限，占涉法涉诉信访案件的比例较低，不能满足信访群众的需求，司法机关也多将疑难复杂、缠诉缠访等案件作为律师参与化解和代理的范围，导致律师参与的广度和深度都非常有限，不能及时将涉法涉诉信访风险化解在萌芽阶段。另外，随着信访主体日趋多元化、诉求多样化，涉法涉诉信访案件的种类比以前更加广泛，涉及到征地拆迁、产权转让、劳动争议、股权纠纷、知识产权、刑事控告和刑事申诉等诸多领域。实践中，没有根据律师专业特长对律师进行分类，律师在接访或代理信访案件时可能会遇到其不熟悉的专业领域，影响其释法说理的效果，也难以满足群众的信访需求。

2. 信访群众对参与律师的信任度不高

有些案件的处理并非确有问题，往往是信访人对地方司法机关不信任，所以进京上访。[②] 因此，处理涉法涉诉信访案件，包括律师参与化解和代理涉法涉诉信访案件，取得信访群众的信任非常重要。由于《意见》尚处于初期实施阶段，许多信访群众对《意见》了解不多甚或根本不了解，加之有的律师与信访群众交流不够，导致信访群众对选派的参与律师不够信任，甚至对参与律师的角色存在误解，认为是司法机关派来的“说客”，心存抵触情绪，使律师参与化解的效果大打折扣。

---

① 张玉华：《律师参与化解涉法涉诉信访和代理申诉工作的实践与思考》，载《中国律师》2016 年第 8 期。

② 赵凌：《社科院报告：直面信访严峻形势》，载《南方周末》2007 年 4 月 5 日。

3. 律师参与化解的积极性有待提高

一是部分律师对贯彻落实《意见》的意义理解不深，对律师参与化解和代理涉法涉诉信访案件的公益性质定位不清，甚至片面追求“经济效益”带来的成就感，参与的积极性不高。实践中，除个别社会影响大、当事人知名度高能够为律师带来良好社会声誉、扩大社会影响的部分案件外，高水平的资深律师参与涉法涉诉信访案件的极少，多是指派实习律师或水平一般的律师参与其中。而基于生存和发展的需要，受指派的律师即使参与了，时间一长也大多是走走形式应付了事，投入的精力和时间远远不能满足工作需要。① 二是部分律师缺少做群众工作的经验，对代理和化解久诉不息的涉法涉诉信访案件缺乏心理准备，参与化解的效果不好，一定程度上影响了其参与化解和代理的积极性。三是部分律师接受选派或接受信访群众选择后，因为涉法涉诉信访案件大多诉求繁多、经济效益低、时间周期长，最终能够得到纠正的少，参与律师往往追求结案短平快，忽视化解社会矛盾、实现案结事了目的。

4. 矛盾化解责任不明确

《意见》鼓励律师参与化解和代理涉法涉诉信访案件并规定了管理保障措施，但对律师参与化解和代理所要达到的效果，及相应的评价、考核、奖惩等规定不具体。特别是司法责任制改革后，如何强化参与律师和案件承办检察官化解矛盾的责任，改革的相关制度还没来得及作出回应。

5. 阳光执法有待深化

司法实践中，一些涉法涉诉信访案件确实存在司法瑕疵或者冤错，由于有的机关对律师参与化解和代理涉法涉诉信访案件的范围作了刚性规定，因此，有的办案人员为了掩盖瑕疵或错误，故意设置种种障碍，将问题案件排除在律师参与化解和代理的涉法涉诉信访案件之外。

四、完善律师参与化解和代理涉法涉诉信访案件制度的建议

（一）建立律师人才库，优化配置律师资源

《意见》要求律师协会推荐参与化解和代理涉法涉诉信访案件的律师人选，并建立律师人才库和名录，报同级司法行政机关备案。应当建立并动态管理和适时优化律师人才库，保证每一个律师都有能力独立化解和代理涉法涉诉信访案件。进入人才库的律师应当具备较高的政治素质、较强的业务能力、丰

① 王念峰：《律师参与涉检信访工作的功能定位与机制完善》，载《中国检察官》2016 年第 9 期。

富的社会阅历和广博的专业知识，并具有强烈的社会责任感。同时，各地律师人才库还可实行省内联网，做到省级统筹和资源共享，实现律师资源的合理运用。建立附条件的进入和退出机制，以保证参与律师队伍的活力和积极性。

（二）完善律师参与和代理的保障机制

落实律师参与化解和代理涉法涉诉信访案件制度的关键在于律师能够充分履行职责。一方面，要保障律师代理的诉讼权利。律师参与化解和代理涉法涉诉信访案件工作有自身特有的属性，有别于其他诉讼，对于律师与涉法涉诉信访当事人之间的权利义务关系，需要从立法的层面加以解决。应当保障律师在参与化解和代理涉法涉诉信访案件中享有优先的会见权、阅卷权、调查取证权、核实证据权、表达意见权、救济权等。对此，虽然“两高三部”《关于依法保障律师执业权利的规定》和《意见》作了相应规定，但这些规定都是原则性的，要真正实现“优先”还有很大差距，应从顶层制度设计上加以解决。另一方面，要建立经费保障机制。由于律师参与化解和代理涉法涉诉信访案件的公益性质，需要政府财政部门将该项工作经费纳入财政预算，切实解决经费保障问题。但同时，也要积极鼓励倡导信访人自行聘请律师为其代理申诉，依法维护自身权益。

（三）配套完善法律援助制度

目前，我国的法律援助律师占比不大，数量相对较少。对于疑难复杂的涉法涉诉信访案件，尤其是信访人处于弱势的情况下，更期盼得到法律援助。根据国务院《法律援助条例》规定，当前法律援助的范围并不包括涉法涉诉信访案件当事人。这种状况与律师参与化解涉法涉诉信访案件制度不相适应。因此，迫切需要完善法律援助制度，使无力聘请律师的涉法涉诉信访当事人能够得到法律援助。要进一步强化政府责任，通过加大法律援助的投入，扩大法律援助队伍，提高法律援助律师的素能等方式，大力加强法律援助律师队伍建设，以满足律师参与化解和代理涉法涉诉信访案件制度发展的实际需要。要扩大法律援助范围，将律师代理的申诉案件归入法律援助范围，并将法律援助制度与律师代理涉法涉诉信访案件制度相衔接，逐步将不服司法机关处理决定和生效裁判的申诉以及无力聘请律师的申诉人纳入法律援助范围，且将援助律师值班制度规定在法律援助制度中。

（四）形成合力，构建信访矛盾多元化解格局

要争取党委政府的支持，积极探索创新新形势下预防化解涉法涉诉信访矛盾纠纷的方法和途径。要尽力动员具有业务专长、有群众威信的法学专家、人

大代表、政协委员、人民监督员等第三方人员参与涉法涉诉信访案件化解工作，逐步形成以律师等法律服务人员为主、社会力量共同参与的多元化解工作格局。在这项工作中，检察机关要找准位置，处理好检律关系，充分运用检调对接、刑事和解、民行监督案件引导调解等手段，发挥推动和监督作用。

（五）与信访终结制度相衔接

中央政法委《关于健全涉法涉诉信访依法终结制度的意见》，对涉法涉诉信访案件终结的范围、标准、程序等作了具体规定。司法实践中，对于大量救济权利已经充分行使、放弃行使或者已经丧失，反映问题已经依法律按政策公正处理，仍反复申诉控告、缠访缠诉的信访案件，政法机关依法作出终结结论后，不再启动复查程序，解决了“申诉—复查—再审—再申诉”的无休止怪圈，节约了司法资源。律师参与化解和代理涉法涉诉信访案件制度应当与信访终结制度进一步衔接，律师参与化解和代理的过程中，对那些“判决并非有问题、但上访者对地方司法机关不信任”① 而不接受的案件，要配合检察机关从案件的事实、证据、适用法律和法定程序等方面做好当事人的释法说理工作。对一些明显无理的申诉，律师也可配合检察机关做好申诉人心理转化工作，劝说其息诉息访，避免因申诉人继续向检察机关无休止申诉而导致检察司法资源的浪费。② 另外，要加大宣传力度，选取律师维护群众合法权益、促进司法公正的典型事例，进行广泛宣传，让广大群众感受到实实在在的效果，引导涉法涉诉信访群众相信律师，主动找律师寻求法律帮助，自觉回归到法治轨道，自愿理性表达诉求、依法解决问题。

（六）积极思考适应国家监察体制改革的应对之策

北京、浙江、山西启动国家监察体制改革试点已逾半年，这项改革在全国推开势在必行。改革后，从中央到地方，现有行政监察机关、预防腐败局、检察机关反贪污贿赂局相关职能整合至监察委，监察委具有监督、调查、处置三项职权。监察调查包括对涉嫌一般性违纪违规的调查和涉嫌职务犯罪的调查，可以采取谈话、讯问、查封、搜查、留置等 12 项涉及人身权利和财产权利的调查和侦查措施。从监察办案的手段上看，把原属检察机关的职务犯罪侦查权转隶到了监察委，其侦查权自不必说具有司法属性；对涉嫌一般性违纪违规的调查，也涉及财产和人权保护以及程序正当问题，同样具有一定程度的司法属

① 赵凌：《社科院报告直面信访严峻形势》，载《南方周末》2007 年 4 月 5 日。

② 凡俊：《应建立律师代理涉法涉诉息访案件制度》，载《人民检察》2015 年第 8 期。

性，或可称为具有准司法性。从改革的趋势上看，国家机构体制将形成“一府一委两院”（即政府、监察委、法院、检察院）格局。对于监察委这种同由人大选举产生、与法院、检察院并列、办案具有司法或准司法属性的机关，不论是监察范围还是监察手段均有别于以前的行政监察机关，现有的行政监察法已无法适应今后工作需要。可以预测的是，将出台一部新的法律替代行政监察法，并对监察委的性质作出准确界定。我们认为，由于监察委这个类似于香港廉政公署的专门反腐败机关调查和侦查案件具有司法或准司法属性，即使不是司法机关，其执法办案产生的信访同样可以纳入涉法涉诉信访，并可由律师在规定的范围内参与化解和代理。对此，立法机关和法律界应及早思考和准备，通过监察立法和修改刑事诉讼法、律师法配套解决律师参与化解和代理监察案件信访问题。

毒品互易的定性和定量分析

阮能文*

随着社会的发展，商品交易方式的多样化，在毒品犯罪领域，各种新的犯罪现象层出不穷。在毒品流通环节，就出现了以毒易毒的交易类型。对于毒品互易行为如何定性，如果构成犯罪，又如何确定承担刑事责任的毒品数量等，无疑是理论界和实务界应予回应的问题。本文以一案例为思考起点，就互易毒品的性质和毒品数量认定略抒粗见，以期对实践中办理同类案件提供些许借鉴。

一、提出问题：一起案例引发的争议

2014 年 5 月 20 日，犯罪嫌疑人沈某在重庆市某县一宾馆房间内，以 200 克麻古与犯罪嫌疑人王某置换了 80 克冰毒。5 月 21 日，沈某以 5000 元的价格向李某出售冰毒 30 克。5 月 25 日，沈某经营的公司的工人朱某向沈某要求结算工资，沈某以暂时资金困难为由，以 30 克冰毒支付了朱某的工资 4800 元。2015 年 6 月 1 日，某县公安局民警将沈某抓获，并当场查获 11.2 克冰毒。根据沈某的供述，民警随即将王某抓获，但并未查获毒品，其辩称从沈某处换得的麻古已全部吸食完毕。

关于犯罪嫌疑人沈某、王某行为如何定性以及毒品数量的认定，存在以下三种观点：

第一种观点认为，沈某以贩卖为目的，向王某置换 80 克冰毒，并向李某贩卖 30 克冰毒，同时以 30 克冰毒抵偿应支付朱某的工资 4800 元，李某行为构成贩卖毒品罪，毒品数量应为 280 克；王某以吸食毒品为目的，向沈某换得 200 克麻古，其置换毒品的行为不应认定为贩卖，其行为不构成犯罪。

第二种观点认为，沈某、王某的行为均构成贩卖毒品罪，数量均应认定为

---

* 重庆市人民检察院第四分院公诉处副处长，四级高级检察官。本文发表于《中国检察官》2016 年第 6 期。

280 克。沈某以 200 克麻古向王某置换 80 克冰毒的事实，对于沈某而言，其 200 克麻古的对价是王某的 80 克冰毒，反之，对于王某而言，其 80 克冰毒的对价是 200 克麻古，即沈某、王某的毒品互为对价。因此，沈某、王某互易毒品的行为均属于有偿转让毒品，至于事后毒品是用于贩卖、抵债还是吸食，不影响事前毒品互易的行为性质认定。

第三种观点认为，沈某的行为构成贩卖毒品罪，王某的行为构成非法持有毒品罪。沈某以 200 克麻古与王某置换 80 克冰毒的行为属于有偿转让毒品，应认定为贩卖，但以 30 克冰毒抵偿其李某工资的行为不属于贩卖，故沈某的贩卖毒品数量应为 250 克。王某向沈某互易 200 克麻古，但其主观上不具有贩卖毒品的故意，而是以吸食为目的，故不构成贩卖毒品罪，但在其实施毒品互易之前持有 80 克冰毒和互易后持有 200 克麻古的行为构成非法持有毒品罪。

二、前置厘定：贩卖毒品内涵的规范解读

对于前述案例中沈某、王某的行为性质，之所以出现定性和定量的纷争，笔者以为，原因有二：一是对贩卖毒品中的“贩卖”含义界定不清；二是对毒品互易行为没有从本质上进行分析。如果能对“贩卖”内涵作出符合规范目的的界定后，再行判断毒品互易能否涵摄于“贩卖”的内涵内即可认定行为性质。因此，准确界定贩卖毒品中“贩卖”一词的规范含义是定性认定此类行为的关键。

关于贩卖毒品的含义，各方观点聚讼盈庭，莫衷一是，目前也尚未形成统一的认识。归纳起来，代表性的观点主要有以下几种：第一种观点认为，贩卖毒品包括两方面的特征，从交易方面讲，可以是先买进后卖出，但只要以牟利为目的，即使只有卖出行为，也构成贩卖毒品；从有偿性讲，必须以牟利为目的。① 第二种观点认为，贩卖毒品是指有偿转让毒品的行为，即行为人将毒品交付给对方，并从对方获取物质利益。行为人交付毒品既可能是获取金钱，也可能是获取其他物质利益。② 第三种观点认为，贩卖毒品是指为销售而非法收购毒品或者明知是毒品而非法销售的行为。这种行为不以反复进行或者现实牟利为要，即使贩卖一次甚至亏本，也不影响本罪的成立。③ 纵观前述观点，第一种观点和第二种观点既有合理性，也有片面性。第一种观点认为贩卖行为包

① 于志刚：《毒品犯罪及其相关犯罪认定处理》，中国方正出版社 1999 年版，第 1054 页。

② 张明楷：《刑法学》（第四版），法律出版社 2011 年版，第 1007 页。

③ 高铭暄、马克昌：《刑法学》（下），中国法制出版社 1999 年版，第 1054 页。

括交易性和有偿性特征，认为有偿性表现为以牟利为目的，是对有偿性和牟利目的的混同；第二种观点认为贩卖行为具有有偿性，但该观点对于司法实践中常见的以出售为目的而购买毒品的行为是否属于贩卖毒品语焉不详；第三种观点认为贩卖毒品需要具备有偿性，但不以牟利为必要，客观方面表现为以出售为目的而非法购买毒品或者非法销售毒品。第三种观点对“贩卖”一词的界定，既没有超出“贩卖”文义的有效射程，也符合当前严厉打击毒品犯罪的刑事政策，应予认可和坚持。理由在于：

首先，“贩卖”的语义不等于其在刑法学上的规范意义。罪刑法定原则要求实行成文法主义，用文字表述的法律条文增强了法律的明确性，让国民在行为前能知晓其行为的法律后果，增强了法律的预测可能性。同时，法律由语言来服务，这是一句日常的句子。换句话说，法律是透过语言被带出来的。① 但是，要让一部刑法的内容完全由普通用语表述，几乎是不可能的，因为刑法及其条文都有特定的规范含义，刑法也应具有简短价值，而且应当是具有普遍适用性的裁判规范。② 这就涉及普通用语的规范化问题。在适用法律时，解释者必须揭示普通用语的规范意义，而不能按照字面解释普通用语的含义。普通用语的规范意义，除了应当以用语本身所具有的客观含义为依据外，还需要根据刑法所描述的犯罪类型的本质以及刑法规范的目的予以确定，从而使用语的规范意义与犯罪本质、规范的目的相对应。③ 作为司法者，在适用法律的过程中，对法律概念之所以进行分析，是因为这些概念并不精确，而且也不可能精确。④

在确定犯罪嫌疑人的行为能否包摄于贩卖毒品的范围之内时，鉴于“贩卖”一词属于普通用语，故需要对其进行解释，以确定其规范化内涵。从语义解释方面而言，“贩”作为名词时是指买进货物再卖出以获取利润的行商或小商人，作为动词是指为了卖出而买进。“贩卖”是指买进货物后卖出，从差价中获取利润。⑤ 在这里，贩卖的语义内涵就是其作为普通用语时的内涵，即是指买进后再卖出，而且具有牟利的目的。但在贩卖毒品类案件中，“贩卖”的语义是否等于其规范含义？答案显然是否定的。如果认为只有主观上具有牟利的目的，客观上实施了买进毒品后再卖出毒品方可构成贩卖毒品罪，这样的

---

① ［德］考夫曼：《法律哲学》，刘幸义等译，法律出版社2004年版，第169页。

② 张明楷：《刑法分则的解释原理》（下），中国人民大学出版社2011年版，第808、809页。

③ 张明楷：《刑法分则的解释原理》（下），中国人民大学出版社2011年版，第811页。

④ ［德］英格博格·普珀：《法律思维小学堂》，蔡圣伟译，北京大学出版社2011年版，第53页。

⑤ 李行健：《现代汉语规范词典》，外语教学与研究出版社2004年版，第369页。

界定将使许多单独的出售毒品、折价出售毒品等行为不能认定为犯罪，而这些行为与其他类型的贩卖毒品行为的社会危害性相当，因此，做这样的界定将极大缩小了贩卖毒品罪的处罚范围，也是对罪刑法定原则的背反。由此，在对“贩卖”进行语义解释不足以得出合符目的的结论时，有必要对其进行规范解释。

其次，贩卖毒品罪侵害的法益决定了贩卖毒品罪的构成应以有偿性为必要，但无须以牟利为目的。根据法益侵害说的观点，犯罪的本质是对法益的侵害。刑法之所以规定某种行为为犯罪并予以刑罚惩罚，根本原因在于该行为危害了刑法保护的法益。在我国，贩卖毒品罪规定于“妨害社会管理秩序”一章中，其侵害的法益是国家对毒品的禁止、管理秩序和公众健康。因此，在解释“贩卖毒品”的含义时，应以刑法规范目的为指引。

关于贩卖毒品是否应当具备有偿性，否定的观点认为，贩卖毒品行为无须具有有偿性，主张只要行为人将其控制的毒品处分给他人，就属于贩卖毒品行为，无偿赠与毒品同样构成贩卖毒品罪。该观点看到了贩卖毒品促进了毒品的扩散和流通，但存在的问题有二：第一，贩卖毒品罪确实使毒品扩散、流通，但反过来认为一切促进毒品扩散和流通的行为都属于贩卖毒品，在逻辑上无法自足，因为走私、运输毒品行为同样会促进毒品的扩散；第二，对刑法用语的解释要在语词可能的含义之内，而且不能超出一般国民可能的预测范围。从“贩卖”的语义而言，都要求购买方支付的金钱或者其他物质性利益与出售的物品形成对价关系，但完全不具备对价关系的无偿赠与，无论作怎样的解释，其都无法涵摄于贩卖的语义之内。因此，无偿赠与毒品的行为应排除在贩卖毒品之外。在毒品转让行为中，只有有偿的转让和无偿的赠与两种情形，在排除无偿赠与不属于贩卖毒品后，只有有偿的转让属于贩卖行为。同时，从一般国民的认知角度而言，贩卖也都以有偿性为前提。故有偿性是认定成立贩卖毒品罪的必要条件。

对于贩卖毒品罪是否需要具备以牟利为目的，持肯定说的学者认为，贩卖毒品行为人主观上除了具有对构成要件事实的认识之外，还必须具有牟利目的。即贩毒者希望通过非法买卖毒品以获取暴利。① 笔者认为，肯定说的观点存在如下问题：一是将有偿性混同于牟利目的。贩卖毒品的有偿性强调转让毒品的对价性，相对方向毒品转让方支付对价利益，毒品转让方未必都能牟利。虽然大多数贩卖毒品的行为人都有通过贩卖毒品牟利之目的，但个别行为人如

① 于志刚：《毒品犯罪及相关犯罪认定与处理》，中国方正出版社1999年版，第107页。

处理滞销的毒品时往往会亏本，因此，以多数贩毒者具有牟利目只是有限的而非全部的事实，故以多数贩毒者具有牟利目的进而认定牟利目的是贩卖毒品罪的构成要件要素，有以偏概全之嫌；二是贩卖毒品罪属于妨害社会管理秩序类犯罪，既不属于经济犯罪，也不属于侵财犯罪，其危害在于毒品扩散后对公众健康的危害，而不在于行为人实施了牟利行为。故认为成立贩卖毒品罪需要行为人具有牟利的目的是在构成要件之外强加构成要素，系对贩卖毒品罪构成要件的误读。

综上所述，笔者认为，贩卖毒品内涵应界定为：有偿转让毒品或者以出售为目的而非法购买毒品，促进毒品流通、危害公众健康的行为。

三、性质分析：绝对论之否定与相对论之提倡

关于互易毒品，有广义和狭义的区分。广义的互易毒品包括三种行为类型：第一类是以类别、纯度和质量等不同的毒品进行相互交换。第二类是毒品的转借与偿还。如 A 向 B 暂时借 50 克冰毒，几天后 B 将 50 克冰毒偿还于 A。第三类是毒品与其他财物之间的互换。如 C 以 50 克冰毒向 D 换取自制手枪一支。狭义的互易毒品仅指行为人双方进行类别、质量等不同的毒品之间的交换行为。关于广义的毒品互易中的毒品与其他财物之间的互换，理论界和实务界几乎无争议认为属于贩卖毒品。对于单纯的毒品的转借与偿还，无论如何也难以认定为有偿转让毒品，故不能认定为贩卖毒品。因此，本文只探讨狭义的毒品互易行为。

关于狭义的毒品互易行为的定性，目前主要有两种观点：一种观点认为毒品互易的当事人双方均以从对方取得标的物控制为目的，双方在交换毒品时多体现为追求标的物的使用价值，较少考虑价值的对等性。有偿性只是贩卖毒品的一个特征，不是买卖行为的独自属性，因此有偿交付毒品不等于买卖毒品。因此，毒品互易行为不应当以贩卖毒品罪进行处罚。[①] 另一种观点认为，贩卖毒品罪的贩卖行为表现为以毒品的所有权为对价获得物质利益，在普通的毒品交易中这种物质利益表现为金钱，在特殊情况下也可以表现为包括毒品在内的物质利益，只要实质上存在用毒品换取其他物质利益，就应当认定为贩卖毒品。[②] 实务界也有观点认为，毒品互易行为本质上属于毒品有偿的对价销售行

---

① 孙万怀：《互易毒品行为的刑法性质评析》，载《法律科学》2009 年第 2 期。

② 高艳东：《贩卖毒品罪基本理论问题探析》，载《云南警官学院学报》2004 年第 1 期。

为，应构成贩卖毒品罪。[①]

认为互易毒品行为一概不认定为贩卖毒品罪的观点属于绝对的否定论，认为互易毒品一律构成贩卖毒品罪的观点，属于绝对的肯定论。绝对的肯定论和否定论都属于绝对论，认为只有绝对的构成与不构成，而没有中间地带。笔者以为，以绝对的是与非来定性互易毒品的性质，既不符合毒品犯罪的实际，也不符合司法实践之需要，而应当针对毒品互易情形作具体分析，确定是否可以涵摄于贩卖毒品的规范含义之内，如果得出肯定结论，就应认定构成贩卖毒品罪，相反就不能以贩卖毒品罪定性，如果构成其他犯罪则另当别论。鉴于犯罪的成立始终是主客观的统一，因此，判断互易毒品行为性质还需要结合行为人的主观目的，否则就会形成客观归罪。具体而言，以流通为目的的毒品互易行为应以贩卖毒品罪定性处罚，其余毒品互易行为不构成贩卖毒品罪。

第一，以流通为目的的毒品互易行为构成贩卖毒品罪。刑法之所以要将贩卖毒品罪置于规制的冲要地位，最根本的原因在于贩卖毒品行为促进了毒品的流通和扩散，危害了公众的身体健康。以流通为目的的毒品互易过程就是一方将自己持有的毒品转让于对方，并获取对方持有的毒品。一旦获取对方的毒品，对方就失去了对毒品的控制，获取毒品的行为人就可能将毒品再次交易，引起毒品的流通和扩散，对公众健康造成直接或者潜在的危害。在以流通为目的的毒品互易情形下，行为人互易毒品的行为实质上就是贩卖毒品的购买行为。根据前述对贩卖毒品的规范含义的解读，以贩卖为目的非法购买毒品的行为同样构成贩卖毒品罪，因此，行为人以流通为目的进行的毒品互易行为应定性为贩卖毒品罪。

第二，非以流通为目的的毒品互易行为不构成贩卖毒品罪。在司法实践中，行为人互易毒品的目的并非限于贩卖，也存在以吸食为目的，近年来更是出现了以收藏为目的的毒品互易。一方面，在以吸食、收藏等目的的毒品互易，不会使毒品在社会公众间扩散和流通，不会危害公众的健康。因此，这类毒品互易行为没有侵害刑法保护的法益，不宜以犯罪论处。另一方面，以吸食为目的毒品互易中，行为人自己往往就是被害人。虽然“自己是被害人的犯罪”是否应当实行“非犯罪化”素有争议，但笔者认为，除非行为人自己作为被害人的犯罪同时侵害了国家法益，否则不应当认为构成犯罪。当然，这种毒品互易行为虽然不构成贩卖毒品罪，但如果互易前后持有的毒品数量较大，

---

① 苏力、孙亮：《以毒易毒构成贩卖毒品罪吗》，载《检察日报》2012 年 11 月 11 日；周小纯、李家旺、范玉兵：《以毒易毒也应构成贩卖毒品罪》，载《检察日报》2012 年 1 月 16 日。

仍然可能涉嫌非法持有毒品罪。

总之，贩卖毒品与毒品互易并非包含与被包含关系，而是交叉关系。绝对肯定认为毒品互易属于贩卖毒品，不当地扩大了贩卖毒品罪的打击范围，扭曲了罪刑法定原则；绝对否定毒品互易构成贩卖毒品罪，忽视了在以流通为目的的毒品互易中毒品作为一般等价物，互易行为促进毒品流转并危害和威胁刑法保护的法益，不当缩小了贩卖毒品罪的处罚范围。故以行为人是否具有流通毒品的目的为标准确定毒品互易的性质是符合法律规定和实践需要的妥当立场。

四、回应与延伸：对争议案例的具体分析

基于前述对贩卖毒品罪含义的解析和毒品互易行为性质的阐释，现对犯罪嫌疑人沈某、王某的行为作如下分析：

第一，沈某以流通为目的的互易毒品并贩卖交换所得的毒品，其行为构成贩卖毒品罪。在客观方面，沈某以200克麻古置换了王某持有的80克冰毒，其用麻古交换冰毒，毒品种类不同；交换的毒品数量方面，系200克麻古与80克冰毒互换，数量也不等；麻古的主要成分为甲基苯丙胺和咖啡因，冰毒主要成分为甲基苯丙胺，且冰毒中甲基苯丙胺含量较麻古中甲基苯丙胺含量更高，成分与含量均有差异。因此，沈某与王某互换毒品的行为属于以不同类别、数量、质量不同的毒品互易。在主观方面，沈某互易毒品的目的在于贩卖，换得毒品后的客观行为证明了其互易毒品的主观目的。首先，沈某在换得冰毒的第二天，就以5000元的价格向李某出售30克冰毒；其次，沈某以30克冰毒向其工人朱某支付4800元工资的行为同样应属于贩卖毒品。因为，4800元是沈某应向朱某支付的工资数额，在该法律关系中，沈某处于债务人地位，朱某属于债权人。沈某本应支付朱某4800元，但其以30克冰毒作为应支付工资的对价，实质上与朱某以4800元向沈某购买30克冰毒无异，故沈某以毒偿债的行为实际上仍然属于贩卖。因此，沈某以贩卖为目的的毒品互易属于贩卖毒品。

第二，王某以吸食为目的互易毒品不构成贩卖毒品罪，但构成非法持有毒品罪。客观方面，王某实施了互易毒品行为。如前所述，王某以80克冰毒向沈某置换200克麻古的事实，沈某属于毒品互易，作为互易向对方的王某，其行为自然也属于毒品互易。在主观方面，现有证据不能证明王某互易毒品具有流通的目的。也许有观点会认为，从2015年5月20日换得200克麻古，到2015年6月1日被抓获，前后一共12天，按照通常每粒麻古0.1克计算，200克麻古一共约2000粒，行为人辩解全部已吸食完毕，每天需要吸食约167粒，似乎完全不可能，应当推定王某已将毒品贩卖。但是，作为事实证明，收集、

举证的责任在公安机关和检察机关，如果不能提供足够的证据证明王某贩卖了换得的毒品，就不能认定其具有贩毒的事实。同时，笔者并不否定前述推断有一定的合理性，但这种推断的前提并非一定可靠，一是没有证据证明王某曾经贩卖毒品；二是王某在被抓获时，毒品完全可能只是没有被公安机关查获，但事实上还存在，其为了规避处罚而辩解已全部吸食。因此，在推断的结论并非可靠，也无证据证明王某贩卖了毒品的情形下，根据“存疑有利于被告人”的事实认定原则，应当认为王某互易毒品的目的系用于吸食。故以吸食为目的的互易毒品行为，没有侵害贩卖毒品罪保护的法益，依法不构成贩卖毒品罪。

虽然王某的行为不构成贩卖毒品罪，但其非法持有毒品的事实客观存在，具体表现在：一是在与沈某互易毒品之前，其控制、持有冰毒 80 克；二是在与沈某换得 200 克麻古后，持有了该批麻古。根据《刑法》第 348 条之规定，非法持有毒品是指非法持有数量较大的毒品行为。由于非法持有毒品罪的构成，就毒品的用途在所不问，只注重持有的事实。因此，无论是毒品互易前还是互易后，其持有的毒品数量均超过了追诉标准，依法应构成非法持有毒品罪。

第三，关于本案毒品数量的认定。毒品数量是认定行为人的行为性质和裁量刑罚的重要依据，因此，准确认定行为人应承担刑事责任的毒品数量，在办理毒品犯罪案件中十分重要。在互易毒品案件中，由于互易行为，同时致使双方的毒品彼此失去控制，如何准确认定毒品数量，是必须解决的问题。有观点认为，在毒品互易中，双方持有的两种毒品都脱离了各自的控制和支配，形成了流入社会造成危害的可能性，因此，在认定毒品数量时，应将交易双方各自持有的用于交换的两部分毒品都认定为贩卖毒品行为的犯罪数额。[①] 笔者认为，该观点存在不合理之处。在互易毒品案件中，互易双方为对合关系，即一方以另一方存在为必要，互易双方并非共同犯罪关系。因此，一方将其持有的毒品作为对价换取对方持有的毒品，换取对方持有毒品实际上属于购买行为。对于购买所得的毒品，不应承担刑事责任。同时，对于将作为对价的自行控制的毒品交予对方，对这部分毒品承担责任无疑。当然，如果有确实、充分的证据证明互易所得的毒品系用于贩卖，那属于以贩卖为目的而非法购买毒品，就其换取对方毒品的行为同时应评价为贩卖毒品，此时换得的毒品数量计算在毒品犯罪数量之内。不过，这已不是单纯对毒品互易中应承担刑事责任的毒品数量的问题，涉及问题的另一层面。

---

① 高艳东：《贩卖毒品罪基本理论问题探析》，载《云南警官学院学报》2004 年第 1 期。

在本案中，犯罪嫌疑人沈某在毒品互易环节，以其持有的200克麻古向王某换得80克冰毒，故其贩卖毒品的数量为麻古200克。在换得80克冰毒后，贩卖30克冰毒，用于以毒偿债30克，并被查获11.2克。因此，现有事实足以证明其以贩卖为目的购买了80克冰毒，并将大部分毒品用于贩卖，故贩卖毒品的数量应认定为80克。鉴于麻古的有效成分为甲基苯丙胺和咖啡因，冰毒的有效成分为甲基苯丙胺，同属于甲基苯丙胺类毒品，数量可以相加计算，故沈某贩卖毒品数量为甲基苯丙胺280克。

关于王某非法持有毒品的数量，一是在互易环节，其以80克冰毒置换200克麻古，故其持有毒品数量为冰毒80克；二是在换得毒品后，其持有200克麻古。因此，王某非法持有毒品数量为甲基苯丙胺280克。

基于法律用语的简洁性和语词内涵边缘含义的模糊性，刑法条文的语义可能难以涵摄林林总总的犯罪行为。好在犯罪构成是类型化的犯罪行为，故可以罪行法定原则为指引，对刑法用语在其可能的文义范围内作规范解读，就能确定新的犯罪现象的性质。当然，这是一个“心中永远充满正义，目光不断往返于规范与事实之间”（张明楷老师语）的解释过程。

追诉时效若干问题刍议

李　毅*

1987年1月26日晚，犯罪嫌疑人宋某携带刀具到被害人孙某公司与孙某理论，欲恢复二人的恋爱关系。孙某同事张某闻讯到现场询问情况，引发宋某的不满，持刀向张某连刺4刀，又向孙某连刺2刀，后宋某逃离现场。造成张某重伤一级、孙某轻伤二级的后果。犯罪嫌疑人宋某于2015年6月8日被立案侦查，于同年7月23日被抓获。由于本案发生在1987年，期间经历了1997年刑法对时效制度的重大修改，因而，对该案是否超过追诉期限，应否追诉犯罪嫌疑人存在分歧。

第一种意见认为，本案中宋某的行为按照1979年刑法（以下简称旧刑法）和1997年刑法（以下简称新刑法）均构成故意伤害罪。根据新刑法第12条的规定，若新旧刑法均认为是犯罪，且根据新刑法总则第四章第八节的规定应当追诉的，按照旧刑法追究刑事责任。即对于新法实施前的犯罪行为的定罪量刑适用"从旧兼从轻"原则，对于追诉时效制度适用的是"从新原则"。根据新刑法的规定，故意伤害致人重伤法定最高刑是10年，其追诉时效为15年，即本案至1997年9月30日尚未超过追诉时效，应当适用新刑法第88条的规定。若被害人在追诉期限内提出控告，则不受追诉时效的限制，应当追究宋某的刑事责任。

第二种意见认为，对于追诉时效而言，同样适用"从旧兼从轻"原则。"是否超过诉讼期限"应按照1979年刑法关于时效的规定来判断。1979年刑法规定故意伤害致人重伤法定最高刑为7年，该案经过10年即不再追诉。按照该规定，本案宋某至1997年9月30日已超过追诉期限，是否追究刑事责任，适用旧刑法第77条的规定："在人民法院、人民检察院、公安机关采取强制措施后，逃避侦查或者审判的，不受追诉期限的限制"。鉴于本案自1987年案发至2015年刑事立案，宋某从未被采取强制措施，不应再追究宋某的刑

* 重庆市人民检察院第五分院公诉一处副处长，四级高级检察官。

事责任。

一、关于追诉期限的确定

要厘清某个案件的追诉时效问题，首先需要确定追诉期限，它是时效的前提。对旧刑法中规定的犯罪，新刑法在保留罪名的同时，多数情况下提高了构罪标准和量刑情节，导致新旧刑法对同一罪名量刑时可能出现差别。对于新刑法施行前发生的犯罪行为，在 1997 年 9 月 30 日后当其进入诉讼环节时，需要解决的首要问题即是确定其追诉期限。以宋某故意伤害案为例，根据旧刑法的规定，其法定最高刑为死刑（虽然根据旧刑法第 134 条的规定，故意伤害他人，致人重伤的，处 3 年以上 7 年以下有期徒刑，但根据 1983 年全国人大常委会《关于严惩严重危害社会治安的犯罪分子的决定》故意伤害致人重伤的可判处死刑），则其追诉期限为 20 年，根据新刑法的规定，其法定最高刑为 10 年（根据新刑法第 234 条的规定，故意伤害他人，致人重伤的，处 3 年以上 10 年以下有期徒刑），其追诉期限为 15 年，二者差异较大。如何确定追诉期限，这个问题涉及刑法的溯及力。众所周知，法治的基本原则之一就是法不溯及既往，因为法具有引导作用，无论是确定的指引还是不确定的指引，都是为人们提供一个既定的行为模式，引导人们依法施行自己的行为。而新法颁布之前，并不存在新法提供的既定的行为模式，所以颁布后的新法就不能依据该模式对之前人们的行为去引导。另外，法还具有预测作用，即凭借法律的存在，人们可以预先估计相互间行为的法律后果，但是，未颁布的法，并不为人们预知，自然也不能起到任何作用，因此，新法不具有溯及力。作为法不溯及既往原则的补充，许多国家同时还认为法律规范的效力可以有条件的适用于既往行为，即所谓“有利追溯”原则。在刑法领域，这种原则被称为从旧兼从轻原则。刑法第 12 条规定：“如果当时的法律认为是犯罪的，依照本法总则第四章第八节的规定应当追诉的，按照当时的法律追究刑事责任，但是如果本法不认为是犯罪或者处刑较轻的，适用本法。”学者根据该法条的规定，认为我国刑法的溯及力问题采用从旧兼从轻的原则。具体到本案的处理，因为新刑法的处刑较轻，在实际处刑时当然需要适用新刑法的规定，但是在确定追诉期限时是否能够同样适用新刑法的规定，将其期限确定为 15 年呢？笔者持肯定的观点，有两点理由：一是该处理符合追诉期限的确定依据。根据刑法的规定，追诉期限的确定依据是法定最高刑，既然在认定法定最高刑时已经适用新刑法的规定将其最高刑认定为 10 年，就没有任何理由将追诉期限确定为 20 年。二是该处理符合处理溯及力问题的通常原则。前文已经分析，在刑法的溯及力问题上通常采用从旧兼从轻的原则，该原则是适用于全部刑事领域的规定，而追诉期限是刑法其中一项规定，自然应当服从于该原则。由于新刑法在追诉期限的规定上完全保留了旧刑法第 76 条的原有内容，即以法定最高刑为标准确定了四档追诉期限：5 年、10 年、15 年和 20 年，所以对于那些发生在旧法施行期间，却在新法施行期间审查的案件，在确定追诉期限时需要对照条文，比较新旧刑法中的相关法条，确定哪个法规定的法定刑较轻，就在法定刑方面选择适用哪个法进而根据该法定刑确定追诉期限。

二、时效延长与溯及力问题的再认识

仔细比较新旧刑法关于追诉时效的相关法条，我们可以发现，新刑法第四章第八节共三个条文，对追诉时效期限、追诉期限的起算、延长、中断问题作了规定，其中，除了在时效延长的法定事由方面作了重大修改外，其余规定一律沿用了旧刑法的原有规定。如果说，在确定追诉期限方面适用从旧兼从轻原则尚不会产生过多争议的话，对于追诉时效延长的问题，到底是适用从旧兼从轻原则还是从新原则，不管是理论界还是实务界均有较大的争议，根源就在于新刑法第 12 条的规定。根据该规定，在处罚新刑法施行前的犯罪行为时，应当对其处理进行新旧刑法的轻重比较，但在判断是否应当对该行为进行追诉这个前提条件时，是“依照本法总则第四章第八节的规定”，这是否意味着刑法已经肯定了追诉时效的溯及力而不需要就时效问题进行轻重的判断了呢？更加让人疑惑的是，最高人民法院 1997 年《关于适用刑法时间效力规定若干问题的解释》（以下简称《解释》）第 1 条规定：“对于行为人 1997 年 9 月 30 日以前施行的犯罪行为，在人民检察院、公安机关、国家安全机关立案侦查或者有人民法院受理案件以后，行为人逃避侦查或者审判，超过追诉期限或者被害人在追诉期限内提出控告，人民法院、人民检察院、公安机关应当立案而不予立案，超过追诉期限的，是否追究行为人的刑事责任，适用修订前的刑法第七十七条的规定。”该解释被视为刑法在追诉时效制度方面仍然坚持从旧兼从轻观点的有力证明。但需要指出的是，司法解释仅能起到释法而非造法的作用，如果该解释与刑法规定相悖，就算其适用了正确的原则，也理应予以废止。因为罪刑法定原则要求刑法解释遵循严格解释原则，严格解释并不是说解释的结果必须对被告人有利，而是要求在刑法规定的合理的范围内合理地进行，要求解释的方法与过程必须以法律的形式进行合理的包装，确保解释结果合乎逻辑要求。[①] 就算从实用主义的角度出发，认定该解释属于对刑法条文的限缩性解释进而肯定其效力，该解释也仅对新刑法施行前超过追诉时效的案件作出了规定，而对于那些没有超过追诉时效的案件如何处理，依然让人困惑。从新原则的支持者认为，根据新刑法第 12 条的规定，对于新刑法正式施行前所犯罪行的定罪量刑适用从旧兼从轻原则，但在新旧刑法均认为是犯罪的前提下，对追诉时效适用的是从新原则。《解释》第 1 条，也应当按照从新原则进行理解，即截至 1997 年 9 月 30 日，犯罪行为已经超过追诉时效的，适用旧刑法第 77 条的规定；如果截至 1997 年 9 月 30 日尚未超过追诉时效应当适用新刑法第 88 条的规定。从旧兼从轻原则的支持者则认为，1997 年新刑法第 12 条规定，新法施行前的犯罪行为的定罪量刑体现了“从旧兼从轻”原则，对于追诉时效而言，尽管从字面上看似乎适用从新原则，但实质上仍应当适用从旧兼从轻原则。《解释》第 1 条规定是对从旧兼从轻原则的再次确认。

上述争议的解决，仍需从时效延长制度与溯及力问题本身来寻找答案。时效延长，是指基于法律规定的原因，对犯罪分子刑事责任的追究，不受追诉期限限制的一种制度。因为无论如何，追诉时效的规定，毕竟对犯罪分子是一个不小的诱惑。因而一些犯罪分子在犯罪之后，便千方百计地逃避侦查和审判。如果由于追诉时效的规定，使不受惩罚的犯罪过多，必将有碍犯罪的预防。因此，法律一方面要规定追诉制度，另一方面也要对追诉时效附加一定的限制。追诉时效的延长制度，就是限制追诉时效的一种方法。[②] 该制度的最大功能就是保证司法机关对已经超过追诉期限的案件仍拥有处置权。如果坚持时效延长具有溯及力即所谓的从新原则，在新刑法增加了延长时效法定事由的情况下，会导致大量在新刑法施行前已经过了追诉时效的案件需要重新进行判断，也意味着在新刑法施行后按照追诉时效的规定已经结案的案件仍有可能在未来由于法律的修改而使司法机关重新具有了处置权，这不仅会严重损害司法的稳定和权威，也会让追诉时效制度的设立失去意义。所以，不管是从对司法资源的合理配置还是从现代国家对刑事追诉权的自我限制角度来看，肯定时效延长制度的从新原则都不可取。在时效延长方面，仍应当坚持从旧兼从轻原则，并根据

---

① 曲新久：《论刑法解释与解释文本的同步效力——兼论刑法适用的逻辑路径》，载《政法论坛》2006 年第 2 期。

② 侯国云、白岫云：《新刑法有关追诉时效的几个问题》，载《国家检察官学院学报》1998 年第 2 期。

该原则对新刑法第 12 条进行重新理解。正如有人批判刑法用语不能充分表达立法意图，刑法用语与刑法精神不尽一致。然而，这种现象在任何法律中都不可避免，这并非法律的原因，而是语言的原因或对语言有不同理解的原因①。在这种情况下，就需要根据刑法精神对刑法用语进行理解。

从旧兼从轻原则，适用的对象是新刑法施行前已经发生并终了的犯罪行为以及该犯罪行为所导致的不法状态。如果是新刑法施行后发生的犯罪行为或者不法状态，自然不会涉及从旧的问题，因为即使最严格的从旧兼从轻原则的支持者，也难以认同旧法的效力能够及于新法施行后，对其后的行为产生效力。从新刑法对时效延长的规定来看，其有两个法定事由，一是在人民检察院、公安机关、国家安全机关立案侦查或者有人民法院受理案件以后，行为人逃避侦查或者审判；二是被害人在追诉期限内提出控告，人民法院、人民检察院、公安机关应当立案而不予立案。上述延长事由，我们都可将之称之为不法状态的出现或延续，区别只在于前一种情况是由行为人的蓄意规避行为而产生，后一种情况是由被害人的控告行为与司法机关的不作为而产生。如果不将诉讼时效延长问题作为已经终了的行为来看而是作为一种不法状态的出现或者延续来看待，问题就迎刃而解了。因为立法机关自然有权力将一种以前没有认定为犯罪的行为通过规范立法将其纳入刑法规制的范围，同理，立法机关也可以通过立法活动将以前不产生延长时效效果的情形规定为延长时效的法定事由，这样，在新刑法施行后，只要以前的犯罪行为尚未超过追诉期限，则当出现新法规定的法定事由时，理应导致诉讼时效延长的结果，断不能因为旧法没有相应的规定而否定新法的相关规定。上述情形的处理，类似于在新旧法交替时期刑法对连续犯或持续犯的处理原则。② 这样来看，新刑法第 12 条的规定和《解释》就保持了统一性。对于新刑法施行前的行为，如果旧刑法认为是犯罪的，在新刑法施行前已经超过了追诉期限的行为，根据从旧兼从轻的原则，是否追究行为人的刑事责任，应当适用旧法第 77 条的规定。对于新刑法施行后尚未超过追诉期限的行为，则需要依照新法第四章第八节的规定确定是否需要追诉，需要追诉的，按照从旧兼从轻的原则选择法条定罪量刑。

---

① 参见张明楷：《刑法格言的展开》（第三版），北京大学出版社 2013 年版，第 7 页。

② 根据 1997 年 10 月 6 日最高人民检察院《关于检察工作中具体适用修订刑法第十二条若干问题的通知》第 3 条的规定，如果当时的法律不认为是犯罪，修订刑法认为是犯罪的，适用当时的法律；但行为连续或者继续到 1997 年 10 月 1 日以后的，对 10 月 1 日以后构成犯罪的行为适用修订刑法追究刑事责任。

三、追诉时效问题的解决路径

在厘清了追诉期限的确定、追诉时效延长是否具有溯及力两个问题之后，我们就可以很自然地寻找到追诉时效问题的解决路径。第一，确定该犯罪行为的法定刑，根据最高法定刑确定其追诉期限。在选择法定刑时，适用从旧兼从轻原则，比较新旧刑法对该犯罪行为的相关规定，适用较轻的法定刑并根据该法定刑，依据旧刑法第 76 条的规定确定追诉期限。在这里需要说明的是，虽然可能选择了新刑法的法定最高刑为依据，确定追诉期限的法律依据仍应当是旧刑法第 76 条的规定，因为新旧法的规定相同，适用旧法。第二，根据追诉期限来看该行为是否已经过了追诉期限，如果尚在追诉期限之内，则根据从旧兼从轻的原则选择相应的法条对其定罪量刑。第三，如果该行为已经过了追诉期限，则根据其追诉期限来确定在时效延长问题上适用旧刑法或新刑法。如果该行为的追诉期限在新法施行之前已经到期，根据从旧兼从轻原则，新法的时效延长规定没有溯及力，应当适用旧法的时效延长规定。如果该行为的追诉期限至新法施行之后才到期，则适用新法的时效延长规定。第四，根据相应的时效延长规定来确定该犯罪行为是否属于不受追诉期限限制的情形，如果属于则根据从旧兼从轻的原则对其追究刑事责任，如果不属于则不再追究刑事责任。

以宋某故意伤害案为例，我们首先确定其追诉期限，根据旧刑法，故意伤害致人重伤的法定最高刑为死刑，而新旧法的法定最高刑为有期徒刑十年以下，故本案的追诉期限为 15 年。其次，根据确定的 15 年追诉期限来看，本案已经过了追诉期限。再次，由于本案案发于 1987 年 1 月 26 日，其追诉期限至 2002 年 1 月 25 日止，其追诉期限在新刑法施行之后，故在时效延长问题上应当适用新刑法的规定。最后，若被害人在 1997 年 10 月 1 日至 2002 年 1 月 25 日的期间内提出控告，则不受追诉期限的限制，应当追究宋某的刑事责任。我们修改一下案情，假设新刑法对故意伤害致人重伤的最高刑设定为不满十年，则本案的追诉期限至 1997 年 1 月 25 日止，此时新刑法尚未施行，应适用旧刑法的时效延长规定，由于侦查机关未对宋某采取强制措施，故对宋某的犯罪行为不应再追诉。

聚众斗殴罪若干问题研议

樊鹏飞[*]

实践中聚众斗殴罪属于常见罪名。据统计，2016 年 1 月至 7 月，S 省 W 县人民检察院提起公诉的案件为 99 件 140 人，其中，妨害社会管理秩序类案件为 18 件 39 人，而涉嫌聚众斗殴罪的案件为 4 件 14 人。聚众斗殴案件数和涉案人数分别占妨害社会管理秩序类案件的 22.22% 和 35.90%，占全部案件数和全部涉案人数的 4.04% 和 10%。1997 年《刑法》第 292 条对聚众斗殴罪采用了简单罪状的立法技术，导致长期以来理论界和实务界在该罪构成要件的理解问题上莫衷一是，缠讼不休，主要争点有：特定犯罪目的是否系聚众斗殴罪之主观必备要素，参与各方的行为是否皆系违法行为，参与各方的人数是否均要求三人以上，如何理解本罪的转化犯等。①

无论根据 1997 年《刑法》第 292 条抑或 1979 年《刑法》第 160 条，聚众斗殴罪皆非法定目的犯。1984 年 11 月 2 日"两高"联合颁行的《关于当前办理流氓案件中具体应用法律的若干问题的解答》（以下简称《解答》）第 1 条（怎样认定流氓罪）规定，"聚众斗殴，一般是指出于私仇、争霸或其他流氓动机而成帮结伙地斗殴，往往造成严重后果"。第 3 条（怎样区分流氓罪和与其相近似的其他犯罪的界限）第 2 项规定，"群众中因民事纠纷而互相斗殴甚至结伙械斗，不应按流氓罪处理"。可见，《解答》一方面以正向规定的方式将聚众斗殴罪的犯罪目的限定于基于私仇、争霸或其他流氓动机，另一方面又以反向排除的方式将因民事纠纷而起的聚众斗殴行为排除在该罪门槛之外。伴随实践经验的累积，通说观点将流氓动机进一步诠释为争霸一方、报复他人、寻求刺激等形式，而邻里纠纷也被列为与民事纠纷并列的主观排除要素。这意味着，聚众斗殴罪属于隐含的目的犯。有观点认为，《解答》的规制对象为流氓罪，而流氓罪已然作古，纵使《解答》尚未废止，但已经失去存在前

---

* 重庆市渝北区人民检察院两江新区检察室一级检察官。

① 参见黄生林、糜方强、邓楚开：《论聚众斗殴罪的若干问题》，载《人民检察》2002 年第 3 期。

提，无任何现实意义可言。笔者认为，近年来，“两高”对规范性文件的立改废和法律清理活动已经步入制度化、规范化轨道，因而认为《解答》仍然有效之现状乃“两高”工作疏漏的理据并不充分，真正原因恐在于，尽管流氓罪已经废除，但1997年刑法将仍具严重社会危害性和应受刑罚惩罚性的部分流氓行为以细化罪名的方式予以规定，如聚众斗殴罪、寻衅滋事罪、强制威胁他人、猥亵儿童罪等，以契合罪刑法定原则之要求。可见，流氓罪并未完全取消。因此，尽管《解答》并非司法解释，但其适用对象仍在一定范围内存在，则其原则性、合理性内容对司法实践就依然具有参考价值。需要补充一点，民事纠纷、邻里纠纷虽为聚众斗殴罪的主观排除要素，但并不意味着其为一切聚众斗殴行为免罪的“绿卡”，对于虽因民事纠纷、邻里纠纷而生，但当事人邀约外人加入，使事态恶化升级的互相斗殴行为，仍得以聚众斗殴罪论处。①

聚众斗殴罪是否要求参与各方的行为皆系违法行为？一方以聚众的方式对他人（单复数皆可）实施的单向性加害是否能成立聚众斗殴罪？首先，从文义解释的维度看，殴即殴打、攻击，具有非法性；斗即互打，具有交互性。因此，斗殴一语从字面上看，暗含着各方皆系非法行事的意涵。其次，于体系解释的视角出发，根据《刑法》第293条第1项之规定，随意殴打他人，情节恶劣的，构成寻衅滋事罪。显然，此处的“殴打”系单方加害行为，从而有别于第292条所使用的“斗殴”一语。实质上，聚众斗殴和寻衅滋事在没有正当理由而惹是生非这一点上可谓旨趣相同。《刑法》第293条第1项对随意殴打他人的形式未作限定，这意味着无论是一两个人随意殴打他人还是聚众随意殴打他人，皆为题中应有之义。如果认为聚众斗殴罪涵摄聚众殴打他人，则将出现该情形既可定聚众斗殴罪亦可定寻衅滋事罪的悖论，而该两个罪名属侵害客体相同的个罪，并不存在想象竞合或法条竞合关系。可见，立法者意在通过“殴打他人”反射“斗殴”的域界，从而避免在《刑法》第292条中对“斗殴”一词作正面厘定，此举符合立法之简约精神。最后，结合《解答》的上下文，第3条中的“互相斗殴”和第1条中的“斗殴”均属对聚众斗殴型流氓犯罪行为客观行为样态之描述，而前者是对后者的展开。显然，互相斗殴的各方之行为属性皆为非法的、非正义的。

聚众斗殴罪是否要求参与各方的人数均达3人以上？根据天津市高级人民法院、天津市人民检察院、天津市公安局和天津市司法局于2009年联合出台的《办理聚众斗殴案件座谈会纪要》第2条（聚众斗殴犯罪的认定）之规定，

① 张菁：《聚众斗殴罪的司法认定》，载《法学》2006年第3期。

聚众斗殴包括以下几种形式：（1）双方均有斗殴故意，各自聚集3人以上；（2）双方均有斗殴故意，斗殴时一方聚集3人以上，一方人数不足3人的；（3）一方有斗殴故意，并聚集3人以上，殴打对方一人或多人的。又根据江苏省高级人民法院、江苏省人民检察院和江苏省公安厅于同年联合公布的《关于办理聚众斗殴案件适用法律若干问题的意见》之规定，双方均有互殴的故意，斗殴时一方达3人以上，一方不到3人的，对达3人以上的一方可以认定为聚众斗殴，对不到三人的一方，如果有聚众行为的，也可以聚众斗殴罪论处。与上述立场相对，四川省高级人民法院的主流观点则认为，聚众斗殴罪是典型的对偶性犯罪，即聚众斗殴罪在客观上要求双方均存在聚集3人以上与对方对打的行为，在主观上要求均具有施加伤害于对方的故意。笔者认为，四川省高院的主流观点具有合理性：其一，《解答》第1条用"成帮结伙地斗殴"描述聚众斗殴罪的客观行为表现。无论"帮"还是"伙"，均为"众"的同义语，至少要求参与人数达到3人以上。并且，既然斗殴是一种交互性、互指性行为样态，"成帮结伙"便不是对某一方人数的重复性规定，而是对各方之共通要求。其二，聚众斗殴罪是一个法言法语，具有正式性和规范性，而在社会生活中，普通民众常使用"打群架"一语。显然，打群架的各方参与人数皆在三人以上。法律语言源于生活又高于生活，立法者使用聚众斗殴一词，其意应在对应生活观念中的打群架现象。其三，《治安管理处罚法》第26条第1项也规定了结伙斗殴行为。从部门法衔接的角度看，刑法与行政法上的聚众斗殴理应存有区别，具有严重社会危害性的聚众斗殴当由刑法惩治，而情节显著轻微，危害不大的聚众斗殴则由行政法调整。根据刑法规定和刑法原理，聚众斗殴罪乃行为犯，即只要实施了聚众斗殴行为就构成犯罪，如果有其他严重情节（如多次、人数多、规模大、持械等）或者严重结果（如造成社会秩序严重混乱）则成立加重犯。然则，聚众斗殴罪之基本犯与治安违法上的聚众斗殴行为之界限何在？笔者认为，参与人数不失为一个合理解释，具体而言，下列情形均不以聚众斗殴罪论处：第一，一方聚众而他方未达三人的互殴行为（即单方聚众斗殴）；第二，本方仅一两人但怂恿他方参加者多多益善的互殴行为（即聚各方斗殴）。上述两种情形仍未脱逸聚众斗殴概念的文义射程，但因为规模小，社会危害性有限，应纳入治安行政处罚范畴，以体现行政法与刑法的轻重衔接，区别对待，从而改变当前聚众斗殴行为入刑易而入行政法难的不正常现象。

《刑法》第292条第2款规定，"聚众斗殴，致人重伤、死亡的，依照本法第二百三十四条、第二百三十二条的规定定罪处罚"。那么，在被害人死亡的情形下，加害人能否构成故意伤害罪（致人死亡）？一种观点认为，聚众斗殴作为一种特殊形式的故意伤害行为，在过失致人死亡的情形下，应成立故意伤害罪（致人死亡），否则就背离了罪刑法定原则和主客观相一致原则。另一观点则认为，该条文属于法律拟制，不论行为人的主观罪过，只要出现致人死亡结果，对行为人应一律以故意杀人罪定性。其实，该争点在《刑法》第238条（非法拘禁罪）、第247条（刑讯逼供罪、暴力取证罪）、第248条（虐待被监管人罪）等条文中同样存在。笔者认为，第一种观点具有合理性。后一种观点在认为该规定具有法律拟制属性的同时，已经间接承认了某些情形下聚众斗殴行为人对于他人之死亡结果可以持过失罪过，因为法律拟制的基本逻辑是“有意地将明知为不同者等同视之”。[①] 实际上，聚众斗殴者对于他人的死亡可能持过失心态也符合经验法则。法律容许拟制，但必须提供充足理由。那么，将聚众殴斗情形下的故意伤害致人死亡一概拟制为故意杀人合理吗？实践中，对于一般性故意杀人，通常判处死刑（缓期二年执行），而对于一般性故意伤害致人死亡，通常处10年以上有期徒刑或者无期徒刑。但是，对于聚众斗殴罪的基本犯，仅需处3年以下有期徒刑、拘役或者管制，属于轻罪范畴。在一般性故意伤害致人死亡的基础上叠加聚众斗殴罪的基本犯，其综合的社会危害性也不至判处死刑。可见，将《刑法》第292条第2款完全做法律拟制理解欠缺合理性，正确的做法是：对于聚众斗殴罪的基本犯过失致人死亡的，以故意伤害罪（致人死亡）论处，并酌情从重处罚，毕竟聚众斗殴过失致人死亡的社会危害性略高于单纯的故意伤害致人死亡；对于聚众斗殴罪的加重犯过失致人死亡的，可以拟制为故意杀人罪，因为该情形下二者的社会危害性可以等量齐观；而对于聚众斗殴且直接故意或间接故意造成他人死亡的，直接定性为故意杀人罪。

① ［德］卡尔·拉伦茨：《法学方法论》，陈爱娥译，商务印书馆2005年版，第142页。

加强对监管场所被监管人死亡检察监督的思考

柴冬梅*

从云南的“躲猫猫”到河南的“喝开水”，近几年来发生在看守所内的非正常死亡事件，引起公众的高度关注，成为媒体的焦点。乃至于包括监狱、劳教场所在内的“被监管人死亡事件”（以下简称死亡事件）①，也受到了前所未有的关注，发生的非正常死亡事件被推上舆论的风口浪尖，部分正常死亡事件也受到诸多评论与质疑。死亡事件甚至成为境外势力抨击我国司法制度的口实，也成为两会上人大代表、政协委员关注的话题。从云南的“躲猫猫”事件中，派驻检察室在未查清事件真相前仓促表态，受到网民的强烈抨击，以至于对检察机关整体法律监督的质疑，到全国政协、全国人代会上，部分委员、代表将死亡事件归咎于检察监督不力，每一起被聚焦的死亡事件，派驻检察机构、监所检察部门甚至于整体检察工作或多或少都受到牵连，甚至遭到空穴来风的指责，这反映了从普通百姓到政协委员、人大代表对检察机关在处置被监管人死亡事件中所发挥作用的不满，反向说明大家对检察机关内心深入寄予厚望，希望通过检察权的力量，解决被监管人死亡的相关问题。

俗话说：名不正则言不顺，言不顺则令不行。那么从职权分工及职责范围上，到底该由谁来挑起化解死亡事件矛盾的大梁，是解决这一矛盾首先须考虑的前命题。《宪法》第 129 条规定中华人民共和国人民检察院是国家的法律监督机关。《人民检察院组织法》第 5 条第 5 款规定人民检察院对于刑事案件判决、裁定的执行和监狱、看守所、劳动改造机关的活动是否合法，实行监督。监所检察“四个办法”明确规定了监所检察部门及派驻检察机构对所派驻监管场所发生的死亡事件应进行调查取证等的工作职责和要求。可见，对被监管人死亡事件进行调查，进行监督是监所检察部门的法定职责。监所部门如何在

---

* 重庆市人民检察院第五分院派驻重庆市女子监狱检察室副主任，四级高级检察官。

① 本文中涉及并探讨的“死亡”包括看守所、监狱、劳教所在内的被监管人的死亡，未具体明确正常死亡或非正常死亡之处，即包括二者。

化解死亡事件引发的社会矛盾中发挥职能作用，笔者认为首先得厘清造成死亡事件矛盾的关键因素，找出病因，结合自身职责找准切入点，从而有效化解矛盾、消除矛盾。

一、被监管人死亡事件中表现突出的矛盾

近年来，从我院派驻检察的监管场所发生的数起被监管人死亡事件暴露出的问题看，矛盾主要集中在死者亲属对死亡原因、事件真相疑义，以及对善后赔偿或补偿金分歧。

（一）围绕死亡事实引发的问题和矛盾

1. 死者亲属急于了解死亡原因与调查的滞后性之矛盾

被监管人死亡后，死者亲属自然急于了解死亡的原因，特别是发生非正常死亡的，更是迫切知晓事实真相，但对监管方给予的解释，往往因怀疑监管方对死亡负有责任，多不信任或有质疑，同时对监管方委托作出的鉴定意见疑义较多。这种不信任源于司法实践中，不乏监管方在发生死亡事件尤其是非正常死亡事件后，基于怕暴露存在的监管漏洞，怕受牵连，怕受处分等因素，有避重就轻、轻描淡写、公开事实不客观，甚至掩盖事实真相的情况。而对死亡事件负检察监督职责的监所部门调查工作本身有滞后性特点，在调查过程中，除因事件本身情况复杂不能即时查清外，不时会遭遇监管方求情、设阻等诸多状况，同时受监所干警调查能力水平的制约，事件原因一时难以调查清楚，造成死者亲属出现焦灼情绪，易引发冲突。

2. 死亡事件官方信息公开存在诸多问题与公众呼吁司法公开之矛盾

以“躲猫猫”事件为例，云南省晋宁县犯罪嫌疑人李某明在看守所死亡后，晋宁县公安机关对外公布所谓“躲猫猫”死的结论，其间驻所检察室检察人员对该结论予以附和，后云南省检察机关、公安机关对外公布李某明系被同监室在押人员殴打导致受伤、死亡的真相大白于天下。该事件的发生，引发网络、媒体对被监管人死亡事件进行了前所未有的聚焦，也引起了公众的高度关注，反映出众人对知悉监管执法信息的强烈要求。

“躲猫猫”事件面对媒体的一波三折，暴露出长期以来各相关职能部门在处置包括被监管人死亡等突发事件中在信息公开问题上存在诸多问题。一是监管信息公开不透明、不主动，在出现问题时刻意回避媒体监督，甚至掩盖事实真相，对媒体监督有抵触情绪，造成事件处理中的被动。二是官方公布信息主体存在问题。从目前情况看，死亡事件发生后，监管单位或其上级主管单位往往先行向媒体公布事件原因，存在公布信息不实的可能，即使客观公正，但受

其当事者身份的影响，所公布结论的公正性同样会受到质疑。同时直接影响检察机关对事件真相的调查，使检察工作在嘈杂的舆论中出现被动。三是部分检察人员缺乏应对媒体的经验和能力，在未进行深入调查情况下，草率向媒体发表意见或看法，引发公众对检察机关法律监督能力水平的更多质疑。若不能满足公众对监管信息公开的合理请诉求，赢得公众信任，在舆论的风口浪尖中势必影响到监管场所的安全稳定，甚至影响到社会的和谐稳定。

（二）善后处置存在的问题和矛盾

从发生的多起包括非正常死亡、正常死亡事件看，不论死者亲属对死亡事实本身与监管方有无抵触，在善后处理事宜上，几乎无一例外地与监管方发生矛盾。尤其是一些平日里不关心被监管人，亲情淡漠的亲属，在被监管人死亡后，对死亡本身少有疑义，却就赔偿问题与监管单位发生纠纷，出现监管单位希望以较少的钱善后与死者亲属希望获得更多的赔偿之间的矛盾。

1. 非正常死亡善后赔偿或补偿的矛盾

非正常死亡善后赔偿金或补偿的不确定，无统一标准，使得善后赔偿或补偿高低，受人为因素影响的比重高，随意性大。在善后处理中，出现监管单位与死者亲属就赔偿或补偿事宜进行讨价还价，以至于衍生了“善于谈判”的死者亲属抓住监管单位怕事件扩大，大事化小，小事化了的心理，利用向网络公布监管违法信息，缠诉、长时间不同意火化尸体等威胁监管方，最终获取较高赔偿或补偿，而“老实的”死者亲属获得较少赔偿，以及有监管责任的非正常死亡事件赔偿反而少于监管方无责任的非正常死亡补偿等的“同命不同价”的怪象。“纸包不住火”，死亡赔偿（补偿）金的不平等一旦被死者亲属发现，势必导致获得较少的死者亲属的不满，使其对权力机关信任度降低，成为引发新的社会矛盾，甚至成为引发群体事件的祸根。

2. 正常死亡善后补偿的矛盾

对正常死亡的死者亲属，善后处理中，给钱的，不给钱的，给多的给少的，在不同的监管场所不同的个案中情况也是千差万别。从司法实践看，发生正常死亡的被监管人往往体质差，或本身患有疾病，这些人员通常因身体不好对家庭帮助较小，又走上犯罪道路，已经被家庭疏远或抛弃，其在被关押期间往往得不到来自家庭的关心，但在死后，有些生活困难的家庭，以怀疑死亡原因等为由，借机提出较高索赔，与监管单位“拉大锯”。近两年来，受被监管人死亡事件备受关注等因素影响，各监管单位为了息事宁人，通常均给予死者亲属一定的补偿，但补偿的随意性大，金额有限，不足以解决困难家庭的生活问题，因此潜伏着社会矛盾和不稳定因素。

二、发挥监所检察职权化解被监管人死亡事件矛盾

监所检察部门对被监管人死亡负法定调查权，有责任监督监管单位妥善处理善后事宜，并致力于化解死亡事件引发的社会矛盾，维护监管安全、大局稳定。① 在调查处理被监管人死亡事件中，派驻检察机构、监所检察部门同级之间，上下级之间应作为一个整体，整体代表检察机关，从有利于事件的正确处理上，来调配资源，发挥作用。

（一）第一时间介入、第一时间督促、第一时间安抚

在发生被监管人死亡事件后，派驻检察室检察人员应立即到达死亡现场进行检察，即刻向院监所部门报告，由监所部门立即向分管检察长及上级检察院监所部门汇报。同时通知检察技术部门，要求技术人员及时介入。派驻检察人员须督促监管单位及时通知死者亲属，告知死者亲属权利义务，在死者亲属到场后向死者亲属阐明监所检察职责，表明监督者的公正立场，告知事件调查处理的程序，承诺及时对事件进行调查，取得死者亲属的信任，以安抚死者亲属急躁心理，淡化矛盾冲突。

（二）充分发挥监所检察之调查权，迅速查清真相，切实依法处理

化解矛盾首先要查清死亡原因，查明事件真相，打消死者亲属对死亡本身的疑虑。

1. 派驻检察人员先行收集固定相关证据

在发生死亡事件后，派驻检察人员通常介入事件时间早，且其熟悉监管环境，因此，其在到达死亡现场后，应首先封存和固定监控录像、死亡人员档案、入监（所）健康登记、值班民警及值班记录、对现场进行保护，并查验死者尸表，对尸体进行拍照或录像，并制作记录，为日后的调查、案件查办打好基础。

2. 重视鉴定意见在化解矛盾中的作用

鉴定意见是科学认定死亡原因的唯一依据，也是判定非正常死亡或正常死亡的关键证据。因具有较强的专业性、权威性，使其在死亡事件性质认定上有“证据之王”的地位。因此，必须利用好这张王牌，在调查事件中，对非正常死亡及死因不明的及时委托有资质的鉴定机构对死亡原因进行鉴定，同时要依托检察技术部门的力量，加强对鉴定程序及鉴定过程、鉴定内容、鉴定结论进

---

① 曹建明《最高人民检察院工作报告》“2010 年工作安排”部分，提出深入推进社会矛盾化解，积极参与社会管理创新，切实维护社会和谐稳定。

行监督，以确保鉴定意见的真实、可靠。就死者亲属对鉴定意见有疑义的以及对正常死亡有疑义的，应建议死者亲属重新委托（或委托）有资质鉴定机构进行鉴定，彻底打消死者亲属对死亡原因、事件性质的疑虑。

3. 事件调查、案件侦办由专职侦查员负责

对非正常死亡以及难以确定死亡原因的死亡事件，由派驻的检察院监所部门组织有侦查经验的检察人员负责调查，派驻检察室检察人员辅助调查，如此既可以克服派驻检察人员因长期置身监管场所，与监管单位人员熟悉，可能会“为情所困”的情况，避免调查的干扰，也有利于死者亲属对调查结论的信任。此外，调查工作往往需投入大量人力和时间，派驻检察室派驻检察人员普遍较少，开展日常检察尚显人力不足，若全身投入死亡事件调查、案件侦办工作，日常派驻检察工作难免捉襟见肘，顾此失彼，势必造成检察疏漏。因此调查工作由监所部门组织专职侦查员进行调查处理，调查发现监管机构在执法中存在的问题，由派驻检察室督促整改，双管齐下，取到实效。

以重庆市五分院监所处查办的重庆渝都监狱贾某某玩忽职守案为例。重庆市渝都监狱管教民警贾某在值班时，未履行对监区罪犯活动情况的监控职责，导致在其值班期间罪犯杜某在有监控的情况下在长达 35 分钟时间内多次尝试自杀，最终自杀身亡。对贾某玩忽职守行为罪与非罪的性质，监狱方与我院分歧较大，甚至一开始就向派驻检察室施压，为收集证据设置障碍。对此，监所处迅速组织侦查员介入调查，采取有力措施，排除干扰，在短短一个半月时间内完成了从初查、立案到侦查终结移送起诉的全部工作，最终法院当庭作出有罪判决。该案的成功侦办平息了死者亲属的不满，在监管民警中也引起较大反响，有力地矫正了监狱干警长期置身监管场所对安全隐患麻痹大意、履行监管职责马虎的现象。结合该案，重庆市五分院对监狱存在的监管活动不规范及有关人员存在的违法行为及时发出书面检察建议，并得到认真整改，监管场所安全防范工作在我院有力监督下得到加强。

（三）主动接受人民监督，有序公开对死亡事件的检察情况

政务信息公开已成为现代政治制度改革的一项重要内容，包括检察机关、监管场所近年来都在推行检务公开、警务公开。但目前，信息公开度和人民群众对信息的需求还有差距，如去年重庆市开展的一项民意调查显示，还有百分之二十几的群众对检察机关不了解，不少媒体也认为检察机关的信息公开度比

较低，希望加大开放力度。① 法律监督能力与效果在多起死亡事件中被牵连受到质疑，相当程度上源于我们自身思想不够解放，观念比较陈旧，对事件信息公开渠道不畅通。作为法律监督机关，我们的职权来自人民，工作做得好不好，归根结底要由人民群众来评价，因此我们要敢于面对媒体，主动接受人民监督。但在接受监督中，要有方式方法，防止被误解、被恶意炒作，从而使工作陷于被动，引发新的矛盾。对此，在发生被监管人死亡事件后，检察人员首先应严格遵守调查工作的保密规定，不得擅自向媒体透露案情或发表观点，②同时要协调督促监管单位就事件真相在检察机关未调查结束前，不得擅自发表结论性意见。

在信息公开方式上，从死亡事件的影响程度及监管违法性考量，笔者认为：其一，对非正常死亡的，担负调查任务的人民检察院应当在调查处理结束后，将死亡人员基本情况、事件调查过程、法医鉴定书、相关责任人员处理情况、监管机构存在的问题及纠正情况等形成综合书面材料报上级检察机关，上级检察机关须逐级审查，并就审查中发现的问题组织力量进行核实，最终上报最高人民检察院，由最高人民检察院审核后，自行对外公开事件信息。在此之前，其他各级检察机关不得擅自对外发表对事件的任何结论性意见。其二，对正常死亡事件，担负调查任务的人民检察院应当在调查处理结束后，形成相应的书面材料逐级上报最高人民检察院，经上级检察机依次审查核实后，可由各省级检察院统一对外公开信息，下级检察机关不可随意对外发表影响事件定性等内容的意见，以免造成工作中的被动。

（四）行使监所检察之检察建议权，促成善后处置标准统一

解决死者亲属与监管单位之间就善后处置发生的矛盾，就是要制定统一的死亡赔偿或补偿标准，避免赔偿或补偿金的随意性，使监管部门从“价格战”中解脱出来，减少不必要的矛盾。对此，可由最高人民检察院向中央政法委员会发出检察建议，建议政法委联合公、检、法、司制定全国统一的对死亡事件的赔偿或丧葬补偿标准。各省（市）在此基础上再行制定与本地相适应的具体赔偿或补偿金额。与此同时，切实解决死者亲属的基本生活问题，是解决死亡事件这一社会问题须解决的附属问题。在死亡事件中，贫困家庭的死者亲属之所以对赔偿或补偿金提出较高要求，常常与其生活困难，生活来源不保证，有借机向政府索要金钱改变生活现状的心理。但监管单位的主要职责是教育改

① 重庆市检察院副检察长雷万亚在全市“检察开放日”活动工作部署电视电话会上的讲话。

② 最高人民检察院《关于进一步加强对监管场所被监管人死亡检察监督工作的通知》。

造罪犯（看管在押人员），不具备保障死者亲属基本生活的主体资格，监管警力资源有限，也不应为保障死者亲属生活的旁门问题牵扯精力。为了最大限度地化解社会矛盾，应改变以往“头痛医头，脚痛医脚”的工作模式，在处理死亡事件本身问题的同时，协调并建议相关民政部门切实依法解决死者中困难亲属的生活保障问题，促进社会和谐。

三、履行监所检察职权预防被监管人死亡

化解被监管人死亡事件引发的各类问题和矛盾，釜底抽薪之功就是要预防被监管人死亡，无死亡即无矛盾。

（一）围绕杜绝非正常死亡，派驻检察切入要害

1. 派驻检察工作须增强敏锐性和主动性。在对监管活动、监管安全进行检察中，密切注意违法使用械具或禁闭的检察，定期开展“牢头狱霸”检察，并形成制度，以及时发现监管安全隐患和漏洞，及时提出纠正意见，切实保障被监管人的生命安全，避免非正常死亡。

2. 重点监督看守所工作人员和公安机关办案人员可能对被羁押的犯罪嫌疑人进行刑讯逼供、殴打、虐待情况，切实维护被监管人的合法权益，避免非正常死亡。

（二）以降低监管场所发生正常死亡为目标，派驻检察立足重点

1. 督促监管场所做好被监管人疾病防控工作

一是督促监管单位对患病的被监管人员及时予以治疗，督促监管单位将病情严重的被监管人员即刻送医院治疗；二是对患有严重疾病，不适宜继续羁押的，督促监管单位向办案主管机关提出变更强制措施的意见，并监督落实；三是严格对新入监（所）人员的收押检察，发现不符合收押条件的，及时向监管单位提出纠正意见，预防死亡发生。

2. 开展保外就医检察过程中体现人性关怀，减少矛盾，预防监内死亡发生

派驻检察人员在对被监管人的保外就医履行检察时，对确实存在死亡危险的被监管人，要体现人为关怀、以人为本，对能够保外就医的，督促监管单位尽量予以保外就医，使病患回到亲属身边，接受家庭的温暖与照顾，同时避免监管场所发生死亡事件，引发不必要的矛盾。例如，重庆女子监狱一服刑罪犯刘某，因故意杀人被判处无期徒刑，入监后身体状况一直不好，长期由同监舍服刑人员照顾生活起居，医院多次发出了病危通知，但其所犯罪行及刑期不符

合保外就医条件。考虑到该罪犯的身体状况，同时为避免监管场所死亡事件发生，重庆市五分院派驻检察室与监狱商议将其病情送永川监狱医院保外就医鉴定小组进行鉴定，经鉴定该犯因短期内有死亡危险，于是对其作出了保外就医半年的决定。通过这一变通的处理，避免了被监管人监内死亡事件的发生，执法的宽严有度和监管的人性关怀在罪犯中产生了积极反响，罪犯家属也给予了积极肯定，促进了监管秩序的良性发展，取得了较好的法律效果和社会效果。当然，在灵活把握保外就医检察的同时，还需注意加强对保外就医的跟踪监督，防止保外就医成为被监管人逃避惩罚的手段，成为孕育司法腐败的温床。

检察管理制度建设研究

检察机关案件流程精细化管理探究

——以重庆市某检察分院为样本

宋能君*

一、案件流程精细化管理的基础理论

（一）流程的概念及检察机关案件流程的特点

1. 流程的概念与案件流程管理的内容

根据百科词条的解释，流程，指水流的路程；事物进行中的次序或顺序的布置和安排。在管理中，对流程有很多种解释，概括起来即管理进行的路线，包括做事情的顺序、内容、方法和标准。流程管理，就是从战略出发、从满足客户需求出发、从业务出发，进行流程规划与建设，建立流程组织机制，明确流程管理责任，监控与评审流程运行绩效，适时进行流程变革。检察机关案件流程管理包括了收送案管理、流程监控、涉案财物监管、法律文书监管、辩护人接待、执法风险评估预警等具体内容①。

2. 检察机关案件流程的特点

检察院与法院的工作方式不同，法院内部的各业务部门主要承担的都是审判任务，只不过在审理案件性质上有刑事、民事和行政案件等的区分，各业务部门之间是并列存在，在业务上不存在相互承接的关联。而检察机关在办理刑事案件时，内部各业务部门所承担的侦查、审查逮捕、审查起诉等职能，客观上依据刑事诉讼程序，在案件流程上具有前后流转、上下承接、逐步递进的关系。比如，检察机关受理一个举报的受贿线索，从初查、立案、采取强制措施、审查起诉、提起公诉，案件流转所涉及的几个办案部门（控告申诉、反贪污贿赂侦查、侦查监督、公诉等部门）之间在业务上存在前后流转的递进

---

* 重庆市人民检察院第五分院案件管理处处长，三级高级检察官。

① 郑雷、徐俊驰：《案件流程管理的信息化功能及其改进思路》，载《人民检察》2014 年第 23 期。

关系，这种连接递进的检察执法规律，也使得检察机关内部在办案过程中，案件流程无处不存在，案件流程管理无处不存在，可以说检察机关更加重视和突出流程管理的作用。

3. 案件流程的决定因素

法律没有明确规定一个具体案件流程如何确定，修订后的《人民检察院刑事诉讼规则（试行）》第十五章“案件管理”规定了检察机关案件管理部门履行统一受案、流程监控、涉案财物管理等职能，这个概括的规定可以看作案管部门开展案件流程管理工作的依据。从制定一个具体的案件流程的决定因素看，包括了两方面：（1）必须遵循法律的规定，即法律规定的符合性。（2）要反映和体现执法办案的一般规律，即执法办案规律的适应性。可以说，案件流程是依据执法办案规律对法定诉讼程序的进一步分解和组合①。以分案流程为例，《刑事诉讼法》第 167 条规定，凡需要提起公诉的案件，一律由人民检察院审查决定。据此，侦查终结要审查起诉的案件都应当移送检察机关，这就是案管部门的受案程序，从受理一起审查起诉案件，到将案件分配给具体承办人的过程，就是分案的流程。在分案方式上，可以一次分案（管理部门直接分给承办人），也可以二次分案（管理部门分给公诉部门，再由公诉部门分给承办人）。至于如何分案给具体承办人，涉及轮案规则，可以按顺序轮案，也可以根据案件类型和特点进行轮案，这是分案流程的确定过程，其他案件流程的制定也大致相似。在遵循诉讼程序法定性的前提下，结合执法办案规律和实践需求，合理地确定案件流程和形成有效的案件流程管理，即确定一个具体的案件流程可以有多种选择。可以说，明确具体案件流程的过程也就是将法律上相对抽象的、笼统的规定转化为可以识别、实施和评价的案件流程，使其成为管理的对象。

（二）精细化管理概念的提出及其在检察机关的运用

现代管理学认为，科学化管理有三个层次，一是规范化，二是精细化，三是个性化。② 精细化管理是建立在常规管理基础上，并将常规管理引向深入的基本思想和管理模式，是一种以最大限度地减少管理所占用的资源和降低管理成本为主要目标的管理方式。

精细化作为现代工业时代化的一个管理概念，最早是在 1950 年日本一位

---

① 郑雷、徐俊驰：《案件流程管理的信息化功能及其改进思路》，载《人民检察》2014 年第 23 期。

② 宋文强：《现场精细化管理（图解版）》，化学工业出版社 2011 年版，第 37 页。

名叫丰田英二的工程师赴美学习福特公司汽车生产和管理方法时提出来的。[①]精者，去粗也，不断提炼，精心筛选，从而找到解决问题的最佳方案；细者，入微也，究其根由，由粗及细，从而找到事物的内在联系和规律性。“细”是精细化的必经途径，“精”是精细化的自然结果。精细化管理的内涵就是企业在规范化和标准化的基础上，对其生产流程、管理流程进行科学细化和合理优化的过程，实现“组织结构专业化、工作方式标准化、管理制度化、员工职业化”。精细化管理是将管理的对象逐一分解、量化为具体的数字、程序、责任，使每一项工作内容都能看得见、摸得着、说得准，使每一个问题都有专人负责。精细化管理也是一种管理方法和技术，是通过规则的系统化和细化，运用程序化、标准化、数据化和信息化的手段，使组织管理各单元精确、高效、协同和持续运行。

精细化管理运用于检察机关，有几个方面：[②]（1）以分类为基础促进管理对象精细化。（2）以流程为主线促进管理内容精细化。（3）以信息技术为手段促进管理手段精细化。（4）以岗位考评为重点促进评估考核精细化等。本文研究的是以案件流程为主线的精细化管理，也包括以信息技术为手段的精细化内容，也就是系统为平台的信息化内容。本文着重研究的是以流程为主线的管理精细化。

（三）案件流程精细化管理的概念和精髓

1. 案件流程精细化管理的概念和构成要素

罗昌平、王喜娟在2008年提出，案件流程精细化管理就是根据案件在办理过程中的不同阶段，针对初查、立案、侦查、审查逮捕、审查起诉、控告申诉、监所检察、结案归档的不同情况，依照诉讼法、有关司法解释以及检察机关执法基本规范的具体要求，制定案件流程管理规则和标准，通过案件管理部门依托案件管理系统平台对案件的办理进行全程管理、动态监控，实现规范执法行为和提高案件质量的一种管理活动。[③]这一概念基本涵盖了案件流程精细化管理的主要内容，但随着案件管理工作的发展，其内涵也不断发展变化[④]，因此有必要进一步解析案件流程精细化管理的构成要素：一是案件流程精细化

---

① 汪中求、吴宏彪、刘兴旺：《精细化管理》，新华出版社2005年版，总序第1页。

② 蔡红卫：《检察机关精细化管理的路径选择》，载《人民检察》2005年第24期。

③ 罗昌平、王喜娟：《察业务管理理论与实务》，上海人民出版社2008年版，第92页。

④ 如纳入流程管理的案件范围和办案阶段已发生变化，现在一般将民事行政检察案件、人民监督员监督案件纳入案件流程管理；在职务犯罪侦查案件纳入流程管理的阶段上，有的自立案开始，有的自初查开始。

管理的目的是强化案件流程监督，规范司法行为，提高办案质效。二是案件流程精细化管理的主体是检察机关案件管理部门及其工作人员。随着司法责任改革的进行，相关内设机构涉及调整问题，案管部门大多相应进行整合，但无论怎样调整，案件管理的基本职能都会在新整合的部门继续履行，并进一步完善。三是案件流程精细化管理的客体是检察机关的办案活动。检察机关案件管理的客体是检察机关依法主导或参与的各种法律监督活动，办案活动是其中的主要内容。具体到案件流程管理的客体，包括检察机关履行侦查、逮捕、公诉、侦查监督、刑事审判监督、刑罚执行监督、民事和行政审判监督等检察职权的办案活动。四是案件流程精细化管理的载体是检察机关统一业务应用系统。自2014年起，全国检察机关全面推行统一业务应用系统，原地方各自研发的案件管理系统不再使用。统一业务应用系统是最高人民检察院组织开发，适用于全国检察业务工作，（设计功能看）融业务办理、管理、统计于一体，在各级人民检察院互联互通，及时、准确、全面、实时、动态地交换数据的计算机信息系统①，这一系统可实现网上办案、网上管理，网上监督和网上考评，案件流程精细化管理也正是以这一系统为平台。

2. 案件流程精细化管理的精髓

流程的标准化、细化、量化是企业精细化管理的精髓，② 也同样是案件流程精细化管理的精髓。标准化就是制定一系列可操作的管理标准和规范，细化量化就是尽可能地细分与量化分析。进一步讲，就是对案件流程从受理到办理、结案都制定明确的具有可操作性的管理规范与标准，注重案件的流程细节与关键节点，注重量化分析与跟踪监督。细节把握越准、量化分析越准、监督越到位，管理就越有成效。前述探讨了确定一个具体的案件流程可以有多种选择，因而选择流程精细化的路径也可以有多样化的选择，但无论选择怎样的精细化路径，都要紧紧围绕“标准化、细化、量化”的“三化”要求，这就是实现流程精细化的精髓。

二、司法责任制改革背景下案件流程精细化管理面临的机遇与挑战

（一）检察权运行模式的变革与案件管理机构的调整

2014年6月，中央全面深化改革领导小组审议通过《关于司法体制改革

---

① 《全国检察机关统一业务应用系统使用指引手册——系统概论》，中国检察出版社2013年版，第12页。

② 蔡红卫：《检察机关精细化管理的路径选择》，载《人民检察》2005第24期。

试点若干问题的决定》，分批开展以司法责任制为核心的司法改革试点，第一批、第二批共计18个省区市先后启动了改革试点。2015年，重庆市作为全国第二批司法体制改革试点地区，按市委总体部署，在二中院（二分院）、黔江、渝中、荣昌、梁平共10个法院、检察院开展了司法体制改革试点。2016年在全市全面推开司改，9月底前完成检察官选任全市统一考试和本院考核，11月底前完成检察官选任工作及法律职务任命，12月10日前完成三类人员分类定岗（员额、检察辅助人员、司法行政人员），并组建新的办案组织，2017年1月起正式按新的司法责任制运行。

司法责任制改革的根本目标是构建公正高效的检察权运行机制和公平合理的司法责任认定追究机制，实现“谁办案谁负责、谁决定谁负责”。检察机关落实司法责任制的主体是员额制检察官，即检察员、检察委员会委员、副检察长、检察长，就是要突出检察官在司法办案中的主体地位，完善检察权运行机制，并建立相配套的司法责任体系，由此带来检察人员、办案模式等等一系列的调整和改变，也必然带来检察权运行模式的重大变革，具体地讲，根据履行职能需要、案件类型及复杂难易程度，实行独任检察官或检察官办案组的办案组织形式。独任检察官承办案件，配备必要的检察辅助人员；检察官办案组由两名以上检察官组成，配备必要的检察辅助人员，办案组负责人为主任检察官。独任检察官、主任检察官作为相对独立的办案主体，应接受检察长（分管副检察长）的领导，并直接对其负责。检察长（分管副检察长）、检察委员会作出的决定，独任检察官、主任检察官应当服从。检察长（分管副检察长）、检察委员会有权改变独任检察官、主任检察官的决定，并对其改变的部分决定负责。这样的运行模式与改革前有一个巨大差异，就是作为中间层的部门负责人不再审核案件了，即不再实行三级审批模式。

长期以来，检察机关办案一直沿用三级审批模式，即承办人办案，部门负责人审核，检察长审批的模式，这在管理上叫做“金字塔”式的传统管理模式。司法责任制改革的核心是要突出检察官在司法办案中的主体地位，形成“检察官—检察长、副检察长（检委会）”在职权范围内“谁办案谁负责、谁决定谁负责”的办案模式，这就要求实行扁平化管理。在这样的模式下，业务内设机构不再是司法办案的主体，部门负责人不再对案件进行审核把关。其职能定位发生了很大的变化，这就必然涉及业务内设机构的改革。全国各地在内设机构上的改革各不相同。从案件管理部门来看，各地着眼于不同的职能定位进行了机构调整，大致有以下几种：（1）有的着眼于窗口职能，将原案管部门与控申部门合并，组建为“检察管理监督部”，如北京市检察机关；（2）有的着眼于内部管理监督职能，将原案管部门与法律政策研究室合并，整合为“检务管理部”，如吉林省检察机关；（3）有的着眼于检务公开职能，将原案管部门与人民监督工作办公室合并，整合为“综合业务管理部”，如重庆市检察分院。无论案件管理机构如何调整，名称如何变化，但其所承担的“管理、监督、服务、参谋”职能并没有因此而削弱，反而根据改革后检察权运行要求和现代管理规律，在整合后的机构中进一步加强和优化。

（二）案件管理面临难得的改革机遇

从管理的角度看，三级审批制的中间层审核取消，使检察长直接管理和面对众多检察官，原来检察长直接面对的是部门负责人，改革后直接面对员额检察官，数量大幅增加，可以说管理的压力大大增加了。在传统的管理理念中，一个管理者受精力和时间等所限，能直接面对的管理对象始终是有限的，但在现代管理中，借助于信息化手段，借助于互联网＋手段，可以让管理者及时全面掌握信息，进而分析、判断和决策，从而大大增加其管理对象。也就是说，改革后检察长直接面对众多的检察官，从三级审批模式转变为扁平化管理模式过程中，对信息资源的掌握共享极其重要，管理者全面、及时、准确掌握信息，进而进行分析研判，作出决策。进一步讲，巨大的管理压力要求通过专门机构专门人员在检察长与检察官之间建立联系，使信息能够及时准确全面地进行沟通和研判，实现将“金字塔”式的层级管理压缩成“扁平化”的案件管理模式，从而提高管理效率与案件质量，为检察长有效管理提供科学有力的工具手段。这样一个建立联系、分析研判信息的过程就是案件管理在改革背景下面临的新要求。

可以说，司法责任改革也必然带来案件管理机制的改革。职能上，案管部门作为专门的案件管理组织，承担“管理、监督、服务、参谋”职能，为检察长和检察官服务。案件管理改革的对象是针对依附于“三级审批制”办案方式下的检察长全面管理、各业务部门条线管理的“金字塔式”垂直分散封闭的管理模式；改革的基本目标是建立案件管理权与案件办理权管办分离，互相配合互相制约的权力结构和“扁平化”管理模式，在领导与检察官之间建立联系，为检察权独立、规范运行提供制度保障。

具体到案件流程管理，改革对流程精细化管理提出更高要求，体现在三个方面。（1）“信息中心”角色要更加突出。案件管理部门是检察机关案件流动的中枢，承担案件统一的进出口，全程的流程管理等，改革要求深化案件管理部门作为案件信息中心的作用，全面、动态、综合掌握案件办理情况，方便领导实时了解宏观、微观乃至个案办理情况。（2）“第三只眼”作用要更加深化。以“第三只眼”比喻管理部门内部监督职责的深化。案件管理部门通过统一业务应用系统对案件流程进行全程跟踪、分析与监控，促使检察长与检察官建立扁平化链接，为检察长有效监督管理案件质量提供可靠的制度保证。(3)“参谋部”职能要更加完善。在全面掌握案件信息的基础上，管理部门要进一步深化检察业务数据统计分析工作，通过定期不定期的分析研判，针对某一时期特定案件、类案开展专项分析、总结经典案例等，全面反映案件发生的基本态势、发展趋势，总结经验、方法、机制等，为检察长决策提供有益参考。

（三）案件流程管理面临的问题和挑战

自2011年7月最高人民检察院在全国推行案件管理机制改革以来，全国各地检察机关都先后成立了专门的案件管理机构，构建统一受案、全程管理、动态监督、案后评查、综合考评的执法办案管理新机制，经过几年的实践取得了较好的成效，但同时反映出一些问题和困难，在案件流程管理上比较集中的就是不够精、不够细的问题。当前，随着司法责任制改革的深入推进，案件流程管理不适应精细化要求，即“标准化、细化、量化”的精细化“三化”要求落实不到位的问题就更为突出。结合重庆市某检察分院近年来开展司法规范化检查，以及实行司法责任制以来的情况进行梳理，当前案件流程管理面临的问题和挑战主要有以下几方面：

1. 流程管理标准不明确、不统一

以案管部门受理案件为例，有的仅作形式审查，致使一些明显不符合管辖规定的案件流转到办案部门，案管部门的受案审查职责形同虚设；有的侧重实体审查，致使一些虽符合管辖规定但文书格式、案卷材料明显不规范的案件流入办案部门；还有不少案管部门沿袭原业务条线收案的习惯做法，而各业务条线是形式审查还是实体审查标准也不尽相同，致使案管部门无法形成统一的受案标准。在办案节点管理、送案管理等方面也存在类似问题，案管部门对案件的流转节点、办案时限、文书制作、结案送案等缺乏具体的有较强操作性的管理规定。

2. 流程管理深度不够，过程监督不够精、不够细

有的案管部门实际履行的主要职责还仅限于收、送案等事务性工作，深层次的流程管理做得不好。有的虽然开展了流程管理，但基本是对办案期限、羁押期限是否超期进行监督，对办案活动没有进行深入、细致、有效的管理，对办案的过程监督不够严，对办案的重要节点监督不够细，没有真正做到“案件流转到哪里，监督制约就延伸到哪里”。

3. 运用信息化手段不充分

信息技术的运用为流程管理提供了重要手段，若不充分利用，流程管理的效果就会大打折扣。从近年运行网上系统的情况看，一些承办人对网上办案重视不够、操作不熟，网上填录不规范、不及时，不少案件在实体程序已经办结后才完善网上办案流程，导致网上办案与网下实体办案不同步。案管部门对这种不同步现象没有有效的监督办法，不能同步、实时、动态跟踪监督案件实际流转情况，网上流程监控难以发挥实效。

4. 流程管理效果不理想

有的承办人还不能正确认识案件办理与案件管理的关系，对案件管理部门的要求仅是消极配合、敷衍了事，甚至有的承办人对案管部门的监管有抵触情绪，认为案管部门的管理是多此一举、降低办案效率。有的案管部门不敢监督、不愿监督、监督不够有力。就目前的实践情况来看，不少案管部门流程管理的主要成效还仅限于防止超期办案、超期羁押犯罪嫌疑人，而执法办案中履行告知程序不规范、讯问不规范、法律文书制作不规范等问题依然存在，在办案效率方面，部分案件仍然存在前三季度办案效率较低、年底大幅上升的“季度不均衡、年底冲高”现象。①

三、案件流程精细化管理的实现路径

根据前述论证可知，实现案件流程精细化管理，就是在遵循法律法规和相关规范性规定，结合执法办案规律和实践需求，在确定具体案件流程的基础上，以统一业务应用系统为载体，按照“标准化、细化、量化”的“三化”要求建立案件流程精细化管理机制。现以重庆某检察分院为样本进行探讨。重庆市某检察分院于2012年6月6日挂牌成立案件管理中心，全面推行案件管理机制改革，由案件管理部门统一归口管理各类案件，几年来在实践中不断深入开展流程管理，明确管理标准、细化节点管理、量化流程分析，探索建立流程精细化管理机制。具体讲，标准化就是制定一系列可操作的管理标准和规范，细化量化就是在标准化的基础上建立“三表双核一巡查”流程精细化管理机制。

（一）建立办案流程精细化管理标准

明确流程管理标准是建立案件流程管理机制的基础。刑事诉讼法、《人民

① 王弘剑、宋能君、张红伟：《运用系统提高办案效率的实证分析》，载《人民检察》2015年第4期。

检察院刑事诉讼规则（试行）》《重庆市检察机关案件集中管理工作办法（试行）》等法律法规和相关规范性文件中对办案流程管理都有一些原则性规定，某检察分院以这些规定为依据，结合实践进一步建立案件收送标准、重要流程的管理标准，标准化流程管理台账。

1. 制定收送案管理标准

某检察分院案管部门在对以往各业务部门的习惯做法进行研判的基础上，结合分院特点，制定了各类案件的受理、送达标准。以侦查监督类案件为例，出台了《受理基层检察院侦查监督案件基本规范》，从受理案件标准、审查标准对受案范围、案件材料类型、文书规范与数量、报送时限等进行细化，如受理辖区基层院报请逮捕的职务犯罪案件，除案卷材料外，还要求报送格式规范的报捕书及犯罪嫌疑人社会危险性说明 4 份、提讯证、同步录音录像资料等，犯罪嫌疑人已被刑拘的，在拘留后 7 日以内报送，且必须通过统一业务应用系统同步报送。以公诉案件为例，明确送案必须同时满足实体办结与网上同步办结，涉案物品同步办理出库，文书制作规范等条件；在送案时限上，针对不同案件类型明确预留相应的送案时间，如审查逮捕案件至少预留半天送案时间，审查起诉案件至少预留一天送案时间。

2. 制定重要流程的管理标准

一是制定电子卷宗制作标准。第一，规范要扫描的纸质卷宗，如要求页码编制必须规范、连续，不得有未编写页码、页码重复、缺失、与目录不一致等情形，否则不予接收。第二，规范扫描环境，规定扫描人员必须在配置有监控设施的房间进行拆卷、扫描、装卷，防止卷宗材料遗失。第三，细化扫描格式、分辨率等参数。规定应当对纸质卷宗逐页扫描 PDF 格式，明确各种纸质材料对应的扫描分辨率、色度等参数。第四，对侦查机关直接移送电子卷宗的，先对电子卷宗的存储介质进行病毒检测，再进行 OCR 文字识别，转换为符合要求的格式。第五，明确电子卷宗制作时限、移交时限。一般应当在受案半天之内完成扫描并移交办案部门，卷宗材料特别多时，采取扫描一部分即时移送一部分的方式，在受案 3 日内完成全部卷宗扫描。二是制定涉案物品管理标准。首先，规范涉案物品保管方式及场所，定制各种规格大小的赃证物袋，开辟专门场所作为涉案物品存放保管库，并指定专人负责涉案物品管理；其次，明确涉案物品必须使用条码扫描进行“一物一码”管理；最后，实行受案员和涉案物品管理员“双核”制，即由受案员在接收和送达案件时，通知涉案物品管理员共同当场核查移送清单与实物是否相符，符合要求的，予以接收入库或办理出库。

3. 制定标准化流程管理台账

案件管理标准化一个很大的体现即每一个流程管理活动都以文本、数字、流程表或工作表格的形式出现，建立一个完整的记录体系。[①] 案管部门根据各类案件流程管理的特点，制定了具体的标准化台账。一是建立公诉、侦监、职侦、民行、控申、监所等各类案件收送案台账共 20 本，如公诉类收送案台账分为一审案件台账、二审案件台账，一审案件收案台账又细化为新收案台账、补侦重报台账、法律文书台账；一审案件送案台账又细分为起诉案件（送法院）台账、退查、撤回、改管台账；二审案件台账又分为二审上诉案件台账、二审抗诉案件台账、二审请示案件台账、指定管辖案件台账、自侦不诉审批案件台账。每本台账分别设置收案人、收案日期、案件材料、办案部门接收人、移送内容、移送时间、审查结果等多个项目，并将移送案件材料清单作为台账附件，详细记录每一个案件流转全过程。二是建立电子卷宗扫描移送交接台账，记录电子卷宗从接收、制作到移交全过程。三是建立涉案物品管理台账，记录物品入库、在库、出库的“三库”流程全过程，并附详细记录物品特征、数量的出入库清单。

（二）细化办案流程的节点管理和过程监督

办案流程管理的重要内容就是要抓住办案过程中的重要诉讼节点，对易发、多发的问题和执法办案薄弱环节进行预警，对办案过程进行全程跟踪、监督。某检察分院结合各类案件的特点，在细化流程节点管理和过程监督方面做了有益的探索。

1. 制定“三表”，全程跟踪一审公诉案件办案节点

一是制定一审公诉案件流程节点动态管理表。根据案件受理、延长、退侦等办案节点逐案登记，每日更新，全面跟踪监督每个案件办理流程，发现问题，及时监督承办人纠正。二是制定一审公诉案件办案进度每周跟踪表。每周汇总一审公诉案件积存数、受理数、审结数、未结数，并对未结案件中处于各办案节点的案件分类汇总，对各办案节点办案期限精确列表，附九张明细表[②]列出各办案组、各办案节点案件信息。对一个月审查期限届满前 10 日、一次延长期限届满前 8 日、一次退查重报后届满前 15 日、二次退查重报后 10 日的案件在未结案件分类汇总明细表中单独列项，并采取口头提示对承办人进行期

① 杜建国、王磊：《完善检察机关案件流程管理模式的思考》，载《人民检察》2006 年第 6 期。

② 包括所有节点在办案件明细表，有一月内案件，一延内案件，直接一退内案件，一延又一退内案件，一退重报内案件，二延内案件，二退内案件，二退重报内案件，三延内案件等明细表。

限预警。三是制定一审公诉案件办案效率季度统计表。结合统计报表与办案情况，每季度对一审公诉案件办案效率进行统计，并与往年同期进行分析对比，尤其是将各节点内审结的案件、平均办案用时、最长用时、最短用时进行分析对比，并附两张表将各节点内审结案件按3人以上与3人以下分别统计。通过这三套表格对公诉一审案件所有办案节点进行全程跟踪监督管理。

2. 实行法律文书“双核”，对职侦、侦查监督类案件重要节点进行监督

对职侦案件、侦查监督类案件中常用的立案决定书、拘留决定书、逮捕决定书、批准延长侦查羁押期限决定书等涉及犯罪嫌疑人人身权利、财产权利的15类重点法律文书，实行受案员和流程监管员“双核”制。首先由受案员在网上适时跟踪法律文书的制作情况，与案件承办人同步审查编号、内容等是否规范，再由流程监管员在打印前对法律文书审批手续是否齐全、内容是否与审批内容一致进行核查，实行双核双保险，确保法律文书准确无误。通过对法律文书的管理强化对办案活动中如立案、刑拘、逮捕等重要诉讼节点的事中监督。

3. 实行“三方核对”，对各类案件强制措施进行管理

根据重庆市检察院换押制度要求，结合某分院工作实际，建立案管部门与办案部门、案管中心与看守所之间的每月三方核对机制，对本院所有在办案件嫌疑人强制措施情况进行核查监管。由案管部门每月底将本院办理案件犯罪嫌疑人强制措施情况与办案部门逐案逐人核对，将羁押的犯罪嫌疑人换押及期限变动情况与看守所逐案逐人核对，确保及时换押和换押无错漏，实现对羁押期限的跟踪监督。

（三）量化流程分析，深化流程监督

对办案过程进行监督的方法之一就是对办案情况进行分析和数据统计。①目前正在运行的全国检察机关统一业务应用系统提供了专项指标分析和综合分析等多种量化分析功能，案管部门充分利用系统优势，坚持对办案流程进行每日网上巡查，定期量化分析。

1. 每日网上“一巡查”

案管部门设置专门的流程管理员，依托系统，每天至少巡查一次，一是巡查网上办案与网下实体办案是否同步。对网上网下办案不一致尤其是网上填录滞后于实体办理的，监督承办人及时网上办理才予接收（送达）案件。二是

① 杜建国、王磊：《完善检察机关案件流程管理模式的思考》，载《人民检察》2006年第6期。

重点巡查案卡填录是否规范、网上审批是否及时，重点跟踪、预警和监控办案程序、办案期限、强制措施，发现不规范的及时监督纠正。三是全面巡查预警提示案件。对系统预警提示的各个案件，及时通知承办人进行整改。每日“一巡查”对网上办案流程进行全面监督，使网上流程监控发挥实效。

2. 定期量化流程分析

通过每日巡查，规范案卡信息填录，确保数据源头质量，并由以往在月底集中审核统计报表向日常审核转变，确保统计数据准确、及时。根据系统指标和统计报表数据，每月编写《检察业务工作简报》，综合反映本院及辖区基层院办理各类案件的基本数据和典型案件，分析案件流程中存在的主要问题及原因，并提出有针对性的整改意见。对受案数、批捕数、审结数、起诉数等主要办案节点和业务数据逐月统计汇总并作横向、纵向对比分析，在此基础上结合典型案例，动态反映本院办案情况、办案工作特点和规律，为领导决策提供参考。

（四）进一步探索司法责任改革背景下案件流程精细化管理机制的深化和创新

自司法责任制改革以来，某分院进一步深化“三表双核一巡查”案件流程精细化管理机制，将“三表”按员额检察官进行细化跟踪分析，每月《检察业务工作简报》也量化分析评估员额检察官的办案工作情况，为领导决策提供更加详实的参考。在此基础上以分案流程为重点探索精细化新举措。2015年9月最高人民检察院下发的《关于完善人民检察院司法责任制的若干意见》明确要求“建立随机分案为主、指定分案为辅的案件承办确定机制”。案件的分案机制改革是检察改革的重要组成部分，深入推进随机分案为主、指定分案为辅的分案机制改革，是在案件管理的源头上体现检察改革客观规律和司法属性的必然要求。根据这一改革要求，案件分配只能实行一次分案，即直接分案给检察官，不能再实行二次分案。2017年1月开始实行司法责任制后，某分院在总结案管部门多年来统一实行二次分案和办案部门具体轮案实践经验的基础上，出台《案件分配工作规定》，建立了以随机分案为主、指定分案为辅的案件承办确定机制，主要内容有：

1. 案件分配的内涵和基本原则

案件分配是指在案件受理后，依托统一业务应用系统根据分案规则确定承办案件的独任检察官或者检察官办案组。对于分配至检察官办案组的案件，应当分配至主任检察官。案件分配一般适用随机分案，即根据制定的分案规则和程序，按照同一类别案件的受理顺序和参与轮案的检察官顺序进行案件分配。对于重大、疑难、复杂案件或者需要指定分案的其他案件，可以由检察长

（分管副检察长）指定检察官承办。

2. 不同案件类型的分案规则

充分考虑案件办理的专业化分工，由管理部门与办案部门共同确定具体分案规则，在完成统一业务应用系统适应性配置基础数据采集的同时，管理部门多次参加业务部门制定分案规则的讨论会，根据不同案件类型制定不同的分案规则。如以侦查监督部门为例，制定了三类轮案规则，审查逮捕案件、不捕复议复核案件、侦监请示案件为一类轮案顺序，延长侦查羁押期限案件为一类轮案顺序，立案监督等其他类型的侦监类案件为一类轮案顺序。

3. 分案优先与轮空处理的情形

优先分配有提前介入的案件，由提前介入的检察官办理；补充侦查后重新提（报）请批准（决定）逮捕的案件，由原承办检察官办理；追捕的案件，由原承办检察官办理；不批准逮捕复议案件、报请重新审查逮捕的职侦案件，由原承办检察官以外的其他检察官办理；未成年人案件，由专门的检察官办理等情形。轮空分配有休假、外出培训等因故暂停轮案的；新受理案件与已办结或者正在办理的其他案件有关联，可以分配给原承办检察官的，该检察官不参加当前批次轮案，已经在当前批次中分配案件的，不参加下一批次轮案；在案件分配前或者办理过程中，指定分案给承办检察官的，该检察官不参加当前批次轮案，已经在当前批次中分配案件的，不参加下一批次轮案等情形。

4. 承办检察官的变更程序

对于依照法律规定需要回避的；承办检察官确因特殊事由不能完成案件办理的；重大、疑难、复杂案件需要调整承办检察官的；其他需要调整承办检察官的情形，需要变更承办检察官的，检察长（分管副检察长）应当根据办案部门申请或者直接决定变更承办检察官，变更操作由办案部门或者综合业务管理部门办理。

四、案件流程精细化管理的配套措施及成效

（一）案件流程精细化管理的配套措施

就案件流程精细管理所要取得的成效而言，无论是规范司法、提高办案质效，还是强化内部监督，仅仅是建立精细化案件管理机制，是远远不够的，还需建立相应的办案机制，进一步完善作为精细化管理平台的统一业务应用系统等。

1. 建立与案件流程精细化管理机制相契合的办案机制

案件管理机制和案件办理机制之间是外因与内因、他律与自律的关系。无

论建立什么样的精细化案件管理机制，对于办案部门和办案人员都是外部的督促作用，而办案质效的提高，必须通过办案部门和办案人员这个内因来起作用，要通过转变观念、健全机制、加大力案力度等等这样的举措来实现，即案管部门的“他律”一定要通过促进办案部门的“自律”来共同起作用。以前述“三表双核一巡查”案件流程精细化管理机制为例，在建立流程精细化管理机制的同盟，公诉部门出台了《关于准确及时办理一审公诉案件的规定》，明确各办案人员的责任划分，明确办案质效要求、明确案件办理时限管控要求，与“三表”相互呼应，建立起公诉案件质效管控机制，与“三表双核一巡查”机制相互契合，两个机制相互契合，相互作用，共同提高办案效率。

2. 积极提出统一业务应用系统的完善建议

最高人民检察院确定研发统一业务应用系统的一个重要原因，就是要积极运用信息化手段，实现网上办案，更好地规范司法行为。曹建明检察长在全国检察机关第一次案件管理工作会议上强调“要充分发挥信息技术的支撑作用，顺应司法改革和检察改革要求，不断优化和升级完善系统整体功能，提升案件管理能力”。系统是实现案件流程精细化管理的载体，根据司法责任制改革的要求，结合流程管理实践，建议系统在以下方面进一步完善。一是建议信息填录项设置更加科学。如对于一些影响检察统计报表生成的信息项和其他一些较为重要的案件信息项建议设置成为必填项。二是建议流程监控更加完善。目前流程管理员在系统上办理了某案的流程监控，如果选择的是口头提示，系统对承办人如何反馈没有记录，不能反映监控效果。建议增加口头提示情况下承办人反馈程序，承办人收到流程管理员发出的口头提示后，应当就是否及时处理以及处理情况简要写明，通过系统反馈给流程管理员，由此构建一个完整的流程监控程序。三是建议流程设置更加完善。如对上一节点中有应当通过系统制作流转的文书而未制作流转，应当上传文书而未上传，或者应当在系统内进行审批而未审批等一些不规范情形的，建议系统设置为禁止进行下一流程节点操作，由此倒逼承办人必须在网上规范办案，并保证网上网下办案一致同步。

（二）建立案件流程精细化管理机制取得的成效

1. 强化了内部监督

案件流程精细化管理改变了以往监督工作重实体轻程序等弊端，通过规范化、标准化办案流程，使每一个办案环节都置于规范和监督之下，发现问题及时预警，实现了事后监督向事前及事中监督、静态监督向动态监督、结果监督向诉讼过程监督的转变，发挥了检察机关同步内部监督的实效，案管部门的监督管理成为强化内部监督的又一有力手段。

2. 促进了规范执法

一是通过规范案件“进出口”，防止不规范案件流入或流出，并将规范案件“进出口”的触角延伸至案件退侦、重报等重要办案节点中，既有效预防超期办案、超期羁押犯罪嫌疑人，也有效防止“假性”退查、“借期”办案等不规范现象。二是通过从案件受理到结案送达进行全方位、全流程跟踪监督管理，促使办案人员在每一个办案环节严格遵守法律和执法办案规范，实现办案零超期，办案安全事故零发生，法律文书格式规范，说理性强，涉案物品管理规范。三是通过网上流程的规范，极大地促进了以网上信息规范填录为基础的案件信息公开工作，自2014年10月实行案件信息公开制度以来，某检察分院通过案件信息公开系统共公开程序性案件信息963件，确保阳光检务充分落实。

3. 促进了办案效率

以某检察分院一审公诉案件为例，自实行“三表”细化流程管理以来，极大地促进办案部门整合办案资源，加大办案力度，促进了办案效率的提高。一是极大地改变了以往办案效率不均衡、年底冲高的现象，案件审结率每月基本都保持在80%左右。① 二是办案所用节点明显减少，80%左右的案件都在“三个一”（一月、一延、一退重报）内审结，办理延期和退侦的案件明显减少。三是办案周期明显缩短，审结的案件平均办案用时56天，同比下降43.4%，办案周期缩短了近一半时间。②

4. 促进了办案能力

从2017年初随机分案的案件承办确认机制建立以来，将受理的全部案件直接分配至员额检察官，在各业务条线将不同类型、不同复杂难易程度的案件随机分配，实现了案件分配的公开透明，动态均衡，这个均衡，不仅是各员额检察官办理案件数量均衡，而且各员额检察官办理不同类型案件，不同程度疑难、复杂案件的机会也均衡，有利于积累办案经验、提高办案能力。

---

① 王弘剑、宋能君、张红伟：《运用系统提高办案效率的实证分析》，载《人民检察》2015年第4期。

② 王弘剑、宋能君、张红伟：《运用系统提高办案效率的实证分析》，载《人民检察》2015年第4期。

检察人才若干问题研究
——以重庆检察五分院人才队伍建设为视角

张衍路[*]

检察人才队伍建设是检察工作发展的基石，也是检察队伍建设不可或缺的重要组成部分。深入研究检察人才的相关问题，对于及时发现人才、使用好人才并最大限度地发挥好人才的作用，对检察队伍未来的可持续性发展具有重大的现实和长远指导意义。目前，重庆市人民检察院第五分院（以下简称我院）共有检察干警215人，其中符合重庆市检察院规定条件的检察人才56人，占全院干警的26.5%，全国（全市）检察理论人才、全市检察业务专家、专业型人才、检察业务人才、检察技术人才、兼职检察教官等。笔者结合18年检察业务工作、检察调研工作、检察政治工作的经历，就什么是检察人才、怎样使用并发挥好检察人才的作用等问题略抒己见。

一、检察人才的概念、条件及种类

（一）检察人才的概念

什么是检察人才，司法实践中很难给出一个完整准确的定义。笔者认为，所谓检察人才是指在检察工作实践中，具有大学本科学历且具有3年以上（含3年）工作经历，政治素质高，业务能力强且工作成效明显，并具有一定研究能力的检察员、助理检察员。

（二）检察人才应具备的基本条件

从上述定义可见，检察人才应当具有以下四个要件：一须政治素质好。即具有良好的政治理论和职业道德修养，热爱检察事业，严守职业纪律和工作规范，清正廉洁，公正执法。二须具有检察官资格。检察人才主体须是办案部

---

* 重庆市人民检察院第五分院政治部宣传教育处处长。本文作为申报重庆市院“检察精品课程”的内容，已发表于《中国检察官》2017年第1期。

门、技术部门或理论研究部门的检察员、助理检察员，即具有检察官法规定的检察官资格，不具有法律职称的人员称不上检察人才。三须具有较丰富的业务工作经验。即从事本职工作须满3年且在本职岗位上作出一定成绩。四须具有国民教育大学本科以上学历，有一定的理论研究能力，并在省级以上刊物发表一定数量的理论文章。除满足上述四个基本条件外。根据不同业务部门的实际需要还应满足特殊岗位规定的其他条件。

（三）检察人才种类的划分

从职能上，检察人才可大致划分为实务型检察人才和检察理论研究人才两类；从部门，可划分为侦查监督、公诉、职务犯罪侦查、刑事执行监督、民事行政检察监督、控告申诉检察、检察案件管理、检察技术鉴定、检察理论研究等种类；从层级上，可划分为全国（全市）检察业务专家（检察理论研究人才）、全市专业型复合型人才以及实战性业务骨干人才。

二、发现检察人才的基本途径

及时发现检察人才是使用管理好检察人才的前提和基础。从我院近几年检察人才队伍建设的实际情况来看，发现检察人才的主要途径有以下几种方式：

（一）从工作实绩中发现人才

检察人才必须结合自身实际工作，经过一段时间的办案实践，所办理的案件不仅数量多，而且质量要高，即实战经验丰富、工作成效突出、群众公认，并一般要求取得一定理论研究成果。比如，侦查监督部门人才要求每年所办理的审查逮捕案件超过本部门人均受理案件数，且无错案发生；能积极主动开展监督立案、监督侦查活动并有取得判决或纠正的实效案例；从事侦查监督工作时间较长，对侦查监督业务有深入的研究，并有调研理论成果在省级以上刊物发表。

（二）从各类竞赛评比活动中发现人才

一般说来，办案能手的评比、辩论赛、法律文书制作、演讲及征文等各类评比竞赛活动是对检察人才的政治、业务综合素能的最好检验。俗话说，“台上十分钟，台下十年功”就是这个道理。各类竞赛评比活动往往能够体现检察人才语言表达、文字写作、法律知识熟知程度以及抽象思维能力。从我院近几年选拔的检察人才来看，绝大部分都是通过各种评比活动取得较好成绩的选手中产生的，他们背后辛勤的付出，在竞技场上得到了回报，理所当然地赢得了大家的尊重、理解、支持和赞许。

（三）从发表的理论文章中发现人才

检察理论文章的发表是对检察人才的理论知识、实战经验以及综合思维能力、文字表达能力的集中体现。人与人之间的根本区别在于思维能力，对于发表在知名期刊、核心期刊上的检察理论文章更能体现检察人才逻辑思维、抽象思维能力，如果一个办案能手所办理的案件数量再多、质量再高，但不能在一定层次的刊物上发表一定数量的理论文章，也算不上真正意义上的检察人才。只有高质量的办案与高质量文章发表有机结合，才能真正体现检察人才的综合水平，所以，在检察人才评选活动中一般都要求发表一定数量的检察理论文章作为硬性条件。

（四）从竞争上岗活动中发现人才

目前，检察干警职务的晋升主要以党组动议提名为主、辅之竞争上岗、群众投票的方式产生。但不管怎么说，竞争上岗作为充分展示发现检察人才工作业绩、工作能力、取得大家信任的主要平台应当长期坚持。毋庸置疑，竞争上岗所展示的文字写作能力、语言表达能力、思辨能力、逻辑思维能力和驾驭导控能力是其他方式所不能代替的，从某种角度上讲，竞争上岗所展示出的检察人才综合素能是较为全面的一种有效检验方式。因此，此种方式是其他方式所不能代替的。但这种发现人才的方法局限性在于语言天赋好的竞争者及平时人际关系处理好的人往往得票较高，不一定能够真实反映竞争人员的真实能力与水平，须与其实际工作结合起来综合评判。

（五）从各种会议（工作汇报）发言中发现人才

各种会议的发言包括承办人汇报案情及工作情况，它从一个侧面能够反映出汇报人对案件（工作）思路是否清晰，重点是否突出，语言表达是否准确、简练，逻辑性是否强，以及对案件（工作）分析是否透彻，是否有独到的见解，建议或意见是否合理。因此，在实践中这不失为一个发现人才的有效渠道。但这种发现途径的局限性在于不一定能够全面反映发言人（汇报人）的真实情况，因为有的人善于在发言（汇报）环节下功夫，善于做表面文章取悦领导，因此必须与其实际工作结合起来考察。

另外，通过参加各种论证咨询活动等其他途径也可发现人才。

但评选检察人才应注意：在坚持党组统一领导、政工及业务部门共同负责、全面从严评审、干警公认原则基础上，注重选拔检察人才程序性并实行动态管理。一般 2 年更新一次（理论研究人才为 3 年），上次已进入人才库的人员，仍需按规定程序组织申报和推荐。已调离所在岗位或不适合继续作为检察人才库人员的，原则上不再推荐。

三、注重检察人才的使用与管理

检察人才不是待遇和职称，一旦评审出来后就要真正发挥好人才的作用。要想从根本上发挥好检察人才的作用，必须从机制建设入手，通过压担子、铺路子、升位子激励、调动检察人才干事创业的积极性。为此单位应采取以下几项具体措施：

（一）组织参加相关评审活动

在一般人看来，既然是检察人才，理所当然应当是某一方面的业务专家，其对相关业务知识、技能要比常人略胜一筹。因此，当单位在组织演讲比赛、征文比赛、法律法规、党纪党规知识竞赛、法律文书评比等相关的竞赛评比活动时，除了外聘有关专家教授外，不要忘记请本院（或上级院）相关业务方面的检察人才当评委，通过参加评委的评比活动，既能检验检察人才的业务水平，又能使其增长才干，还能固化公道正派的检察职业道德精神，一举三得。

（二）承担本院、省级检察院、最高人民检察院的重点研究课题

检察业务人才应当认真履行本职工作岗位职责，在专业领域发挥好示范引领作用，并积极承担本院、省级院、最高检的重点研究课题。重点课题的研究最能考验检察人才的创新性、前瞻性、针对性和实效性，是对检察人才智慧能力的最好检验，同时也是开发检察人才智力的一种方法。一般对承担重大检察理论、检察实务课题研究的基本要求是：每2—3年应在权威报刊或法学类知名期刊上单独发表文章不少于1篇，或在综合类知名期刊上单独发表文章不少于2篇，或以主研人、主持人身份完成本院、省级检察院“检察理论研究”课题或最高人民检察院“一般课题”不少于1项，或完成市院“检察实务研究”“检察工作机制研究”课题不少于2项，或以主执笔人身份公开出版专著不少于1部。

（三）组织参加重大、疑难、复杂案件的办理或其他重大业务问题的咨询、研究和论证

作为业务类的检察人才应当积极参加刑事检察类、民事行政检察类、技术检察类等相关专业小组组织的业务活动，尤其是应当参加重大、疑难、复杂案件的办理或其他重大业务问题的咨询、研究和论证工作。相关的检察人才所提出的意见建议，单位应当给予充分的尊重并积极吸纳，可作为定案的重要参考意见。

（四）承担业务培训教学授课任务

本质上讲，对检察人才的要求不仅体现在会办案、会写作，还要会讲课。作为授课人要精彩地讲好一堂课必须做到生动、形象、感人、具有吸引力。讲好一课并非易事，要想达到较好的授课效果，除要求授课人不断学习外，还要注意以下几个因素：首先，选好授课题目。即选好方向，选题既要选自己较为熟知的内容，又要注意授课对象的不同和实际需求，比如授课对象的职务身份、学历、兴趣爱好等不同，授课人的内容、形式也不同。其次，认真备课，包括从哪几个方面讲、重点应该突出什么、课件如何制作、采取何种教学方式、如何把控时间、听众可能要提何种问题都要一一思考好，防止事先准备不足，课堂上手忙脚乱、出差错。再次，着装要整洁，充分体现授课人良好的精神风貌，从而给人以干练、有涵养之感。最后，要注意与授课对象的沟通交流。包括表情及语言的幽默度都要把握好，同时要随时留意听众的精神状态，以互动的方式适时加以调整。上述几个方面构成了授课的基本方法与技巧，只有通过“实战”，别无他法。

（五）参加课程开发或精品课程制作

为适应建设一支高素质检察人才队伍的需要，认真实施“检察干警岗位素能标准”，提高培训质量和效益，促进检察教育培训工作的科学化、专业化和规范化发展，有必要建立以“检察人才、兼职检察教官”为主体的“检察官教检察官”岗位素能培训核心课程开发队伍，推动形成检察干警素能培训课程体系。但检察人才在参与课程开发时应当注意以“岗位素能标准”为核心，突出重点课程和核心课程，确保课程精细化；要紧贴检察实务，及时反映司法实践中热点、难点问题；要大力推广案例式、体验式、模拟式、研讨式教学，确保教学的创新性；要围绕综合素能、业务岗位通用素能、业务岗位专业素能三级指标，分级分类创建课程；同时，突出选题的关联性、实务性和针对性；可独立或联合申报，同一课程允许多名教师申报，同一教师可申报多门课程，也可跨条线申报课程。

（六）发表高质量的学术文章

作为检察人才要结合实际工作每年均要撰写有一定水准的高质量学术文章是应有之义。但撰写高质量的调研论文，笔者的体会有二：一是选好调研方向，列好调研提纲。选好调研方向即选题总要求是简短明了、通俗易懂，能高度概括文章中心意思，不需要形容词。但首先要注意选题的新意性，这种新意性主要结合当前实际工作确定。其次要注意选题价值性。再次要注重选题的准确性。最后要处理好主副标题的关系。列好调研提纲是指怎么调研、调研的内容方法步骤等要事先有一个方案，要布好局。对职务作品而言，布置任务的领导最好要给执笔人说明调研文章的主要思路、框架结构，以避免执笔人走弯路，影响执笔人的写作信心和效率。二是认真撰写好调研文章。首先，注意文章结构。如果是要发表的调研文章，一般要求要有“内容提要”和“关键词”。“内容提要”用最准确、最精练的文字表述核心意思，不超过200字。“关键词”是指文章常用、常出现的词语。正文部分一般分为前言、主文部分和结尾。其次，重视“附注”部分。注明引用来源的真实性，同时要写明作者姓名、单位、职务、联系电话等内容，以方便编辑与作者联系和判断文章的真实性。

单位除要求检察人才完成上述任务外，还应注意处理好下列问题：一是切实落实好相关待遇。对优先获得重大检察理论、检察实务课题的，要享受规定的经费补助和必要的时间保障；优先组织安排高层次培训、学术交流等活动；根据工作需要，可以查阅相关的专业资料及案卷材料，相关的部门应给予支持；每年为每位检察人才提供一定的购书费；对获得相关研究成果的，要及时给予一定的物质奖励；在职务晋升或职级调整时给予优先考虑；享受为完成检察工作任务所必需的其他保障。二是加强对检察人才培训和复审。包括：研究制定对检察人才的使用、管理、奖励的相关办法和措施；每年年终对其本年度的科研和工作情况进行一次评审；每2年组织一次对检察人才的培训和复审，对未按要求发挥作用的、复审不合格或无故不参加复审，或在申报、复审中弄虚作假的，决定取消检察人才资格等。

四、注重检察人才个人作用的发挥

哲学原理告诉我们，外因要通过内因起作用。单位有效使用和管理这个外因要通过与检察人才个人这个内因发挥作用有机结合起来才能形成合力，才能施展检察人才的才华。为此，检察人才个人应当努力做到：

（一）做政治理论学习的先行者

检察人才要以更高的标准，严格按照党的十八届六中全会通过的“准则”“条例”的基本要求，进一步增强“四个意识”，特别是核心意识、看齐意识，更加坚定地维护以习近平同志为核心的党中央的权威，更加自觉地在思想上政治上行动上同党中央保持高度一致；要通过反面典型的警示作用，让自身知敬畏、明底线、受警醒，真正做到心有所畏、言有所戒、行有所止；要把理念贯穿到业务办案工作的始终，确保检察人才正确的政治方向。这是检察人才发挥作用的前提和基础。

（二）做公正执法的践行者

检察人才发挥作用的核心在于利用自身所学的业务知识服务办案、指导办案。为此，要不断加强法律法规知识学习，努力提高业务履职能力和水平，不断增强为人民服务的实际本领，所办理的案件不仅数量多，而且质量要好，确保所办理的每一案件都经得起历史的检验；要始终坚持群众路线，不断提高做好群众工作的能力水平；要理性、平和、文明、规范执法，切实保障群众的批评、建议、申诉、控告、检举权利，尊重保障当事人、律师及其他公民的权利；要坚持法律面前人人平等，对公民一视同仁，反对特权，禁止歧视；要坚持实体公正与程序公正并重原则，努力实现法律效果、社会效果、政治效果的有机统一；要案结事了，积极主动回应社会舆论关切。

（三）做廉洁从检的示范者

廉洁，既是检察官的基本操守，也是检察人才“忠诚、为民、公正”价值观的核心保证。在实际工作中，要时刻自重、自省、自警、自励，不忘做人之本，不移公仆之心，不谋一己之利，清正廉明；要筑牢思想防线，常修为检之德，常思贪欲之害，常怀律己之心；要严守法纪红线，牢记党纪国法，严格遵纪守法，一身正气、公道正派，淡泊名利、无私奉献，清白做人、干净做事，自觉接受监督；要坚守道德底线，模范遵守道德准则，培养良好职业道德情操，真正做一名无愧于党和人民信赖的检察人才。

检察机关案件管理部门规范司法行为的实务路径浅析

张远驰*

党的十八届四中全会提出了全面推进依法治国的战略部署，把公正作为一条红线贯穿于法治国家、法治政府、法治社会建设的全过程。司法是社会公正的最后一道防线，作为国家法律监督机关和司法机关的检察机关要发挥司法公正对社会公正的重要引领作用，按照党中央和中政委的部署开展规范司法行为专项活动。案件管理部门作为检察机关内部对案件管理中主要承担管理、服务、参谋、监督职能的部门，紧密结合全国检察机关规范司法行为专项整治工作，以全面履职为根本，以整体推进为路径，以信息化应用为依托，着力在科学有效管理、统筹规范司法、强化内部监督、推进司法公开、当好参谋助手上下功夫，推动案件管理工作在新的起点上创新发展，为促进规范司法、公正司法，提升检察公信力提供有力的业务管理机制保障①。笔者拟从案件管理角度对如何履行职能规范司法行为进行实务路径浅析。

一、案件管理中规范司法行为面临的机遇与挑战

案件管理部门成立前，传统案件管理模式，管理主体多元化、管理方式层级化、管理系统封闭化、管理办案一体化，② 导致检察机关案件办案出现一些司法不规范现象。如公诉部门在受理案件时，当其认为案件起诉有风险，不起诉又存在社会压力时，往往退回给公安机关做撤销案件处理，这既剥夺了公安机关复议复核的权利，又可能出现司法腐败。

---

* 重庆市人民检察院案件管理处一级检察官。本文已发表于李昌盛主编：《刑事司法论丛》（第4卷），中国检察出版社2016年版。

① 王晋：《凝神聚力奋发有为在新的起点上开创案件管理工作新局面》，载《人民检察》2015年第3期。

② 任萍等：《案件管理的基本理论与机制构建》，载王晋主编：《检察机关案件管理工作理论与实务》，法律出版社2013年版。

案件管理是以规范司法行为为核心，以信息化为特征，对动态的办案过程、静态的案件质量进行全过程、全方位有效监控的科学、高效、专业的现代管理模式。与传统模式相比，由办案与管理、监督不分变为适当分离，由案件管理部门专职集中管理职能，破除各业务条线的分散、多头管理，通过统一案件的入口、出口，建立“第三只眼”对检察机关办理的所有案件进行全程动态监控，对案件的受理、流转、办理、结案等程序节点以及执行制度等方面进行实施跟踪，实现精细化管理监督，把监督触角深入到每一起案件、每一环节，实现事前、事中、事后的全程监督管理。显然，案件管理就是对检察机关自身执法办案活动的监督制约，其核心就是规范办案部门的司法行为。

当前，案件管理在规范司法行为方面取得了比较明显的效果，但是作用发挥还不够充分，归纳起来，主要存在以下几方面的问题：一是监督能力有待提升，如流程监控作用发挥不够，日常监督作用发挥不充分，往往局限于期限监督；专项活动往往局限于司法规范化检查，有针对性的专项检查开展不及时、不充分；影响案件定罪量刑、保障人身权利和诉讼权利方面监督不够，往往局限于程序瑕疵的监督和管理。二是工作机制有待健全。监督方法和措施接地气不够，操作性和可行性不强；监督结果的应用不完善，评价机制有待提升；联动机制不健全，条线管理和案件管理之间没有形成合力。三是内部环境有待改善。轻程序重实体、重打击轻保护人权意识还或多或少存在；案件管理部门与办案部门之间监督和被监督的关系不够和谐。

案件管理中规范司法行为也面临着机遇，归纳起来，主要有：一是处于司法改革的好时机。当前正在进行司法改革，司法改革的核心就是改革检察权的运行机制，改革的实质就是放权于员额制检察官，做到“谁办案谁负责，谁决定谁负责”，这种改革将不同程度的削弱条线管理，案件管理在规范司法行为中的作用将更加凸显。二是全面拥有监督管理的队伍。检察机关全面建立案件管理机构，配备了专门的案件管理队伍，为开展监督工作打下了坚实的基础。三是案件管理工件在刑事诉讼规则中得以体现。案件管理工作明确写入了刑事诉讼规则，各地方都制定了案件管理办法，做到了案件管理“有法可依”，从根本上为开展案件集中管理打下了坚实基础。四是拥有信息化这个武器和手段。最高人民检察院开发了统一业务应用系统①和案件信息公

① 统一业务应用系统最高人民检察院开发的，要求检察机关全面使用的，融办案、管理、统计于一体的检察业务应用软件，所有案件的受理、办理、流转、审批、监督到用印，各个环节都要在系统内操作、运转。参见《全国检察机关统一业务应用系统使用指引手册》，中国检察出版社2013年版。

开系统①，各地检察机关全面上线使用了上述两大系统，这为开展案管工作插上了腾飞的翅膀。

二、案件管理中规范司法行为的工作思路与方法

（一）案件管理中规范司法行为的总体工作思路

总体工作思路是立足案件管理本职职能，以问题为导向，充分利作统一业务系统②，充分发挥信息化的作用，加强自身规范化建设，以整体监督为核心开展个案监督，促进检察机关司法规范化水平。

1. 管理中规范司法行为要紧扣本身职能

案件管理部门具管理、监督、服务三大职能。管理职能主要是通过对重要办案节点的掌握，加强统筹协调，监控案件流程，保障案件质量和效果。监督职能主要是通过对办案程序和办案期限的跟踪、监控以及质量评查，预防和纠正违法办案情形的发生。服务职能主要是通过对案件运行状况的研判和案件信息情况的公开，为领导决策服务，为办案一线服务，为人民群众服务。规范司法行为工作不能离开案件管理职能，需要立足于管理、监督、服务三大职能之中，这样工作才有着力点，才能取得实效。

需要注意的是案件管理中规范司法行为主要通过监督职能体现，不能替代或削弱办案部门的办理职能。例如，在文书公开系统中，案件管理部门只能对文书进行审核而不能对文书进行直接修改，因为文书公开是办案部门的职能，案件管理部门是监督职能，这两者不能混同。

2. 以问题为导向，使规范司法行为具有针对性

监督工作要结合社会热点和司法热点，特别要以问题为导向，针对当前司法行为中存在的不规范的具体问题来展开。如当前存在的不规范行为的一些表现形式主要有：其一，侵害当事人权益方面。滥用强制措施、指定居所监视居住制度执行不规范，违法查封扣押冻结处理涉案财物，不依法告知诉讼权利，不依法听取当事人和律师意见。其二，影响证据合法性问题。同步录音录像制度、刑讯逼供、违法取证。其三，司法作风方面。司法作风简单粗暴；越权办案，插手经济活动；办关系案、人情案、金钱案；打探案情，干预办案，利用

---

① 案件信息公开系统在全国各级检察机关全面部署，各级检察机关通过该系统向相关人员提供案件程序性信息查询服务，向社会公开重要案件信息和法律文书。

② 王晋：《深入推进统一业务系统部署应用促进检察机关司法规范化建设再上新台阶》，载《人民检察》2015 年第 2 期。

检察权获得好处。其四，文书和管理方面。案件不进入统一业务应用系统，不规范填录、操作；不按照规定制作法律文书、工作文书；不按照规定公开法律文书等。这些问题主要涉及人身、财产、辩护权等基本人权方面，对当事人而言具有相当重要的意义，也会直接影响检察公信力。在案件管理工作中要牢牢抓住这些问题，死盯不放，从而增强监督的针对性和有效性。

3. 案件管理中规范司法行为要注重传统方法与以信息化手段为依托的现代方法相结合

检察机关信息化的深度应用为开展案件管理工作提供了便利和广阔空间。随着统一业务应用系统的深度使用，所有案件和绝大多数的诉讼程序都要进入系统，实现了卷宗电子化。案件管理中流程监管、质量评查、统计分析就可充分穷尽这些资源。如对办案期限的监管，传统的方法是一个案件一个案件人工算出办案截止时间，然后进行跟踪督促管理，而借用计算机系统，案管人员只需要对系统后台里的办案期限设置进行核对后，就能很直观的查看办案期限，是否超期一眼就能看出来，相当直观和便捷，并且还可以对所有单位的案件超期情况进行统计汇总。这大大提高了监督效率，增强了监督的成效。

4. 案件管理中规范司法行为要从规范自身抓起

案管部门首先要敢于“亮丑”，要敢于用比监督别人更严的要求和标准来要求自己，要重点紧紧围绕案管工作实际，认真对照查找自身是否存在以下不规范的具体问题：(1) 不认真进行受案审查；(2) 受理公诉案件后，不制作电子卷宗上传办案系统；(3) 不严格履行换押手续，不按照要求对办案程序、办案期限、强制措施期限进行监控预警；(4) 对律师办理执业事项的要求敷衍塞责、推诿刁难，限制其阅卷等执业权利；(5) 对涉案物品保管不规范，对涉案财物监管不到位；(6) 接收的法律文书不扫描上传统一业务应用系统；(7) 对“六类案件”① 以外的案件质量评查不深入、不仔细，提出的对策建议针对性、实效性不强；(8) 在案件信息公开工作中，不认真履行监管职责，导致案件信息公开特别是法律文书公开不及时、不规范、不全面；(9) 统一业务应用系统填录的收案信息、送案信息不规范、不准确、不完整，不对业务部门填录的办案信息进行监督检查，不认真开展案件信息的统计衔接、监督、审核工

① 六类案件是指检察机关侦查终结移送起诉后作撤销案件或者绝对不诉处理的职务犯罪案件；被批准或者决定逮捕的犯罪嫌疑人，因没有犯罪事实或者依法不应当追究刑事责任而撤销案件、作绝对不起诉的案件；撤回起诉作不起诉处理的案件；收集、举示的证据被法院认定为非法证据予以排除，导致判决改变指控罪名、犯罪事实或者法定量刑情节的案件；提起公诉的被告人被判无罪且已发生法律效力的案件；刑事申诉复查后改变检察机关原处理决定的案件。

作；（10）案管大厅接待人员不着制服，态度冷漠、生硬；（11）在案件流转、评查过程中，泄露、打探案情。针对查找出的具体问题，深刻剖析不规范问题发生的根源，查找在制度落实、内部管理和作风纪律方面存在的薄弱环节和不足，在坚持边学边改、立查立改的基础上，认真提出整改落实方案，制定具体的整改措施、限定具体的整改期限、明确具体的整改责任。在整改工作中，要积极加强机制建设，对相关的制度进行修改、清理，巩固专项整治工作的成果。

5. 案件管理中规范司法行为要注重个案监督与整体监督相结合

个案监督是对个体案件的监督，主要是指日常工作中的监督以及领导交办和社会影响较大的案件。而整体监督是指检察权的整体运行态势，整体运行情况，打破了各条线的局限，这个是开展监督工作的重点和核心。

（二）案件管理中规范司法行为的工作方法

1. 服务与监督相结合

服务与监督是互为铺垫的，服务为监督打下基础，监督是服务的延伸。服务与监督是案管的重要职能，两者不可偏废，服务与监督之间相互联系，相互促进，共同作用于规范司法行为，助推办案质量和效率的提高。监督职能的发挥要尽量融入服务职能之中，要在协调中见服务，在服务中见监督。如律师接待工作，只有做好接待工作，才能对办案部门的律师办理事项作出监督。

2. 敢于监督与善于监督相结合

《人民检察院刑事诉讼规则（试行）》第十五章专章规定了案件管理，第668条提出，“人民检察院案件管理部门对检察机关办理的案件实行统一受理、流程监控、案后评查、统计分析、信息查询、综合考评等，对办案期限、办案程序、办案质量等进行管理、监督、预警”。法律赋予案件管理部门明确的监督职能，而在实际工作中，有的单位一年不发送流程监控、不提出办案部门的任何不规范行为，不敢于监督，不愿意监督，大家一团和气，这大大降低了案管作用的发挥。

工作中要敢于监督也要善于监督，也要注意方式方法。一是要立足于监督权，不能替代办案权。案管部门监督的根据要根据明确的规定来监督即根据刑事诉讼法、刑事诉讼规则、各地方制定的工作制度和办法等的明确规定进行，不能根据司法经验和法理探讨以及规定比较模糊，不好操作的为依据，对办案权中的自由裁量权部分应持谨慎态度。二是监督的内容要有所侧重。要侧重于对案件定罪量刑、保障基本的诉讼权利方面进行重点监督。同时，在一段时间内，还要根据司法热点和司法常见问题进行重点监督。例如，某个基层院几乎每天都向办案部门提出监督意见，提出甲部门文书语法有问题，乙部门引用法律条文有问题，丙部门中检察人员在办案中语言不当，这样完全局限于司法瑕疵，易挤占重大诉讼程序关注的时间和精力，同时，可能引起办案部门的反感，引起负效果。三是监督的以口头监督为主，适当采用书面监控方式。对于一般的问题用口头监督方式，口头监督可用提醒的方式进行，制作语气温和、态度恳切的温馨小贴士提醒业务部门注意；对于书面形式一般要少用，慎用，确保一些严重、反复出现的问题得到解决。

3. 大制度与小制度相结合

刑事诉讼法、刑事诉讼规则对规范司法行为都作了具体的要求，工作中既要把握规定的刚性要求，还要根据本单位实际，建立工作制度，细化具体的要求，使其有操作性或更有实务性。这些工作制度不要求大而全，全而精，关键在于解决实际问题。例如，某基层院案件管理部门与业务处室沟通协调后，在现有的律师接待制度基础上，制定了操作细则，明确了在办理期限届满前一个工作日仍未反馈办理结果的，要督促进行办理、反馈；逾期不及时反馈结果的，发出流程监控通知书予以纠正。对阻碍律师依法行使诉讼权利，在全院进行通报。

4. 日常管理与专项活动相结合

案件管理部门承担统一进出口案件、统一接待律师、法律文书管理、案件统计等具体日常工作。开展规范司法行为需要把规范司法行为融入日常管理工作，不要将日常工作与监督工作做成两张皮，要深度融合。但是对于一些普遍性、司法热点重点问题的工作就需要通过专项活动来进行，如司法规范化大检查等。

三、案件管理中规范司法行为的实务路径

（一）流程管理中规范司法行为

1. 在案件统一进出口过程中规范司法行为

一是把好案件的进口关。《人民检察院刑事诉讼规则（试行）》颁布后，案件的受理工作由办案部门调整至案件管理部门，案件是否受理由案件管理部门决定。案件管理部门依据移送的法律文书载明的内容确定案件是否属于本院管辖，对公安移送的所有案件都应该登记（含在统一业务应用系统登记）。实际工件中有的单位对不予以受理的案件不予登记，导致案件管理的受理工作没有体现所有的案件数量，即没有登记不受理的案件，矮化了案件管理的受理职能作用。

二是把住案件的送案关。实际工作中案件的送案主要是通过法警部门进行，而案件管理部门主要是对送案情况进行审核。案件管理部门可以审查移送的案件是否符合送案标准，开具的法律文书是否规范，涉案财物是否按照规定处理或移送，律师权益是否得到有效保障。通过审核纠正不符合送案标准的案件，充分发挥这个节点的重大作用。

2. 在流程监控过程中规范司法行为

对案件受理、办理、结案等办案流程进行跟踪，对办案期限、强制措施期限进行预警，对重要诉讼环节和工作制度落实情况进行管理，这些都是流程监控重要内容。要做到对检察机关办案全面、全程监控，关键是使用好统一业务系统。一是要按照“全员、全面、全程、规范”的要求，及时、准确填录案件信息，严格执行网上办案、网上审批、网上签名、网上用印、网上办结的流程要求。二是要充分发挥统一业务应用系统的查询、汇总功能，助推规范司法行为。统一业务应用系统的深度使用将各种办案信息融入了办案系统之中，可以查询每一个案件的详细情况，实现流程监控。非常常见的就是期限监督和风险评估监督。如在期限监督时，通过在系统里，是否有超期，点击查询就显示出全部超期案件，方面快捷。三是通过对办案信息的关联分析，督促规范司法行为。例如，通过统一业务信息系统，可以查询出案件的受理数量和《刑事判决、裁定审查表（一审）》的数量（这个数量可以推出同期检察机关收到了多少一审判决书），再查询案件公开信息系统中同期案件程序性信息公开条数和法律文书公开的数量，两个数据一比对，就可以掌握当前案件信息公开工作的水平。

（二）质量管理中规范司法行为

1. 开展案件案件质量评查

在案件质量综合管理过程中规范司法行为，方法举措很多，案件质量评查是其中一项重要内容。案件质量评查是检察机关内部组织专门人员对检察环节已经办结的案件，以法律、司法解释以及司法政策的要求为标准对办案的程序及实体处理情况进行核查、分析、评价的活动。[①] 案件质量评查主要在本院内部进行，对“六类案件”必查、其他案件抽查，通过评查形成评查查情况报告，将评查结果记入检察官执法档案，促进检察人员提高办案质量。

---

① 石献智：《案件质量评查机制的建立与工作开展》，载王晋主编：《检察机关案件管理工作理论与实务》，法律出版社 2013 年版。

2. 开展年度司法规范化检查

年度司法规范化检查是上级检察机关根据当年工作情况制定检查标准，组织办案部门、综合业务部门对下级检察机关已经办结的案件进行抽查，重点检查其不规范的办案程序，通过检查进一步提高规范司法办案行为，提高检察机关办案质量和效率，提升司法公信力和群众满意度。年度司法规范化检查是检察机关强化规范司法行为的重要抓手，对规范司法行为发挥了积极的作用。如以某直辖市院为例，2015 年开展司法规范化检查主要内容即对办案情况进行检查，深入查找不规范、不严格的问题，包括：（1）办案的程序、办案的实体和办案的文书，包括当事人权益、律师权益的保障；（2）全程同步录音录像；（3）涉案财物的查封、扣押、冻结、处理；（4）统一业务应用系统的使用。

（三）统计管理中规范司法行为

1. 加强统计审核检查

统计审核检查是保证数据准确的重要关口，也是统计工作的首要职责和重要任务。通过统计审核发现并纠正统一业务系统中填录不准的案件信息，可以保证办案和监督管理活动正常开展，促进统一软件的健康推行。通过统计审核可以对数据异常检查，发现检察业务工作的突出问题，为流程管理、案件评查提供问题线索，增强监督管理的效果。

2. 着力加强评价性、专题性统计分析

依托统计资源开展业务运行态势分析，为领导提供咨询和对策建议，发挥案件管理规范司法行为的智囊团作用。据测算，统一业务系统中包含了约 6000 个业务项目，同时还提供了强大的查询和分析功能，树立“大数据”观念，充分发挥统一业务系统的优势，开发好检察机关的“大数据”，不断从统计信息这个“富矿金山”中挖掘出有利于工作的“金银宝石”，更好地为领导决策提供参谋，为业务部门办案做好服务。如可以对辩护权保障，指定居所监视居住、强制医疗等规定的执行落实情况进行分析；围绕一定时期业务工作中出现的突出问题，如不起诉率增高、移送单位撤回数量增多等问题进行分析，提醒有关领导和部门予以关注来规范司法行为。

（四）其他

1. 在辩护人接待过程中规范司法行为

案件管理部门统一负责辩护人、诉讼代理人的接待工作。申请会见在当前问题相对突出，有的单位对不需要通过申请会见的案件也开具《许可会见犯罪嫌疑人决定书》；对需要检察机关同意才能申请会见的嫌疑人，案件管理部门不对其监督是否为重大贿赂犯罪案件，特别审查是否有证据显示其涉嫌300万元的标准。再如申请交换意见，登记流转完毕后，要重点审查有无记载律师的意见，对律师的意见是否采纳等。

2. 在信息公开过程中规范司法行为

贯彻检察机关“公开为原则、不公开为例外”的司法理念，要督促及时全面公开案件程序性信息，法律文书、重要案件信息，用公开促进规范，用公开倒逼规范。案件管理部门对法律公开工作既要重视起诉书的公开数量，还要对法律文书是否符合规范要求进行审核。

3. 在查封、扣押、冻结涉案财物工作中规范司法行为

案件管理部门负责对扣押涉案财物进行保管，发现查封、扣押、冻结、处理涉案财物不符合有关规定的，要提出纠正意见，对构成违法和严重违纪的行为，应当及时移送纪检监察部门处理。